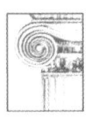

法学名师讲堂

Criminal Law

刑法学教程

(第五版)

张明楷 /著

图书在版编目(CIP)数据

刑法学教程 / 张明楷著. —5 版. —北京：北京大学出版社, 2021.9
（法学名师讲堂）
ISBN 978-7-301-32414-1

Ⅰ. ①刑⋯ Ⅱ. ①张⋯ Ⅲ. ①刑法—法的理论—中国—高等学校—教材
Ⅳ. ①D924.01

中国版本图书馆 CIP 数据核字(2021)第 171467 号

书　　　名	刑法学教程（第五版）
	XINGFAXUE JIAOCHENG(DI-WU BAN)
著作责任者	张明楷　著
责 任 编 辑	邓丽华
标 准 书 号	ISBN 978-7-301-32414-1
出 版 发 行	北京大学出版社
地　　　址	北京市海淀区成府路 205 号　100871
网　　　址	http://www.pup.cn
电 子 信 箱	law@pup.pku.edu.cn
新 浪 微 博	@北京大学出版社　@北大出版社法律图书
电　　　话	邮购部 010-62752015　发行部 010-62750672　编辑部 010-62752027
印 刷 者	河北滦县鑫华书刊印刷厂
经 销 者	新华书店
	730 毫米×980 毫米　16 开本　30.25 印张　576 千字
	2007 年 7 月第 1 版　2010 年 6 月第 2 版
	2011 年 7 月第 3 版　2016 年 8 月第 4 版
	2021 年 9 月第 5 版　2023 年 2 月第 2 次印刷
定　　　价	69.00 元

未经许可，不得以任何方式复制或抄袭本书之部分或全部内容。
版权所有，侵权必究
举报电话：010-62752024　电子信箱：fd@pup.pku.edu.cn
图书如有印装质量问题，请与出版部联系，电话：010-62756370

第五版说明

随着《民法典》的通过,许多人呼唤《刑法典》的编纂。其实,系统地规定了犯罪及其法律后果的现行刑法就是《刑法典》。不能因为《中华人民共和国刑法》的名称中缺少"典",就否认现行刑法是《刑法典》;也不可能因为立法机关频繁修改现行刑法,就主张我国应当制定一部稳定的《刑法典》。在日新月异的新时代,立法者不可能像金字塔那样沉默,《刑法典》不可能像古长城那样稳定。我们应当习惯《刑法典》的迅速变化,并对《刑法典》作出同时代的解释。

本书第五版按照《刑法修正案(十)》《刑法修正案(十一)》的内容进行了相应修订,并在其他方面作出了一些删改。

第四版说明

我们已经处于刑事立法活跃化的时代。不管如何看待刑事立法的活跃化,解释者面对新的刑事立法时,都必须作出新的学理解释。换言之,刑法解释学不仅要适应不断变化的社会生活事实,而且要符合不断修订的刑事立法规定。

《刑法修正案(九)》对刑法典进行了大量修正,本书第四版按照《刑法修正案(九)》的内容进行了相应的修改。此外,本书在其他方面也有少量删改。

第三版说明

当刑法删除了某些法条时,解释者的部分知识便丧失了意义;当刑法增加了一些法条时,解释者就必须增添新的知识。刑法必须适应不断变化的社会生活事实,即使刑法一成不变,刑法的解释也没有止境;在频繁修改刑法的时代,更不可能有"一劳永逸"的刑法学教程。

如所周知,《刑法修正案(八)》从总则到分则对刑法典进行了大量修正。本书第三版按照《刑法修正案(八)》的内容进行了修改,也添加了部分新近的司法解释内容。

第二版说明

当今社会变幻莫测,与之相应,刑法也在频繁修改。当我们还没有真正进入解释的时代时,事实上却进入了立法时代。但是,任何立法都需要解释,刑法也不例外,这也是修订本教程的原因吧。

本次修订的主要内容是:在刑法总论方面,对刑法的基本原则、犯罪的特征、共同犯罪的本质等问题作了一定修改;在罪刑各论方面增加了《刑法修正案(七)》的内容(按照"两高"的司法解释确定罪名);此外,添加了新近司法解释的相关内容。

目　　录

第一编　绪　　论

第一章　刑法概说 …………………………………………………… (1)
　第一节　刑法的概念与分类 ………………………………………… (1)
　第二节　刑法的性质与任务 ………………………………………… (3)
　第三节　刑法的体系与解释 ………………………………………… (4)
第二章　罪刑法定原则 ……………………………………………… (10)
　第一节　刑法的基本原则概述 ……………………………………… (10)
　第二节　罪刑法定原则的法律渊源与思想基础 …………………… (11)
　第三节　罪刑法定原则的基本内容与具体实现 …………………… (13)
第三章　刑法的效力 ………………………………………………… (19)
　第一节　刑法的空间效力 …………………………………………… (19)
　第二节　刑法的时间效力 …………………………………………… (24)

第二编　犯　罪　论

第四章　犯罪概说 …………………………………………………… (27)
　第一节　犯罪的特征 ………………………………………………… (27)
　第二节　犯罪的分类 ………………………………………………… (30)
第五章　犯罪构成 …………………………………………………… (33)
　第一节　犯罪构成概述 ……………………………………………… (33)
　第二节　犯罪客体 …………………………………………………… (37)
　第三节　犯罪客观要件 ……………………………………………… (40)
　第四节　犯罪主体 …………………………………………………… (55)
　第五节　犯罪主观要件 ……………………………………………… (62)
第六章　排除犯罪的事由 …………………………………………… (73)
　第一节　正当防卫 …………………………………………………… (73)
　第二节　紧急避险 …………………………………………………… (78)

第三节　其他排除犯罪的事由 ……………………………………（80）

第七章　故意犯罪形态 ……………………………………………（83）
　　第一节　故意犯罪形态概述 ………………………………………（83）
　　第二节　犯罪预备 …………………………………………………（84）
　　第三节　犯罪未遂 …………………………………………………（86）
　　第四节　犯罪中止 …………………………………………………（89）

第八章　共同犯罪 …………………………………………………（93）
　　第一节　共同犯罪概述 ……………………………………………（93）
　　第二节　共同犯罪的成立条件 ……………………………………（94）
　　第三节　共同犯罪的形式 …………………………………………（96）
　　第四节　共犯人的分类及其刑事责任 ……………………………（99）
　　第五节　共同犯罪的特殊问题 …………………………………（103）

第九章　罪数 ……………………………………………………（107）
　　第一节　罪数的区分 ……………………………………………（107）
　　第二节　实质的一罪 ……………………………………………（109）
　　第三节　包括的一罪 ……………………………………………（114）
　　第四节　科刑的一罪 ……………………………………………（117）

第三编　刑　罚　论

第十章　刑罚概说 ………………………………………………（122）
　　第一节　刑罚的概念 ……………………………………………（122）
　　第二节　刑罚的目的 ……………………………………………（124）
　　第三节　刑罚的功能 ……………………………………………（126）

第十一章　刑罚的体系 …………………………………………（129）
　　第一节　主刑 ……………………………………………………（129）
　　第二节　附加刑 …………………………………………………（136）
　　第三节　非刑罚处罚 ……………………………………………（139）

第十二章　刑罚的裁量 …………………………………………（142）
　　第一节　量刑概述 ………………………………………………（142）
　　第二节　量刑情节 ………………………………………………（145）
　　第三节　量刑制度 ………………………………………………（157）

第十三章　刑罚的执行 …………………………………………（168）
　　第一节　减刑制度 ………………………………………………（168）
　　第二节　假释制度 ………………………………………………（171）

第十四章	刑罚的消灭	(175)
第一节	时效	(175)
第二节	赦免	(178)

第四编 罪刑各论

第十五章	罪刑各论概说	(181)
第一节	刑法分则的体系	(181)
第二节	刑法分则的条文结构	(182)
第三节	刑法分则的注意规定与法律拟制	(188)
第十六章	危害国家安全罪	(191)
第一节	危害国家、颠覆政权的犯罪	(191)
第二节	叛变、叛逃的犯罪	(194)
第三节	间谍、资敌的犯罪	(195)
第十七章	危害公共安全罪	(197)
第一节	以危险方法危害公共安全的犯罪	(197)
第二节	破坏公用工具、设施危害公共安全的犯罪	(200)
第三节	实施恐怖、危险活动危害公共安全的犯罪	(204)
第四节	违反枪支、弹药管理规定危害公共安全的犯罪	(209)
第五节	违反安全管理规定危害公共安全的犯罪	(215)
第十八章	破坏社会主义市场经济秩序罪	(224)
第一节	生产、销售伪劣商品罪	(224)
第二节	走私罪	(231)
第三节	妨害对公司、企业的管理秩序罪	(235)
第四节	破坏金融管理秩序罪	(241)
第五节	金融诈骗罪	(256)
第六节	危害税收征管罪	(262)
第七节	侵犯知识产权罪	(267)
第八节	扰乱市场秩序罪	(272)
第十九章	侵犯公民人身权利、民主权利罪	(286)
第一节	侵犯生命、健康的犯罪	(286)
第二节	侵犯性的决定权的犯罪	(296)
第三节	侵犯自由的犯罪	(303)
第四节	侵犯名誉、隐私的犯罪	(319)
第五节	侵犯民主权利的犯罪	(324)

第六节　妨害婚姻的犯罪 …………………………………………… (326)
第二十章　侵犯财产罪 ……………………………………………………… (328)
　　第一节　暴力、胁迫型财产犯罪 ………………………………………… (328)
　　第二节　窃取、骗取型财产犯罪 ………………………………………… (337)
　　第三节　侵占、挪用型财产犯罪 ………………………………………… (347)
　　第四节　毁坏、拒付型财产犯罪 ………………………………………… (352)
第二十一章　妨害社会管理秩序罪 ………………………………………… (355)
　　第一节　扰乱公共秩序罪 ………………………………………………… (355)
　　第二节　妨害司法罪 ……………………………………………………… (383)
　　第三节　妨害国(边)境管理罪 …………………………………………… (397)
　　第四节　妨害文物管理罪 ………………………………………………… (399)
　　第五节　危害公共卫生罪 ………………………………………………… (401)
　　第六节　破坏环境资源保护罪 …………………………………………… (408)
　　第七节　走私、贩卖、运输、制造毒品罪 ……………………………… (416)
　　第八节　组织、强迫、引诱、容留、介绍卖淫罪 ……………………… (423)
　　第九节　制作、贩卖、传播淫秽物品罪 ………………………………… (427)
第二十二章　危害国防利益罪 ……………………………………………… (429)
　　第一节　平时危害国防利益的犯罪 ……………………………………… (429)
　　第二节　战时危害国防利益的犯罪 ……………………………………… (432)
第二十三章　贪污贿赂罪 …………………………………………………… (435)
　　第一节　贪污犯罪 ………………………………………………………… (435)
　　第二节　贿赂犯罪 ………………………………………………………… (441)
第二十四章　渎职罪 ………………………………………………………… (449)
　　第一节　一般国家机关工作人员的渎职罪 ……………………………… (449)
　　第二节　司法工作人员的渎职罪 ………………………………………… (454)
　　第三节　特定机关工作人员的渎职罪 …………………………………… (459)
第二十五章　军人违反职责罪 ……………………………………………… (465)
　　第一节　危害作战利益的犯罪 …………………………………………… (465)
　　第二节　违反部队管理制度的犯罪 ……………………………………… (467)
　　第三节　危害军事秘密的犯罪 …………………………………………… (469)
　　第四节　危害部队物资保障的犯罪 ……………………………………… (470)
　　第五节　侵犯部属、伤病军人、平民、俘虏利益的犯罪 ……………… (472)

第一编 绪 论

第一章 刑法概说

刑法,是国家的重要法律。刑法所规定的法律后果是对人的刑罚处罚。为什么可以处罚人,处罚人是为什么,以及应当处罚实施了什么行为的人,既是永恒的课题,也是适用刑法必须解决的问题。对刑法本身、刑法规范及其适用的研究,成为刑法学的基本内容。

第一节 刑法的概念与分类

一、刑法的概念

刑法是规定犯罪及其法律后果(主要是刑罚)的法律规范。

1979年7月1日,全国人民代表大会通过了新中国第一部《刑法》,该法典自1980年1月1日起施行。此后,立法机关先后颁布了二十多个单行刑法,非刑事法律中也有许多罪刑规范。为了适应新形势下惩罚犯罪、保护人民的需要,1997年3月14日第八届全国人民代表大会第五次会议通过了修订的《刑法》。此外,全国人民代表大会常务委员会于1998年12月29日颁布了《关于惩治骗购外汇、逃汇和非法买卖外汇犯罪的决定》;此后通过修正案的方式,多次对《刑法》进行了修改。

刑法是一门独立的法律。刑法所规定的犯罪行为,超出了其他法律的规制范围;刑法并不是对违反其他法律的行为直接给予刑事制裁,而是根据特定目的评价、判断对某种行为是否需要给予刑事制裁;刑法自古以来就作为独立的法律发挥着自己的机能;刑法上的概念大多有其特定含义,不一定受其他法律概念的制约。

在刑事法与民事法(广义)的分类中,刑法属于刑事法。刑事法是关于犯罪的侦查、认定以及刑事责任的追究、实现的法律。刑法规定犯罪,其法律后果主要是刑罚,故属于刑事法。

在实体法与程序法的分类中,刑法属于实体法。刑法与属于程序法的刑事诉讼法相互依存、相互为用;对刑事诉讼法的解释必须符合刑法精神;但刑事诉讼法的规定在某种程度上也制约着刑法的解释。

在公法与私法的分类中,刑法属于公法。刑法的制定(立法权)与适用(司法权)都受到限制,罪刑法定原则成为刑法的生命。

二、刑法的分类

刑法可以分为广义刑法与狭义刑法。广义刑法是关于犯罪及其法律后果的法律规范的总和,包括刑法典、单行刑法与附属刑法。刑法典是国家以刑法名称颁布的、系统规定犯罪及其法律后果的法律。我国的《中华人民共和国刑法》,可谓刑法典。[①] 单行刑法是国家以决定、规定、补充规定、条例等名称颁布的,规定某一类犯罪及其法律后果或者刑法的某一事项的法律,如上述《关于惩治骗购外汇、逃汇和非法买卖外汇犯罪的决定》。附属刑法,是指附带规定于民法、经济法、行政法等非刑事法律中的罪刑规范。我国目前的非刑事法律并没有直接规定犯罪的构成要件与法定刑,因而没有真正的附属刑法。狭义刑法是指刑法典。"刑法"一词有时在狭义上使用,有时在广义上使用。

刑法可以分为普通刑法与特别刑法。普通刑法是指具有普遍适用性质与效力的刑法,刑法典便是普通刑法。特别刑法是仅适用于特别人、特别时、特别地或特别事项(犯罪)的刑法。一般来说,单行刑法与附属刑法属于特别刑法。香港、澳门、台湾地区刑法仅适用于中国的特定地区,也可谓中国的特别刑法。当某种行为同时符合普通刑法与特别刑法的规定时,应根据特别法优于普通法的原则仅适用特别刑法;如果某一行为同时符合两个同等效力的特别刑法的规定,则应根据新法优于旧法的原则仅适用新的特别刑法;如果某一行为同时符合两个效力不同的特别刑法,则应适用效力更高的特别刑法。

刑法可以分为国内刑法与国际刑法。国内刑法是适用于一国领域内的刑法。最广义的国际刑法具有以下四个方面的含义:一是规定违反国际公法原则(或违反人类共同利益)的犯罪及制裁的法律(狭义的国际刑法),这种法律的渊源是国际条约。我国刑法理论一般在此意义上使用国际刑法概念。二是国际刑事法或世界刑法,是指超国家的、在整个世界范围内予以适用的刑法,世界上还不存在这种国际刑法。欧盟刑法虽可谓超国家刑法,但仅限于在欧盟适用。三是关于国内刑法适用范围的法律,即关于国内刑法的空间效力、管辖权、外国刑

---

① 本书通常所称的刑法与刑法典,是指1997年3月修订的《中华人民共和国刑法》;在需要比较说明等情况下,将1979年颁布的《中华人民共和国刑法》称为旧刑法,将1997年3月修订的《中华人民共和国刑法》称为刑法、刑法典、现行刑法。当人们说《刑法》第××条或"根据《刑法》有关规定"等时,其中的"刑法"都是指现行刑法。

事判决的效力的法律。最先意义上的国际刑法,就是指这种刑法适用法。刑法适用法不同于区际刑法,后者是指同一国家内的不同区域各有独立的刑法秩序时所形成的现象。在联邦国家,如果除联邦刑法外各州(邦)有权制定刑法,则各州(邦)制定的刑法属于区际刑法。在实行"一国两制"的我国,香港、澳门、台湾地区的刑法属于区际刑法。四是司法互助法,即所有促成跨国(境)执行刑法规定的法律,包括引渡法、国际刑事司法协助(如刑罚执行互助、相互协助取证)等方面的法律。

第二节 刑法的性质与任务

一、刑法的性质

一国的法律体系由许多法律组成,刑法具有区别于其他法律的特有属性。

刑法是规定犯罪及其法律后果的法律规范,换言之,刑法禁止的是犯罪行为;而其他法律规定的是一般违法行为及其法律后果。这种特定性,使刑法成为特殊的法律。

一般部门法都只是调整和保护某一方面的社会关系,刑法则保护人身的、经济的、财产的、婚姻家庭的、社会秩序等许多方面的法益(法所保护的利益)。应予注意的是,虽然刑法保护的范围很广泛,但它同时具有不完整性。首先,刑法并不是将所有侵害法益的行为规定为犯罪,而只是将其中部分严重侵害法益的行为规定为犯罪,故轻微的法益侵害行为并不成立犯罪;其次,即使是严重侵害法益的行为,但由于刑事政策等方面的原因,立法机关也可能不将其规定为犯罪;最后,成文刑法总是具有局限性,一些严重侵害法益的行为也可能被遗漏,因而不能被认定为犯罪。

一般部门法对一般违法行为也适用强制方法,但刑法规定的法律后果主要是刑罚,刑罚是国家最严厉的强制方法。

刑法具有补充性,即只有当一般部门法不能充分保护某种法益时,才由刑法保护;只有当一般部门法还不足以抑止某种危害行为时,才由刑法禁止。国家有许多部门法,需要保护的法益都首先由部门法来保护,如果所有的部门法都能充分有效地保护各种法益,刑法就没有存在的余地;反之,只有当一般部门法不能充分保护法益时,才需要刑法保护。这是因为,刑法的强制方法主要是刑罚,而刑罚如两刃之剑,用之不当,则国家与个人两受其害。

由于在其他法律不能充分保护法益时需要刑法保护,刑法的制裁方法又最为严厉,这就使得刑法实际上成为其他法律的保障。即其他法律调整的社会关系和保护的法益,也都借助于刑法来调整和保护;没有刑法作保障,其他部门法往往难以得到彻底贯彻实施。这既是刑法与其他法律的联系所在,也是刑法与其他法律的区别之一。

二、刑法的任务

《刑法》第2条规定:"中华人民共和国刑法的任务,是用刑罚同一切犯罪行为作斗争,以保卫国家安全,保卫人民民主专政的政权和社会主义制度,保护国有财产和劳动群众集体所有的财产,保护公民私人所有的财产,保护公民的人身权利、民主权利和其他权利,维护社会秩序、经济秩序,保障社会主义建设事业的顺利进行。"据此,可以将刑法的任务概括为保护法益,保护的方法是禁止和惩罚侵犯法益的犯罪行为。惩罚与保护密切联系:不使用惩罚手段抑止犯罪行为,就不可能保护法益;为了保护法益,必须有效地惩罚各种犯罪;惩罚是手段,保护是目的。

刑法的任务与刑法的机能不是等同的概念。刑法的机能是指刑法现实与可能发挥的作用。刑法具有两个基本机能:第一,法益保护机能,指刑法具有保护法益不受犯罪侵害与威胁的机能。犯罪是侵害或威胁法益的行为,刑法禁止和惩罚犯罪,是为了保护法益。第二,自由保障机能,指刑法具有保障公民个人自由不受国家刑罚权不当侵害的机能。根据罪刑法定原则,只要行为人的行为不构成刑法所规定的犯罪,他就不受刑罚处罚,这便对国家机关适用刑罚进行了限制;对犯罪人也只能根据刑法的规定给予处罚,不得超出刑法规定的范围科处刑罚,这便保障犯罪人免受不恰当的刑罚处罚。因此,刑法既是"善良人的大宪章",又是"犯罪人的大宪章"。

第三节 刑法的体系与解释

一、刑法体系

这里的刑法体系,是指刑法典的组成和结构。

刑法典的第一编为总则,第二编为分则,另有一条附则。总则内容是一般规定,分则内容为具体规定;总则规定不仅适用于分则,而且适用于其他有刑罚规定的法律(但其他法律有特别规定的除外)。编下为章。总则共五章,分别为刑法的任务、基本原则和适用范围,犯罪,刑罚,刑罚的具体运用,其他规定;分则共十章,分别规定了十类犯罪。章下为节,但只是总则的第二、三、四章以及分则的第三、六章之下设立节,总则的第一、五章及分则的其他章之下没有设立节。节(章)下是条,条是表达刑法规范的基本单位,也是刑法典的基本组成单位。刑法典的全部条文用统一的顺序号码进行编排,从第1条至第452条统一编号,不受编、章、节划分的影响。通过修正案在刑法典中增加条文时,在相关的条文后采取第××条之一、之二的编号方式。条下为款。款是条的组成单位,没有编号,其标志是另起一段。如引用某条的第二段,则称为"第××条第2款"。但许多条文只设立了一款,在这种情况下便只称作"第××条",而不要称为"第××条第1款"。款(条)下是项。项是某些条或款之下设立的单位,其标志是另起一段且用括号内的基数号码编写。如《刑法》第34条第1款下设有3项。

刑法的同一条(款)可能表达两个或三个意思。如《刑法》第29条第1款规定:"教唆他人犯罪的,应当按照他在共同犯罪中所起的作用处罚。教唆不满十八周岁的人犯罪的,应当从重处罚。"这一款表达了两个意思,理论上称表达前一意思的为前段,称表达后一意思的为后段。如果同一条(款)表达三个意思,则分别称为前段、中段、后段。

刑法的同一条款的后段要对前段内容作出相反、例外、限制或补充规定时,往往使用"但是"一词予以表示,"但是"开始的这段文字称为"但书"(但书前的内容称为"本文")。但书主要有以下情况:(1)对前段表示了相反关系,如《刑法》第13条的但书;(2)对前段表示了例外关系,如《刑法》第8条的但书;(3)对前段表示了限制关系,如《刑法》第73条第1、2款的但书;(4)对前段表示了补充关系,如《刑法》第37条的但书。由此看来,但书对准确表达立法意图起着重要作用,解释和适用刑法时不可忽视但书。由于但书具有表示与前段相反、例外等功能,故不能轻易指责条文的前后矛盾。例如,不能认为《刑法》第13条的但书与前段相矛盾。

二、刑法解释

(一)刑法解释的概念

刑法解释是指对刑法规定的真实含义的说明。

任何刑法都有解释的必要。首先,刑法内容是由文字表达的,任何用语尽管核心意义明确,但总会向边缘扩展,使其外延模糊,需要通过解释界定刑法用语的扩展边际;绝大多数用语总是具有多义性,需要通过解释明确刑法用语应取何种含义;用语随着时代发展会产生新的含义,需要通过解释说明刑法是否接受新的含义;许多用语也存在"言不尽意"的情况,需要通过解释揭示其未尽之意。此外,刑法中有许多规范的概念(如"淫秽物品")和纯粹的价值概念(如情节"恶劣"),必须通过解释明确其含义。其次,刑法所规定的各种犯罪类型,都是对犯罪现象进行抽象的结果,而不可能详尽叙述各种犯罪的具体表现,但现实的案件都是具体的,于是刑法规定与个案之间便存在距离。在这种情况下,要将刑法规定适用于具体个案,必须解释刑法的规定。最后,刑法具有相对稳定性,要使稳定的刑法适应不断发展变化的形势,就有赖解释。

刑法解释的必要性说明了刑法解释的重要意义:刑法解释有助于人们正确理解刑法规定的含义与精神;有利于刑法的正确实施;有利于克服刑法的某些缺陷;有利于刑法的发展和完善。

关于刑法的解释目标,存在主观解释论与客观解释论之争。主观解释论认为,刑法解释的目标,是探求立法者在制定刑法当时的看法、意图和价值观(立法者的原意)。客观解释论认为,刑法解释的目标应是存在于刑法规范中的客观意思,而不是立法者制定刑法规范时的主观意思或立法原意。折中说主张两种解释论的调和,或者以客观解释论为主辅之以主观解释论,或者以主观解释论为主辅以客观解释论。本书倾向于客观解释论。立法原意并不十分明确,因为立法者不是一个人,而是一个集体;刑法一经制定,它就是一种客观存在,与立法原意产生距离,需要根据用语的客观含义作出解释;刑法是成文法,解释者应当通过立法者所使用的语词的客观含义来发现法律的真实含义;刑法具有稳定性,但它同时必须适应社会发展的需要,追求立法原意必然不能适应社会发展的需要,从而影响刑法的生命力;探求立法原意,往往导致探求起草者的原意,起草者成为刑法的有效解释者,但这容易形成人治,而不利于法治;立法原意也可能存在缺陷,探求立法原意则不利于克服立法原意的缺陷,只有进行客观解释,才有利于刑法的完善。进行客观解释,并不违反罪刑法定原则。因为具有法律效力的是用文字表达出来的、具有外部形式的刑法,而不是存在于立法者大脑中的内心意思。不过,在根据文字的客观含义只能得出荒谬的结论时,则应根据相关资料探求立法原意,使解释结论明确、正当,符合刑法目的。

刑法解释不能超出刑法用语可能具有的含义,否则便有违反罪刑法定原则之嫌。刑法以保护法益为目的,所以,刑法解释不能违背保护法益的目的。刑法是根据宪法制定的,所以,刑法解释不仅不能违反宪法,而且必须自觉地以宪法为指导。合宪性解释不只是一种解释方法,而且是一项重要原则:对刑法条文的解释结论必须符合宪法;如果对刑法条文的解释,无论如何都得出违反宪法的结论,那么该条文就是违宪的。

(二)刑法解释的效力

非正式的刑法解释,即未经国家授权的机关、团体、社会组织、学术机构以及公民个人对刑法所作的解释,没有法律效力,但对刑事司法乃至立法活动具有重要参考价值,对提高公民法律意识具有重大作用。正式的刑法解释,即由被授权的国家机关在其职权范围内所作出的解释,具有法律效力。正式的刑法解释主要指立法解释与司法解释。

立法解释,是指在刑法颁布后,由立法机关对刑法规定的含义所作的解释。1997年《刑法》修订后,全国人大常委会对《刑法》第93条、第228条、第294条、第313条、第342条、第384条第1款、第410条等条文中的有关概念以及渎职罪的主体等作出过立法解释。

司法解释,是指最高人民法院、最高人民检察院就审判和检察工作中如何具体应用法律的问题所作的解释。

此外,许多刑法规范所规定的犯罪以违反行政法规、经济法规为前提,国务院及主管部门完全可能对行政法规、经济法规作出解释。因此,某些行政解释也可能对刑法的适用产生效力。[1]

(三) 刑法解释的方法

刑法理论的通说认为,刑法解释方法分为两大类:文理解释与论理解释。

文理解释是指根据刑法用语的文义及其通常使用方式阐释刑法意义的解释方法。文理解释的根据主要是语词的含义、语法、标点及标题。文理解释是一种基本的但并非简单的解释方法。如果文理解释的结论合理,则没有必要采取论理解释方法。

论理解释是指参酌刑法产生的缘由、理由、沿革及其他相关事项,按照立法精神,阐明刑法真实含义的解释方法。论理解释主要有以下几种:

(1) 扩大解释。即刑法条文的字面通常含义比刑法的真实含义窄,于是扩张字面含义,使其符合刑法的真实含义。如将《刑法》第 341 条中"出售",解释为"包括出卖和以营利为目的的加工利用行为",就是一种扩大解释。扩大解释是对用语通常含义的扩张,不能超出用语可能具有的含义;如果完全超出用语可能具有的含义,则是违反罪刑法定原则的类推解释。应否作出扩大解释,还必须考虑处罚的必要性;对于一个行为而言,其处罚的必要性越大,将其解释为犯罪的可能性越大,但行为离刑法用语核心含义的距离越远,解释为犯罪的可能性越小。

(2) 缩小解释。即刑法条文的字面通常含义比刑法的真实含义广,于是限制字面含义,使其符合刑法的真实含义。如将《刑法》第 111 条规定的"情报"限定为"关系国家安全和利益、尚未公开或者依照有关规定不应公开的事项",就是缩小解释。

(3) 反对解释。即根据刑法条文的正面表述,推导其反面含义的解释方法。如《刑法》第 50 条前段规定,判处死缓在缓期执行期间没有故意犯罪的,"二年期满后,减为无期徒刑"。据此,没有满二年的不得减为无期徒刑,此即反对解释。反对解释只有在以下两种情况下才能采用:一是法条所确定的条件为法律效果的全部条件;二是法条确定的条件为法律效果的必要条件。

---

[1] 例如,《刑法》第 216 条规定了假冒专利罪,国务院颁布的《专利法实施细则》第 84 条关于假冒专利行为的解释性规定,实际上对审判和检察工作具有效力。

(4)补正解释。即在刑法文字发生错误时,统观刑法全文加以补正,以阐明刑法真实含义的解释方法。如认为《刑法》第63条中的"以下"不包括本数,即是补正解释。补正解释必须符合立法目的,符合刑法的整体规定。在刑法解释中,补正解释不意味着将刑法没有明文规定的犯罪解释为犯罪。

(5)当然解释。即刑法规定虽未明示某一事项,但依形式逻辑、规范目的及事物属性的当然道理,将该事项解释在该规定的适用范围之内。例如,根据《刑法》第310条的规定,犯罪的人自己逃匿的不成立犯罪;既然如此,犯罪的人唆使他人帮助自己逃匿的,就更不能成立犯罪。需要注意的是,当然解释不得违反罪刑法定原则。换言之,不能仅根据"当然道理"作出对行为人不利的解释。

(6)体系解释。即根据刑法条文在整个刑法中的地位,联系相关法条的含义,阐明其规范意旨的解释方法。体系解释的目的在于避免断章取义,以便刑法整体协调。对于一个条文的解释结论必须能够得到其他条文的印证;遇到不明确的规定时,应当通过明确的规定来阐释不明确的部分;不能使刑法条文之间产生矛盾与冲突。体系解释并不意味着对刑法中的任何用语都必须作出完全一致的解释,更不意味着刑法用语必须与其他法律用语的含义相吻合。由于语言的特点等原因,刑法中的许多用语也具有相对性,即同一用语在不同条款甚至在同一条款中可能具有不同含义。另一方面,肯定刑法用语的相对性是为了实现刑法的协调与正义,所以,对用语作相对解释,实质上也是体系解释。

(7)历史解释。即根据制定刑法时的历史背景以及刑法发展的源流,阐明刑法条文真实含义的解释方法。历史解释并不意味着只是探讨立法原意,而是要根据历史参考资料得出符合时代的结论。历史解释也不意味着必须永远按照过去的观念解释现行刑法,而是应注重刑法变更的历史原因。

(8)比较解释。即将外国立法与判例作为参考资料,借以阐明刑法规定真实含义的解释方法。在进行比较解释时,不可忽视中外刑法在实质、内容、体例上的差异,不能只看文字上的表述与犯罪的名称,而应注重规定某种犯罪的条文在刑法体系中的地位,从而了解相同用语在不同国家的刑法中所具有的不同含义。①

任何解释结论都必须符合刑法的目的。所谓目的解释,就是指根据刑法规范的目的,阐明刑法条文真实含义的解释方法。任何解释都或多或少包含了目的解释;当不同的解释方法得出多种结论或不能得出妥当结论时,就以目的解释

---

① 严格地说,前四种解释属于解释技巧,后四种解释属于解释理由。

来最终决定;刑法分则规定具体犯罪与刑罚的条文,都有其特定的法益保护目的;在确定具体犯罪的构成要件时,必须以其保护法益为指导。但是,也不能为了保护法益而损害刑法的自由保障机能。在此意义上说,目的解释中的目的不仅包括法益保护目的,而且包括自由保障目的。

在对刑法条文进行解释时,既可能采用某一种解释方法,也可能同时采用某几种解释方法,对不同条文可能采取不同的解释方法(如对 A 条进行扩大解释,对 B 条进行缩小解释),但解释必须符合罪刑法定原则,解释结论必须符合刑法目的。

第二章 罪刑法定原则

罪刑法定原则,是全世界公认的刑法的基本原则。从理论上明确罪刑法定原则的思想基础与基本内容,有利于贯彻罪刑法定原则。

第一节 刑法的基本原则概述

一、刑法基本原则的概念

刑法的基本原则,是指刑法本身所具有的,贯穿于刑法始终,必须得到普遍遵循的具有全局性、根本性的准则。刑法的基本原则是法治的基本原则在刑法中的具体表现,是各个部门法都必须遵循的共同准则在刑法中的特殊体现。但刑法的基本原则与法治的基本原则、共同准则又有明显区别。

首先,既然是"刑法"的基本原则,理当是有别于其他法律原则的原则,也是有别于所有法律共同准则的原则。

其次,既然是刑法的"基本原则",就必须是贯穿于全部刑法规范之中,并且具有全局性、根本性的准则。如刑法规定的对未成年人犯罪从宽处罚的原则、累犯从重处罚的原则、数罪并罚的原则等,只是刑法的局部原则,而不是贯穿于全部刑法规范之中的全局性、根本性准则,因而不是刑法的基本原则。

最后,既然是"刑法的基本原则",就必须是得到普遍遵循的准则,即不管是刑法的制定,还是刑法的解释与适用都必须遵循的准则。解释与适用刑法必须遵循刑法的基本原则,这是不言而喻的;但不要因为刑法的基本原则是刑法本身规定的,就认为它不制约刑法的制定。事实上,立法者在制定刑法时也遵循着刑法的基本原则。

二、刑法基本原则的确定

我国旧刑法没有明文规定刑法的基本原则,在现行《刑法》通过之前,刑法理论上对刑法基本原则的概括与提法不完全统一。有的教科书将刑法的基本原则概括为罪刑法定、罪刑相适应、罪责自负三个原则;有的教科书在上述三个原则基础上增加了惩罚与教育相结合的原则;有的教科书指出,刑法的基本原则是罪刑法定、罪刑相适应、主客观相一致、惩办与教育改造相结合四个原则;有的教科书提出,刑法的基本原则是罪刑法定、惩办与宽大相结合、公民在法律面前一律平等、罪责自负不株连无辜四个原则;如此等等。① 对刑法基本原则的概括不同,不仅反映出刑法理论上对刑法本身的认识不同,也反映出对一些原则之间的关系认识不同,还反映出刑法理论工作者的价值取向不完全相同。

现行刑法明确规定了罪刑法定、平等适用刑法、罪刑相适应原则。《刑法》第3条规定了罪刑法定原则:"法律明文规定为犯罪行为的,依照法律定罪处刑;法律没有明文规定为犯罪行为的,不得定罪处刑。"这一规定具有历史的进步意义。《刑法》第4条规定了平等适用刑法原则:"对任何人犯罪,在适用法律上一律平等。不允许任何人有超越法律的特权。"平等适用刑法,是法律面前人人平等原则在刑法中的具体化,本书不展开论述。《刑法》第5条规定了罪刑相适应原则:"刑罚的轻重,应当与犯罪分子所犯罪行和承担的刑事责任相适应。"本书会在量刑原则中讨论这一规定的具体含义。下面仅具体论述罪刑法定原则。

第二节 罪刑法定原则的法律渊源与思想基础

一、罪刑法定原则的法律渊源

罪刑法定原则的基本含义是,"法无明文规定不为罪""法无明文规定不处罚"。

一般认为,从法律规定上看,罪刑法定原则的最先来源是1215年英王约翰签署的《大宪章》第39条的规定,即"对于任何自由人,不依同一身份的适当的裁判或国家的法律,不得逮捕、监禁、剥夺领地、剥夺法的保护或放逐出境,不得采取任何方法使之破产,不得施加暴力,不得使其入狱"。这一规定奠定了"适当的法律程序"的思想基础。英国1628年的《权利请愿书》、1679年的《人身保护法》也从不同角度巩固了罪刑法定主义思想。上述思想后来在美国广为传播,美国的《权利宣言》及宪法都肯定了罪刑法定主义,并且在某些方面使罪刑法定原则具体化。不过,现代意义上的罪刑法定原则的法律渊源是法国1789年的《人权宣言》、1791年的《法国宪法》与1810年的《法国刑法典》。《人权宣言》第8条规定:"在绝对必要的刑罚之外不能制定法律,不依据犯罪行为前制定且颁布并付诸实施的法律,不得处罚任何人。"这一规定确立了罪刑法定原则的基本方向。1791年的《法国宪法》体现了这一精神。1810年的《法国刑法典》第4条进一步规定:"非依在犯罪行为时以明文规定刑罚的法律,对任何人不得处以违警罪、轻罪和重罪。"这是最早在刑法典中规定罪刑法定原则的条文,它的历史进步意义

---

① 参见张明楷:《刑法学》(第五版),法律出版社2016年版,第43页。

在于使罪刑法定原则从宪法中的宣言式规定转变为刑法中的实体性规定。受1810年《法国刑法典》的影响,大陆法系国家刑法典纷纷规定了罪刑法定原则。罪刑法定主义推动了法治原则的形成。

罪刑法定原则被写进了国际条约,得到了国际法的承认。例如,《世界人权宣言》第11条第2款规定:"任何人的任何行为或不行为,在其发生时依国家法或国际法均不构成刑事罪者,不得被判犯有刑事罪。刑罚不得重于犯罪适用的法律规定。"《公民权利和政治权利国际公约》第15条第1款也作了几乎完全相同的规定。《关于战俘待遇之日内瓦公约》第99条第1款规定:"战俘之行为,在其犯此行为时,非为当时有效之拘留国法律或国际法所禁止者,不得因此而受审判或处刑。"从这些条约中可以清楚地认识到,规定罪刑法定都是为了防止罪刑擅断,使国民免受不可预测的刑罚惩罚,从而保障国民的自由。因此,这些条约在规定罪刑法定原则之前,都强调了人人有权享有生命、自由和人身安全;任何人不得施以酷刑,或施以残忍的、不人道的或侮辱性的刑罚。如果没有罪刑法定原则,国民就不可能享有人权,故罪刑法定是人权的最有力保障。

二、罪刑法定原则的思想基础

罪刑法定原则的思想基础是民主主义与尊重人权主义。

民主主义要求,国家的重大事务应由人民(公民)自己决定,各种法律应由人民自己制定。刑法的处罚范围与程度直接关系着每一个人的生命、身体、自由、财产与名誉,属于特别重大的事项,应当由人民决定什么行为是犯罪、对犯罪科处何种刑罚。但社会现实表明,不可能每一个人都是直接的立法者;妥当的做法是由人民选举其代表组成立法机关,由立法机关制定刑法;由于立法机关代表人民的意志,故其制定的刑法也反映了人民的要求。刑法一经制定,便由司法机关适用,司法机关适用刑法的过程,也是实施人民意志的过程。这理所当然形成了罪刑法定主义中的法律主义。由于刑法是人民意志的体现,故任何人都不能随意解释刑法,尤其不能作出不利于被告人的类推解释。又由于刑法是人民意志的体现,它要尽最大可能、最大限度地保护人民的利益,如果扩大处罚范围,就必然侵害人民的自由。这便要求禁止处罚不当罚的行为。正义与公平是人民的当然要求,立法机关根据人民意志制定的刑法,必须体现正义与公平。所以,刑法必须规定与犯罪相均衡的刑罚,同时禁止残酷的刑罚;而均衡的标准是同时代的一般人的价值观念。

为了保障人权,不致阻碍人民的自由行动,使人民事先能够预测自己行为的性质与后果,必须事先明确规定犯罪与刑罚。因为当人民事先能够根据成文刑法预测自己的行为性质时,就不会因为不知道自己的行为是否会受到刑罚处罚而感到不安,也不会因为不知道自己的行为是否会受到刑罚制裁而不敢实施合法行为。在此意义上,尊重人权主义与使人民具有预测可能性(预测可能性原理)是一个含义。显然,人民对自己行为的性质与后果具有预测可能性的前提是事先有成文法的规定,这便是法律主义;事后的法律不能使人民具有预测可能性,因此,必须禁止刑法溯及既往;如果在具有成文法的前提下实行类推解释,人民也不能预测自己的行为是否会被类推解释为犯罪,因而侵犯了人民的自由,故必须禁止类推解释。不仅如此,刑法必须具有明确性;如果含混不清、模棱两可或前后矛盾,人民要么仍然不能预测自己行为的性质,要么左右为难,这便是刑罚法规的明确性原则。

第三节 罪刑法定原则的基本内容与具体实现

一、罪刑法定原则的基本内容

(一)法律主义(成文法主义)

罪刑法定主义所要求的法律主义,是指规定犯罪与刑罚的法律必须是成文的法律;法官只能根据成文法律定罪量刑。其具体要求是:规定犯罪与刑罚的法律只能是立法机关制定的法律,故行政机关不能制定刑法;规定犯罪与刑罚的法律必须以本国通用的文字表述;习惯法不得作为刑法的渊源;判例也不得作为刑法的渊源。

根据我国宪法及有关法律规定,行政机关所制定的行政法规中,不能设立刑罚;与此同时,我国立法机关也没有委任行政机关制定刑法规范。在这一点上,我国严格遵循了罪刑法定原则的要求。

习惯法虽然在一定范围内能够体现民意,但根据预测可能性的原理,刑法必须排斥习惯法。习惯法形成于社会生活简单、价值单一的时代,在社会复杂化、价值多元化的时代,习惯法作为刑法的渊源已不可能;习惯法通常缺乏明确表达,人们难以据此预测自己的行为性质与后果。最为关键的是,习惯法难以起到限制司法权力的作用。[①]

在我国,判例不能成为定罪量刑的法律依据,法官无权创制新罪名。判例法至少在程序上违反民主主义原理;判例法实际上是溯及既往的法律,它要求人民在行为时遵守行为时并不存在的判例法,损害了人民的预测可能性和刑法的保障机能;恪守遵循先例的原则,也会损害具体的妥当性。正因为如此,即使在实行判例法主义的国家,现在也不允许法官创制罪名,不允许法官在刑法领域造法。所以,罪刑法定原则要求事先由立法机关颁布成文的刑法,然后由司法机关

[①] 虽然习惯法不能成为刑法的渊源,但它仍然是人们在理解构成要件和判断行为的违法性时,必须考虑的因素。

执行。一方面,司法机关只能根据成文刑法定罪量刑,这便限制了司法权力;另一方面,人民可以根据成文刑法预测自己行为的性质与后果,从而在法律禁止之外享有充分的自由。

(二) 禁止溯及既往(禁止事后法)

禁止溯及既往,是指只能适用行为时的法律,而不得适用行为后的法律。法律溯及既往,意味着人民必须遵守行为时根本不存在的"法律",这令人不可思议。由于适用刑法的效果通常导致刑罚,而刑罚是一种剥夺性、限制性的痛苦,故与其他部门法相比,刑法对事后法的禁止极为严格。

禁止溯及既往是保障人民自由的要求。因为人民总是根据现行有效的法律实施自己的行为;在这种情况下,人民之所以是自由的,是因为现行有效的法律可以预见,人们完全可以在法律允许的范围内自由行事。正因为禁止溯及既往是为了保障人民自由,所以,禁止溯及既往只是禁止不利于被告人的溯及既往,如果新法有利于被告人,则可以溯及既往适用新法。

禁止溯及既往既是司法原则,也是立法原则。因为刑法适用上的溯及既往与刑事立法上的溯及既往都会损害人民的预测可能性、侵犯人民自由。

从司法上说,禁止溯及既往的具体内容有:(1) 不得对行为时并未禁止的行为科处刑罚;(2) 不得对行为时虽有法律禁止但并未以刑罚禁止(未规定法定刑)的行为科处刑罚;(3) 不得事后减少犯罪构成要件而增加犯罪可能性;(4) 不得适用事后提高的法定刑或者加重刑罚内容;(5) 不得事后增加或者加重保安处分或非刑罚处罚;(6) 不得事后将自诉罪变更为公诉罪;(7) 不得事后延长追诉时效;(8) 不得改变刑事证据规则,事后允许以较少或较简单的证据作为定罪根据。

(三) 禁止类推解释

类推解释,是指需要判断的具体事实与法律规定的构成要件基本相似时,将后者的法律效果适用于前者。例如,《刑法》第 236 条规定了强奸罪,其行为对象仅限于妇女;如果认为妇女强行与男子性交的行为也构成强奸罪,则是类推解释。

禁止类推解释既可以由民主主义解释,也可以由预测可能性解释。立法机关通过文字表述其立法意图,因此,在解释刑法时,只能在立法文字可能具有的含义内进行解释;同时,由于刑法本身有自己的体系,故在确定文字含义时,应当在维持刑法整体含义的前提下进行解释。如果可以类推解释,则意味着成文刑法丧失了意义。人民通过刑法用语了解什么行为是犯罪,从而不实施犯罪行为。因此,在刑法用语可能具有的含义内作出解释,就不会损害人民的预测可能性;如果将人民根据刑法用语所预想不到的事项解释为刑法用语所包含的事项,就超出了人民的预测可能性,从而导致人民实施原本不认为是犯罪的行为却受到了刑罚处罚。所以,类推解释的结论,必然导致人民不能预测自己的行为性质和后果,要么造成行为的萎缩,要么造成人民在不能预见的情况下受刑罚处罚。正因为如此,罪刑法定主义并不禁止有利于被告人的类推解释。

罪刑法定原则并不禁止扩大解释,但如何厘定扩大解释与类推解释的界限,则是一个难题。从形式上说,扩大解释所得出的结论,没有超出刑法用语可能具有的含义,即在刑法文字含义的"射程"之内进行解释;而类推解释所得出的结论,超出了用语可能具有的含义,即在刑法文字含义的"射程"之外进行解释。[①] 从着重点上说,扩大解释着眼于刑法规范本身,仍然是对规范的逻辑解释;类推解释着眼于刑法规范之外的事实,是对事实的比较。从论理方法上说,扩大解释是扩张性地划定刑法的某个概念,使应受处罚的行为包含在该概念中;类推解释则是认识到某行为不是刑法处罚的对象,而以该行为与刑法规定的相似行为具有同等的恶害性为由,将其作为处罚对象。从实质上而言,扩大解释的结论在人民预测可能性之内,类推解释则超出了人民预测可能性的范围。

(四) 禁止绝对不定(期)刑

法定刑必须有特定的刑罚种类(刑种)与特定的刑罚幅度(刑度)。如果刑法对某种行为没有规定刑罚,那么,根据"没有法定的刑罚就没有犯罪"的原则,该行为便不是犯罪。同样,如果刑法只是规定对某种行为追究刑事责任,但没有规定特定的刑种与刑度(不定刑),司法机关因为没有适用刑罚的标准,事实上也不可能追究刑事责任。所以,不同时代的刑法通常都对犯罪规定了特定的刑种与刑度。所不同的是,在一段时间内,西方一些国家的刑法规定了绝对确定的法定刑,使法官没有裁量的余地。从表面上看,刑法规定绝对确定的法定刑,有利于保障人权。但事实上,任何一种具体的犯罪都可能具有不同的情节、不同的危害程度以及不同的人身危险性(即再犯罪可能性),而绝对确定的法定刑只能以该种犯罪的平均程度的危害性为根据予以确定,故反而侵害那些情节轻微、人身危险性较轻的部分犯罪人的自由。所以,现代各国的刑法都规定了相对确定的法定刑。由于刑法规定了相对确定的法定刑,法官不仅应当以相对确定刑为依据裁量刑罚,而且必须作出具体的裁量,即必须宣告具体的刑罚,而不能宣告不定期刑。相对确定的法定刑,一方面限制了法官自由裁量的权力,另一方面也有利于实现罪刑的均衡,因而符合法治的要求。

(五) 明确性

明确性的基本含义是:"规定犯罪的法律条文必须清楚明确,使人能确切了解违法行为的内容,准确地确定犯罪行为与非犯罪行为的范围,以保障该规范没

[①] "可能具有的含义",是指依一般语言用法,或者立法者标准的语言用法,该用语还能够指称的意义。

有明文规定的行为不会成为该规范适用的对象。"①

将明确性视为罪刑法定原则的内容之一,是因为明确性是限制国家权力、保障人民自由的基本要求。首先,不明确的刑法不具有预测可能性的功能,人民在行为前仍然不明白其行为的法律性质,于是造成人民行动萎缩的效果,因而限制了人民的自由。而且,随着社会的复杂化,法定犯(行政犯)日益增多,不明确的刑罚法规对人民预测可能性的侵害便越来越严重。其次,不明确的刑法还为国家机关恣意侵犯人民的自由找到了形式上的法律根据,所以,不明确的刑法比没有刑法更容易侵犯人民的自由,因而违反法治原则。

不过,明确性只是一种相对的要求,要求刑法明确到无需解释的程度只是一种幻想。事实上,除了数字概念以外,其他用语都需要解释;即使是数字概念,也存在如何起算的问题。解释刑法就是为了使刑法明确,所以,实现刑法的明确性是刑事立法与刑法理论的共同任务。

此外需要说明的是,明确性原则也是司法原则。一方面,由于司法解释具有法律效力,所以,司法解释必须具有明确性。另一方面,一般人并不直接阅读刑法条文,而是通过起诉书、判决书了解刑法内容,所以,起诉书与判决书也必须具有明确性。

(六)禁止处罚不当罚的行为

禁止处罚不当罚的行为,是指刑法只能将具有处罚根据或者说值得科处刑罚的行为规定为犯罪。犯罪与刑罚确实由立法机关规定,但是,这并不意味着立法机关可以随心所欲地确定犯罪的范围,而是只能将具有科处刑罚根据的行为规定为犯罪。

法治并不意味着一切琐细之事均由法律处理,更不意味着琐细之事由刑法处理。现代社会越来越复杂,人际交往越来越频繁,如果人们的一举一动都由法律来制约,必然造成法律条文过剩、自相矛盾和不适当。刑法所规定的刑罚,在具有积极作用的同时,也存在明显的消极作用;如果适用范围过宽,则不仅削弱刑罚的积极效果,反而有害于国家与人民。所以,在能够不使用刑罚,而以其他手段也能达到保护法益的目的时,则务必放弃刑罚手段。况且,适用刑法的代价十分昂贵,对违法行为尽量适用其他法律,对国家与个人都会利多弊少。

一般来说,刑法只能将具备下列条件的行为规定犯罪:(1)这种行为对法益的侵犯性比较严重,绝大多数人不能容忍,并主张以刑法进行规制;(2)适用其他制裁方法不足以抑制这种行为,不足以保护法益;(3)运用刑法处罚这种行为,不会导致禁止对社会有利的行为,不会使人民的自由受到不合理的限制;(4)对这种行为能够在刑法上进行客观的认定和公平的处理;(5)运用刑法处

---

① 〔意〕杜里奥·帕多瓦尼:《意大利刑法学原理》,陈忠林译,法律出版社1998年版,第24页。

罚这种行为能够获得预防或抑制该行为的效果。

但是,不能走向另一极端,以为刑法的处罚范围越窄越好。根据我国的现实情况,现行刑法增加了许多新的犯罪,而且今后还会增加规定一些新的犯罪类型。因为行为是否侵害法益以及侵害的程度,总是随着社会的变化而变化。由于形势的变化,当某种行为对法益的侵害性已经达到了值得科处刑罚的程度时,就需要将其规定为犯罪。

（七）禁止不均衡的、残虐的刑罚

禁止不均衡的刑罚,是罪刑法定原则的重要内容。要实现刑罚与犯罪的均衡,就必然反对残虐的刑罚。残虐的刑罚,是指以不必要的精神、肉体的痛苦为内容,在人道上被认为是残酷的刑罚。既然是不必要的和残酷的,那么,它相对于任何犯罪而言都必然是不均衡的。刑罚处罚程度由重到轻,是历史发展的进步表现与必然结果；轻刑化是历史发展的必然趋势。

然而,这并不意味着应该或者可以超越时代实行轻刑化。使犯罪人受剥夺性、限制性痛苦是刑罚的惩罚性质与内在属性。恶有恶报、善有善报的朴素正义观念决定了没有痛苦内容的措施在任何时代都不可能成为刑罚。对于刑罚的痛苦程度,应以本国国情、本国人民群众的物质、精神生活水平以及社会的平均价值观念为标准进行衡量。

二、罪刑法定原则的具体实现

刑法的基本原则,不仅是制定刑法的原则,而且是解释刑法、适用刑法的原则。但罪刑法定原则的法定化,并不等同于罪刑法定原则的现实化。要展现罪刑法定原则的思想基础、实现罪刑法定原则的基本内容,还需要刑法理论工作者与司法工作人员付出巨大努力。只有在解释与适用刑法的过程中,时时把握罪刑法定原则的思想基础,事事符合罪刑法定原则的基本要求,才能真正实现罪刑法定原则。

实现罪刑法定原则,要求树立法治观念。坚持罪刑法定原则,是依法治国的重要一环,是法治建设的时代性进步；坚持罪刑法定原则是实现人民意志,保障公民权利,维护社会秩序的要求；刑法规范首先是为了限制司法权力,在打击犯罪时,着眼点是刑法明文规定的犯罪,而不是刑法没有明文规定的"犯罪"。

实现罪刑法定原则,要求合理解释刑法。立法解释对于弥补刑事立法的不足具有一定意义,但立法解释不等于修改刑法,所以,立法解释也不得超出刑法用语可能具有的含义,不得侵害人民的预测可能性。具有法律效力的司法解释,在现阶段对保证正确适用刑法起着一定作用。但是,司法解释只能就法律在具体适用中的问题进行解释,不能超越其权限进行解释,更不能以司法解释代替刑事立法；无论以何种方法解释刑法,都必须符合刑法自身的规定。不具有法律效力的学理解释,对刑事司法事实上起着重大指导作用,故学理解释必须遵循罪刑法定原则,在可能得出多种解释结论时,一定要根据罪刑法定原则的思想基础选择正确解释。

　　实现罪刑法定原则,要求正确定罪量刑。对于刑法明文规定的犯罪,司法机关必须以事实为根据、以刑法为准绳,严格区分罪与非罪、此罪与彼罪、一罪与数罪,并选择合理的法律后果。对于刑法没有明文规定为犯罪的行为,不得以任何方式定罪量刑,既不能适用类推方法定罪量刑,也不能为了定罪量刑,而将刑法没有明文规定为犯罪的行为,认定为刑法明文规定的犯罪。例如,根据《刑法》第17条第2款的规定,已满14周岁不满16周岁的人,对贩卖毒品罪负刑事责任,但对运输毒品罪不负刑事责任,因此,不能为了追究上述行为人的刑事责任,将其运输毒品的行为认定为贩卖毒品罪。

第三章　刑法的效力

刑法的效力(也称刑法的适用范围),讨论的是刑法在什么地域对什么人适用(空间效力)以及在什么时间内适用(时间效力)。

第一节　刑法的空间效力

一、刑法的空间效力的概念

刑法的空间效力所解决的是一国刑法在什么地域、对什么人适用的问题。从各国刑法及国际条约的规定来看,一国刑法不仅能适用于本国领域内的行为,而且在一定条件下能适用于本国领域外的行为。

刑法在国外的适用受到国际法的制约。在尊重国家主权和遵从国际法的今天,不承认一个国家对发生在任何地方的任何犯罪都有行使刑罚权的权力,特别不允许为了行使刑罚权而侵害他国主权。自古以来,制约刑法在空间上的适用范围的国际法原则,就是国家自己保护与国际协同。一方面,当行为与本国具有场所的、人的、物的关系,侵犯了本国或其公民的利益时,就有适用本国刑法的权力。另一方面,防止犯罪和保障犯罪人的权利,是现代国际社会所共同关心的事项,是各国在刑事司法活动中相互协力所追求的目标。基于国际协同原则的要求,在一定条件下,一国对于与本国没有直接关系的国际犯罪,也可能行使管辖权。

刑法在空间上的适用范围,涉及对国内犯(发生在本国领域内的犯罪)与国外犯(发生在本国领域外的犯罪)的效力。

二、对国内犯的适用原则

刑法对国内犯的基本适用原则是属地管辖原则。即一个国家对其领域内的人,不问其国籍,都有进行规制以维护本国秩序的权力。因此,一个国家对于发生在本国领域内的犯罪,不管行为人是谁,都适用本国刑法。属地管辖原则以国家主权和国家刑罚权为根据,有利于维护国家主权、尊严与秩序,有利于刑罚效果的实现、诉讼程序的展开。

《刑法》第6条第1款规定:"凡在中华人民共和国领域内犯罪的,除法律有特别规定的以外,都适用本法。"这是对属地管辖原则的规定。这里所说的"领域",是指我国国境以内的全部区域,包括领陆(国境线以内的陆地以及陆地以下的底土)、领水(内水、领海及其领水的水床及底土)和领空(领陆、领水之上的空气空间)。这里所说的"法律有特别规定"而不适用"本法"事实上包括三类情况:第一类是不适用中国刑法(广义刑法)的情况;第二类是不适用我国大陆刑法的情况;第三类是不适用《刑法》部分条文的情况。

不适用中国刑法的情况是指,对于享有外交特权和豁免权的外国人不适用中国刑法。《刑法》第11条规定:"享有外交特权和豁免权的外国人的刑事责任,通过外交途径解决。"这意味着即使上述人在我国领域内犯罪,也不适用我国刑法。

不适用我国大陆刑法(包括刑法典及其他仅在大陆适用的特别刑法)的情况是指,对于香港、澳门和台湾地区不适用我国大陆刑法。由于众所周知的原因,大陆《刑法》的效力还不能及于港、澳、台地区。尽管我国已恢复对香港、澳门行使主权,但根据《香港特别行政区基本法》与《澳门特别行政区基本法》的有关规定,大陆《刑法》对香港、澳门没有适用效力。按照"一国两制"的基本构想,大陆《刑法》对祖国统一后的台湾地区也将没有适用效力。由于香港、澳门、台湾是中国的一部分,故香港、澳门、台湾的刑法,也是中国的广义刑法的一部分,即中国的区域刑法或地方刑法。在此意义上说,香港、澳门、台湾适用的仍然是中国刑法。

不适用《刑法》部分条文的第一种情况是,当刑法典颁布后国家立法机关制定特别刑法,与刑法典的部分条文出现法条竞合的情况时,根据"特别法优于普通法"的原则,不适用刑法典,而适用特别刑法。

不适用《刑法》部分条文的第二种情况是《刑法》第90条规定的情况。该条规定:"民族自治地方不能全部适用本法规定的,可以由自治区或者省的人民代表大会根据当地民族的政治、经济、文化的特点和本法规定的基本原则,制定变通或者补充的规定,报请全国人民代表大会常务委员会批准施行。"据此,首先,少数民族地区只能就不能适用刑法的部分情况制定变通或者补充规定,而不能自行制定刑法典,故刑法典在总体上仍然对少数民族地区具有适用效力。其次,少数民族地区的自治区或者省的人民代表大会制定的变通或者补充规定,必须与当地的政治、经济、文化的特点相适应,必须符合刑法典的基本原则。最后,少数民族地区制定的变通或者补充规定必须报请全国人大常委会批准后,方能施行。

由上可见,真正属于属地管辖原则例外的,只有上述"不适用中国刑法"的一种情况。"不适用大陆刑法"的情况,不是属地管辖原则的例外,只是一种事实上的限制;"不适用《刑法》部分条文"的情况,也不是属地管辖原则的例外,而是适用《刑法》的例外。

挂有本国国旗的船舶与航空器,属于本国领土,不管其航行或停放在何处,对在船舶与航空器内的犯罪,都适用旗国的刑法,这便是旗国主义,是属地管辖原则的补充。这一主张不仅得到了国际法的承认,而且被许多国家规定在其刑法典中。我国《刑法》第6条第2款规定:"凡在中华人民共和国船舶或者航空器内犯罪的,也适用本法。"这就肯定了旗国主义。

采取属地管辖原则要求对犯罪地加以确定。我国《刑法》第6条第3款采取了遍在说,即"犯罪的行为或者结果有一项发生在中华人民共和国领域内的,就认为是在中华人民共和国领域内犯罪"。据此,行为与结果均发生在我国领域内的,适用我国刑法;仅行为发生在我国领域内或仅结果发生在我国领域内的,也适用我国刑法。不仅如此,只有一部分行为或者只有一部分结果发生在我国领域内时,也应认为是在我国领域内犯罪。因为行为或者结果的其中任何一部分发生在我国领域内,就侵犯了我国国家或公民的利益,破坏了我国的法律秩序,为了维护国家主权与公民的利益,应认为可以适用我国刑法。如果要求行为的全部或者结果的全部发生在我国领域内才认为是在我国领域内犯罪,则不利于维护国家主权与公民的利益;而且,如果每个国家都采取这种做法,势必造成管辖上的空隙,导致部分犯罪人逃避法律制裁。

在未遂犯场合,行为地与行为人希望结果发生之地、可能发生结果之地,都是犯罪地;在共同犯罪场合,共同犯罪行为有一部分发生在本国领域内或者共同犯罪结果有一部分发生在本国领域内,就认为是在本国领域内犯罪。

三、对国外犯的适用原则

对国内犯而言,属地管辖原则是最理想的原则,但还有三种国外犯的犯罪行为,应当或者可以适用中国刑法,却是属地管辖原则所不能解决的:第一是中国公民在国外实施的某些犯罪;第二是外国人在国外实施的危害中国国家或中国公民利益的某些犯罪;第三是外国人在国外实施的危害各国共同利益的国际犯罪。我国刑法针对这几种情况,采取了其他原则。

(一)属人管辖原则

这里的属人管辖原则,是指积极的属人管辖原则,即本国公民在国外犯罪的,也适用本国刑法。

我国《刑法》第7条规定了属人管辖原则。首先,中华人民共和国国家工作人员和军人在中国领域外犯我国刑法规定之罪的,适用中国《刑法》。这样规定,一方面是因为国家工作人员与军人的身份及职权决定了其在领域外犯罪会直接危害国家安全与利益,妨害国家的信用与声誉;另一方面是因为随着对外开放与市场经济的发展,上述人员在中国领域外的犯罪现象增加,需要采取属人管辖进行抑制。其次,国家工作人员和军人以外的其他中国公民在中国领域外犯我国刑法规定之罪的,原则上适用中国刑法;但是按照我国刑法规定的最高刑为3年以下有期徒刑的,可以不予追究。

《刑法》第7条规定的属人管辖并没有以双重犯罪为原则。但本书认为,倘若中国公民在国外实施的行为并没有触犯所在地国的刑法,不宜适用我国刑法。例如,《日本刑法》第177条规定的奸淫幼女罪中的幼女是指"不满13岁的女子"。中国公民甲在日本与已满13岁的乙幼女自愿发生性交的行为,虽然触犯了我国刑法,且法定最低刑为3年以上有期徒刑,但该行为在日本并不成立犯罪。本书认为,在这种情况下,应类推适用《刑法》第8条的但书,不适用中国刑法追究甲的刑事责任。

(二)保护管辖原则

保护管辖原则的基本含义是,不论本国人还是外国人,其在国外的犯罪行为,只要侵犯了本国利益或本国公民的法益,就适用本国刑法。其实质意义在于,保护本国利益与本国公民的法益。因侵犯本国利益而适用本国刑法的,称为国家保护原则;因侵犯本国公民法益而适用本国刑法的,称为国民保护原则(消极的属人管辖原则)。

我国《刑法》第8条规定:"外国人在中华人民共和国领域外对中华人民共和国国家或者公民犯罪,而按本法规定的最低刑为三年以上有期徒刑的,可以适用本法;但是按照犯罪地的法律不受处罚的除外。"据此,适用保护管辖原则受三个条件限制:(1)所犯之罪必须侵犯了我国国家或者公民的利益。作出这一限制,既有利于保护我国国家与公民的利益,又尊重了他国主权。(2)所犯之罪按我国刑法规定的最低刑为3年以上有期徒刑。应当注意的是,根据刑法总则与其他法律的关系,当刑法典规定的最低刑没有达到3年以上,而此后的单行刑法修改法定刑或者增加犯罪类型,最低刑为3年以上有期徒刑时,也可适用我国刑法(当然不得溯及既往)。(3)所犯之罪按照犯罪地的法律也应受处罚。这一限制具有必要性,因为不能要求一个人在任何地方遵守一切国家的法律。

根据《反恐怖主义法》第11条的规定,对在中华人民共和国领域外对中华人民共和国国家、公民或者机构实施的恐怖活动犯罪,中华人民共和国行使刑事管辖权,依法追究刑事责任。据此,对危害我国国家、公民或者机构的恐怖活动犯罪行使管辖权,不受上述第(2)与(3)两个条件的限制。换言之,《反恐怖主义法》第11条是《刑法》第8条的例外规定。

(三)普遍管辖原则

普遍管辖原则以保护各国的共同利益为标准,认为凡是国际条约所规定的侵犯各国共同利益的犯罪,不管犯罪人的国籍与犯罪地的属性,缔约国或参加国发现罪犯在其领域之内时便行使刑事管辖权。采取普遍管辖原则,主要是为了防止国际犯罪。

根据国际条约及各国刑法的规定,适用普遍管辖原则受到一定限制:(1)适用普遍管辖原则的犯罪必须是危害人类共同利益的国际犯罪;(2)管辖国应是有关条约的缔约国或参加国;(3)管辖国的国内刑法也将该行为规定为犯罪;(4)罪犯出现在管辖国的领域内。由此可见,普遍管辖原则并不意味着任何国家对任何犯罪均有管辖权。

我国《刑法》第9条规定:"对于中华人民共和国缔结或者参加的国际条约所规定的罪行,中华人民共和国在所承担条约义务的范围内行使刑事管辖权的,适用本法。"《反恐怖主义法》第11条也规定,对在中华人民共和国领域外实施的中华人民共和国缔结、参加的国际条约所规定的恐怖活动犯罪,中华人民共和国行使刑事管辖权,依法追究刑事责任。这是对普遍管辖原则的规定,同时说明,对根据普遍管辖原则所审理的犯罪,其实体法的适用根据是国内刑法,而非国际条约,因为国际条约没有对罪行规定法定刑,而是要求缔约国或参加国将国际条约所列的罪行规定为国内刑法上的犯罪。

四、对外国刑事判决的承认

由上可见,我国刑法采取了属地管辖、属人管辖、保护管辖与普遍管辖四个原则。不难发现,如果还有国家同时采取这些原则(事实上大多数国家都同时采取了这些原则),就必然产生刑事管辖权的冲突:几个国家对同一犯罪具有刑事管辖权。于是产生了如下问题:本国具有刑事管辖权的行为(如中国公民在国外犯一定之罪)受到外国确定的有罪判决或无罪判决时,本国是否承认(广义的承认包括执行)这一判决?

对外国刑事判决的承认分为积极承认与消极承认。

积极承认,是指本国具有刑事管辖权的行为,受到外国确定的有罪判决时,将该犯人移至本国后,执行外国所确定的有罪判决;如果犯罪人在外国已将确定的刑罚执行完毕,或者外国法院虽宣告有罪但免除刑罚,或者对行为人作出无罪判决,则本国不再追诉。可见,积极承认意味着将外国法院的判决与本国法院的判决同等看待。

消极承认,是指外国确定的刑事判决不制约本国刑罚权的实现,即不管外国确定的是有罪判决还是无罪判决,对同一行为本国可行使审判权,但对外国判决及刑罚执行的事实,给予考虑。我国《刑法》第10条规定:"凡在中华人民共和国领域外犯罪,依照本法应当负刑事责任的,虽然经过外国审判,仍然可以依照本法追究,但是在外国已经受过刑罚处罚的,可以免除或者减轻处罚。"这一规定所采取的便是消极承认的做法。

第二节 刑法的时间效力

一、刑法的时间效力的概念

刑法的时间效力所解决的问题是刑法从何时起至何时止具有适用效力,其内容包括生效时间、失效时间、溯及力与限时法效力。

根据罪刑法定原则的要求,定罪量刑应以行为时有法律的明文规定为限。因此,对行为时不受处罚的行为,不能适用事后刑法给予处罚;在刑法有变更时,对行为时受处罚的行为,不能适用比行为时更重的刑法;对行为时虽被禁止但法律没有规定法定刑的行为,事后不能追究刑事责任。这些内容都可以概括为禁止溯及既往的原则。

二、生效时间与失效时间

刑法的生效时间分为两种情形:一是自公布之日起生效。如我国全国人大常委会《关于禁毒的决定》第16条规定:"本决定自公布之日起施行。"二是公布后间隔一段时间才生效。如刑法典于1997年3月14日通过并公布,同年10月1日起生效。这两种生效情形均符合罪刑法定原则,但相比之下,后一种情形更为合适。因为法律既是裁判规范,又是行为规范,要使规范产生实效,就得使人们事先了解规范的存在及其内容。

刑法的失效时间主要有两种情形:一是由立法机关明文宣布原有法律效力终止或废止。如现行刑法典明文规定废止15个单行刑法。二是新法的施行使原有法律自然失效。但应注意的是,有的法律文件是因为新法的施行而全部失效,如有的单行刑法因新刑法典的施行而全部失效;有的法律文件是因为新法的施行而局部失效,如有的单行刑法因新刑法典的公布与施行而失去刑事责任规定方面的效力,但其中有关行政处罚和行政措施的规定继续有效。

三、溯及力

刑法的溯及力(溯及既往的效力),是指刑法生效后,对它生效前未经审判或判决未确定的行为是否具有追溯适用效力,如果具有适用效力,则是有溯及力;否则就是没有溯及力。

我国《刑法》第12条关于溯及力的规定采取的是从旧兼从轻原则。从1949

年10月1日至1997年9月30日这段时间所发生的行为,如果未经法院审判或判决未确定,就按不同情况分别处理:(1) 行为时的法律不认为是犯罪,而刑法认为是犯罪的,适用行为时的法律,即不追究刑事责任,刑法没有溯及力。(2) 行为时的法律认为是犯罪,而刑法不认为是犯罪的,适用刑法,即不追究刑事责任,刑法具有溯及力。(3) 行为时的法律与刑法都认为是犯罪,并且按刑法总则第四章第八节的规定应当追诉的,按照行为时的法律追究刑事责任,即刑法没有溯及力(刑法关于追诉时效的规定具有溯及力);但是,如果刑法的处刑比行为时的法律处刑轻,则应适用刑法,即刑法具有溯及力。(4) 刑法施行以前,依照当时的法律已经作出的生效判决,继续有效。从刑法理论上看,从旧兼从轻原则比较符合罪刑法定原则。因为"从旧"表明了对行为时不受处罚的行为,不能适用裁判时的法律给予处罚;即使行为时应受处罚的行为,原则上也应按行为时的法律处罚。这正体现了定罪判刑以行为时有法律的明文规定为限的思想。另一方面,罪刑法定原则包含着保障行为人的自由的观念,因此,当适用新法有利于行为人时,应例外地适用新法。

根据《刑法》第12条的精神以及有关司法解释,以下几点值得注意:(1) 对于行为人1997年9月30日以前实施的犯罪行为,在人民检察院、公安机关、国家安全机关立案侦查或者人民法院受理案件以后,行为人逃避侦查或审判,超过追诉期限或者被害人在追诉期限内提出控告,人民法院、人民检察院、公安机关应当立案而不予立案,超过追诉期限的,是否追究刑事责任,适用旧《刑法》第77条的规定。(2) 对于酌定减轻处罚、累犯的认定、自首的认定、立功的认定、缓刑的撤销、假释的适用与撤销等问题,应坚持从旧兼从轻的原则即有利于行为人的原则进行处理。例如,1997年9月30日以前犯罪,不具有法定减轻处罚情节,但是根据案件的具体情况需要在法定刑以下判处刑罚的,适用旧《刑法》第59条第2款的规定。(3) 对于旧刑法没有明文规定的犯罪,根据旧刑法需要类推处理而没有处理的,不管现行刑法是否规定为犯罪,都不得以类推方式定罪量刑。(4) 如果当时的法律不认为是犯罪,现行刑法认为是犯罪,而行为连续到1997年10月1日以后的,对该行为适用新刑法追究刑事责任。(5) 1997年之后公布的刑法修正案的溯及力,应当适用《刑法》第12条的规定。(6) 按照审判监督程序重新审判的案件,适用行为时的法律。

此外需要说明的是,新的刑法条文既有对被告人有利的规定,又有对被告人不利的规定时,对于新条文颁布之前的行为,应当适用对被告人有利的规定(适用新法),而不适用对被告人不利的规定(适用旧法)。例如,《刑法修正案(十一)》对《刑法》第272条增设了"数额特别巨大的,处七年以上有期徒刑"的规定,同时增设了第3款规定:"……在提起公诉前将挪用的资金退还的,可以从轻或者减轻处罚。其中,犯罪较轻的,可以减轻或者免除处罚。"根据从旧兼从轻原则,行为人在2021年3月1日之前实施的挪用资金行为,如果数额特别巨大同时具有第272条第3款规定的情节的,法院在选择法定刑时应适用《刑法修正案(十一)》前的第272条(从旧),但就具体量刑而言,则必须适用上述第3款(从轻)。

第二编 犯 罪 论

第四章 犯 罪 概 说

我国《刑法》第 13 条规定:"一切危害国家主权、领土完整和安全,分裂国家、颠覆人民民主专政的政权和推翻社会主义制度,破坏社会秩序和经济秩序,侵犯国有财产或者劳动群众集体所有的财产,侵犯公民私人所有的财产,侵犯公民的人身权利、民主权利和其他权利,以及其他危害社会的行为,依照法律应当受刑罚处罚的,都是犯罪,但是情节显著轻微危害不大的,不认为是犯罪。"根据刑法理论的通说,《刑法》第 13 条不仅揭示了犯罪的本质,而且揭示了犯罪的基本特征。

第一节 犯罪的特征

一、犯罪的特征概述

传统的三特征说认为,犯罪的基本特征是社会危害性、刑事违法性与应受刑罚处罚性。三个特征密切联系,其中社会危害性是最本质、具有决定意义的特征,其他两个特征都是社会危害性的派生或者延伸。现在,有人认为,犯罪的本质特征是应受刑罚处罚程度的社会危害性,法律特征是刑事违法性。有人主张,犯罪的本质特征是行为的严重社会危害性,法律特征是行为的违法性。有人提出,犯罪有实质与形式两层含义:在立法政策的意义上,犯罪是指应受刑罚惩罚的危害社会的行为;在司法准则的意义上,犯罪是指刑法规定为应受刑罚惩罚的行为。可以说,在此问题上,还没有定论。

根据《刑法》第 13 条的规定,犯罪具有两个特征:一是社会危害性,二是依照法律应受刑罚处罚性。

刑法之所以将某些行为规定为犯罪,就是因为这些行为具有社会危害性。但是,并不是任何危害社会的行为都会被刑法规定为犯罪。许多行为,虽然危害社会,但由于危害程度轻微,不被认为是犯罪。例如,传染病人随地吐痰的行为,也具有社会危害性,但是,由于危害程度轻微,并不被认为是犯罪。所以,《刑法》第13条但书特别规定,"情节显著轻微危害不大的,不认为是犯罪"。联系但书来考虑,必然得出以下结论:作为犯罪基本特征的社会危害性,是指严重的社会危害性。那么,社会危害性"严重"到何种程度才是犯罪呢?从立法上说,答案只能是,严重到需要科处刑罚的程度时,才是犯罪。在此意义上说,作为犯罪基本特征的社会危害性,是应受刑罚处罚程度的社会危害性。

刑法实行罪刑法定原则,司法机关不能直接根据行为的社会危害性认定犯罪。从法律上说,只有当某种行为被法律规定为犯罪时,该行为才是犯罪。国家有许多法律,并非被法律禁止的行为都是犯罪,只有当法律对某种行为规定了刑罚后果时,该行为才是犯罪。所谓"依照法律应当受刑罚处罚的,都是犯罪",就是此意。① 换言之,即使法律甚至刑法明文禁止某种行为,但只要刑法没有对其规定刑罚(法定刑)后果,该行为就不是犯罪。例如,我国全国人大常委会《关于禁毒的决定》明文规定"禁止吸食、注射毒品",但它并没有对吸食、注射毒品的行为规定刑罚后果,故吸食、注射毒品的行为不是犯罪。再如,当刑法分则条文仅对聚众犯罪的首要分子规定了刑罚后果,没有对其他参加者规定刑罚后果时,表明其他参加者的行为不成立犯罪。刑法是以刑罚禁止犯罪的,如果某种行为依照刑法应受刑罚处罚,就表明该行为违反了刑法的禁止性规定,因而具有刑事违法性。

二、社会危害性

社会危害性,是指行为对刑法所保护的法益的侵犯性。法益,是指法所保护的利益;具体地说,是指根据宪法的基本原则,由法所保护的、客观上可能受到侵害或者威胁的人的生活利益。其中由刑法所保护的人的生活利益,就是刑法上的法益。从受侵犯的角度而言,法益被称为被害法益,即犯罪所侵害或者威胁的利益。从受保护的角度而言,法益被称为保护法益,即法所保护的利益,或者被称为保护客体。《刑法》第13条所列举的危害行为,都是侵犯法益的行为。一个行为是否构成犯罪,首先取决于它是否侵犯了刑法所保护的法益。所以,犯罪的本质是对法益的侵犯。

由于社会危害性是对法益的侵犯性,所以,只有当某种行为对法益造成了侵害或者有造成侵害的危险(威胁法益)时,该行为才具有社会危害性。例如,故意杀人行为之所以具有社会危害性,是因为该行为致人死亡(侵害了生命)或者具

---

① 当然,这并不意味着任何犯罪都必然受到刑罚处罚。因为犯罪行为形形色色,同一种犯罪也存在不同情节,故刑法规定了构成犯罪而免除刑罚处罚的情形,司法实践中也存在认定某种行为为构成犯罪而不判处刑罚的情况。但免除刑罚处罚,也是以应受刑罚处罚为前提的;如果不应受刑罚处罚,则不成立犯罪。

有致人死亡的危险性(有侵害生命的危险性)。如果某种行为根本不可能侵害或者威胁法益,不管行为人的内心多么邪恶,也不具有刑法意义上的社会危害性。例如,甲希望通过求神拜佛的方法"杀害"A,虽然其"杀A的想法"是邪恶的,但由于其行为不可能致A死亡(不可能侵害生命),所以,不具有社会危害性,不可能成立犯罪。再如,乙在荒山野外狩猎时,误以为稻草人是自己的仇人B而开枪。尽管乙"想杀仇人"是错误的,但由于其行为不可能导致B死亡,也不可能导致其他人死亡,所以,乙的行为没有社会危害性,也不应以犯罪论处。

社会危害性是质与量的统一。并非具有社会危害性的行为都是犯罪,刑法规定了"情节显著轻微危害不大的,不认为是犯罪",这表明,一个行为只有严重侵犯了刑法所保护的法益,才可能构成犯罪。这是由刑法的特点以及我国的刑事政策决定的。刑法与其他法律的关系表明,对于某种危害行为由其他法律处理便能有效地保护某种法益时,就不应适用刑法。认识这一点,有利于从本质上把握犯罪行为与一般违法行为的区别。

社会危害性是相对稳定性与变易性的统一。"相对稳定性",是指某些行为(如杀人、强奸等传统犯罪)的社会危害性的有无与大小在一定时间、地点、条件下较为稳定。行为的社会危害性的相对稳定性,决定了刑事立法应当具有相对稳定性。"变易性",是指同一行为在不同时间、地点、条件下,其社会危害性的有无与大小在发展变化。因为任何行为都是在一定时间、地点、条件实施的,立法机关与司法机关总是根据社会历史条件评价行为的社会危害性,加上我国地域辽阔但各地发展不平衡,民族众多而风俗、习惯、传统不相同,故同一行为在不同条件下所造成的危害会发生变化。承认这一点,不仅对刑事立法具有意义,而且对于理解和适用刑法具有重要意义。

三、依法应受刑罚处罚性

依法应受刑罚处罚性具有两个方面的含义:

其一,犯罪行为违反了刑法,因而具有刑事违法性。例如,在我国,侵犯一夫一妻制婚姻秩序的重婚行为,依照《刑法》第258条的规定,应受"二年以下有期徒刑或者拘役"的处罚,所以,重婚行为具有刑事违法性。行为具有刑事违法性,意味着行为违反了刑法的禁止性。刑法禁止重婚行为,意味着刑法期待没有重婚行为,旨在维护一夫一妻制的婚姻秩序。所以,一夫一妻就是合法的,重婚则是违反刑法的。

刑事违法性与社会危害性是统一的。刑法之所以禁止某种行为,是因为该行为具有严重的社会危害性,故严重的社会危害性是刑事违法性的前提或基础,刑事违法性是严重的社会危害性的法律表现。可以说,社会危害性,是刑事违法性的实质(实质的违法性);违反成文刑法,是形式的违法性。而形式的违法性与实质的违法性是统一的。

刑事违法性是司法机关认定犯罪的法律标准。司法机关不能凭直觉认定某种行为是否具有犯罪的社会危害性,只能通过刑法所确定的具体标准来认定行为是否构成犯罪,也不能在刑事违法性之外附加其他标准。没有违反刑法的行为,不管客观上具有何种程度的社会危害性,都不可能成立犯罪。

其二,犯罪行为是依法应当受到谴责,进而应当承担刑罚后果的行为(应受谴责性或非难可能性)。亦即,仅有客观的法益侵害行为,还不可成立犯罪;只有当行为人对客观的法益侵害事实具备法律所规定的值得谴责的条件时,才能认定为犯罪。也就是说,只有当行为人对其实施的危害社会的行为及其结果,具有法律规定的故意、过失、辨认控制能力等要素,因而应当受到刑法的谴责时,才能认定为犯罪。

总之,犯罪是具有社会危害性与应受谴责性的行为,但行为是否具有社会危害性与应受谴责性,要根据刑法的规定作出判断。其中,刑法所禁止的值得科处刑罚的危害社会的行为,可谓不法行为,应受谴责性是指行为人对不法行为具有责任。所以,从实质上说,犯罪是不法且有责的行为。犯罪的不法与责任,正好与刑法的法益保护机能和人权保障机能相对应。不法的实质是侵犯法益,所以,禁止不法行为意味着对法益的保护;责任以具有预测可能性、他行为可能性为前提,所以,将责任作为犯罪特征意味着对国民自由的保障。在实行依法治国的时代,对不法与责任的判断,都必须以刑法为根据。

第二节 犯罪的分类

一、理论分类

(一) 重罪与轻罪

1791年的《法国刑法典》,以法定刑为标准将犯罪分为重罪、轻罪与违警罪。迄今为止,仍有许多国家的刑法将犯罪分为重罪与轻罪,或者还加上一类违警罪。我国刑法没有明文将犯罪分为重罪与轻罪,但从理论上将犯罪分为重罪与轻罪是完全可能的。区分重罪与轻罪一般应以法定刑为标准,而不以现实犯罪的轻重为标准。一般主张,法定最低刑为3年以上有期徒刑的犯罪为重罪,其他犯罪为轻罪。

(二) 自然犯与法定犯

自然犯(与刑事犯的概念大体相同)与法定犯(与行政犯的概念大体相同)的分类由来已久,但区分标准却因人而异。以往一般认为,自然犯是明显违反伦理道德的传统型犯罪,法定犯是没有明显违反伦理道德的现代型犯罪。正因为如此,自然犯的社会危害性的变易性较小,而法定犯的社会危害性的变易性较大。当然,由于伦理道德规范的内容不断变化,自然犯与法定犯的区分也具有相对性。现在大多认为,以违反行政法、经济法等法律、法规的具体规定为前提的犯罪属于法定犯。

(三) 隔隙犯与非隔隙犯

隔隙犯是指在实行行为与犯罪结果之间存在时间的、场所的间隔的犯罪。其中实行行为与犯罪结果之间存在时间间隔的犯罪称为隔时犯,实行行为与犯罪结果之间存在场所间隔的犯罪称为隔地犯。就隔时犯而言,存在如何确定犯罪时的问题;就隔地犯而言,存在如何确定犯罪地的问题。实行行为与犯罪结果之间没有时间、场所间隔的犯罪,则是非隔隙犯。

二、法定分类

(一) 国事犯罪与普通犯罪

国事犯罪是指危害国家安全的犯罪,普通犯罪是指除危害国家安全犯罪以外的犯罪。我国《刑法》分则第一章规定的犯罪属于国事犯罪,第二章至第十章规定的犯罪属于普通犯罪。但其中的第十章所规定的"军人违反职责罪"又属于普通犯罪中的一类特殊犯罪。从刑法理论上说,国事犯罪与普通犯罪相结合的犯罪,称为混合犯罪。

(二) 自然人犯罪与单位犯罪

自然人犯罪,是指以自然人为主体的犯罪,如故意杀人罪、故意伤害罪、盗窃罪等,都是自然人犯罪。单位犯罪,是指以单位作为犯罪主体的犯罪。在我国,许多犯罪(如票据诈骗罪、信用证诈骗罪),既可以由自然人实施,也可以由单位实施。

(三) 身份犯与非身份犯

以特殊身份作为主体要件或者刑罚加重、减轻的法定事由的犯罪,称为身份犯。身份犯包括真正身份犯与不真正身份犯:前者是指以特殊身份作为主体要件因而作为构成要件的犯罪,如刑讯逼供罪的主体必须是司法工作人员,此时的身份称为构成身份;后者是指特殊身份不影响定罪但影响量刑的犯罪,如诬告陷害罪的主体既可以是一般自然人,也可以是国家机关工作人员,但刑法规定,国家机关工作人员犯诬告陷害罪的从重处罚,此时的身份称为加减身份。身份犯以外的犯罪则是非身份犯。

(四) 亲告罪与非亲告罪

亲告罪是指告诉才处理的犯罪。根据《刑法》第98条的规定,告诉才处理,是指被害人告诉才处理,如果被害人因受强制、威吓无法告诉的,人民检察院和被害人的近亲属也可以告诉。告诉才处理的犯罪,由刑法明文规定;刑法没有明文规定为告诉才处理的犯罪,均属于非亲告罪。刑法将部分犯罪规定为亲告罪,主要是综合考虑了以下三个因素:首先,这种犯罪比较轻微,不属于严重犯罪;其次,这种犯罪往往发生在亲属、邻居、同事之间,被害人与行为人之间一般存在较为密切的关系;最后,这种犯罪涉及被害人的名誉,任意提起诉讼可能损害被害人的名誉。

(五) 基本犯、加重犯与减轻犯

基本犯是指刑法分则条文规定的不具有法定加重或者减轻情节的犯罪。加重犯是指刑法分则条文以基本犯为基础规定了加重情节与较重法定刑的犯罪,其中又可以分为结果加重犯与情节加重犯,实施基本犯罪因发生严重结果,刑法加重了法定刑的犯罪,称为结果加重犯;实施基本犯罪因具有其他严重情节,刑法加重了法定刑的犯罪,称为情节加重犯。减轻犯是指刑法分则条文以基本犯为基础规定了减轻情节与较轻法定刑的犯罪。

第五章 犯罪构成

罪刑法定原则要求明文规定各种犯罪的成立条件,只有符合法定条件的行为,才能认定为犯罪。"犯罪构成"所研究的正是成立犯罪的法律标准。换言之,犯罪构成实际上是犯罪成立条件。

第一节 犯罪构成概述

一、犯罪构成的概念

犯罪构成,是指刑法规定的,表明行为的社会危害性与应受谴责性,而为行为成立犯罪所必须具备的一切客观要件与主观要件的有机整体。犯罪构成与犯罪概念既有联系又有区别。犯罪概念从宏观上揭示犯罪的本质与基本特征,犯罪构成是认定犯罪的具体法律标准;犯罪概念是犯罪构成的基础,犯罪构成是犯罪概念的具体化。例如,根据《刑法》第399条第1款及总则的有关规定,成立徇私枉法罪必须具备以下条件:(1)行为侵犯了司法机关的正常活动和公民对司法活动客观、公正的信赖(犯罪客体);(2)客观上有枉法行为,即利用职权使无罪的人受追诉,或包庇有罪的人使他不受追诉,或在刑事审判活动中违背事实与法律作枉法裁判(犯罪客观要件);(3)行为人必须是达到刑事法定年龄、具有辨认控制能力的司法工作人员(犯罪主体);(4)主观上必须是故意,即明知是无罪的人而有意使他受追诉,或故意包庇有罪的人,或故意违背事实与法律(犯罪主观要件)。上述四个要件的有机整体便是徇私枉法罪的犯罪构成。该犯罪构成由一系列主客观要件组成,各要件之间相互联系、相互作用,形成有机整体;该犯罪构成由《刑法》第399条及总则的有关规定确立;具备该犯罪构成就说明行为具有社会危害性和应受谴责性;该犯罪构成是认定行为是否构成徇私枉法罪的法律标准,不管现实中是否发生徇私枉法行为,该犯罪构成作为法律规定总是客观存在的。

虽然我国刑事法律中没有出现"犯罪构成"这一术语,但刑法确实规定了构成各种犯罪必须具备的要件,刑法理论也正是将刑法的这种规定概括为犯罪构成,所以,刑法实际上规定了犯罪构成。在我国,刑法总则与分则作为有机整体规定了犯罪构成,表现在总则规定了一切犯罪必须具备的要件,分则只规定具体犯罪所特别需要具备的要件。由于犯罪构成是刑法规定的,刑法规定犯罪构成的目的在于禁止符合犯罪构成的行为,因此,行为符合犯罪构成就表明其行为具有刑事违法性。

犯罪构成由一系列主客观要件所形成,其中的要件就是成立犯罪必须具备的条件。犯罪构成不是各个要件的简单相加,而是各个要件的有机统一;各个要件按照犯罪构成的要求相互联系、相互作用、协调一致,形成为一个整体。如果主观要件与客观要件没有内在联系,也不能形成为犯罪构成。例如,盗窃罪的客观要件与放火罪的主观要件,不可能形成为一个犯罪构成。犯罪构成的主客观统一性告诉人们:如果某种行为只是符合某个或者某几个要件,而不符合全部要件,则该行为不符合犯罪构成,因而不成立犯罪。例如,不满12周岁的人故意杀害他人的,无论情节多么恶劣,都不符合故意杀人罪的犯罪构成,不成立故意杀人罪,也不成立其他犯罪。

犯罪构成并不是一种抽象的法律概念,而是犯罪的社会危害性与应受谴责性的法律标志。一方面,立法机关只是将那些对说明社会危害性与应受谴责性具有决定意义的因素,规定为构成要件;所以,如果行为符合犯罪构成,就表明该行为具有犯罪的社会危害性与应受谴责性。另一方面,司法机关必须根据刑法规定的犯罪构成,判断行为的社会危害性与应受谴责性。

犯罪构成是认定犯罪的法律标准。任何行为,凡是符合某种犯罪构成的,就成立犯罪;凡是不符合犯罪构成的,就不成立犯罪。就认定犯罪的法律标准而言,除了犯罪构成之外没有别的标准,也不能在犯罪构成之外附加其他任何条件。所以,犯罪构成是认定犯罪的唯一法律标准。由于犯罪构成是认定犯罪的法律标准,因而与符合犯罪构成的事实(犯罪构成事实)有别:前者是法律规定,后者是具体事实。二者的联系也显而易见:具体事实符合法定的犯罪构成时,才能称为犯罪构成事实。

犯罪构成及其理论是罪刑法定主义的产物。罪刑法定主义要求刑法明文、明确规定各种犯罪的成立条件与法律后果,犯罪构成正是犯罪成立条件,因此,犯罪构成使罪刑法定主义得以实现。罪刑法定是法治在刑法领域的体现,又是保护法益与保障人权的要求,所以,犯罪构成对实现法治、保护法益与保障人权具有重要意义。可以说,犯罪构成具有针对犯人的恣意而保护社会、针对社会的恣意而保障犯人的双重保障机能。

犯罪构成作为法律规定,对刑事司法具有特别重要的意义:犯罪构成为区分罪与非罪提供了法律标准。行为符合犯罪构成就成立犯罪,否则便不成立犯罪。犯罪构成为区分此罪与彼罪提供了法律标准。不同的犯罪存在各自不同的犯罪构成,符合不同的犯罪构成就成立不同的犯罪。犯罪构成为区分一罪与数罪提供了法律依据。区分行为构成一罪还是数罪,基本上是以犯罪构成为法律标准的;行为符合一个罪的犯罪构成就成立一罪;行为符合数个罪的犯罪构成便成立数罪。犯罪构成为区分重罪与轻罪提供了法律依据:行为所符合的犯罪构成不同,其危害轻重就不相同。

二、犯罪构成的要件

犯罪构成要件是犯罪构成的组成要素,即要件的总和形成犯罪构成。从认识论的角度来看,犯罪构成要件可以分为具体要件与共同要件。犯罪构成的具体要件,是指具体犯罪(如盗窃罪、诈骗罪等)的成立必须具备的要件,是具体犯罪的社会危害性的法律标志。每一个犯罪都有其具体构成要件;任何行为只有符合某种犯罪的具体构成要件,才能成立犯罪;此罪与彼罪的界限,也是由具体构成要件决定的。犯罪构成的共同要件,是指任何犯罪的成立都必须具备的要件。共同要件是从具体要件中抽象出来的。即犯罪构成的具体要件形形色色、千姿百态,但根据普遍与特殊、共性与个性的原理,可以从各种犯罪的具体要件中,科学地概括出各种不同犯罪构成的共同组成要素,这便是犯罪构成的共同要件。根据刑法理论的通说,犯罪构成有四个方面的共同要件,即犯罪客体、犯罪客观要件、犯罪主体与犯罪主观要件。[①]

此外,我国《刑法》分则有许多条文规定,某种行为只有"情节严重"才成立犯罪。例如,《刑法》第243条规定,捏造事实诬告陷害他人,意图使他人受刑事追究,情节严重的,才成立诬告陷害罪。这表明,当刑法规定"情节严重"是构成要件时,只有情节严重的,才能认定为犯罪。如果情节不严重,则不能以犯罪论处。

三、犯罪构成要件要素

(一)犯罪构成要件要素的概念

犯罪构成由犯罪客体、犯罪客观要件、犯罪主体与犯罪主观要件的有机统一而组成,同样,各个要件也是由不同要素所组成,组成要件的要素,就是犯罪构成要件要素。例如,行为、结果、行为对象等属于犯罪客观要件的要素;年龄、辨认控制能力等属于犯罪主体要件的要素;故意、过失、目的等属于犯罪主观要件的要素。

不难看出,我国的犯罪构成结构分为三个层次:第一个层次是犯罪构成整体;第二个层次是犯罪构成中的各个要件,包括犯罪客体、犯罪客观要件、犯罪主体与犯罪主观要件;第三个层次是各个要件之下再划分的具体要素,如犯罪客观方面之下的危害行为、行为对象、危害结果等。其中第三层次的内容,可谓构成

[①] 关于犯罪构成的共同要件及其排列顺序,我国刑法理论上存在很大分歧,本书暂且按照传统观点展开论述。

要件要素。

（二）犯罪构成要件要素的分类

1. 客观的构成要件要素与主观的构成要件要素

说明行为外部的、客观面的要素即为客观的构成要件要素，如行为、结果、行为对象等；表明行为人内心的、主观面的要素即为主观的构成要件要素，如故意、过失、目的等。我国刑法理论一般将行为人的年龄、辨认控制能力、身份归入主观的构成要件要素，但国外刑法理论都将身份归入客观的构成要件要素。

2. 记述的构成要件要素与规范的构成要件要素

一般来说，在解释构成要件要素和认定是否存在符合构成要件要素的事实时，如果只需要法官的认识活动即可确定，这种构成要件要素便是记述的构成要件要素；如果需要法官的规范的、评价的价值判断才能认定，这种构成要件要素就是规范的构成要件要素。例如，《刑法》第320条所规定的提供伪造、变造的出入境证件罪的客观要件为"为他人提供伪造、变造的护照、签证等出入境证件"。对这里的"提供""伪造、变造""护照、签证等出入境证件"的理解，以及对客观事实是否符合这些要素的认定，都只需要一般的认识活动与基本的对比判断就可以得出结论，因而属于记述的构成要件要素。反之，例如，《刑法》第237条规定的强制猥亵、侮辱罪的客观构成要件要素的"猥亵""侮辱"，则需要司法者的规范的、评价的行为才能认定。由此看来，可以对记述的构成要件要素与规范的构成要件要素作以下通俗的解释：记述的构成要件要素是对事实的记述或者描述；解释者与司法者的价值观的差异不会影响对它的理解与适用，故不存争议；司法者易于判断客观事实是否符合构成要件，故不会因理解不同而形成不同的判决结论。规范的构成要件要素是一种规范的表述，包含价值判断；解释者与司法者的价值观的差异必然影响对它的理解与适用，故常存争议；司法者难以判断客观事实是否符合构成要件，故往往因为理解不同而形成不同的判决结论。[①] 但不可否认的是，规范的构成要件要素与记述的构成要件要素的区分具有相对性。例如，故意杀人罪中的杀"人"这一要素、盗窃罪中的"财物"这一要素，一直被认为是记述的构成要件要素，但随着脑死亡概念的产生，已经脑死亡但心脏还在跳动的A是不是"人"，随着财产现象形式的复杂化，何种价值、何种形式的物才是盗窃罪中的"财物"，也在一定程度上需要解释者与司法者评价的、规范的理解。

3. 积极的构成要件要素与消极的构成要件要素

通常的构成要件要素，是积极地、正面地表明成立犯罪必须具备的要素，此即积极的构成要件要素。但例外地也存在否定犯罪性的构成要件要素，这便是

---

① 这并不意味着规范的构成要件要素可以由司法者任意解释，相反，司法者应根据一般人的价值观念解释和判断规范的构成要件要素。

消极的构成要件要素。例如,《刑法》第 389 条第 3 款规定:"因被勒索给予国家工作人员以财物,没有获得不正当利益的,不是行贿。"这便是行贿罪的客观要件中的消极的构成要件要素。消极的构成要件要素可以转换成积极的构成要件要素进行理解,即在因被勒索给予国家工作人员以财物的情况下,只有获得不正当利益的,才成立行贿罪。

4. 共同的构成要件要素与非共同的构成要件要素

共同的构成要件要素,是指犯罪构成共同要件中为任何犯罪的成立所必须具备的要素。例如,行为是客观要件的要素,也是任何犯罪的成立都必须具备的要素;再如,故意或者过失,属于主观要件的要素,也是任何犯罪的成立都必须具备的要素。非共同的构成要件要素,是指并非任何犯罪、只是部分犯罪的成立所必须具备的要素。例如,身份与目的只是部分犯罪的成立必须具备的要素。

5. 成文的构成要件要素与不成文的构成要件要素

成文的构成要件要素,是指刑法明文规定的构成要件要素。绝大多数构成要件要素都是成文的构成要件要素。不成文的构成要件要素,是指刑法条文表面上没有明文规定,但根据刑法条文之间的相互关系、刑法条文对相关要素的描述所确定的,成立犯罪所必须具备的要素。就一些具体犯罪而言,由于众所周知的理由或者其他原因,刑法并没有将所有的构成要件要素完整地规定下来,而是需要法官在适用过程中进行补充。例如,《刑法》分则第三章第五节规定了八种金融诈骗罪,但只是就集资诈骗罪、贷款诈骗罪与恶意透支型信用卡诈骗罪规定了非法占有目的,但根据金融诈骗罪的性质,应认为非法占有目的是所有金融诈骗罪的主观构成要件要素。就《刑法》第 194 条至第 198 条的金融诈骗罪而言,非法占有目的就成为一种不成文的主观构成要件要素。

介于成文的构成要件要素与不成文的构成要件要素之间的是空白要素。所谓空白要素,是指刑法分则条文明文指出需要援引其他法律、法规的规定,并由这些法律、法规来确定要素内容。例如,《刑法》第 133 条规定,交通肇事罪的成立要求行为"违反交通运输管理法规",这一要求是交通肇事罪的构成要件要素,但只能根据各种交通运输管理法规的相关内容予以确定和判断,而不能直接根据刑法规定予以确定和判断。由于刑法没有具体规定这种构成要件要素的内容,故被称为空白要素;又由于刑法指明了援引其他法律、法规的规定,故不同于不成文的构成要件要素。

第二节 犯罪客体

一、犯罪客体的概念

犯罪客体,是刑法所保护而为犯罪行为所侵犯的利益(法益)。首先,犯罪客体表现为法益,具体表现为国家主权、领土完整与安全,人民民主专政的政权,社会主义制度,社会秩序和经济秩序,国有财产或者劳动群众集体所有的财产,公民私人所有的财产,公民的人身权利、民主权利和其他权利等合法权益。其次,犯罪客体必须是刑法所保护的法益。如果某种利益只是由道德规范或者其他社会规范调整与保护,而不是由刑法或者不需要由刑法调整与保护,则不可能成为犯罪客体。最后,犯罪客体必须是犯罪行为所侵犯的法益。法益是客观存在的,客观存在的法益如果没有受到犯罪行为的侵犯,就不可能成为犯罪客体。所谓"侵犯",包括两种情况:一是对刑法所保护的法益造成了实际侵害事实,如杀人行为已经造成被害人死亡;二是对刑法所保护的法益造成了威胁,或者说有侵害的危险,如杀人行为虽然没有造成他人死亡,但有导致他人死亡的危险性。

由此可见,对于犯罪客体,应当从两个侧面理解和把握。一方面,犯罪客体表明了刑法的目的,即刑法的目的是为了保护法益;另一方面,犯罪客体表明了犯罪的本质,即犯罪的本质是侵犯法益。

二、犯罪客体的分类

刑法理论通常将犯罪客体分为一般客体、同类客体与直接客体。

一般客体,是指一切犯罪所共同侵犯的法益整体。一般客体反映着犯罪行为的共同本质,说明任何犯罪行为都侵犯了刑法所保护的法益。《刑法》第2条关于刑法任务的规定,《刑法》第13条关于犯罪概念的规定,从不同角度说明了犯罪一般客体的主要内容。

同类客体,是指某一类犯罪所共同侵犯的某一类法益。如放火、爆炸、投放危险物质、决水等罪侵犯的是公共安全,即公共安全是这类犯罪的同类客体。正确认识犯罪的同类客体,有利于对犯罪进行合理分类,有利于正确区分此罪与彼罪的界限。我国刑法分则就是根据犯罪的同类客体对犯罪进行分类的。

直接客体,是指具体犯罪所直接侵犯的具体法益。如故意杀人罪侵犯的是他人的生命;故意伤害罪侵犯的是他人的身体健康;如此等等。任何犯罪行为,必然直接侵犯具体的法益,否则不可能成立犯罪。对于直接客体,还可以根据其数量进一步分为简单客体与复杂客体。前者是指一个犯罪行为只侵犯一种具体的法益,如盗窃罪;后者是指一个犯罪行为侵犯了两种以上的具体法益,如抢劫罪,既侵犯人身,也侵犯财产。在后一种情况下,应当根据刑法的规定分清主要客体与次要客体。

三、直接客体的确定

对具体犯罪直接客体的认识不同,对该罪的其他构成要件的解释便不同。例如,如果认为刑法规定盗窃是为了保护所有权,则所有权者从盗窃犯人那里窃回自己被盗财物的,不成立盗窃罪;但是,如果认为刑法规定盗窃罪是为了保护占有,则所有权者从盗窃犯人那里窃回自己被盗财物的行为,也侵害了盗窃犯人的占有,因而成立盗窃罪。显然,明确各种具体犯罪的直接客体,对于解释该罪的其他构成要件具有重大意义。对直接客体的确定,应以刑法规定为依据。基本方法如下:

(一) 根据具体犯罪所属的类罪确定法益内容

各种具体的犯罪,总是隶属于某一类罪,而刑法对类罪的同类法益内容都作了明确或提示性规定。明确了具体犯罪所属的类罪,便可以通过同类法益的内容,大体上明确分则具体条文所要保护的法益内容。例如,刑法分则第四章是为了保护公民的各种人身权利与民主权利,故本章具体条文的保护法益,必须在各种人身权利与民主权利中予以确定。例如,强制猥亵、侮辱罪,属于侵犯人身权利的犯罪,刑法规定本罪的保护法益应是妇女的性的自己决定权,而不是社会管理秩序。

当刑法规定某种犯罪是为了保护多种法益时,应当根据其所属类罪的同类法益内容,确定刑法条文的主要目的,而不能本末倒置。例如,规定在刑法分则第二章的犯罪,都是危害公共安全的犯罪。因此,凡属于这一类罪中的具体犯罪,不仅其侵犯的法益都是特定领域的公共安全,而且在侵犯多种法益的情况下,其主要内容也是特定领域的公共安全。例如,由于《刑法》第123条将暴力危及飞行安全罪规定在危害公共安全罪一章,故该条的主要目的是保护飞行安全,其次才是航空器上的人员的人身权利。

由于具体犯罪隶属于类罪,因此,对具体犯罪的法益内容的确定,不宜超出同类法益的范围。例如,刑法将盗窃、侮辱尸体罪规定在刑法分则第六章的第一节即扰乱公共秩序罪中,因此,不能超出类罪的法益范围,认为本罪的保护法益为死者的人格、名誉。

(二) 依据刑法对具体犯罪的规定确定法益内容

《刑法》分则条文对具体犯罪的规定,或明或暗、或直接或间接地揭示了其保护的法益内容,因此,要善于依据刑法对具体犯罪的规定以及各种规定之间的关系,确定分则条文的保护法益。具体来说,要通过刑法条文对保护法益的明确规定(参见《刑法》第252条)、通过刑法条文规定的行为特征(参见《刑法》第226条)、结果特征(参见《刑法》第309条)、行为对象特征(参见《刑法》第254条)、犯罪所违反的法规内容(参见《刑法》第322条)、犯罪孳生之物、供犯罪行为使用之物的性质(参见《刑法》第367条)等确定法益内容。

在确定具体犯罪的法益时,还必须善于使用各种解释方法,认真分析条文之间的相互关系,注重刑法的协调性。

第三节 犯罪客观要件

一、犯罪客观要件概述

犯罪客观要件,是刑法规定的,说明行为对刑法所保护的法益的侵犯性,而为成立犯罪所必须具备的客观事实特征;它说明某种犯罪是通过什么行为、在什么情况下对刑法所保护的法益造成了什么后果。犯罪客观要件的内容首先是危害社会的行为,危害行为是一切犯罪的共同要件,任何犯罪的成立都必须有刑法规定的危害行为。除了危害行为以外,行为对象、危害结果、危害行为与危害结果之间的因果关系,也是客观方面的重要内容,但一般认为它们不是一切犯罪的共同要素,只是某些犯罪的构成要件要素。

二、危害行为

(一) 危害行为的概念

危害行为,是指在人的意识支配下实施的危害社会的身体活动。首先,危害行为是人的身体活动或者动作,包括积极活动与消极活动。由于危害行为是人的身体活动,是客观的、外在的现象,故思想被排除在危害行为之外,随之被排除在犯罪之外。言论本身不是犯罪行为,但发表言论则是一种身体活动,因而也是行为。其次,危害行为是人的意识支配的产物,或者说是意识的外在表现。因此,无意识的举动被排除在危害行为之外。例如,人在睡梦中或者精神错乱下的举动,在不可抗力作用下的举动,在身体完全受强制下的举动等,就不属于刑法上的危害行为。最后,危害行为必须是在客观上侵害或者威胁了法益的行为,如果行为根本不可能侵害和威胁法益,就不是刑法上的危害行为。某种行为是否具有侵害法益的紧迫危险,应以行为时存在的所有客观事实为基础,并对客观事实进行一定程度的抽象(抽象的方法是舍弃阻止结果发生的事实),同时站在行为时的立场,按照客观的因果法则进行判断。

(二) 危害行为的类型

刑法理论没有争议地将危害行为区分作为与不作为两种类型。

1. 作为

作为,是指行为人以积极的身体活动实施刑法所禁止的危害行为。从表现形式上看,作为是积极的身体动作;从违反法律规范的性质上看,作为直接违反了禁止性的罪刑规范。例如,刑讯逼供行为,必须是积极的身体动作,这直接违反了严禁刑讯逼供的罪刑规范。作为也有多种表现形式,如利用自己的四肢等实施的作为,利用物质性工具实施的作为,利用动物实施的作为,利用自然现象实施的作为,利用他人实施的作为等。

2. 不作为

不作为,是指行为人在能够履行自己应尽义务的情况下不履行该义务。从表现形式上看,不作为是消极的身体动作;从违反法律规范的性质上看,不作为不仅违反了刑法的禁止性规范,而且直接违反了某种命令性规范(义务性规范)。如遗弃罪中的不提供扶助的行为,表现为没有扶养不具有独立生活能力的人,该行为不仅违反了《刑法》第261条的禁止性规范,而且直接违反了其他法律中的命令性规范。

刑法理论一般将不作为犯罪分为两种类型:一是纯正不作为犯或真正不作为犯,即刑法明文规定只能由不作为构成的犯罪。二是不纯正不作为犯或不真正不作为犯,即行为人以不作为形式实施的通常为作为形式的犯罪。我国刑法理论认为,许多犯罪既可能由作为构成,也可能由不作为构成。这种情况下的不作为犯,就是不纯正不作为犯。例如,《刑法》第416条所规定的不解救被拐卖、绑架的妇女、儿童罪,就是纯正不作为犯。再如,行为人以不作为的方式导致他人死亡的,则是不纯正不作为犯。成立不作为犯在客观上必须具备以下条件:

(1) 行为人负有实施特定积极行为的法律性质的义务。这种义务一方面要求是法律性质的义务,另一方面要求的内容是实施特定的积极行为。这种义务的来源主要有:第一,法律、法规明文规定的义务。如我国《民法典》规定,父母对子女有抚养教育的义务,子女对父母有赡养扶助的义务。因此,拒不抚养、赡养的行为,可能构成不作为犯罪。第二,职务或者业务要求的义务。如国家机关工作人员有履行相应职责的义务,值勤的消防人员有消除火灾的义务等。第三,法律行为引起的义务。如合同行为、自愿接受行为等可能导致行为人负有实施一定积极行为的义务。第四,先前行为引起的义务。这是指由于行为人的某种行为使刑法所保护的合法权益处于危险状态时,行为人负有排除危险或者防止危害结果发生的特定积极义务。如成年人带着儿童游泳时,负有保护儿童生命安全的义务。先前行为包括犯罪行为。道理很简单:既然过失行为能成为先前行为,过失犯罪行为当然也能成为先前行为;既然过失犯罪行为能使行为人产生作为义务,故意犯罪行为更能使行为人产生作为义务。但是,当先前的作为犯罪与由此引起的不作为犯罪仅侵害同一法益,或者后者侵害的法益包容了前者侵害的法益时,只能从一重罪论处;否则应实行数罪并罚。例如,故意伤害他人后,产生救助他人的作为义务;如果不履行作为义务,对死亡结果具有故意的,仅认定故意杀人罪,因为生命法益包含了身体法益。再如,非法采伐珍贵树木砸伤他人后,采伐者具有救助义务;如果故意或者过失不救助导致他人死亡的,应当实行数罪并罚。

(2) 行为人能够履行特定义务。法律规范与法律秩序只是要求能够履行义务的人履行义务,而不会强求不能履行义务的人履行义务。至于行为人能否履行义务,则应从行为人履行义务的主观能力与客观条件两方面进行判断。

(3) 行为人没有履行特定义务,造成或者可能造成危害结果。不作为的核心是行为人没有履行义务,行为人在应当履行义务而不履行义务的期间所实施的其他行为,不是该不作为的内容,也不影响不作为的成立。例如,锅炉工在当班时,故意不给锅炉加水,造成锅炉爆炸的事故,这就是不作为犯罪。至于锅炉工当班时实施了其他何种行为,则不是不作为的内容。不作为之所以能够成为与作为相并列的行为,在于它与作为一样,造成或者可能造成危害结果,或者说它与作为一样,侵害或者威胁了刑法保护的法益。因此,在行为人没有履行义务的情况下,倘若即使行为人履行义务也不能防止结果发生时,就不能认定为不作为犯罪。

符合上述条件,就具备了不作为犯罪的客观要件。但有以下几点值得注意:(1) 行为符合不作为犯罪的一般客观条件,并不直接成立犯罪,只有当某种不作为符合具体的犯罪构成时才成立犯罪。因此,即使存在某种"不作为",但并不符合具体犯罪的构成要件时,也不能认定为犯罪。例如,我国《消防法》规定:"任何人发现火灾时,都应当立即报警。"据此,发现火灾的人具有报警的法律义务。发现火灾的人没有报警的,虽然是一种不作为,但并不成立放火罪,也难以成立其他任何犯罪。(2) 在行为人对他人的生命具有救助义务时,并不必然成立故意杀人罪,而有可能成立遗弃罪或者其他犯罪。值勤消防人员有扑灭火灾的义务,其不履行灭火义务的行为,并不必然成立放火罪,而可能成立玩忽职守罪或者其他犯罪。概言之,对不作为(尤其出于故意时)如何定罪,是罪刑各论需要研究的问题。(3) 行为虽然在客观上造成了损害结果,但不是出于故意或者过失,而是由于不能抗拒的原因所引起的,不是犯罪(不可抗力)。所谓不能抗拒,是指行为人虽然认识到自己的行为会发生损害结果,但由于当时主客观条件的限制,不可能排除或者防止结果的发生。例如,行为人赶马车时,马意外受惊后往人行道奔跑。行为人虽然认识到不制止马的奔跑可能造成他人死伤,但行为人无论如何也不能制止马的奔跑,结果造成他人死亡。对于这种不可抗力,不能追究行为人的刑事责任。

区分作为与不作为具有重要意义,特别是不作为概念的确立,有利于合理确定犯罪范围,正确区分罪与非罪;在许多情况下,也有利于区分此罪与彼罪、一罪与数罪。

(三) 危害行为的时间、地点与方法

对于大多数犯罪而言,刑法并没有要求行为人在特定的时间、地点、以特定方法实施,在此意义上说,行为的时间、地点、方法不是犯罪构成的共同要件。但有三点应当注意:(1)有的条文明文要求行为必须在特定的时间、地点或以特定的方法实施。例如,《刑法》第340条与第341条规定的非法捕捞水产品罪与非法狩猎罪,就将禁渔期、禁猎期、禁渔区、禁猎区、禁用的工具、方法等作为构成要件。(2)有的条文明确将特定的时间、地点、方法作为法定刑升格的条件或从重处罚的情节。如《刑法》第237条规定,在通常情形下犯强制猥亵、侮辱罪的,处5年以下有期徒刑或者拘役,而聚众或者在公共场所当众犯强制猥亵、侮辱罪的,处5年以上有期徒刑。(3)即使刑法没有明文将行为的时间、地点、方法规定为影响定罪与量刑的因素,行为的时间、地点与方法也会影响行为本身的社会危害性程度,因而成为量刑的酌定情节。

三、行为对象

行为对象(也称犯罪对象)是犯罪行为所作用的物、人、组织(机构)、制度等客观存在的现象。如故意杀人罪的"人",盗窃罪中的"公私财物"就是犯罪对象。特定的犯罪对象在某些犯罪中是构成要件,行为只有作用于特定的对象,才能构成犯罪。例如,只有当行为人拐骗了不满14周岁的儿童时,才可能成立拐骗儿童罪。特定的犯罪对象在某些犯罪中影响此罪与彼罪的区分。如盗窃财物与盗窃枪支,分别构成盗窃罪与盗窃枪支罪。

行为对象与组成犯罪行为之物有别。例如,贿赂是组成受贿罪、行贿罪之物,而不能认为是受贿罪、行贿罪的对象;再如,赌资是组成赌博罪之物,而不是赌博罪的对象。行为对象与行为孳生之物有别。行为孳生之物,是指犯罪行为所产生的物。例如,行为人伪造的文书、制造的毒品等,不是行为对象。行为对象与供犯罪行为使用之物有别。供犯罪行为使用之物主要是指犯罪工具。例如,使用伪造的信用卡进行诈骗时,伪造的信用卡不是行为对象,而是供犯罪行为使用之物。行为对象与作为犯罪行为的报酬取得之物有别。例如,行为人杀人后从雇请者处得到的酬金或者物品,也不是行为对象。

行为对象与犯罪客体的关系较为密切:行为对象反映犯罪客体,犯罪客体制约行为对象。根据刑法理论的通说,二者存在明显区别:(1)行为对象所呈现的是事物的外部特征,它一般不能决定犯罪的性质;而犯罪客体所表现的是行为的内在本质,因而决定犯罪的性质。(2)特定的行为对象只是某些犯罪的构成要件;而犯罪客体是一切犯罪的共同构成要件。(3)行为对象并非在任何犯罪中都受到侵害;而犯罪客体在一切犯罪中都受到了侵害或者威胁。(4)行为对象不是犯罪分类的根据,因为行为对象相同并不意味着犯罪性质相同;而犯罪客体则是犯罪分类的根据,因为犯罪客体要件相同意味着犯罪性质相同。

四、危害结果

（一）危害结果的概念

危害结果是危害行为给刑法所保护的法益所造成的具体侵害事实与危险状态。如杀人行为造成他人死亡的事实，盗窃行为造成公私财产损失的事实，就是危害结果。再如，醉酒后驾驶车辆在高速公路逆行所造成的具体公共危险，也是危害结果。

危害结果是由危害行为造成的，危害行为是因，危害结果是原因引起的后果；不是危害行为造成的结果，就不是危害结果；危害结果固然是危害行为引起的，但不能认为，任何危害行为都必然造成危害结果。

危害结果是表明刑法所保护的法益遭受侵犯的事实特征，因而是反映社会危害性的事实。如果某种事实现象并不反映行为的社会危害性，即使它是危害行为造成的，也不能认为是危害结果。当然，危害结果与社会危害性不是等同的概念。

危害结果既包括危害行为已经实际造成的侵害事实，也包括危害行为对法益造成的危险状态。所以，可以将危害结果分为侵害结果与危险结果。① 但是，行为本身的危险性质，不是危害结果，而是行为的属性。

（二）结果形态与犯罪类型

1. 侵害犯与危险犯

根据结果的样态，可以将犯罪分为侵害犯与危险犯。侵害犯是指以造成一定的法益侵害为条件的犯罪，如以剥夺人的生命为要件的故意杀人罪（既遂）就是侵害犯；危险犯则是以发生法益侵害的危险为要件的犯罪。危险犯还可以分为具体的危险犯与抽象的危险犯。具体的危险犯中的危险，是在司法上以行为当时的具体情况为根据，认定行为具有发生侵害结果的危险；我国《刑法》第114条所规定的放火罪、爆炸罪，就是具体的危险犯。抽象的危险犯中的危险，是在司法上以一般的社会生活经验为根据，认定行为具有发生侵害结果的危险。大体可以认为，抽象的危险，是一种类型性的危险，不需要司法人员进行具体判断，但部分抽象危险可能允许反证；我国刑法所规定的盗窃、抢夺枪支、弹药罪就是抽象的危险犯。

2. 行为犯、结果犯与结果加重犯

行为犯是指行为终了与结果发生之间没有时间间隔的犯罪（不需要认定因果关系）；结果犯是指行为终了与结果发生之间有一定时间间隔的犯罪（需要认定因果关系）。例如，故意杀人罪是结果犯，非法侵入住宅罪是行为犯。

---

① 当然，在有的场合危害结果可能仅指侵害结果。

结果加重犯,亦称加重结果犯,是指法律规定的一个犯罪行为(基本犯罪),由于发生了严重结果而加重其法定刑的情况。故意伤害致死是其适例。结果加重犯具有以下特征:

(1) 行为人实施基本犯罪行为,但造成了加重结果,基本犯罪行为与加重结果之间具有因果关系。如果加重结果不是由于基本行为造成,则不成立结果加重犯。根据结果加重犯的构造,结果加重犯应是对基本犯罪行为对象造成加重结果。例如,只有对故意伤害对象造成死亡的,才属于故意伤害致死。

(2) 行为人对基本犯罪具有故意或者过失,对加重结果至少有过失。首先,从刑法的规定上看,行为人对基本犯罪一般持故意,但对基本犯罪持过失时,也可能是结果加重犯。如《刑法》第 132 条规定的铁路运营安全事故罪,行为造成严重后果时属于基本行为,行为造成特别严重后果时,至少包含了结果加重犯。其次,对加重结果至少有过失(至少有预见可能性),如果对加重结果没有过失,则不成立结果加重犯。其中,部分结果加重犯对加重结果只能是过失,如故意伤害致死,行为人对死亡只能是过失,如果持故意则是故意杀人罪,而不是伤害罪的结果加重犯。部分结果加重犯对加重结果既可以是过失也可以是故意,如抢劫致人重伤、死亡的,属于结果加重犯,行为人对重伤、死亡既可能是过失,也可能是故意(但是,不存在对基本犯罪持过失,而对加重结果持故意的结果加重犯)。这需要根据犯罪的性质以及法定刑、犯罪之间的关系进行分析,得出正确结论。

(3) 刑法就发生加重结果加重了法定刑。加重了法定刑,是相对于基本犯罪的法定刑而言,即结果加重犯的法定刑高于基本犯罪的法定刑。如果刑法没有加重法定刑,结果再严重也不是结果加重犯。例如,遗弃行为致人重伤或死亡的,因为没有加重法定刑,不成立结果加重犯。再如,绑架行为过失致人死亡的,也不成立结果加重犯。

由于刑法对结果加重犯规定了加重的法定刑,故对结果加重犯只能认定为一个犯罪,并且根据加重的法定刑量刑,而不能以数罪论处。

3. 即成犯、状态犯与继续犯

从结果的发生与犯罪的终了的关系,可以将犯罪分为即成犯、状态犯与继续犯。即成犯,是指一旦发生法益侵害结果,犯罪便同时终了,犯罪一终了法益就同时消灭的情况。故意杀人罪便是如此。状态犯,是指一旦发生法益侵害结果,犯罪便同时终了,但法益受侵害的状态仍在持续的情况。如盗窃罪。继续犯,是指在法益侵害的持续期间,实行行为在持续或者犯罪构成符合性在持续的情况。危险驾驶罪与非法拘禁罪是其适例。

(三) 危害结果的意义

危害结果作为犯罪客观方面的一个重要因素,具有重要意义。

1. 区分罪与非罪的标准之一。当危害结果是犯罪构成要件要素时,如果行为没有造成法定的危害结果,就不成立犯罪,过失犯罪便是如此。

2. 区分犯罪形态的标准之一。不管人们以什么标准区分犯罪的既遂与未遂,可以肯定的是,在通常情况下,只有发生了危害结果,才可能成立犯罪既遂。例如,在故意杀人罪中,没有发生死亡结果的,不可能成立故意杀人既遂。

3. 影响量刑轻重的因素之一。在一切犯罪中,危害结果对量刑都起影响作用。因为危害结果是反映社会危害性的事实现象,刑罚必须与犯罪的社会危害性相适应,所以,危害结果的发生与否、轻重如何,必然影响量刑。危害结果对量刑的影响作用表现为三种情况:(1) 作为选择法定刑的根据。例如,《刑法》第234 条根据伤害行为造成的结果不同,规定了三个幅度的法定刑。据此,故意伤害造成他人轻伤的,司法机关应选择 3 年以下有期徒刑、拘役或者管制这一法定刑;造成重伤的,应选择 3 年以上 10 年以下有期徒刑这一法定刑;致人死亡或者以特别残忍手段致人重伤造成严重残疾的,应选择 10 年以上有期徒刑、无期徒刑或者死刑。(2) 作为法定的量刑情节。如中止犯没有造成损害的,应当免除处罚;造成损害的,应当减轻处罚。(3) 作为酌定的量刑情节。当刑法没有将危害结果规定为法定刑升格的条件和法定量刑情节时,危害结果的情况便是酌定量刑情节。

五、因果关系与结果归属

(一) 我国传统的因果关系理论

我国传统刑法理论所讨论的因果关系,是指危害行为与危害结果之间的一种引起与被引起的关系。其中的"引起"者是原因(危害行为),"被引起"者是结果(危害结果),而因果"关系"本身不包括原因与结果,只包含二者之间的引起与被引起的关系。

由于因果关系是事物之间的一种引起与被引起的关系,这种关系本身是客观的,不以任何人的意志为转移,于是,因果关系的有无,只能根据事物之间的客观联系进行判断,因而是一种事实的判断。正因为如此,我国传统刑法理论将哲学上的因果关系理论运用到刑法中来,产生了必然因果关系说与偶然因果关系说的争论。

必然因果关系说认为,当危害行为中包含着危害结果产生的根据,并合乎规律地产生了危害结果时,危害行为与危害结果之间就是必然因果关系;只有这种必然因果关系,才是刑法上的因果关系。偶然因果关系说的基本观点是,当危害行为本身并不包含产生危害结果的根据,但在其发展过程中偶然介入其他因素,由介入因素合乎规律地引起危害结果时,危害行为与危害结果之间就是偶然因果关系,介入因素与危害结果之间是必然因果关系;必然因果关系与偶然因果关系都是刑法上的因果关系。该学说还认为,不能将条件与原因绝对分开,条件是相对于根据而言的,条件和根据都是原因,只是处于不同的等级和层次而已。从重要性来说,与根据相比,条件是次要的、第二位的;但就必要性来说,条件与根据都是不可缺少的。只有根据和条件相互作用,才能产生结果。只有根据没有条件,结果就不会发生,也就谈不上原因。

(二) 国外的因果关系学说与客观归责理论

1. 国外的因果关系学说[①]

(1) 条件说

条件说认为,行为与结果之间存在着"没有前者就没有后者"的条件关系时,前者就是后者的原因。条件说认为,条件关系是指实行行为与结果之间的关系,因此,即使预备行为产生了结果,也不存在因果关系。例如,甲为了毒死朋友乙,向装有红酒的酒杯中投放毒药后,将酒杯放在自己家里的书架上,但碰巧丙到甲家拜访,发现书架上杯中的红酒,将红酒一饮而尽后死亡。由于甲没有故意杀人的实行行为,所以不成立故意杀人既遂,而是过失致人死亡与故意杀人预备的竞合。条件关系所说的结果,只限于现实产生的结果。例如,甲开车撞了乙,依受伤的程度判断乙将在 5 小时后死亡,但 2 小时后乙被丙开车撞死。在此,作为条件关系的结果,是 2 小时后的死亡结果,而不是 5 小时后的死亡结果。

(2) 原因说

原因说主张以某种规则为标准,从导致结果发生的条件中挑选出应当作为原因的条件,只有这种原因与结果之间才存在因果关系。如有人主张最后的一个条件是原因,有人认为异常的行为是原因,有人提出决定结果发生方向的条件是原因,有人提倡最有力的条件是原因,如此等等。但是,要从对结果起作用的诸多条件中挑选一个条件作为原因,不仅是极为困难和不现实的,而且会导致因果关系认定的随意性。况且,结果的发生,并非总是依赖于一个单纯的条件,在不少情况下,应当承认复数条件竞合为共同原因。所以,原因说在大陆法系国家刑法理论中已经没有地位。

(3) 相当因果关系说

相当因果关系说是基于条件说过于扩大因果关系的范围而产生的。该说认为,根据一般社会生活经验,在通常情况下,某种行为产生某种结果被认为是相当的场合,行为与结果之间就具有因果关系。"相当"是指该行为产生该结果在日常生活中是一般的、正常的,而不是特殊的、异常的。相当因果关系说具有两个特色:一是排除条件说中不相当的情况,从而限定刑法上的因果关系范围;因为相当因果关系的认定,是在行为与结果之间具有条件关系的前提下,附加了

---

① 应当注意的是,这些学说或多或少包含了后述客观归责理论的内容。

"相当性"的要求。二是以行为时一般人的认识为标准判断行为与结果之间是否具有相当性。关于相当性的判断基础,理论上有三种学说:客观说主张以行为时的一切客观事实作为基础进行判断;主观说主张以行为人认识到或可能认识到的事实为基础进行判断;折中说主张以一般人能认识到的以及行为人特别认识到的事实为基础进行判断。例如,甲的行为导致乙受轻伤,乙是血友病患者,因流血不止而死亡。客观说认为,既然行为时乙患有血友病,不管甲是否知道这一事实,甲的行为与乙的死亡之间具有因果关系。主观说认为,如果甲知道或者应当知道乙是血友病患者,则甲的行为与乙的死亡之间具有因果关系;否则不具有因果关系。折中说认为,如果行为时一般人能知道乙是血友病患者或者甲特别知道乙是血友病患者,则甲的行为与乙的死亡之间具有因果关系;否则不存在因果关系。

(4) 合法则的条件说

合法则的条件说认为,因果关系并不是"没有该行为就不会发生该结果"的关系;只有根据科学知识,确定了前后现象之间是否存在一般的合法则的关联后,才能进行个别的、具体的判断。换言之,在认定因果关系时,首先确认存在一般的因果关系(因果法则),即确认是否存在可以适用于特定个案的自然科学的因果法则;然后认定"具体的因果关系",即确认具体的事实是否符合作为上位命题的因果法则。所以,合法则的条件说所称的"合法则",并不是指条件说所主张的逻辑性条件,也不是指相当因果关系说所称的生活经验,而是指当代知识水平所认可的法则性关系。易言之,因果法则关系的存在,必须得到当代最高科学知识水平的认可,如果根据这种科学知识难以理解,则不能承认因果关系。当然,如果经验法则与科学法则并不矛盾,这种经验法则也包含在"合法则"中。

2. 客观归责理论

客观归责理论将因果关系与归责问题相区别,因果关系以条件说为前提,在与结果有条件关系的行为中,只有当行为制造了不被允许的危险,而且该危险是在符合构成要件的结果中实现(或在构成要件的保护范围内实现)时,才能将该结果归责于行为。所以,实行客观归责必须具备三个条件:一是行为制造了不被允许的危险;二是行为实现了不被允许的危险;三是结果没有超出构成要件的保护范围。

(1) 制造不被允许的危险。现代社会是一个充满危险的社会,许多危险行为对社会发展具有重要意义,因而得到允许。所以,只有制造了不被允许的危险,才可能将结果归责于行为。第一,如果行为减少了对被害人已经存在的危险,就排除客观归责。第二,如果行为没有减少法益损害的危险,但也没有以法律上的重要方式提高法益损害的危险时,也不能将结果归责于行为。例如,行为人以杀人故意劝他人跑步,即使他人因跑步被车撞死,也不能将该死亡结果归责于行为人。第三,如果行为人仅仅修改了自然的因果经过,没有在整体上恶化被害人的状况时,则排除客观归责。第四,行为人虽然制造了危险,但如果危险被允许,则排除客观归责。

(2)实现不被允许的危险。进行客观归责的前提是,在结果中实现了由行为人所制造的不被允许的危险。因此,下列情形下排除客观归责:第一,行为虽然对法益制造了危险,但结果的发生并不是由该危险所致,而是偶然与危险同时发生时,排除客观归责。第二,行为没有实现不被允许的危险时,排除客观归责。第三,行为没有引起注意规范的保护目的所包含的结果时,排除客观归责。

(3)结果没有超出构成要件的保护范围。在通常情况下,只要行为人制造并实现了不被允许的危险,就可以进行客观归责。但是,具体犯罪的构成要件有特定的保护范围或保护目的,如果所发生的结果不包括在构成要件的保护范围或者保护目的之内,就不能将结果归责于行为人。第一,行为人参与他人的故意的自损行为时,不能将他人的自损结果归责于行为人。第二,在被害人意识到他人行为对自己法益的危险性,却同意他人实施给自己造成危险的行为时,不能将由此产生的结果归责于行为人。第三,在防止结果的发生属于他人的责任领域时,该结果不属于行为人的行为所符合的构成要件的保护目的之内的结果,不能将结果归责于行为人。

(三)本书立场

如前所述,在行为犯的场合,由于行为与结果同时发生,所以,不需要判断因果关系与客观归责的问题。

在许多结果犯中,构成要件要素及其关系解决了因果关系与客观归责问题,故不需要另行判断。例如,诈骗罪客观构成要件的内容是,行为人实施欺骗行为,对方产生认识错误,并基于认识错误处分财产,行为人取得财产,被害人遭受财产损失,其中也要求对象的同一性。行为人取得的财产正是被害人基于认识错误处分的财产,而被害人之所以产生认识错误,就是因为行为人实施了欺骗行为。所以,必须将被害人的财产损失结果归属于行为人的欺骗行为。倘若行为人虽然实施了欺骗行为,但被害人并没有陷入认识错误,而是基于同情给予行为人以财物的,则不能认为被害人存在财产损失,不可能将被害人财产损失的结果归属于诈骗行为,行为人仅成立诈骗未遂。不难看出,诈骗罪的这一系列要素,已经解决了因果关系与结果归属问题。

由于杀人、伤害等罪的实行行为缺乏定型性,所以,当结果表现为他人伤亡时,引起该结果的行为是否属于刑法上的杀人、伤害行为,就难以下结论。于是,需要讨论因果关系与结果归属问题——伤亡结果是否由行为人的行为所引起。但是,将具有条件关系的行为宣布为不法的杀人、伤害行为不一定是有意义的,因为将一个行为宣布为不法的目的是禁止这种不法行为,或者说使一般人不实施这种不法行为。说一个行为造成了他人死亡(事实),并不意味着该行为是违反规范的(价值);将一个有重大因果偏离的结果归属于行为人,并不利于预防一般人造成这种结果。所以,必须目的性地判断什么行为是不法行为。这正是客观归责理论的要义。概言之,广义的客观归责理论首先从存在论的角度判断伤亡结果与行为之间是否具有因果关系,在得出肯定结论的前提下,再通过规范评价,得出能否将该结果归责于该行为的结论。

本书赞成这种从存在论到规范论的判断,但不赞成直接全盘引入客观归责理论。换言之,我们应当先分别讨论各种构成要件要素(行为主体、实行行为、行为对象、结果、因果关系等),同时将传统刑法理论所讨论的因果关系分为两个部分——因果关系与结果归属。其中的因果关系,是基于存在论的事实判断;结果归属则是基于刑法目的的规范判断。不过,由于案件与判断的复杂性,很难将二者完全分离。事实上,因果关系的判断就可能包含规范判断,规范判断中也可能包含因果关系的判断。[①]

(四) 因果关系的判断

因果关系所讨论的是实行行为与法益侵害结果之间的因果关系。行为本身是否具有造成法益侵害结果的危险性,是对实行行为的判断,原则上不应当作因果关系的判断。换言之,因果关系中的原因,只能是类型化的实行行为,而不包括预备行为。因此,如果行为本身不具有法益侵害的危险甚至减少了法益侵害的危险,就不是实行行为,其与结果之间的关系就不是刑法上的因果关系。基于同样的理由,因果关系的判断以具有结果回避可能性为前提。如果缺乏结果回避可能性,就可以直接否认实行行为,因而可以直接否认因果关系。

另一方面,因果关系中的"结果"是指具体的、特定样态、特定规模、特定发生时间与地点的法益侵害结果(具体结果观),而不是抽象意义上的结果。例如,即使是被害人死亡,也要分清是毒死还是渴死,是流血过多死亡还是窒息死亡,是被合法处死还是被非法杀害,如此等等。

在整个客观世界中,各种现象普遍联系,相互制约,形成了无数的因果链条。一种现象相对于被它引起的结果而言是原因,而它本身又是被某种现象引起的结果。所以,在认定因果关系时,一方面要善于从无数因果链条中抽出行为与结果这对现象,另一方面又不能割断事物之间的联系。例如,司法机关发现某种结果时,要查出谁的行为引起了该结果,先研究这一孤立的行为与结果之间的因果关系。但仅此还不够,还要注意普遍联系,查明该行为是否由他人的行为引起,查明该结果是否导致了其他结果。

因果关系总是特定条件下的客观联系,故不能离开客观条件认定因果关系。

[①] 本书以下所称因果关系,一般从广义上而言,包括狭义的因果关系与结果归属。

例如,A 刺伤 B,伤势并不严重,但 B 因为患血友病而不治身亡,应当肯定 A 的行为与 B 的死亡结果之间具有因果关系。至于行为人是否认识到或者是否应当预见被害人存在疾病或者具有特殊体质,只是有无故意、过失的问题,不影响因果关系的判断。

行为与结果之间有无因果关系基本上以条件说或者合法则的条件说为标准进行判断。当能确定没有实行行为就没有侵害结果时,就可以肯定二者之间具有因果关系。例如,甲、乙二人没有意思联络,分别向丙的食物中投放了致死量50%的毒药,二人行为的重叠达到了致死量,丙吃食物后死亡。在这种情况下,由于甲、乙二人的行为分别都对丙的死亡起作用(可谓多因一果),故应肯定存在因果关系。

(五)结果归属的判断

结果归属是一种规范评价,建立在事实的因果关系基础之上。当行为与结果之间具有前述因果关系时,需要再进行结果归属的判断。只有当结果应当归属于实行行为时,行为人才对结果负责。

1. 一般规则

(1)危险的现实化

只有当行为与结果之间具有条件关系,而且行为的危险已经现实化为侵害结果时,才能将该侵害结果归属于行为。

首先,没有结果回避可能性时,不能将结果归属于行为。如护士在注射抗生素时没有为患者做皮试,患者因注射抗生素而死亡。但事后查明,即使做皮试也不能查出患者的特殊反应。由于结果不具有回避可能性,故不能将死亡结果归属于护士的行为。

其次,危险没有现实化时,不能将结果归属于行为。例如,甲以杀人故意用枪将被害人打伤后,被害人在医院遇到火灾被烧死。在此,枪杀的危险并没有现实化,故不能将死亡结果归属于枪杀行为。在这种死因不同(中枪身亡与烧死)的案件中,只要采用具体的结果观(如毒死与渴死是两种不同的死亡结果),就容易判断行为的危险是否现实化。对于死因相同的案件,往往难以判断危险的现实化。例如,A 将水性不好的 C 推入水库后离开现场,但 C 立即就能够抓住身边的可以保住性命的木板,此时与 A 没有意思联络的 B 迅速拿走了这块木板,导致 C 溺水身亡。本书认为,不能认为 A 的行为的危险性已经现实化,而应将死亡结果归属于 B 的行为。

最后,行为没有引起注意规范的保护目的所指向的结果时,不能将结果归属于行为。亦即,行为虽然违反了注意规范,但所造成的结果并不是注意规范所禁止的结果时,排除结果归属。例如,A 酒后在封闭的高速公路上驾驶机动车,撞死了突然违章横穿高速公路的 B。禁止酒后驾驶的规范,是为了防止因丧失或减弱控制车辆的能力而造成伤亡结果,所以,不能将 B 死亡的结果归责于 A 的酒后驾驶行为。

（2）构成要件的效力范围

在某种意义上说,构成要件效力范围的判断,实际上是对实行行为与结果本身的判断。

首先,在防止结果的发生属于他人负责的领域时,该结果不能归属于行为人的行为。例如,机动车驾驶者甲撞伤乙后,警察立即将具有救助可能性的乙送往医院,但途中发生事故导致乙死亡。由于防止死亡结果的救助义务已经属于警察负责的范围,故不能将死亡结果归属于甲的行为。

其次,在结果不是构成要件禁止内容时,排除结果归属。例如,刑法规定强奸罪是为了保护妇女的性行为自主权,所以,强奸行为造成的社会影响不是强奸罪构成要件禁止的内容,因而不能将社会影响归属于强奸行为。

2. 具体判断

在通常情况下,结果归属并不存在特别疑问。值得讨论的问题是,在案件存在介入因素的场合,如何判断结果归属。总的来说,需要考虑四个方面的因素:一是行为人的实行行为导致结果发生的危险性大小;二是介入因素的异常性大小;三是介入因素对结果发生的作用大小;四是介入因素是否属于行为人的管辖范围。例如,在同样是介入了医生的重大过失引起被害人死亡的案件中,如果先前的行为只是导致被害人轻伤,则不应将死亡结果归属于先前行为;如果先前行为造成被害人濒临死亡的重伤,则能够将死亡结果归属于先前行为。但是,在被害人受伤后数小时,他人故意开枪杀死被害人的,则不能将死亡结果归属于先前的伤害行为。介入情况的异常与否,对判断因果关系也具有意义。前行为必然导致介入情况、前行为通常导致介入情况、前行为很少导致介入情况、前行为与介入情况无关这四种情形,对判断因果关系所起的作用依次递增。但是,如果介入因素是行为人的管辖范围,那么,通常能够将结果归属于行为人的行为。具体来说,值得详细讨论的是以下三种介入类型:

（1）介入被害人行为的情形

在不少案件中,被告人实施行为后介入了被害人的行为,导致了结果的发生。在这种场合,要综合考虑上述四个方面的因素,得出妥当结论。第一,被告人实施的行为,导致被害人不得不或者几乎必然实施介入行为的,或者被害人实施的介入行为具有通常性的,即使该介入行为具有高度危险,也应当肯定结果归属。例如,甲点燃乙身穿的衣服,乙跳入水中溺死或者心脏麻痹死亡的,或者甲对乙的住宅放火,乙为了抢救婴儿而进入住宅内被烧死的,应将乙的死亡结果归属于甲的行为。第二,被告人实施的行为,导致被害人介入异常行为造成了结果,但考虑到被害人的心理恐惧或者精神紧张等情形,其介入行为仍然具有通常性时,应当肯定结果归属。例如,A向站在悬崖边的B开枪,B听到枪声后坠崖身亡的,或者A瞄准湖中的小船开枪,船上的B为躲避而落入水中溺死的,应将B的死亡归属于A的行为。第三,虽然介入了被害人不适当或者异常的行为,但是,如果该异常行为属于被告人的管辖范围之内的行为,仍然能够将结果归属于被告人的行为。例如,在深水池与浅水池没有明显区分的游泳池中,教练员没有履行职责,不会游泳的学员进入深水池溺死的,学员的死亡要归属于教练员的行为。第四,虽然介入被害人不适当行为并造成了结果,但如果该行为是依照处于优势地位的被告人的指示而实施的,应当将结果归属于被告人的行为。例如,非法行医的被告人让身患肺炎的被害人到药店购买感冒药治疗疾病,导致被害人没有得到正常治疗而死亡的,应当将被害人的死亡结果归属于被告人的非法行医行为。第五,被告人实施行为后,被害人介入的行为对造成结果仅起轻微作用的,应当肯定结果归属。例如,甲伤害乙后,乙在医院治疗期间没有卧床休息,因伤情恶化而死亡的,或者乙在旅途中被甲打伤,乙为了尽快回原居住地,导致治疗不及时而死亡的,应将乙的死亡归属于甲的行为。第六,如果介入了被害人对结果起决定性作用的异常行为,则不能将结果归属于被告人的行为。例如,甲杀乙,乙仅受轻伤,但乙因迷信鬼神,而以香灰涂抹伤口,致毒菌侵入体内死亡。

(2) 介入第三者行为的情形

在结果的发生介入了第三者行为的案件中,也应综合考虑前述四个因素进行合理判断,但最重要的是判断谁的行为对结果发生起到了决定性作用,同时也要考虑第三者介入的可能性与盖然性;不能简单地认为,"凡是第三者故意介入造成结果的,就不能将结果归属于前行为"。第一,与前行为无关的介入行为导致结果发生的,不得将结果归属于前行为。例如,甲投放毒药的行为具有导致丙死亡的高度危险,但在毒药产生作用之前,乙的开枪行为导致了丙的死亡(因果关系的断绝),只能将丙的死亡归属于乙的行为。第二,当被告人的伤害行为具有导致被害人死亡的高度危险,介入医生或者他人的过失行为而未能挽救伤者生命的,依然应当将死亡结果归属于伤害行为。第三,被告人实施危险行为后,通常乃至必然会介入第三者的行为导致结果发生的,应当肯定结果归属。例如,甲将爆炸物扔到乙的身边,乙立即踢开爆炸物,导致附近的丙被炸死的,应当将丙的死亡归属于甲的行为。第四,被告人实施危险行为后,介入了有义务防止危险现实化的第三者的行为时,如果第三者能够防止但没有防止危险,不能将结果归属于被告人的行为。例如,甲伤害乙后,警察赶到了现场。警察在将乙送往医院的途中车辆出故障,导致乙失血过多死亡的,不得将乙的死亡结果归属于甲的行为。第五,被告人的前行为与第三者的介入行为均对结果的发生起决定性作用的,应当将结果归属于二者。例如,甲刺杀了儿童丙后逃离,丙的母亲乙发现后能够救助而不救助,导致丙因失血过多而死亡的,应当将丙死亡的结果同时归属于甲的作为与乙的不作为。

(3) 介入行为人行为的情形

可以肯定的是,倘若行为人的前行为与后行为(介入行为)实际上是一个实行行为,那么,应当将结果归属于该行为。例如,甲用石块反复击打被害人乙的头部,在乙没有任何反应之后,甲为了探明乙是否确已死亡,再次用木棒击打乙的头部。在这种情况下,由于后行为也是杀人行为,而且与前行为属于同一个实行行为,所以,不需要查明是前行为还是后行为造成死亡,就能将死亡结果归属于甲的一个杀人行为。但是,行为人的前行为与介入行为不是一个实行行为的情况下,需要判断的是将结果归属于前行为,还是归属于后行为。这在前行为与后行为的主观心理状态不同的场合,以及前后行为的性质不同的场合,具有重要意义。第一,在故意的前行为具有导致结果发生的高度危险,后来介入了行为人的过失行为造成结果时,应当将结果归属于前行为。例如,甲以杀人故意对乙实施暴力,导致乙休克;甲以为乙已死亡,为了毁灭罪证,将乙扔入水库溺死。对此,应将死亡结果归属于故意的前行为。第二,在故意的前行为具有导致结果发生的高度危险,后来介入了行为人故意实施的另一高度危险行为时,如果能够查明结果是由前行为还是后行为造成,则不存在疑问;如果不能查明结果发生的具体原因,则需要判断前后哪一行为的危险性大,一般将死亡结果归属于危险性大的行为;如果两个行为的危险性相当,或许可以将结果归属于前后两个行为(多因一果)。第三,在过失的前行为具有导致结果发生的高度危险,后介入的故意或者过失行为直接造成结果时,应当将结果归属于后行为。例如,甲过失导致乙重伤,为了逃避刑事责任,故意开枪杀死乙。对此,应认定行为同时成立过失致人重伤罪与故意杀人罪,至于是否实行并罚则是另一回事。第四,故意或者过失的前行为具有导致结果发生的高度危险,后介入的故意或者过失行为并不对结果起决定性作用的,应当将结果归属于前行为。第五,在后行为对结果的发生具有决定性作用,而前行为通常不会引起后行为时,应当将结果归属于后行为。第六,在前后均为过失行为,两个过失行为的结合导致结果发生时,应当将两个过失行为视为构成要件的行为(过失并存说)。

(六) 因果关系、结果归属与刑事责任

认定因果关系、确定结果归属不等于认定刑事责任。认定某种行为与某种危害结果之间具有因果关系,以及肯定结果应当归属于行为,只是确立了行为人的行为造成了特定危害结果。一方面,行为人的行为与所造成的结果在客观上是什么性质、在刑法上属于何种类型,这不是因果关系、结果归属所能解决的问题,需要根据刑法的规定判断行为与结果的性质。另一方面,应否负刑事责任不仅取决于客观事实,还取决于行为人对自己行为及所造成的结果的心理状态;在具有因果关系的情况下,行为人可能没有刑法所要求的故意与过失,因而不可追究行为人的刑事责任。所以,有因果关系不等于有刑事责任。

第四节 犯罪主体

一、犯罪主体概述

一般来说,犯罪主体是指刑法规定的实施犯罪并且承担刑事责任的人(包括自然人与单位)。事实上,犯罪主体这一概念存在两种含义:一是指已经实施了刑法所规定的犯罪的行为人即犯罪人;二是指犯罪主体的条件,即具备何种条件才能成为犯罪主体,才可能承担刑事责任。作为犯罪构成的一个要件,所研究的是后者,即犯罪主体要件。

《刑法》总则规定了犯罪主体的一般要件,如《刑法》第17条对犯罪主体的年龄条件作了规定,第18条对辨认控制能力作了规定;刑法分则的部分条文规定了犯罪主体的特殊要件,如有的条文规定犯罪主体必须是国家机关工作人员,有的条文规定犯罪主体必须是现役军人等。犯罪主体要件是实施犯罪行为的人本身必须具备的条件,包含人的自然属性(如年龄、性别等)与社会属性(身份、单位的性质等)的条件。

根据刑法的规定,犯罪主体分为自然人犯罪主体与单位犯罪主体,因此,犯罪主体要件也相应地分为自然人犯罪主体要件与单位犯罪主体要件。自然人犯罪主体又分为两种情况:一般犯罪主体与特殊犯罪主体;单位犯罪主体也可以分为两种情况:无特别限定的企业、事业单位、机关、团体与特定的企业、事业单位、机关、团体。

二、自然人犯罪主体

自然人犯罪主体的一般要件是:达到刑事法定年龄、具有辨认控制能力;但某些犯罪除了要求行为人具备这两个条件外,还必须具有特殊身份。[①] 此外,自然人是否具有实施合法行为的期待可能性,决定了能否对之进行谴责,所以,期待可能性也是需要在犯罪主体中讨论的内容。

(一)刑事法定年龄

1. 刑事法定年龄的概念

刑事法定年龄,是指刑法所规定的,行为人承担刑事责任必须达到的年龄(也称刑事责任年龄)。如果行为人没有达到刑事法定年龄,就不能从刑法上对其予以谴责,其实施的行为就不可能成立犯罪,故刑事法定年龄事实上是犯罪年

---

① 主体本身以及特殊身份,是表明行为是否违法的要素,法定年龄与辨认控制能力则是表明行为人是否值得谴责的要素。所以,严格地说,主体本身与特殊身份应放在犯罪客观要件中讨论。

龄。达到刑事法定年龄,是自然人犯罪主体必须具备的条件之一。

2. 刑事法定年龄的规定

我国《刑法》基于我国的政治、经济、文化的发展水平,少年儿童接受教育的条件,依据我国的地理、气候条件,根据国家对少年儿童的政策,对刑事法定年龄作了如下规定:(1)不满12周岁的人,一律不负刑事责任,即不满12周岁的人所实施的任何行为,都不构成犯罪。刑法理论称之为绝对无刑事责任时期或完全无刑事责任时期。(2)已满12周岁不满14周岁的人,犯故意杀人、故意伤害罪,致人死亡或者以特别残忍手段致人重伤造成严重残疾,情节恶劣,经最高人民检察院核准追诉的,应当负刑事责任。应当注意的是,即使行为人没有精神障碍,也需要积极证明行为人具有辨认控制能力。如果行为人缺乏辨认能力或者控制能力,就不应当报最高人民检察院核准,最高人民检察院也不应当核准。此外,行为人同时犯有其他罪行时,不得一并追诉。(3)已满14周岁不满16周岁的人,犯故意杀人、故意伤害致人重伤或者死亡、强奸、抢劫、贩卖毒品、放火、爆炸、投毒罪的,应当负刑事责任。此即相对负刑事责任时期。刑法作出这样的限定,除了考虑到犯罪的严重性之外,还考虑了犯罪的常发性。还有一些犯罪或许重于这里所列举的犯罪,但由于处于这一年龄阶段的人不可能实施或者很少实施,刑法未作规定。这里的"故意杀人""故意伤害致人重伤或者死亡"包括刑法分则所规定的以故意杀人罪、故意伤害(限于重伤与致人死亡)罪论处的情形(参见《刑法》第238条第2款);对于15周岁的人绑架他人后故意杀害被绑架人的,应按故意杀人罪追究刑事责任;其中的"强奸"包含奸淫幼女,但已满14周岁不满16周岁的人与幼女发生性关系,情节轻微、尚未造成严重后果的,不应追究刑事责任;"抢劫"应包含抢劫枪支、弹药、爆炸物、危险物质;"投毒"是指投放毒害性、放射性、传染病病原体等物质。(4)已满16周岁的人犯罪,应当负刑事责任。即已满16周岁的人对一切犯罪承担刑事责任,此即完全负刑事责任时期。(5)已满12周岁不满18周岁的人犯罪,应当从轻或者减轻处罚。此即减轻刑事责任时期。

除上述规定之外,《刑法》第17条第5款还规定,因不满16周岁不予刑事处罚的,责令他的家长或者监护人严加管教;在必要的时候,依法进行专门矫治教育。《刑法》第17条之一规定:"已满七十五周岁的人故意犯罪的,可以从轻或者减轻处罚;过失犯罪的,应当从轻或者减轻处罚。"显然,这一规定并不是因为已满75周岁的人的责任能力减少,而是基于人道主义与刑事政策的理由(特殊预防的必要性减少)。

3. 刑事法定年龄的认定

法定年龄是指实足年龄,而不是指虚岁。实足年龄以日计算,并且按公历的年、月、日计算。行为人分别过了14周岁、16周岁、18周岁生日,从第二天起,才是分别已满14周岁、16周岁、18周岁。例如,行为人2006年1月1日出生,从2020年1月2日起,才算已满14周岁。

法定年龄应当从出生之日计算至行为之日而不是结果发生之日。例如,行为人在实施情节并不恶劣的杀人行为时不满14周岁,但死亡结果发生时已满14周岁的,不能追究行为人故意杀人罪的刑事责任。因为犯罪是行为,辨认控制能力必须是"行为时"的辨认控制能力,那么,法定年龄也必须是"行为时"的年龄;虽然行为与结果具有密切联系,但行为不包含结果,结果也不包含行为。

关于跨法定年龄阶段的犯罪,应当注意两种情况:(1)行为人已满16周岁后实施了某种犯罪,并且在已满14周岁不满16周岁期间也实施过相同的行为,应否一并追究刑事责任,应具体分析。如果已满14周岁不满16周岁期间所实施的是《刑法》第17条第2款规定的特定犯罪,则应一并追究刑事责任;否则,就只能追究已满16周岁以后所犯之罪的刑事责任。(2)行为人在已满14周岁不满16周岁期间,实施了《刑法》第17条第2款规定的特定犯罪,并在未满14周岁时也实施过相同行为,对此不能一并追究刑事责任,只能追究已满14周岁后实施的特定犯罪的刑事责任。

(二)辨认控制能力

1. 辨认控制能力的概念

辨认控制能力,是指行为人对自己行为的辨认能力与控制能力,也称刑事责任能力。辨认能力,是指行为人认识自己特定行为的性质、结果与意义的能力;控制能力,是指行为人支配自己实施或者不实施特定行为的能力。辨认能力是控制能力的基础和前提,没有辨认能力就谈不上有控制能力。控制能力则反映辨认能力。有控制能力就表明行为人具有辨认能力。但在某些情况下,有辨认能力的人可能由于某种原因而丧失控制能力。所谓具有辨认控制能力,是指同时具有辨认能力与控制能力;如果缺少其中一种能力,则属于无辨认控制能力。无辨认控制能力,包括两种情况:一是行为人没有达到刑事法定年龄,法律认定他们一律没有辨认控制能力;二是行为人虽然达到刑事法定年龄,但由于精神病而对一切犯罪不具有辨认控制能力。通常所说的无辨认控制能力是指后一种情况。

辨认控制能力除了有无之外,还包括两种特殊情形:一是部分辨认控制能力,是指由于某种精神病导致对某一类犯罪没有辨认控制能力,而对其他犯罪具有完全辨认控制能力。如诉讼狂对诬告陷害罪没有辨认控制能力,但对其他犯罪具有辨认控制能力。二是限制辨认控制能力,即行为人由于精神障碍而对犯罪行为的辨认控制能力明显减弱或者降低。达到刑事法定年龄,但尚未完全丧失辨认或者控制自己行为能力的精神病人,具有限制辨认控制能力。

2. 辨认控制能力的认定

在判断行为人的辨认控制能力时,需要注意以下问题:(1) 对于无辨认控制能力的判断,应同时采用医学标准与心理学标准。即首先判断行为人是否患有精神病,其次判断是否因为患有精神病而不能辨认或者不能控制自己的行为。前者由精神病医学专家鉴定,后者由司法工作人员判断。司法工作人员在判断精神病人有无辨认控制能力时,除了以精神病医学专家的鉴定结论为基础外,还应注意以下几点:第一,要注意审查精神病的种类以及程度轻重,因为精神病的种类与程度轻重对于判断精神病人是否具有辨认控制能力具有极为重要的意义。第二,要向精神病人的左邻右舍调查其言行与精神状况。第三,要进一步判断精神病人所实施的行为与其精神病之间有无直接联系。(2) 间歇性精神病人在精神正常的时候犯罪的,应当负刑事责任。即间歇性精神病人实施行为的时候,如果精神正常,具有辨认控制能力,就应当追究其刑事责任;反之,如果实施行为的时候,精神不正常,不具有辨认控制能力,该行为便不成立犯罪,因而不负刑事责任。由此可见,间歇性精神病人的行为是否成立犯罪,应以其实施行为时是否具有辨认控制能力为标准,而不是以侦查、起诉、审判时是否精神正常为标准。(3) 尚未完全丧失辨认或者控制自己行为能力的精神病人犯罪的,应当负刑事责任,但是可以从轻或者减轻处罚。(4) 醉酒的人犯罪应当负刑事责任。(5) 又聋又哑的人或者盲人犯罪,可以从轻、减轻或者免除处罚。

(三) 特殊身份

特殊身份是指行为人在身份上的特殊资格,以及其他与一定的犯罪行为有关的,行为人在社会关系上的特殊地位或者状态。如男女性别、亲属关系、国家工作人员等。这些特殊身份不是自然人犯罪主体的一般要件,只是某些犯罪的自然人主体必须具备的要件。

特殊身份必须是行为人开始实施犯罪行为时就已经具有的特殊资格或已经形成的特殊地位或者状态,因为实施犯罪才在犯罪活动或者犯罪组织中形成的特殊地位(如首要分子)不是特殊身份。特殊身份是行为人在人身方面的特殊资格、地位或状态,并具有一定的持续性,因此,特定犯罪目的与动机等心理状态,不宜归入特殊身份。特殊身份总是与一定的犯罪行为密切联系的,与犯罪行为没有联系的资格等情况,不是特殊身份。例如,在叛逃罪中,国籍以及是否国家工作人员与犯罪行为有密切联系,属于特殊身份;但在故意杀人罪中,国籍以及是否国家工作人员与犯罪行为没有密切联系,因而不是特殊身份。特殊身份既可能是终身具有的身份,也可能是一定时期或临时具有的身份,这取决于身份的类型与刑法的规定。特殊身份既可能是由于出生等事实关系所形成的身份,如男女、亲属关系;也可能是由于法律规定所形成的身份,如证人、依法被关押的罪犯;还可能是同时由于事实关系与法律规定所形成的身份,如对于年老、年幼、患病或者其他没有独立生活能力的人负有扶养义务的人,一方面有基于亲属关系所形成的自然身份,另一方面也有基于法律规定的法定身份。

根据我国《刑法》分则的规定,特殊身份主要包括以下几类:(1) 以特定公职为内容的特殊身份,如国家工作人员、司法工作人员、邮政工作人员、税务机关工作人员等;(2) 以特定职业为内容的特殊身份,如航空人员、铁路职工、医务人员等;(3) 以特定法律义务为内容的特殊身份,如纳税人、扣缴义务人等;(4) 以特定法律地位为内容的特殊身份,如证人、鉴定人、记录人、翻译人等;(5) 以持有特定物品为内容的特殊身份,如依法配备公务用枪的人员等;(6) 以参与某种活动为内容的特殊身份,如投标人、公司发起人等;(7) 以患有特定疾病为内容的特殊身份,如严重性病患者;(8) 以居住地和特定组织成员为内容的特殊身份,如境外的黑社会组织的人员等;(9) 以不具有特定资格为内容的特殊身份,如未取得医生执业资格的人,这种身份被称为消极的身份,即欠缺一定的身份。

作为犯罪主体要件的特殊身份,只是针对该犯罪的实行犯而言,至于教唆犯与帮助犯,则不受特殊身份的限制。例如,贪污罪的主体必须是国家工作人员或者受国家机关、国有公司、企业、事业单位、人民团体委托管理、经营国有资产的人员,但这只是就实行犯而言,不具有上述特殊身份的人教唆或者帮助具有上述特殊身份的人犯贪污罪的,成立共犯。

(四) 期待可能性

所谓期待可能性,是指根据具体情况,有可能期待行为人不实施不法行为而实施其他合法行为。期待可能性的理论认为,如果不能期待行为人实施其他合法行为(换言之,行为人在当时的情况下只能实施违法行为),就不能对其进行谴责,因而不能以犯罪论处。

问题是,如何判断行为人是否具有合法行为的期待可能性,这便是期待可能性的判断标准问题。行为人标准说主张,以行为时的具体状况下的行为人自身的能力为标准。如果在当时的具体状况下,不能期待该行为人实施适法行为,就表明缺乏期待可能性。可是,如果行为人本人不能实施适法行为,就不期待其实施,那么就没有法秩序可言。而且,这一学说不能说明确信犯的责任,因为确信犯大多认为自己的行为是正当的,倘若以行为人为标准,这些人就缺乏期待可能性,因而不能承担责任,但事实上并非如此。平均人标准说认为,如果对处于行为人状态下的通常人、平均人,能够期待其实施适法行为,则该行为人也具有期待可能性;如果对处于行为人状态下的通常人、平均人,不能期待其实施适法行为,则该行为人也不具有期待可能性。但是,此说没有考虑到对平均人能够期待而对行为人不能期待的情况,这就不符合期待可能性理论的本意。法规范标准说或国家标准说主张,以国家或者国家的法秩序的具体要求为标准,判断是否具有期待可能性。因为所谓期待,是指国家或法秩序对行为人的期待,而不是行为人本人的期待,因此,是否具有期待可能性,只能以国家或法秩序的要求为标准,而不是以被期待的行为人或平均人为标准。然而,期待可能性的理论本来是为了针对行为人的人性弱点而给予法的救济,所以,应考虑那些不能适应国家期待的行为人,法规范标准说则没有考虑这一点;而且究竟在什么场合国家或法秩序期待行为人实施适法行为,是一个不明确的问题,因此,法规范标准说实际上没有提出任何标准。

其实,上述三种学说只是把握了期待可能性判断标准的部分侧面,它们之间的对立并无重要意义。就行为人的身体的、心理的条件等能力而言,必须以具体的行为人为基准,而不可能以一般人为基准,但这并不意味着,以"因为是这个行为人所以没办法"为由而不以犯罪论处。"平均人"也不意味着统计学意义上的平均人,而是具有行为人特性的其他多数人,是判断行为人是否具有期待可能性的技术性概念,因为只有与他人比较,才能判断特定的行为人是否具有期待可能性。所以,所谓行为人与平均人之间不一定有实质的差别。法规范标准说与行为人标准说也不是对立的。因为期待可能性的判断,并不是单纯从行为人一方的他行为可能性的观察就可以得出合理结论,而是要考虑法秩序的需要。换言之,期待可能性的判断,是对个人与法秩序之间的紧张关系的一种判断。

结局只能是,站在法益保护的立场,根据行为人当时的身体的、心理的条件以及附随情况,通过与具有行为人特性的其他多数人的比较,判断能否期待行为当时的行为人通过发挥其能力而不实施违法行为。以已婚妇女的事实重婚为例,以下情形没有期待可能性,不应以重婚罪论处:结婚后因遭受自然灾害外流谋生,与他人形成事实婚姻的;因配偶长期外出下落不明,造成家庭生活严重困难,又与他人形成事实婚姻的;因强迫、包办婚姻或因婚后受虐待外逃,与他人形成事实婚姻的;已婚妇女在被拐卖后,与他人形成事实婚姻的。但是,上述妇女又与他人前往婚姻登记机关登记结婚的,并不缺乏期待可能性。

三、单位犯罪主体

(一)单位犯罪概述

一般来说,单位犯罪是指公司、企业、事业单位、机关、团体为本单位谋取非法利益,经单位集体研究或者由负责人决定,由单位直接责任人员具体实施的犯罪。据此,单位犯罪具有以下特征:(1)单位犯罪是公司、企业、事业单位、机关、团体犯罪,即单位本身犯罪,而不是单位的各个成员的犯罪之和。(2)单位犯罪是经单位集体研究决定或者由负责人员决定,由直接责任人员实施,并且与其经营、管理活动具有密切关系的犯罪;单位一般成员实施的犯罪,不属于单位犯罪;与单位的经营、管理活动没有任何关系的犯罪(如故意杀人等)不可能成为单位犯罪。(3)单位犯罪一般是出于为本单位谋取非法利益的目的;为单位谋取合法利益的行为不可能成立任何犯罪,仅仅为单位个别或少数成员谋取非法利益的行为也不是单位犯罪。(4)单位犯罪一般是以单位名义实施的,但这不是绝对的。

单位犯罪的上述特征,决定了单位犯罪的刑事责任的特点:(1)单位犯罪的刑事责任具有整体性,即单位的刑事责任是单位整体的刑事责任,而不是单位内部各成员的刑事责任。(2)单位犯罪的刑事责任具有双重性,即对于单位犯罪,原则上除了追究单位整体的刑事责任外,还要追究单位直接负责的主管人员和其他直接责任人员的刑事责任。直接负责的主管人员,是在单位实施的犯罪中起决定、批准、授意、纵容、指挥等作用的人员,一般是单位的主管负责人,包括法定代表人。其他直接责任人员,是在单位犯罪中具体实施犯罪并起较大作用的人员,既可以是单位的经营管理人员,也可以是单位的职工,包括聘任、雇用的人员。应当注意的是,在单位犯罪中,对于受单位领导指派或奉命而参与实施了一定犯罪行为的人员,一般不宜作为直接责任人员追究刑事责任。对单位犯罪中的直接负责的主管人员和其他直接责任人员,应根据其在单位犯罪中的地位、作用和犯罪情节,分别处以相应的刑罚。(3)单位犯罪的刑事责任具有局限性,即一方面,单位不可能成为一切犯罪的主体,因而不可能对一切犯罪承担刑事责任,从法律规定上说,只有当刑法规定了单位可以成为某种犯罪的主体时,才可能将单位认定为犯罪主体;另一方面,对犯罪的单位本身,只能适用有限的刑罚方法,即只能判处罚金,而不能判处其他刑罚。

特别需要注意的是,单位犯罪以刑法明文规定单位应受刑罚处罚为前提。即只有当刑法规定了单位可以成为某种犯罪的行为主体时,才可能将单位认定为犯罪主体。《刑法》第30条规定:"公司、企业、事业单位、机关、团体实施的危害社会的行为,法律规定为单位犯罪的,应当负刑事责任。"这表明,刑法没有规定单位可以成为行为主体时,只能由自然人作为行为主体。换言之,某种犯罪行为"由单位实施",但刑法没有将单位规定为行为主体时,应当而且只能对自然人定罪量刑。全国人大常委会2014年4月24日《关于〈中华人民共和国刑法〉第三十条的解释》明确规定:"公司、企业、事业单位、机关、团体等单位实施刑法规定的危害社会的行为,刑法分则和其他法律未规定追究单位的刑事责任的,对组织、策划、实施该危害社会行为的人依法追究刑事责任。"

(二)单位犯罪主体的认定

根据《刑法》第30条的规定,单位犯罪的主体,必须是依法成立并有合法经营、管理范围的公司、企业、事业单位、机关、团体。个人为进行违法犯罪活动而设立的公司、企业、事业单位实施犯罪的,或者公司、企业、事业单位设立后,以实施犯罪为主要活动的,不以单位犯罪论处。个人盗用单位名义实施犯罪,违法所得由实施犯罪的个人私分的,不属于单位犯罪,应依照刑法有关自然人犯罪的规定定罪处罚。

总的来说,《刑法》第 30 条规定的"公司、企业、事业单位",既包括国有、集体所有的公司、企业、事业单位,也包括依法设立的合资经营、合作经营企业和具有法人资格的独资、私营公司、企业、事业单位。但这并不意味着任何单位都可以实施任何单位犯罪。因为有的单位犯罪要求单位具有特定的所有制性质,如《刑法》第 387 条规定的单位受贿罪的犯罪主体只能是国家机关、国有公司、企业、事业单位、人民团体;有的单位犯罪要求单位具有特定的职能性质,如《刑法》第 396 条第 2 款所规定的犯罪主体,只限于司法机关与行政执法机关;有的单位犯罪要求单位具有特定义务,如构成逃税罪的单位必须具有纳税义务或者扣缴义务。

符合我国法人资格条件的外国公司、企业、事业单位,在我国领域内实施危害社会的行为,符合我国刑法构成犯罪的,应当依照我国刑法关于单位犯罪的规定追究刑事责任。个人为在我国领域内进行违法犯罪活动而设立的外国公司、企业、事业单位实施犯罪的,或者外国公司、企业、事业单位设立后在我国领域内以实施违法犯罪为主要活动的,不以单位犯罪论处。

涉嫌犯罪的单位被撤销、注销、吊销营业执照或者宣告破产的,应当根据刑法关于单位犯罪的相关规定,对实施犯罪行为的该单位直接负责的主管人员和其他直接责任人员予以追诉,对该单位不再追诉。涉嫌犯罪的单位已被合并到一个新单位的,对原犯罪单位及其直接负责的主管人员和其他直接责任人员应依法定罪量刑。人民法院审判时,对被告单位应列原犯罪单位名称,但注明已被并入新的单位,对被告单位所判处的罚金数额以其并入新的单位的财产及收益为限。

第五节 犯罪主观要件

一、犯罪主观要件概述

犯罪主观要件,是指刑法规定成立犯罪必须具备的,犯罪主体对其实施的危害行为及其危害结果所持的心理态度。这种心理态度,是行为人受刑法的谴责所必须具备的条件。犯罪心理态度的基本内容是故意与过失(合称为罪过),此外还有犯罪目的与动机。罪过与犯罪客观要件密切联系:罪过是对危害行为与危害结果的故意与过失;罪过必须表现在一定的危害行为中;罪过只能是行为时的心理态度,罪过的有无以及罪过形式与内容都应以行为时为准,而不以行为前或行为后为准。刑法总则明文规定了故意与过失的含义,任何犯罪的成立都要求行为人主观上具有故意或者过失;不具有故意与过失的行为,不可能成立犯罪。在某些情况下行为人可能对法律或者客观事实发生认识错误,这种认识错误可能影响其刑事责任,因而需要研究。

二、犯罪故意

(一) 故意的概念

根据《刑法》第 14 条第 1 款的规定,犯罪故意,是指明知自己的行为会发生危害社会的结果,并且希望或者放任这种结果发生的心理态度。犯罪故意由两个因素构成:一是认识因素,即明知自己的行为会发生危害社会的结果;二是意志因素,即希望或者放任这种结果发生。二者的有机统一才是犯罪故意:一方面,任何犯罪的故意都必须同时存在认识因素与意志因素;另一方面,认识因素与意志因素之间具有内在联系,突出地表现在,行为人所认识到的结果与所希望或者放任的结果必须是同一的,而且意志因素以认识因素为前提。

(二) 故意的种类

根据刑法的规定,故意可以分为直接故意与间接故意。

1. 直接故意

直接故意,是指明知自己的行为会发生危害社会的结果,并且希望这种结果发生的心理态度。直接故意是认识因素与意志因素的统一。

(1) 直接故意的认识因素是明知自己的行为会发生危害社会的结果。第一,行为人明知自己行为的内容与社会意义,即认识到刑法所禁止的实体。如认识到自己的行为是在"杀人",认识到自己贩卖的物品具有淫秽性,如此等等。第二,行为人明知自己的行为会发生某种危害结果。对危害结果的认识不要求很具体,只要求认识到危害结果的基本性质。例如,故意杀人时,只要求认识到有人会死亡即可,不要求具体认识到谁在什么具体时刻死亡。对危害结果的明知包括明知危害结果必然发生与明知危害结果可能发生两种情况;行为人所明知的是哪一种情况,应以行为人自身的认识为准,不以客观事实为准。对危害结果的明知表明行为人认识到自己的行为与危害结果之间的因果关系,但只要求行为人认识到因果关系的基本部分,不要求对因果关系发展的具体样态有认识。第三,某些犯罪的故意还要求行为人认识到刑法规定的特定事实,如特定的时间、地点、对象等。例如,窝藏罪的成立要求行为人明知自己所窝藏的是犯罪的人。

(2) 直接故意的意志因素是希望危害结果发生。这里的危害结果是指行为人已经明知会发生的那种危害结果;希望是指行为人积极追求危害结果的发生,发生危害结果是行为人实施危害行为所直接追求的目标。

2. 间接故意

间接故意,是指明知自己的行为可能发生危害社会的结果,并且放任这种结果发生的心理态度。

间接故意的认识因素与直接故意的认识因素基本相同,区别在于:直接故意既可能是明知自己的行为必然发生危害结果,也可能是明知自己的行为可能发生危害结果,而间接故意只能是明知自己的行为可能发生危害结果。间接故意的意志因素是放任危害结果发生。这里的危害结果也是行为人已经明知的危害结果。放任是对危害结果的一种听之任之的态度。即行为人为了追求一定的目的而实施一定行为时,明知该行为可能发生某种危害结果;行为人既不是希望危害结果发生,也不是希望危害结果不发生,但仍然实施该行为,也不采取措施防止危害结果发生,而是听任危害结果发生;结果发生与否,都不违背行为人的意志。例如,甲为了掩盖自己的贪污罪行,企图放火烧毁会计室,深夜放火时发现乙在会计室睡觉,明知放火行为可能烧死乙,但仍然放火,也没有采取任何措施防止乙死亡,乙果真被烧死。甲的目的在于烧毁账目,不是希望乙死亡,而是对乙的死亡持听之任之的态度,这便是放任的心理态度。由此可见,放任是以行为仅具有导致结果发生的可能性为前提的。

间接故意犯罪主要发生在以下两种情况:一是行为人为了实现某种非犯罪意图而放任危害结果的发生,如狩猎人为了击中野兽而对可能击中他人持放任态度;二是行为人为了实现某种犯罪意图而放任另一危害结果的发生,如为了抢劫财物而使用暴力放任被害人死亡,或者为了杀妻而在妻子碗内投放毒物时,放任孩子的死亡。

(三)故意与法律认识错误

法律认识错误,与故意是否需要认识到行为的违法性,是一个问题的不同侧面。故意的成立是否要求行为人认识到自己行为的违法性,在国内外都存在不同观点。

在我国,故意的成立原则上不要求行为人现实地认识到行为的违法性。首先,当行为人认识到自己实施的是危害行为、会造成危害结果,并希望或者放任这种结果发生时,就反映出行为人积极侵犯法益的态度;并不是只有认识到违法性时,才能反映这种态度。其次,违法性是社会危害性的法律表现,既然要求行为人认识到行为的社会危害性,就没有必要还要求行为人认识到违法性;《刑法》第14条也没有要求行为人认识到违法性。再次,如果因为不知刑法就不承担故意犯罪的刑事责任,则不利于鼓励公民学法、知法,也会造成严重的不公平现象。换言之,如果故意的成立以违法性的认识为前提,则导致知法者成立故意犯罪的可能性大,而不知法者成立故意犯罪的可能性小,这与法秩序不相符合。最后,如果要求故意的成立以违法性的认识为前提,那么,司法机关一方面根据行为人对危害行为及结果的认识与意志来区分故意与过失,另一方面又要根据对违法性的认识来区分故意与过失,当二者存在冲突时,便难以认定罪过形式。

但是,在特殊情况下,如果行为人由于不知法而不能认识行为的危害性与危害结果,则不成立故意。这主要有两类情况:第一,因为不知道法律的存在而不能认识行为的危害性。例如,某种行为(如捕杀麻雀)历来不被法律禁止,人们历来不认为该行为是危害行为、该行为的结果是危害结果;但后来国家颁布法律宣告禁止实施该行为(将麻雀列入国家保护的鸟类);在这种情况下,如果行为人由于某种原因确实不知该法律,不知自己的行为是违法的,也就不可能明知自己的行为会发生危害社会的结果,因而不具备故意的认识因素,不成立故意。这表面上看是因为不知行为的违法性而不成立故意,实际上是因为不知行为的危害性而不成立故意。第二,由于误解法律而不能认识行为的危害性。即行为人虽然知道某种法律的存在,但对有关内容存在误解,而且不清楚自己的行为是否具有危害性(尤其是在部分经济领域、在行为同时存在利弊的场合),因为信赖司法机关或者其他有权机关的解释或者依赖低层次的法规,而实施了法律所禁止的行为时,因为没有认识到行为的危害性,也不能成立故意犯罪。例如,司法机关对法律条文作了错误解释,而且该解释具有法律效力,行为人根据该解释实施了某种并没有被该解释视为犯罪的行为时,行为人没有认识到行为的违法性,因而也没有认识到行为的危害性;即使法律的真实含义是禁止该行为,或者后来效力更高的有权解释认定该行为构成犯罪,也不能追究行为人的故意犯罪责任。

与违法性认识相关的还有两种情况:一是行为人误认为自己实施的是刑法所禁止的犯罪行为,其实该行为并未被刑法禁止。这种情况被称为幻觉犯。例如,行为人以为与现役军人配偶通奸是犯罪,在实施通奸行为后自动投案,但刑法并没有将这种行为规定为犯罪。显然,这种认识错误不会导致其行为构成犯罪。因为认定犯罪的法律标准是刑法规定的犯罪构成,既然某种行为并未被刑法禁止,就不能因为行为人误认为是犯罪而认定有罪。二是行为人对自己实施的犯罪行为在罪名、罪数、量刑等方面有不正确的理解。例如,行为人误认为自己以造成被保险人伤残的方法骗取保险金的行为仅成立保险诈骗罪,而刑法规定该行为成立保险诈骗罪与故意伤害罪。这种认识错误既不影响故意的成立,也不影响量刑,因为司法机关只能根据案件事实与刑法规定确定罪名、罪数与刑罚,而不是根据行为人对罪名、罪数、量刑的认识确定罪名、罪数与刑罚。

(四)故意与事实认识错误

事实认识错误,是指行为人的认识内容与客观事实不一致。对事实的认识错误分为具体的事实认识错误与抽象的事实认识错误。

1. 具体的事实认识错误

具体的事实认识错误(具体的事实错误),是指行为人认识的事实与实际发生的事实虽然不一致,但没有超出同一犯罪构成的范围,即行为人只是在某个犯罪构成的范围内发生了对事实的认识错误,因而也被称为同一犯罪构成内的错误。具体的事实错误主要包括对象错误、打击错误与因果关系错误。

（1）对象错误

具体的事实错误中的对象错误，是指行为人误把甲对象当作乙对象加以侵害，而甲对象与乙对象体现相同的法益，行为人的认识内容与客观事实仍属同一犯罪构成的情况。① 例如，行为人本欲杀甲，黑夜里误将乙当作甲进行杀害。刑法理论一般采取法定符合说：刑法规定故意杀人罪是为了保护人的生命，而不只是保护特定甲或者特定乙的生命，因此，只要行为人主观上想杀人，而客观上又杀了人，那么就符合故意杀人罪的构成要件，成立故意杀人罪的既遂。

（2）打击错误

打击错误也称方法错误，是指由于行为本身的差误，导致行为人所欲攻击的对象与实际受害的对象不一致，但这种不一致仍然没有超出同一犯罪构成。② 例如，行为人举枪射击甲，但因没有瞄准而击中了乙，导致乙死亡。

根据法定符合说，在上述情况下，行为人主观上具有杀人的故意，客观上的杀人行为也导致他人死亡，二者在刑法规定的故意杀人罪的犯罪构成内是完全一致的，因而成立故意杀人既遂。问题是，行为人本欲杀甲，但因为行为差误，同时导致甲与乙死亡的，应如何处理？法定符合说一般认为，行为人对甲与乙都成立故意杀人既遂，但由于只有一个行为，所以应按想象竞合犯从一重罪处罚。

（3）因果关系错误

因果关系错误，是指侵害的对象没有错误，但造成侵害的因果关系的发展过程与行为人所预想的发展过程不一致，以及侵害结果推后或者提前发生的情况。因果关系错误主要有三种情况：狭义的因果关系错误、事前的故意与犯罪构成的提前实现。

狭义的因果关系错误，是指结果的发生不是按照行为人对因果关系的发展所预见的进程来实现的情况。例如，甲以杀人的故意用刀刺杀乙，使乙受伤，但乙为血友病患者，因流血过多而死亡。再如，甲为了使乙溺死而将乙推入井中，但井中没有水，乙摔死在井中。又如，甲以杀人故意向乙开枪射击，乙为了避免子弹打中自己而后退，结果坠入悬崖而死亡。要解决因果关系的认识错误问题，关键是要明确故意的成立所要求的对因果关系的认识，是一种什么程度的认识。

---

① 行为人误将非犯罪对象当作犯罪对象加以侵害的（如行为人本欲杀害甲，黑夜里误将一只有害野兽当作甲杀死），或者，行为人误将犯罪对象当作非犯罪对象加以侵害的（如行为人本欲杀死有害野兽，黑夜里误认邻人为野兽而开枪射击致人死亡），虽然也存在认识错误，也可谓对象错误，但主要属于未遂犯与不能犯、过失与意外事件的问题。

② 所谓的手段错误（如行为人所使用的手段本来会发生危害结果，但行为人误认为不会发生危害结果；或者行为人本欲使用会发生危害结果的手段，但由于认识错误而使用了不会发生危害结果的手段；或者行为人所使用的手段不可能导致危害结果，但行为人误认为可以导致危害结果发生），虽然也可谓一种认识错误，但分别属于过失犯、未遂犯与不能犯的问题。

一般来说,行为人对自己的行为与危害结果之间的因果关系的认识,或许是必要的,但充其量只要求认识其基本部分,即只要求行为人认识到自己实施的行为会发生危害社会的结果就够了,而不要求对因果关系发展的具体样态有明确认识。因为行为人对因果关系的基本部分有认识,就能说明行为人对法益的保护所持的背反态度;对因果关系发展的具体样态的认识如何,并不影响行为人的非难可能性程度。所以,行为人对因果关系发展的具体样态的认识错误,不影响故意犯罪既遂的成立。换言之,指向同一结果的因果关系发展过程的错误,在犯罪构成的评价上并不重要,因为既然行为人具有实现同一结果的故意,现实所发生的结果与行为人所实施的行为也具有因果关系,就必须肯定行为人对现实所产生的结果具有故意,因而成立故意犯罪既遂。

事前的故意,是指行为人误认为第一个行为已经造成结果,出于其他目的实施第二个行为,实际上是第二个行为才导致预期的结果的情况。例如,甲以杀人故意对乙实施暴力(第一行为),造成乙休克后,甲以为乙已经死亡,为了隐匿罪迹,将乙扔至水中(第二行为),实际上乙是溺死于水中。在这种场合,第一行为与死亡结果之间的因果关系并未中断,即仍应肯定第一行为与结果之间的因果关系,而且现实所发生的结果与行为人意欲实现的结果完全一致,故应以故意犯罪既遂论处。

犯罪构成的提前实现,实际上是指提前实现了行为人所预想的结果。例如,甲准备使乙吃安眠药熟睡后将其绞死,但未待甲实施绞杀行为时,乙由于安眠药过量而死亡。再如,甲准备将乙的贵重物品搬至院墙外毁坏,但刚拿起贵重物品时,贵重物品从手中滑落而摔坏。要认定这种行为是否成立故意犯罪既遂,关键在于行为人在实施第一行为时,是否已经着手实行,如果能得出肯定结论,则应认定为故意犯罪既遂;如果得出否定结论,则否认故意犯罪既遂。

2. 抽象的事实认识错误

抽象的事实认识错误(抽象的事实错误),是指行为人所认识的事实与现实所发生的事实,分别属于不同的犯罪构成;或者说,行为人所认识的事实与所发生的事实跨越了不同的犯罪构成,因而也被称为不同犯罪构成间的错误。抽象的事实错误只有对象错误与打击错误两种情况:前者是指,行为人误把甲对象当作乙对象加以侵害,而甲对象与乙对象体现不同的法益,分属不同的犯罪构成。例如,行为人本欲盗窃一般财物,却误将枪支当作一般财物进行盗窃。这种认识错误超出了犯罪构成的范围,行为人所认识的事实(盗窃财物)与现实所发生的事实(盗窃枪支)分别属于不同的犯罪构成。后者是指,由于行为本身的差误,导致行为人所欲攻击的对象与实际受害的对象不一致,而且这种不一致超出了同一犯罪构成。例如,行为人本欲射击乙,但因没有瞄准,而将乙身边价值近万元的宠物打死。同样,行为人所认识的事实(杀人)与现实所发生的事实(毁坏财物)分别属于不同的犯罪构成。抽象的事实错误实际上存在两种类型：一是主观方面轻而客观方面重，即行为人本欲犯轻罪，客观上却是重罪的犯罪事实，本欲毁坏财物却杀害了人就是如此。二是主观方面重而客观方面轻，即行为人本欲犯重罪，客观上却是轻罪的犯罪事实，本欲杀人却打死了宠物就是如此。

一般认为，不同犯罪构成之间的错误原则上排除故意的成立或者仅成立故意犯罪未遂。例如，行为人本欲杀害宠物但实际上却致人死亡。根据法定符合说，行为人虽然具有毁坏财物的故意，但对人的死亡充其量是过失；如果故意毁坏财物罪不处罚未遂，那么，只能成立过失致人死亡罪。反之，行为人本欲杀人但实际上却打中了他人身边的宠物。行为人具有杀人的故意与行为，行为也具有导致他人死亡的危险性，但客观上没有致人死亡；而过失毁坏财物不具有可罚性，故成立故意杀人未遂。

但是，在抽象的事实错误的场合，不能仅根据行为人的故意内容或仅根据行为的客观事实认定犯罪，而应在故意内容与客观事实相符合的范围内认定犯罪，亦即，承认在重合的限度内成立轻罪的既遂犯（倘若重罪成立未遂犯，则轻罪的既遂犯与重罪的未遂犯属于想象竞合关系）。例一，A 出于盗窃财物（轻罪）的故意实际上却盗窃了枪支（重罪）时，由于主观上没有盗窃枪支的故意，故不能认定为盗窃枪支罪；A 具有盗窃罪的故意，也实施了盗窃行为，枪支同时具有财产价值，因而可以评价为财物，于是，A 的行为同时符合了盗窃罪的客观要件与主观要件，故应认定为盗窃罪。例二，B 将他人占有的财物误认为是遗忘物而据为己有。B 虽然在客观上实施的是盗窃行为（重罪），符合盗窃罪的客观要件，但主观上仅具有侵占遗忘物（轻罪）的故意，缺乏盗窃罪的故意，只能认定为侵占罪。例三，C 以为是尸体而实施奸淫行为，但事实上被害人当时并未死亡。行为虽然符合强奸罪（重罪）的客观要件，但主观上仅有侮辱尸体（轻罪）的故意，只能认定为侮辱尸体既遂。[①]

(五) 故意的认定

关于犯罪的认定，在司法实践中还要注意以下几点：

(1) 要将犯罪故意与一般生活意义上的"故意"相区别。犯罪故意具有社会危害性的特定内容，具体表现为对自己实施的危害行为及其危害结果的认识与希望或放任态度；而一般生活意义上的"故意"只是表明行为人有意识地实施某种行为。例如，行为人进行正当防卫时所具有的是一般生活意义上的"故意"，而不是刑法上的故意。

[①] 将强奸行为评价为侮辱行为，不存在障碍。此外，既然奸淫真正的尸体都成立侮辱尸体罪，那么，没有理由认为本案成立侮辱尸体未遂。况且，本案并不缺乏"尸体"这一要素，而是存在多于"尸体"的要素。

（2）要将犯罪故意与单纯的认识或者单纯的目的相区别。故意是认识因素与意志因素的统一，因此，既不能用意志因素代替故意，也不能用认识因素代替故意。用"具有……目的"代替犯罪故意时，可能将间接故意排除在故意之外；用"认识到……"代替故意时，可能将过于自信的过失归入故意。这都是不妥当的。例如，不能因为行为人认识到自己的驾驶行为违反了交通规则，就认定其成立故意犯罪。

（3）要将总则条文规定的"明知"与分则条文规定的"明知"相区别。刑法总则规定犯罪故意的认识因素是"明知"自己的行为会发生危害社会的结果，刑法分则某些条文对犯罪规定了"明知"的特定内容（参见《刑法》第312条）。这两种"明知"既有联系又有区别。总则上的"明知"是故意的一般构成要素，分则上的"明知"是故意的特定构成要素；只有具备分则中的"明知"，才能产生总则中的"明知"；但分则中的"明知"不等于总则中的"明知"，只是总则中的"明知"的前提。

（4）要将合理推定与主观臆断相区别。这里的推定是指根据客观事实推导行为人的心理状态。客观事实是检验行为人心理状态的根据，通过运用证据而得出结论与通过推定而得出结论之间仅仅是一种程度上的区别。司法机关可以运用推定方法证明行为人有无故意心理状态，如根据行为人接受赃物的时间、地点、品种、数量、价格等推定行为人是否明知是犯罪所得的赃物。当然，推定必须以客观事实为根据，这是与主观臆断的区别所在；推定时应允许被告人提出相反证据以克服推定在特殊情况下的虚假性；推定方法只应在"故意"有无不清、又无法找出证据证明时加以运用，不得一概以推定方法代替调查取证。

三、犯罪过失

（一）过失的概念

根据《刑法》第15条第1款的规定，犯罪过失，是指应当预见自己的行为可能发生危害社会的结果，因为疏忽大意而没有预见，或者已经预见而轻信能够避免的心理状态。过失与故意均统一于罪过的概念之下，故二者具有相同之处：过失与故意都是认识因素与意志因素的统一，都说明行为人对法益的保护持背反态度。但是，过失与故意又是两种不同的罪过形式，各自的认识因素与意志因素的具体内容不同，过失所反映的可谴责性（非难可能性）明显小于故意，所以刑法对过失犯罪的规定不同于故意犯罪。首先，过失犯罪均以发生危害结果为要件，而故意犯罪并非一概要求发生危害结果。其次，刑法规定"过失犯罪，法律有规定的才负刑事责任"，"故意犯罪，应当负刑事责任"，这体现了刑法以处罚故意犯罪为原则，以处罚过失犯罪为例外的精神。最后，刑法对过失犯罪规定了较故意犯罪轻得多的法定刑。

(二) 过失的种类

根据刑法的规定,过失可以分为疏忽大意的过失与过于自信的过失。

1. 疏忽大意的过失

疏忽大意的过失,是指应当预见自己的行为可能发生危害社会的结果,因为疏忽大意而没有预见,以致发生这种结果的心理状态。

疏忽大意的过失是一种无认识的过失,即行为人没有预见到自己的行为可能发生危害社会的结果;没有预见的原因并非行为人不能预见,而是在应当预见的情况下由于疏忽大意才没有预见;如果行为人小心谨慎、认真负责,就会预见进而避免危害结果的发生。但从司法实践来看,判断行为人是否具有疏忽大意的过失,并不是先判断行为人是否疏忽大意,而是先判断行为人是否应当预见自己的行为可能发生危害结果,如果应当预见而没有预见,就说明行为人疏忽大意了。因此,认定疏忽大意过失的关键是确定应当预见的前提与应当预见的内容。

应当预见的前提是行为人能够预见。应当预见显然是一种预见义务,这种义务不仅包括法律、法令、职务与业务方面的规章制度所确定的义务,而且包括日常生活准则所提出的义务。但是,国家只是要求那些有能力履行义务的人履行义务,即应当履行是以能够履行为前提的,所以,预见义务以预见可能为前提。而预见可能因人而异,需要具体确定。在判断行为人能否预见自己的行为可能发生危害结果时,应当把行为人的知能水平与行为本身的危险程度以及行为时的客观环境结合起来进行考察。有些行为人,按其知能水平来说,能够预见危险程度高的行为可能发生危害结果,但不能预见危险程度低的行为可能发生危害结果;有些行为人,在一般条件下能够预见某种行为可能发生危害结果,但在某种特殊情况下,由于客观环境的限制,却不能预见某种行为可能发生危害结果;在同样客观环境下或对于危险程度相同的行为,有的行为人知能水平高因而能够预见危害结果,有的行为人知能水平低因而不能够预见危害结果。总之,需要具体情况具体分析。

应当预见的内容是法定的危害结果。过失犯罪以发生危害结果为构成要件,构成要件是由刑法规定的,所以,行为人应当预见的结果不是一般意义的结果,也不是任何危害结果,而是刑法分则明文规定的危害结果。例如,在过失致人死亡时,行为人所应当预见的是自己的行为可能发生他人死亡的危害结果。

行为人能够预见因而应当预见自己的行为可能发生危害社会的结果,因为疏忽大意而没有预见,因而导致危害结果发生的,就成立疏忽大意的过失犯罪。

2. 过于自信的过失

过于自信的过失,是指已经预见自己的行为可能发生危害社会的结果,但轻信能够避免,以致发生这种结果的心理状态。

过于自信的过失是有认识的过失。行为人已经预见自己的行为可能发生危害社会的结果,同时又轻信能够避免危害结果,这就是过于自信过失的认识因素。行为人之所以在已经预见危害结果的情况下还实施该行为,是因为他轻信自己能够避免危害结果的发生,这表明行为人希望危害结果不发生。轻信能够避免,是指在预见到结果可能发生的同时,又凭借一定的主客观条件,相信自己能够防止结果的发生,但所凭借的主客观条件并不可靠、并不充分。轻信能够避免主要表现为过高地估计自己的主观能力,或者不当地估计了现实存在的客观条件对避免危害结果的作用。

过于自信的过失与间接故意具有相似之处,如二者均认识到危害结果发生的可能性,都不是希望危害结果发生,但二者的区别也是明显的:间接故意是放任危害结果发生,结果的发生符合行为人的意志,而过于自信的过失是希望危害结果不发生,结果的发生违背了行为人的意志;间接故意的行为人是为了实现其他意图而实施行为,主观上根本不考虑是否可以避免危害结果的发生,客观上也没有采取避免结果发生的措施,而过于自信过失的行为人之所以实施其行为,是因为考虑到可以避免危害结果的发生;从法律用语上看,间接故意是"明知"危害结果可能发生,而过于自信的过失是"预见"危害结果可能发生。

(三)过失的认定

根据《刑法》第16条的规定,行为在客观上虽然造成了损害结果,但是不是出于故意或者过失,而是由于不能抗拒或者不能预见的原因所引起的,不是犯罪。

在认定疏忽大意的过失时,应当与意外事件进行严格区分。意外事件与疏忽大意的过失有相似之处,即都没有预见自己行为的结果,客观上又都发生了结果,但前者是不能够预见、不应当预见,后者是能够预见、应当预见,只是疏忽大意才没有预见。在这个问题上,应当从分析行为入手,根据行为本身的危险程度、行为的客观环境以及行为人的知能水平,判断行为人在当时的情况下能否预见结果的发生,而不能站在事后的立场进行判断;不能因为结果严重就断定行为人能够预见、应当预见;也不能因为行为人所实施的是不道德或一般违法行为,就认定行为人能够预见危害结果的发生。

在认定过于自信的过失时,不能将合理信赖认定为轻信能够避免。例如,汽车司机在封闭的高速公路上驾驶汽车时,因合理信赖行人不会横穿公路而正常行驶,如果行人违反交通规则横穿公路而被汽车撞死的,该汽车司机不承担过失犯罪的刑事责任。另一方面,也不能将遵循了行为规则的行为认定为过于自信的过失,例如,从事科学试验的人总是预见了试验失败的可能性,但只要他们遵循了科学试验规则,即使试验失败造成了损失,也不能认定为过于自信的过失。

由于业务及其他社会生活上的关系,在特定的人与人之间、人与物之间形成了一种监督与被监督关系。监督者对被监督者的行为,在事前要进行教育、指导、指示、指挥,在事中要进行监督,在事后要进行检查;对自己所管理的事项,要确立安全的管理体制。进行这种监督与管理,是监督者的义务或职责。如果监督者不履行或者不正确履行自己的监督或者管理义务,导致被监督者产生过失行为引起了危害结果,或者由于没有确立安全管理体制,而导致危害结果发生,监督者主观上对该危害结果就具有监督过失。监督过失可以分为两种类型:一是因缺乏对被监督者的行为的监督所构成的狭义的监督过失,二是由于没有确立安全管理体制所构成的管理过失。

四、犯罪的目的与动机

(一)犯罪目的

虽然不具有故意与过失的行为不可能成立犯罪,但在某些情况下,具有故意的行为也可能不成立犯罪,因为某些犯罪的成立除了要求故意以外,还要求特定的目的。犯罪目的,是指犯罪人主观上通过犯罪行为所追求的非法利益、状态或者结果。这里的犯罪目的,不是指直接故意中的意志因素,而是指故意犯罪中,行为人通过实现行为的直接危害结果后,所进一步追求的某种非法利益、状态或者结果,如刑法分则所规定的非法占有目的、牟利目的等。这种犯罪目的,是比直接故意的意志因素更为复杂、深远的心理内容。这种目的的意义如下:(1) 在某些犯罪中是区分罪与非罪的标准之一。刑法分则明文规定某些犯罪以具有特定目的为要件;如果行为人主观上不具有这种特定目的,则不构成犯罪。如赌博罪必须"以营利为目的",否则不构成犯罪。这种犯罪称为目的犯。(2) 在某些犯罪中是区分此罪与彼罪的标准之一。例如,客观上收买了被拐卖的妇女、儿童,如果出于出卖的目的,就构成拐卖妇女、儿童罪(也是目的犯);如果不具有该目的,则仅成立收买被拐卖的妇女、儿童罪。(3) 影响量刑。犯罪目的的不同,说明行为人的非难可能性程度不同,进而影响量刑。

(二)犯罪动机

犯罪动机,是指刺激、促使行为人实施犯罪行为的内心起因或思想活动,它回答行为人基于何种心理原因实施犯罪行为。故犯罪动机的作用是发动犯罪行为,说明实施犯罪行为对行为人的心理愿望具有什么意义。产生犯罪动机需要具备两个条件:一是行为人内在的需要和愿望,二是外界的诱因与刺激。

犯罪动机是某些犯罪的构成要件要素。例如,《刑法》第399条所规定的"徇私""徇情"以及《刑法》第423条所规定的"贪生怕死"等动机,就属于构成要件要素。当然,动机的主要作用是影响量刑。同一犯罪的动机多种多样,不同的犯罪动机能够说明行为人的非难可能性程度不同,反映出特殊预防的必要性不同,这是量刑所必须考虑的因素。

第六章 排除犯罪的事由

所谓排除犯罪的事由,是指行为虽然在客观上造成了一定损害结果或危险状态,表面上符合某些犯罪的客观要件,但实际上没有犯罪的社会危害性,依法不成立犯罪的事由。我国刑法明文规定了正当防卫、紧急避险两种排除犯罪的事由。此外,还存在一些非法定的排除犯罪的事由。

第一节 正 当 防 卫

一、正当防卫的概念

根据《刑法》第 20 条的规定,正当防卫,是指为了使国家、公共利益、本人或者他人的人身、财产和其他权利免受正在进行的不法侵害,采取对不法侵害人造成损害的方法,制止不法侵害的行为。正当防卫行为不负刑事责任。

正当防卫的基本特征是,在法益正在受到不法侵害的时候,采取对不法侵害人造成损害的方法,制止不法侵害,保护法益。处理与正当防卫有关的一切问题时,要准确理解和把握正当防卫的法律规定和立法精神,对于符合正当防卫成立条件的,坚决依法认定。要切实防止"谁能闹谁有理""谁死伤谁有理"的错误做法。

根据刑法理论的通说,《刑法》规定了两种正当防卫:一是第 20 条第 1 款规定的一般正当防卫,存在防卫过当问题;二是第 20 条第 3 款规定的特殊正当防卫(无过当防卫)。

二、一般正当防卫的条件

正当防卫必须符合一定条件,否则就会造成新的不法侵害,甚至构成犯罪。

(一) 存在现实的不法侵害

正当防卫是制止不法侵害、保护法益的行为,理所当然以存在现实的不法侵害为前提。因而,现实的不法侵害是正当防卫的起因条件。

不法侵害,包括犯罪行为与其他违法行为。因为犯罪行为与其他违法行为都是侵犯法益的行为,而法益都是受法律保护的,没有理由禁止公民对其他违法行为进行正当防卫;公民在面临其他违法行为时,事实上也可能需要进行正当防卫;有些行为是犯罪行为还是其他违法行为也往往难以区分,如果将不法侵害限定为犯罪行为,则不利于公民行使正当防卫权;刑法使用"不法"一词,而没有使用"犯罪"一词,表明对其他违法行为可以进行正当防卫。但是,也并非对任何违法犯罪行为都可以进行防卫,只是对那些具有攻击性、破坏性、紧迫性的不法侵害,在采取正当防卫可以减轻或者避免危害结果的情况下,才宜进行正当防卫。

不法侵害应是人实施的不法侵害。在野生动物侵害法益时,理当可以进行反击,不存在正当防卫的问题(有可能成立紧急避险);在饲养人唆使其饲养的动物侵害他人的情况下,动物是饲养人进行不法侵害的工具,将该动物打死打伤的,事实上属于使用给不法侵害人的财产造成损害的方法进行正当防卫。

不法侵害不限于作为的不法侵害。对于不作为的不法侵害,如果只能由不作为人履行义务,需要进行正当防卫的,也可以进行正当防卫。不法侵害也不限于故意的不法侵害,对于过失的不法侵害,也可能进行正当防卫。①

作为正当防卫对象的"不法侵害"与作为犯罪成立条件的"违法性"不是等同含义,即对于成立犯罪与违法行为所要求的"不法"与作为正当防卫对象的"不法"应当作出不同理解。正当防卫并非对不法侵害行为的制裁,而是针对不法侵害所采取的保护法益手段,故不能像制裁犯罪与违法行为那样,要求正当防卫所针对的不法侵害也具有主客观统一性。所以,对于没有达到法定年龄、不具有辨认控制能力的人的侵害行为,可以实施正当防卫。不过,为了尽可能全面地保护法益,在这种情况下,对防卫的必要性应当更严格地限制,虽然不要求只能在不得已的情况才进行防卫,但应尽量限制在必要的场合。在需要进行正当防卫的场合,也应严格把握防卫限度。

对自己招致的不法侵害能否进行正当防卫,需要具体分析。为了侵害对方,故意挑拨对方对自己进行侵害,然后以正当防卫为借口,给对方造成侵害的(防卫挑拨),是滥用正当防卫的违法犯罪行为,不成立正当防卫。而且,以违法行为引起对方的侵害行为时,对方的侵害行为本身可能构成正当防卫,对于对方的正当防卫不能再进行正当防卫。但是,如果轻微过失甚至无过错地引起了对方的侵害,或者预想只会引起对方的轻微反击,对方却对重大法益进行侵害时,仍有实行正当防卫的余地。

相互斗殴时(双方以侵害对方身体的意图进行相互攻击的行为),对于任何一方而言,都不能认定对方已经存在不法侵害,所以,双方的行为都不是正当防

---

① 例如,聋哑人甲在狩猎时,误将前方的 A 当作野兽正在瞄准即将射击;与甲一同狩猎、处在甲身后较远的乙发现了甲的行为,于是向甲开枪,打伤其胳膊,保护了 A 的生命。对乙的行为应评价为正当防卫。再如,对假想防卫也可以进行正当防卫。

卫。① 但是,在斗殴过程中或结束时,也可能出现正当防卫的前提条件,因而可以进行正当防卫。例如,本来是徒手进行一般性斗殴,但一方突然使用具有重大杀伤力的凶器的,另一方可能进行正当防卫。再如,在相互斗殴中,一方求饶或者逃走,另一方继续侵害的,前者可以进行正当防卫。此外应注意的是,相互斗殴致人轻伤的,由于双方实际同意了轻伤结果,所以,任何一方的行为都不构成犯罪。

不法侵害必须是现实存在的,如果并不存在不法侵害,但行为人误认为存在不法侵害,因而进行所谓防卫的,属于假想防卫。假想防卫不是正当防卫,如果行为人主观上有过失,且刑法规定为过失犯罪的,就按过失犯罪处理;如果行为人主观上没有过失,则按意外事件处理。至于故意针对合法行为进行"反击"的行为(如以暴力妨碍国家机关工作人员依法执行公务),则不是假想防卫,而是故意违法犯罪行为。

(二)不法侵害正在进行

不法侵害正在进行时,法益处于紧迫的被侵害或者威胁之中,才使防卫行为成为保护法益的必要手段。不法侵害正在进行,是指不法侵害已经开始并且尚未结束。

关于不法侵害的开始时间,在一般情况下,应以不法侵害人着手实行不法侵害时为其开始。换言之,只要不法侵害的现实威胁十分明显、紧迫,就应认为不法侵害已经开始。应予注意的是,有些犯罪的预备行为,相对于其他犯罪而言属于已经着手的实行行为,在这种情况下应认为不法侵害已经开始。例如,为了杀人而侵入他人住宅的,在不法侵害人开始侵入他人住宅时,就可以针对已经开始的不法侵入住宅的行为进行正当防卫。

关于不法侵害的结束时间,从实质上而言是指法益不再处于紧迫、现实的侵害、威胁之中,或者说不法侵害已经不可能(继续)侵害或者威胁法益,具体表现为以下几种情况:不法侵害人已被制服;不法侵害人已经丧失了侵害能力;不法侵害人已经自动中止了不法侵害;不法侵害人已经逃离现场;不法侵害行为已经造成了危害结果并且不可能继续造成更严重的危害结果。应当指出的是,在不法侵犯财产的情况下,行为虽然已经既遂,但在现场还来得及挽回损失的,应当认为不法侵害尚未结束,可以实行正当防卫。例如,抢劫犯使用暴力劫得财物,抢劫罪虽已既遂,但在当场对抢劫犯予以暴力反击夺回财物的,应认为是正当防卫。

设立防卫装置防卫将来可能发生的不法侵害的,由于在安装时,尚不存在现

---

① 虽然不是正当防卫,但并不意味着构成犯罪。二人相互斗殴致一方轻伤或者双方轻伤的,可归入被害人承诺,双方均不成立故意伤害罪。

实的不法侵害,当然不是正当防卫;在设立后,没有遇到不法侵害,防卫装置没有起到制止不法侵害的作用时,也不是正当防卫;设立后,由于某种特殊原因损害了无辜者的法益的,当然也不是正当防卫;但是,设立防卫装置后,遇到了正在进行的不法侵害,该装置针对正在进行的不法侵害发挥作用制止了不法侵害,并且没有超过必要限度时,就应认为是正当防卫。当然,设立防卫装置的行为所造成的风险应由防卫装置设立者承担。例如,防卫装置导致无辜者伤亡的,设立者应承担相应的法律责任;如果防卫装置危害公共安全,则为法律所禁止。

在不法侵害尚未开始或者已经结束时,进行所谓"防卫"的,称为防卫不适时。防卫不适时有两种情况:一是事前加害或事前防卫,二是事后加害或事后防卫。防卫不适时构成犯罪的,应当负刑事责任。

(三)针对不法侵害人本人进行防卫

正当防卫是制止不法侵害、保护法益的行为,不法侵害是由不法侵害人直接实施的,针对不法侵害人进行防卫,使不法侵害人不再继续实施不法侵害行为,才可能制止不法侵害、保护法益。即使在共同违法犯罪的情况下,也只能对正在进行不法侵害的人进行防卫,不能针对没有正在进行不法侵害的人进行防卫。

一般来说,针对不法侵害人进行防卫包括两种情况:一是针对不法侵害人的人身进行防卫,如束缚不法侵害人的身体,造成不法侵害人伤亡。二是针对不法侵害人的财产进行防卫,即当不法侵害人使用自己的财产作为犯罪工具或者手段时,如果能够通过毁损其财产达到制止不法侵害、保护法益的目的,则可以通过毁损其财产进行正当防卫。

防卫行为本身既可能已经给不法侵害人的人身或者财产造成了实际损害,也可能只具有造成损害的危险。行为人在面临正在进行的不法侵害时,实施了某种行为,也制止了不法侵害,但其行为在客观上根本不可能被视为犯罪的客观行为时,则理所当然不具有犯罪性,没有必要认定为正当防卫。例如,甲为了盗窃财物于夜间不法侵入乙的住宅,乙发现后喊了一声"谁",甲便逃走了。由于乙的行为不可能被误认为犯罪,故没有必要认定乙的行为是正当防卫。防卫行为制止了不法侵害时,当然属于正当防卫;但正当防卫的成立并不以防卫行为现实地排除了不法侵害为前提。换言之,只要具有排除不法侵害的可能性与必要性,即使客观上没有排除不法侵害,也依然成立正当防卫。例如,对正在进行的抢夺行为进行正当防卫,即使不法侵害人仍然夺走了财物,也成立正当防卫。

对于针对第三者进行所谓防卫的,应视不同情况处理。如果故意针对第三者进行所谓防卫,就应作为故意犯罪处理;如果误认为第三者是不法侵害人而进行所谓防卫的,则以假想防卫处理。

(四)没有明显超过必要限度造成重大损害

防卫行为必须没有明显超过必要限度造成重大损害,否则便是防卫过当。

其中的"必要限度",应以制止不法侵害、保护法益所必需为标准。至于是否"必需",则应通过全面分析案情来判断。一方面要分析双方的手段、强度、人员多少与强弱、在现场所处的客观环境与形势。防卫手段通常是由现场的客观环境决定的,防卫人往往只能在现场获得最顺手的工具,不能要求防卫人在现场选择比较缓和的工具。问题在于如何使用防卫工具(即打击部位与力度)。对此,应根据各种客观情况,判断防卫人在当时的情况下应否、能否控制防卫强度。另一方面,还要权衡防卫行为所保护的法益性质与防卫行为所造成的损害后果,所保护的法益与所损害的利益之间,不能相差过大,不能为了保护微小权利而造成不法侵害者重伤或者死亡。

需要注意的是,并非凡是超过必要限度的,都是防卫过当,只有"明显"超过必要限度造成重大损害的,才是防卫过当。首先,轻微超过必要限度的不成立防卫过当,只有在能够被清楚、容易地认定为超过了必要限度时,才可能属于防卫过当。其次,造成一般损害的(如致人轻伤)不成立防卫过当,只有造成重大损害的,才可能属于防卫过当。最后,上述正当防卫的必要限度条件不适用于对严重危及人身安全的暴力犯罪所进行的防卫(无过当防卫)。

防卫行为明显超过必要限度造成重大损害的,属于防卫过当。防卫过当不是独立罪名,而应根据其符合的犯罪构成要件确定罪名。至于如何确定罪名,除了要考虑防卫过当行为在客观上所造成的重大损害的性质以外,还要考察防卫人的主观心理状态即罪过形式。通说认为,防卫过当在主观上一般是过失,但也不排除故意的可能性。据此,在防卫过当造成了他人死亡的情况下,如果行为人主观上仅有过失,则应认定为过失致人死亡罪;如果出于故意,则成立故意杀人罪。在防卫过当造成了他人重伤的情况下,如果行为人主观上仅有过失,则应认定为过失致人重伤罪;如果出于故意,则成立故意伤害罪。

对于防卫过当,应当酌情减轻或者免除处罚。

三、特殊正当防卫

根据《刑法》第 20 条第 3 款的规定,对正在进行行凶、杀人、抢劫、强奸、绑架以及其他严重危及人身安全的暴力犯罪,采取防卫行为,造成不法侵害人伤亡的,不属于防卫过当,不负刑事责任。一般认为,这是关于特殊正当防卫(也称无过当防卫)的规定。

特殊正当防卫的条件,除了要求不法侵害正在进行、针对不法侵害者本人进行防卫外,更重要的条件是,对正在进行行凶、杀人、抢劫、强奸、绑架以及其他严重危及人身安全的暴力犯罪进行防卫。对此应注意以下几点:(1)对于非暴力犯罪以及作为一般违法行为的暴力行为,不适用上述规定。(2)对于轻微暴力犯罪或者一般暴力犯罪,不适用上述规定;只有对严重危及人身安全的暴力犯罪进行正当防卫,才没有防卫过当的问题;其中的"行凶"一般是指杀人与重伤的界限不清的暴力犯罪。(3)并非对于任何行凶、杀人、抢劫、强奸、绑架等暴力犯罪进行防卫都适用上述规定,只有当暴力犯罪严重危及人身安全时,才适用上述规定。例如,对于采取不会造成他人伤亡的麻醉方法进行抢劫的不法侵害进行防卫的,就不能适用上述规定。(4)严重危及人身安全的暴力犯罪,也并不限于刑法条文所列举的上述犯罪,还包括其他严重危及人身安全的暴力犯罪,如抢劫枪支弹药、劫持航空器等。(5)在严重危及人身安全的暴力犯罪已经结束后,行为人将不法侵害人杀死杀伤的,不适用上述规定。例如,甲使用严重暴力抢劫乙的财物,乙进行防卫已经制止了甲的抢劫行为。在这种情况下,乙不得继续"防卫"造成甲的伤亡,否则属于事后防卫。

第二节 紧 急 避 险

一、紧急避险的概念

根据《刑法》第 21 条的规定,紧急避险,是指为了使国家、公共利益、本人或者他人的人身、财产和其他权利免受正在发生的危险,不得已给另一较小或者同等法益造成损害的行为。分洪是紧急避险的适例。紧急避险不负刑事责任。

紧急避险的基本特征是,在法律所保护的法益遇到危险而不可能采取其他措施予以避免时,不得已损害另一较小或者同等法益。可见,紧急避险行为虽然造成了某种法益的损害,但联系具体事态来观察,从行为的整体来考虑,该行为根本没有社会危害性,也根本不符合任何犯罪的构成要件。

二、紧急避险的条件

紧急避险是通过损害一种法益保护另一法益,这与正当防卫通过损害不法侵害人的利益来保护法益具有原则区别,故紧急避险的条件比正当防卫的条件更为严格。

(一) 法益面临现实危险

只有在法益处于客观存在的危险的威胁之中,即法益处于可能遭受具体损害的危险之中时,才有实行紧急避险的需要。危险的来源主要有:大自然的自发力量导致的危险(如洪水来临),动物的袭击带来的危险,疾病等特殊情况形成的危险,人的危害行为造成的危险。

现实危险不包括职务上、业务上负有特定责任的人所面临的对本人的危险(参见《刑法》第 21 条第 3 款)。例如,执勤的人民警察在面临罪犯的不法侵害时,不能为了自己的利益进行紧急避险;发生火灾时,消防人员不能为了避免火灾对本人的危险,而采取紧急避险。

如果事实上并不存在危险,而行为人误认为存在危险,实施所谓避险行为的,属于假想避险。对此,应按照处理假想防卫的原则予以处理。

(二)危险正在发生

现实危险正在发生时,才能实行紧急避险。危险正在发生,是指危险已经发生或者迫在眉睫并且尚未消除,其实质是法益正处于受威胁之中。在危险尚未发生或者已经消除的情况下实行避险的,属于避险不适时,其处理原则与防卫不适时的处理原则相同。

(三)出于不得已而损害另一法益

必须出于不得已,是指在法益面临正在发生的危险时,没有其他合理方法可以排除危险,只有损害另一较小或者同等法益,才能保护面临危险的法益;如果有其他方法排除危险,则不允许实行紧急避险。这样要求,是因为法益都是受法律保护的,不能轻易允许以损害一种法益的方法保护另一法益。因此,只有在不可能采取或者没有其他合理方法时,才允许紧急避险。这是紧急避险与正当防卫的重要区别。在可以或者具有其他合法方法避免危险的情况下,行为人采取避险行为的,应视行为人的主观心理状态与客观上所造成的损害分别认定为故意犯罪、过失犯罪或者意外事件。

损害另一法益,通常是指损害第三者的法益,而不是针对危险来源本身造成损害。例如,在受到野兽袭击时,闯入他人住宅躲避的,属于紧急避险。

(四)没有超过必要限度造成不应有的损害

紧急避险的必要限度,是指在所造成的损害不超过所避免的损害的前提下,足以排除危险所必需的限度。由于紧急避险是两种法益之间的冲突,故应以尽可能小的损害去保护另一法益,即必须从客观实际出发,既保护一种法益,又将对另一法益的损害控制在最小限度内。因此,首先,避险行为造成的损害小于所避免的损害时,也可能超过了必要限度。例如,在发生森林火灾,为了防止火灾蔓延,不得已砍伐树木形成隔离带时,如果根据当时的客观情况,只要有10米宽的隔离带即可,行为人却下令大量砍伐树木形成50米宽的隔离带。尽管所保护的森林面积远远大于所砍伐的森林面积,但不能认为没有超过必要限度。其次,不得已损害同等法益的,也不一定超过了必要限度。即在甲法益与乙法益等值的情况下,如果保护甲法益的唯一方法是损害乙法益,那么,充其量只能认为,这种避险行为没有实质意义。因为从整体上说,法益并没有受到侵害。既然如此,就不宜将这种行为认定为犯罪。可见,紧急避险的必要限度与正当防卫的必要限度,存在重大区别。

避险行为超过必要限度造成不应有的损害的,成立避险过当。避险过当不是独立的罪名,故不能定"避险过当罪",也不能定"避险过当致人重伤罪""避险过当致人死亡罪"等罪名。避险行为符合何种犯罪的构成要件,就认定为何种犯罪。对于避险过当的,应当酌情减轻或者免除处罚。

第三节 其他排除犯罪的事由

一、法令行为

法令行为,是指基于成文法律、法令、法规的规定,作为行使权利或者承担义务所实施的行为。由于法令行为是法律本身所允许乃至鼓励的、形成法秩序的一部分的行为,因而是合法行为,不是犯罪行为。

法令行为包括四类行为:一是法律基于政策理由排除犯罪性的行为,即某类行为本来具有犯罪性,但法律基于政策上的考虑,将其中的某种行为规定为合法行为。如发行彩票本来可谓赌博行为,但基于财政政策等理由,有关法律允许特定机构以特定形式发行彩票。这种行为便不成立犯罪。二是法律有意明示合法性条件的行为,即某类行为本来具有犯罪性,但法律特别规定,符合一定条件时属合法行为。三是职权(职务)行为,即公务人员根据法律行使职务或者履行职责的行为,既包括基于法律的直接规定实施的行为,也包括基于上级的职务命令实施的行为。如司法工作人员对犯罪嫌疑人实行逮捕。四是权利(义务)行为,即在法律规定上作为公民的权利(义务)的行为,如一般人扭送现行犯。

法令行为是基于法律、法令、法规的规定所实施的行为,因此,如果行为人所实施的行为没有法律、法令、法规的根据,或者虽有一定根据但在实体上或程序上违反了法律、法令或法规的规定,则不属于法令行为,相反可能构成犯罪。

二、正当业务行为

正当业务行为,是指虽然没有法律、法令、法规的直接规定,但在社会生活中被认为是正当的业务上的行为。业务是指基于社会生活中的地位反复实施的行为,但并非因为是"业务"就不成立犯罪,而是因为"正当"才排除犯罪。所以,即使一般来说属于正当业务,但超出正当范围的行为并不排除犯罪的成立。例如,一般来说,记者的采访报道活动属正当业务行为,但记者捏造事实诽谤他人的,并不排除犯罪的成立。因此,只有业务本身是正当的,而且没有超出业务的范围时,才排除犯罪。职业性的体育活动,属于正当业务行为;遵守了体育规则的行为,即使造成了他人伤害,也不成立故意伤害罪。律师的辩护活动也是正当业务行为。医生基于患者的承诺或推定的承诺,采取医学上所承认的方法,客观上伤害患者身体的治疗行为,可谓正当业务行为,但其排除犯罪的条件更为严格:治疗行为在医学上是被承认的方法,其实质是具有安全性、有效性与必要性;必须有患者的承诺或推定的承诺。人体实验、性转换手术，不属于治疗行为。

三、被害人的承诺

被害人的承诺，符合一定条件，便可以排除损害被害人法益的行为的犯罪性。被害人请求或者许可行为人侵害其法益，表明其放弃了该法益。既然如此，法律就没有必要予以保护；损害被放弃的法益的行为，就不构成犯罪。但这并不意味着只要行为得到了被害人的承诺就不成立犯罪。有些承诺并不影响犯罪的成立。如拐卖儿童的行为，即使得到儿童的承诺，也不影响拐卖儿童罪的成立。有的被害人承诺针对部分情形无效、针对另一部分情形有效（如负有照护职责人员性侵罪）。由此可见，只有在以违反被害人意志为前提的犯罪中，被害人的承诺才可能排除行为的犯罪性，如非法侵入住宅罪、盗窃罪等。此处讨论的仅限于这种情况。

经被害人承诺的行为符合下列条件时，才排除行为的犯罪性：(1) 被害人对被侵害的法益具有处分权限。对于国家、公共利益与他人利益，不存在被害人承诺的问题，故只有被害人承诺侵害自己的法益时，才有可能排除行为的犯罪性。但即使是承诺侵害自己的法益时，也有一定限度。如经被害人承诺给被害人造成轻伤的，不成立故意伤害罪；但经被害人承诺而杀害他人的行为，仍然成立故意杀人罪。(2) 承诺者必须对所承诺的事项的意义、范围具有理解能力。(3) 承诺是被害人的真实意志，戏言性的承诺、基于强制或者威压作出的承诺，不影响行为的犯罪性。但如果仅仅是关于承诺动机的错误，应认为该承诺具有效力，成为排除犯罪的事由。例如，妇女以为与对方发生性关系，对方便可以将其丈夫从监狱释放；但发生性关系后，对方并没有释放其丈夫。这种错误仅仅与承诺的动机有关，故不影响其效力，即对方的行为不成立强奸罪。相反，如果因为受骗而对所放弃的法益的种类、范围或者危险性发生了错误认识，其所作出的承诺则无效。行为人冒充妇女的丈夫实施奸淫行为时，黑夜中的妇女以为对方是自己的丈夫而同意发生性关系的，其承诺无效，对方的行为构成强奸罪。(4) 事实上必须存在承诺。(5) 承诺至迟必须存在于结果发生时，被害人在结果发生前变更承诺的，则原来的承诺无效。结果发生后的承诺不影响行为成立犯罪，否则国家的追诉权就会受被害人意志的任意左右。(6) 经承诺所实施的行为不得超出承诺的范围。例如，甲同意乙砍掉自己的一个小手指，而乙砍掉了甲的两个手指。这种行为仍然成立故意伤害罪。

四、自救行为

自救行为，是指法益受到侵害的人，在通过法律程序、依靠国家机关不可能或者明显难以恢复的情况下，依靠自己的力量救济法益的行为。例如，盗窃罪的被害人,在盗窃犯即将毁损所盗物品或者逃往外地等场合,来不及通过司法机关挽回损失,使用暴力等手段迅速从盗窃犯手中夺回财物的,就是自救行为。自救行为必须符合以下条件:(1)法益已经受到了违法侵害,不论该侵害是刚刚结束还是经过了一定时间。这是自救行为与正当防卫的关键区别。(2)通过法律程序、依靠国家机关不可能或者明显难以恢复受侵害的法益。这表明,通过自救行为可以恢复受侵害的法益;如果不可能恢复受侵害的法益,则不能实施自救行为。(3)救济行为的手段具有适当性,所造成的侵害与救济的法益具有相当性。

五、义务冲突

义务冲突,是指存在两个以上不相容的义务,为了履行其中的某种义务,而不得已不履行其他义务的情况。例如,律师为了在法庭上维护被告人的法益,不得已泄露他人的隐私。再如,两个幼儿坠入急流中,父亲只能救助其中一个幼儿。义务冲突与紧急避险有相似之处,但紧急避险一般表现为作为形式,义务冲突表现为不作为形式。就紧急避险而言,当本人法益面临危险时,如果愿意忍受危险,可以不实行紧急避险;就义务冲突而言,负有义务的人必须履行其中的某项义务。义务冲突必须具备两个基本条件:首先,存在两个以上的义务。其次,必须权衡义务的轻重,即必须是为了履行重要义务,放弃非重要的义务;为了履行非重要义务而放弃重要义务的,可能成立犯罪。在义务冲突的情况下,如果行为人没有履行任何义务,就应当对其中的一个最重的不法结果承担责任。此外,如果义务冲突由负有义务的人造成,则不能将义务冲突作为违法阻却事由。例如,夜晚值班的医生 A 擅离职守,第一个受伤者 B 被送到医院半小时后,A 才回到值班室,此时另一受伤者 C 被送到医院。原本只要半小时就可以抢救受伤者,不会形成义务冲突。如果 A 只抢救了 B 而导致 C 流血过多死亡的,则 C 的死亡应当归属于 A 的行为,而不能阻却违法性。

第七章 故意犯罪形态

犯罪可以分为故意犯罪与过失犯罪,过失犯罪仅有成立与否的问题,而故意犯罪在成立犯罪的基础上,还存在犯罪预备、犯罪未遂、犯罪中止、犯罪既遂等形态。其中,犯罪预备、中止与未遂,也被人们称为犯罪的未完成形态。

第一节 故意犯罪形态概述

一、故意犯罪形态的概念

故意犯罪形态是指故意犯罪在其发展过程中,由于某种原因出现结局所呈现的状态,即犯罪预备、犯罪未遂、犯罪中止与犯罪既遂。由于刑法理论一般认为刑法分则规定的犯罪构成以既遂为模式,故刑法总论通常仅研究犯罪预备、犯罪未遂与犯罪中止,并将这三种形态称为故意犯罪的未完成形态。

犯罪行为是一个过程,但并非任何犯罪行为都能顺利得以实现,并非任何犯罪都能达到既遂。有的人为了实行犯罪而准备工具、制造条件,但由于意志以外的原因未能着手实行;有的人着手实行犯罪后,由于意志以外的原因而未得逞;有的人在犯罪过程中,自动地放弃犯罪或者自动有效地防止犯罪结果发生;有的人则按预定计划实施了行为并发生了犯罪结果。于是,故意犯罪就会出现不同的形态。

故意犯罪形态只能出现在犯罪过程中,在犯罪过程以外出现的某种状态,不是故意犯罪形态。例如,某甲因与某乙有仇,而产生了杀害某乙的犯意,但经过反复考虑后打消了杀害某乙的念头。由于仅具有犯意本身并不构成犯罪,故犯意的产生不处于犯罪过程中,因此,某甲打消犯意的情形,不是故意犯罪形态。再如,某丙盗窃了某丁的财物,数日后自动将所盗财物返还给某丁。这是犯罪既遂后所实施的行为,也不是一种故意犯罪形态。

故意犯罪形态是犯罪行为在犯罪过程中由于某种原因停止下来所呈现的状态,这种停止不是暂时性的停顿,而是结局性的停止,即该犯罪行为由于某种原因不可能继续向前发展。因此,故意犯罪形态,是静止的犯罪行为状态,而不是运动的犯罪行为状态。就同一犯罪行为而言,出现了一种犯罪形态后,不可能再出现另一种犯罪形态。一般来说,故意犯罪形态不是就犯罪行为的某一部分而言,而是就已经实施的犯罪行为整体而言。不过,在结果加重犯中,完全可能出现基本犯未遂、加重犯既遂或者基本犯既遂、加重犯未遂等情形;在结合犯中,也会出现部分犯罪未遂部分犯罪既遂等情形。

故意犯罪形态只能存在于故意犯罪中,过失犯罪没有犯罪目的,不可能为犯罪实施预备行为;没有出现危害结果时,不可能成立过失犯。所以,过失犯罪没有犯罪预备、犯罪未遂与犯罪中止形态;即使在理论上承认存在未完成形态,也没有实际意义。间接故意犯罪,一般也不可能为犯罪准备工具、制造条件,故不存在间接故意的犯罪预备,但是,间接故意犯罪也可能存在犯罪未遂与犯罪中止形态。此外,也存在以直接故意实施预备行为,但着手实行犯罪时仅有间接故意的情形。

二、故意犯罪形态与故意犯罪阶段的关系

故意犯罪既存在形态,也存在阶段。直接故意犯罪存在犯罪预备阶段与犯罪实行阶段。一般认为,犯罪的着手是实行阶段的起点,犯罪行为的终了是实行行为完成的标志。犯罪预备阶段与犯罪实行阶段密切相连,前者是为后者做准备的阶段,后者是前者的发展。处于预备阶段的行为是预备行为,处于实行阶段的行为是实行行为。

犯罪形态与犯罪阶段相互联系、相互依存、相互制约。在犯罪预备阶段只能出现犯罪预备与犯罪中止形态;在犯罪实行阶段,只能出现犯罪未遂、犯罪中止与犯罪既遂形态。犯罪形态是静止的行为状态,犯罪阶段则是动态的发展过程;犯罪形态没有先后连续性,犯罪阶段则具有连续性;一个故意犯罪行为可能经过几个阶段,但不可能出现几种形态。

第二节 犯罪预备

一、犯罪预备的概念与特征

根据《刑法》第22条第1款的规定,犯罪预备,是指为了犯罪,准备工具,制造条件,但由于行为人意志以外的原因而未能着手实行犯罪的情形。据此,犯罪预备具有以下四个特征:

(一)主观上为了犯罪

成立犯罪预备,要求行为人主观上为了犯罪。从犯罪预备阶段与犯罪实行阶段的关系来看,这里的"为了犯罪"实际上是指为了实行犯罪,即为了实施犯罪的实行行为。为了犯罪,包括为了自己实行犯罪(自己预备罪)与为了他人实行犯罪(他人预备罪);为了犯罪,表明行为人具有明确的犯罪故意,因为行为人在

具体的犯罪故意支配下,才能为具体犯罪的实行行为准备工具、制造条件;为了犯罪,表明行为人在具备犯罪故意的前提下,认识到自己的预备行为是为实行行为服务的,认识到预备行为对危害结果的发生起促进作用。

(二)客观上实施了犯罪预备行为

预备行为是为犯罪的实行创造便利条件,以利于危害结果顺利实现的行为,这种行为是整个犯罪行为的一部分,如果不是由于某种原因停顿下来,预备行为就会进一步发展为实行行为,从而导致危害结果发生。所以,预备行为已经对刑法所保护的法益构成了威胁。另一方面,预备行为只是为实行行为创造便利条件,因而不可能直接造成实行行为所要造成的危害结果。

总的来说,预备行为是为实行犯罪制造条件的行为,但刑法将预备行为规定为两类,即准备工具与制造条件。准备工具事实上也是为实行犯罪制造条件的行为,只因是最常见的预备行为,故刑法予以特别规定。准备工具,即准备实行犯罪的工具,主要表现为:购买某种物品作为犯罪工具,制造犯罪工具,改装物品使之适应犯罪需要,租借他人物品作为犯罪工具,盗窃他人物品作为犯罪工具,等等。制造条件,是指除准备工具以外的一切为实行犯罪制造条件的预备行为,如调查犯罪场所与被害人行踪,出发前往犯罪地点或者守候被害人的到来,诱骗被害人前往犯罪场所,等等。

(三)事实上未能着手实行犯罪

犯罪预备必须在预备阶段停顿下来,事实上未能着手实行犯罪。未能着手实行犯罪包括两种情况:一是预备行为没有完成,因而不可能着手实行犯罪;二是预备行为虽已完成,但由于某种原因未能着手实行犯罪。

(四)未能着手实行犯罪是由于行为人意志以外的原因

在预备阶段停顿下来,未能着手实行犯罪,必须是由于行为人意志以外的原因所致。如果行为人自动放弃预备行为或者自动不着手实行犯罪,则不成立犯罪预备,而成立犯罪中止。

以上特征表明,犯罪预备不同于犯意表示。犯意表示一般是指以口头、书面或者其他方法,将真实犯罪意图表现于外部的行为。其特征是:表示人具有真实的犯罪意图;表示人用口头、书面、手势或者其他可以使人知晓的方法向他人表露犯罪意图;犯意表示是犯意的单纯流露,不能为犯罪制造条件。犯罪预备行为与犯意表示的本质区别在于:犯罪预备行为是准备工具、制造条件,为实行犯罪起促进作用的行为,因而对刑法所保护的法益构成了现实的威胁;而犯意表示并没有对实行犯罪起促进作用,只是单纯流露犯意的行为,对刑法所保护的法益没有构成现实的威胁。

二、预备犯的刑事责任

我国《刑法》虽然原则上处罚犯罪预备,但应当肯定处罚犯罪预备的例外性。理由如下:其一,犯罪预备行为不能直接对法益造成侵害结果。其二,犯罪预备行为的外部形态往往是日常生活行为(如行为人购买胡椒粉,打算在抢劫时撒向被害人眼睛)。如果大量处罚犯罪预备,就必然导致原本不是犯罪预备的日常生活行为也受到怀疑。其三,在犯罪预备阶段,行为人可能随时放弃犯罪决意。如果广泛地处罚预备行为,反而可能促使行为人着手实行犯罪。

基于以上理由,只能将实质上值得处罚的犯罪预备作为犯罪处罚。其一,只有从刑事政策的角度来看,需要尽早预防某些犯罪时,才有必要处罚犯罪预备。换言之,只有当某种预备行为的发展,必然或者极有可能造成重大法益或者大量法益的侵害时,才有必要处罚犯罪预备。其二,只有当预备行为接近着手实行犯罪时,才有必要处罚犯罪预备。其三,只有当行为人的犯罪故意确定,确实将实行某一特定犯罪,并实施了相应的预备行为时,才有必要作为犯罪预备处罚。恐怖主义组织实施的犯罪预备行为,都具备上述特征,应当予以处罚。

根据《刑法》第 22 条第 2 款的规定,对于预备犯,可以比照既遂犯从轻、减轻处罚或者免除处罚。"可以"是授权性法律规范的表达方式,具有允许、许可的意思,但同时也表明了刑事立法的倾向性意见。因此,在一般情况下,对预备犯得比照既遂犯从轻、减轻处罚或者免除处罚。至于究竟是从轻处罚还是减轻或者免除处罚,应当对犯罪预备的整个案件进行综合考察后来决定。

应当注意的是,当《刑法》分则将预备行为规定为独立的犯罪类型时(独立预备罪),应当直接按照分则规定的法定刑处罚,不再适用总则关于预备犯的处罚规定(参见《刑法》第 120 条之二第 1 款)。

第三节 犯罪未遂

一、犯罪未遂的概念

《刑法》第 23 条第 1 款规定:"已经着手实行犯罪,由于犯罪分子意志以外的原因而未得逞的,是犯罪未遂。"刑法总则对未遂犯的处罚没有规定以分则有明文规定为限,但事实上绝大多数犯罪的未遂都没有作为未遂犯处罚。

未遂犯的处罚根据,在于行为发生了法益侵害的客观危险性。因为刑法的目的是保护法益,既遂犯是因为行为侵害了法益而受处罚,未遂犯则是因为行为具有侵害法益的危险性而受处罚,故未遂犯都是危险犯。所以,即使存在犯罪的意思,但如果没有发生法益侵害的客观危险性,也不能作为未遂犯予以处罚。

二、犯罪未遂的特征

根据刑法的规定,犯罪未遂必须具备以下特征:

(一) 已经着手实行犯罪

一般认为,着手是实行行为的起点;着手标志着犯罪行为进入了实行阶段,行为人所实施的是实行行为;着手本身就是实行行为的一部分。从形式上说,实行行为是刑法分则所规定的具体犯罪构成要件的行为,故着手意味着开始实施刑法分则所规定的具体犯罪构成要件的行为;换言之,开始实施刑法分则所规定的具体犯罪构成要件的行为时就是着手。例如,开始实施杀人行为时,就是故意杀人罪的着手;开始窃取公私财物时,就是盗窃罪的着手。从实质上说,只有当某种行为具有造成法益侵害的紧迫危险时,才能认定为着手。例如,保险诈骗中造成保险事故的行为,只是为诈骗保险金创造了前提条件;如果行为人造成保险事故后并未到保险公司索赔,保险金融秩序与保险公司的财产受侵害的危险性并不紧迫;行为人到保险公司索赔的行为或提出支付保险金的请求的行为,才是实行行为。强奸罪的行为人为了达到与被害妇女发生性关系的目的,投放恐吓信的行为,尽管存在胁迫行为,但还不是强奸罪实行行为的着手;只有接触或者接近被害人并开始实施了暴力或者胁迫行为时,才可能认定为着手。行为人为了诈骗公私财物,而先伪造文书,伪造文书的行为本身不可能使财产处于紧迫的危险之中,因而是预备行为,开始使用所伪造的文书实施欺诈行为时,才是诈骗罪的着手。

在《刑法》分则条文所规定的实行行为包含多个环节或多种形式时,行为人开始实施其中任何一个环节或者任何一种形式的行为,原则上也应认定为着手。例如,抢劫罪的实行行为包含两个环节,一是使用暴力、胁迫或者其他强制手段;二是取得财物。因此,当行为人开始实施暴力或者胁迫等行为时,就是已经着手实施抢劫行为。再如,拐卖妇女、儿童罪的实行行为,包括拐骗、绑架、收买、贩卖、接送、中转等形式。所以,当行为人以出卖为目的,开始拐骗、绑架、收买妇女、儿童时,就是拐卖妇女、儿童罪的着手,而不是待行为人开始贩卖时才是着手。

但是,由于《刑法》分则规定了诸多具体犯罪,而且同一具体犯罪的行为方式也不完全相同,如同样是杀人,不同的行为人会采取不同的方式杀人;同样是盗窃,不同的行为人会选择不同的盗窃对象与场所。因此,在认定行为人是否着手实行犯罪时,要根据不同犯罪、不同案件的具体情况进行判断。例如,要考察行为人是否已经接触或者接近犯罪对象,行为人是否已经开始使用所准备的犯罪工具,行为人是否开始利用所制造的条件,所实施的行为是否可以直接造成犯罪结果,行为造成结果发生的时间上的紧迫程度,如此等等。

(二) 犯罪未得逞

犯罪未得逞,显然是指犯罪没有既遂。具体而言,"未得逞",是指行为人所希望或者放任的危害结果没有发生。例如,故意杀人的行为人,都希望或者放任发生死亡结果;而杀人未得逞,要么表现为杀人行为本身没有实行终了被害人因而没有死亡,要么表现为杀人行为虽然实行终了但由于某种原因没有造成被害人死亡。但是,这里所称的"行为人所希望或者放任的危害结果没有发生",不包括刑法分则所规定的犯罪"目的"没有实现的情形。例如,根据《刑法》第152条规定,走私淫秽物品罪必须"以牟利或者传播为目的"。但行为人从境外将淫秽物品走私入境时,就应认为发生了行为人所希望的危害结果,至于行为人是否牟利或者是否已经传播了淫秽物品,则不影响其犯罪既遂的认定。

需要注意的是,虽然犯罪未得逞具体表现为没有发生行为人所希望或者放任的危害结果,但这绝不意味着凡是发生了危害结果的都是已经得逞(既遂)。因为犯罪行为的性质不同,犯罪结果的类型就不相同。同样的结果,在不同的犯罪中所起的作用就不同。例如,在造成了伤害结果的情况下,相对于故意伤害罪而言,已经既遂;但相对于故意杀人罪而言,则只成立未遂。

犯罪未得逞表现为两种情形:一种情形是,犯罪人已将其认为达到既遂所必需的全部行为实行终了,但由于犯罪人意志以外的原因而未得逞(实行终了的未遂)。如犯罪人向被害人食物中投放了毒药,被害人中毒后被他人发现送往医院抢救脱险。另一种情形是,犯罪人由于意志以外的原因未能将其认为达到既遂所必需的全部行为实行终了,因而未得逞(未实行终了的未遂)。例如,在举刀杀人时,被第三者制服。显然,前者距离侵害结果的发生较近,而后者距离侵害结果的发生较远,因而前者对刑法所保护的法益的侵犯程度重于后者,这在量刑时应予考虑。

(三) 犯罪未得逞是由于犯罪分子意志以外的原因

犯罪分子意志以外的原因,是指始终违背犯罪分子意志的,客观上使犯罪不可能既遂,或者使犯罪人认为不可能既遂因而被迫停止犯罪的原因。在犯罪未遂的情况下,行为人希望得逞的意志并没有改变与放弃,故未得逞是与其犯罪意志相冲突的。犯罪分子意志以外的原因包括三种情况:

(1) 抑制犯罪意志的原因,即某种事实使得犯罪分子认为自己客观上已经不可能继续实行犯罪,从而被迫停止犯罪。例如,行为人正在他人住宅内实行抢劫,忽然听到警车声音,以为警察是来抓自己的,便被迫逃离现场。即使该车并不是警车或者虽然是警车但并不是来抓行为人的,但由于行为人认为自己客观上已经不可能继续实行犯罪,故仍然属于意志以外的原因,成立抢劫未遂。

(2) 抑制犯罪行为的原因,即某种情况使得行为人在客观上不可能继续实行犯罪或者不可能造成犯罪结果。如行为人正在实行犯罪时,被第三者发现而制止。

（3）抑制犯罪结果的原因，即行为人已将其认为应当实行的行为实行终了，但意外情况阻止了结果的发生。例如，行为人将被害人打昏后拖入水中，以为被害人必死无疑，但适逢过路人将被害人救活。

犯罪未遂的上述三个特征使得其分别与犯罪预备、犯罪既遂、犯罪中止相区别；只有同时符合上述三个特征的，才能成立犯罪未遂。

三、未遂犯的刑事责任

根据《刑法》第23条第2款的规定，对于未遂犯，可以比照既遂犯从轻或者减轻处罚。由于刑法规定的是"可以"从轻或者减轻处罚，因此首先要确定，对于犯罪未遂是否从轻或者减轻处罚；在确定从轻或者减轻处罚的情况下，要进一步确定是从轻处罚还是减轻处罚。

第四节 犯罪中止

一、犯罪中止的概念

根据《刑法》第24条第1款的规定，在犯罪过程中，自动放弃犯罪或者自动有效地防止犯罪结果发生的，是犯罪中止。犯罪中止存在两种情况：一是在犯罪预备阶段或者在实行行为还没有实行终了的情况下，自动放弃犯罪；二是在实行行为实行终了的情况下，自动有效地防止犯罪结果的发生。

作为故意犯罪形态的犯罪中止，是指行为人已经开始实施犯罪而又中止了犯罪的形态。犯罪中止形态与中止行为本身具有密切关系：没有中止行为就不可能有犯罪中止形态，中止行为是犯罪中止形态的决定性原因。犯罪中止形态与中止行为本身又具有区别：中止行为之前的行为属于犯罪行为，是行为人应当负刑事责任的事实根据；中止行为本身属于刑法所鼓励的行为，是应当免除或者减轻处罚的根据。

二、犯罪中止的特征

由于中止行为是犯罪中止形态的决定性原因，犯罪中止的特征与中止行为的特征就成为表里关系，论述了中止行为本身的成立条件，也就说明了犯罪中止的特征。如上所述，中止行为可以分为不同情形，但它们又具有相同的特征，故综合起来论述。

（一）中止的时间性

中止必须发生在"犯罪过程中"，即在犯罪行为开始实施之后、犯罪呈现结局之前均可中止。首先,犯罪中止既可以发生在犯罪预备阶段,也可以发生在犯罪实行阶段,这是犯罪中止与犯罪预备、犯罪未遂的重要区别。其次,中止前的行为处于犯罪过程中,已经属于犯罪行为,故产生犯意后没有实施任何犯罪行为便放弃犯意的,不成立犯罪中止。最后,只有当犯罪还没有形成结局,既不是已经未遂,也不是已经形成了犯罪预备形态,更不是已经既遂时,才可能成立犯罪中止。因此,犯罪既遂后自动恢复原状的,不成立犯罪中止。同样,犯罪未遂后也不可能出现犯罪中止。例如,甲在杀乙的过程中,由于警察到来而逃走,即使甲以后打消了继续杀乙的念头,但由于其故意杀人已经未遂,故不成立故意杀人中止。

(二) 中止的自动性

成立犯罪中止,要求行为人"自动"放弃犯罪或者"自动"有效地防止犯罪结果发生。这是犯罪中止与犯罪预备、犯罪未遂在主观上的区分标志。中止的自动性,是指行为人认识到客观上可能继续实施犯罪或者可能既遂,但自愿放弃原来的犯罪意图。首先,行为人认识到客观上可能继续实施犯罪或者可能既遂。这表明,行为人面临两种可能性:或者继续实施犯罪,使犯罪既遂;或者不继续犯罪,不使犯罪既遂。在存在选择余地的情况下,行为人不继续实施犯罪,不使犯罪既遂,就表明行为人中止犯罪具有自动性。其次,行为人自愿放弃原来的犯罪意图,不再希望和放任犯罪结果发生。区分中止与未遂原则上可以采取弗兰克公式:"能达目的而不欲"时是中止,"欲达目的而不能"时是未遂。对于其中的"能"与"不能",一般应以行为人的认识为标准进行判断,即只要行为人认为可能既遂而不愿达到既遂的,即使客观上不可能既遂,也是中止。例如,甲为了杀乙而向乙的食物中投放毒药,见乙神态痛苦而反悔,将乙送往医院抢救脱险。即使甲投放的毒药没有达到致死量,不送往医院也不会死亡,甲也成立犯罪中止。反之,只要行为人认为不可能既遂而放弃的,即使客观上可能既遂,也是未遂。例如,丙在实施抢劫行为时听到警笛声便逃走的,成立抢劫未遂;即使该声源并非警车而是救护车,丙也不是犯罪中止。

行为人中止犯罪的原因多种多样,有的出于真诚悔悟,有的因为对被害人产生同情心,有的由于惧怕刑罚处罚,有的为了争取宽大处理,如此等等。一方面,不能将引起行为人中止犯罪的原因,当作意志以外的原因从而否认中止的自动性。另一方面,也不能因为存在客观障碍就否认中止的自动性。在存在客观障碍的情况下,行为人并没有认识到,而是出于其他原因放弃犯罪的,应认定为中止;或者行为人认识到了但同时认为该客观障碍并不足以阻止其继续犯罪,而由于其他原因放弃犯罪的,也应认定为中止。

(三) 中止的客观性

中止不只是一种内心状态的转变,还要求客观上有中止行为。中止行为分为两种情况:(1)在犯罪预备阶段以及实行行为尚未实行终了,只要不继续实施行为就不会发生犯罪结果的情况下,中止行为表现为放弃继续实施犯罪,即不再继续实施犯罪行为。在这种情况下,行为人必须是真实地放弃犯罪行为,而不是等待时机继续实施该行为。应予注意的是,行为人自动放弃重复侵害行为的,是犯罪中止。即行为人实施了足以导致犯罪结果发生的行为后,犯罪结果并没有发生,行为人也认识到结果还没有发生,认识到还可以继续实施犯罪,但基于某种动机自动放弃继续侵害的,成立犯罪中止,而不是犯罪未遂。(2)在实行行为终了、不采取有效措施就会发生犯罪结果的情况下,中止行为表现为采取积极有效措施防止犯罪结果发生。有效防止犯罪结果发生的行为,不以行为人单独实施为必要,但行为人必须作出了真挚的努力,其行为对防止犯罪结果发生能起到有效作用,否则不成立犯罪中止。例如,行为人在其放火行为还没有既遂的情况下,喊了一声"救火呀",然后便逃走了,即使他人将火扑灭,也不能认为行为人的犯罪属于中止形态。

(四)中止的有效性

不管是哪一种中止,都必须是没有发生作为既遂标志的犯罪结果。行为人虽然自动放弃犯罪或者自动采取措施防止结果发生,但如果发生了作为既遂标志的犯罪结果,就不成立犯罪中止。例如,甲为杀乙而向乙的静脉注射大量空气,尽管甲反悔后将乙送往医院抢救,但乙仍然死亡。甲的行为成立故意杀人既遂,而非中止。

行为人为防止结果的发生作出了积极努力,但其行为本身偶然不能使结果发生或者由于他人行为防止了结果发生时,仍然成立中止犯。概言之,以下三种情况均成立犯罪中止:(1)行为人的中止行为独立防止了结果发生时,成立犯罪中止。(2)行为人的中止行为与其他人的协力行为,共同防止了结果发生时,只要能够认定行为人作出了真挚的努力,也成立犯罪中止。如行为人向被害人的食物投放毒药后,见被害人痛苦难忍而顿生悔意,立即拨打急救电话,将被害人送往医院,由医生抢救脱险的,理当成立犯罪中止。(3)行为人在犯罪过程中自动放弃犯罪,或者自动采取有效措施防止结果发生,而且结果没有发生,即使行为本身偶然未能导致结果发生,也成立犯罪中止。

需要注意的是,犯罪中止的成立并不要求没有发生任何犯罪结果,而只是要求没有发生作为既遂标志的犯罪结果。例如,作为故意杀人罪既遂标志的结果是被害人死亡。行为人在杀人过程中,自动放弃犯罪或者自动采取有效措施防止了死亡结果发生时,就成立犯罪中止,即使造成了他人身体伤害,也不妨碍犯罪中止的成立。因此,可以将犯罪中止分为造成了一定犯罪结果的中止与没有造成任何犯罪结果的中止。

犯罪中止的上述四个特征,使其分别与犯罪预备、犯罪未遂、犯罪既遂相区别。同时具备上述四个特征的,才成立犯罪中止。

三、中止犯的刑事责任

根据《刑法》第 24 条第 2 款的规定,对于中止犯,没有造成损害的,应当免除处罚;造成损害的,应当减轻处罚。首先,中止犯应当负刑事责任。其次,对中止犯应当分别情况减免处罚。所谓"没有造成损害",应理解为没有造成任何犯罪结果;所谓"造成损害",应理解为造成了一定犯罪结果(对刑法所保护的法益造成了损害),但没有造成作为既遂标志的犯罪结果。例如,故意杀人造成轻伤后中止犯罪的,属于造成了损害;故意杀人造成轻微伤后中止犯罪的,属于没有造成损害。再如,强奸行为造成了猥亵妇女的结果(如已扒光妇女的衣裤)后中止奸淫行为的,属于造成了损害;着手实施暴力未形成猥亵、未造成轻伤以上结果的,属于没有造成损害。

第八章 共同犯罪

此前的论述,大体上都以单个人犯罪为例。司法实践中,存在二人以上共同犯罪的情形。相对于单个人犯罪而言,共同犯罪是一种复杂的犯罪,需要特别研究。

第一节 共同犯罪概述

一、共同犯罪的概念

根据《刑法》第 25 条第 1 款的规定,共同犯罪是指二人以上共同故意犯罪。这一定义概括了共同犯罪的内在属性,为处罚共同犯罪提供了法律依据,为理论上研究共同犯罪指明了方向。

根据刑法理论的通说,刑法关于共同犯罪的规定,要求我们特别注意以下几点:一是共同犯罪被限定在故意犯罪内,对过失共同犯罪不以共同犯罪论处。二是共同犯罪的整体性。共同犯罪是二人以上在共同故意支配下实施犯罪行为形成的一个整体,不是各个人行为的简单相加。司法实践与刑法理论都不能孤立地看待各共犯人的行为。三是共同犯罪类型、共同犯罪人的差异性。共同犯罪的类型不同,其社会危害性便不同,如集团犯罪的社会危害性通常重于一般共同犯罪的社会危害性。共同犯罪有两个以上的共犯人,但各共犯人在共同犯罪中所起的作用不同,各共犯人行为的社会危害性不同,因而需要区别对待。

二、共同犯罪的本质

共同犯罪的本质所要回答的问题是,何谓"共同"?

完全犯罪共同说认为,二人以上只能就完全相同的犯罪成立共同犯罪。例如,甲以杀人的故意、乙以伤害的故意,共同对丙实施暴力行为导致了丙死亡。完全犯罪共同说一般认为,甲与乙成立故意杀人罪的共同正犯,但对乙只能判处故意伤害致死的刑罚(因为不能超越行为人的责任科处刑罚)。该说的主要缺陷表现在:虽然旨在限定共同犯罪的成立范围,但结局却没有达到这一目的,反而扩大了共同犯罪的成立范围。例如,前述甲、乙二人分别以杀人和伤害的故意攻击丙时,完全犯罪共同说认为,成立故意杀人罪的共同正犯;这导致没有杀人故意的乙也成立故意杀人罪,因而不合适。此外,完全犯罪共同说导致刑罚与罪名分离。如甲教唆乙盗窃而乙实施抢劫的,完全犯罪共同说认定甲为抢劫罪的教唆犯,但又主张在盗窃罪的法定刑内处罚。于是,罪名是抢劫罪,而适用的是盗窃罪的法定刑。

部分犯罪共同说认为,二人以上虽然共同实施了不同的犯罪,但当这些不同的犯罪之间具有重合的性质时,则在重合的限度内成立共同犯罪。例如,甲以杀人的故意、乙以伤害的故意共同加害于丙时,在故意伤害罪的范围内成立共同犯罪。但由于甲具有杀人的故意与行为,对甲应认定为故意杀人罪(不成立数罪)。

行为共同说认为,共同犯罪是指数人共同实施了构成要件的行为,而不是共同实施特定的犯罪。或者说,各人以共同行为实施各人的犯罪时也成立共同犯罪。换言之,在"行为"方面,不要求共同实施特定的犯罪,只要行为在构成要件上具有共同性就可以成立共同犯罪;在"意思联络"方面,也不要求数人必须具有共同实现犯罪的意思联络,只要就实施行为具有意思联络就可以成立共同犯罪。在绝大多数场合,行为共同说与部分犯罪共同说得出的结论并无区别。

本书采取行为共同说。共同犯罪是一种客观的法益侵害形态,所关注的问题是将客观违法事实归咎于哪些参与人的行为。就具体案件而言,司法机关认定二人以上的行为是否成立共同犯罪,只是解决能否将法益侵害事实归咎于参与人的行为的问题,而不需要回答"二人以上共同犯了什么罪"这样的问题。亦即,完全存在分别定罪的可能性。例如,当甲以杀人故意、乙以伤害故意共同攻击丙致丙死亡时,就应认定二人成立共同犯罪,承认二人均对死亡负责(客观归责)。至于甲与乙的责任(各自构成何罪),则需要分别认定,亦即,甲构成故意杀人罪,乙构成故意伤害(致死)罪。

不可否认,行为共同说容易承认过失的共同正犯、故意犯与结果加重犯的共同正犯,但我国《刑法》第 25 条明文否认过失的共同犯罪。然而,这只是表明《刑法》第 25 条限制了共同犯罪的成立范围,不意味该条否认了行为共同说。

第二节 共同犯罪的成立条件

一、共同犯罪的主体条件

共同犯罪的主体必须是"二人以上"。"二人"是最低要求;至于"以上"至多少人,则并无限制。在通常情况下,"二人以上"都是达到法定年龄、具有责任能力的人,因而"二人以上"都承担责任。但是,"犯罪"具有不同的含义,故"共同犯罪"也可能具有不同含义。事实上,存在着"二人以上"均承担责任的共同犯罪和"二人以上"中仅有一部分人承担责任的共同犯罪。换言之,现实中存在没有达到法定年龄的人与达到法定年龄的人共同故意实施符合客观构成要件的违法行为的现象。例如,13周岁的人与16周岁的人,共同轮奸妇女的,应认定为强奸罪的共同犯罪,对16周岁的人应适用轮奸的法定刑;13周岁的人因为没有达到法定年龄而不承担刑事责任。

由于刑法规定单位可以成为某些犯罪的主体,故两个以上的单位以及单位与自然人共同实施的犯罪,可能构成共同犯罪。但在单位犯罪时,直接负责的主管人员及其他直接责任人员,与该犯罪单位本身不成立共同犯罪。

二、共同犯罪的主观条件

共同犯罪必须是"共同故意犯罪"。对此,宜理解为二人以上共同实施故意犯罪,而不要求二人以上有完全相同的故意。

在通常情况下,共同犯罪中的共犯人都明知共同犯罪行为的性质、危害社会的结果,并且希望或者放任危害结果的发生;各共犯人主观上相互沟通,彼此联络,都认识到自己不是在孤立地实施犯罪,而是在和他人一起共同犯罪。但是,其一,二人以上共同实施犯罪行为时,即使故意内容不同,也成立共同犯罪。例如,甲与乙共同商议报复丙,并共同对丙实施暴力,导致丙死亡,但甲持杀人故意,乙仅有伤害故意。对此,应当认定为共同犯罪,二人均对死亡结果负责,于是认定甲成立故意杀人罪,乙成立故意伤害(致死)罪。其二,应当肯定片面共犯。片面共犯是指参与同一犯罪的人中,一方认识到自己是在和他人共同犯罪,而另一方没有认识到有他人和自己共同犯罪。片面共犯可能存在三种情况:一是片面的共同实行,即实行的一方没有认识到另一方的实行行为。例如,乙正欲对丙实施强奸行为时,甲在乙不知情的情况下,使用暴力将丙打伤,乙得以顺利实施奸淫行为。二是片面的教唆,即被教唆者没有意识到自己被教唆的情况。例如,甲将乙的妻子丙与他人通奸的照片和一支枪放在乙的桌子上,乙发现后立即产生杀人故意,将丙杀死。三是片面的帮助,即实行的一方没有认识到另一方的帮助行为。例如,甲明知乙正在追杀丙,由于其与丙有仇,便暗中设置障碍物将丙绊倒,从而使乙顺利地杀害丙。在片面共犯的情况下,不知情的一方仅对自己的行为与结果负责;而知情的片面共犯一方,不仅要对自己的行为与结果负责,还要对另一方行为造成的结果负责。上述几例中,甲都要对乙造成的结果承担刑事责任。

按照刑法理论的通说,根据"共同故意"这一条件的要求,下列情形不成立共同犯罪:(1)共同过失犯罪不成立共同犯罪。共同犯罪之所以比单个人犯罪具有更大的社会危害性,在于它是基于共同犯罪故意结成的犯罪活动的整体;而过失犯罪的特点决定了共同过失犯罪不可能具有共同犯罪所要求的那种整体性。共同过失犯罪时,只要根据各个人过失犯罪的情况分别定罪量刑即可,不需要以共同犯罪论处(参见《刑法》第25条第2款)。(2)故意犯罪行为与过失犯罪行为不成立共同犯罪。如看守所值班武警擅离职守,重大案犯趁机脱逃。前者为过失,后者为故意,客观上虽然有一定联系,但不成立共同犯罪。故意(过失)行为与无罪过行为,更不可能成立共同犯罪。(3)同时犯不成立共同犯罪。同时犯是指二人以上同时以各自行为侵害同一对象,但彼此之间无意思联络的情况。如甲、乙二人趁商店失火之机,不谋而合地同时到失火地点窃取商品。由于二人主观上没有意思联络,故不成立共同犯罪。(4)先后故意实施的相关犯罪行为,彼此没有主观联系的,不成立共同犯罪。例如,甲先到丙家窃取电视机,乙后到丙家窃取一辆摩托车。二人虽然实施了相同的盗窃行为,且都是在丙家作案,但由于缺乏"共同"故意,所以不成立共同犯罪。(5)超出共同故意之外的犯罪,不是共同犯罪。例如,甲教唆乙盗窃丙女的财物,乙除实施盗窃行为之外,还强奸了丙女,甲对此毫不知情。甲、乙二人成立盗窃罪的共同犯罪,但不成立强奸罪的共同犯罪。(6)事前无通谋的窝藏、包庇、窝赃、销赃行为,不构成共同犯罪。但如果事前有通谋,则成立共同犯罪(参见《刑法》第310条第2款)。

三、共同犯罪的客观条件

成立共同犯罪当然要求有共同行为。"共同行为"意味着各共犯人的行为相互配合、相互协调,形成为一个整体,各共犯人的行为都是共同犯罪行为这一整体的组成部分;在发生了危害结果的情况下,各共犯人的行为作为一个整体与危害结果之间具有因果关系,因而也可以肯定各共犯人的行为与危害结果之间具有因果关系。

共同犯罪行为的表现形式可能出现三种情况:一是共同作为,即各共犯人的行为都是作为;二是共同不作为,即各共犯人的行为都是不作为;三是作为与不作为相结合,即部分共犯人的行为是作为,部分共犯人的行为是不作为。

共同犯罪行为的分工情况可能表现为四种:一是正犯行为(实行行为),即实施构成要件行为,对共同犯罪故意内容的实现起关键作用;二是组织行为,即组织、策划、指挥共同犯罪的行为,它对共同犯罪的性质、规模等起决定性作用;三是教唆行为,即故意引起他人犯罪意图的行为,它对他人犯意的形成起原因作用;四是帮助行为,即帮助实行犯罪的行为,它对共同犯罪起辅助作用。

第三节 共同犯罪的形式

一、任意共同犯罪与必要共同犯罪

刑法分则规定的一人能够单独实施的犯罪由二人以上共同故意实施时,就是任意共同犯罪。如故意杀人罪、放火罪等,既可以由一人单独实施,也可以由二人以上共同实施;当二人以上共同故意杀人或放火时,就是任意共同犯罪。刑法总则规定的共同犯罪主要是任意共同犯罪。对于任意共同犯罪,应当根据分则的有关条文以及总则关于共同犯罪的规定定罪量刑。

刑法分则明文规定必须由二人以上共同故意实施的犯罪,就是必要的共同犯罪。如《刑法》第317条规定的聚众持械劫狱罪,不可能由一个人单独实施。对这类犯罪通常直接根据刑法分则的规定定罪量刑。刑法理论通常将必要共同犯罪分为两类:对向犯与多众犯。

一般来说,对向犯,是指以存在二人以上相互对向的行为为要件的犯罪。贿赂罪是其适例。刑法规定的对向犯分四种情况:一是双方的罪名与法定刑相同,如重婚罪;二是双方的罪名不同但法定刑相同,如出售、购买假币罪,出售者的行为成立出售假币罪,购买者的行为成立购买假币罪,但二者的法定刑相同;三是双方的罪名与法定刑都不同,如贿赂罪中的行贿与受贿;四是只处罚一方的行为,如贩卖淫秽物品牟利罪,只处罚贩卖者,不处罚购买者。① 在第四种情况下,不能直接根据刑法总则的规定将购买者作为共犯处理。刑法规定贩卖淫秽物品牟利这类犯罪时,当然预想到了购买者的行为,既然刑法不对购买行为设立处罚规定,就表明刑法认为该行为不构成犯罪,故不能将购买者认定为从犯或者帮助犯。但是,如果购买者唆使原本没有贩卖淫秽物品意图的人贩卖淫秽物品,则可能成立教唆犯。

多众犯是指以多数人实施向着同一目标的行为为要件的犯罪。在我国《刑法》中包括聚众共同犯罪与集团共同犯罪,前者如《刑法》第317条的聚众持械劫狱罪,后者如第120条的组织、领导、参加恐怖活动组织罪。其中,有的条文规定了首要分子、积极参加者及其他参加者的法定刑,有的条文只规定了首要分子与积极参加者的法定刑。在后一种情况下,也不能根据总则规定处罚其他参与行为。因为多众犯涉及的人较多,立法者规定只处罚几种参与行为,正是为了限定处罚范围;如果另外根据总则规定处罚其他参与行为,则违反了立法精神。

二、事前通谋的共同犯罪与事前无通谋的共同犯罪

在着手实行犯罪之前,各共犯人已经形成共同犯罪故意,就实行犯罪进行了策划或商议的,就是事前通谋的共同犯罪。"通谋"一般是指二人以上为了实行特定的犯罪,以将各自的意思付诸实现为内容而进行谋议。

在刚着手实行或者实行犯罪的过程中形成共同犯罪故意的,则是事前无通谋的共同犯罪。如果各共犯人是在刚着手实行时形成共同犯罪故意,并共同实

---

① 第四种情况并不是共同犯罪,称为对向"犯"并不合适,但这种犯罪以存在购买方的行为为要件,故刑法理论仍然称之为对向犯。事实上,前两种对向犯也不必然构成共同犯罪,但人们均认为它是对向犯。

施犯罪行为,则各共犯人均应对共同犯罪行为及其结果承担刑事责任。如果先行为人已实施一部分实行行为后,后行为人以共同犯罪的意思参与实行或者提供帮助,则叫承继的共同犯罪。后行为人就其参与后的行为与先行为人构成共同犯罪。至于后行为人就其参与前的行为是否承担刑事责任,则应分清不同情况区别处理。例如,甲意欲抢劫而对A实施了暴力,在压制了A的反抗后,乙到达现场,并且明知甲在抢劫A的财物,仍与甲一起共同强取了A的财物。在这种情况下,甲与乙成立抢劫罪的共同犯罪。再如,丙意欲抢劫B的财物而对其实施暴力,并且造成了B的重伤后,丁到达现场,并且明知丙要抢劫B的财物,仍与丙一起共同劫取了B的财物。丁虽然与丙构成抢劫罪的共同犯罪,但丁不对B的重伤承担刑事责任,只有丙对B的重伤承担刑事责任。

三、简单共同犯罪与复杂共同犯罪

二人以上共同故意实行犯罪时,就是简单共同犯罪。在这种情况下,各共犯人都是正犯,故在刑法理论上又叫共同正犯。例如,甲、乙二人共同故意持凶器刺杀丙,成立故意杀人的共同正犯。成立共同正犯必须具备两个基本条件:一是有共同实行的意思,二是有共同实行的事实。

对简单共同犯罪追究刑事责任应遵循以下原则:(1)部分实行全部责任的原则。例如,甲、乙二人共同故意杀A,即使只是甲的一发子弹打中了A,乙也应承担杀人既遂的责任。再如,丙、丁二人共同故意伤害B,但不知道是谁的行为导致了B的重伤,对此,丙、丁二人均应对B的重伤承担责任。(2)区别对待原则。即在坚持部分实行全部责任原则的前提下,对各共犯人应区别对待,根据各共犯人在共同实行犯罪中所起的作用大小,分清主犯、从犯与胁从犯,依照刑法的有关规定予以处罚。(3)罪责自负原则。各共犯人对他人超出自己的故意实行的犯罪不承担刑事责任。

二人以上的共同犯罪存在实行、组织、教唆、帮助等分工时,就是复杂共同犯罪。在这种情况下,存在实行犯、组织犯、教唆犯、帮助犯之分,他们的行为以及故意的具体内容均有差异。根据刑法的规定,对这几种共犯人应按其在共同犯罪中所起的作用大小,分别处罚。

四、一般共同犯罪与特殊共同犯罪

一般共同犯罪是指没有组织的共同犯罪,包括两种情况:一是二人即可构成、没有组织、没有首要分子、不存在众人可能随时参与状态的共同犯罪;二是由首要分子组织、策划、指挥众人所实施的共同犯罪,即聚众共同犯罪。

特殊共同犯罪是指集团犯罪,即三人以上有组织地实施的共同犯罪。实施犯罪的组织称为犯罪集团,犯罪集团是指三人以上为共同实施犯罪而组成的较为固定的犯罪组织。犯罪集团通常具有以下特征:(1)人数较多。即三人以上,二人不足以成为集团。(2)较为固定。表现为有明显的首要分子;重要成员固定或者基本固定;集团成员以首要分子为核心结合得比较紧密;实施一次或数次犯罪后,其组织形式往往继续存在。(3)目的明确。犯罪集团的形成是为了反复多次实施一种或者数种犯罪行为。

2018年1月16日最高人民法院、最高人民检察院、公安部、司法部颁布的《关于办理黑恶势力犯罪案件若干问题的指导意见》提出了恶势力与恶势力犯罪集团的概念。恶势力,是指经常纠集在一起,以暴力、威胁或者其他手段,在一定区域或者行业内多次实施违法犯罪活动,为非作恶,欺压百姓,扰乱经济、社会生活秩序,造成较为恶劣的社会影响,但尚未形成黑社会性质组织的违法犯罪组织。恶势力一般为三人以上,纠集者相对固定。恶势力犯罪集团是符合犯罪集团法定条件的恶势力犯罪组织,其特征表现为:有三名以上的组织成员,有明显的首要分子,重要成员较为固定,组织成员经常纠集在一起,共同故意实施三次以上恶势力惯常实施的犯罪活动或者其他犯罪活动。

近些年出现了国际性犯罪集团与黑社会性质的犯罪集团。前者表现为境内不法分子与境外不法分子相勾结,形成以实施国际性犯罪为目的的犯罪组织(如走私集团、贩毒集团)。后者的特点是成员众多,组织严密,等级森严,有自己的"势力范围",有逃避法律规制的防护体系,有暴力作后盾,或者直接采用帮派形式,或者以"公司""企业"等作掩护。此外,恐怖活动组织也是典型的犯罪集团。

第四节　共犯人的分类及其刑事责任

一、共犯人的分类概述

共犯人的分类,是指按照一定标准将共同犯罪成员划分为不同的类别。对共犯人进行分类并规定相应的处罚原则,有利于正确处理共同犯罪。

国外一般将广义的共犯分为正犯、教唆犯与帮助犯。其中,正犯是犯罪事实的支配者,是共同犯罪的核心角色。正犯可以分为直接正犯、间接正犯与共同正犯。例如,A在B的教唆和C的帮助之下,直接杀害了D,A是共同犯罪中的直接正犯。下面仅就间接正犯略作说明。①

一般来说,间接正犯是指幕后操纵、支配他人实行犯罪的情况。例如,行为人让不满10周岁的儿子杀害邻居不满3岁的儿童的,就属于间接正犯。大体而言,间接正犯的成立范围如下:(1)利用没有达到刑事法定年龄或者没有辨认控

---

① 共同正犯即简单共同犯罪,前面已有说明;组织犯即我国刑法中规定的首要分子,教唆犯与帮助犯后面都将说明,故此处从略。

制能力的人的身体活动。如上例。(2)利用他人不具有行为性的身体活动或者受强制的身体活动。如利用他人的反射性动作或者睡眠中的动作;使他人丧失自由意志进而利用其身体活动。(3)利用缺乏故意的行为。例如,医生指使不知情的护士给患者注射毒药的,构成间接正犯。(4)利用他人的正当行为,如利用他人的正当防卫、紧急避险行为实现犯罪。例如,甲迫使乙杀丙,同时将乙要杀丙的事实告知丙,强迫丙在正当防卫时杀死乙。甲可谓间接正犯。(5)利用被害人的行为。如强制被害人自杀。(6)利用有故意的工具。有的犯罪的成立除了要求有故意之外,还要求行为人具有一定身份或者具有一定目的;所谓利用有故意的工具,就是指被利用者虽然具备犯罪主体的一般条件,但缺乏身份犯中的身份,或者被利用者虽然具有故意,但缺乏目的犯中的目的。前者如,国家工作人员让非国家工作人员的妻子接受贿赂;后者如,具有牟利目的的A利用没有该目的的B传播淫秽物品,A成立传播淫秽物品牟利罪的间接正犯。

在第(1)至(5)种情况下,利用者与被利用者不可能构成共同犯罪;对利用行为与被利用行为不得分别评价,而应将两者作为一体评价为利用者的实行行为。第(6)种情形则可能构成共同犯罪。例如,国家工作人员利用妻子收受贿赂时,如果妻子不知情,则属于第(3)种情况,当然不构成共同犯罪;但第(6)则是指妻子知情的情况;既然妻子知情并接受贿赂,当然成立受贿罪的共犯;尽管如此,刑法理论依然认为国家工作人员是直接正犯。再如,上例中的B,虽然不具有牟利目的,但具有传播淫秽物品罪的故意与行为;B与A成立共同犯罪,但利用者A仍然是传播淫秽物品牟利罪的间接正犯,B仅成立传播淫秽物品罪。

我国刑法根据共犯人在共同犯罪中所起的作用大小,将共犯人分为主犯、从犯、胁从犯,并分别规定了不同的处罚原则;由于教唆犯具有特殊性,刑法还特别规定了教唆犯。

二、主犯及其刑事责任

(一)主犯的概念与种类

根据《刑法》第26条第1款的规定,组织、领导犯罪集团进行犯罪活动或者在共同犯罪中起主要作用的,是主犯。可见,主犯包括两类:一是组织、领导犯罪集团进行犯罪活动的犯罪分子,即犯罪集团中的首要分子。"组织"主要是指为首纠集他人组成犯罪集团。"领导"就是策划、指挥。"策划"主要是指为犯罪集团的犯罪活动出谋划策,主持制定犯罪活动计划。"指挥"主要是指根据犯罪集团的计划,直接指使、安排集团成员的犯罪活动。二是其他在共同犯罪中起主要作用的犯罪分子,即除犯罪集团的首要分子以外的在共同犯罪中对共同犯罪的形成、实施与完成起决定或重要作用的犯罪分子。犯罪分子是否起主要作用,应从主客观方面进行综合判断。对主犯的认定,应以共犯人的主客观事实为依据,以《刑法》第 26 条的规定为准绳,不能任意扩大或者缩小主犯的范围。

(二)主犯与首要分子的关系

根据《刑法》第 97 条的规定,首要分子分为两类:一是犯罪集团中的首要分子,二是聚众犯罪中的首要分子。但犯罪集团中的主犯不一定是首要分子,因为在犯罪集团中,除了首要分子是主犯以外,其他起主要作用的犯罪分子也是主犯,但他们不是首要分子。在聚众犯罪构成共同犯罪的情况下,原则上也可以认定其中的首要分子是主犯。但在聚众犯罪并不构成共同犯罪的情况下(如刑法规定只处罚首要分子,而首要分子只有一人时),不存在主犯、从犯之分,其中的首要分子当然无所谓主犯。

(三)主犯的刑事责任

对于组织、领导犯罪集团进行犯罪活动的首要分子,按照集团所犯的全部罪行处罚。即除了对自己直接实施的具体犯罪及其结果承担刑事责任外,还要对集团成员按该集团犯罪计划所犯的全部罪行承担刑事责任,因为这些罪行是由首要分子组织、策划、指挥实施的。但是,犯罪集团的首要分子对于具体犯罪所承担的刑事责任,应当根据其在该起犯罪中的具体地位、作用来确定。换言之,就具体犯罪而言,首要分子所承担的刑事责任也可能轻于其他主犯。

对于犯罪集团的首要分子以外的主犯,应分为两种情况处罚:对于组织、指挥共同犯罪的人(如聚众共同犯罪中的首要分子),应当按照其组织、指挥的全部犯罪处罚;对于没有从事组织、指挥活动但在共同犯罪中起主要作用的人,应按其参与的全部犯罪处罚。

三、从犯及其刑事责任

根据《刑法》第 27 条第 1 款的规定,在共同犯罪中起次要或者辅助作用的,是从犯。可见,从犯包括两种人:一是在共同犯罪中起次要作用的犯罪分子,即对共同犯罪的形成与共同犯罪行为的实施、完成起次于主犯作用的犯罪分子;二是在共同犯罪中起辅助作用的犯罪分子,即为共同犯罪提供有利条件的犯罪分子,通常是指帮助犯。帮助犯是帮助实行犯实行犯罪的人。帮助行为是实行行为以外的、使实行行为更为容易的行为。帮助行为既可以是有形的(物质上的帮助),也可以是无形的(精神上的帮助);既可以是作为,也可以是不作为。

从犯也应对自己参与的全部犯罪承担刑事责任,但根据《刑法》第 27 条第 2 款的规定,对于从犯,应当从轻、减轻处罚或者免除处罚。

四、胁从犯及其刑事责任

根据《刑法》第 28 条的规定,胁从犯是被胁迫参加犯罪的人,即在他人威胁下不完全自愿地参加共同犯罪,并且在共同犯罪中起较小作用的人。如果行为人起先是因为被胁迫而参加共同犯罪,但后来发生变化,积极主动实施犯罪行为,在共同犯罪中起主要作用,则不宜认定为胁从犯。由于胁从犯是共犯人的一种,具有犯罪故意与犯罪行为,故行为人身体完全受强制、完全丧失意志自由时实施的某种行为,以及符合紧急避险条件的行为,不成立胁从犯。

对于胁从犯,应当按照他的犯罪情节减轻处罚或者免除处罚。其中的"情节"主要是指被胁迫的程度、在共同犯罪中所起的作用。

五、教唆犯及其刑事责任

(一)教唆犯的概念与成立条件

教唆犯是指以授意、怂恿、劝说、利诱或者其他方法故意唆使他人犯罪的人。按照刑法理论的通说,成立教唆犯需要具备以下条件:

(1)教唆犯所教唆的对象(即被教唆的人)必须是达到刑事法定年龄、具有辨认控制能力的人。否则,应认定为间接正犯。

(2)必须有教唆行为。教唆行为的实质是引起他人的犯罪故意进而使他人实施犯罪。教唆行为的形式没有限制,既可以是口头的,也可以是书面的,还可以是示意性的动作。教唆行为的方式多种多样,如劝告、嘱托、哀求、指示、利诱、怂恿、命令、威胁、强迫等。但如果威胁、强迫达到了使被教唆人丧失意志自由的程度,则成立间接正犯。教唆行为必须是唆使他人实施较为特定的犯罪的行为,让他人实施完全不特定的犯罪的,难以认定为教唆行为。但是,只要所教唆的是较为特定的犯罪,即使该犯罪的对象还不存在,而是以出现对象为条件的,也不失为教唆行为。如教唆怀孕的妇女在分娩后杀死婴儿的,也成立教唆行为。另一方面,教唆行为的成立不要求行为人就具体犯罪的时间、地点、方法、手段等作出指示。

(3)必须有教唆故意。教唆犯只能由故意构成,过失不可能成立教唆犯。一般来说,教唆犯认识到自己的教唆行为会使被教唆人产生犯罪故意进而实施犯罪,认识到被教唆人实施的犯罪行为会发生危害社会的结果,希望或者放任被教唆人实施犯罪行为及其危害结果的发生。

(二)教唆犯的认定

(1)对于教唆犯,应当按照他所教唆的罪定罪,而不能笼统定教唆罪。如教唆他人犯抢劫罪的,定抢劫罪;教唆他人犯放火罪的,定放火罪。如果被教唆的人将被教唆的罪理解错了,实施了其他犯罪,或者在犯罪时超出了被教唆之罪的范围,教唆犯只对自己所教唆的犯罪承担刑事责任。

(2)对于间接教唆的也应按教唆犯处罚。间接教唆是指教唆教唆者的情况。例如,甲教唆乙,(让)乙教唆丙实施抢劫罪,甲的行为便是间接教唆。对于间接教唆,也应按教唆犯处罚,即按照所教唆的罪定罪。因为"教唆他人犯罪的"

是教唆犯,教唆行为本身也是《刑法》第29条第1款所称的犯罪行为,故教唆他人实施教唆犯罪的,仍然是教唆犯。

(3) 当刑法分则条文将教唆他人实施特定犯罪的行为规定为独立犯罪时,对教唆者不能依所教唆的罪定罪,而应直接依照刑法分则的规定定罪,不再适用刑法总则关于教唆犯的规定(参见《刑法》第104条第2款)。

(三) 教唆犯的处罚

(1) 教唆他人犯罪的,应当按照他在共同犯罪中所起的作用处罚。即在教唆犯与被教唆的人构成共同犯罪的情况下,以及被教唆的人虽然没有犯被教唆的罪,但在二人以上共同故意教唆他人犯罪因而构成共同犯罪的情况下,对于教唆犯应当按照他在共同犯罪中所起的主次作用来处罚。如果起主要作用,就按主犯处罚;如果起次要作用,则按从犯从轻、减轻或者免除处罚。

(2) 教唆不满18周岁的人犯罪的,应当从重处罚。这是因为选择不满18周岁的人作为教唆对象,既说明行为人的非难可能性程度严重,又说明教唆行为本身的腐蚀性大,社会危害性严重,理应从重处罚。此外,保护青少年健康成长,也是上述规定的政策理由。所应注意的是,对"教唆不满18周岁的人犯罪"这一规定,应根据教唆犯的成立条件以及《刑法》第17条的规定进行理解。

(3) 如果被教唆的人没有犯被教唆的罪,对于教唆犯可以从轻或者减轻处罚。

第五节　共同犯罪的特殊问题

一、共同犯罪与身份

(一) 无身份者与有身份者的共同犯罪

不具有构成身份的人与具有构成身份的人共同实施真正身份犯时,构成共同犯罪。例如,一般公民不可能单独犯脱逃罪,但可以教唆、帮助依法被关押的罪犯、被告人、犯罪嫌疑人脱逃,因而构成该罪的共犯。首先,刑法分则所规定的国家工作人员等特殊主体是仅就实行犯而言的;至于教唆犯与帮助犯,则完全不需要特殊身份。其次,我国刑法有关共犯人的规定已经指明了这一点。例如,《刑法》第29条第1款前段的规定:"教唆他人犯罪的,应当按照他在共同犯罪中所起的作用处罚。"其中的"犯罪"与"共同犯罪"当然包括以特殊身份为主体要件的故意犯罪;因此,只要被教唆的人犯被教唆的罪,教唆犯与被教唆犯就构成共同犯罪。根据《刑法》第27条第1款的规定,从犯只能存在于共同犯罪之中;这表明,起帮助作用的人,也与被帮助的人成立共犯。当然,帮助犯也可能是胁从犯,但第28条的规定说明,胁从犯也只存在于共犯之中。这三条足以表达以下含义：一般主体教唆、帮助特殊主体实施以特殊身份为构成要件的犯罪的，以共犯论处。最后，如果认为无身份者与有身份者共同故意实施以特殊身份为要件的犯罪时，一概不成立共犯（除有明文规定的贪污罪之外），将导致刑法总则关于共同犯罪的规定几近一纸废文，总则也不能起到指导分则的作用。例如，一般公民教唆国家机关工作人员叛逃的，一般公民教唆、帮助司法工作人员刑讯逼供的，一般公民帮助在押人员脱逃的，一般公民教唆国家工作人员挪用公款的，均不成立共犯，而且通常只能宣告无罪。但这些结论无论如何不能得到国民的赞同。

根据刑法理论的通说，应当按照正犯的犯罪性质决定共同犯罪的性质。例如，国家工作人员与一般公民相勾结，利用国家工作人员职务上的便利，侵吞公共财物的，国家工作人员为正犯，所以，对该共同犯罪应认定为贪污罪，对一般公民也应以贪污罪的共犯论处。但在本书看来，没有必要确定共同犯罪的性质，只要确定参与人各自是否构成犯罪、构成何罪即可。例如，国有公司的出纳甲将一把保险柜的钥匙交给乙，唆使乙窃取保险柜里的现金，但乙误以为甲是无业人员。甲与乙虽然成立共同犯罪，均应对结果负责，但甲成立贪污罪，乙成立盗窃罪。在这样的场合，不可能确定所谓共同犯罪的行为性质。

具有不同身份的人共同犯罪时，如非国有公司的工作人员甲与国有公司委派到该非国有公司从事公务的国家工作人员乙利用职务上的便利共同侵占该非国有公司的财产时，可以将具有低位身份的人视为无身份者，将具有高位身份的人视为有身份者，按照上述法理确定共同犯罪的性质。

（二）不真正身份犯的共同犯罪

不具有加减（从重处罚、从轻或减轻处罚）身份的人与具有加减身份的人共同实施不真正身份犯时，固然构成共同犯罪，但刑法关于刑罚加减的规定仅适用于具有加减身份的人，而不适用于不具有加减身份的人。例如，《刑法》第243条第2款规定，国家机关工作人员犯诬告陷害罪的，从重处罚。非国家机关工作人员与国家机关工作人员共同故意实施诬告陷害罪时，构成该罪的共犯；对国家机关工作人员应从重处罚，对非国家机关工作人员则不能适用该规定从重处罚。

事实上，除了身份以外，对其他特定的主观要素与共同犯罪的关系，也应按上述结论处理。例如，某种犯罪的成立以行为人主观上具有特定目的为要件，不具有该特定目的的某甲，明知某乙具有该特定目的，而与之共同故意犯罪的，成立以该特定目的为主观要素的犯罪的共犯。同理，如果特定目的影响刑罚轻重，则对无特定目的的共犯人适用通常之刑。因此，可以得出如下结论：凡参与以特定的个人要素为构成要件要素之犯罪的人，虽不具有这种要素，仍是共犯；因特定的个人要素致刑罚有轻重时，不具有这种要素的共犯人，仍科处通常刑罚。

二、共同犯罪与犯罪形态

在单个人犯罪中,行为人已经着手实行犯罪,但由于意志以外的原因而未得逞时,该犯罪属犯罪未遂形态,该行为人是未遂犯;行为人自动中止犯罪时,该犯罪属犯罪中止形态,该行为人是中止犯;依此类推。但共同犯罪是二人以上共同故意犯罪,在同一共同犯罪中可能有的共犯人是未遂犯,有的共犯人是中止犯,这是因为犯罪未遂与犯罪中止在客观上存在共同点——没有发生特定的危害结果;而之所以没有发生特定结果,相对于部分共犯人而言,是基于自动中止,相对于另一部分人而言属于由于意志以外的原因未得逞,因而对不同的犯罪人应当确定为不同的犯罪形态。在此意义上说,共同犯罪的形态,应是共同犯罪中的各共犯人的犯罪形态。

根据刑法总则有关共同犯罪的规定以及宽严相济的基本刑事政策,对共犯人必须区别对待。因此,研究同一共同犯罪中的共犯人是预备犯、未遂犯、中止犯还是既遂犯,就具有特别重要的意义。共同犯罪与预备、未遂、既遂的关系是比较好解决的问题。例如,二人以上为了实行犯罪而共同预备但由于意志以外的原因而未能着手实行的,均为预备犯;共同正犯已着手实行犯罪,由于意志以外的原因而未得逞的,就是共同正犯的未遂;二人以上共同实行犯罪,部分人的行为导致结果发生,部分人的行为未导致结果发生的,根据"部分实行全部责任"的原则,均以既遂犯论处。如上所述,共犯人与中止犯的关系比较复杂。

就共同正犯而言,当所有正犯者都自动中止犯罪时,均成立中止犯。共同正犯中的一部分正犯自动停止犯罪,并阻止其他正犯实行犯罪或防止结果发生时,这部分正犯就是中止犯;其他没有自动中止意图与中止行为的正犯,则是未遂犯。如果共同正犯中的一部分正犯中止自己的行为,但其他正犯的行为导致结果发生时,均不成立中止犯,而应成立既遂犯。因为共同正犯者之间具有相互利用、相互补充的关系,形成为一个有机整体,即使中止了自己的"行为",也不能认为中止了"犯罪"。例如,甲、乙、丙三人共谋对丁女实施轮奸,共同对丁女实施暴力后,甲、乙实施了奸淫行为,但丙自动地没有实施奸淫行为。对此,不得认定丙成立强奸罪的中止。因为对共同正犯采用"部分实行全部责任"的原则,丙不仅要对自己的行为及其结果负责,还要对甲、乙的行为及其结果负责;既然甲、乙的行为已经造成了侵害结果或者说已经既遂,丙理当对甲、乙的犯罪既遂承担刑事责任。所以,丙只是放弃了自己的行为,并没有中止犯罪。当然,丙放弃奸淫行为的情节,对丙而言是一个十分重要的酌定量刑情节。

教唆犯、帮助犯自动中止教唆行为、帮助行为,并阻止实行犯的行为及其结果时,成立教唆犯、帮助犯的中止。反之,实行犯自动中止犯罪,对于教唆犯、帮助犯来说属于意志以外的原因时,实行犯是中止犯,教唆犯、帮助犯属未遂犯。

由上可见，对于共犯人的犯罪形态，仍应根据刑法所规定的各种形态的特征予以认定，不得另立认定标准。在各共犯人的犯罪形态相同的情况下，各共犯人的犯罪形态与整个共同犯罪的形态具有一致性；在各共犯人的犯罪形态不相同的情况下，就难以（也无必要）确定整个共同犯罪的形态。

第九章 罪 数

罪数,是指一个人所犯之罪或者共同犯罪所犯之罪的数量。前面的讨论大体上是以一人犯一罪为例展开的,在许多情况下,行为是构成一罪还是构成数罪也是容易区分的,但由于犯罪的复杂性,事实上存在着介于一罪与数罪之间的情形,导致区分罪数的困难,因而需要特别研究。

第一节 罪数的区分

一、区分罪数的意义

行为人的行为究竟是构成一罪,还是成立数罪,是司法实践中经常遇到的问题,正确区分一罪与数罪具有重要意义。

正确区分罪数,有利于准确定罪。准确定罪的含义,除了包括准确地认定行为是否构成犯罪、是构成此罪还是彼罪之外,还包括准确地认定行为是构成一罪还是数罪。这三者又是密切联系的。一方面,如果没有正确区分罪数,定罪就不准确。另一方面,如果没有正确区分罪数,就会影响罪名的确定。例如,行为人以抢劫的故意持刀杀死被害人后,立即取走其财物。如果认定为一罪,就是抢劫罪;如果认定为数罪,就可能是故意杀人罪与盗窃罪。

正确区分罪数,有利于适当量刑。刑罚以犯罪为前提,刑罚应与犯罪相适应,故对一罪只能处罚一罪、对数罪应当并罚。将一罪定为数罪,常常会导致无根据地加重行为人的刑事责任;将数罪定为一罪时,往往会导致无根据地减轻行为人的刑事责任。只有正确区分罪数,才能为适当量刑提供前提条件。

二、区分罪数的标准

关于区分一罪与数罪的标准,通常采取犯罪构成说。即行为符合一个犯罪构成的就是一罪,行为符合数个犯罪构成的就是数罪,行为数次符合同一个犯罪构成的也是数罪。但在适用这一标准时,涉及对犯罪构成本身以及符合犯罪构成事实的认识。

犯罪构成具有实质内容,其实质内容又决定了其特定外延。因此,如果现实发生的事实完全属于某一犯罪构成所预定的内容,就应认为行为符合一个犯罪构成。例如,抢劫是故意以暴力、胁迫或者其他方法强取公私财物的行为,因此,行为人故意以暴力方法强取他人财物时,就符合抢劫罪的犯罪构成,不能认为其中的暴力行为另符合故意伤害罪或者故意杀人罪的犯罪构成,因为抢劫罪及其结果加重犯所预定的内容包含了以暴力方法致人伤亡。

在判断现实所发生的犯罪事实是否完全属于某一犯罪构成所预定的内容时,既要注意分析客观行为的性质,又要注意分析行为人的主观心理状态,不能只根据某一方面的事实区分一罪与数罪。

在认定行为是一罪还是数罪时,还要注意刑法的特殊规定。例如,《刑法》第239条规定,绑架他人并杀害被绑架人的,以绑架罪论处,不能以绑架罪和故意杀人罪实行并罚。再如,《刑法》第198条规定,行为人以造成财产损失的保险事故或者被保险人死亡、伤残、疾病,骗取保险金的,依照数罪并罚的规定处理,故不能将这种行为从一重罪处罚。再如,《刑法》第399条规定,司法工作人员贪赃枉法,同时触犯受贿罪与徇私枉法、民事、行政枉法裁判等罪的,依照处罚较重的规定定罪处罚,而不能实行数罪并罚。

区分一罪与数罪时,虽然原则上应以犯罪构成为标准,但同时也要考虑刑法的特殊规定,参照合理的司法实践经验。具体地说,在以犯罪构成标准说为基础的同时,还要综合考虑以下几点:(1)是否只对一个法益造成侵害?如果得出肯定结论,原则上就以一罪论处。例如,盗窃他人财物后又毁坏所盗财物的,或者侵占他人财物后使用诈骗方法使他人免除其返还义务的,由于实质上只侵犯了一个财产法益,故以一罪论处。假如得出否定结论,则可能成立数罪(还要联系其他情况考虑)。(2)行为是否具有持续性与连续性?如果得出肯定结论,原则上应以一罪论处;如果得出否定结论,就可能成立数罪。(3)对几次相同的犯罪行为能否进行一次评价?如果得出肯定结论,原则上就以一罪论处。如对于几次走私相同物品的犯罪、几次实施的相同财产犯罪等,可以进行一次评价,即累计犯罪数额作为一罪论处。倘若得出否定结论,则不能以一罪论处。如一次盗窃犯罪与一次诈骗犯罪,不能累计其犯罪数额作一罪处理。(4)对一个犯罪行为的法律评价能否包含对另一犯罪行为的法律评价?如果得出肯定结论,原则上就以一罪论处。例如,对破坏交通设施罪的法律评价,能够包含对其中的故意毁坏财物(交通设施)的法律评价,故仅认定为一罪即可。如若得出否定结论,则不能以一罪论处。例如,为了杀人而盗窃枪支,并利用所盗窃枪支杀人的,不能认定为一罪。因为对故意杀人罪的法律评价,不可能包含对盗窃枪支罪的法律评价;反之亦然。再如,故意造成被保险人死亡、伤残,然后骗取保险金的行为,仅评价为故意杀人或者故意伤害罪,就不能包含对保险诈骗行为的法律评价;反之,仅评价为保险诈骗罪,就不能包含对杀人、伤害行为的评价,故应认定为数罪。(5)相关法条所规定的法定刑升格的条件是否包括了数行为?如果包括,则不能认定为数罪,而应适用升格的法定刑以一罪论处;如果不包括,则可能成立数罪。例如,盗掘古文化遗址、古墓葬,并盗窃珍贵文物的,是盗掘古文化遗址、古墓葬罪的法定刑升格的条件之一,故对上述行为不得认定为数罪。反之,在非法采矿时发现珍贵文物而盗窃的,则应认定为数罪。

一般来说,单纯的一罪与典型的数罪,是容易认定的。所谓单纯的一罪,是指行为人以一个罪过、实施一个行为、侵犯一种法益的犯罪。如行为人以一个杀人故意,开枪将一个人杀死,就是单纯的一罪。典型的数罪,是指行为人以数个罪过,实施数个行为,侵犯数种法益,而且数个行为之间没有牵连、连续等关系的数个犯罪。如行为人第一次实施了盗窃行为,第二次实施了强奸行为,没有疑问成立数罪。难以区分的是一些介于一罪与数罪之间的情况,其中主要是一些貌似数罪而实为一罪(当然也有例外)的情况。下面只讨论这类现象,本书将其分为实质的一罪、包括的一罪与科刑的一罪。

实质的一罪,也被称为单纯一罪,即一个行为侵害一个法益的现象。包括的一罪,一般是指存在数个法益侵害事实,但是,通过适用一个法条就可以对数个事实进行包括的评价的情形。所谓数个法益侵害事实,既可能是一个行为侵害了数个法益,也可能是多个行为多次侵害同一法益。科刑的一罪,是指存在数个单纯一罪或者数个包括一罪,原本应评价为数罪,但仅按其中最重刑处断即可的情形。在应评价为数罪的前提下,之所以仅从一重罪处罚,是因为行为人仅实施了一个行为(想象竞合犯),或者两个行为之间具有类型性的关联(牵连犯)。

第二节 实质的一罪

一、继续犯

继续犯,也称持续犯,是指行为从着手实行到由于某种原因终止以前,一直处于持续状态的犯罪。非法拘禁罪,被认为是典型的继续犯,即行为人从着手非法剥夺他人人身自由到恢复他人人身自由为止,非法剥夺他人人身自由的行为一直处于持续状态中。

继续犯具有以下特征:(1)继续犯必须是犯罪行为与不法状态同时继续,而不仅仅是不法状态的继续。这是继续犯与状态犯的主要区别。状态犯是指犯罪行为结束后,其造成的不法状态仍然在持续的情形。如行为人窃取他人财物后,盗窃行为已经结束,但非法占有他人财物的状态一直在持续,这便是状态犯。而继续犯是犯罪行为本身的持续或者犯罪构成符合性的持续,行为的持续也导致不法状态的持续,但不仅仅是不法状态的持续。(2)继续犯必须是犯罪行为在一定时间内不间断地持续存在,持续的时间长短不影响继续犯的成立,但瞬间性的行为不可能构成继续犯。至于中间是否有间断,对于继续犯的认定不是一个重要问题。只是是否另构成连续犯或者同种数罪的问题。例如,行为人先拘禁他人几天,间断几天后又拘禁此人的,是两次实施了继续犯。再如,醉酒驾驶一段路后在路边休息一会,然后继续醉酒驾驶的,依然成立继续犯(仅评价为一罪即可)。(3)继续犯必须是一个行为侵犯了同一具体的法益,即犯罪行为自始至终都针对同一对象,侵犯同一法益。如果数行为侵犯同一法益,或者一行为侵犯数种法益,则不是继续犯。(4)继续犯必须出于一个罪过。一般来说,继续犯是出于一个故意,出于数个故意的行为不可能成立继续犯。

对于继续犯,不论其持续时间长短,均应以一罪论处,因为持续性的行为是在一个罪过心理支配下实施的,并且是针对同一对象侵犯同一具体的法益,因而符合一个犯罪构成。规定继续犯的犯罪构成,也预定了该罪行为会持续一定时间,故犯罪行为的持续性包括在犯罪构成所预定的范围内。甲在实施继续犯的过程中,乙中途加入该继续犯的,成立共同犯罪。此外,根据《刑法》第89条的规定,对继续犯的追诉期限,从犯罪行为终了之日起算,这也说明对继续犯只能以一罪论处。

二、法条竞合

(一)法条竞合的概念

法条竞合,是指一个行为同时符合了数个法条规定的犯罪构成,但从数个法条之间的逻辑关系来看,只能适用其中一个法条,当然排除适用其他法条的情况。法条竞合关系,并不限于形式上的此条(第×条)与彼条(第×条)之间的关系;同一法条内的不同款项之间,以及同一款项内的不同构成要件之间,也可能存在法条竞合关系。例如,《刑法》第263条只有一款,其中后段规定的8项加重抢劫与前段规定的普通抢劫,就是典型的法条竞合(特别关系)。

概括起来,法条竞合具有如下特点:(1)存在一个符合犯罪构成的事实;(2)该犯罪行为仅侵害了一个犯罪的保护法益;(3)该犯罪行为表面上符合刑法分则的数个法条;(4)行为所符合的数个法条之间存在某种逻辑关系(主要表现为包容关系);(5)对该行为最终只能适用一个法条,因而排除其他法条的适用;(6)属于单纯的一罪。从实质上看,法条竞合的基本类型是特别关系,其次是补充关系。

(二)特别关系

特别关系的基本特征是,甲法条(刑罚法规)记载了乙法条的全部特征(或要素),但同时至少还包含一个进一步的特别特征(要素)使之与乙法条相区别。其中的甲法条是特别法条,乙法条是普通法条。例如,强奸罪是强制猥亵罪的特别法条,猥亵儿童罪是强制猥亵罪的特别法条。奸淫幼女相对于普通强奸而言,也是特别法条。再如,相对于普通抢劫而言,《刑法》第263条规定的"入户抢劫""持枪抢劫"是特别法条。特别关系必须符合以下三个条件(旨在与想象竞合相区别)。

1. 逻辑的包容性

不需要借助具体案件事实的联结,而是通过对构成要件的解释就可以发现一个构成要件包容了另一构成要件的全部内容时,才有可能肯定特别关系。例如,通过对滥用职权罪(《刑法》第397条第1款)与私放在押人员罪(《刑法》第400条第1款)的构成要件进行解释便可以得知,私放在押人员是一种特殊的滥用职权行为,不管私放在押人员的行为表现为何种样态,都不影响两个法条之间的包容关系。倘若不考虑其他标准,后者是前者的特别法条。

倘若只有借助特定的案件事实,才能使两个法条之间产生关联(甚至是包容关系),案件事实改变后,两个法条之间处于中立关系乃至对立关系时,就不应当认定为法条竞合。例如,规定破坏电力设备罪的《刑法》第118条、第119条与规定盗窃罪的第264条,不存在特别关系。

2. 法益的同一性

只要承认犯罪的本质是侵害法益,同时承认特别关系时适用一个特别法条就可以充分、全面评价行为的不法内容,那么,就必须承认法益的同一性是特别关系的存在前提。因为在行为侵害了数个犯罪的保护法益时,如果仅适用一个法条,就不可能充分、全面评价行为的不法内容。反过来说,只有当两个法条的保护法益同一时,只适用一个法条才可能充分、全面评价行为的不法内容。

根据法益的同一性这一实质区分标准,一般来说,刑法分则中不同章节所规定的犯罪基本上不可能是法条竞合。例如,生产、销售伪劣产品罪与诈骗罪的保护法益分别为经济秩序(消费者享用合格产品的权利)与财产,使用假币罪与诈骗罪的保护法益分别为货币的公共信用与财产,过失致人死亡罪与交通肇事罪的保护法益分别为人的生命与公共安全,诈骗罪与招摇撞骗罪的保护法益分别为财产与国家机关工作人员的信用,盗窃罪与盗伐林木罪的保护法益分别为财产与森林资源,报复陷害罪与滥用职权罪的保护法益分别为公民的民主权利与国家机关公务的合法、公正、有效执行以及公民对此的信赖,它们之间都不可能成为法条竞合的特别关系,而应认定为想象竞合。

法益的同一性还意味着法益主体的同一性。亦即,如果行为侵害了不同法益主体的相同法益,也不可能属于法条竞合。例如,虽然故意杀人罪与故意伤害罪是特别关系,但是,这只是就同一法益主体而言;一个行为同时致A死亡和B伤害时,不可能属于法条竞合,而要认定为想象竞合。

3. 不法的包容性

法益的同一性,只是解决了对行为的不法性质的评价问题,而没有解决对不法程度的评价问题。对不法性质的充分、全面评价,不等于对不法程度的充分、全面评价。在符合法益的同一性标准的场合,只有当适用一个法条也能充分、全面评价行为的不法内容,且法条之间具有包容关系时,才应认定为特别关系。否则,只能认定为想象竞合。于是,法条竞合与想象竞合的区分并不是固定不变的,而是取决于适用一个法条能否充分、全面评价行为的不法内容。换言之,当A、B两个法条在通常情况下是法条竞合时,不排除在特殊情况下(适用一个法条不能充分、全面评价行为的不法内容)是想象竞合。

例如,《刑法》第151条第3款规定:"走私珍稀植物及其制品等国家禁止进出口的其他货物、物品的,处五年以下有期徒刑或者拘役,并处或者单处罚金;情节严重的,处五年以上有期徒刑,并处罚金。"《刑法》第153条第1款规定:"走私本法第一百五十一条、第一百五十二条、第三百四十七条规定以外的货物、物品的,根据情节轻重,分别依照下列规定处罚:(一)走私货物、物品偷逃应缴税额较大或者一年内曾因走私被给予两次行政处罚后又走私的,处三年以下有期徒刑或者拘役,并处偷逃应缴税额一倍以上五倍以下罚金。(二)走私货物、物品偷逃应缴税额巨大或者有其他严重情节的,处三年以上十年以下有期徒刑,并处偷逃应缴税额一倍以上五倍以下罚金。(三)走私货物、物品偷逃应缴税额特别巨大或者有其他特别严重情节的,处十年以上有期徒刑或者无期徒刑,并处偷逃应缴税额一倍以上五倍以下罚金或者没收财产。"倘若以第151条为基准,可以认为第153条为补充法条;倘若以第153条为基准,则第151条是特别法条。当走私珍稀植物制品偷逃应缴税额较大或者巨大时,可以肯定第151条第3款是法条竞合的特别法条。但是,这一结论只是就走私珍稀植物制品不需要判处无期徒刑的情形而言。换言之,当走私珍稀植物制品偷逃应缴税额特别巨大时,如果依然认为第151条第3款是特别法条,认定为走私国家禁止进出口的货物、物品罪,就不能充分、全面评价偷逃数额特别巨大关税的不法内容,所以,必须认定为想象竞合,认定行为同时构成走私国家禁止进出口的货物、物品罪与走私普通货物、物品罪,才能既评价走私国家禁止进出口的货物、物品的不法内容,又评价偷逃数额特别巨大关税的不法内容。

根据上述条件,结合犯属于特别关系的一种情形。亦即,相对于被结合的犯罪而言,结合犯是特别法条。结合犯,是指数个原本独立的犯罪行为,根据刑法分则的明文规定,结合成为另一独立的新罪的情况。结合犯具有以下特征:(1)结合犯所结合的数罪,原本为刑法上数个独立的犯罪。所谓独立的犯罪,是指不依附于其他任何犯罪,符合独立的犯罪构成的行为。数个独立的犯罪,必须是数个不同的犯罪,而不是数个相同的犯罪。(2)典型的结合犯是将数个原本独立的犯罪,结合成为另一个独立的新罪,用公式表示就是:甲罪+乙罪=丙罪,丙罪便是结合犯。刑法将数个独立的犯罪结合成为其中的一个罪的(如刑法规定,绑架他人并杀害被绑架人的,仍以绑架罪论处),也可以视为结合犯。(3)数个原本独立的犯罪被结合为另一新罪后,成为新罪的一部分。(4)数个原本独立的犯罪结合为另一个独立新罪,是基于刑法分则的明文规定。如果刑法没有明文规定结合为新罪,则不是结合犯。而刑法之所以将数个原本独立的犯罪规定成为另一独立新罪,有的是因为原本独立的数罪之间存在密切联系,容易同时发生;有的是因为一罪是为另一罪服务的;有的是因为数罪的实施条件相同。

如果合理确定特别关系的范围,那么,对于特别关系可以严格地采取特别法条优于普通法条的原则。例如,对于强奸既遂行为,只能认定为强奸罪,既不得认定为强制猥亵罪,也不得认定行为同时构成两个罪。

(三)补充关系

一般认为,补充法条的特点在于,为了避免基本法条对法益保护的疏漏,有必要补充规定某些行为成立犯罪。补充法条所规定的构成要件要素,少于或者低于基本法条的要求,或者存在消极要素的规定。换言之,补充法条所规定的构成要件相当于兜底构成要件,从实质上说,补充法条所规定的犯罪的不法程度必然轻于基本法条的犯罪。所以,对于补充关系应当适用基本法条优于补充法条的原则。补充关系分为明示的补充关系(形式的补充关系)与默示的补充关系(实质的补充关系)。

在明示的补充关系的场合,刑法分则条文要么通过对构成要件的描述显示出补充性,要么通过对适用法条的规定显示出补充性。因此,在明示的补充关系的场合,应当直接根据刑法分则的明文规定适用法条。

例如,《刑法》第205条第1款规定了虚开增值税专用发票、用于骗取出口退税、抵扣税款发票罪,法定刑较重,保护法益是国家的税收财产以及发票的公共信用。第205条之一第1款规定:"虚开本法第二百零五条规定以外的其他发票,情节严重的,处二年以下有期徒刑、拘役或者管制,并处罚金;情节特别严重的,处二年以上七年以下有期徒刑,并处罚金。"第205条之一的保护法益只是发票的公共信用,其中的"本法第二百零五条规定以外"是表面的要素,亦即,如果虚开增值税专用发票、用于骗取出口退税、抵扣税款发票的行为没有侵犯国家税收财产,仅侵犯发票的公共信用的,也成立第205条之一规定的犯罪。所以,可以认为,第205条之一是第205条的补充法条,第205条则是第205条之一的特别法条或基本法条。

形式上似乎具有补充关系,但法条的保护法益不同的,或者法条之间不存在包容关系的,不是补充关系。例如,《刑法》第140条规定了生产、销售伪劣产品罪,以销售金额5万元为成立条件,第141—148条规定了生产、销售特殊伪劣产品的犯罪,但不要求销售金额达到5万元,在此意义上说,第141—148条是第140条的补充法条。另一方面,第141—148条规定的犯罪大多将侵害结果或者具体危险作为构成要件要素(第141条与第144条除外),而第140条没有将侵害结果与具体危险作为构成要件要素,在此意义上说,第140条似乎是第141—148条的补充法条。可是,法条竞合以逻辑上的包容为必要,除了同一关系以外,两个法条不可能互相包容,而第140条与第141—148条不可能是同一关系,因而不可能存在相互包容。可以肯定的是,符合第140条的未必符合第141—148条,符合第141—148条的未必符合第140条关于数额的要求,因此它们不是特别关系,也不是补充关系。事实上,第140条与第141—148条是交叉关系,应该按想象竞合处理。于是,《刑法》第149条规定:"生产、销售本节第一百四十一条至第一百四十八条所列产品,不构成各该条规定的犯罪,但是销售金额在五万元以上的,依照本节第一百四十条的规定定罪处罚。""生产、销售本节第一百四十一条至第一百四十八条所列产品,构成各该条规定的犯罪,同时又构成本节第一百四十条规定之罪的,依照处罚较重的规定定罪处罚。"

默示的补充关系,是指根据法条竞合的基本理论推导出来的补充关系。我国刑法分则大体存在两类默示的补充关系,均应当直接按照刑法分则的明文规定适用法条。第一类情形是,独立预备罪的不法程度轻于原本的既遂时,独立预备罪属于补充法条(参见《刑法》第120条之二)。第二类情形是,危险犯相对于侵害同一法益的实害犯而言,属于补充法条(参见《刑法》第114条与第115条第1款)。

第三节 包括的一罪

一、连续犯

连续犯,是指基于同一的或者概括的犯罪故意,连续实施性质相同的数个行为,触犯同一罪名的犯罪。

连续犯的基本特征有:(1)必须是行为人基于同一的或者概括的犯罪故意。一般来说,同一的犯罪故意,是指行为人具有数次实施同一犯罪的故意;概括的故意,是指行为人主观上具有只要有条件就实施特定犯罪的故意。(2)必须实施性质相同的数个行为。只实施一次行为的,不可能成立连续犯。数个行为是指两个以上的行为。连续犯一般仅限于每次行为能独立构成犯罪的情形。如果连续实施同一种行为,但每次都不能独立构成犯罪,只是这些行为的总和才构成犯罪的,被认为是徐行犯。但从我国刑法的规定来看,连续犯的数次行为,应包括数次行为都独立构成犯罪、数次行为都不独立构成犯罪、数次行为中有的独立构成犯罪有的不独立构成犯罪三种情况。例如,行为人连续诈骗,每次诈骗都数额较大的、每次诈骗都没有达到数额较大但整体上达到数额较大的、数次中有的达到数额较大有的没有达到数额较大的,都可以认定为连续犯。这样来认定,一方面可以防止行为人逃避刑罚处罚,另一方面有利于正确计算追诉时效。(3)数次行为具有连续性。是否具有连续性,应从主客观两个方面进行判断。既要看行为人有无连续实施某种犯罪行为的故意,又要通过分析客观行为的性质、对象、方式、环境、结果等来判断是否具有连续性。(4)数次行为必须触犯同一罪名。触犯同一罪名,仅指触犯同一具体罪名,而不包括触犯同类罪名的情况。值得注意的是,有的条文规定了不同的具体犯罪,因此,触犯同一条文的,不等于触犯同一罪名。

将连续犯以一罪论处,具有法律依据。例如,《刑法》第89条规定,对于连续犯的追诉期限应从犯罪行为终了之日起计算,这表明对连续犯应以一罪论处。

二、集合犯

集合犯,是指犯罪构成预定了数个同种类的行为的犯罪。一般认为,集合犯包括常习犯、职业犯与营业犯。犯罪构成预定具有常习性的行为人反复多次实施行为的,称为常习犯;犯罪构成预定将一定的犯罪作为职业或业务反复实施的,称为职业犯;犯罪构成预定以营利为目的反复实施一定犯罪的,称为营业犯。

我国刑法没有规定常习犯。《刑法》第303条所规定的"以赌博为业的"行为,属于营业犯。以赌博为业意味着行为人以营利为目的,反复实施赌博行为。每次赌博行为本身并不构成独立的赌博罪,刑法将反复实施的赌博行为类型化为一个犯罪构成,故只成立一罪。《刑法》第336条规定的非法行医罪,可谓职业犯,即未取得医生执业资格的人将行医作为一种业务而反复从事行医活动。如果不是将行医作为一种业务,则不成立本罪。

营业犯与职业犯具有相同点:首先,都要求行为人主观上具有反复、多次实施犯罪行为的意思。其次,都将犯罪行为作为一种业务、职业而反复多次实施。但只要性质上是要反复、继续实施的,或者只要行为人是以反复、继续实施的意思实施犯罪活动的,其第一次实施犯罪行为时,就可能被认定为营业犯或者职业犯(如非法行医)。再次,都不要求行为人将犯罪行为作为唯一职业,行为人在具有其他职业的同时,将犯罪行为作为副业、兼业的,也不影响营业犯、职业犯的成立。最后,都不要求具有不间断性,只要行为具有反复实施的性质,即使具有间断性,也不影响对营业犯、职业犯的认定。一般认为,营业犯与职业犯的关键区别在于刑法是否要求行为人主观上出于营利目的,要求具有营利目的的,属于营业犯,不要求具有营利目的的,属于职业犯。

三、数额犯、多次犯与情节犯

当分则条文根据数额较大、巨大与特别巨大规定了轻重不同的法定刑时(如

《刑法》第 264 条),即使行为人数次实施的相同行为均独立构成犯罪,也不需要认定为数罪,而是包括地评价为一罪并且累计数额,适用相应的法定刑。

多次犯虽然可能是连续犯,但不等同于连续犯。当分则条文将"多次"规定为法定刑升格条件时(如《刑法》第 263 条规定的"多次抢劫"),或者规定对"多次"犯罪累计数额时(如《刑法》第 153 条第 3 款规定:"对多次走私未经处理的,按照累计走私货物、物品的偷逃应缴税额处罚",与数额犯存在重合),即使行为人多次实施的相同行为均独立构成犯罪,也不需要认定数罪,而是包括地评价为一罪。但是,当刑法将"多次"作为基本构成要件时(如《刑法》第 264 条的"多次盗窃"、第 267 条的"多次抢夺"),则是单纯的一罪,而不是包括的一罪。

当分则条文将情节严重、特别严重规定为法定刑升格条件时(如《刑法》第 310 条),即使行为人数次实施的相同行为均独立构成犯罪,也可能包括地评价为一罪,适用升格(情节严重、情节特别严重)的法定刑。

四、吸收犯

吸收犯,是指事实上存在数个不同的行为,其一行为吸收其他行为,仅成立吸收行为一个罪名的犯罪。例如,行为人盗窃枪支后,私藏在家里,私藏枪支的行为被盗窃枪支的行为所吸收,仅成立盗窃枪支罪。

吸收犯具有以下特征:(1) 具有数个独立的符合犯罪构成的犯罪行为。如果只有一个行为符合犯罪构成,则不可能成立吸收犯。(2) 数个行为必须触犯不同罪名。如果数行为触犯同一罪名,则不可能是吸收犯,而可能是连续犯。(3) 数行为之间具有吸收关系,即前行为是后行为发展的所经阶段,后行为是前行为发展的当然结果。基本的吸收关系为重行为吸收轻行为,即社会危害大、罪质重、法定刑高的犯罪行为,吸收社会危害小、罪质轻、法定刑低的犯罪行为。如伪造货币后又出售或者运输伪造的货币的,由伪造货币罪吸收出售、运输假币罪。

由于吸收犯的前后行为之间存在必经阶段与当然发展的关系,故只能以一罪论处,而不能认定为数罪(参见《刑法》第 171 条)。

刑法理论中还存在"共罚的事后行为"的概念。共罚的事后行为,是指在状态犯的场合,利用该犯罪行为的结果的行为,如果孤立地看,符合其他犯罪的构成要件,具有可罚性,但由于被综合评价在该状态犯中,故没有必要另认定为其他犯罪。例如,行为人盗窃他人财物后又毁坏该财物的,就属于共罚的事后行为。共罚的事后行为与吸收犯有相似甚至相同之处,但二者不是等同概念。

第四节 科刑的一罪

一、想象竞合犯

(一) 想象竞合犯的概念与特征

想象竞合犯,也称想象的数罪、观念的竞合、一行为数法,是指一个行为触犯了数个罪名的情况。例如,开一枪而致一人死亡、一人重伤,一个开枪行为同时触犯了杀人与伤害两个罪名。再如,盗窃整体性珍贵文物的一部分,造成珍贵文物毁损,同时触犯了盗窃罪与故意损毁文物罪。又如,盗窃电力设备,导致电力设备被破坏,因而危害公共安全的,同时触犯了盗窃罪与破坏电力设备罪。我国刑法总则没有明文规定想象竞合犯,但刑法理论普遍承认这一概念。想象竞合犯具有以下两个基本特征:

(1) 行为人只实施了一个行为。所谓一个行为,不是从犯罪构成的评价上看是一个行为,而是基于自然的观察,在社会的一般观念上被认为是一个行为。但是,这里的一个行为与触犯数个罪名相关联,因此,除了进行社会一般观念的理解外,还要进行某种程度的规范评价。即当某个行为还能被分成两个行为时,要根据二者之间有无重合关系来判断是否为一个行为。至于达到何种程度的重合关系时,才被认定为一个行为,在理论上存在争议。例如,不法持有枪支的人故意杀人,可以分为两个行为:非法持有枪支与杀人;在判断其是否属于想象竞合犯时,必须考虑两个行为之间具有何种程度的重合关系,才是一个行为。本书采取主要部分重合说。在上例中,如果行为人以前一直非法持有枪支,后来产生杀人故意,则主要部分不是重合的,不是一个行为,不成立想象竞合犯,而是数罪;如果行为人仅仅是为了杀人而不法持有枪支的,则主要部分是重合的,属于一个行为,成立想象竞合犯。① 再如,行为人参加恐怖活动组织后,作为恐怖活动组织成员实施爆炸犯罪的,虽然有一部分重合,但主要部分并不重合,不能认定为想象竞合,而应实行数罪并罚。

(2) 一个行为必须触犯数个罪名,即在犯罪构成的评价上,该行为符合数个犯罪构成。一个行为触犯数个罪名,是因为该行为造成了多种法益侵害结果。至于这里的罪名是否包括同种罪名,理论上存在否定说与肯定说。根据肯定说,既存在异种类的想象竞合犯,也存在同种类的想象竞合犯。本书认为,承认同种类的想象竞合犯,对于解决认识错误等问题具有一定意义。此外,数罪名包括过

---

① 在一次走私活动中,同时走私毒品与武器的,主要部分并不重合,应认定为数罪,而非想象竞合犯。国家工作人员利用职务上的便利,将单位公款直接用于个人行贿的,主要部分不重合,应认定为数罪(贪污罪与行贿罪)。

失犯罪。例如,妨害公务行为过失致人死亡的,成立妨害公务罪与过失致人死亡罪的想象竞合。

(二) 想象竞合的明示机能

想象竞合的明示机能,是指由于被告人的行为具有数个有责的不法内容,在判决宣告时,必须将其一一列出,做到充分、全面评价,以便被告人与一般人能从判决中了解其行为触犯了数个罪名,从而得知什么样的行为构成犯罪,进而有利于实现特殊预防与一般预防。换言之,想象竞合时并不是只适用一个法条,而是同时适用行为所触犯的数个法条,在判决中应当明示被告人的行为触犯数个罪名。

例如,甲在乙心脏病发作时盗窃乙的急救药品(假定数额较大),导致乙死亡。虽然只有一个行为,但同时构成两个罪。因为故意杀人罪的保护法益是生命而不包括财产,盗窃罪的保护法益是财产而不包括生命,甲的行为侵害了两个犯罪的保护法益,属于想象竞合,在判决中必须说明甲的行为构成两个犯罪。

(三) 想象竞合与法条竞合的区别

法条竞合与想象竞合的法律后果存在两个区别:其一,在法条竞合的特别关系中,当减轻法条属于特别法条时,根据特别法条优于普通法条的原则,不能从一重罪论处,必须适用减轻法条。与之不同,想象竞合采取从一重罪处罚的原则。其二,即使对于法条竞合的其他关系(如补充关系、吸收关系)适用重法条,但法条竞合时只能适用一个法条,其他法条被排斥适用。与之相反,想象竞合时并不是只适用一个法条,而是同时适用行为所触犯的数个法条,在判决中应当明示被告人的行为触犯数个罪名,只是按其中最重的犯罪量刑而已。正因为如此,法条竞合时仍属单纯的一罪(或本来的一罪);而想象竞合原本为数罪,只是作为科刑的一罪处理。

1. 交叉关系与想象竞合

两个法条之间可能存在交叉关系。本书的基本观点是,只要承认想象竞合的明示机能,就不能承认交叉关系属于法条竞合,只能认为交叉关系属于想象竞合。

《刑法》第266条的诈骗罪与第279条的招摇撞骗罪存在交叉关系,行为人冒充国家机关工作人员骗取他人数额较大以上财物的,属于想象竞合。这是因为,第279条所规定的招摇撞骗罪并没有将财物作为保护法益,因而不以骗取财物为要件,如果仅适用其中一个法条,就没有对不法内容进行全面评价。亦即,如果仅认定为招摇撞骗罪,就没有评价行为对财产的不法侵害内容;如果只认定为诈骗罪,就没有评价行为对国家机关公共信用的不法侵害内容。只有认定为想象竞合,在判决中明示行为触犯上述两个罪名,只是适用一个重法定刑,才能全面评价行为的不法内容。

2. 特别关系与想象竞合

由于罪数论或竞合论都是为了实现合理量刑,所以,特别关系与想象竞合的关系并不是一个形式上的区别。如前所述,在符合法益的同一性标准的场合,只有当适用一个法条也能充分、全面评价行为的不法内容,且法条之间具有包容关系时,才应认定为法条竞合。于是,法条竞合的特别关系与想象竞合的区分并不是固定不变的,而是取决于适用一个法条能否充分、全面评价行为的不法内容。换言之,当A、B两个法条在通常情况下是法条竞合时,不排除在特殊情况下(适用一个法条不能充分、全面评价行为的不法内容)是想象竞合。

例如,一般来说,故意杀人罪是故意伤害罪的特别法条,所以,在通常情况下,对故意杀人行为(不管是既遂还是未遂)都要适用特别法条按故意杀人罪论处。但是,在行为人以特别残忍手段实施杀人行为致人重伤造成严重残疾时,如果再按特别法条认定为故意杀人未遂,就会对行为人从轻或者减轻处罚。然而,这样的处罚不能充分评价行为人"以特别残忍手段致人重伤造成严重残疾"的不法内容,所以,此时应认定为想象竞合,从一重罪处罚。亦即,适用故意伤害罪中"十年以上有期徒刑、无期徒刑或者死刑"的法定刑,不再适用未遂犯的从宽处罚规定。[①]

再如,《刑法》第198条规定:"有下列情形之一,进行保险诈骗活动,数额较大的,处五年以下有期徒刑或者拘役,并处一万元以上十万元以下罚金;数额巨大或者有其他严重情节的,处五年以上十年以下有期徒刑,并处二万元以上二十万元以下罚金;数额特别巨大或者有其他特别严重情节的,处十年以上有期徒刑,并处二万元以上二十万元以下罚金或者没收财产……"《刑法》第266条规定:"诈骗公私财物,数额较大的,处三年以下有期徒刑、拘役或者管制,并处或者单处罚金;数额巨大或者有其他严重情节的,处三年以上十年以下有期徒刑,并处罚金;数额特别巨大或者有其他特别严重情节的,处十年以上有期徒刑或者无期徒刑,并处罚金或者没收财产……"倘若学者们坚持认为保险诈骗罪是普通诈骗的特别法条[②],那么,在行为人保险诈骗数额较大财物时,也可以认为保险诈骗与普通诈骗是法条竞合的特别关系;适用特别法条认定为保险诈骗罪,大体能够充分、全面评价行为对保险秩序与财产的不法侵害内容。但是,如若行为人保险诈骗数额特别巨大(如2000万元),那么,此时保险诈骗与普通诈骗便是想象竞合。因为在司法实践中,对普通诈骗2000万元的行为,如果没有减轻处罚的情节,都会判处无期徒刑。如果仍然认定为特别关系,适用特别法条认定为保险

[①] 或许有人认为,将上述行为认定为故意杀人未遂但不从轻、减轻处罚,也能实现罪刑相适应。在法定刑相同,认定为故意伤害罪没有法定的从宽处罚情节,而认定为故意杀人罪有从宽处罚情节的情况下,当然应认定为前者,否则便没有对不法内容进行充分、全面评价。

[②] 严格地说,二者是想象竞合而不是法条竞合。

诈骗罪,此时适用的法定刑为"十年以上有期徒刑",只能评价对保险秩序和数额巨大财产的不法侵害内容,而不能充分、全面评价对数额特别巨大财产的不法侵害内容,所以,必须认定为想象竞合,认定行为同时触犯两罪,并按重罪(普通诈骗罪)的法定刑处罚。

3. 补充关系与想象竞合

由于补充法条所规定之罪的不法程度必然轻于基本法条的犯罪,所以,补充关系与想象竞合的区别也不是固定不变的。如前所述,当行为人走私《刑法》第151条第3款或第152条第2款规定的货物、物品,偷逃关税数额特别巨大,应当判处无期徒刑,而按第151条第3款或第152条第2款的规定只能判处有期徒刑时,则不应当认为存在补充关系,而应认为是走私国家禁止进出口的货物、物品罪或走私废物罪与走私普通货物、物品罪的想象竞合。

(四)想象竞合犯的处理原则

对想象竞合犯应当认定为数罪,即在判决书中应当逐一列出行为所触犯的罪名,但仅按其中较重犯罪的法定刑处罚(科处一个刑罚)。在行为所触犯的两个罪名的法定刑相同的情况下,不是按所谓目的行为所触犯之罪的法定刑量刑,而是按照事实情节较重的犯罪的法定刑处罚。例如,行为同时触犯了甲罪与乙罪,其中符合乙罪构成要件的事实情节重于符合甲罪构成要件的事实情节时,应按乙罪的法定刑量刑。

至于按较重犯罪的法定刑处罚时,是否需要再从重处罚,也是值得研究的问题。一般来说,想象竞合犯的特点决定了可以在较重犯罪的法定刑内再从重处罚,但不排除少数情况下不需要从重处罚。还需要注意的是,在选择了较重犯罪的法定刑之后,对想象竞合的量刑不得低于较轻犯罪的法定最低刑。

二、牵连犯

一般认为,牵连犯,是指犯罪的手段行为或者结果行为,与目的行为或者原因行为分别触犯不同罪名的情况。即在犯罪行为可分为手段行为与目的行为时,如手段行为与目的行为分别触犯不同的罪名,便成立牵连犯;在犯罪行为可分为原因行为与结果行为时,若原因行为与结果行为分别触犯不同的罪名,也成立牵连犯。前者如,以伪造公文的方法(手段行为)骗取公私财物(目的行为);后者如,伪造身份证件(原因行为)后,使用所伪造的身份证件(结果行为)。

通常认为,牵连犯具有三个特征:(1)必须出于一个犯罪目的,如果行为人主观上具有多个犯罪目的,则不构成牵连犯。(2)行为人必须实施了数行为,而且数行为之间存在手段行为与目的行为、原因行为与结果行为的牵连关系。只有当某种手段通常用于实施某种犯罪,或者某种原因行为通常导致某种结果行为时,才宜认定为牵连犯。例如,非法侵入住宅杀人的,宜认定为牵连犯;但盗窃枪支后杀人的,不能认定为牵连犯。再如,伪造武装部队证件冒充军人招摇撞骗的,可以认定为牵连犯;但盗窃军车后冒充军人招摇撞骗的,不能认定为牵连犯。(3) 在目的行为或者原因行为触犯了一个罪名的情况下,手段行为或结果行为又触犯了一个罪名(可以是相同罪名与不同罪名)。

　　刑法总则没有明文规定牵连犯的概念与处罚原则,刑法理论一般认为,对牵连犯应从一重罪处罚或者从一重罪从重处罚(按其中的一个重罪定罪并且从重处罚)。刑法分则对牵连犯表现出不同的态度:分则条文对大多数牵连犯的处罚没有作出明文规定;有的条文规定对牵连犯从一重处罚;有的条文规定对牵连犯从一重从重处罚;有的条文对牵连犯规定了独立的较重法定刑;有的条文规定对牵连犯实行数罪并罚。目前,刑法理论对牵连犯的概念与处罚原则还没有形成一致认识。一般来说,在刑法没有特别规定的情况下,对牵连犯实行从一重处罚的原则。

第三编 刑 罚 论

第十章 刑 罚 概 说

刑法是规定犯罪及其法律后果的法律,刑罚是犯罪的最基本、最主要的法律后果。对刑罚的正确理解不仅有利于刑罚的适用与执行,而且有利于对犯罪的认识,因为犯罪是适合判处刑罚的行为。

第一节 刑罚的概念

一、刑罚及其特点

刑罚,是国家为了防止犯罪行为对国家利益、社会利益与公民法益的侵犯而规定的,由人民法院根据刑事立法对犯罪人适用的,建立在剥夺性、限制性痛苦基础上的最为严厉的制裁措施。

使犯罪人承受一定的剥夺性、限制性痛苦,是刑罚的惩罚性质,是刑罚的本质属性。我国一贯遵行惩罚与教育相结合的方针,不采取那些残酷、野蛮的刑罚方法来摧残、折磨犯罪人。但是,刑罚作为国家对犯罪行为的否定评价与对犯罪人的谴责的一种最严厉的形式,当然地对犯罪人具有身体、自由、财产的剥夺性、限制性痛苦,相对于其他强制措施而言,是最强烈的痛苦。在我国,将刑罚当作摧残人、折磨人的报复手段,固然是错误的,但如果超越我国社会主义初级阶段的国情、社会的平均价值观念以及人道主义所能允许的限度,把刑罚视为仁慈的东西,甚至把服刑人的生活待遇提高到超过劳动群众的一般水平而令人向往的地步,则背离刑罚的基本属性,不能为国家和人民所容忍。

什么样的国家为着什么人的利益而适用刑罚,是刑罚最为重要的社会政治内容。在我国,刑罚是掌握在国家手中,用于维护国家利益、社会利益与公民法益的工具。

刑罚具有法定性,即刑罚是由刑法明文规定的。不仅如此,刑罚还只能由国家的审判机关,严格遵循法律规定的管辖权限和诉讼程序适用。这不仅表明刑罚适用的对象与其他责任形式适用的对象有着严格区别,也表明它的适用根据与程序不同于其他责任形式。

刑罚的目的在于预防犯罪。刑罚既具有惩罚的一面,也具有教育改造的一面,但二者都是达到刑罚目的的手段。只讲惩罚而不讲教育改造,或者只讲教育改造而不讲惩罚,都将有碍于目的的实现,也就不是我国所需要的刑罚。把给予犯罪人必要的剥夺性、限制性痛苦同教育改造结合起来,即坚持惩罚与教育改造相结合的方针,牢牢针对预防犯罪的目的,乃是我国刑罚不可或缺的政治和科学内容。

从刑罚的特点可以看出,刑罚与其他法律制裁具有明显区别:第一,严厉程度不同。刑罚是一种最严厉的法律制裁,它不仅可以剥夺犯罪人的财产权与政治权,还可以限制或者有期限、无期限地剥夺犯罪人的人身自由,甚至可以剥夺犯罪人的生命。而其他法律措施绝对排除对生命的剥夺,一般也不涉及违法人的人身自由,即使是剥夺人身自由(如行政拘留),时间也极为短暂。第二,适用对象不同。刑罚只适用于触犯刑法构成犯罪的人。而其他法律制裁主要适用于仅有一般违法行为但没有构成犯罪的人,同时在一定条件下也可以适用于犯罪人(在对犯罪人科处刑罚的同时,也可以给予其他法律制裁)。第三,适用机关不同。刑罚只能由人民法院适用。行政制裁一般由行政执法机关适用,如此等等。第四,适用根据不同。刑罚只能由人民法院根据刑法与刑事诉讼法予以适用,而其他法律制裁则分别依照民法与民事诉讼法、行政法与行政诉讼法等法律、法规予以适用。第五,确立机关不同。刑罚只能由全国人民代表大会及其常务委员确定,而其他法律制裁可能由其他有关机关确立。如行政法规可以设立除限制人身自由以外的行政处罚,地方性法规可以设立除限制人身自由、吊销企业营业执照以外的行政处罚,但行政法规与地方性法规的制定机关无权规定刑罚。第六,目的不同。如后所述,刑罚目的是预防犯罪,这不同于其他法律制裁的目的。

二、刑罚权及其根据

刑罚权是基于犯罪行为对犯罪人实行刑罚惩罚的国家权能。刑罚权是国家统治权或国家主权的组成部分,其内容表现为国家对犯罪人实行刑罚惩罚。刑罚权可以分为一般的刑罚权与个别的刑罚权。前者是指,只要发生犯罪,国家就可以对犯罪人实行刑罚惩罚的一般、抽象意义上的刑罚权;后者是指,发生具体的犯罪时,国家可以对具体犯罪人实行刑罚惩罚的个别、具体意义上的刑罚权。

刑罚权的内容包括制刑权、求刑权、量刑权与行刑权。制刑权是国家立法机关在刑事立法中创制刑罚的权力,这种权力在我国只能由全国人民代表大会及其常务委员会行使,其内容主要包括确定刑种、建立刑罚体系、规定刑罚裁量的原则、刑罚执行方法与制度以及具体犯罪的法定刑。求刑权是指对犯罪行为提起刑事诉讼的权力。这种权力原则上由检察机关行使,但国家也将部分轻微犯罪(告诉才处理的犯罪)的求刑权赋予被害人。量刑权是人民法院对犯罪人决定科处刑罚的权力。这种权力只能由人民法院在认定有罪的基础上行使,其内容是决定是否判处刑罚、判处何种刑罚。行刑权是特定机关将人民法院对犯罪人判处的刑罚付诸现实执行的权力。行刑的根据是人民法院已经发生法律效力的判决与裁定,行刑的内容是执行人民法院已经判处的刑罚。

刑罚权的根据实际上是刑罚的正当化根据,即回答了刑罚这种"痛苦"为何能被正当适用,也就同时回答了刑罚权的根据。适用刑罚是"因为有犯罪并且为了没有犯罪"。"因为有犯罪"而科处刑罚,是"恶有恶报"正义观念的要求(报应刑);"为了没有犯罪"而科处刑罚,是"预防犯罪"功利观念的体现(目的刑)。因此,实现社会正义观念、保护法益免受犯罪侵犯,就是刑罚权的根据(并合主义)。

三、处罚阻却事由

处罚阻却事由,是指虽然成立犯罪,但能阻止发动刑罚权的事由。例如,《刑法》第201条第1款规定了逃税罪的构成要件与法定刑,第4款规定:"有第一款行为,经税务机关依法下达追缴通知后,补缴应纳税款,缴纳滞纳金,已受行政处罚的,不予追究刑事责任;但是,五年内因逃避缴纳税款受过刑事处罚或者被税务机关给予二次以上行政处罚的除外。"其中的"经税务机关依法下达追缴通知后,补缴应纳税款,缴纳滞纳金,已受行政处罚"就是逃税罪的处罚阻却事由。根据通说,处罚阻却事由只是阻止刑罚权的发动,对犯罪本身的成立并无影响。

第二节 刑罚的目的

一、刑罚目的的概念

刑罚目的,是指国家制定、适用、执行刑罚的目的,也即国家的刑事立法采用刑罚作为对付犯罪现象的强制措施及其具体适用和执行所预期实现的效果。这种效果不是立法、审判、行刑三个环节之一或其二所能达到的,只有三者协同一致,才能得以实现。

刑罚目的论决定或制约着刑罚的其他全部问题,是刑罚论的要害。刑罚目的制约着刑罚的根据:刑罚目的的不同,作为科处刑罚根据的事实就会不同;刑罚目的制约刑罚承受主体的范围:刑罚目的的不同,受刑罚处的主体就会不同;刑罚目的制约着刑罚的体系与种类:刑罚目的的不同,刑罚的体系与种类就会不同;刑罚目的关系到刑罚具体适用原则的制定:刑罚目的的不同,量刑的原则与标准就会不同;刑罚目的关系到刑罚的执行:刑罚目的的不同,刑罚的执行制度与执行方法就会不同。

二、刑罚目的的内容

刑罚通过制定、适用与执行,对犯罪人本人及其周围的一般人产生影响,从而达到预防犯罪的结果,是一种符合社会心态的普通的历史事实。预防犯罪,理所当然地成为我国刑罚的目的。我国《刑法》第 2 条关于刑罚的职能在于"同一切犯罪行为作斗争"的规定,直接为这一刑罚目的观提供了法律根据。刑罚是犯罪的法律后果,是对付犯罪的手段,这也说明刑罚目的是预防犯罪。

刑罚预防犯罪的目的包括特殊预防与一般预防。

特殊预防,是指预防犯罪人重新犯罪。显然,特殊预防的对象是已经实施了犯罪行为的人。就故意犯罪人而言,他们往往因为犯罪而得到了物质上、生理上、精神上的某种满足,如果不对其进行特殊预防,他们就可能为了获得某种满足而再次犯罪。就过失犯罪人而言,他们常常因懈怠注意义务放松对自己行为的慎重要求,如果不对之进行特殊预防,他们也可能再次犯罪。换言之,任何犯罪行为都表明行为人具有敌视、蔑视、漠视或忽视法益的危险意向,预示着犯罪人再次危害社会的现实可能性,需要特殊预防。

特殊预防是通过两个途径实现的:一是通过对罪行极其严重的犯罪人适用死刑,永远剥夺其重新犯罪的能力。这种方式虽然简单、有效,但在现代社会不应成为实现特殊预防的主要途径。二是通过对犯罪人适用刑罚,使犯罪人不能犯罪、不敢犯罪乃至不愿犯罪。例如,通过剥夺犯罪人的人身自由,使其终身或在一定期间内与社会隔离,而不可能实施犯罪行为;通过限制犯罪人的人身自由,使其在一定期间内难以实施犯罪行为;通过剥夺犯罪人的财产,使其在一定时间内丧失再犯罪的物质条件;通过剥夺犯罪人的某种权利,防止其利用这些权利再次犯罪。而这些方法同时对犯罪人具有威慑与教育改造作用,迫使他们认识到,如果再犯罪就必将承担剥夺性、限制性痛苦,只有不再犯罪才能享受本来具有的法益,于是,他们不敢重蹈覆辙、不愿再陷囹圄,从而实现特殊预防目的。

一般预防,是指预防尚未犯罪的人实施犯罪。一般预防的对象不是犯罪人,而是犯罪人以外的社会成员。主要包括:(1)具有犯罪危险的人。如尚未得到有效改造的刑满释放人员,多次实施违法行为的人,多次受到刑罚处罚的人。这些人无疑是一般预防的重点。(2)容易犯罪的人。这主要是指法制观念淡薄、自制能力不强、没有固定职业、容易受犯罪诱惑或容易被犯罪人教唆拉拢的人。(3)犯罪被害人,即直接或间接受到犯罪行为侵犯的人。这些人虽然是犯罪受害者,但因为往往具有报复性倾向,也容易通过犯罪手段达到报复目的,故属于一般预防的对象。

一般预防的途径,一是通过对犯罪人判处刑罚,向社会成员宣告:任何人犯罪都将受到刑罚处罚,都将承受剥夺性、限制性痛苦,于是对社会成员起到警戒与抑制作用,使社会成员不敢或者不愿意实施犯罪行为。二是通过对犯罪人判处刑罚,向社会成员宣告:任何犯罪都是侵犯法益的行为,号召社会成员防止和抵制犯罪发生,以利于预防可能犯罪的人实施犯罪行为。

上述特殊预防与一般预防是一个整体,密切联系,不可分割。任何犯罪行为都侵犯了法益,都预示着犯罪人有再次犯罪的现实可能性,同时表明我国还存在各种诱发犯罪的原因以及可能实施犯罪行为的人。通过制定、适用和执行刑罚,防止已经犯罪的人再次犯罪,是保护法益最实际、最紧迫的任务;通过制定、适用和执行刑罚,警告、教育社会上其他人不犯罪和抵制他人犯罪,则是防患于未然,保证社会长治久安的战略要求。因此,特殊预防与一般预防并重的必要性,是不言而喻的。从事实上看,制定、适用和执行刑罚,都具有对犯罪人的特殊预防和对社会上其他人的一般预防两方面的目的。特殊预防的实现,有利于一般预防的实现;同样,一般预防的实现,也有助于特殊预防的实现。

第三节 刑罚的功能

一、刑罚功能的概念

如上所述,我国刑罚的目的是预防犯罪,但是,并非只要一经制定、适用和执行刑罚,就能自然而然地达到预防犯罪的目的;刑罚从制定、适用、执行到实现预防犯罪的目的,中间还须借助发挥刑罚功能这一重要环节。

刑罚功能是指国家制定、适用、执行刑罚所直接产生的社会效应,如威慑功能、安抚补偿功能、教育感化功能等。这些社会效应可以分为两个方面:一是对犯罪人的效应,二是对社会其他成员的效应。刑罚目的正是通过这两方面的社会效应得以实现的。不考虑刑罚的社会效应,或者超越它自身所能产生的社会效应的限度,刑罚目的就会变成空中楼阁,无从实现。所以,任何刑罚的目的,都须以刑罚功能为其确立的前提和赖以实现的中介因素。

二、刑罚功能的内容

我国刑罚目的包括特殊预防与一般预防,特殊预防的对象是犯罪者本人,一般预防的对象是犯罪人以外的一般人。这两类对象各自与犯罪事实的关系不同,彼此的法律地位相异,所以,国家期望刑罚对他们所发生的影响也大相径庭。前者是已经犯罪的人,一般地说,刑罚对他们的影响应是人身强制与心理效应并重;后者是没有犯罪的人,刑罚对他们的影响,只能限于心理效应。这就是说,赖以实现特殊预防与一般预防的刑罚功能,是有所区别的。

(一)赖以实现特殊预防的刑罚功能

1. 限制、消除再犯条件的功能

一个人实施了犯罪行为,不仅表明其行为已经侵犯了法益,而且显示他未来对法益具有潜在的危险。因此,通过刑罚,从外部来限制、消除其再次犯罪的条件,使之永远不能再犯或者在一定时期内不能再犯,乃是刑罚实现特殊预防所必需的最紧迫、最重要、最起码的功能。具体表现在立法和司法方面,就是针对各种犯罪的危害程度与犯罪人的人身危险程度,分别制定和适用最有效的刑罚。一般是对其可能再犯的条件予以限制,如人身自由的限制(徒刑、拘役、管制),物质条件的限制(罚金、没收财产),政治条件的限制(剥夺政治权利);对个别社会危害和人身危险特别严重,因而再犯可能性也极大的犯罪人,还可能永远消除其再犯罪的条件,即依法适用死刑。

2. 个别威慑功能

这一功能是通过对犯罪人的权利的剥夺、限制而得以发挥的。刑罚的固有属性,就是使犯罪人从自身权益被剥夺、限制中,感受到一定的痛苦。在我国,刑罚的剥夺性、限制性痛苦,仅仅是为了促使犯罪人体会刑事法律的公正与严肃,认识刑罚的无可逃避性和罪有应得,从而老实接受教育改造,今后不敢再以身试法,重受痛苦处遇。所以,超越个别威慑所需的酷刑和重刑,是不应有的;相反,无原则的轻刑,或者把监狱和劳改场所办成对服刑人毫无精神压力的普通教育阵地,也将妨碍发挥刑罚的个别威慑功能,不利于特殊预防的实现,因而也是不应有的。

3. 教育感化功能

刑罚通过制定、适用和执行,使犯罪人从中受到教育,包括审判过程的教育、执行过程的教育等,从而恢复道德上的觉醒,养成良好的规范意识,铲除犯罪的思想根源,树立正确的人生观与价值观,自觉地把自己改造成为去恶从善、遵纪守法、自食其力的新人。

上述三个方面的功能,有着紧密的内在联系。限制、消除行为人再犯条件的措施本身,如剥夺自由、剥夺财产、剥夺政治权利等,也就是个别威慑的力量所在和促使其接受教育改造的前提。但是,如果不把限制、消除再犯条件和个别威慑的功能,同教育感化结合起来,这种限制、消除再犯条件和个别威慑的措施,就不能使犯罪人从思想上摒弃犯罪,那么,监狱和劳改场所都不足以真正预防再犯,而只会推迟再犯的发生。所以,对每一个受到刑罚处罚的犯罪人,都必须注意全面发挥上述三方面的刑罚功能,依次递进,获取最佳效果:受刑人由不能再犯,到不敢再犯,最终达到不愿再犯。这就是特殊预防的圆满结果。

(二)赖以实现一般预防的刑罚功能

1. 一般威慑功能

国家通过刑事法律的制定与颁布,声明罪刑关系的实在性,并通过司法机关的确证,向有犯罪意念的人宣告,谁敢以身试法,谁就必将自食其果,使自己坠入相应的痛苦境遇,从而迫使他们不得不在趋利避害的心态支配下,掂量得失,放弃犯罪意念,避免走上犯罪道路。

2. 强化法律规范意识功能

一个国家的犯罪率的高低,总是同这个国家公民的法律观念的强弱和法律文化程度的高低密切相关。目前,我国公民中,因法制观念淡薄和缺乏法律知识,不认识自己行为的犯罪性质,而误触法网的人,为数不少。为了改变这种状况,就要加强法制宣传教育,增强法律规范意识。国家对刑罚的制定、适用和执行本身,就带有法律解释宣传的意义,也是法律教育功能的一种表现。立法与司法机关,在刑罚的制定、适用和执行过程中,自觉地增加工作的透明度,充分发挥宣传教育的社会效应,指导公众明辨什么是有害社会的犯罪行为、什么是有利于社会的正当行为,以便在行为时能够作出理智的抉择,这肯定是实现刑罚一般预防目的所必不可少的。与此同时,刑罚通过本身的制定、适用和执行,弘扬正气,体现法律的公正性;唤醒和强化国民对法秩序的信赖与维护,增强国民的规范意识;鼓励、支持广大守法公民维护法秩序、保护法益的行为,从而实现一般预防。

3. 安抚、补偿功能

安抚,是指慰藉被害人及其亲属因犯罪侵害而受到的精神创伤和引起的愤恨情绪,平息众怒,使受到犯罪破坏的社会心态回复平衡;补偿,则是指依法弥补被害人所受的物质损失。正常发挥这两方面的功能,就可以防止被害人、被害人的亲属以及社会上"爱打抱不平"的人士对犯罪人采取私人报复,以致矛盾转化,酿成新的犯罪。所以,发挥刑罚的安抚和补偿功能,乃是实现刑罚一般预防目的所必不可少的社会效应。

上述赖以实现一般预防的三个功能密切联系,形成一个整体。一般威慑功能以有犯罪意念的危险分子为首要对象;强化法律规范意识功能以一般公民为首要对象;安抚、补偿功能以刑事被害人及其亲属为首要对象。于是,这些功能既预防可能犯罪的人实施犯罪行为,也引导守法公民积极预防他人犯罪。

第十一章 刑罚的体系

刑罚的体系,是指国家的刑事立法以有利于发挥刑罚的积极功能、实现刑罚目的为指导原则,选择刑种、实行分类并依其轻重程度排成的序列。根据刑法的规定,刑罚分为主刑与附加刑,主刑与附加刑又分别按照严厉程度由轻到重进行排列。主刑(本刑、基本刑、单独刑),是指只能独立适用的主要刑罚方法,包括管制、拘役、有期徒刑、无期徒刑与死刑。主刑只能独立适用,不能附加适用;一个罪只能适用一个主刑,不能同时适用两个以上的主刑。附加刑(从刑),是指补充主刑适用的刑罚方法,包括罚金、剥夺政治权利、没收财产与驱逐出境。附加刑既可以附加主刑适用,也可以独立适用。此外,刑法还规定了非刑罚处罚方法。

第一节 主 刑

一、管制

管制是对罪犯不予关押,但限制其一定自由,实行社区矫正的刑罚方法。管制可谓我国特有的一种轻刑,它具有以下特点与内容:

一是不予关押,即不剥夺犯罪人的人身自由。这种不剥夺自由性与执行的开放性,可以避免短期自由刑的固有弊害;将罪犯仍然留在原来的工作单位或居住地工作或劳动,使其得以保持正常的工作与生活,继续履行社会义务,有利于罪犯的改造与社会的稳定。

二是限制犯罪人的一定自由,故管制不同于免予刑罚处罚。根据《刑法》第39条的规定,限制自由的内容是:遵守法律、行政法规,服从监督;未经执行机关批准,不得行使言论、出版、集会、结社、游行、示威自由的权利;按照执行机关规定报告自己的活动情况;遵守执行机关关于会客的规定;离开所居住的市、县或者迁居,应当报经执行机关批准。但是,对犯罪人的劳动报酬不得进行限制,即对于被判处管制的犯罪分子,在劳动中应当同工同酬。

三是具有一定期限,即不得对犯罪人进行无限期的管制。管制的期限为3个月以上2年以下,数罪并罚时不得超过3年。管制的刑期从判决执行之日起计算;判决执行前先行羁押的,羁押(包括留置、海关扣留)1日折抵刑期2日。[①]判决以前指定居所监视居住的,监视居住1日折抵刑期1日。如果管制期满,执行机关应立即向本人和其所在单位或者居住地的群众宣布解除管制。

四是实行社区矫正。亦即,将罪犯置于社区内,在相关社会团体和民间组织以及社会志愿者的协助下,在判决确定的期限内,由专门的国家机关对罪犯的行为与心理进行矫正。

根据《刑法》第38条第2款的规定,判处管制,可以根据犯罪情况,同时禁止犯罪分子在执行期间从事特定活动,进入特定区域、场所,接触特定的人。(1)禁止令并不是管制本身的内容,也不是执行管制的方法,而是一种保安处分措施。(2)并不是对任何判处管制的罪犯,都必须作出禁止令。只有根据犯罪的情况,认为有必要作出禁止令时,才宜作出禁止令。(3)禁止令的具体内容,以特殊预防为根据。例如,对于利用从事特定生产经营活动实施犯罪的,禁止其从事相关生产经营活动;对于危险驾驶的罪犯,可以禁止驾驶机动车。又如,对于某些寻衅滋事的犯罪人,可以禁止其进入夜总会、酒吧、迪厅等娱乐场所,以及举行大型群众性活动的场所。再如,对于侵犯儿童的罪犯,可以禁止其接触儿童,如此等等。(4)即使在有必要作出禁止令的情况下,所作出的禁止令也不能限制犯罪人的正常生活。

被判处管制的犯罪人在管制执行期间实施违反法律、行政法规和有关监督管理规定的行为,尚未构成犯罪的,或者违反禁止令的,应当依法予以治安处罚;依法给予治安处罚时,应当在治安拘留执行期满后继续执行管制;构成犯罪的,应当依法定罪量刑。

二、拘役

拘役是短期剥夺犯罪人自由,就近实行劳动的刑罚方法。

首先,拘役是剥夺自由的刑罚方法。由于拘役剥夺犯罪人的自由,所以与管制具有明显区别。由于拘役是刑罚方法,所以它与行政拘留、刑事拘留、司法拘留在法律属性、适用对象、适用机关、适用依据、适用程序、适用期限上都有明显区别。

其次,拘役是短期剥夺自由的刑罚方法。拘役的期限为1个月以上6个月以下,数罪并罚时不得超过1年,故拘役属于短期自由刑。拘役的刑期从判决执行之日起计算,判决执行以前先行羁押的,羁押(包括留置、海关扣留)1日折抵

[①] 判处管制、拘役、有期徒刑的,应当在刑事裁判文书中写明刑种、刑期和主刑刑期的起止日期及折抵办法。刑期从判决执行之日起计算。判决执行以前先行羁押的,羁押1日折抵刑期1日(判处管制刑的,羁押1日折抵刑期2日),即自××××年××月××日(羁押之日)起至××××年××月××日止。羁押期间取保候审的,刑期的终止日顺延。

刑期1日;指定居所监视居住的,监视居住2日折抵拘役1日。

最后,拘役是由公安机关就近执行的刑罚方法。拘役由公安机关在就近的看守所执行;在执行期间,受刑人每月可以回家一天至两天;参加劳动的,可以酌量发给报酬。

三、有期徒刑

有期徒刑是剥夺犯罪人一定期限的自由,实行强迫劳动改造的刑罚方法。有期徒刑是我国适用面最广的刑罚方法,是名副其实的主刑。其特点与内容如下:

其一,有期徒刑剥夺犯罪人的自由。主要表现在将犯罪人拘押于监狱或其他执行场所。

其二,有期徒刑具有一定期限。有期徒刑的期限为6个月以上15年以下;数罪并罚时,总和刑期不满35年的,最高不能超过20年,总和刑期在35年以上的,不能超过25年;刑期从判决执行之日起开始计算,判决执行以前先行羁押的,羁押1日折抵刑期1日;指定居所监视居住的,监视居住2日折抵有期徒刑1日。有期徒刑的下限与拘役的上限相衔接,也使得有期徒刑与拘役相区别。正是由于有期徒刑有较大幅度的期限,所以可以适用于由轻到重的犯罪,于是刑法分则对各种犯罪规定的法定刑中,基本都有有期徒刑(少数犯罪除外);正是由于法定刑中的有期徒刑也有一定幅度,所以可以适应各种犯罪的社会危害性的变化,于是各地司法机关能够判处与犯罪相适应的有期徒刑。由于有期徒刑的幅度很大,所以,如果不在法定刑中进一步对有期徒刑的刑度作出规定,就会导致法官的自由裁量权过大,从而出现量刑不均衡的现象。因此,刑法分则对有期徒刑的刑度作了规定,具体表现为以下几种情况:1年以下、2年以下、3年以下、1年以上7年以下、2年以上5年以下、2年以上7年以下、3年以上7年以下、3年以上10年以下、5年以上10年以下、7年以上10年以下、5年以上、7年以上、10年以上、15年。

其三,有期徒刑的基本内容是对犯罪人实行劳动改造。《刑法》第46条规定,被判处徒刑的人"凡有劳动能力的,都应当参加劳动,接受教育和改造"。因为通过劳动,可以改掉好逸恶劳的习性,学会一定的生产技能,养成良好的生活习惯,从而得以改造成自食其力、遵纪守法的公民。正因为如此,我国的徒刑不同于西方一些国家刑法中单纯剥夺犯罪人自由的监禁刑。

四、无期徒刑

无期徒刑是剥夺犯罪人终身自由,实行强迫劳动改造的刑罚方法。其特点与内容如下:

第一,无期徒刑是自由刑中最严厉的刑罚方法,主要表现在剥夺犯罪人终身人身自由。正因为如此,刑法对非常严重的犯罪规定了无期徒刑,规定的方式主要表现为两种情况:一是对于规定了死刑的犯罪,一般同时将无期徒刑规定为选择刑;二是将无期徒刑规定为最高的法定刑,在这种情况下同时将较长的有期徒刑规定为选择刑。尽管从法律规定与理论上说,无期徒刑是剥夺终身自由,但由于法律同时规定了减刑、假释、赦免等制度,事实上被判处无期徒刑的犯罪人很少有终身服刑的。

第二,无期徒刑的基本内容也是对犯罪人实行劳动改造。被判处徒刑的犯罪分子,在监狱或者其他执行场所执行;凡具有劳动能力的,应当参加劳动,接受教育和改造。

第三,无期徒刑不可能孤立适用,即对于被判处无期徒刑的犯罪分子,应当附加剥夺政治权利终身(《刑法》第 57 条)。这也从一个方面说明了无期徒刑的严厉性。

无期徒刑虽然是仅次于死刑的严厉刑罚方法,但另一方面对代替死刑的适用起到了积极作用,事实上给应当判处死刑的犯罪人提供了改恶从善的机会。相当多的死缓犯被减为无期徒刑,也说明了这一点。

五、死刑

(一)死刑的概念

死刑是剥夺犯罪人生命的刑罚方法,包括立即执行与缓期 2 年执行两种情况。由于死刑的内容是剥夺罪犯的生命,故被称为生命刑;由于生命具有最宝贵的、剥夺后不可能恢复的价值,死刑成为刑罚体系中最为严厉的刑罚方法,故被称为极刑。

关于死刑的存废,在世界范围内已经争论了二百多年。我国现在还不可能废除死刑,但是,一方面,保留死刑绝不意味着可以多杀、错杀。坚持少杀、防止错杀既是国家一贯的死刑政策,也是人们的共识。因为大量适用死刑违背社会主义国家的性质;我国刑罚的目的是预防犯罪,而不是从肉体上消灭罪犯;死刑存在消极作用,大量适用死刑会引起恶性犯罪增加,阻碍人们价值观念的提升;死刑是剥夺生命的刑罚方法,生命一经剥夺便不可能恢复,故必须杜绝错杀,而少杀、慎杀也有利于防止错杀。刑法总则与分则对死刑的适用作出了严格的限制。另一方面,废除死刑是一种趋势,问题仅仅在于何时废除死刑。

(二)死刑的适用

我国刑法贯彻了保留死刑、坚持少杀、防止错杀的政策,适用死刑时也必须以这一政策为指导。根据刑法的有关规定,在适用死刑时应注意以下几点:

1. 必须严格遵守罪刑法定原则,只有对刑法分则条文明文规定了死刑的犯罪,才可能判处死刑。既不能擅自将没有规定死刑的犯罪判处死刑,也不能为了判处死刑而将法定刑没有死刑的犯罪认定为法定刑具有死刑的犯罪。

2. 应当把握死刑规定的精神。虽然只能对刑法分则条文规定了死刑的犯罪判处死刑,但绝不意味着对规定了死刑的犯罪都应当判处死刑。(1) 从分则的规定来看。第一,刑法将可以判处死刑的犯罪及其情节规定得较为具体,故并非触犯了死刑条款的行为都必须判处死刑。例如,《刑法》第 383 条规定,只是对贪污、受贿"数额特别巨大,并使国家和人民利益遭受特别重大损失的",才可能判处死刑;而不是对任何数额特别巨大的贪污、受贿罪都可以判处死刑。死刑总是与极其严重犯罪的最严重情节相联系,故即使是极其严重的犯罪也不意味着一定要判处死刑。第二,除个别条文外,死刑总是与无期徒刑等刑罚方法共同构成一个量刑幅度,故即使是极其严重犯罪的最严重情节,也并非必须绝对判处死刑。例如,即使是对国家和人民危害特别严重,情节特别恶劣的分裂国家罪,也只是"可以判处死刑",而不是必须判处死刑(《刑法》第 103 条、第 113 条)。(2) 从总则规定来看。第一,《刑法》第 48 条明文规定"死刑只适用于罪行极其严重的犯罪分子"。因此,适用死刑时,必须综合评价所有情节,判断犯罪人的罪行是否极其严重。第二,总则规定了死刑缓期执行制度。在适用死刑时,不能只适用死刑立即执行,而应适当适用死刑缓期执行(死缓)。

3. 对犯罪的时候不满 18 周岁的人和审判的时候怀孕的妇女,既不能适用死刑立即执行,也不得适用死缓(《刑法》第 49 条)。这一规定充分体现了对青少年的保护态度和人道主义精神。需要指出的是,对案件起诉到人民法院以前,被告人在关押期间做人工流产的,应视为审判的时候怀孕的妇女,不能判处死刑;更不能为了判处死刑而强制怀孕的被告人做人工流产。此外,怀孕妇女因涉嫌犯罪在羁押期间自然流产后,又因同一事实被起诉、交付审判的,应当视为"审判的时候怀孕的妇女",依法不适用死刑。

4. 审判的时候已满 75 周岁的人,不适用死刑,但以特别残忍手段致人死亡的除外(《刑法》第 49 条第 2 款)。其中的不适用死刑,既包括不适用死刑立即执行,也包括不适用死刑缓期二年执行。"以特别残忍手段致人死亡的除外",并不限于以特别残忍手段故意杀人,还包括以特别残忍手段实施其他暴力犯罪致人死亡。例如,以特别残忍手段故意重伤他人造成死亡的,或者以特别残忍手段实施爆炸等行为致人死亡的,属于"除外"之列。

5. 不得违反法定程序适用死刑。死刑案件只能由中级以上人民法院进行一审,即基层人民法院不得判处被告人死刑。死刑除依法由最高人民法院判决的以外,都应当报请最高人民法院核准。

6. 不得任意采用死刑执行方法。《刑事诉讼法》第 263 条第 2 款规定:"死刑采用枪决或者注射等方法执行。""等"字虽有列举后表示省略的含义,但也有列举后表示煞尾的含义。对上述条文中的"等"字宜作后一种含义的理解,即执行死刑只能采用枪决或注射方法。①

(三) 死刑缓期执行

《刑法》第48条第1款后段规定:"对于应当判处死刑的犯罪分子,如果不是必须立即执行的,可以判处死刑同时宣告缓期二年执行。"这就是死刑缓期执行制度,简称为死缓。死缓不是独立的刑种,而是死刑适用制度。

根据上述规定,宣告死缓必须具备两个条件:一是"应当判处死刑",即根据刑法的规定(法定刑规定了死刑)与罪行的严重程度(罪行极其严重),应当判处死刑。这是宣告死缓的前提条件。二是"不是必须立即执行的",即根据案件的具体情况,可以不立即执行死刑。由于"罪行极其严重"是死刑立即执行与死缓的共同条件,所以,"不是必须立即执行"的规定,不只是关于死缓的适用条件,反过来也是关于死刑立即执行的条件。"不是必须立即执行"的规定表明,如果判处死刑立即执行,就必须说明"必须立即执行"的根据与理由以及并非"不是必须立即执行"的根据与理由。从刑罚的正当化根据来说,"必须立即执行"是在罪行极其严重的前提下,犯罪人再实施"罪行极其严重"犯罪的可能性特别大。"不是必须立即执行"应是指犯罪人再实施"罪行极其严重"犯罪的可能性并不是特别大,以及基于刑事政策的理由而不应立即执行的情形。一方面,凡是具有表明行为人再实施"罪行极其严重"犯罪的可能性减少的法定或者酌定情节,都属于"不是必须立即执行"。例如,犯罪后自首、立功、坦白或者有其他法定任意从轻情节的;被害人的过错导致被告人激愤犯罪或者有其他表明容易改造的情节的;因婚姻家庭等民间纠纷激化引发犯罪的;对被害人积极进行赔偿,并认罪、悔罪的。另一方面,虽然不存在表明行为人再实施"罪行极其严重"犯罪的可能性减少的法定或者酌定情节,但亦不具有表明行为人再实施"罪行极其严重"犯罪的可能性特别大的情节的,也属于"不是必须立即执行"。② 从死刑适用的发展趋势来说,司法机关应当扩大"不是必须立即执行"的范围,而不是相反。

由于死缓不是独立刑种,故判处死缓后会出现不同结果。根据《刑法》第50条的规定,对于被判处死缓的犯罪人,处理结局有四种情况:第一,在死刑缓期执行期间,如果没有故意犯罪,2年期满以后,减为无期徒刑。第二,在死刑缓期执

---

① 2021年1月26日最高人民法院《关于适用〈中华人民共和国刑事诉讼法〉的解释》第507条规定:"死刑采用枪决或者注射等方法执行。采用注射方法执行死刑的,应当在指定的刑场或者羁押场所内执行。采用枪决、注射以外的其他方法执行死刑的,应当事先层报最高人民法院批准。"但本书认为,任何死刑执行方式,都必须有立法机关的明文认可,执行机关不能以"等"字为由,随意采用其他死刑执行方式。

② 根据刑事审判经验,在共同犯罪中罪行不是最严重的,或者其他在同一或同类案件中罪行不是最严重的情形,也被视为"不是必须立即执行的"情形。但在本书看来,这种情形原本不属于"罪行极其严重",因而不应当判处死刑(包括死缓)。

行期间,如果确有重大立功表现,2年期满以后,减为25年有期徒刑。其中的重大立功表现,应根据《刑法》第78条予以确定。第三,在死刑缓期执行期间,如果故意犯罪,情节恶劣的,由最高人民法院核准,执行死刑。第四,在死刑缓期执行期间故意犯罪,但情节不恶劣的,死刑缓期执行的期间重新计算,并报最高人民法院备案。其中的"故意犯罪,情节恶劣",应根据死缓制度的精神与目的予以理解和认定。在应当判处死刑的前提下,对犯罪人适用死缓的重要原因之一是犯罪人还具有改善的可能。因此,只有当故意犯罪本身情节恶劣,并且表明其抗拒改造情节恶劣时,才能执行死刑。而且,根据《刑法》第48条的规定,2年期满之后才能执行死刑。对于在死刑缓刑期执行期间实施其他故意犯罪或者过失犯罪的,应根据《刑法》第71条的规定实行并罚,并从新的判决确定之日起重新计算死刑缓期执行的期间。

根据《刑法》第51条的规定,死刑缓期执行的期间,从判决确定之日起计算。死刑缓期执行减为有期徒刑的刑期,从死刑缓期执行期满之日起计算。死刑缓期执行的期间,从判决或者裁定核准死刑缓期2年执行的法律文书宣告或送达之日起计算。死缓判决确定之前的羁押时间,不计算在缓期2年的期限之内,因为规定2年的考验期就是为了观察犯罪人在这2年内有无悔改表现,如果将先前羁押的时间计算在内,就失去了考验的意义。死缓减为有期徒刑的,不管何时裁定(当然应在2年期满后尽快作出裁定),有期徒刑的期限从死刑缓期执行期满之日起计算,而不是从裁定之日起开始计算。

《刑法》第50条第2款规定:"对被判处死刑缓期执行的累犯以及因故意杀人、强奸、抢劫、绑架、放火、爆炸、投放危险物质或者有组织的暴力性犯罪被判处死刑缓期执行的犯罪分子,人民法院根据犯罪情节等情况可以同时决定对其限制减刑。"首先,本款所规定的累犯没有犯罪性质的限制;有组织的暴力性犯罪,并不限于本款所列举的7种暴力性犯罪,而是包括其他对人实施的暴力性犯罪,如故意伤害、破坏交通工具、破坏交通设施等。其次,本款所规定的"限制减刑"是根据犯罪人的犯罪性质与再犯罪可能性作出的,而不可能是根据执行过程中的表现作出的。因此,"限制减刑"并不是真正意义上的刑罚执行制度,而是量刑制度。最后,限制减刑制度的设立,旨在减少死刑立即执行,而不是为了报应和报复。因此,只有对原本应当立即执行死刑的罪犯,才宜在宣告死缓时决定限制减刑。换言之,应当对"限制减刑"进行严格的限制。因为即使是《刑法》第50条第2款所列举的被判处死缓的罪犯,其中的绝大多数经过十多年的关押就不致再危害社会(国内外的实证研究充分说明了这一点),所以,对于第50条第2款所列举的绝大多数被判处死缓的罪犯,都不应当决定限制减刑。

第二节 附 加 刑

一、罚金

罚金,是人民法院判处犯罪分子向国家缴纳一定数额金钱的刑罚方法。罚金属于财产刑的一种,它在处罚性质、适用对象、适用程序、适用主体、适用依据等方面与行政罚款、赔偿损失等处罚措施具有严格区别。

罚金的适用对象主要是破坏社会主义市场秩序罪、侵犯财产罪、妨害社会管理秩序罪、贪污贿赂罪。刑法分则对罚金的规定方式有四种情况:(1)选处罚金。即罚金作为一种与有关主刑并列的刑罚,由人民法院根据犯罪的具体情况选择适用(参见《刑法》第275条)。(2)单处罚金,即只能判处罚金,而不能判处其他刑罚。对犯罪的单位只能单处罚金。(3)并处罚金。即在判处主刑的同时附加适用罚金。刑法规定"并处"罚金时,人民法院在对犯罪人判处主刑的同时,必须依法判处罚金;刑法规定"可以并处"罚金时,人民法院应当根据案件具体情况以及犯罪人的财产状态,决定是否判处罚金。(4)并处或者单处罚金,即人民法院既可以在判处主刑的同时附加适用罚金,也可以只适用罚金。

《刑法》第52条规定:"判处罚金,应当根据犯罪情节决定罚金数额。"以犯罪情节(如违法所得的数额、造成损失的大小等)为根据决定罚金数额,主要是由罪刑相适应原则决定的。罚金作为犯罪的法律后果,必须与犯罪的社会危害性以及犯罪人的人身危险性相适应,而犯罪的社会危害性与犯罪人的人身危险性又是由所有的犯罪情节决定的。但是,由于罚金意味着犯罪人向国家缴纳一定数额的金钱,故在判处罚金时,既要考虑犯罪人现有的支付能力,又要考虑其将来的职业状况与其他情况。决定罚金数额时,还要遵循刑法分则的规定。刑法分则对罚金数额的规定分为三种情况:一是没有规定具体数额,由法官酌情决定。① 二是规定了相当确定的数额(参见《刑法》第193条)。三是以违法所得或犯罪涉及的数额为基准,处以一定比例或者倍数的罚金(参见《刑法》第158条、第225条)。②

根据《刑法》第53条规定,罚金在判决指定的期限内一次或者分期缴纳。期满不缴纳的,强制缴纳。对于不能全部缴纳罚金的,人民法院在任何时候发现被执行人有可以执行的财产时,即应随时追缴。如果由于遭遇不能抗拒的灾祸等

---

① 根据最高人民法院2000年11月15日《关于适用财产刑若干问题的规定》,在这种情况下,罚金数额应不低于1000元。

② 根据最高人民法院2000年11月15日《关于适用财产刑若干问题的规定》,对未成年人犯罪应当从轻或者减轻判处罚金,但罚金的最低数额不能少于500元。

原因缴纳确实有困难的,如因遭受火灾、水灾、地震等灾祸而丧失财产,罪犯因重病、伤残而丧失劳动能力,或者需要罪犯扶养的近亲属患有重病、需支付巨额医药费等,缴纳确实有困难的,经人民法院裁定,可以延期缴纳、酌情减少或者免除。

二、剥夺政治权利

(一)剥夺政治权利的概念

剥夺政治权利,是指剥夺犯罪人参加管理国家和政治活动的权利的刑罚方法。根据《刑法》第54条规定,剥夺政治权利是剥夺下列权利:一是选举权和被选举权;二是言论、出版、集会、结社、游行、示威自由的权利;三是担任国家机关职务的权利;四是担任国有公司、企业、事业单位和人民团体领导职务的权利。剥夺政治权利不是只剥夺上述权利的一部分,而是同时剥夺上述四项权利。被剥夺政治权利的犯罪人,在执行期间,应当遵守法律、行政法规和国务院公安部门有关监督管理的规定,服从监督;不得行使上述四项权利。

(二)剥夺政治权利的适用对象

剥夺政治权利既适用于严重犯罪,也适用于较轻的犯罪;既适用于危害国家安全的犯罪,也适用于普通刑事犯罪。在实践中,剥夺政治权利也是适用较多的附加刑。在适用方式上,剥夺政治权利既可以附加适用,也可以独立适用。

1. 剥夺政治权利附加适用于严重犯罪的,由刑法总则规定。具体分为两种情况:

(1)应当附加剥夺政治权利。在这种情况下,人民法院必须依法附加剥夺政治权利。根据《刑法》第56条与第57条的规定,对下列两类犯罪人应附加剥夺政治权利:第一,对于危害国家安全的犯罪分子应当附加剥夺政治权利。这是从犯罪性质上确定剥夺政治权利的适用对象,故不管对其判处的主刑种类。第二,对于被判处死刑、无期徒刑的犯罪分子,应当附加剥夺政治权利终身。这是从主刑种类上确定剥夺政治权利的适用对象,故不管其犯罪的性质与类型。对这类犯罪人规定应当附加剥夺政治权利,既是对他们政治上的否定评价,又可以防止他们被特赦或假释后利用政治权利再犯罪,还有利于处理与他们有关的某些民事法律关系。

(2)可以附加剥夺政治权利。在这种情况下,是否附加剥夺政治权利,由人民法院具体裁量。《刑法》第56条第1款中规定:"对于故意杀人、强奸、放火、爆炸、投毒、抢劫等严重破坏社会秩序的犯罪分子,可以附加剥夺政治权利。"据此,除了对该条所列举的犯罪人以外,对其他严重破坏社会秩序的犯罪人,也可以附加剥夺政治权利。如对于故意伤害、盗窃等严重破坏社会秩序的犯罪,犯罪分子再犯罪可能性大、犯罪情节恶劣、罪行严重的,也可以附加剥夺政治权利。

2. 剥夺政治权利独立适用于罪质较轻的犯罪或罪质严重但情节较轻的犯罪的,由刑法分则规定。如果刑法分则没有规定独立适用剥夺政治权利,就不得予以适用。刑法分则主要对危害国家安全罪,侵犯公民人身权利、民主权利罪,妨害社会管理秩序罪,危害国防利益罪等几种类型的犯罪规定了可以选择判处剥夺政治权利。

(三)剥夺政治权利的期限与执行

剥夺政治权利的期限分为以下四种情况:(1)对于判处死刑、无期徒刑的犯罪分子,应当剥夺政治权利终身。(2)在死刑缓期执行减为有期徒刑或者无期徒刑减为有期徒刑的时候,应当把附加剥夺政治权利的期限改为3年以上10年以下。(3)独立适用或者判处有期徒刑、拘役附加适用剥夺政治权利的期限,为1年以上5年以下。(4)判处管制附加剥夺政治权利的期限与管制的期限相等。

剥夺政治权利的刑期起算与执行分为以下几种情况:(1)被判处管制附加剥夺政治权利的刑期,与管制的刑期同时起算、同时执行。(2)独立适用剥夺政治权利的,按照执行判决的一般原则,从判决执行之日起计算并执行。(3)判处有期徒刑、拘役附加剥夺政治权利的刑期,以及死缓、无期徒刑减为有期徒刑附加剥夺政治权利的刑期,从徒刑、拘役执行完毕之日起或者从假释之日起开始计算;剥夺政治权利的效力当然施用于主刑执行期间。即对于这类犯罪人,在有期徒刑、拘役执行期间,当然剥夺政治权利。被判处有期徒刑、拘役、管制而没有附加剥夺政治权利的犯罪人,在执行期间仍然享有政治权利。(4)判处死刑、无期徒刑因而剥夺政治权利终身的,从主刑执行之日起开始执行剥夺政治权利。

对判处有期徒刑并处剥夺政治权利的罪犯,主刑已执行完毕,在执行附加刑剥夺政治权利期间又犯新罪,如果所犯新罪无须附加剥夺政治权利的,依照《刑法》第71条的规定数罪并罚。前罪尚未执行完毕的附加刑剥夺政治权利的刑期从新罪的主刑有期徒刑执行之日起停止计算,并依照《刑法》第58条规定从新罪的主刑有期徒刑执行完毕之日或者假释之日起继续计算;附加刑剥夺政治权利的效力施用于新罪的主刑执行期间。对判处有期徒刑的罪犯,主刑已执行完毕,在执行附加刑剥夺政治权利期间又犯新罪,如果所犯新罪也剥夺政治权利的,依照《刑法》第55条、第57条、第71条的规定并罚。

除剥夺政治权利终身的以外,剥夺政治权利的期限届满时,应宣布恢复政治权利,恢复政治权利后,便享有法律赋予的政治权利。

三、没收财产

没收财产，是将犯罪人所有财产的一部或者全部强制无偿地收归国有的刑罚方法。没收财产与没收犯罪物品性质不同。《刑法》第64条规定："犯罪分子违法所得的一切财物，应当予以追缴或者责令退赔；对被害人的合法财产，应当及时返还；违禁品和供犯罪所用的本人财物，应当予以没收。没收的财物和罚金，一律上缴国库，不得挪用和自行处理。"据此，追缴犯罪所得的财物，不属于没收财产；没收违禁品和供犯罪所用的本人财物，也不属于没收财产。可见，没收财产事实上是没收犯罪人合法所有并且没有用于犯罪的财产；不得以追缴犯罪所得、没收违禁品与供犯罪所用的本人财物来代替或折抵没收财产。

没收财产只能适用于刑法分则明文规定可以判处没收财产的那些犯罪，从刑法分则的规定来看，主要适用于比较严重的犯罪。根据《刑法》第59条规定，判处没收财产时，既可以判处没收犯罪人所有的全部财产，也可以判处没收犯罪人所有的部分财产；至于是没收全部财产还是没收部分财产，要根据犯罪的社会危害性与犯罪人的人身危险性确定，但是，没收全部财产的，应当对犯罪分子个人及其扶养的家属保留必要的生活费用。在判处没收财产的时候，不得没收属于犯罪分子家属所有或者应有的财产。这有利于维护社会秩序安定、贯彻罪责自负原则。此外，对未成年罪犯实施刑法规定的"可以并处"没收财产的犯罪，一般不判处没收财产。

根据《刑法》第60条规定，没收财产以前犯罪人所负的正当债务，即犯罪人在判决生效前所负他人的合法债务，需要以没收财产偿还的，经债权人请求，应当偿还。

四、驱逐出境

驱逐出境是强迫犯罪的外国人离开中国国（边）境的刑罚方法。由于驱逐出境既可以独立适用也可以附加适用，故符合附加刑的基本特征；由于驱逐出境仅适用于犯罪的外国人（包括具有外国国籍的人和无国籍的人），故是一种特殊的附加刑。在我国，由于刑法中的驱逐出境是附加刑，故与《外国人入境出境管理法》规定的作为行政处罚、由公安机关决定、适用于违反出入境管理法的外国人的驱逐出境具有本质区别。

第三节 非刑罚处罚

一、非刑罚处罚的概念

非刑罚处罚，是指对构成犯罪的行为人，给予刑罚以外的实体上的处罚。如训诫、责令赔偿损失等。

随着社会的不断进步,刑罚总是由重变轻,制裁方法总是由单一化向多元化发展;刑事制裁概念不再等同于刑罚概念,也将成为历史发展的必然;非刑罚处罚方法也将由适用较少而发展为适用较多。

司法机关应当正确认识非刑罚处罚方法的意义,并正确适用非刑罚处罚方法。其一,对免除刑罚处罚但需要给予非刑罚处罚的,应当给予一定的非刑罚处罚;其二,对本应判处刑罚的,也不能仅适用非刑罚处罚;其三,在仅判处刑罚不足以预防行为人重新犯罪的情况下,需要根据刑法的规定给予非刑罚处罚。

二、非刑罚处罚方法的种类

《刑法》第 37 条规定:"对于犯罪情节轻微不需要判处刑罚的,可以免予刑事处罚,但是可以根据案件的不同情况,予以训诫或者责令具结悔过、赔礼道歉、赔偿损失,或者由主管部门予以行政处罚或者行政处分。"

训诫,是指人民法院对犯罪人当庭予以批评、谴责,责令其改正、不再犯罪的方法。责令具结悔过,是指人民法院责令犯罪人用书面方式保证悔改,不再犯罪。责令赔礼道歉,是指人民法院责令犯罪人公开向被害人当面承认罪错,表示歉意,并保证今后不再侵犯被害人的法益。责令赔偿损失,是指由于犯罪行为侵害了被害人的法益,人民法院责令被告人给予被害人一定经济赔偿的处理方法。这种方法以没有给予刑罚处罚为前提。如果在判处刑罚的同时需要赔偿经济损失的,则应当适用《刑法》第 36 条的规定。行政处罚与行政处分,是指人民法院根据案件情况,向主管部门提出对犯罪人予以一定行政处罚或者行政处分的司法建议,并由主管部门具体确定的处理方法。

《刑法》第 37 条之一第 1 款规定:"因利用职业便利实施犯罪,或者实施违背职业要求的特定义务的犯罪被判处刑罚的,人民法院可以根据犯罪情况和预防再犯罪的需要,禁止其自刑罚执行完毕之日或者假释之日起从事相关职业,期限为三年至五年。"这便是关于从业禁止的规定。

从业禁止是防止犯罪人利用特定职业再犯罪的非刑罚处罚方法(保安处分措施)。适用从业禁止必须具备两个基本条件:(1)因利用职业便利实施犯罪,或者实施违背职业要求的特定义务的犯罪被判处刑罚。其中的利用职业便利实施犯罪包括利用职务便利实施犯罪。对于利用职业便利实施一般违法行为的,不能适用《刑法》第 37 条之一宣告从业禁止。(2)根据犯罪情况,在刑罚执行完毕或者假释后仍有预防其再犯罪的必要。但是,如果其他法律、行政法规对从业禁止的适用条件另有规定的,人民法院应根据其他法律、行政法规的规定宣告从业禁止。《刑法》第 37 条之一第 3 款规定:"其他法律、行政法规对其从事相关职业另有禁止或者限制性规定的,从其规定。"这里的"从其规定",并不是指由其他机关宣告从业禁止,而是指在行为构成犯罪的情况下,由人民法院根据犯罪情节与预防再犯罪的需要,按照其他法律、行政法规规定的条件与期限,宣告从业禁止。否则,就会出现不协调的现象。《刑法》第 37 条之一第 2 款规定:"被禁止从事相关职业的人违反人民法院依照前款规定作出的决定的,由公安机关依法给予处罚;情节严重的,依照本法第三百一十三条的规定定罪处罚。"因为从业禁止是人民法院的判决或者裁定内容,如果行为人违反从业禁止的规定,情节严重,便符合拒不执行判决、裁定罪的成立条件。

第十二章 刑罚的裁量

刑罚的裁量是指量刑(以下均称为量刑)。刑法对各种犯罪规定了相对确定的法定刑,人民法院面对具体的犯罪案件时,在选择了具体适用的刑法条文与法定刑后,必须遵循法定的原则、按照案件具体情节,决定具体的刑罚或者免予刑罚处罚。量刑关系到被告人的重大利益,需要法官具有妥当的刑罚理念和合理的量刑方法。

第一节 量刑概述

一、量刑的概念

量刑,是指依法对犯罪人裁量刑罚。具体地说,是指审判机关在查明犯罪事实、认定犯罪性质的基础上,依法对犯罪人裁量刑罚的审判活动。量刑对应于定罪,是整个审判工作的两个环节之一。

量刑的主体是审判机关,在我国,只能由人民法院量刑。量刑的基础是查明犯罪事实、认定犯罪性质。换言之,人民法院只有在查明了犯罪事实,认定了犯罪性质,确定了应当适用的刑法条文以后,才能量刑,即只能先定罪后量刑,绝不能先量刑后定罪。量刑的内容是裁量刑罚。即先决定是否对犯罪人判处刑罚;在决定了判处刑罚的前提下,进一步决定判处何种刑罚(选择刑种)、判处多重的刑罚(确定刑度)和是否立即执行(是否缓期执行)。在一人犯数罪的情况下,量刑还包括如何并罚的内容。

二、量刑的原则

(一)量刑原则概述

《刑法》第5条规定:"刑罚的轻重,应当与犯罪分子所犯罪行和承担的刑事责任相适应。"第61条规定:"对于犯罪分子决定刑罚的时候,应当根据犯罪的事实、犯罪的性质、情节和对于社会的危害程度,依照本法的有关规定判处。"罪刑相适应,是指导量刑的基本原则,而要做到罪刑相适应,就必须做到以犯罪事实为根据,以刑事法律为准绳。

罪刑相适应,是源于因果报应观念,适应人们朴素的公平意识的一种法律思想。罪刑相适应原则的产生与发展历程表明,罪刑相适应原则源于公平正义观念,公平正义观念是罪刑相适应原则的重要思想基础;但公平正义观念的内容又是随着历史的变化而变化的,故罪刑相适应原则的内容也随着历史的变化而变化。

《刑法》第5条要求刑罚的轻重与犯罪分子"所犯罪行和承担的刑事责任"相适应,这便存在如何理解该条文真正含义的问题。本书认为,应当将"罪行"解释为包含客观违法性与主观有责性(可谴责性)在内的广义的罪行,将"刑事责任"理解为犯罪人所应承担的法律后果。这样的理解具有法律根据。例如,《刑法》第48条第1款中规定:"死刑只适用于罪行极其严重的犯罪分子。"这里的"罪行"显然不是仅指违法性,而是同时包括了有责性(另参见《刑法》第9条、第26条、第103条至第105条等)。如果将刑事责任理解为犯罪的法律后果,那么,一般来说,罪行重则刑事责任重,罪行轻则刑事责任轻。但是,由于罪行的轻重是由犯罪的违法性与有责性本身决定的,而许多案件外的表明犯罪人再犯可能性程度的事实或情节,能够说明刑事责任的轻重,却不能说明罪行的轻重。例如,自首与立功可以说明行为人的再犯可能性减轻,但不表明其所犯罪行也减轻,而这是制刑与量刑时必须考虑的因素。因此,可以认为,《刑法》第5条关于罪刑相适应原则的规定,实际上是要求刑罚的轻重必须与罪行的轻重以及犯罪人的再犯罪可能相适应。与罪行的轻重相适应,是报应刑的要求;与犯罪人的再犯可能性相适应,是目的刑的要求。

(二)罪刑相适应原则的具体内容

就具体内容而言,罪刑相适应原则,可以分解为下列三个方面:(1)刑罚与罪质相适应。罪质,就是犯罪违法性与有责性统一表现的犯罪性质。不同的罪质,标志着各该犯罪行为侵害、威胁法益的锋芒所向不同。这种不同,正是表明各种犯罪具有不同的罪行程度、从而决定刑罚轻重的根本所在。(2)刑罚与犯罪情节相适应。案件定性正确,只是解决了正确选定法定刑的问题,不等于量刑的结果必然完全正确。因为在罪质相同的犯罪中,不同案件的犯罪情节不尽相同,其罪行程度也颇不一样。要使刑罚真实反映形形色色的具体案件的罪行程度,量刑就理所当然地还必须注意刑罚与犯罪情节相适应。这里所说的犯罪情节,是指不具有犯罪构成要件的意义,却同犯罪的违法性、有责性具有密切联系,从而影响罪行轻重的各种事实情况。(3)刑罚与犯罪人的再犯可能性相适应。当今世界的刑法思想,很注重刑罚对犯罪人未来再犯趋势的遏制作用。犯罪人罪前一贯品行较好或有劣迹、有无前科,以及罪后自首或畏罪潜逃、积极退赔经济损失或隐藏赃款赃物等,虽然对他所实施的犯罪本身没有直接影响,却可预示其改造的难易程度和再犯罪的可能性大小。把再犯可能性大小作为决定刑罚轻重的根据之一,符合刑罚目的的需要。

(三) 罪刑相适应原则的实现

要做到罪刑相适应，就必须以犯罪事实为根据，以刑事法律为准绳。

1. 以犯罪事实为根据

以犯罪事实为根据，是指以犯罪的事实、犯罪的性质、情节和对于社会的危害程度为根据。要全面贯彻这一原则，就必须做到如下几点：

（1）认真查清犯罪事实。这里的犯罪事实，是指符合刑法规定的犯罪构成要件的主客观事实。认真查清犯罪事实，是贯彻以犯罪事实为根据原则的前提。

（2）准确认定犯罪性质。这里的犯罪性质，是指具体犯罪的罪质，即构成犯罪的主客观事实统一表现的犯罪性质。准确认定犯罪性质实际上就是要准确认定行为构成了什么罪，即确定具体犯罪的罪名，正确区分此罪与彼罪。确定了犯罪性质，也就确定了应当适用的刑法条文，从而基本选定了与该犯罪的性质相对应的法定刑。

（3）全面掌握犯罪情节。这里的犯罪情节，是指不具有犯罪构成事实的意义，却与犯罪构成事实的主客观方面具有密切联系，反映主客观方面的情状或深度，从而影响犯罪的社会危害程度与行为人的人身危险程度（再犯罪可能性）的各种事实情况。换言之，这里的犯罪情节并不影响犯罪性质，但与决定犯罪性质的主客观事实具有密切联系，又能说明犯罪行为的社会危害性程度。认定犯罪性质，只是解决了应当适用的刑法条文，并没有完全选定法定刑，故不等于量刑的结果完全正确。在犯罪性质相同的犯罪中，犯罪情节不尽相同，因此犯罪的社会危害程度也不一样。要使刑罚与犯罪的社会危害性及犯罪人的人身危险性相适应，就必须使刑罚与犯罪情节相适应。从刑法规定自首、累犯制度的精神来看，量刑时应考虑一些案外情节，如犯罪人的某些个人情况、犯罪前的表现与犯罪后的态度等。换言之，量刑时还必须考虑犯罪人的人身危险性。因为刑罚目的之一是预防犯罪人重新犯罪，这就决定了必须考虑犯罪人的人身危险性，而上述因素正是说明犯罪人人身危险性大小的重要因素。

（4）综合评价犯罪的社会危害程度。这里的社会危害程度，是从广义上讲的，不仅包括犯罪的客观危害程度，而且包括犯罪人的可谴责性程度，因而可谓罪行程度，是对整个犯罪的综合评价，绝不能将它理解为犯罪的危害结果。

2. 以刑事法律为准绳

要做到量刑适当，还必须以刑事法律为准绳。

（1）必须依照刑事法律关于各种刑罚方法的适用权限与适用条件的规定裁量刑罚。例如，需要判处无期徒刑或者死刑的案件，必须由中级以上人民法院审理。再如，死刑只适用于罪行极其严重的犯罪分子；对于危害国家安全的犯罪分子，必须附加剥夺政治权利。

（2）必须依照刑法关于刑罚裁量制度的规定裁量刑罚。例如，刑法规定了自首制度、立功制度、累犯制度、缓刑制度、数罪并罚制度等。在裁量刑罚时，必须遵循这些制度。

（3）必须依照刑法关于各种量刑情节的适用原则裁量刑罚。刑法规定了各种从重、从轻、减轻与免除处罚的情节，其中有的是"应当"从轻、减轻或者免除处罚，有的是"可以"从轻、减轻或者免除处罚；从重、从轻、减轻或者免除处罚又有其特定含义。人民法院裁量刑罚时，必须遵守刑法关于量刑情节的各种规定。

（4）必须依照刑法分则规定的法定刑裁量刑罚。行为触犯哪一个分则条文，就以哪一个条文规定的法定刑为标准；然后在法定刑内选择刑种与刑度；即使是从重、从轻、减轻处罚，也要以选定的法定刑为标准。

第二节　量刑情节

一、量刑情节的概念

量刑情节，是指在某种行为已经构成犯罪的前提下，人民法院对犯罪人裁量刑罚时应当考虑的，据以决定量刑轻重或者免除刑罚处罚的各种情况。

量刑情节必须是在某种行为已经构成犯罪的前提下，于量刑时应考虑的各种情况。因此，量刑情节是不具有犯罪构成事实的意义、不能说明犯罪基本性质的事实情况。如果它本身属于犯罪构成要件的内容，则是区分罪与非罪、此罪与彼罪的事实因素，而不是量刑情节。例如，《刑法》第314条规定："隐藏、转移、变卖、故意毁损已被司法机关查封、扣押、冻结的财产，情节严重的，处三年以下有期徒刑、拘役或者罚金。"这里的"情节严重"是作为犯罪构成要件规定的，因而不是量刑情节。有些事实情况，兼有犯罪构成要件与量刑情节两种功能，这就要根据刑法的具体规定予以区分。如危害结果，对某些犯罪来说属于构成要件，因而不是量刑情节；但相对于不以危害结果为构成要件的犯罪，它则是量刑情节。量刑情节虽然不具有犯罪构成事实的意义，但与犯罪构成主客观要件具有密切联系。例如，手段是否残酷、结果是否严重以及一定的时空条件等，都与犯罪构成的客观方面具有密切联系；动机是否卑鄙、成年与未成年等，都与犯罪构成的主观方面、主体相联系。

量刑情节是反映犯罪的社会危害程度以及行为人的人身危险程度，从而影响刑罚轻重的各种情况。既然是量刑情节，当然是影响量刑的情节，但只有当某种事实情况反映犯罪的社会危害程度以及行为人的人身危险程度时，才能影响量刑，因此只有反映犯罪的社会危害程度或行为人的人身危险程度的事实情况，才是量刑情节。

二、量刑情节的分类

(一) 量刑情节的分类概述

由于量刑情节繁多,故可以根据不同标准从不同角度对量刑情节进行不同分类。

以刑法有无明文规定为标准,可以分为法定情节与酌定情节。前者是刑法明文规定在量刑时应当予以考虑的情节;后者是刑法未作明文规定,根据立法精神与刑事政策,由人民法院从审判经验中总结出来的,在量刑时酌情考虑的情节。法定情节又分为应当型情节与可以型情节。前者是刑法明文规定的,对量刑应当产生从宽或从严影响的情节,如累犯;后者是指刑法规定的,对量刑可能产生从宽影响的情节(刑法没有规定对量刑可能产生从严影响的情节),如未遂犯。法定情节还可以分为单功能情节与多功能情节。前者对量刑的影响只有一种可能性,如累犯只能对量刑产生从重影响,属于单功能情节;后者对量刑的影响具有两种以上可能性,如从犯情节可能产生从轻、减轻或免除处罚的影响。

以情节对量刑产生的轻重性质为标准,可以将量刑情节分为从宽情节与从严情节。前者是指对犯罪人的量刑产生从宽或有利影响的情节,包括免除处罚的情节、减轻处罚情节与从轻处罚情节;后者是对犯罪人的量刑产生从严或不利影响的情节,即从重处罚情节。

以情节与犯罪行为在时间上的关系为标准,可以将量刑情节分为案中情节与案外情节。前者是犯罪过程中出现的各种情节,如犯罪手段、犯罪动机等;后者是在犯罪行为之前或之后出现的情节,如自首与坦白。一般来说,案中情节都是影响行为本身的社会危害程度的情节,案外情节是影响行为人的人身危险性的情节。

(二) 法定量刑情节

法定量刑情节,简称法定情节,在我国,包括刑法总则规定的情节与刑法分则规定的情节。[①]

1. 应当免除处罚的情节:没有造成损害的中止犯(第 24 条第 2 款前段)。

2. 可以免除处罚的情节:(1) 犯罪较轻且自首的(第 67 条第 1 款后段);(2) 非法种植毒品原植物在收获前自动铲除的(第 351 条第 3 款)。

3. 应当减轻或者免除处罚的情节:(1) 防卫过当(第 20 条第 2 款);(2) 避险过当(第 21 条第 2 款);(3) 胁从犯(第 28 条)。

---

① 以下排列的法定情节,不包括影响法定刑升格与降低的情节,除有特别说明的以外所列条款均指现行刑法的条款。此外,其他法律就相关犯罪与特别情形也少量规定了从宽或从重处罚的情节(如《反间谍法》第 27 条、《监狱法》第 59 条)。

4. 应当减轻处罚的情节:造成损害的中止犯(第 24 条第 2 款后段)。

5. 可以免除或者减轻处罚的情节:在国外犯罪,已在外国受过刑罚处罚的(第 10 条)。

6. 可以减轻或者免除处罚的情节:(1)有重大立功表现的(第 68 条后段);(2)在被追诉前主动交待向非国家工作人员等行贿行为的(第 164 条第 4 款);(3)挪用资金犯罪较轻,在提起公诉前将挪用的资金退还的(第 272 条第 3 款);(4)拒不支付劳动报酬,尚未造成严重后果,在提起公诉前支付劳动者的劳动报酬,并依法承担相应赔偿责任的(第 276 条之一第 3 款);(5)在被追诉前主动交待向国家工作人员行贿事实,行贿情节较轻,对侦破重大案件起关键作用的,或者有重大立功表现的(第 390 条第 2 款后段);(6)介绍贿赂人在被追诉前主动交待介绍贿赂行为的(第 392 条第 2 款)。

7. 应当从轻、减轻或者免除处罚的情节:从犯(第 27 条第 2 款)。

8. 可以从轻、减轻或者免除处罚的情节:(1)又聋又哑的人或者盲人犯罪(第 19 条);(2)预备犯(第 22 条第 2 款)。(3)个人贪污、受贿数额较大或者有其他较重情节,在提起公诉前如实供述自己罪行、真诚悔悟、积极退赃,避免、减少损害结果发生的(第 383 条第 3 款前段)。

9. 应当从轻或者减轻处罚的情节:(1)已满 12 周岁不满 18 周岁的人犯罪(第 17 条第 4 款);(2)已满 75 周岁的人过失犯罪的(第 17 条之一后段)。

10. 可以减轻处罚的情节:犯罪后如实供述自己罪行,避免特别严重后果发生的(第 67 条第 3 款后段)。

11. 可以从轻或者减轻处罚的情节:(1)已满 75 周岁的人故意犯罪的(第 17 条之一前段);(2)尚未完全丧失辨认或者控制自己行为能力的精神病人犯罪的(第 18 条第 3 款);(3)未遂犯(第 23 条第 2 款);(4)被教唆的人没有犯被教唆的罪时的教唆犯(第 29 条第 2 款);(5)自首的(第 67 条第 1 款中段);(5)有立功表现的(第 68 条前段);(6)非法吸收公众存款,在提起公诉前积极退赃退赔,减少损害结果发生的(第 176 条第 3 款);(7)收买被拐卖的妇女后,按照被买妇女的意愿,不阻碍其返回原居住地的(第 241 条第 6 款后段);(7)挪用资金,在提起公诉前将挪用的资金退还的(第 272 条第 3 款);(8)行贿人在被追诉前主动交待向国家工作人员行贿行为的(第 390 条第 2 款前段)。

12. 可以从轻处罚的情节:(1)犯罪后如实供述自己罪行的(第 67 条第 3 款前段);(2)收买被拐卖的儿童后,对被买儿童没有虐待行为,不阻碍对其进行解救的(第 241 条第 6 款前段);(3)个人贪污、受贿数额巨大或者有其他严重情节,以及数额特别巨大或者有其他特别严重情节,在提起公诉前如实供述自己罪行、真诚悔悟、积极退赃,避免、减少损害结果发生的(第 383 条第 3 款后段)。

13. 应当从重处罚的情节:(1)教唆不满 18 周岁的人犯罪的(第 29 条第 1

款后段);(2)累犯(第65条第1款);(3)策动、胁迫、勾引、收买国家机关工作人员、武装部队人员、人民警察、民兵进行武装叛乱或者武装暴乱的(第104条第2款);(4)与境外机构、组织、个人相勾结犯《刑法》第103条、第104条、第105条规定之罪的(第106条);(5)掌握国家秘密的国家工作人员犯叛逃罪的(第109条第2款);(6)武装掩护走私的(第157条第1款);(7)国有公司、企业、事业单位的工作人员,徇私舞弊犯《刑法》第168条第1款与第2款之罪的(第168条第3款);(8)伪造货币并出售或者运输伪造的货币的(第171条第3款);(9)银行或者其他金融机构的工作人员利用职务上的便利,窃取、收买或者非法提供他人信用卡信息资料的(第177条之一第3款);(10)银行或者其他金融机构的工作人员违反国家规定,向关系人发放贷款的(第186条第2款);(11)奸淫幼女的(第236条第2款);(12)猥亵儿童的(第237条第3款);(13)非法拘禁具有殴打、侮辱情节的(第238条第1款后段);(14)国家机关工作人员利用职权犯《刑法》第238条前3款规定之罪的(第238条第4款);(15)国家机关工作人员犯诬告陷害罪的(第243条第2款);(16)司法工作人员滥用职权犯非法搜查罪或非法侵入住宅罪的(第245条第2款);(17)刑讯逼供或暴力取证致人伤残、死亡的(第247条);(18)虐待被监管人致人伤残、死亡的(第248条第1款);(19)邮政工作人员私拆、隐匿、毁弃邮件、电报而窃取财物的(第253条第2款);(20)将在履行职责或者提供服务过程中获得的公民个人信息,出售或者提供给他人的(第253条之一第2款);(21)冒充人民警察招摇撞骗的(第279条第2款);(22)组织、指使他人实施冒名顶替行为的(第280条之二第2款);(23)引诱未成年人参加聚众淫乱活动的(第301条第2款);(24)司法工作人员以暴力、威胁、贿买等方法阻止证人作证、指使他人作伪证或者帮助当事人毁灭、伪造证据的(第307条第3款);(25)提起虚假诉讼,非法占有他人财产或者逃避合法债务,又构成其他犯罪的(第307条之一第3款);(26)司法工作人员利用职权,与他人共同实施虚假诉讼行为的,以及同时构成其他犯罪的(第307条之一第4款);(27)盗伐、滥伐国家级自然保护区内的森林或者其他林木的(第345条第4款);(28)利用、教唆未成年人走私、贩卖、运输、制造毒品或者向未成年人出售毒品的(第347条第6款);(29)缉毒人员或者其他国家机关工作人员掩护、包庇走私、贩卖、运输、制造毒品的犯罪分子的(第349条第2款);(30)引诱、教唆、欺骗或者强迫未成年人吸食、注射毒品的(第353条第3款);(31)组织、强迫运动员使用兴奋剂参加国内、国际重大体育竞赛的(第355条之一第2款);(32)因走私、贩卖、运输、制造、非法持有毒品罪被判过刑,又实施毒品犯罪的(第356条);(33)组织、强迫未成年人卖淫的(第358条第2款);(34)旅馆业、饮食服务业、文化娱乐业、出租汽车业等单位的主要负责人利用本单位的条件,组织、强迫、引诱、容留、介绍他人卖淫的(第361条第2款);(35)制作、复制淫秽的电影、录像等音像制品组织播放的(第364条第3款);(36)向不满18周岁的未成年人传播淫秽物品的(第364条第4款);(37)战时破坏武器装备、军事设施、军事通信的(第369条);(38)挪用用于救灾、抢险、防汛、优抚、扶贫、移民、救济款物归个人使用的(第384条第2款);(39)索取贿赂的(第386条后段);(40)徇私舞弊犯食品监管渎职罪的(第408条之一第2款);(41)战时阻碍军人执行职务的(第426条后段);(42)伪造、变造海关签发的报关单等凭证和单据,并用于骗购外汇的(《关于惩治骗购外汇、逃汇和非法买卖外汇犯罪的决定》第1条第2款);(43)海关、外汇管理部门以及金融机构、从事对外贸易经营活动的公司、企业或者其他单位的工作人员与骗购外汇或者逃汇的行为人通谋,为其提供购买外汇的有关凭证或者其他便利条件的,或者明知是伪造、变造的凭证和单据而售汇、付汇的(上述《决定》第5条)。①

(三) 酌定量刑情节

酌定量刑情节,简称酌定情节,它虽然不是刑法明文规定的情节,但对量刑仍然起着重要影响作用。根据司法实践,常见的酌定情节主要有以下几种:

1. 犯罪的手段。特定的手段作为犯罪构成要件(行为)内容时,不是量刑情节,故这里的犯罪手段是指不属于构成要件内容的手段。犯罪的手段残酷、狡猾程度,直接说明犯罪行为的危害程度,因而影响量刑。如伤害的手段是否残忍,就对量刑起影响作用。

2. 犯罪的时空及环境条件。犯罪的时间、地点、环境条件不同,也能说明行为的社会危害程度不同,因而是影响量刑的因素。例如,在发生地震等严重自然灾害时犯罪,其危害性就重于在平时的犯罪,量刑时应当考虑。

3. 犯罪的对象。在刑法没有将特定对象规定为构成要件的情况下,犯罪对象的具体差别,反映行为的社会危害程度,因而是量刑时需要考虑的情节。例如,盗窃救灾、抢险款物的危害性就重于盗窃一般公私财物的危害性,量刑时应区别对待。

4. 犯罪造成的危害结果。当危害结果不是犯罪构成要件内容时,危害结果(包括直接结果、间接结果)的轻重对说明行为的社会危害性起重要作用,因而成为量刑时应斟酌考虑的重要情节。例如,同是隐匿、毁弃他人信件,其隐匿、毁弃的信件多少以及由此造成的后果不同,量刑就应有所不同。

5. 犯罪的动机。犯罪动机不同,直接说明行为人的罪过程度不同,因而是量刑时必须考虑的因素。例如,同是故意杀人,有的是出于义愤杀人,有的是因为奸情杀人,其所反映的罪过程度就有差别,量刑时也应有所差别。

---

① 除累犯、自首、坦白与立功外,刑法总则规定的量刑情节,在相关章节均已说明。分则规定的量刑情节,需要联系具体条文理解和把握。

6. 犯罪后的态度。犯罪后的态度,反映行为人的人身危险程度,因而在量刑时应当予以考虑。例如,有的人犯罪后坦白悔罪,积极退赃,主动赔偿损失,有的人犯罪后却负隅顽抗,隐匿赃物,要挟被害人,这反映出行为人的人身危险程度不同,改造的难易程度不同,在量刑时必须区别对待。

7. 犯罪人的一贯表现。犯罪人的一贯表现既不是定罪的根据,也不是量刑的主要依据,但与犯罪行为有密切联系的一贯表现,却是量刑时应当考虑的因素,因为这种因素也反映行为人的人身危险程度。例如,两个盗窃相同数额财物的罪犯,一个平时经常有小偷小摸行为,一个没有不良表现,对于前者的量刑就应当重于后者。

8. 前科。前科是指依法受过刑事处罚的事实(参见《刑法》第100条)。依法受过刑事处罚后又犯罪的,说明行为人的人身危险性较为严重,理当成为酌定量刑情节。但是,如果构成累犯或者特定的再犯(《刑法》第356条),则属于法定情节。

(四)量刑情节的适用

量刑是否适当,在很大程度上取决于对各种量刑情节的适用是否得当。在适用量刑情节时,应当注重以下问题:

1. 正确认识和处理不同情节之间的关系

(1)正确处理法定的应当型情节、可以型情节与酌定情节之间的关系。总的来说,法官对三者的裁量权依次递增:关于应当型情节的规定是一种硬性规定,法官具有遵守义务;关于可以型情节的规定是一种授权性规定,法官有权根据案件的具体情况,决定是否实现刑法规定的内容,但该规定同时表明了一种倾向性意见,即在通常情况下,应实现刑法规定的内容;酌定情节是刑法没有作出任何明文规定的,由法官适当考虑、具体斟酌的情节。但以上只是就法官应否将某种情节作为从宽或从重情节的裁量权而言,而不是从量刑情节对从宽或者从重所起的具体作用(对量刑轻重的具体影响)而言。例如,与法定的应当从轻处罚的情节相比,法定的可以减轻或者免除处罚的情节,对从宽处罚所起的作用就更大。再如,某些酌定量刑情节对从轻或从重处罚所起的具体作用,完全可能大于法定的从轻或从重情节。这是因为,成文法的特点决定了其不可避免存在局限性,刑法完全可能遗漏了部分明显影响责任刑的情节,或者由于难以规定的原因而委任于法官。质言之,有些酌定情节对责任刑的影响可能大于法定情节。例如,在故意杀人罪中,杀人的动机虽然不是构成要件要素,但是,被告人为什么杀人则是影响责任大小的一个重要情节。这种杀人动机对责任刑的影响,在某些场合可能比责任年龄对责任刑产生的影响更重大。例如,甲女为了摆脱丈夫的长期虐待而杀害丈夫(但不构成正当防卫与紧急避险等事由),17周岁的乙男基于图财动机而杀人。虽然乙具有法定的从宽处罚的情节,但是,甲的责任刑必须轻于乙的责任刑。如果没有其他特殊情节,对甲的宣告刑也必须轻于乙的宣告刑。所以,不能一概认为,法定的应当型情节优于可以型情节,可以型情节优于酌定情节。

(2) 正确处理案中情节与案外情节的关系。在同属于法定情节或同属于酌定情节的前提下,或者说在情节的功能相同的情况下,案中情节应优于案外情节,这是由这两种情节的地位与作用所决定的。

(3) 正确对待数个量刑情节。一个犯罪人可能具有数个从严情节,或具有数个从宽情节。在这种情况下,不能任意改变量刑情节所具有的功能。例如,犯罪人同时具有几个从轻或者减轻处罚的情节时,只能减轻处罚或者进行较大幅度的减轻处罚,而不能免除处罚。再如,犯罪人同时具有几个从重处罚的情节时,也只能是从重处罚,不能加重处罚,即不能高于法定最高刑判处刑罚。一个犯罪人也可能同时具有从宽情节与从严情节。在这种情况下,不能采取简单的折抵办法,而应考虑不同情节的地位与作用,分别适用各种量刑情节。具体做法是,先撇开量刑情节考虑应当判处的刑种与刑度,再考虑从严情节估量出刑种与刑度,然后考虑从宽情节决定刑种与刑度。

2. 正确适用多功能情节

我国《刑法》规定的从宽情节,绝大多数属于多功能情节,其核心是从某一量刑情节所包含的多种功能中选择其中一种功能,并将其适用于具体案件的量刑。在这种情况下,首先要考虑罪行的轻重程度,罪行相当轻微的,应选择较大的从宽功能;反之,则选择较小的从宽功能。例如,不满18周岁的人犯相同的罪,甲犯罪的情节严重,应考虑从轻处罚;乙犯罪的情节轻微,应考虑减轻处罚。其次要考虑量刑情节本身的情况。例如,同样是自首,甲犯罪后立即自动投案,并如实供述了全部罪行,应考虑减轻处罚;乙犯罪后过了较长时间才自动投案,并如实供述了自己的主要罪行,应考虑从轻处罚。最后要考虑刑法规定的顺序,如有的规定可以"免除或者减轻处罚",有的则规定可以"减轻或者免除处罚"。这种顺序的排列,反映了刑事立法的倾向性意图,启示审判人员首先考虑排列在前面的功能。

3. 禁止重复评价

量刑时,对各种情节不能进行重复评价。"情节"有不同的种类:第一类是作为符合犯罪构成要件事实的情节;第二类是作为选择法定刑依据的情节;第三类是在既定法定刑之下影响具体量刑的情节。前两类情节发挥了各自的作用后,就不能再作为第三类的量刑情节予以考虑。

例如,《刑法》第275条规定:"故意毁坏公私财物,数额较大或者有其他严重情节的,处三年以下有期徒刑、拘役或者罚金;数额巨大或者有其他特别严重情节的,处三年以上七年以下有期徒刑。"其中的"数额较大或者有其他严重情节"

是构成要件,故符合这种构成要件的事实作为认定犯罪的依据起了作用后,不能再作为量刑情节进行重复评价;同样,其中的"数额巨大或者有其他特别严重情节"是作为选择法定刑依据的情节,如果行为人毁坏公私财物的数额巨大,就应选择3年以上7年以下的法定刑,不能将数额巨大再作为既定法定刑之下的量刑情节;只有除此之外的情节,才能在既定法定刑之下影响量刑。

三、累犯

累犯,是指被判处一定刑罚的犯罪人,在刑罚执行完毕或者赦免以后,在法定期限内又犯一定之罪的情况。根据《刑法》第65条和第66条的规定,累犯分为一般累犯与特殊累犯,但法律后果相同。

(一)一般累犯

《刑法》第65条第1款规定:"被判处有期徒刑以上刑罚的犯罪分子,刑罚执行完毕或者赦免以后,在五年以内再犯应当判处有期徒刑以上刑罚之罪的,是累犯,应当从重处罚,但是过失犯罪和不满十八周岁的人犯罪的除外。"据此,一般累犯的成立条件如下:

1. 前罪与后罪都必须是故意犯罪,如果前后两罪或者其中一罪是过失犯罪,就不成立累犯。这样规定是因为,过失犯罪所反映的罪过性,轻于故意犯罪所反映的罪过性,过失犯罪人再犯罪的可能性也比较小,过失犯罪事实上也比故意犯罪少得多,而累犯制度的设立以遏制犯罪人再次犯罪为目的,故不应当也没有必要对过失犯罪设立累犯制度。

2. 行为主体实施前罪与后罪时,都必须已满18周岁。犯后罪时不满18周岁的,不得认定为累犯;同样,犯前罪时不满18周岁但犯后罪时已满18周岁的,也不构成累犯。一方面,未成年人容易接受教育改造,不以累犯从重处罚,也足以预防其再次犯罪。另一方面,对未成年人犯罪不以累犯论处,符合我国注重对未成年犯罪人进行保护性教育的刑事政策。

3. 前罪被判处有期徒刑以上刑罚,后罪应当判处有期徒刑以上刑罚。因此,如果前罪被判处的是拘役、管制或者单处附加刑,无论后罪多么严重,也不成立累犯;反之,前罪被判处有期徒刑以上刑罚,后罪应当判处拘役、管制或单处附加刑的,也不成立累犯。这一条件表明,只有当前罪与后罪都是比较严重的犯罪时,才成立累犯,这便将从重处罚的累犯限定在严重犯罪的范围内。

4. 后罪发生的时间,必须在前罪所判处的刑罚执行完毕或者赦免以后的5年之内。上述5年的期限,对于被假释的犯罪人,应从假释期满之日起计算。由于累犯的成立以前罪"刑罚执行完毕或者赦免以后"5年内再犯罪为条件,故被假释的犯罪人在假释考验期内再犯新罪的,被判处缓刑的犯罪人在缓刑考验期内再犯新罪的,以及被判处缓刑的犯罪人在缓刑考验期满后再犯新罪的,都不成立累犯。此外,刑罚执行完毕是指主刑执行完毕,附加刑是否执行完毕不影响累犯的成立。

(二) 特殊累犯

《刑法》第 66 条规定:"危害国家安全犯罪、恐怖活动犯罪、黑社会性质的组织犯罪的犯罪分子,在刑罚执行完毕或者赦免以后,在任何时候再犯上述任一类罪的,都以累犯论处。"这是关于特殊累犯的规定。据此,特殊累犯的成立条件如下:

1. 前罪和后罪都必须是危害国家安全犯罪、恐怖活动犯罪、黑社会性质的组织犯罪。只要前罪与后罪是这三类罪之一,如前罪是危害国家安全犯罪,后罪是恐怖活动犯罪的,或者前罪是恐怖活动犯罪,后罪是黑社会性质的组织犯罪的,均成立特殊累犯。如若前后两罪或者其中一罪不是这三类犯罪,则不成立特殊累犯,符合条件的成立一般累犯。倘若行为人的前罪发生在旧刑法时代,被认定为反革命罪,现行刑法也将该罪规定为危害国家安全罪(如投敌叛变罪、间谍罪等),行为人在现行刑法实施后犯危害国家安全罪的,应认定为特殊累犯。如果前罪发生在旧刑法时代,被认定为反革命罪,但现行刑法未将该罪规定为危害国家安全罪(如组织越狱罪、聚众持械劫狱等),行为人在现行刑法实施后犯危害国家安全罪的,则不能认定为特殊累犯。如果前罪发生在旧刑法时代,未被认定为反革命罪,但现行刑法将该行为规定为危害国家安全罪,行为人在现行刑法实施后犯危害国家安全罪的,也不应认定为特殊累犯。

2. 必须是在刑罚执行完毕或者赦免以后再犯罪。因此,如果前罪是免予刑罚处罚,也不属于被赦免的,就不成立特殊累犯。至于前罪所判处的刑罚种类,后罪应当判处何种刑罚,以及前罪与后罪的相隔时间,都不影响特殊累犯的成立。

(三) 对累犯的处罚

根据《刑法》第 65 条第 1 款的规定,对累犯应当从重处罚,这采取的是从重处罚主义。首先,对所有的累犯都必须从重处罚。其次,在决定从重的幅度时,除考虑后罪的事实、性质、情节和对社会的危害程度外,还要考虑后罪与刑罚执行完毕或赦免时间的间隔、后罪与前罪的关系。

四、自首

刑法规定的自首制度适用于一切犯罪,其目的在于鼓励犯罪人自动投案,悔过自新,不再继续作案;同时也有利于案件的及时侦破与审判。自首可以分为一般自首与特别自首。

(一) 一般自首

一般自首,是指犯罪以后自动投案,如实供述自己的罪行的行为。一般自首

的成立条件如下:

1. 犯罪以后自动投案

自动投案,一般是指犯罪事实或者犯罪嫌疑人未被办案机关发觉,或者虽被发觉但犯罪嫌疑人尚未受到讯问、未被采取强制措施时,直接向办案机关投案,从而将自己置于办案机关的合法控制下,接受办案机关的审查与裁判的行为。根据自首制度的立法精神与有关司法解释,下列情形也应视为自动投案:(1)犯罪嫌疑人向所在单位、城乡基层组织或者其他有关负责人员投案的;(2)犯罪嫌疑人因病、伤或者为了减轻犯罪后果,委托他人先代为投案的,或者先以信电投案的;(3)罪行尚未被办案机关发觉,仅因形迹可疑,被有关组织查询或者办案机关盘问、教育后,主动交代自己的罪行的;(4)犯罪后逃跑,在通缉、追捕的过程中,主动投案的;(5)经查实犯罪嫌疑人确已准备投案,或者正在投案途中,被司法机关捕获的;(6)并非出于犯罪嫌疑人主动,而是经亲友规劝、陪同投案的;(7)办案机关通知犯罪嫌疑人的亲友,或者亲友主动报案后,将犯罪嫌疑人送去投案的。

犯罪人的投案动机,是多种多样的,有的是出于真心悔悟,有的是为了争取宽大处理,有的是因为亲友劝说,有的是由于潜逃后生活所迫。自动投案意味着犯罪人自己主动投案,但任何投案都必然基于一定的原因,不要将引起犯罪人投案的原因看成是犯罪人被迫的结果,不要因为出于争取宽大处理或生活所迫的动机而否认投案的自动性。但是,下列情形不能视为自动投案:(1)犯罪嫌疑人先投案交代罪行后,又潜逃的;(2)以不署名或化名将非法所得寄给办案机关或报社、杂志社的。

没有自动投案,在办案机关调查谈话、讯问、采取调查措施或者强制措施期间,犯罪分子如实交代办案机关掌握的线索所针对的事实的,不能认定为自首。

2. 如实供述自己的罪行

如实供述自己的罪行,一般是指犯罪嫌疑人自动投案后,如实交代自己所犯的全部罪行。"如实"的实质是既不缩小也不扩大自己的罪行。

在认定"如实供述自己的罪行"时,应注意以下几点:(1)犯有数罪的犯罪嫌疑人仅如实供述所犯数罪中部分犯罪的,只对如实供述的部分犯罪认定为自首。(2)在共同犯罪案件中,作为一般共同犯罪成员的犯罪人,如果要如实供述自己的罪行,就必须交代自己所知的同案犯的罪行,否则对"自己的罪行"的供述不可能"如实";共同犯罪中的主犯,尤其是集团犯罪中的首要分子,如果要如实供述自己的罪行,就必须交代整个共同犯罪的全部罪行,否则其对"自己的罪行"的供述也不可能"如实"。特别要注意的是,有的犯罪人出于掩护其他共犯人目的,有预谋地投案包揽共同犯罪的全部责任的,不能视为如实供述自己的罪行。(3)犯罪嫌疑人自动投案如实供述自己的罪行后又翻供的,不能认定为自首;但在一审判决前又能如实供述的,应当认定为自首。(4)由于客观因素,不能全部交代所有的犯罪事实,但如实供述自己的主要犯罪事实的,也应属于如实供述自己的罪行。但如果隐瞒主要犯罪事实,或者以交代轻罪达到掩盖重罪的目的的,就不是如实供述自己的罪行。(5)犯罪人自动投案如实供述自己的罪行后,为自己进行辩护,提出上诉,或者更正、补充某些事实的,应当允许,不能将这些行为视为没有如实供述自己的罪行。

自首制度既适用于故意犯罪,也适用于过失犯罪。例如,交通肇事后保护现场、抢救伤者、报告交警部门等行为,同时符合自首条件的,应认定为自首。交通肇事逃逸后自动投案,如实供述自己的罪行的,成立自首。此外,单位犯罪案件中,经单位集体决定或者单位负责人决定而自动投案,如实交代单位犯罪事实的,或者单位直接负责的主管人员自动投案,如实交代单位犯罪事实的,应当认定为单位自首。单位自首的,直接负责的主管人员和直接责任人员未自动投案,但如实交代自己知道的犯罪事实的,可以视为自首;拒不交代自己知道的犯罪事实或者逃避法律追究的,不应当认定为自首。单位没有自首,直接责任人员自动投案并如实交代自己知道的犯罪事实的,对该直接责任人员应当认定为自首。

(二)特别自首

特别自首,也称准自首,是指被采取强制措施的犯罪嫌疑人、被告人和正在服刑的罪犯,如实供述司法机关尚未掌握的本人其他罪行的行为。《刑法》第67条明文规定,对这种情况"以自首论"。有的行为人在被公安机关行政拘留期间,如实供述了司法机关尚未掌握的本人其他罪行。虽然其在供述时不属于被采取强制措施的犯罪嫌疑人、被告人和正在服刑的罪犯,但根据罪刑法定原则的精神,也可以视为特别自首。

(三)自首的法律后果

《刑法》第67条第1款后段规定:"对于自首的犯罪分子,可以从轻或者减轻处罚。其中,犯罪较轻的,可以免除处罚。"据此,对于自首的犯罪人应分清不同情况区别处理:首先,犯罪以后自首的,无论罪行轻重,均可以从轻或者减轻处罚;其中如果犯罪较轻的,可以免除处罚。其次,犯罪以后自首的,只是"可以"从宽处罚,不是"应当"从宽处罚。因为有些犯罪的情节特别恶劣,罪行特别严重,如果从结局上从宽处罚,必然不符合罪刑相适应原则;规定只是"可以"从宽处罚,还可以防止犯罪人恶意利用自首制度达到其不当目的。再次,一人犯数罪时,犯罪人仅对其中部分犯罪自首的,自首的上述法律效果只适用于已自首的犯罪,对于没有自首的犯罪,不得以自首为由从宽处罚。最后,二人以上共同犯罪时,自首的法律效果只适用于自首的共犯人,不能适用于没有自首的其他共犯人。

五、坦白

坦白,是指犯罪人被动归案后(如被司法人员当场抓获,被群众扭送至司法机关等不具备自动投案情节的情形),如实供述自己罪行的行为。自首与坦白存在相同之处:都以自己实施了犯罪行为为前提;都是在归案后如实供述自己的罪行;都是从宽处罚的情节。一般自首与坦白的关键区别在于是否自动投案:一般自首是犯罪人自动投案后,如实供述自己的罪行;坦白是被动归案后如实供述自己的罪行。特殊自首与坦白的关键区别在于是否如实供述司法机关还未掌握的本人其他罪行:如实供述司法机关还未掌握的本人其他罪行的,是自首;如实供述司法机关已经掌握的本人其他罪行的,是坦白。因此,自首更能说明犯罪人的再犯罪可能性减小。

坦白原为酌定量刑情节,《刑法修正案(八)》增设了第 67 条第 3 款,使坦白成为法定量刑情节。根据本款规定,如实供述自己罪行的,可以从轻处罚;因其如实供述自己罪行,避免特别严重后果发生的,可以减轻处罚。例如,归案后的绑架犯如实供述人质的所在地点,使人质获救的;归案后的爆炸犯如实供述爆炸物的安放地,避免了爆炸事故的,可以减轻处罚。需要说明的是,归案后的绑架犯不如实供述人质所在地的,归案后的爆炸犯不如实供述爆炸物安放地的,不成立坦白。

六、立功

立功分为一般立功与重大立功。一般立功主要表现为:犯罪分子犯罪后检举、揭发他人犯罪行为,包括共同犯罪案件中的犯罪分子揭发同案犯共同犯罪以外的其他犯罪,经查证属实;提供侦破其他案件的重要线索,经查证属实;阻止他人犯罪活动;协助司法机关抓捕其他犯罪嫌疑人(包括同案犯);具有其他有利于国家和社会的突出表现。

立功必须是犯罪分子本人实施的行为。为使犯罪分子得到从轻处理,犯罪分子的亲友直接向有关机关揭发他人犯罪行为,提供侦破其他案件的重要线索,或者协助司法机关抓捕其他犯罪嫌疑人的,不应当认定为犯罪分子的立功表现。

据以立功的他人罪行材料应当指明具体犯罪事实;据以立功的线索或者协助行为对于侦破案件或者抓捕犯罪嫌疑人要有实际作用。犯罪分子揭发他人犯罪行为时没有指明具体犯罪事实的;揭发的犯罪事实与查实的犯罪事实不具有关联性的;提供的线索或者协助行为对于其他案件的侦破或者其他犯罪嫌疑人的抓捕不具有实际作用的,不能认定为立功表现。

据以立功的线索、材料来源有下列情形之一的,不能认定为立功:(1) 本人通过非法手段或者非法途径获取的;(2) 本人因原担任的查禁犯罪等职务获取的;(3)他人违反监管规定向犯罪分子提供的;(4)负有查禁犯罪活动职责的国家机关工作人员或者其他国家工作人员利用职务便利提供的。

对于属于自首范围内的行为,不能同时构成立功,但可能成立自首与立功的竞合。例如,甲向国家工作人员乙行贿后,主动投案,向司法机关交待了自己向乙行贿和乙收受甲提供的贿赂的事实的,是自首与立功(检举、揭发了乙的犯罪行为)的竞合,可以选择其中对行为人最有利的一个情节作为量刑情节。如果立功表现为不属于自首范围的行为,则应同时认定自首与立功。如A自动投案,如实交待了自己贩卖毒品的犯罪行为,并说明自己所贩卖的毒品是从B处购买的(即检举了B贩卖毒品的犯罪行为),则同时构成自首与立功。

根据有关司法解释,重大立功主要表现为:犯罪分子检举、揭发他人重大犯罪行为,经查证属实;提供侦破其他重大案件的重要线索,经查证属实;阻止他人重大犯罪活动;协助司法机关抓捕其他重大犯罪嫌疑人(包括同案犯);对国家和社会有其他重大贡献等。所称"重大犯罪""重大案件""重大犯罪嫌疑人"的标准,一般是指犯罪嫌疑人、被告人可能被判处无期徒刑以上刑罚或者案件在本省、自治区、直辖市或者全国范围内有较大影响等情形。

根据《刑法》第68条的规定,犯罪人有立功表现的,可以从轻或者减轻处罚;有重大立功表现的,可以减轻或者免除处罚。

第三节 量刑制度

一、从重、从轻、减轻与免除处罚制度

(一)从重与从轻处罚制度

从重与从轻处罚,都"应当在法定刑的限度以内判处刑罚"(《刑法》第62条),因此,一般来说,从重处罚,是指在法定刑的限度内判处较重的刑罚;从轻处罚,是指在法定刑的限度内判处较轻的刑罚。

首先,从重处罚与从轻处罚,都必须是在法定刑的限度内判处刑罚,而不能高于法定刑或者低于法定刑判处刑罚。

其次,从重处罚并不意味着在法定刑的"中间线"以上判处刑罚,从轻处罚也不意味着在法定刑的"中间线"以下判处刑罚。因为刑法并没有以法定刑的"中间线"为标准区分从重处罚与从轻处罚;对绝大多数法定刑不可能划出"中间线";如果从重处罚与从轻处罚以法定刑的"中间线"为标准,就必然造成重罪轻判或者轻罪重判的局面。

最后,从重处罚是相对于既没有从重处罚情节又没有从轻处罚情节的一般情况下所应判处的刑罚而言,即比没有上述情节时的刑罚要相对重一些;从轻处罚也是相对于既没有从轻处罚情节也没有从重处罚情节的一般情况下所应判处的刑罚而言,即比没有上述情节时的刑罚要相对轻一些。因此,从重处罚不是一律判处法定最高刑,从轻处罚也不是指一律判处法定最低刑。正确的做法是,先暂时排除犯罪人所具有的从重、从轻处罚情节,综合考虑犯罪的事实、性质、情节及对社会的危害程度,根据刑法估量应当判处什么刑罚,再考虑从重情节与从轻情节,从而确定应当宣告的刑罚。

(二) 减轻处罚制度

根据《刑法》第63条第1款规定,减轻处罚是"应当在法定刑以下判处刑罚",但如果认为这里的"以下"包括本数在内,则会使减轻处罚与从轻处罚产生交叉,故应认为这里的"以下"不包括本数在内,即减轻处罚是低于法定最低刑判处刑罚。例如,法定刑为3年以上10年以下有期徒刑的,减轻处罚时,所判处的刑罚必须低于3年有期徒刑。

减轻处罚有两种情况:一是具有法定的减轻处罚情节时予以减轻处罚;二是虽然不具有刑法规定的减轻处罚情节,但是根据案件的特殊情况需要减轻处罚时,经最高人民法院核准,也可以减轻处罚(《刑法》第63条第2款)。

减轻处罚时仍然应判处一定刑罚,如果不判处刑罚,就意味着免除处罚而不是减轻处罚了。根据《刑法》第63条第1款的规定,在犯罪只有一个量刑幅度(一个法定刑)的情形下,减轻处罚没有格的限制,而且可能减为更轻的刑种。例如,法定最低刑为3年有期徒刑时,一般在有期徒刑内减轻处罚。但是,如果法定最低刑是拘役,或者虽是有期徒刑但徒刑的起点为最低刑期时,可以减轻至其他刑种。例如,战时自伤身体的,法定刑为3年以下有期徒刑;如果具有减轻处罚情节,就只能选择拘役。再如,《刑法》第414条规定的法定刑为5年以下有期徒刑或者拘役,如果具有减轻处罚情节,便应选择管制。如果法定最低刑为管制,就面临着能否由主刑减为附加刑的问题。本书认为,既然决定对犯罪人减轻处罚,就只能是低于法定最低刑判处刑罚,故在最低刑为管制的情况下,只能选择附加刑。但由于《刑法》第56条第2款明文规定"独立适用剥夺政治权利的,依照本法分则的规定",对于罚金与没收财产则没有类似规定,故应选择没收财产与罚金。《刑法》第63条第1款规定,刑法规定"有数个量刑幅度的,应当在法定量刑幅度的下一个量刑幅度内判处刑罚"。这是针对应当适用较重量刑幅度的情形而言。例如,《刑法》第234条之一第1款规定:"组织他人出卖人体器官的,处五年以下有期徒刑,并处罚金;情节严重的,处五年以上有期徒刑,并处罚金或者没收财产。"在行为人所犯之罪情节严重,又具有减轻处罚的情节时,应当在"五年以下有期徒刑,并处罚金"的幅度内量刑。① 显然,如果行为人所犯之罪情节并不严重,又具有减轻处罚情节(即应当适用最低量刑幅度时),则应按上述只有一个量刑幅度的情形处理。

(三)免除处罚制度

免除处罚,也称免除刑罚处罚、免予刑事处罚,是指对行为作有罪宣告,但对行为人不判处任何刑罚。免除处罚以行为构成犯罪为前提,故对于非犯罪行为,不得适用免除处罚。在免除刑罚处罚时,可以根据案件的不同情况,予以非刑罚处罚(参见《刑法》第37条)。

二、数罪并罚制度

(一)数罪并罚的概念

数罪并罚,是指人民法院对一人犯数罪分别定罪量刑,并根据法定原则与方法,决定应当执行的刑罚。据此,数罪并罚具有以下特征:

1. 一人犯数罪。一人犯两个或两个以上的数罪是实行数罪并罚的前提。一人犯一罪以及数人共同犯一罪的,不发生数罪并罚的问题;数人共同犯数罪的,实际上对数人应分别量刑,仍然存在数罪并罚问题。

2. 数罪发生在法定期间以内。换言之,只有当刑罚执行完毕以前发现犯罪人犯有数罪的,才适用数罪并罚。包括以下具体情况:(1)判决宣告以前一人犯数罪;(2)判决宣告后,刑罚执行完毕以前,发现被判刑的犯罪人在判决宣告以前还有其他罪没有判决的(漏罪);(3)判决宣告后,刑罚执行完毕以前,被判刑的犯罪人又犯罪的(新罪);(4)被宣告缓刑或假释的犯罪人在缓刑或假释考验期内又犯罪或发现漏罪的。由此可见,数罪并罚与累犯从重处罚具有区别,刑罚执行完毕之后又犯罪的,属于是否构成累犯的问题,而不是数罪并罚的问题。刑罚执行完毕以后发现犯罪人在判决宣告以前还有其他罪没有判决的,如果没有超过追诉时效,应依法定罪量刑,但这既不是数罪并罚问题,也不是累犯问题。

3. 对数罪分别定罪量刑后,根据法定原则与方法,决定执行的刑罚。即先对犯罪人所犯数罪分别定罪量刑,后决定合并执行的刑罚。故实行数罪并罚的结局,是对数罪产生一个判决结果,而不是相互独立的几个判决结果。对数罪产生一个判决结果,不是采取"估堆"方法将数罪作为一个整体综合判断,而是先分别定罪量刑,后根据一定原则与方法决定合并执行的刑罚。具体表现为两种情况:一是在判决宣告以前一人犯数罪的,要逐个定罪量刑,然后根据法定原则与

---

① 当行为人具有可以(或者应当)"减轻或者免除处罚"的法定情节,而又不宜免除处罚时,减轻处罚时可以下降两个量刑幅度。当被告人具备两个以上减轻处罚的情节时,原则上也可以下降两个量刑幅度。

方法,决定合并执行的刑罚;二是在判决宣告后刑罚执行完毕以前发现漏罪或者再犯新罪,或者在缓刑、假释考验期内再犯新罪或发现漏罪的,只需要对漏罪或新罪定罪量刑,然后根据法定原则与方法,与前罪刑罚合并决定应执行的刑罚。

(二)数罪并罚的原则

数罪并罚原则,是指对一人犯数罪合并处罚所依据的原则。各国刑法所采取的原则主要有吸收原则、并科原则、限制加重原则与混合原则。吸收原则的内容是将数罪分别定罪量刑,然后选择最重的一种刑罚作为执行的刑罚,其余较轻的刑罚都被最重的刑罚吸收。并科原则也即相加原则,其内容是先将数罪分别定罪量刑,然后将各罪所处的刑罚相加在一起全部执行。限制加重原则的内容是,以数罪中的最高刑罚为基础,再加重一定的刑罚作为执行的刑罚,或者在数刑的合并刑期以下,依法酌情决定执行的刑罚。

《刑法》第69条规定:"判决宣告以前一人犯数罪的,除判处死刑和无期徒刑的以外,应当在总和刑期以下、数刑中最高刑期以上,酌情决定执行的刑期,但是管制最高不能超过三年,拘役最高不能超过一年,有期徒刑总和刑期不满三十五年的,最高不能超过二十年,总和刑期在三十五年以上的,最高不能超过二十五年。""数罪中有判处有期徒刑和拘役的,执行有期徒刑。数罪中有判处有期徒刑和管制,或者拘役和管制的,有期徒刑、拘役执行完毕后,管制仍须执行。""数罪中有判处附加刑的,附加刑仍须执行,其中附加刑种类相同的,合并执行,种类不同的,分别执行。"据此,刑法对数罪并罚采取的是混合原则。

1. 对判处死刑或者无期徒刑及其他主刑并罚的,以及有期徒刑与拘役并罚的,采取吸收原则。(1)数罪中判处几个死刑或者最重刑为死刑时,只执行一个死刑,不执行其他主刑。(2)数罪中判处几个无期徒刑或者最重刑为无期徒刑时,只执行一个无期徒刑,不执行其他主刑。在这种情况下,不能将两个以上的无期徒刑决定合并执行死刑。(3)数罪中有判处有期徒刑和拘役的,只执行有期徒刑。

2. 对于数罪所判处的刑种均为有期徒刑、均为拘役或者均为管制的,采取限制加重原则(有期刑之间的并罚)。有期徒刑、拘役、管制都有期限,本身可以合并,但如果采取相加原则,就显得过严,而且不符合实际;如果采取吸收原则,就显得过宽,既不符合正义观念,也不利于预防犯罪。于是,我国刑法规定了限制加重原则。"限制"表现为两个方面:一是受总和刑期的限制,二是受数罪并罚法定最高刑期的限制。以有期徒刑为例,A犯了两个罪,所判处的刑罚分别为10年和8年,总和刑期为18年,最高刑为10年,故应在10年以上18年以下决定执行的刑罚,此时受总和刑期的限制。B犯了三个罪,所判处的刑罚分别为10年、8年和6年,总和刑期为24年,最高刑为10年,但法律规定总和刑期不满35年时,数罪并罚有期徒刑不得超过20年,故只能在10年以上20年以下决定执行的刑期,此时受数罪并罚法定最高刑期的限制。C 犯了三个罪,分别被判处 12 年、13 年和 14 年有期徒刑,此时,总和刑期在 35 年以上,故应在 14 年以上 25 年以下决定执行的刑期,此时受数罪并罚法定最高刑期的限制。"加重"表现为在所判数刑中的最高刑期以上,而且可以超过有期徒刑、拘役、管制的一般法定最高限度,决定执行的刑期。有期徒刑在数罪并罚时视总和刑期可以超过 15 年达到 20 年或者 25 年,拘役可以超过 6 个月达到 1 年,管制可以超过 2 年达到 3 年。当然,由于《刑法》第 69 条所规定的"应当在总和刑期以下、数刑中最高刑期以上,酌情决定执行的刑期"中的"以下""以上"包括本数,故如果以总和刑期(以不超过刑法规定为前提)作为数罪应执行的刑期,就与并科原则没有区别;如果以数刑中的最高刑期作为数罪应执行的刑期,则与吸收原则没有差异。这种做法并没有被刑法禁止,也为限制加重原则所允许,但司法实践通常是在总和刑期与数刑的最高刑期之间决定执行的刑期。

3. 数罪中有判处有期徒刑和管制,或者拘役和管制的,实行并科原则,即有期徒刑、拘役执行完毕后,管制仍须执行。

4. 数罪中有判处附加刑的,附加刑仍须执行(主刑与附加刑的并罚)。即对判处附加刑的,采取附加刑与主刑并科的原则。如一人犯数罪,其中一个罪被判处剥夺政治权利,那么,在执行主刑的同时,剥夺政治权利附加刑仍须执行。因为附加刑与主刑的性质不同,不得换算与吸收,却可以并科执行。

5. 数罪中判处数个附加刑,附加刑种类相同的,合并执行;种类不同的,分别执行(附加刑之间的并罚)。例如,一个罪判处罚金 5 万元,另一个罪判处罚金 10 万元的,要合并执行 15 万元。又如,一个罪判处罚金,另一个罪判处剥夺政治权利的,要分别执行。再如,数罪分别被判处罚金与没收全部财产时,也应分别执行。

(三) 适用数罪并罚的不同情况

根据《刑法》第 69 条、第 70 条与第 71 条的规定,适用数罪并罚有三种情况:

1. 判决宣告以前一人犯数罪的并罚

判决宣告以前一人犯数罪,并且数罪均已被发现的,根据《刑法》第 69 条规定的上述数罪并罚的原则予以并罚。对于同种数罪一般不并罚,而以一罪论处。因为在通常情况下,对于同种数罪以一罪论处,选择相应的法定刑,能够实现罪刑相适应原则。例如,对于多次抢劫、多次强奸的,适用升格的法定刑,足以罚当其罪。但是,如果以一罪论处违反罪刑相适应原则,则宜实行并罚。例如,对于多次造成他人轻伤的,由于没有可供选择的升格法定刑,以一罪论处可能难以罚当其罪,应实行数罪并罚。再如,对于相隔时间过长的同种数罪,以一罪论处不具有合理性的,也应实行数罪并罚。

2. 刑罚执行完毕以前发现漏罪的并罚

《刑法》第 70 条规定:"判决宣告以后,刑罚执行完毕以前,发现被判刑的犯罪分子在判决宣告以前还有其他罪没有判决的,应当对新发现的罪作出判决,把前后两个判决所判处的刑罚,依照本法第六十九条的规定,决定执行的刑罚。已经执行的刑期,应当计算在新判决决定的刑期以内。"这种数罪并罚的特点是:(1)一人所犯数罪均发生在原判决宣告以前;(2)原判决只对其中的部分犯罪作了判决,对另一部分犯罪没有判决;(3)不管漏罪即新发现的罪与原判决的罪是否性质相同,换言之,即使是相同性质的犯罪也必须实行并罚;(4)将新发现的漏罪定罪量刑,依照《刑法》第 69 条规定的原则与原判决的刑罚实行并罚;(5)已经执行的刑期计算在新判决决定的刑期以内。这种方法称为"先并后减"。

例如,被告人在判决宣告以前犯有甲乙二罪,但人民法院只判决甲罪 8 年有期徒刑,执行 3 年后发现乙罪,人民法院对乙罪判处 9 年有期徒刑,这样便在 9 年以上 17 年以下决定执行的刑期,如果决定执行 14 年,那么,已经执行的 3 年便计算在这 14 年之中,对被告人应再执行 11 年有期徒刑。在这种情况下,与《刑法》第 69 条规定的数罪并罚效果相同。如果已经判决的是两个以上的罪,仍应按各罪单独确定的刑罚计算总和刑。因为发现漏罪的并罚与判决宣告以前一人犯数罪的并罚,应当是一样的。不能因为被告人没有主动交待漏罪,就受到更重的处罚;也不能因此而受到较轻的处罚。例如,B 在判决宣告以前犯有甲乙丙丁 4 个罪,但法院只判决甲罪 8 年有期徒刑、乙罪 12 年有期徒刑,决定合并执行 18 年有期徒刑。执行 5 年后,发现丙罪与丁罪,法院判处丙罪 5 年有期徒刑、丁罪 7 年有期徒刑。此次并罚的"数刑中最高刑期"仍应是 12 年,而不是 18 年。于是,法院应在 12 年以上 32 年以下决定应执行的刑期;但此时的并罚不得超过 20 年,故只能在 12 年以上 20 年以下决定应执行的刑期。如果决定执行 19 年,则还需要执行 14 年。

这种情形的并罚还涉及如何确定总和刑期的问题。例如,C 在判决宣告以前犯有甲乙丙丁 4 个罪,但法院只判决甲罪 11 年有期徒刑、乙罪 12 年有期徒刑,决定合并执行 18 年有期徒刑。执行 5 年后,发现丙罪与丁罪,法院判处丙罪 6 年有期徒刑、丁罪 7 年有期徒刑。此次并罚的"数刑中最高刑期"应是 12 年,而不是 18 年。于是,法院应在 12 年以上 36 年(11+12+6+7)以下决定应执行的刑期;但此时的并罚不得超过 25 年,故只能在 12 年以上 25 年以下决定应执行的刑期。倘若认为此次并罚的"数刑中最高刑期"应是 18 年(即将甲乙二罪并罚后的判决结果理解为《刑法》第 70 条所称的前判决),那么,法院应在 18 年以上 31 年(18+6+7)以下决定应当执行的刑期,此时的并罚就不得超过 20 年,于是导致第 70 条的并罚轻于第 69 条的并罚。可是,《刑法》第 70 条的并罚结局应当与第 69 条的并罚结局完全相同(因为被告人都是在判决宣告以前犯罪),故能采取后一种并罚方法。①

3. 刑罚执行完毕以前又犯新罪的并罚

《刑法》第 71 条规定:"判决宣告以后,刑罚执行完毕以前,被判刑的犯罪分子又犯罪的,应当对新犯的罪作出判决,把前罪没有执行的刑罚和后罪所判处的刑罚,依照本法第六十九条的规定,决定执行的刑罚。"这种数罪并罚的特点是:(1) 犯罪人在原判决宣告以后,刑罚执行完毕之前又犯新罪;(2) 不管新罪与原判决的罪是否性质相同的罪,均应并罚;(3) 将新罪定罪量刑;(4) 将前罪没有执行的刑罚与新罪所判处的刑罚,依照《刑法》第 69 条的原则进行并罚;(5) 已经执行的刑期不得计算在新判决所决定的刑期以内。这种方法称为"先减后并"。

例如,被告人因犯某罪被判处有期徒刑 15 年,执行 10 年后又犯新罪,对新罪判处有期徒刑 8 年。依照先减后并的方法,应当将没有执行的 5 年与新罪的 8 年实行并罚,即在 8 年以上 13 年以下决定执行的刑期,如果决定执行 12 年,则被告人还需服刑 12 年。加上已执行的刑期,被告人实际执行的刑期为 22 年。显然,先减后并的结果比先并后减的结果要重:一是实际执行的起点刑期提高了,二是实际执行的刑期可能超过刑法规定的数罪并罚法定最高刑的限制。以上例为例,如果采取先并后减的方法,实际执行的起点刑为 15 年,最高刑期不得超过 20 年;而采取先减后并的方法,实际执行的起点刑为 18 年,最高刑期可以是 23 年。刑法这样规定,是因为犯罪人在刑罚执行期间又犯新罪,说明其再犯罪可能性大,只有给予更重的处罚,才能更有力地教育和改造犯罪人。此外,先减后并的方法还有一个特点,即犯罪人在刑罚执行期间所犯新罪的时间距离前罪所判刑罚执行完毕的期限越近(犯罪人再犯新罪时前罪所判刑罚的残余刑期越短),数罪并罚时决定执行刑罚的最低期限、实际执行的刑期的最低期限就越长。这对巩固改造成果、提高刑罚执行效益,具有重要意义。

如果犯罪人在刑罚执行期间又犯新罪,并且发现其在原判决宣告以前的漏罪,则先将漏罪与原判决的罪,根据《刑法》第 70 条规定的先并后减的方法进行并罚;再将新罪的刑罚与前一并罚后的刑罚还没有执行的刑期,根据《刑法》第 71 条规定的先减后并的方法进行并罚。例如,犯罪人所犯甲罪已被人民法院判处 8 年有期徒刑,执行 5 年后,犯罪人又犯乙罪,人民法院判处 9 年有期徒刑,对所发现的原判决宣告以前的漏罪判处 6 年有期徒刑。于是,先将漏罪的 6 年有期徒刑与甲罪的 8 年有期徒刑实行并罚,在 8 年以上 14 年以下决定应当执行的刑罚,如果决定执行 12 年有期徒刑,则犯罪人还需执行 7 年有期徒刑。然后,再

---

① 对《刑法》第 70 条的"前后两个判决"不能按字面含义理解,而应解释为"以前作出的判决与发现漏罪后作出的判决"。

将乙罪的 9 年有期徒刑与没有执行的 7 年,实行并罚,在 9 年以上 16 年以下决定应当执行的刑罚,如果决定执行 12 年,则犯罪人实际上执行 17 年。

三、缓刑制度

(一) 缓刑的概念

缓刑,是指对于被判处拘役、3 年以下有期徒刑的犯罪人,根据其犯罪情节和悔罪表现,如果暂缓执行刑罚确实不致再危害社会,就规定一定的考验期,暂缓刑罚的执行;在考验期内,如果遵守一定条件,原判刑罚就不再执行的一项制度。简言之,缓刑是有条件地不执行所判决的刑罚。其特点是:既判处一定刑罚,又暂不执行,但在一定期间保留执行的可能性。缓刑不是一种独立的刑种。从裁量是否执行所判刑罚的意义上说,缓刑是一种量刑制度;从刑罚执行的意义上说,缓刑也是一种刑罚执行制度。

缓刑不同于死刑缓期执行。二者虽然都是有条件地不执行原判刑罚,都不是独立的刑种,但在适用对象、执行方法、考验期限和法律后果等方面存在本质区别:(1) 缓刑适用于被判处拘役或者 3 年以下有期徒刑的犯罪人;死缓适用于应当判处死刑但不是必须立即执行的犯罪人。(2) 对于宣告缓刑的犯罪人不予关押;对于宣告死缓的犯罪人必须予以监禁,并强迫劳动改造,以观后效。(3) 缓刑依所判处的刑种与刑期不同而有不同的法定考验期限;死缓的考验期为 2 年。(4) 缓刑的后果要么是原判刑罚不再执行,要么是执行原判刑罚乃至数罪并罚;死缓的后果根据情况既可能是减为无期徒刑或有期徒刑,也可能是执行死刑。

缓刑与对军人的"战时缓刑"具有区别。《刑法》第 449 条规定:"在战时,对被判处三年以下有期徒刑没有现实危险宣告缓刑的犯罪军人,允许其戴罪立功,确有立功表现时,可以撤销原判刑罚,不以犯罪论处。"不难看出,战时缓刑虽然可谓一种特殊缓刑,但与普通缓刑在适用的时间、对象、条件、考验内容、法律后果等方面存在相当明显的区别。

(二) 缓刑的适用条件

根据《刑法》第 72 条、第 74 条的规定,适用缓刑必须符合以下条件:

1. 缓刑只适用于被判处拘役或者 3 年以下有期徒刑的犯罪人。(1) 这里所说的被判处拘役或者 3 年以下有期徒刑,是就宣告刑而言,而不是指法定刑;即使法定最低刑高于 3 年有期徒刑,但因具有减轻处罚情节而判处 3 年以下有期徒刑的,也可能适用缓刑;基于同样的理由,如果所判处的刑罚高于 3 年有期徒刑,就不能适用缓刑。(2) 对被判处管制或者单处附加刑的,不能适用缓刑。因为管制或者单处附加刑都不存在剥夺人身自由的问题,适用缓刑没有实际意义。(3) 如果一人犯数罪,实行数罪并罚后,决定执行的刑罚为 3 年以下有期徒刑或者拘役的,也可以适用缓刑。

2. 适用缓刑确实不致再危害社会。具体而言,只有同时具备以下四个条件,才能适用缓刑:(1)犯罪情节较轻;(2)有悔罪表现;(3)没有再犯罪的危险;(4)宣告缓刑对所居住社区没有重大不良影响。前三个条件的设定是基于法律理由,其中,(3)是实质条件,(1)与(2)是判断没有再犯罪危险的情节。悔罪表现,是指犯罪后悔恨自己罪行的表现,如犯罪后积极退赃,真诚向被害人道歉,在羁押期间遵守监管法规等。据此,即使犯罪情节较轻,但没有悔罪表现的,法院也不得认为其没有再犯罪的危险。第(4)个条件的设定是基于政策理由。值得注意的是,宣告缓刑对所居住社区是否具有重大不良影响,需要根据社区环境(包括犯罪人家庭环境),联系犯罪人所犯之罪与社区环境的关系,进行客观判断。只要适合在所居住的社区实行社区矫正的,就应认为符合第(4)个条件。不能以社区部分居民反对缓刑为由,认定宣告缓刑是否对所居住社区有重大不良影响。

3. 必须不是累犯和犯罪集团的首要分子。换言之,对于累犯和犯罪集团的首要分子,不适用缓刑。因为累犯在执行一定刑罚之后无视受刑的体验而再次犯罪,说明其再犯罪可能性大;如果不执行所判处的刑罚,他们再次犯罪的可能性更大,故对累犯不能适用缓刑。犯罪集团的首要分子,因为其罪行严重,如适用缓刑,依旧可能组织、领导犯罪集团的犯罪活动,故不得适用缓刑。

具备上述条件的,就可以宣告缓刑。对其中不满18周岁的人、怀孕的妇女和已满75周岁的人,应当宣告缓刑。

(三)缓刑的考验期限与考察

缓刑的考验期限,是指对被宣告缓刑的犯罪人进行考察的一定期间。缓刑是对所判处的刑罚有条件地不执行,为了考验犯罪人是否遵守这种条件,就要在决定缓刑的同时,确定一个对犯罪人进行考验的期限,这便是缓刑的考验期限。

根据《刑法》第73条的规定:(1)拘役的考验期限最低不能少于2个月,最长不得超过1年,有期徒刑的缓刑考验期限最低不能少于1年,最高不能超过5年,在此范围内,缓刑考验期限等于或者长于原判刑罚。(2)必须注意原判刑期与缓刑考验期限的比例关系,一般来说,考验期限应适当长于原判刑期。(3)缓刑的考验期限,从判决确定之日起计算。判决确定以前先行羁押的,不能折抵考验期限。因为缓刑考验期限不是刑罚执行期限;规定考验期限是为了考察犯罪人在此期限内是否遵守一定条件,如果将羁押日期折抵考验期限,就失去了规定考验期限的意义;先前的羁押期实际上也是人民法院考察犯罪人有无悔罪表现、从而决定是否宣告缓刑的日期,不能折抵考验期限。

给宣告缓刑的犯罪人规定一定的考验期限,是为了对其进行考察;没有必要的考察,缓刑就难以起到应有的作用。根据《刑法》第76条的规定,被宣告缓刑的犯罪分子,在缓刑考验期内,由公安机关考察,所在单位或者基层组织予以配合。考察的范围较广,包括了解犯罪分子的改造情况,督促其遵纪守法,预防其重新犯罪等。考察的方法没有限制,但既不能放任不管,也不能将考察变成管制。根据《刑法》第75条的规定,被宣告缓刑的犯罪分子,应当遵守下列规定:(1)遵守法律、行政法规,服从监督;(2)按照考察机关的规定报告自己的活动情况;(3)遵守考察机关关于会客的规定;(4)离开所居住的市、县或者迁居,应当报经考察机关批准。根据《刑法》第72条第2款的规定,宣告缓刑的,可以根据犯罪情况,同时禁止犯罪分子在缓刑考验期限内从事特定活动,进入特定区域、场所,接触特定的人。在此情形下,犯罪分子必须同时服从禁止令。根据《刑法》第76条的规定,对宣告缓刑的犯罪分子,在缓刑考验期限内,依法实行社区矫正。

此外,根据《刑法》第72条第3款的规定,被宣告缓刑的犯罪人,如果被判处附加刑的,附加刑仍须执行。这说明,缓刑的效力不及于附加刑。

(四)缓刑考验期满与缓刑的撤销

缓刑考验期满,是指犯罪人在缓刑考验期内,没有再犯新罪,没有发现判决宣告以前还有其他罪没有判决,没有情节严重的违反有关缓刑的监督管理规定,没有严重违反禁止令,并且经过了考验期限。根据《刑法》第76条的规定,被宣告缓刑的犯罪分子,如果没有上述四种情形,缓刑考验期满,原判的刑罚就不再执行,并公开予以宣告。"原判的刑罚就不再执行",是指原判决的有罪宣告仍然有效,原判的刑罚也没有错误,但由于犯罪分子在考验期内符合法定条件,原判决所宣告的刑罚不再执行。

缓刑的撤销,是指由于犯罪分子在缓刑考验期内,没有遵守法定条件,而将原判决宣告的缓刑予以撤销,对犯罪人执行原判刑罚。缓刑的撤销包括四种情况:

一是被宣告缓刑的犯罪分子,在缓刑考验期内犯新罪的,应当撤销缓刑,将新犯的罪作出判决,把前罪和后罪所判处的刑罚,依照《刑法》第69条的规定,决定执行的刑罚。如果原判决宣告以前先行羁押的,羁押日期应当折抵刑期。

二是被宣告缓刑的犯罪分子,在缓刑考验期内发现判决宣告以前还有其他罪没有判决的,应当撤销缓刑,对新发现的罪作出判决,把前罪和后罪所判处的刑罚,依照《刑法》第69条的规定,决定执行的刑罚(符合缓刑条件的,仍可再次宣告缓刑)。如果原判决宣告以前先行羁押的,羁押日期应当折抵刑期。

三是被宣告缓刑的犯罪分子,在缓刑考验期内,违反法律、行政法规或者国务院有关部门有关缓刑的监督管理规定,情节严重的,应当撤销缓刑,执行原判刑罚。原判决宣告以前先行羁押的,应当折抵刑期。这种缓刑的撤销,并不是以被宣告缓刑的犯罪人,在缓刑考验期内,违反法律、行政法规或者国务院有关部门关于缓刑的监督管理规定为充足条件；换言之，只有具有上述违反行为，并且情节严重的，才应当撤销缓刑。

四是被宣告缓刑的犯罪分子，在缓刑考验期内，违反人民法院判决中的禁止令，情节严重的，应当撤销缓刑，执行原判刑罚。原判决宣告以前先行羁押的，应当折抵刑期。

第十三章 刑罚的执行

刑罚的执行,是指法律规定的刑罚执行机关,依法将发生法律效力的刑事裁判所确定的刑罚内容付诸实施,并解决由此产生的法律问题所进行的各种活动。刑罚的执行主体是法律规定的刑罚执行机关;执行对象是因实施犯罪行为受刑罚处罚的人(犯罪人)。刑罚执行的依据是发生法律效力的刑事判决与裁定。刑罚执行的基本内容是将有效的刑事裁判所决定的刑罚内容予以实施、实现。刑罚执行并不只是单纯地实施刑事裁判所处刑罚的内容,事实上还要解决由此产生的一些法律问题,最典型的是通过减刑、假释等方式,适时对原判决作一定限度的调整,故减刑、假释也就成为重要的刑罚执行制度。

第一节 减刑制度

一、减刑的概念

减刑,是指对于被判处管制、拘役、有期徒刑、无期徒刑的犯罪人,在刑罚执行期间,如果认真遵守监规,接受教育改造,确有悔改表现,或者有立功表现的,适当减轻原判刑罚的制度。如被判处无期徒刑的犯罪人,在执行期间具有立功表现,将无期徒刑减为 15 年有期徒刑;被判处 8 年有期徒刑的犯罪人,在执行期间具有悔改表现,将 8 年有期徒刑减为 7 年有期徒刑。

根据《刑法》第 78 条的规定,减刑分为两种情况:一是可以减刑,即具备一定条件时,人民法院可以裁定减刑。二是应当减刑,即有重大立功表现时,人民法院应当减刑。从减刑的方法与效果来看,减刑也分为两种情况:一是将无期徒刑减为有期徒刑,这是刑种的变更;二是将管制、拘役、有期徒刑的刑期减少,不能变更刑种。

减刑不同于改判。改判是指原判决有错误,撤销原判决而重新作出判决;改判的结果是多种多样的。减刑并不改变原判决,而是在肯定原判决的基础上,基于法定原因将原判决的刑罚予以减轻。减刑与减轻处罚的区别则更为明显。

二、减刑的条件

(一)前提条件

只能对被判处管制、拘役、有期徒刑、无期徒刑的犯罪人减刑。这是可以减刑与应当减刑的共同前提条件。这里只有刑种的限制，没有刑期的限制，没有犯罪性质的限制。首先，对于死缓依法减为无期徒刑或者有期徒刑的，虽然实质上减轻了刑罚，但不是《刑法》第78条规定的减刑。其次，附加刑的减轻也不是《刑法》第78条规定的减刑。最后，被宣告缓刑的犯罪人，如果在缓刑考验期内确有突出悔改或立功表现的，可以参照《刑法》第78条的规定，对原判刑罚予以减刑，同时相应地缩短其缓刑考验期限。对缓刑考验期限的缩短，虽然不是《刑法》第78条规定的减刑，但缩短缓刑考验期限的前提是对原判刑罚予以减刑。

（二）实质条件

1. 可以减刑的实质条件

可以减刑的实质条件是，犯罪人在刑罚执行期间，认真遵守监规，接受教育改造，确有悔改表现，或者有立功表现。具体地说，在下列两种情形下，可以减刑：(1) 犯罪人在执行期间，认真遵守监管法规，接受教育改造，确有悔改表现的。"确有悔改表现"是指同时具备四个方面的情形：认罪伏法；认真遵守监规，接受教育改造；积极参加政治、文化、技术学习；积极参加劳动，完成生产任务。对职务犯罪、破坏金融管理秩序和金融诈骗犯罪、组织（领导、参加、包庇、纵容）黑社会性质组织犯罪等罪犯，不积极退赃、协助追缴赃款赃物、赔偿损失，或者服刑期间利用个人影响力和社会关系等不正当手段意图获得减刑、假释的，不认定其"确有悔改表现"。罪犯在刑罚执行期间的申诉权利应当依法保护，对其正当申诉不能不加分析地认为是不认罪悔罪。(2) 有立功表现的。"立功表现"是指具有下列情形之一：检举、揭发监内外犯罪活动，或者提供重要的破案线索，经查证属实的；阻止他人犯罪活动的；在生产、科研中进行技术革新，成绩突出的；在抢险救灾或者排除重大事故中表现积极的；有其他有利于国家和社会的突出事迹的。

2. 应当减刑的实质条件

应当减刑的实质条件是，犯罪人在刑罚执行期间，有重大立功表现。根据《刑法》第78条的规定，有下列重大立功表现之一的，应当减刑：(1) 阻止他人重大犯罪活动的；(2) 检举监狱内外重大犯罪活动，经查证属实的；(3) 有发明创造或者重大技术革新的；(4) 在日常生产、生活中舍己救人的；(5) 在抗御自然灾害或者排除重大事故中，有突出表现的；(6) 对国家和社会有其他重大贡献的。

三、减刑的限度与幅度

具备上述两个条件的，便可以或者应当减刑。但是，减刑有一定限度。如果减得过多，则违背罪刑相适应原则，有损法院判决的严肃性；如果减得过少，就难以对犯罪人的改造起鼓励作用，也失去了减刑制度的意义。《刑法》第78条第2

款规定:"减刑以后实际执行的刑期不能少于下列期限:(一)判处管制、拘役、有期徒刑的,不能少于原判刑期的二分之一;(二)判处无期徒刑的,不能少于十三年;(三)人民法院依照本法第五十条第二款规定限制减刑的死刑缓期执行的犯罪分子,缓期执行期满后依法减为无期徒刑的,不能少于二十五年,缓期执行期满后依法减为二十五年有期徒刑的,不能少于二十年。"其中的第(二)项,包括从由死缓减为无期徒刑(但没有被限制减刑)的情形。显然,如果管制、拘役、有期徒刑减刑后的刑期只有原判刑期的二分之一,无期徒刑减刑后只有 13 年有期徒刑,死缓被限制减刑后分别只有 25 年与 20 年有期徒刑的,就不得再减刑。从这个意义上说,减刑的限度也是减刑的条件。

  减刑不仅有法定的限度,而且应有一定的幅度,包括从何时起可以减刑、一次可以减刑多少、间隔多长时间可以再次减刑的问题。总的原则应是,既有利于鼓励犯罪人积极改造,又要维护法律与判决的严肃性。就可以减刑而言,一般来说,服刑后开始减刑的时间,应与原判决的刑期、立功的重大程度成正比。如无期徒刑在服刑 2 年以后,才可以减刑;较长的有期徒刑,在服刑 1 年 6 个月以后,才可以减刑;较短的有期徒刑、拘役与管制,则应相应缩短。就应当减刑而言,发现有重大立功表现时就可以减刑。一次减刑的期限,不宜过长,也不宜过短,基本上也与原判决的刑期成正比。刑法虽然没有明文规定可以多次减刑,但从减刑制度的精神来看,只要符合条件,就可以多次减刑,只是每一次减刑的限度,均应以原判决的刑罚为标准计算,而不能以前一次减刑后的刑期为标准进行计算。对于较长的有期徒刑而言,两次减刑之间一般以 1 年以上为宜;对于较短的有期徒刑、拘役、管制而言,两次减刑之间的间隔应相应缩短。但对应当减刑的,则不应有间隔期限的限制。在决定减刑的幅度时,除了考虑原判决的刑罚外,还必须考虑犯罪人的悔改、立功表现等具体情况。例如,对于既有悔改又有立功乃至重大立功表现的、对有多次立功表现的,在减刑时应适当放宽幅度;对未成年的犯罪人,在减刑时也应适当放宽幅度。

四、减刑的程序与减刑后的刑期计算

  为了保证减刑的合法性与正当性,避免减刑制度的错用与滥用,维护刑法与判决的权威性与严肃性,《刑法》第 79 条特别规定:"对于犯罪分子的减刑,由执行机关向中级以上人民法院提出减刑建议书。人民法院应当组成合议庭进行审理,对确有悔改或者立功事实的,裁定予以减刑。非经法定程序不得减刑。"

  减刑后的刑期计算方法,因原判刑罚的种类不同而有所区别:对于原判刑罚为管制、拘役、有期徒刑的,减刑后的刑期应从原判决执行之日起计算;原判刑期已经执行的部分时间,应计算到减刑后的刑期以内。对于无期徒刑减为有期徒刑的,有期徒刑的刑期从裁定减刑之日起计算;已经执行的刑期以及判决宣告以

前先行羁押的日期,不得计算在裁定减刑后的有期徒刑的刑期以内。对于无期徒刑减为有期徒刑以后再次减刑的,其刑期的计算,则应按照有期徒刑减刑的方法计算。对于曾被依法适用减刑,后因原判决有误,经再审后改判的,原来的减刑仍然有效,所减刑期,应从改判后的刑期中扣除。

被判处死缓的犯罪分子,减为无期徒刑后再减刑的,实际执行的刑期不能少于13年,其实际执行的刑期,从死刑缓期执行期满之日起计算。被判处死缓并同时被决定限制减刑的犯罪分子,减为无期徒刑后再减为有期徒刑的,或者直接减为有期徒刑的,其应当实行执行的刑期,也从死刑缓期执行期满之日起计算。

第二节 假释制度

一、假释的概念

假释,是指对于被判处有期徒刑、无期徒刑的部分犯罪人,在执行一定刑罚之后,确有悔改表现,不致再危害社会,附条件地予以提前释放的制度。附条件,是指被假释的犯罪人,如果遵守一定条件,就认为原判刑罚已经执行完毕;如果没有遵守一定条件,就收监执行原判刑罚乃至数罪并罚。

假释是追求积极的刑罚效果而设立的制度,但不同于暂予监外执行。假释适用于被判处有期徒刑或无期徒刑的犯罪人,暂予监外执行适用于被判处有期徒刑、拘役的犯罪人;假释适用于执行了一定刑期、确有悔改表现、不致再危害社会的犯罪人,暂予监外执行适用于因法定特殊情况不宜在监内执行的犯罪人;假释后如果没有遵守法定条件,余刑仍需执行,所经过的考验期不计入原判刑期之内,暂予监外执行的期间,均计入原判刑罚之内。

假释是对自新向善而有悔改表现的受刑人的一种奖赏,但不同于减刑。假释适用于被判处有期徒刑或无期徒刑的犯罪人,减刑适用于被判处管制、拘役、有期徒刑和无期徒刑的犯罪人;假释只能适用一次,减刑可以适用多次;假释有考验期,如果再犯罪或有其他法定理由,就撤销假释,减刑没有考验期,减刑后不存在撤销的问题;假释的直接结果是提前释放犯罪人,减刑的直接结果只是减轻原判刑罚。

假释也可谓余刑的暂缓执行,但不同于缓刑。假释在原判刑罚的执行过程中予以适用,缓刑在判决一定刑罚的同时宣告;假释的根据是犯罪人在刑罚执行过程中的悔改表现,缓刑的根据是犯罪情节与判决前的悔改表现;假释适用于被判处有期徒刑与无期徒刑的犯罪人,缓刑适用于被判处拘役或者3年以下有期徒刑的犯罪人;假释是有条件地不执行余刑,缓刑是有条件地不执行原判全部刑罚;在假释考验期内遵守法定条件的,认为原判刑罚已经执行完毕,在缓刑考验期内遵守法定条件的,原判刑罚就不再执行。

二、假释的适用条件

适用假释得当,就有利于发挥假释制度的积极功能;而适用假释得当与否,取决于是否遵守了刑法规定的假释条件。根据《刑法》第 81 条的规定,适用假释的条件如下:

(一) 前提条件

假释只适用于被判处有期徒刑、无期徒刑的犯罪人。判处管制的,因为并没有剥夺犯罪人的人身自由,不存在假释问题;被判处拘役的,由于刑期很短,适用假释没有实际意义;被判处死刑立即执行的,也不存在假释问题;被判处死刑缓期 2 年执行的,不能直接适用假释,只有将死缓减为无期徒刑或者有期徒刑后,具备适用假释条件的,才可以假释。

(二) 执行刑期条件

假释只适用于已经执行一部分刑罚的犯罪人。这一方面是因为只有经过一定的服刑期,才能判断犯罪人是否具有悔改表现;另一方面是为了防止滥用假释,避免引起刑罚执行的混乱,避免损害刑罚的严肃性与人民法院判决的稳定性。根据《刑法》第 81 条的规定,被判处有期徒刑的犯罪分子,执行原判刑期 1/2 以上,被判处无期徒刑的犯罪分子,实际执行 13 年以上,才可以假释。根据《刑法》第 81 条的规定,如果有特殊情况,经最高人民法院核准,可以不受上述执行刑期的限制。这里的"特殊情况",是指国家政治、国防、外交等方面特殊需要的情况。

(三) 实质条件

假释只适用于在刑罚执行期间,认真遵守监规,接受教育改造,确有悔改表现,没有再犯罪危险的犯罪人。这是适用假释的一个最重要条件。认真遵守监规,是指一贯遵守罪犯改造行为规范,遵守监狱管理规范;接受教育改造,是指积极参加政治、文化、技术学习,积极参加劳动,完成劳动任务;确有悔改表现,是指确实认罪伏法、悔罪自新;没有再犯罪危险,是指提前释放后不致再犯罪的情形。根据《刑法》第 81 条第 3 款的规定,对犯罪分子决定假释时,应当考虑其假释后对所居住社区的影响。对此,应联系假释后是否具有再犯罪的危险予以判断,而不能单纯以居住社区的居民是否反对为标准作出决定。对于老年人、未成年人、身体有残疾(不含自伤致残)而丧失作案能力者的假释,宜适度放宽。

(四) 消极条件

"对累犯以及因故意杀人、强奸、抢劫、绑架、放火、爆炸、投放危险物质或者有组织的暴力性犯罪被判处十年以上有期徒刑、无期徒刑的犯罪分子,不得假释"(《刑法》第 81 条第 2 款)。首先,不管对累犯所判处的是什么刑种与刑期,都不得假释。这是因为累犯是已经执行过刑罚又犯罪的,再犯罪的危险性大,适用假释难以预防其再次犯罪。其次,对实施了故意杀人、强奸、抢劫、绑架、放火、爆炸、投放危险物质等7种犯罪,并且被判处10年以上有期徒刑、无期徒刑的犯罪人,不得假释。其中的"强奸"包括强奸被拐卖的妇女、幼女而被认定为拐卖妇女、儿童罪,强奸后迫使卖淫而被认定为强迫卖淫罪的情形。再次,有组织的暴力犯罪,不限于本款所列举的7种犯罪,还包括其他暴力性犯罪,如武装叛乱、武装暴乱、劫持航空器等罪。刑法这样规定,是考虑到上述严重暴力性犯罪的罪行严重、行为人的再犯罪可能性大,适用假释不利于防止其再次犯罪。最后,对于被判处10年以上有期徒刑、无期徒刑的暴力性犯罪人,即使减刑后其刑期低于10年有期徒刑,也不得假释。否则,本款规定就完全丧失了意义。

此外,根据《刑法》第82条的规定,对于犯罪人假释的,由执行机关向中级以上人民法院提出假释建议书,人民法院应当组成合议庭进行审理,对符合假释条件的,裁定予以假释。非经法定程序不得假释。

三、假释的考验期限与假释的撤销

假释是附条件地提前释放,所附条件是犯罪人在一定期限内应当遵守一定条件。这里的一定期限就是假释的考验期限。考验期限如果过短,就起不到假释的作用;如果过长,也不利于犯罪人的改造。所以,刑法规定了与原判刑罚轻重相适应的考验期,即有期徒刑的假释考验期限,为没有执行完毕的刑期;无期徒刑的假释考验期限为10年。假释考验期限,从假释之日起计算。

对假释的犯罪分子,在假释考验期限内,依法实行社区矫正。被假释的犯罪人,应当遵守下列规定:(1)遵守法律、行政法规,服从监督;(2)按照监督机关的规定报告自己的活动情况;(3)遵守监督机关关于会客的规定;(4)离开所居住的市、县或者迁居,应当报经监督机关批准。被假释的犯罪人,如果在假释考验期限内,遵守一定条件,没有再犯新罪,没有发现判决宣告以前的漏罪,没有违反法律、行政法规或者国务院有关部门有关假释的监督管理规定,假释考验期满,就认为原判刑罚已经执行完毕,并公开予以宣告。

由于假释是附条件地提前释放,因此,如果被假释的犯罪人在考验期限内没有遵守一定的条件或出现了不符合条件的事实,就应当撤销假释。根据《刑法》第86条的规定,假释的撤销包括以下三种情况:

第一,被假释的犯罪人,在假释考验期限内犯新罪的,应当撤销假释,按照《刑法》第71条规定的先减后并的方法实行并罚。假释后所经过的考验期,不得计算在新判决决定的刑期之内。如果前罪为无期徒刑,则将新罪所判处的刑罚与前罪的无期徒刑实行并罚。需要说明的是,只要是在假释考验期限内犯新罪,即使经过了假释考验期限后才发现,也应当撤销假释,按照先减后并的方法实行并罚。

　　第二,在假释考验期限内,发现被假释的犯罪人在判决宣告以前还有其他罪没有判决的,应当撤销假释,按照《刑法》第 70 条规定的先并后减的方法实行并罚,已经执行的刑期,计算在新判决决定的刑期以内,但假释后所经过的考验期,不得计算在新判决决定的刑期以内。值得注意的是,如果在假释考验期满后,才发现被假释的犯罪人在判决宣告以前还有其他罪没有判决的,不得撤销假释,只能对新发现的犯罪另行侦查、起诉、审判,不得与前罪的刑罚并罚。

　　第三,被假释的犯罪人,在假释考验期限内,有违反法律、行政法规或者国务院有关部门关于假释的监督管理规定的行为,尚未构成新的犯罪的,应当依照法定程序撤销假释,收监执行未执行完毕的刑罚。在这种情况下,不存在数罪并罚的问题。

第十四章 刑罚的消灭

刑罚的消灭,是指由于法定的或事实的原因,致使代表国家的司法机关不能对犯罪人行使具体的刑罚权。刑罚的消灭必须基于一定的事由,包括判决确定前使观念的刑罚权消灭的事由与在判决确定后使现实的刑罚权消灭的事由,其中有些事由兼有双重事由的性质。概括起来,刑罚的消灭事由有:(1)超过追诉时效的;(2)经特赦令免除刑罚的;(3)告诉才处理的犯罪,没有告诉或者撤回告诉的;(4)犯罪嫌疑人、被告人死亡的;(5)其他法定事由。下面仅探讨时效与赦免两种刑罚消灭事由。

第一节 时 效

一、时效的概念

时效分为追诉时效与行刑时效。

追诉时效,是刑法规定的,追究犯罪人刑事责任的有效期限。在此期限内,司法机关有权追究犯罪人的刑事责任;超过了此期限,司法机关就不能再追究刑事责任。因此,超过追诉时效,意味着不能行使求刑权、量刑权与行刑权,因而导致刑罚消灭。

我国刑法规定了追诉时效制度。规定追诉时效制度显然不是故意放纵犯罪,而是为了有效地实现刑法的目的。规定追诉时效制度体现了刑罚目的,体现了宽严相济的刑事政策,体现了"历史从宽、现行从严"的政策,有利于司法机关集中精力惩治现行犯罪活动,有利于社会秩序的安定,有利于调动一切积极因素、团结一切可以团结的力量。

行刑时效,是指刑法规定的,对被判处刑罚的人执行刑罚的有效期限。在此期限内,司法机关有权执行刑罚;超过了此期限,司法机关就不能执行刑罚。因此,超过行刑时效,意味着在作出了罪刑宣告后也不能行使行刑权。但我国刑法没有规定行刑时效。

二、追诉时效的期限

根据《刑法》第87条规定,犯罪经过下列期限不再追诉:(1)法定最高刑为不满5年有期徒刑的,经过5年;(2)法定最高刑为5年以上不满10年有期徒刑的,经过10年;(3)法定最高刑为10年以上有期徒刑的,经过15年;(4)法定最高刑为无期徒刑、死刑的,经过20年;如果20年以后认为必须追诉的,须报请最高人民检察院核准。

刑法规定的追诉时效期限有两个方面的根据:一方面,追诉时效的期限长短,与犯罪行为的社会危害程度、刑罚的轻重相适应。即社会危害程度低、刑罚轻的,追诉时效期限就短;反之,社会危害程度高、刑罚重的,追诉时效期限就长。可以认为,这是罪刑相适应原则在追诉期限上的体现。另一方面,刑法充分估计到行为人犯罪后隐匿、逃避的时间,使得犯罪人利用时效制度逃避法律制裁的可能性相当小。

追诉时效期限以法定最高刑为标准,不是以实际应当判处的刑罚为标准。或许以实际应当判处的刑罚为标准更具有合理性,但在没有追诉、没有审判的情况下,以应当判处的刑罚为标准不具有操作性,会导致追诉与否的随意性,从而有损刑罚的公正性,故只能以法定最高刑为标准。以法定最高刑为标准,是指根据行为人所犯罪行的轻重,判定应当适用的刑法条款与相应的量刑幅度,按其法定最高刑来计算追诉期限。如果所犯罪行的刑罚,分别规定有几条或几款时,即按其罪行应当适用的条或款的法定最高刑计算;如果同一条或同一款中有几个量刑幅度时,即按其罪行应当适用的量刑幅度的法定最高刑计算;如果条文只规定了单一的量刑幅度,则按此条的法定最高刑计算。

如果法定最高刑为无期徒刑、死刑,20年以后认为必须追诉的,须报请最高人民检察院核准。"认为必须追诉的"犯罪,应限于那些社会危害性特别严重,行为人的人身危险性特别严重,所造成的社会影响极大、经过20年以后仍没有被社会遗忘的重大犯罪。如果法定最高刑为有期徒刑的,经过15年以后即使认为必须追诉,也不得追诉。

为了促进祖国和平统一大业,最高人民法院与最高人民检察院先后于1988年3月14日和1989年9月7日就去台人员(包括犯罪后去台湾或者其他地区和国家的人员)去台前的犯罪追诉问题宣布了两个公告,这两个公告的精神仍然适用于新刑法施行后。(1)去台人员在中华人民共和国成立前在大陆犯有罪行的,根据刑法关于追诉时效的规定精神,对其当时所犯罪行,不再追诉。(2)对去台人员在中华人民共和国成立后、犯罪地地方人民政权建立前所犯罪行,不再追诉。(3)去台人员在中华人民共和国成立后、犯罪地地方人民政权建立前犯有罪行,并连续或继续到当地人民政权建立后的,追诉期限从犯罪行为终了之日起计算。凡超过刑法规定的追诉时效期限的,不再追诉。

三、追诉期限的计算

（一）一般犯罪追诉期限的计算

这里所说的一般犯罪，是指没有连续与继续状态的犯罪。这种犯罪的"追诉期限从犯罪之日起计算"（《刑法》第89条第1款前段）。"犯罪之日"应是犯罪成立之日，即行为符合犯罪构成之日。由于刑法对各种犯罪规定的构成要件不同，因而认定犯罪成立的标准也就不同。对不以危害结果为要件的犯罪而言，实施行为之日即是犯罪之日；对以危害结果为要件的犯罪而言，危害结果发生之日，才是犯罪之日。

（二）连续或继续犯罪追诉期限的计算

"犯罪行为有连续或者继续状态的，从犯罪行为终了之日起计算"（《刑法》第89条第1款后段）。犯罪行为有连续状态的，属于连续犯；犯罪行为有继续状态的，属于继续犯或持续犯。对于惯犯的追诉期限的计算，刑法没有明文规定，但从刑法规定的精神以及惯犯与连续犯的关系来看，对于惯犯的追诉期限，也应从最后一次犯罪之日起计算。

（三）追诉时效的延长

追诉时效的延长，是指在追诉时效的进行期间，因为发生法律规定的事由，而使追诉时效暂时停止执行。我国《刑法》规定了两种追诉时效延长的情况：

1. 《刑法》第88条第1款规定："在人民检察院、公安机关、国家安全机关立案侦查或者在人民法院受理案件以后，逃避侦查或者审判的，不受追诉期限的限制。"据此，这种时效延长的情况必须具备两个条件：(1) 被人民检察院、公安机关、国家安全机关立案侦查或者人民法院受理了案件；(2) 行为人逃避侦查或者审判。具备这两个条件的，不论经过多长时间，任何时候都可以追诉。在司法机关立案侦查或者受理案件以后，行为人并没有逃避侦查与审判的，仍然受追诉期限的限制。

2. 《刑法》第88条第2款规定："被害人在追诉期限内提出控告，人民法院、人民检察院、公安机关应当立案而不予立案的，不受追诉期限的限制。"因此，被害人在追诉期限内提出控告，符合立案条件而应当立案的，不管司法机关出于何种原因没有立案，不论行为人是否逃避侦查或者审判，不论经过多长时间，任何时候都可以追诉。

以上两种情况虽然不受追诉期限的限制，但其后的犯罪行为仍然受追诉期限的限制。例如，行为人的甲罪被司法机关立案侦查，但行为人逃避侦查与审判，其后又犯了乙罪。先前的甲罪虽然不受追诉期限的限制，但后来的乙罪仍然受追诉期限的限制。

(四) 追诉时效的中断

追诉时效的中断,也称追诉时效的更新,是指在时效进行期间,因发生法律规定的事由,而使以前所经过的时效期间归于无效,法律规定的事由终了之时,时效重新开始计算。

《刑法》第 89 条第 2 款规定:"在追诉期限以内又犯罪的,前罪追诉的期限从犯后罪之日起计算。"即在追诉期限以内又犯罪的,前罪的追诉时效便中断,其追诉时效从后罪成立之日起重新计算。例如,行为人于 1980 年 1 月 1 日犯一般情节的抢劫罪,法定最高刑为 10 年有期徒刑,但行为人在 1988 年 1 月 1 日又犯了一般情节的强奸罪。这时,抢劫罪的时效就中断,即先前的抢劫罪的追诉期限从 1988 年 1 月 1 日起重新开始计算,再经过 15 年,才不追诉。在本案中,先前的抢劫罪,实际上要经过 23 年才不追诉。

对于追诉时效的中断,可以从追诉时效的根据中寻找立法理由。既然行为人实施了某种犯罪之后又重新犯罪,就说明其并没有悔改,或者说前罪所反映的人身危险性并没有消失,故需要从犯后罪之日起重新计算。

在前罪的追诉期限从犯后罪之日起计算时,如果后罪的法定最高刑轻于前罪,后罪的追诉期限届满,而前罪的追诉期限未满,则只追究前罪的刑事责任。例如,行为人于 1990 年 12 月 1 日犯一般情节的抢劫罪,追诉期限为 15 年;他于 1995 年 12 月 1 日又犯了故意伤害罪(轻伤),追诉期限为 5 年;抢劫罪的追诉期限从 1995 年 12 月 1 日起重新计算;到 2000 年 12 月 2 日,后罪(故意伤害罪)已超过追诉期限,但前罪(抢劫罪)没有超过追诉期限。在这种情况下,只能追究抢劫罪的刑事责任,不能再追究故意伤害罪的刑事责任。

第二节 赦 免

一、赦免的概念

赦免是国家宣告对犯罪人免除其罪、免除其刑的一种法律制度,包括大赦与特赦。

大赦,通常是指国家对某一时期内犯有一定罪行的不特定犯罪人免予追诉和免除刑罚执行的制度。大赦的对象既可能是国家某一时期的各种犯罪人,也可能是某一地区的全体犯罪人,还可能是某一类或者某一事件的全体犯罪人。大赦的效果涉及罪与刑两个方面,既赦其罪,也赦其刑,即罪与刑同时免除。

特赦,一般是指国家对较为特定的犯罪人免除执行全部或者部分刑罚的制度。特赦的对象是较为特定的犯罪人;特赦的效果只是免除刑罚执行,而不免除有罪宣告。

我国已经取消了大赦制度,《刑法》第 65 条、第 66 条所指的赦免应仅限于特赦。根据《刑事诉讼法》第 16 条规定,"经特赦令免除刑罚的",是刑罚消灭的事由。

我国现行宪法规定的特赦,由全国人大常委会决定,国家主席发布特赦令。

二、我国特赦制度的特点

新中国成立后,我国共实行过 9 次特赦。对前 7 次特赦的特点可概括如下:(1) 特赦的对象基本上只限于战争罪犯。除第一次特赦包括部分反革命罪犯与普通刑事犯外,其他几次特赦的对象都是战争罪犯。(2) 特赦的范围是一类或几类犯罪人,而不是个别犯罪人。(3) 特赦的前提是犯罪人在服刑过程中确实有改恶从善的表现。一方面,对尚未宣告刑罚或者没有开始执行刑罚的,不实行特赦;另一方面,也并非对执行一定刑期的战争罪犯均予以特赦,只是对其中确有改恶从善表现的犯罪人,才予以特赦。(4) 对需要特赦的犯罪人,根据其罪行轻重与悔改表现实行区别对待:罪行轻因而所判刑罚轻的,予以释放;罪行重因而所判刑罚重的,只是减轻刑罚。(5) 特赦的效力只及于刑而不及于罪。即特赦的效力只是免除执行剩余刑罚或者减轻原判刑罚,不是免除执行全部刑罚,更不是使宣告刑与有罪宣告无效。

第十二届全国人大常委会第十六次会议于 2015 年 8 月 29 日通过了《关于特赦部分服刑罪犯的决定》,国家主席同日签署特赦令。根据特赦令,对依据 2015 年 1 月 1 日前人民法院作出的生效判决正在服刑,释放后不具有现实社会危险性的四类罪犯实行特赦(经人民法院依法作出裁定后,予以释放):一是参加过中国人民抗日战争、中国人民解放战争的(共特赦 50 人);二是中华人民共和国成立以后,参加过保卫国家主权、安全和领土完整对外作战的,但犯贪污受贿犯罪,故意杀人、强奸、抢劫、绑架、放火、爆炸、投放危险物质或者有组织的暴力性犯罪,黑社会性质的组织犯罪,危害国家安全犯罪,恐怖活动犯罪的,有组织犯罪的主犯以及累犯除外(共特赦 1428 人);三是年满 75 周岁、身体严重残疾且生活不能自理的(共特赦 122 人);四是犯罪的时候不满 18 周岁,被判处 3 年以下有期徒刑或者剩余刑期在 1 年以下的,但犯故意杀人、强奸等严重暴力性犯罪,恐怖活动犯罪,贩卖毒品犯罪的除外(共特赦 29927 人)。

第十三届全国人大常委会第十一次会议于 2019 年 6 月 29 日通过了《关于在中华人民共和国成立七十周年之际对部分服刑罪犯予以特赦的决定》,国家主席同日签署特赦令。为庆祝中华人民共和国成立 70 周年,体现依法治国理念和人道主义精神,根据宪法,决定对依据 2019 年 1 月 1 日前人民法院作出的生效判决正在服刑的下列罪犯实行特赦:(1) 参加过中国人民抗日战争、中国人民解放战争的;(2) 中华人民共和国成立以后,参加过保卫国家主权、安全和领土完整对外作战的;(3)中华人民共和国成立以后,为国家重大工程建设做过较大贡献并获得省部级以上"劳动模范""先进工作者""五一劳动奖章"等荣誉称号的;(4)曾系现役军人并获得个人一等功以上奖励的;(5)因防卫过当或者避险过当,被判处3年以下有期徒刑或者剩余刑期在1年以下的;(6)年满75周岁、身体严重残疾且生活不能自理的;(7)犯罪的时候不满18周岁,被判处3年以下有期徒刑或者剩余刑期在1年以下的;(8)丧偶且有未成年子女或者有身体严重残疾、生活不能自理的子女,确需本人抚养的女性,被判处3年以下有期徒刑或者剩余刑期在1年以下的;(9)被裁定假释已执行1/5以上假释考验期的,或者被判处管制的。

第四编 罪刑各论

第十五章 罪刑各论概说

罪刑各论(也称刑法各论、刑法分论),研究具体犯罪及其法律后果,主要研究刑法典分则即《中华人民共和国刑法》的第二编。① 总则与分则是抽象与具体、一般与个别、普遍与特殊的关系。总则以分则为依托,同时又指导、补充分则。例如,对具体犯罪的主体要件、主观要件以及法定刑的理解与确定,都必须以总则规定为指导;当分则条文没有规定主体要件、主观要件时,应以总则规定予以补充。②

第一节 刑法分则的体系

一、刑法分则体系的概念

刑法分则体系,是指分则对犯罪的分类及排列次序。分则规定具体犯罪及其法定刑,而具体犯罪的种类繁多,这就需要以一定标准将具体犯罪分为若干类(类罪),再以一定标准对类罪进行合理排列,同时对各类罪中的具体犯罪进行排列,从而形成分则体系。可见,分则体系实际上是犯罪分类问题。

犯罪分类是罪刑法定主义的要求。罪刑法定主义要求刑法明确规定犯罪的构成要件与法定刑。如果不对犯罪进行分类,就意味着没有具体犯罪的构成要件与刑事责任,意味着刑法规定"凡犯罪者处……"就够了,这便违反了罪刑法定主义。

犯罪分类有利于司法机关正确定罪量刑。不仅具体犯罪的分类具有这种意义,类罪划分也具有这种意义。因为社会生活中发生的犯罪比较复杂,司法机关总是先认定现实犯罪属于哪一类犯罪,然后再进一步认定属于该类犯罪中的哪

---

① 此外,还需要研究单行刑法所规定的具体犯罪及其法律后果。
② 正因为如此,对于具体犯罪的构成要件,本书一般说明其特别之处,如果犯罪主体等要件没有特别之处,本编不重复刑法总则的规定。

一种具体犯罪。

二、刑法分则体系的特点

我国《刑法》的分则将具体犯罪分为十类,每一章规定一类犯罪,其排列顺序依次为:危害国家安全罪,危害公共安全罪,破坏社会主义市场经济秩序罪,侵犯公民人身权利、民主权利罪,侵犯财产罪,妨害社会管理秩序罪,危害国防利益罪,贪污贿赂罪,渎职罪,军人违反职责罪。刑法分则体系就是根据上述分类建立起来的,其特点如下:

首先,原则上依据犯罪的同类法益对犯罪进行分类。不同种类的犯罪所侵犯的法益不同,因而其危害程度不同。根据犯罪的同类法益对犯罪进行分类,有利于把握各类犯罪的性质、特征与危害程度,有利于贯彻区别对待的政策,有利于司法机关正确定罪量刑。一些犯罪同时侵犯了两种以上的法益,刑法分则根据该犯罪侵犯的主要法益将其归入不同的类罪,如将抢劫罪归入侵犯财产罪。

其次,总体上依据各类犯罪的危害程度对类罪进行排列。类罪的排列反映了立法者对各类犯罪的认识与态度。我国刑法基本上以各类犯罪的危害程度为依据,按由重到轻的顺序进行排列。①

最后,大体上依据犯罪的危害程度以及犯罪之间的内在联系对具体犯罪进行安排。刑法分则在安排各类犯罪中的具体犯罪时,首先考虑的是具体犯罪危害程度的大小,如将背叛国家罪、放火罪、故意杀人罪、抢劫罪等分别规定在各章之首,就是因为这些犯罪在各章之中最为严重。与此同时,刑法分则又考虑了具体犯罪之间的内在联系,如在故意杀人罪之后规定过失致人死亡罪,在重婚罪之后规定破坏军婚罪,就是照顾到它们之间的内在联系。

第二节 刑法分则的条文结构

刑法分则条文通常由罪状(假定条件)与法定刑(法律后果)构成,表述结构为"……的,处……"。例如,《刑法》第236条第1款规定:"以暴力、胁迫或者其他手段强奸妇女的,处三年以上十年以下有期徒刑。"前一句是罪状,其中包含了罪名,后一句是法定刑。

一、罪状

罪状是分则罪刑规范对犯罪具体状况的描述,指明适用该罪刑规范的条件,

---

① 由重到轻的排列,只是就总体而言,并不意味着后面一类犯罪中的所有具体犯罪,都比前一类犯罪轻微。

行为只有符合某罪刑规范的罪状,才能适用该规范。

罪状可以分为两大类,一类是对具体犯罪构成特征的描述(基本罪状),另一类是对加重或减轻法定刑的适用条件的描述(加重、减轻罪状)。例如,前述《刑法》第236条第1款与第2款规定的罪状,就是基本罪状,它是对强奸罪的构成特征的描述,不符合这种基本罪状的,就不可能构成强奸罪。该条第3款规定的"强奸妇女、奸淫幼女情节恶劣"等五项内容则属于加重罪状,是对法定刑升格条件的描述。再如,《刑法》第232条前半段规定的是基本罪状,后半段规定的"情节较轻",就属于减轻罪状,是对法定刑降低条件的描述。刑法分则对任何犯罪都规定了基本罪状,但并非任何犯罪都有加重、减轻罪状。

分则条文对基本罪状的描述方式,可以分为四种情况,即简单罪状、叙明罪状、引证罪状、空白罪状(参见罪状)。

简单罪状仅写出犯罪名称,没有具体描述犯罪特征。例如,《刑法》第232条中的"故意杀人的",第233条的"过失致人死亡的"等,都是简单罪状。简单罪状的特点是,简单概括,避免繁琐。

叙明罪状的特点,是在罪刑规范中对具体犯罪的构成特征作了详细的描述。例如,《刑法》第305条规定:"在刑事诉讼中,证人、鉴定人、记录人、翻译人对与案件有重要关系的情节,故意作虚假证明、鉴定、记录、翻译,意图陷害他人或者隐匿罪证的,处三年以下有期徒刑或者拘役;情节严重的,处三年以上七年以下有期徒刑。"它对伪证罪的主体要件、客观要件与主观要件都作了较为详细的描述,属于叙明罪状。叙明罪状的特点是,要件明确,避免歧义。

引证罪状表现为引用刑法的其他条款来说明和确定某一犯罪的构成特征。如《刑法》第124条第1款规定了破坏广播电视设施、公用电信设施罪的罪状与法定刑,其第2款规定:"过失犯前款罪的,处三年以上七年以下有期徒刑……"该款便是引用第1款的罪状,来说明和确定过失破坏广播电视设施、公用电信设施罪的罪状。引证罪状的特点是,条文简练,避免重复。

空白罪状没有具体说明某一犯罪的构成特征,但指明了必须参照的其他法律、法令,规定空白罪状的法条也称为空白刑法或白地刑法。我国的刑法分则中,没有典型的空白罪状[①],因为被称为空白罪状的条文,在指明了参照法规的同时,也描述了部分构成要件要素(参见《刑法》第345条第2款)。空白罪状的特点是,参照其他法规,避免复杂表述。

应当注意的是,刑法分则有些条文规定了两种以上的行为,其中有的是一个犯罪有供选择的几个基本罪状(参见《刑法》第347条),有的则是几个犯罪的基

---

① 典型的空白罪状只是规定"违反……法规的,处……刑"。如《日本刑法》第94条规定:"在外国交战之际,违反有关局外中立之命令的,处三年以下监禁或者五十万元以下罚金。"

本罪状(参见《刑法》第247条),这是研究罪刑各论所不能忽视的。

加重、减轻罪状分为加重罪状与减轻罪状。刑法分则对加重罪状的规定有三种情况:一是设专条规定加重罪状与法定刑,如第119条;二是设专款规定加重罪状与法定刑,如第257条第2款;三是在基本罪状与法定刑之后,紧接着在同款内规定加重罪状与法定刑,如第254条。刑法分则对减轻罪状的规定,一般设立在规定基本罪状与法定刑的同一条款内,没有设专条或专款规定减轻罪状。减轻罪状的内容都是"情节较轻"。

二、罪名

(一) 罪名的概念

罪名就是犯罪名称,是对具体犯罪本质或主要特征的高度概括。正因为如此,一提罪名,人们就对犯罪内容有大体了解。

由于罪名只是犯罪名称,罪名本身并不是确定和解释该犯罪具体构成要件的依据;换言之,在确定具体犯罪的构成要件时,应以刑法分则明文规定的罪状、总则条文的相关规定以及其他相关条文的内容为依据,而不能直接以罪名为依据确定具体构成要件。尤其是在罪名的确定没有反映犯罪的本质与结构时,根据罪名确定构成要件会导致偏差。例如,如果忽视《刑法》第360条的规定,直接根据"传播性病罪"的罪名确定该罪的构成要件,就会要求行为人主观上具有传播性病的故意、客观上具有传播性病的具体危险;如果根据《刑法》第360条的规定确定该罪的构成要件,则不致提出这种不合理要求。

(二) 罪名的分类

这里讲的罪名分类,不是指刑法分则规定了哪些具体的罪名,而是归纳出现存罪名的类型,从而进一步明确罪名的含义,正确适用罪名。一般来说,罪名可分为以下几类:

1. 类罪名与具体罪名

类罪名是某一类犯罪的总名称。在我国《刑法》中,类罪名是以犯罪的同类客体(或同类法益)为标准进行概括的,共有十个类罪名。类罪名之下,包括了具有该类性质的所有具体罪名。因此,理解类罪名有助于理解该类具体犯罪的性质。在刑法分则中,类罪名是章的标题,没有具体的罪状与法定刑。理解类罪名,有利于理解该类具体犯罪的构成要件。由于现实中的犯罪都是具体的,故类罪名不能成为定罪得以引用的根据,不能根据类罪名定罪。

具体罪名是各种具体犯罪的名称。每个具体罪名都有其定义、构成要件与法定刑。这种规定具体罪名与法定刑的分则规范,是典型的罪刑规范。具体罪名是定罪时得以引用的罪名,即只能根据具体罪名定罪。①

2. 单一罪名与选择罪名、概括罪名

单一罪名,是指所包含的犯罪构成的具体内容单一,只能反映一个犯罪行为,不能分解拆开使用的罪名。例如,故意杀人罪、非法捕捞水产品罪等,它们所表示的是具体犯罪行为,不可能对它们进行分解。行为触犯一个单一罪名的,没有疑问地构成一罪。我国刑法分则中的大部分罪名是单一罪名。

选择罪名,是指所包含的犯罪构成的具体内容复杂,反映出多种犯罪行为,既可概括使用,也可分解使用的罪名。例如,拐卖妇女、儿童罪是一个罪名,但它可以分解为两个罪名。当行为人只拐卖妇女时,定拐卖妇女罪;当行为人只拐卖儿童时,定拐卖儿童罪;当行为人既拐卖妇女、又拐卖儿童时,定拐卖妇女、儿童罪,不实行数罪并罚。选择罪名的特点是可以包括许多具体犯罪,又避免具体罪名繁杂。

概括罪名是指其包含的犯罪构成的具体内容复杂,反映出多种犯罪行为,但只能概括使用,不能分解使用的罪名。如信用卡诈骗罪,包括了使用伪造的信用卡或者使用以虚假的身份证明骗领的信用卡、使用作废的信用卡、冒用他人信用卡、恶意透支四种行为。不管行为人是实施其中一种还是数种行为,都定信用卡诈骗罪。例如,行为人仅恶意透支的,定信用卡诈骗罪,而不是定恶意透支罪;行为人实施了上述几种行为时,仍定信用卡诈骗罪,也不实行数罪并罚。由此可见,概括罪名是介于单一罪名与选择罪名之间的一种罪名。从罪名本身没有选择余地的角度来看,它具有单一罪名的特点;但从其包含了多种行为,只实施其中之一就构成犯罪而言,它具有选择罪名的特点。

(三) 罪名的确定

罪名的确定有两个含义:一是司法机关对已经发生的犯罪行为如何定罪,即对某种犯罪行为适用何种罪名。二是如何根据刑法分则的规定概括各种具体犯罪的罪名,实际上包含三个方面的内容:其一,刑法分则的某一条款所规定的是一个罪名还是数个罪名?例如,《刑法》第 277 条规定的是两个犯罪(两个罪名)还是五个犯罪(五个罪名)?这方面的罪名确定不仅直接影响一罪与数罪,而且也会间接影响此罪与彼罪。其二,对结果加重犯、结合犯等,应否确定独立的罪名?例如,能否存在抢劫致死罪、绑架杀人罪的罪名?其三,如何确定每一个具体犯罪的名称?例如,《刑法》第 360 条第 1 款所规定的犯罪,是概括为传播性病罪合适,还是概括成性病患者卖淫、嫖娼罪合适?刑法理论与司法实践均采用司法解释确定的罪名。

---

① 事实上,还可能存在一种介于类罪名与具体罪名之间的罪名(可谓之小类罪名),如《刑法》分则第三章与第六章的类罪名之下,分别存在若干小类罪名。

三、法定刑

（一）法定刑的概念

所谓法定刑，是指刑法分则及其他刑事法律中的分则性规范对各种具体犯罪所规定的刑种与刑度（刑罚的幅度）。在我国，刑法总则规定了五种主刑和四种附加刑。刑法分则及单行刑法中的法定刑，是依照刑法总则的规定、根据具体犯罪的危害程度而确定的刑种与刑度。

法定刑与刑种不是等同概念，一个法定刑中既可能只有一个刑种，也可能包括几个刑种。例如，《刑法》第232条规定的故意杀人罪，共有两档法定刑，前一档法定刑为"死刑、无期徒刑或者十年以上有期徒刑"，其中包含了三个刑种，但应认为只是一个法定刑，而不能认为其中有三个法定刑。因此，当适用这一法定刑减轻处罚时，只能判处低于10年有期徒刑的刑罚。判处死缓、无期徒刑或者10年以上有期徒刑时，不属于减轻处罚。

法定刑反映出国家对犯罪行为的否定评价和对犯罪人的谴责态度，反映出国家对犯罪的危害程度的评价。国家对具体犯罪规定法定刑，实际上是从刑事立法上实践罪刑相适应的原则。刑事立法上的罪刑相适应，是刑事司法上的罪刑相适应的前提。这一方面表明，如果法定刑与犯罪不相适应，刑事司法上就不可能做到罪刑相适应；另一方面表明，法定刑是人民法院量刑的法律依据，即在通常情况下，人民法院只能在法定刑的范围内选择与犯罪相适应的刑种与刑度。在法律有减轻的特别规定时，人民法院的量刑可以低于法定刑，但这种减轻仍应以法定刑为依据，而不是摆脱法定刑任意减轻。

（二）法定刑的种类

1. 绝对确定的法定刑

绝对确定的法定刑，是指在条文中只规定单一的刑种与固定的刑度。例如，《刑法》第121条规定："以暴力、胁迫或者其他方法劫持航空器的，处十年以上有期徒刑或者无期徒刑；致人重伤、死亡或者使航空器遭受严重破坏的，处死刑。"应当认为，该条后段规定的是绝对确定的法定刑。但是，一方面，它只是针对劫持航空器罪中"致人重伤、死亡或者使航空器遭受严重破坏"的情形而言，并不是针对该种犯罪的所有情形；另一方面，它不是出于对法官的不信任，而是因为立法者认为对劫持航空器并发生上述结果的犯罪，应当而且只能判处死刑。

2. 相对确定的法定刑

相对确定的法定刑，是指在条文中规定一定的刑种与刑度，并明确规定最高刑与最低刑。其特点是立法上有确定的刑种与刑度，司法上有具体裁量的余地。这种法定刑适应我国的实际情况，有利于法制的协调统一；适应惩罚犯罪的需要，有利于贯彻区别对待的政策；适应具体犯罪的不同情况，有利于实践罪刑相适应的原则;适应犯罪的危害程度的变化,有利于刑法的相对稳定。由于我国刑法分则通常规定的是相对确定的法定刑,有必要对这种法定刑再作具体分类。

(1) 规定最高限度的法定刑。即分则规范只规定刑罚的最高限度,刑罚的最低限度根据刑法总则的规定确定。例如,《刑法》第433条第1款前段规定:"战时造谣惑众,动摇军心的,处三年以下有期徒刑"。依据《刑法》总则第45条的规定,有期徒刑的最低期限为6个月。因此,人民法院应在6个月以上3年以下的幅度内裁量刑罚。依照《刑法》第99条的规定,"以上""以下"包括本数。

(2) 规定最低限度的法定刑。即分则规范只规定刑罚的最低限度,刑罚的最高限度根据总则规定确定。例如,《刑法》第317条第1款前段规定:"组织越狱的首要分子和积极参加的,处五年以上有期徒刑"。依据《刑法》总则第45条的规定,有期徒刑的最高刑期为15年。所以,人民法院应在5年以上15年以下的幅度内裁定刑期。

(3) 规定最高限度与最低限度的法定刑。即分则规范同时规定了刑罚的最高刑期与最低刑期,无须再根据刑法总则的规定确定最高刑期与最低刑期。例如,《刑法》第118条规定:"破坏电力、燃气或者其他易燃易爆设备,危害公共安全,尚未造成严重后果的,处三年以上十年以下有期徒刑。"显然,人民法院应在此幅度内决定刑期。

以上三种相对确定的法定刑主要是针对有期徒刑而言,因为死刑与无期徒刑没有刑度问题,拘役、管制以及剥夺政治权利的期限幅度较小,无须在分则条文中详细规定,直接根据刑法总则规定的期限进行裁量即可。

(4) 规定两种以上主刑或者规定两种以上主刑并规定附加刑的法定刑。由于规定了两种以上的主刑,人民法院不仅有刑期的选择权限,而且有刑种的选择权限。在其规定的两种以上的主刑中,对有期徒刑又可分为前述三种情况。例如,《刑法》第275条前段规定:"故意毁坏公私财物,数额较大或者有其他严重情节的,处三年以下有期徒刑、拘役或者罚金"。该条规定了两种主刑和一种附加刑,人民法院在量刑时可以在这三种刑罚中选择其一。由于这种法定刑有可供选择的几种刑罚,故法理上称之为选择法定刑。

3. 浮动法定刑

浮动法定刑,也称机动刑,是指法定刑的具体期限或具体数量并非确定,而是根据一定的标准升降不居,处于一种相对不确定的游移状态。如《刑法》第227条规定,对犯倒卖车票、船票罪的,并处或单处票证价额1倍以上5倍以下罚金。浮动法定刑具有以下特点:(1) 只见之于罚金刑,这显然是因为罚金刑的数额可以根据刑法规定的某种事实标准予以确定的缘故。(2) 只适用于经济犯罪、财产犯罪,对其他犯罪难以甚至不可能规定浮动法定刑。(3) 刑罚(罚金)的具体幅度(数量)要根据案件的一定事实确定。这是浮动法定刑与相对确定法定刑的区别。在刑法规定相对确定的法定刑时，不管案件发生与否，人们可以事先得知刑罚的具体幅度；而刑法规定浮动法定刑时，只有查清了刑法规定的特定事实，才能得知刑罚的具体幅度。所以，浮动法定刑不同于相对确定的法定刑。将罚金刑规定为浮动刑，有利于体现罪刑相适应原则；有利于考虑犯罪人的经济状况；有利于刑法的稳定。

（三）法定刑与宣告刑、执行刑的区别

宣告刑是人民法院对具体犯罪判决宣告的应当执行的刑罚。法定刑不同于宣告刑。法定刑是立法机关在制定刑法时确定的，宣告刑是司法机关在审理具体案件时确定的；法定刑有可供选择的刑种与刑度，宣告刑只能是特定的刑种与刑度。但宣告刑必须以法定刑为依据，即使从轻、从重、减轻处罚时，也要以法定刑为依据。可见，法定刑是立法上的规定，宣告刑是司法中的适用。

执行刑是对犯罪分子实际执行的刑罚。由于宣告刑所宣告的是对犯罪分子应当执行的刑罚，故宣告刑是执行刑的根据。执行刑既可能与宣告刑相等，也可能低于宣告刑。例如，在执行过程中，由于犯罪分子具有悔改或立功情节而依法减刑时，执行刑便少于宣告刑。执行刑与法定刑有明显区别：法定刑是刑法规定的刑种与刑度，执行刑是对犯罪分子实际执行的刑罚。因此，执行刑可能低于法定刑。例如，某罪的法定刑为3年以上10年以下有期徒刑，人民法院判处犯罪分子4年有期徒刑。由于犯罪分子在服刑过程中有悔改和立功表现，依法减刑2年，这样，执行刑便是2年，低于法定最低刑。

第三节 刑法分则的注意规定与法律拟制

一、注意规定的概念与特点

注意规定是在刑法已作相关规定的前提下，提示司法人员注意、以免司法人员忽略的规定。它有两个基本特征：

其一，注意规定的设置，并不改变相关规定的内容，只是对相关规定内容的重申；即使不设置注意规定，也存在相应的法律适用根据（按相关规定处理）。例如，《刑法》第285条第1款与第286条分别规定了非法侵入计算机信息系统罪与破坏计算机信息系统罪；第287条规定："利用计算机实施金融诈骗、盗窃、贪污、挪用公款、窃取国家秘密或者其他犯罪的，依照本法有关规定定罪处罚。"此条即属注意规定，一方面它旨在引起司法人员的注意，对上述利用计算机实施的各种犯罪，应当依照有关金融诈骗、盗窃、贪污、挪用公款等罪的规定定罪处罚；不能因为规定了两种计算机犯罪，便对利用计算机实施的金融诈骗、盗窃、贪污、挪用公款等罪也以计算机犯罪论处；另一方面，即使没有这一规定，对上述利用计算机实施的各种犯罪,也应当依照刑法的相关规定定罪处罚。可见,注意规定并没有对相关规定作出任何修正与补充。具体而言,《刑法》第 287 条的规定,并没有对金融诈骗、盗窃、贪污、挪用公款、窃取国家秘密等罪的构成要件增设特别内容或者减少某种要件。

其二,注意规定只具有提示性,其表述的内容与相关规定的内容完全相同,因而不会导致将原本不符合相关规定的行为也按相关规定论处。换言之,如果注意规定指出:"对 A 行为应当依甲犯罪论处",那么,只有当 A 行为完全符合甲罪的构成要件时,才能将 A 行为认定为甲罪。例如,《刑法》第 163 条前两款规定了公司、企业、单位人员受贿罪,第 3 款规定,国家工作人员"有前两款行为的,依照本法第三百八十五条、第三百八十六条的规定定罪处罚"。显然,只有当国家工作人员的行为完全符合《刑法》第 385 条所规定的受贿罪的构成要件时,才能以受贿罪论处;如果国家工作人员的行为本身不符合《刑法》第 385 条的规定,便不得认定为受贿罪。所以,第 163 条第 3 款也是注意规定,它不会导致将原本不符合受贿罪要件的行为也认定为受贿罪。

根据上述两个特征,《刑法》第 183 条第 2 款、第 184 条、第 185 条、第 198 条第 4 款、第 242 条第 1 款、第 248 条第 2 款、第 272 条第 2 款等均属注意规定。

二、法律拟制的概念与特点

法律拟制(或法定拟制)则不同,其特点是导致将原本不符合某种规定的行为也按照该规定处理。"法学上的拟制是:有意地将明知为不同者,等同视之。……法定拟制的目标通常在于:将针对一构成要件(T1)所作的规定,适用于另一构成要件(T2)。"[①]换言之,在法律拟制的场合,尽管立法者明知 T2 与 T1 在事实上并不完全相同,但出于某种目的仍然对 T2 赋予与 T1 相同的法律效果,从而指示法律适用者,将 T2 视为 T1 的一个事例,对 T2 适用 T1 的法律规定。例如,《刑法》第 269 条规定:"犯盗窃、诈骗、抢夺罪,为窝藏赃物、抗拒抓捕或者毁灭罪证而当场使用暴力或者以暴力相威胁的,依照本法第二百六十三条的规定定罪处罚。"此即法律拟制。因为该条规定的行为(T2)原本并不符合《刑法》第 263 条(相关规定)的构成要件(T1),但第 269 条对该行为(T2)赋予与抢劫罪(T1)相同的法律效果;如果没有第 269 条的规定,对上述行为就不能以抢劫罪论处,而只能对前一阶段的行为分别认定为盗窃、诈骗、抢夺罪,对后一阶段的行为视性质与情节认定为故意杀人罪、故意伤害罪,或者仅视为前罪的量刑情

---

① 〔德〕卡尔·拉伦茨:《法学方法论》,陈爱娥译,商务印书馆 2003 年版,第 142 页。

节。由此可见，法律拟制可谓一种特别规定。① 其特别之处在于：即使某种行为原本不符合刑法的相关规定，但在刑法明文规定的特殊条件下也必须按相关规定论处。

三、区分注意规定与法律拟制的意义

区分注意规定与法律拟制的基本意义，在于明确该规定是否修正或补充了相关规定或基本规定，是否导致将不同的行为等同视之。换言之，将某种规定视为法律拟制还是注意规定，会导致适用条件的不同，因而形成不同的认定结论。例如，《刑法》第247条前段规定了刑讯逼供罪与暴力取证罪；后段规定："致人伤残、死亡的，依照本法第二百三十四条、第二百三十二条的规定定罪从重处罚。"如果认为本规定属于注意规定，那么，对刑讯逼供或暴力取证行为，以故意杀人罪定罪处罚的条件是，除了要求该行为致人死亡外，还要求行为人主观上具有杀人的故意。如果认为本规定属于法律拟制，那么，只要是刑讯逼供或者暴力取证致人死亡的，不管行为人主观上有无杀人故意，都必须认定为故意杀人罪；换言之，尽管该行为原本不符合故意杀人罪的成立条件，但法律仍然赋予其故意杀人罪的法律效果。再如，《刑法》第382条第3款规定，与国家工作人员、受委托管理、经营国有资产的人员"勾结，伙同贪污的，以共犯论处"。倘若认为该款属于法律拟制，则意味着一般主体参与以特殊身份为要件的犯罪时，原本并不成立共同犯罪，因此，对于一般主体参与以特殊身份为要件的犯罪的，只要没有这种拟制规定，就不得认定为共犯；如果说该款只是注意规定，则意味着一般主体参与以特殊身份为要件的犯罪时，根据总则规定原本构成共同犯罪，所以，不管分则条文中有无这一注意规定，对一般主体参与以特殊身份为要件的犯罪的，均应认定为共犯。

---

① 拟制规定只是特别规定的一种情形，即特别规定还有其他种类，如在法条竞合时不适用普通规定而适用特别规定。

第十六章　危害国家安全罪

危害国家安全罪,是指故意危害中华人民共和国的主权、领土完整与安全,颠覆国家政权、推翻社会主义制度的行为。危害国家安全罪大体上可以分为如下三类:危害国家、颠覆政权的犯罪,叛变、叛逃的犯罪,间谍、资敌的犯罪。

第一节　危害国家、颠覆政权的犯罪

一、背叛国家罪

背叛国家罪,是指勾结外国或与境外机构、组织、个人相勾结,危害中华人民共和国的主权、领土完整和安全的行为。

本罪客观方面表现为勾结外国或与境外机构、组织、个人相勾结,危害中华人民共和国的国家主权、领土完整和安全的行为。"境外机构、组织",包括境外机构、组织在中华人民共和国境内设立的分支(代表)机构和分支组织;"境外个人"包括居住在中华人民共和国境内不具有中华人民共和国国籍的人。"勾结"实施危害中华人民共和国的主权、领土完整和安全的行为,是指与外国或境外机构、组织、人员共同策划或者进行危害中华人民共和国的主权、领土完整和安全的活动,接受外国或境外机构、组织、人员资助或者指使,进行危害中华人民共和国的主权、领土完整和安全的活动,与外国或境外机构、组织、人员建立联系,取得支持、帮助,进行危害中华人民共和国的主权、领土完整与安全的活动。本罪主体是已满16周岁、具有辨认和控制自己行为能力的中国公民。本罪主观方面只能是故意,行为人明知自己的行为会发生危害国家主权、领土完整与安全的结果,并且希望或者放任这种结果发生。

《刑法》第102条规定,犯背叛国家罪的,处无期徒刑或者10年以上有期徒刑。根据《刑法》第113条规定,犯背叛国家罪,对国家和人民危害特别严重、情节特别恶劣的,可以判处死刑;犯危害国家安全罪的,可以并处没收财产。《刑法》第56条规定,犯危害国家安全罪的,应当附加剥夺政治权利。

二、分裂国家罪

本罪是指组织、策划、实施分裂国家、破坏国家统一的行为。本罪客观上表现为就另立伪政府、实行地方割据、拒绝中央政府的领导,或者制造民族分裂、破坏国家统一的事项进行组织、密谋策划或者具体实施。组织和利用邪教组织,组织、策划、实施分裂国家、破坏国家统一活动的,成立本罪。主体没有特别要求。主观上只能出于故意。① 犯本罪的,根据《刑法》第 103 条第 1 款、第 106 条和第 113 条的规定处罚。

三、煽动分裂国家罪

本罪是指煽动分裂国家,破坏国家统一的行为。本罪客观方面的煽动,是指为了实现分裂国家、破坏国家统一的犯罪,而对不特定人或者多数人实施的,使其产生分裂国家的犯罪决意,或者刺激、助长其已产生的分裂国家的犯罪决意的行为。煽动行为包括口头、书面与其他方式。明知出版物中载有煽动分裂国家、破坏国家统一的内容,而予以出版、印刷、复制、发行、传播的,使用互联网方式煽动分裂国家、破坏国家统一的,组织和利用邪教组织,煽动分裂国家、破坏国家统一的,构成本罪。煽动行为不以公然实施为必要,被煽动人是否实施分裂国家、破坏国家统一的行为,也不影响本罪的成立。本罪主观上只能出于故意。犯本罪的,根据《刑法》第 103 条第 2 款、第 106 条和第 113 条的规定处罚。②

四、武装叛乱、暴乱罪

本罪是指组织、策划、实施武装叛乱、武装暴乱的行为。本罪客观上表现为组织、策划、实施武装叛乱、武装暴乱的行为。实施,是指直接实施武装叛乱或者武装暴乱的行为。组织、策划,不仅包括负责组织武装叛乱、武装暴乱成员,领导、指挥他人进行武装叛乱、武装暴乱的行为,而且包括策动、胁迫、勾引、收买他人进行武装叛乱、武装暴乱的行为。策动,是指利用某种事件、某种观念鼓动、煽动他人进行武装叛乱或武装暴乱;胁迫,是指以使人产生恐惧心理的方法,迫使他人进行武装叛乱或武装暴乱;勾引,是指利用名利、地位、色情等引诱他人进行

---

① 当本书说"本罪主观上只能出于故意""本罪主观方面为故意"或者"本罪主观方面为过失"时,读者需要根据《刑法》第 14 条与第 15 条的规定,将故意与过失内容具体化。

② 《中华人民共和国香港特别行政区维护国家安全法》(以下简称《香港国安法》)第三章第一节规定了分裂国家罪,其中第 20 条规定:"任何人组织、策划、实施或者参与实施以下旨在分裂国家、破坏国家统一行为之一的,不论是否使用武力或者以武力相威胁,即属犯罪:
(一)将香港特别行政区或者中华人民共和国其他任何部分从中华人民共和国分离出去;
(二)非法改变香港特别行政区或者中华人民共和国其他任何部分的法律地位;
(三)将香港特别行政区或者中华人民共和国其他任何部分转归外国统治。
犯前款罪,对首要分子或者罪行重大的,处无期徒刑或者十年以上有期徒刑;对积极参加的,处三年以上十年以下有期徒刑;对其他参加的,处三年以下有期徒刑、拘役或者管制。"
《香港国安法》第 21 条规定:"任何人煽动、协助、教唆、以金钱或者其他财物资助他人实施本法第二十条规定的犯罪的,即属犯罪。情节严重的,处五年以上十年以下有期徒刑;情节较轻的,处五年以下有期徒刑、拘役或者管制。"

武装叛乱或武装暴乱;收买,是指利用金钱、物资等收买他人进行武装叛乱或武装暴乱。武装叛乱与武装暴乱,都是以武装或暴力方式及较大规模形式实施的危害国家安全的破坏行为,区别在于叛乱具有叛变或投奔境外的性质,而暴乱则完全是在境内实施的烧杀抢夺等破坏行为。本罪主体既可以是中国公民,也可以是外国人。[①] 本罪在主观上只能是故意。犯本罪的,根据《刑法》第 104 条、第 106 条和第 113 条的规定处罚。

五、颠覆国家政权罪

本罪是指组织、策划、实施颠覆国家政权、推翻社会主义制度的行为。组织和利用邪教组织,组织、策划、实施颠覆国家政权、推翻社会主义制度活动的,成立本罪。犯本罪的,根据《刑法》第 105 条第 1 款、第 106 条和第 113 条的规定处罚。

六、煽动颠覆国家政权罪

本罪是指以造谣、诽谤或者其他方式煽动颠覆国家政权、推翻社会主义制度的行为。明知出版物中载有煽动颠覆国家政权、推翻社会主义制度的内容,而予以出版、印刷、复制、发行、传播的,或者利用互联网煽动颠覆国家政权、推翻社会主义制度的,以本罪论处。组织和利用邪教组织,煽动颠覆国家政权、推翻社会主义制度的,构成本罪。犯本罪的,根据《刑法》第 105 条第 2 款、第 106 条和第 113 条的规定处罚。[②]

七、资助危害国家安全犯罪活动罪

本罪是指境内外机构、组织、个人资助实施背叛国家罪、分裂国家罪、煽动分裂国家罪、武装叛乱、暴乱罪、颠覆国家政权罪、煽动颠覆国家政权罪的行为。

本罪行为只限于资助。所谓资助,是指向有危害国家安全行为的组织、个人

[①] 当本书没有就具体犯罪说明犯罪主体的要素时,意味着该犯罪的主体是已满 16 周岁,具有辨认控制能力的一般主体。

[②] 《香港国安法》第三章第二节规定了颠覆国家政权罪,其中第 22 条规定:"任何人组织、策划、实施或者参与实施以下以武力、威胁使用武力或者其他非法手段旨在颠覆国家政权行为之一的,即属犯罪:
(一) 推翻、破坏中华人民共和国宪法所确立的中华人民共和国根本制度;
(二) 推翻中华人民共和国中央政权机关或者香港特别行政区政权机关;
(三) 严重干扰、阻挠、破坏中华人民共和国中央政权机关或者香港特别行政区政权机关依法履行职能;
(四) 攻击、破坏香港特别行政区政权机关履职场所及其设施,致使其无法正常履行职能。
犯前款罪,对首要分子或者罪行重大的,处无期徒刑或者十年以上有期徒刑;对积极参加的,处三年以上十年以下有期徒刑;对其他参加的,处三年以下有期徒刑、拘役或者管制。"
《香港国安法》第 23 条规定:"任何人煽动、协助、教唆、以金钱或者其他财物资助他人实施本法第二十二条规定的犯罪的,即属犯罪。情节严重的,处五年以上十年以下有期徒刑;情节较轻的,处五年以下有期徒刑、拘役或者管制。"

提供经费、场所和物资;向组织、个人提供用于进行危害国家安全活动的经费、场所和物资。资助的具体方式没有限制;资助的时间也没有限定,在组织或个人实施上述特定犯罪之前、之中、之后进行资助的,都成立本罪。如果境内外机构、组织或者个人的行为超出了资助的范围,与被资助的组织或者个人,共同故意组织、策划、实施《刑法》第 102 条至第 105 条规定的上述犯罪的,应以上述犯罪的共犯论处。本罪主观上要求行为人认识到所资助的组织或者个人即将实施、正在实施或者已经实施了上述特定的危害国家安全犯罪行为,否则不能以本罪论处。因此,不能简单地认为,刑法只是将特定共同犯罪中的帮助行为规定为独立的犯罪。换言之,本罪既包括特定共同犯罪中的部分帮助行为,又包括不符合共同犯罪成立条件的资助行为。

犯本罪的,根据《刑法》第 107 条和第 113 条的规定处罚。

第二节 叛变、叛逃的犯罪

一、投敌叛变罪

投敌叛变罪,是指中国公民投奔敌人营垒进行危害国家安全的活动,或者在被敌人捕获后投降敌人进行危害国家安全活动的行为。

本罪客观上表现为投敌叛变,主要有两种情况:一是投奔敌人营垒,为敌人效劳,进行危害国家安全的活动;二是被敌人捕获后屈膝投降,进行危害国家安全的活动。行为人既可能是主动投敌叛变,也可能是在他人策动、勾引、收买下投敌叛变。主体是中国公民;外国人策动、帮助中国公民投敌叛变的,构成投敌叛变罪的共犯。本罪主观上必须具有危害国家安全的故意,不具有这种故意投奔敌人占领区域而偷越国(边)境,没有实施危害国家安全活动的,不能认定为投敌叛变罪。

投奔敌人营垒或屈膝投降后,没有进行危害国家安全活动的,很难认定为投敌"叛变";故进行危害国家安全活动是"叛变"的表现形式,换言之,投敌叛变罪本身就包括了其他危害国家安全活动。因此,对投奔敌人营垒或屈膝投降后进行危害国家安全活动的,宜认定为投敌叛变情节严重或情节特别恶劣,没有必要实行数罪并罚。

犯本罪的,根据《刑法》第 108 条和第 113 条的规定处罚。

二、叛逃罪

(一) 叛逃罪的概念与特征

叛逃罪,是指国家机关工作人员以及掌握了国家秘密的其他国家工作人员,在履行公务期间,擅离岗位,叛逃境外或者在境外叛逃的行为。

本罪客观方面表现为在履行公务期间,擅离岗位,叛逃境外或者在境外叛逃的行为。(1)必须在履行公务期间叛逃。(2)必须是擅离岗位叛逃,没有离开自己工作岗位的,不可能构成叛逃行为。(3)必须有叛逃行为,包括两个方式:一是在境内履行公务期间叛逃至境外;二是在境外履行公务期间叛逃。本罪主体是国家机关工作人员,以及掌握国家秘密的国家工作人员。本罪主观上只能是故意。

(二)叛逃罪与投敌叛变罪的区别

叛逃罪与投敌叛变罪有相似之处,主要区别表现在两个方面:首先,客观要件不完全相同:叛逃罪不要求投奔敌人营垒与投降敌人,不要求实施其他危害国家安全的活动;投敌叛变罪是一种投奔敌人营垒、投降敌人并进行危害国家安全活动的行为。叛逃罪要求在履行公务期间实施,投敌叛变罪没有这种要求。其次,主体要件不同:叛逃罪必须是国家机关工作人员或掌握国家秘密的其他国家工作人员,而投敌叛变罪的主体可以是任何具备犯罪主体一般要件的中国公民。

(三)叛逃罪的处罚

根据《刑法》第109条、第113条和第56条的规定,犯叛逃罪的,处5年以下有期徒刑、拘役、管制或者剥夺政治权利;情节严重的,处5年以上10年以下有期徒刑;掌握国家秘密的国家工作人员犯本罪的,从重处罚。犯本罪的,可以并处没收财产;应当附加剥夺政治权利。

第三节 间谍、资敌的犯罪

一、间谍罪

间谍罪,是指参加间谍组织,接受间谍组织及其代理人的任务,或者为敌人指示轰击目标,危害国家安全的行为。

本罪在客观上表现为三种危害国家安全的行为:一是参加间谍组织充当间谍。二是接受间谍组织及其代理人的任务,进行间谍活动。间谍组织代理人,是指受间谍组织或者其成员的指使、委托、资助,进行或者授意、指使他人进行危害中华人民共和国国家安全活动的人。三是为敌人指示轰击目标。实施上述三种行为之一的,即构成本罪,同时实施这三种行为的,也不实行并罚。本罪主观上只能出于故意,故意的内容因行为方式不同而不完全相同:参加间谍组织的,必须明知是间谍组织而参加;接受间谍任务的,必须明知是间谍组织或其代理人派遣的任务而接受;指示轰击目标的,必须明知对方是敌人而向其指示轰击目标。但不论行为人实施何种行为,都明知自己的行为会发生危害国家安全的结果,并且希望或者放任这种结果发生。

犯本罪的,根据《刑法》第110条和第113条的规定处罚。

二、为境外窃取、刺探、收买、非法提供国家秘密、情报罪

（一）本罪的概念与特征

本罪是指为境外的机构、组织或者个人窃取、刺探、收买、非法提供国家秘密或者情报的行为。本罪名为选择性罪名。

1. 本罪客观方面具有以下特征：(1) 必须是为境外的机构、组织、个人窃取、刺探、收买、非法提供国家秘密或者情报。境外机构、组织、个人的性质没有限定，即境外机构、组织与个人是否与我国为敌，并不影响本罪的成立。但为境内的机构、组织、个人窃取、刺探、收买国家秘密或者情报后，非法直接或者间接提供给境外机构、组织或者个人的，仍然成立为境外非法提供国家秘密、情报罪。(2) 行为表现为四种方式：窃取，是指通过盗取文件或者使用计算机、电磁波、照相机等方式取得国家秘密或者情报；刺探，是指使用探听或者一定的侦察技术获取国家秘密或者情报；窃取与刺探没有重要区别。收买，是指利用金钱、物质或其他利益换取国家秘密或者情报；非法提供，是指违反法律规定，将国家秘密、情报直接或者间接使境外机构、组织或者个人知悉，通过互联网将国家秘密或者情报非法发送给境外的机构、组织、个人的，属于非法提供。(3) 行为的对象是国家秘密或者情报。国家秘密是指关系国家安全和利益，依法确定的在一定时间内只限一定范围内的人员知悉的事项。国家秘密分为绝密、秘密与机密三个密级，任何密级的国家秘密都可能成为本罪对象。"情报"，是指关系国家安全和利益、尚未公开或者依照有关规定不应公开的事项。

2. 本罪主观方面只能是故意，即明知是国家秘密或者情报，而故意为境外机构、组织、个人窃取、刺探、收买或者非法提供。行为人知道没有标明密级的事项关系国家安全和利益，而为境外窃取、刺探、收买、非法提供的，以本罪论处。

（二）本罪的处罚

根据《刑法》第111条、第113条和第56条的规定，犯为境外窃取、刺探、收买、非法提供国家秘密、情报罪的，处5年以上10年以下有期徒刑；情节特别严重的，处10年以上有期徒刑或者无期徒刑；情节较轻的，处5年以下有期徒刑、拘役、管制或者剥夺政治权利；对国家和人民危害特别严重、情节特别恶劣的，可以判处死刑。犯本罪的，可以并处没收财产；应当附加剥夺政治权利。

三、资敌罪

资敌罪，是指战时供给敌人武器装备、军用物资资敌的行为。其中的"敌人"不是指个别的敌对分子，而是指敌对营垒或敌对的武装力量；资助的时间仅限于战时（参见《刑法》第451条）；资助的方法仅限于供给敌人武器装备、军用物资。本罪主观上必须出于故意。犯本罪的，根据《刑法》第112条和第113条的规定处罚。

第十七章 危害公共安全罪

危害公共安全罪,是指故意或者过失危害不特定或者多数人的生命、健康的安全以及公共生活的平稳与安宁的行为。危害公共安全罪的保护法益是公共安全,公共安全是不特定或者多数人的生命、健康的安全以及公共生活的平稳与安宁。"多数"是公共安全这一概念的核心。所谓"多数人",则难以用具体数字表述,行为使较多的人(即使是特定的多数人)感受到生命、健康或者公共生活的平稳、安宁受到威胁时,应认为危害了公共安全。但是,如果是"不特定的",则意味着随时有向"多数"发展的现实可能性,会使社会一般成员感到危险、可能使多数人遭受侵害。因此,不特定或者多数人的生命、健康的安全与公共生活的平稳与安宁,就是公共安全。所谓"不特定",是指犯罪行为可能侵犯的对象和可能造成的结果事先无法确定,行为人对此既无法具体预料也难以实际控制,行为的危险或行为造成的危害结果可能随时扩大或增加。"安全"是指不特定或者多数人的生命、健康、公共生活的平稳、安宁不受不法侵害与威胁而存续的状态。只要行为危害了不特定或者多数人的生命、健康的安全或者公共生活的平稳、安宁,就属于危害公共安全。危害公共安全的犯罪,可以分为如下类型:以危险方法危害公共安全的犯罪,破坏公用工具、设施危害公共安全的犯罪,实施恐怖、危险活动危害公共安全的犯罪,违反枪支、弹药管理规定危害公共安全的犯罪,违反安全管理规定危害公共安全的犯罪。

第一节 以危险方法危害公共安全的犯罪

一、放火罪、失火罪

(一)放火罪

放火罪,是指故意引起火灾,危害公共安全的行为。

1. 客观方面实施了放火行为。"放火"是指故意使对象物燃烧、引起火灾的行为;火灾是指在时间上或者空间上失去控制的燃烧所造成的灾害。放火的方法没有限制,既可以是作为,也可以是不作为;既可以直接使对象燃烧,也可以通过媒介物使对象燃烧,还可以通过既存的火力引起对象燃烧。燃烧的对象主要是财物,也可能是财物以外的对象。自焚行为足以危害公共安全的,也成立放火罪。燃烧财物时,不管财物是他人所有还是自己所有,只要足以危害公共安全,就属于放火。燃烧他人财物不足以危害公共安全的,只能构成故意毁坏财物罪;燃烧自己财物不足以危害公共安全的,不构成犯罪。由于放火是危险性很大的行为,故只要实施了足以危害公共安全的放火行为就构成放火罪,不要求造成实际的危害结果。

使对象物燃烧的行为是否属于本罪的放火行为,关键在于它是否危害公共安全,这便需要正确判断。首先,要将所有客观事实作为判断资料,如行为本身的危险性,对象物本身的性质、结构、价值,对象物周围的状况,对象物与周围可燃物的距离,行为时的气候、气温等。其次,要根据客观的因果法则进行判断,对象物燃烧的行为是否足以形成在时间上或空间上失去控制的燃烧状态。

2. 主体是已满14周岁,具有辨认和控制自己行为能力的自然人。

3. 主观方面只能是故意,即明知自己的放火行为会发生危害公共安全的结果,并且希望或者放任这种结果的发生。放火的动机可能多种多样,但它们只影响量刑。

《刑法》第114条与第115条对放火罪规定了两个层次的法定刑:犯放火罪尚未造成严重后果的,适用第114条,处3年以上10年以下有期徒刑;犯放火罪致人重伤、死亡或者使公私财产遭受重大损失的,适用第115条,处10年以上有期徒刑、无期徒刑或者死刑。行为人在一个放火故意支配下实施一个放火行为,造成多种结果的,只能认定为一个放火罪。但是,行为人实施了其他犯罪行为后为了销毁罪证而放火,或者为了骗取保险金而放火并且已经着手骗取保险金的,应实行数罪并罚。

(二) 失火罪

失火罪是指过失引起火灾,危害公共安全,致人重伤、死亡或者使公私财产遭受重大损失的行为。失火罪在客观上要求引起了火灾,造成了他人重伤、死亡或者使公私财物遭受了重大损失,危害了公共安全。仅有失火行为,但没有造成严重后果的,不能认定为失火罪。失火行为虽然造成了严重后果,但没有危害不特定或者多数人的生命、健康或财产安全的,也不能认定为失火罪。失火罪在主观上只能是过失,如果由于不能预见或不能抗拒的原因导致火灾,则不构成失火罪。根据《刑法》第115条第2款的规定,犯失火罪的,处3年以上7年以下有期徒刑;情节较轻的,处3年以下有期徒刑或者拘役。

二、决水罪、过失决水罪

(一) 决水罪

决水罪,是指利用水的破坏作用,制造水患,危害公共安全的行为。"决水"是指使受到控制的水的自然力解放出来,造成水的泛滥。解放的手段没有限制,既可以是作为,也可以是不作为;所解放的水既可以是河流中的水,也可以是贮存的水。本罪主观方面必须出于故意。犯本罪的,根据《刑法》第114条、第115条的规定处罚。

(二)过失决水罪

过失决水罪,是指过失造成水患,危害公共安全,致人重伤、死亡或者使公私财产遭受重大损失的行为。犯本罪的,根据《刑法》第115条第2款的规定处罚。

三、爆炸罪、过失爆炸罪

(一)爆炸罪

爆炸罪,是指故意引起爆炸物或其他设备、装置爆炸,危害公共安全的行为。

本罪客观方面表现为实施了引起爆炸物或其他设备、装置爆炸,危害公共安全的行为。引起爆炸物爆炸,主要是指引起炸弹、炸药包、手榴弹、雷管及各种易爆的固体、液体、气体物品爆炸。引起其他设备、装置爆炸,主要是指利用各种手段,导致机器、锅炉等设备或装置爆炸。爆炸行为必须危害公共安全,即必须足以危害不特定或者多数人的生命、健康或重大财产;但成立本罪不要求发生具体损害结果。本罪主体是已满14周岁,具有辨认控制能力的自然人。主观方面必须出于故意。

行为人采用爆炸方法引起火灾,因为火灾而危害公共安全的,应认定为放火罪;采用爆炸方法决堤制造水患,危害公共安全的,应认定为决水罪。但在爆炸引起火灾、水患的情况下,如果爆炸行为本身(即使不发生火灾、水患)也足以危害公共安全时,则宜认定为想象竞合犯,从一重处罚。由于法定刑相同,只能通过考察爆炸与放火、决水各自的情节轻重确定罪名,即爆炸情节重于放火、决水情节时,应认定为爆炸罪;反之亦然。

犯本罪的,根据《刑法》第114条和第115条的规定处罚。

(二)过失爆炸罪

过失爆炸罪,是指过失引起爆炸,危害公共安全,致人重伤、死亡或者使公私财产遭受重大损失的行为。犯本罪的,根据《刑法》第115条第2款的规定处罚。

四、投放危险物质罪、过失投放危险物质罪

(一)投放危险物质罪

本罪是指故意投放毒害性、放射性、传染病病原体等物质,危害公共安全的行为。

1. 客观方面具有以下特征:(1)行为人投放的必须是毒害性、放射性、传染病病原体等危险物质,包括危险气体、液体、固体。(2)必须有投放行为。投放行为的主要方式:一是将危险物质投放于供不特定或多数人饮食的食品或饮料

中;二是将危险物质投放于供人、畜等使用的河流、池塘、水井等中;三是释放危险物质,如将沙林、传染病病原体释放于一定场所。(3)投放危险物质的行为必须危害公共安全。

2. 主观上必须出于故意,行为人明知自己投放危险物质的行为会发生危害不特定或多数人的生命、健康或重大财产的结果,并且希望或者放任这种结果的发生。

犯本罪的,根据《刑法》第114条与第115条的规定处罚。

(二)过失投放危险物质罪

本罪是指过失投放毒害性、放射性、传染病病原体等物质,危害公共安全,致人重伤、死亡或者使公私财产遭受重大损失的行为。犯本罪的,根据《刑法》第115条第2款的规定处罚。

五、以危险方法危害公共安全罪、过失以危险方法危害公共安全罪

以危险方法危害公共安全罪,是指故意使用放火、决水、爆炸、投放危险物质以外的危险方法危害公共安全的行为。过失以危险方法危害公共安全罪,则是指过失使用放火、决水、爆炸、投放危险物质以外的危险方法危害公共安全,致人重伤、死亡或者使公私财产遭受重大损失的行为。两罪的区别在于罪过形态不同和对结果的要求不同。

刑法条文对这两个犯罪仅规定了行为性质、结果等方面的要素,没有明文规定具体行为方式,故对这两个犯罪的构成要件应采取限制解释的态度:(1)"以其他危险方法"仅限于与放火、决水、爆炸、投放危险物质相当的方法,而不是泛指任何具有危害公共安全性质的方法。例如,醉酒后驾驶机动车逆向高速行驶的行为,即使没有造成人员伤亡,也应适用《刑法》第114条。再如,患有突发传染病而拒绝接受检疫、强制隔离或者治疗,过失造成传染病传播,情节严重,危害公共安全的,应适用《刑法》第115条第2款。(2)如果某种行为符合其他犯罪的构成要件,且符合罪刑相适应原则的,应尽量认定为其他犯罪,不宜认定为本罪。例如,在公共场所故意驾车撞人或者开枪射击的,宜认定为故意杀人罪,不宜认定为本罪。

犯上述两罪的,视情形分别根据《刑法》第114条与第115条的规定处罚。

第二节 破坏公用工具、设施危害公共安全的犯罪

一、破坏交通工具罪、过失损坏交通工具罪

(一)破坏交通工具罪

破坏交通工具罪,是指故意破坏火车、汽车、电车、船只、航空器,足以使其发

生倾覆、毁坏危险或者造成严重后果的行为。

1. 客观方面具有以下特征：(1) 行为破坏的对象是关涉不特定或者多数人的生命、健康或者重大财产安全的火车、汽车、电车、船只、航空器。刑法理论一般对其中的"汽车"作扩大解释，即包括大型拖拉机。由于本罪属于危害公共安全的犯罪，故只有当火车、汽车等交通工具关涉公共安全时，才能成为本罪对象。火车、汽车等交通工具是否关涉公共安全，主要从交通工具所处的状态进行判断。一般来说，交通工具处于下列状态时，便成为本罪对象：第一，交通工具正在行驶（飞行）中；第二，交通工具处于已交付随时使用的状态；第三，交通工具处于不需再检修便可使用的状态，例如，交付检修的汽车的刹车系统并无故障，但汽车检修人员首先破坏刹车系统，然后只检修其他部件，再交付使用的，构成破坏交通工具罪。(2) 实施了破坏行为，通常是指对上述交通工具的整体或者重要部件的破坏；不影响交通运输安全的行为不包括在内。劫持航空器、船只、汽车的行为成为其他独立犯罪，不成立本罪；但刑法没有将劫持火车、电车的行为规定为独立犯罪，从实质上看，劫持火车、电车的行为也足以使火车、电车发生倾覆、毁坏危险，故应将劫持火车、电车的行为视为本罪的破坏行为。(3) 破坏行为必须足以使火车、汽车、电车、船只或者航空器发生倾覆、毁坏危险。实际上的倾覆与毁坏是本罪法定刑升格的条件；行为人窃取交通工具的部件且数额较大或者多次窃取，但不可能发生上述危险的，只能认定为盗窃罪。

2. 主观上出于故意，即明知自己破坏火车、汽车、电车、船只、航空器的行为会发生使其倾覆或者毁坏的危害结果，并且希望或者放任这种结果的发生。犯罪动机不影响本罪的成立。出于贪利动机窃取交通工具的关键部件，足以发生使其倾覆或毁坏危险的，也成立破坏交通工具罪。

根据《刑法》第116条和第119条的规定，犯破坏交通工具罪，尚未造成严重后果的，处3年以上10年以下有期徒刑；造成严重后果的，处10年以上有期徒刑、无期徒刑或者死刑。

（二）过失损坏交通工具罪

本罪是指过失破坏火车、汽车、电车、船只、航空器，危害交通运输安全，造成严重后果的行为。犯本罪的，根据《刑法》第119条第2款的规定处罚。

二、破坏交通设施罪、过失损坏交通设施罪

（一）破坏交通设施罪

破坏交通设施罪，是指故意破坏轨道、桥梁、隧道、公路、机场、航道、灯塔、标志或者进行其他破坏活动，足以使火车、汽车、电车、船只、航空器发生倾覆、毁坏危险或者造成严重后果的行为。

1. 客观方面具有以下特征：(1) 破坏的对象是轨道、桥梁、隧道、公路、机

场、航道、灯塔、标志等关涉公共安全的交通设施。凡是可供汽车(包括大型拖拉机)、电车通行的道路均应认为是公路。(2)必须实施了破坏行为,包括使交通设施本身遭受毁损和使交通设施丧失应有性能的行为,如拆卸铁轨、拔去枕木、毁损标志、熄灭灯塔上的灯光、在公路上或机场挖坑掘穴等。(3)破坏行为必须足以使火车、汽车、电车、船只或者航空器发生倾覆、毁坏危险;实际上的倾覆与毁坏只是本罪法定刑升格的条件。

2. 主观上出于故意,即明知自己破坏交通设施的行为会发生使交通工具倾覆或者毁坏的危害结果,并且希望或者放任这种结果的发生。犯罪动机不影响本罪的成立。

犯本罪的,根据《刑法》第117条和第119条的规定处罚。

(二)过失损坏交通设施罪

本罪是指过失破坏轨道、桥梁、隧道、公路、机场、航道、灯塔、标志,危害交通运输安全,造成严重后果的行为。犯本罪的,根据《刑法》第119条第2款的规定处罚。

三、破坏电力设备罪、过失损坏电力设备罪

(一)破坏电力设备罪

破坏电力设备罪,是指故意破坏电力设备,危害公共电力安全的行为。

本罪行为对象是关涉公共电力安全的电力设备,即处于运行、应急等使用中的电力设备。电力设备包括各种发电设备、供电设备与输变电设备。破坏行为的方式没有限定,既可以是作为,也可以是不作为。破坏行为必须危害公共电力安全。本罪主观方面出于故意。

在认定本罪时,应注意区分罪与非罪、本罪与盗窃等罪的界限:(1)尚未安装完毕的农用低压照明电线路,不属于正在使用中的电力设备;即使行为人盗走其中架设好的部分电线,也不致对公共安全造成危害,其行为应以盗窃定性。(2)已经通电使用,只是由于枯水季节或电力不足等原因,而暂停供电的线路,仍应认为是正在使用的线路。行为人偷割这类线路中的电线,如果构成犯罪,应按破坏电力设备罪追究其刑事责任。(3)对偷割已经安装完毕,但还未供电的电力线路的行为,应分别不同情况处理。如果偷割的是未正式交付电力部门使用的线路,应按盗窃案件处理。如果行为人明知线路已交付电力部门使用而偷割电线,应认定为破坏电力设备罪。(4)对拆盗某些排灌站、加工厂等生产单位正在使用中的电机设备等,没有危及社会公共安全,但应当追究刑事责任的,可以根据案件的不同情况,按盗窃罪、破坏生产经营罪或者故意毁坏财物罪处理。

犯本罪的,根据《刑法》第118条和第119条的规定处罚。

(二) 过失损坏电力设备罪

本罪是指过失破坏电力设备,危害公共电力安全,造成严重后果的行为。犯本罪的,根据《刑法》第119条第2款的规定处罚。

四、破坏易燃易爆设备罪、过失损坏易燃易爆设备罪

(一) 破坏易燃易爆设备罪

本罪是指故意破坏燃气或者其他易燃易爆设备,危害公共安全的行为。本罪对象是交通工具、交通设施、电力设备以外的燃气或者其他易燃易爆设备。正在使用的油田输油管道,属于易燃易爆设备。破坏行为的方式没有限定。在实施盗窃油气等行为过程中,采用切割、打孔、撬砸、拆卸、开关等手段破坏正在使用的油气设备的,属于本罪的破坏行为。破坏行为必须危害公共安全。行为人主观上必须出于故意。犯本罪的,根据《刑法》第118条和第119条的规定处罚。

(二) 过失损坏易燃易爆设备罪

本罪是指过失破坏燃气或者其他易燃易爆设备,危害公共安全,造成严重后果的行为。犯本罪的,根据《刑法》第119条第2款的规定处罚。

五、破坏广播电视设施、公用电信设施罪,过失损坏广播电视设施、公用电信设施罪

(一) 破坏广播电视设施、公用电信设施罪

本罪是指故意破坏广播电视设施、公用电信设施,危害公共安全的行为。

1. 客观方面具有以下特征:(1) 行为对象是正在使用、已交付使用等关涉公共安全的广播电视设施、公用电信设施;其中的电信设施必须是公用的,包括公用电报、电话及其他通讯设施。没有安装完毕、没有交付使用或者已经报废的广播电视设施、公用电信设施不能成为本罪对象。(2) 实施了破坏行为。破坏行为表现为两种情况:一是使上述设施物理上毁损;二是使上述设施丧失应有性能。(3) 破坏行为必须危害通讯安全,但严重后果不是本罪的构成要件。对于采用截断、损毁通信设备或者删除、修改、增加电信网计算机信息系统中存储、处理或者传输的数据和应用程序等手段,故意破坏正在使用的公用电信设备,危害公共安全的,应认定为本罪。

2. 主观方面表现为故意,即明知自己破坏广播电视设施、公用电信设施的行为会发生危害通讯安全的危害结果,并且希望或者放任这种结果的发生。

盗窃广播电视设施、公用电信设施价值数额不大,但危害公共安全的,依照破坏广播电视设施、公用电信设施罪处罚;盗窃与公共安全无关的广播电视设施、公用电信设施,并不危害公共安全的,应认定为盗窃罪;盗窃广播电视设施、公用电信设施同时构成盗窃罪和破坏广播电视设施、公用电信设施罪的,择一重

罪处罚。故意破坏正在使用中的公用电信设施尚未危害公共安全,或者故意毁坏尚未投入使用的公用电信设施,造成财产损失的,以故意毁坏财物罪定罪处罚。

根据《刑法》第124条第1款的规定,犯本罪的,处3年以上7年以下有期徒刑;造成严重后果的,处7年以上有期徒刑。

（二）过失损坏广播电视设施、公用电信设施罪

本罪是指过失破坏广播电视设施、公用电信设施,危害公共安全,造成严重后果的行为。

由于《刑法》第124条第1款规定了破坏广播电视设施、公用电信设施危害公共安全（尚未造成严重后果）与造成严重后果两种情况,而第2款规定的是"过失犯前款罪的"情形,故从该条的关系上看,似乎过失破坏广播电视设施、公用电信设施尚未造成严重后果的也成立犯罪。但是,对这种行为不能认定为犯罪。(1)根据《刑法》总则第15条的规定,过失行为只有造成严重结果的才成立犯罪;(2)同过失破坏交通设施等犯罪相比,过失破坏广播电视设施、公用电信设施行为的危害程度较轻,而前者要求造成严重后果才成立犯罪,后者理当以造成严重后果为构成要件;(3)如果对过失损坏广播电视设施、公用电信设施尚未造成严重后果的也处罚,则其法定刑与故意实施上述行为的法定刑相同,这显然不合适。因此,应当认为,《刑法》第124条第2款规定的"过失犯前款罪"仅指过失犯前款中造成严重后果的犯罪。

犯本罪的,根据《刑法》第124条第2款的规定处罚。

第三节 实施恐怖、危险活动危害公共安全的犯罪

一、组织、领导、参加恐怖组织罪

本罪是指组织、领导或者参加恐怖活动组织的行为。

根据《反恐怖主义法》第3条的规定,恐怖活动,是指恐怖主义性质的下列行为:(1)组织、策划、准备实施、实施造成或者意图造成人员伤亡、重大财产损失、公共设施损坏、社会秩序混乱等严重社会危害的活动的;(2)宣扬恐怖主义,煽动实施恐怖活动,或者非法持有宣扬恐怖主义的物品,强制他人在公共场所穿戴宣扬恐怖主义的服饰、标志的;(3)组织、领导、参加恐怖活动组织的;(4)为恐怖活动组织、恐怖活动人员、实施恐怖活动或者恐怖活动培训提供信息、资金、物资、劳务、技术、场所等支持、协助、便利的;(5)其他恐怖活动。恐怖活动组织,是指三人以上为实施恐怖活动而组成的犯罪组织。恐怖活动人员,是指实施恐怖活动的人和恐怖活动组织的成员。恐怖事件,是指正在发生或者已经发生的

造成或者可能造成重大社会危害的恐怖活动。组织,主要是指组建恐怖活动组织;领导,主要是指策划、指挥恐怖活动组织的具体活动;参加,是指加入恐怖活动组织,使自己成为该组织成员。行为人实施组织、领导、参加行为之一的,便成立本罪;事实上是否开始实施恐怖活动,不影响本罪的成立。但对于被胁迫参加恐怖活动组织,没有实施恐怖活动的,不宜以犯罪论处。犯本罪并实施杀人、爆炸、绑架等犯罪的,实行数罪并罚。本罪只能由故意构成,即明知恐怖活动危害公共安全,但以实施恐怖活动为目的组织、领导或者参加恐怖活动组织。犯本罪的,根据《刑法》第120条的规定处罚。

二、帮助恐怖活动罪

本罪是指自然人或者单位故意资助恐怖活动组织、实施恐怖活动的个人,或者资助恐怖活动培训,以及为恐怖活动组织、实施恐怖活动或者恐怖活动培训招募、运送人员的行为。

所谓"资助",是指为恐怖活动组织、实施恐怖活动的个人或者恐怖活动培训筹集、提供经费、物资(如通讯设备、设施)或者提供活动场所、训练基地以及其他物质便利的行为。资助的具体方式没有限制,资助的时间也没有限定。"恐怖活动组织",既包括境内的恐怖活动组织,也包括境外的恐怖活动组织;既包括由官方确认的恐怖活动组织,也包括未经官方确认的恐怖活动组织(以符合相关特征为前提)。"实施恐怖活动的个人",包括预谋实施、准备实施和实际实施恐怖活动的个人,不问其国籍。"恐怖活动培训",既包括为实施恐怖活动而组织培训的行为,也包括参加或者接受恐怖活动培训的行为,不问培训是在境内还是境外。"招募",是指通过各种途径与方法,面向特定或者不特定的群体募集、征集人员。"运送",是指利用各种交通工具运送自己或者他人招募的人员。

可以认为,本罪的主要内容是帮助犯的正犯化。[①] 亦即,资助行为以及招募、运送行为本身就是正犯行为。因此,本罪的成立不以恐怖活动组织或者人员实施具体的恐怖活动犯罪为前提。例如,只要行为人提供的资助被恐怖活动组织或者人员接收,就成立本罪的既遂。基于同样的理由,教唆或者帮助他人实施本罪的资助行为或者招募、运送人员的,成立本罪的教唆犯与帮助犯。如果行为超出了资助的范围,与恐怖活动组织或者个人共同故意组织、领导恐怖活动组织,策划、实施恐怖犯罪活动,则同时触犯本罪与相关恐怖活动犯罪,根据具体情况认定为想象竞合或者数罪。即使没有超出资助的范围,但同时触犯其他犯罪的,应认定为想象竞合,从一重罪处罚。

[①] 本罪既包括具体恐怖活动犯罪的部分帮助行为,也包括一般性的、并非针对具体恐怖活动的资助行为与招募、运送人员的行为。

犯本罪的,根据《刑法》第120条之一的规定处罚,不得适用《刑法》第27条关于对从犯"应当从轻、减轻处罚或者免除处罚"的规定。①

三、准备实施恐怖活动罪

本罪是指为实施恐怖活动准备凶器、危险物品或者其他工具的,组织恐怖活动培训或者积极参加恐怖活动培训的,为实施恐怖活动与境外恐怖活动组织或者人员联络的,以及为实施恐怖活动进行策划或者其他准备的行为。

大体而言,本罪的客观构成要件行为表现为恐怖犯罪活动的准备行为(独立预备罪)。"凶器"是足以致人伤亡的武器、刀具等器具;"危险物品",是指具有燃烧性、爆炸性、腐蚀性、毒害性、放射性等特性的物品;"其他工具"是指其他类似的实施恐怖犯罪活动所需要的工具。"准备"的方法没有限定,包括购买、制造、租用,等等。"恐怖活动培训",既包括传授、灌输恐怖主义思想、主张的培训,也包括实施具体恐怖活动的方法、技能的培训。培训的方法没有限定,如当面讲授、开办培训班、举办论坛、组织收听相关音频视频资料等。组织与积极参加恐怖活动培训的,成立本罪。讲授恐怖活动内容的行为,至少属于本罪的"积极参加"行为。偶然接受培训的行为,不以本罪论处。"与境外恐怖活动组织或者人员联络",既包括利用各种通讯方式联络(如电话、电子邮件、短信等),也包括直接见面联络;联络的目的是"为实施恐怖活动",其内容既可以是参加境外恐怖活动组织或者具体恐怖活动,也可以是向对方提供相关情报,还可以是寻求支持、支援与帮助等等。"为实施恐怖活动进行策划",是指就实施恐怖活动的时间、地点、目标、方法等进行筹划、谋划。"其他准备"实际上是第120条之二第1款的兜底规定,故其他准备行为都能够包括在其中。

本罪只能由故意构成。不仅如此,部分类型还属于目的犯。例如,准备凶器、危险物品或者其他工具的行为,以及与境外恐怖活动组织或者人员联络的行为,必须以"实施恐怖活动"为目的。但是,本罪的成立只要求行为人具有将要实施恐怖活动的一般目的即可,不要求行为人在行为时已经具备实施特定恐怖活动的具体目的。

由于本罪属于预备行为的实行行为化(预备犯的既遂化),所以,对于教唆、帮助他人实施本罪行为的,应当以教唆犯、帮助犯论处。行为人完成了本罪行为的即构成犯罪既遂,不适用刑法总则关于预备犯的规定。行为人已经着手实行本罪的准备行为,由于意志以外的原因而没有完成准备行为的,成立本罪的未遂犯。

犯本罪的,根据《刑法》第120条之二的规定处罚。实施本罪行为同时构成

---

① 当然另具有从宽处罚情节的除外,但该"帮助"行为本身不可能成为从宽处罚的情节。

其他犯罪的,依照处罚较重的规定定罪处罚。

四、宣扬恐怖主义、极端主义、煽动实施恐怖活动罪

本罪是指以制作、散发宣扬恐怖主义、极端主义的图书、音频视频资料或者其他物品,或者通过讲授、发布信息等方式宣扬恐怖主义、极端主义,或者煽动实施恐怖活动的行为。恐怖主义,是指通过暴力、破坏、恐吓等手段,制造社会恐慌、危害公共安全、侵犯人身财产,或者胁迫国家机关、国际组织,以实现其政治、意识形态等目的的主张和行为。极端主义,是指歪曲宗教教义和宣扬宗教极端,以及其他崇尚暴力、仇视社会、反对人类等极端的思想、言论和行为。宣扬,是指广泛宣传,使不特定人或者多数人接受恐怖主义、极端主义的行为。煽动实施恐怖活动,是指公然向不特定人或者多数人实施的,使其产生实施恐怖活动的决意,或者刺激、助长其已产生的实施恐怖活动的决意的行为。犯本罪的,根据《刑法》第120条之三的规定处罚。

五、利用极端主义破坏法律实施罪

本罪是指利用极端主义煽动、胁迫群众破坏国家法律确立的婚姻、司法、教育、社会管理等制度实施的行为。行为同时构成其他犯罪的,依照处罚较重的规定处罚。犯本罪的,根据《刑法》第120条之四的规定处罚。

六、强制穿戴宣扬恐怖主义、极端主义服饰、标志罪

本罪是指以暴力、胁迫等方式强制他人在公共场所穿着、佩戴宣扬恐怖主义、极端主义服饰、标志的行为。"公共场所"是指不特定人或者多数人可以自由出入的场所,如商店、影剧院、体育场、街道、马路以及学校、医院等。本罪的"强制"行为,是指以暴力、胁迫等方式强迫他人穿着含有宣扬恐怖主义、极端主义的符号、旗帜、徽记、口号、标语、图形的服饰或者佩戴宣扬恐怖主义、极端主义的标志。但是,只有当"穿着""佩戴"方式足以使不特定人或者多数人发现该服饰、标志时,才能以本罪论处。犯本罪的,根据《刑法》第120条之五的规定处罚。实施本罪行为,同时构成宣扬恐怖主义、极端主义罪的,依照处罚较重的规定定罪处罚。

七、非法持有宣扬恐怖主义、极端主义物品罪

本罪是指明知是宣扬恐怖主义、极端主义的图书、音频视频资料或者其他物品而非法持有,情节严重的行为。其中的"持有"既可以是秘密的,也可以是公开的,既可以藏于家中,也可以携带于公共场合。倘若携带于公共场合的行为同时触犯了宣扬恐怖主义、极端主义罪,则应认定为想象竞合犯,从一重罪处罚。犯

本罪的,根据《刑法》第120条之六的规定处罚。

八、劫持航空器罪

(一)持航空器罪的概念与特征

劫持航空器罪,是指以暴力、胁迫或者其他方法劫持航空器的行为。

1. 本罪客观要件是,以暴力、胁迫或者其他方法劫持航空器。

(1)行为对象是正在使用中或者飞行中的航空器。根据《蒙特利尔公约》的规定,从地面人员或机组为某一特定飞行而对航空器进行飞行前的准备时起,直到降落后24小时为止,该航空器被认为是正在使用中;在任何情况下,使用的期间包括航空器在飞行中的整个时间。航空器从装载完毕,机舱外部各门均已关闭时起,直至打开任一机舱门以便卸载时止,属于正在飞行中;航空器被迫降落时,在主管当局接管该航空器及机上人员与财产的责任以前,视为仍在飞行中。作为本罪对象的航空器既可以是民用航空器,也可以是国家航空器(用于军事、海关、警察部门的航空器)。[①]

(2)行为内容是以暴力、胁迫或者其他方法劫持航空器。"暴力"一词在不同场合具有不同含义。最广义的暴力,包括不法行使有形力的一切情况,其对象不仅可以是人(对人暴力),而且可以是物(对物暴力)。广义的暴力,是指不法对人行使有形力的行为,但不要求直接对人的身体行使,只要对人的身体产生强烈的物理影响即可,如在人身边播放高分贝噪音。狭义的暴力,是指对人的身体不法行使有形力,但不要求达到足以抑制对方反抗的程度,如打人一记耳光。最狭义的暴力,是指对人行使有形力,并达到了足以抑制对方反抗的程度,但不要求直接对人的身体行使有形力。劫持航空器中的暴力应是指最狭义的暴力,只要是对机组成员等人不法行使有形力,并达到足以抑制其反抗的程度,便属于本罪的暴力。胁迫,是指以使他人产生恐惧心理为目的,以恶害相通告的行为。广义的胁迫,是指以使他人产生恐惧心理为目的,以恶害相通告的一切行为;恶害的内容、性质,通告的方法没有限制,也不问对方是否产生了恐惧心理。狭义的胁迫,主要是指限定了所通告的恶害内容的胁迫,不要求达到足以抑制对方反抗的程度。最狭义的胁迫,是指胁迫程度足以抑制对方反抗的行为。本罪中的胁迫,也应限于最狭义的胁迫。行为人为了使机组成员等人产生恐惧心理,实施对物暴力行为,足以抑制其反抗的,应属于本罪的胁迫。其他方法,是指与暴力、胁迫性质相当,使航空器内的机组成员或其他人员不能反抗、不敢反抗或者不知反抗的方法,如暗中投放麻醉药品,使机组成员丧失反抗能力等。"劫持"主要表现为两种情况:一是劫夺航空器,犯罪人直接驾驶或者操作航空器;二是强迫航空

[①] 如果对无人驾驶的航空器也能实施劫持行为,那么,无人驾驶的航空器也能成为本罪对象。

器驾驶、操作人员按照自己的意志驾驶、操作,从而控制航空器的起飞、航行线路、速度与降落地点。至于行为人实际上是否劫夺了航空器、实际上是否控制了航空器的航行,则不影响本罪的成立。

2. 本罪的主观方面只能是故意。从实践上看,劫持者总是为了达到特定目的,但犯罪目的与动机的内容不影响本罪的成立。

(二)劫持航空器罪的处罚

根据《刑法》第121条的规定,犯劫持航空器罪的,处10年以上有期徒刑或者无期徒刑;致人重伤、死亡或者使航空器遭受严重破坏的,处死刑。其中的"致人重伤、死亡",不仅包括暴力、胁迫行为过失致人重伤、死亡,而且还包括故意重伤与故意杀人。

九、劫持船只、汽车罪

本罪是指使用暴力、胁迫或者其他方法劫持船只、汽车的行为。本罪客观方面表现为以暴力、胁迫或者其他方法,劫持正在使用中的船只、汽车。劫持火车、电车的行为不成立本罪,应以破坏交通工具罪论处。犯本罪的,根据《刑法》第122条的规定处罚。

十、暴力危及飞行安全罪

本罪是指对飞行中的航空器上的人员使用暴力,危及飞行安全的行为。

本罪客观方面具有以下特征:(1)必须使用了暴力,即不法对人行使有形力的一切行为(广义的暴力)。但从相关规定来看,这里的暴力不包括故意重伤与故意杀人。行为人采取传送虚假情报等非暴力方式危及飞行安全的,不成立本罪。(2)必须是对航空器上的人员使用暴力,其中的人员既包括机组人员,也包括乘客等航空器上的其他人员。(3)必须是对飞行中的航空器上的人员使用暴力,否则不成立本罪。(4)行为在客观上必须危及飞行安全,对飞行安全构成了威胁,但不要求暴力行为造成严重后果。本罪主观方面只能是故意。

行为人以杀人、伤害等罪的故意,对飞行中的航空器上的人员使用暴力,危及飞行安全的,从一重罪处罚。以暴力手段劫持航空器的行为,必然同时触犯了劫持航空器罪与本罪,但只能认定为劫持航空器罪,不能将其与本罪并罚。

犯本罪的,根据《刑法》第123条的规定处罚。

第四节 违反枪支、弹药管理规定危害公共安全的犯罪

一、非法制造、买卖、运输、邮寄、储存枪支、弹药、爆炸物罪

(一)本罪的概念与特征

本罪是指违反国家有关枪支、弹药、爆炸物管理法规,擅自制造、买卖、运输、

邮寄、储存枪支、弹药、爆炸物,危害公共安全的行为。

1. 本罪客观方面具有以下特征:(1)制造、买卖、运输、邮寄、储存的必须是枪支、弹药与爆炸物。根据《枪支管理法》第46条的规定,枪支,是指以火药或者压缩气体等为动力,利用管状器具发射金属弹丸或者其他物质,足以致人伤亡或者丧失知觉的各种枪支。对于非法制造、买卖、运输、邮寄、储存、持有、私藏、走私以压缩气体为动力且枪口比动能较低的枪支的行为,在决定是否追究刑事责任以及如何裁量刑罚时,不仅应当考虑涉案枪支的数量,而且应当充分考虑涉案枪支的外观、材质、发射物、购买场所和渠道、价格、用途、致伤力大小、是否易于通过改制提升致伤力,以及行为人的主观认知、动机目的、一贯表现、违法所得、是否规避调查等情节,综合评估社会危害性,坚持主客观相统一,确保罪责刑相适应。弹药,是指上述枪支所使用的弹药。对于非法制造、买卖、运输、邮寄、储存、持有、私藏、走私气枪铅弹(用铅、铅合金或者其他金属加工的气枪弹)的行为,在决定是否追究刑事责任以及如何裁量刑罚时,应当综合考虑气枪铅弹的数量、用途以及行为人的动机目的、一贯表现、违法所得、是否规避调查等情节,综合评估社会危害性,确保罪责刑相适应。① 至于爆炸物,则是指具有较大爆破性或杀伤性的爆炸物,既包括军用的爆炸物,如地雷、炸弹、手榴弹,也包括《民用爆炸物品安全管理条例》所列的爆破器材。(2)必须有非法制造、买卖、运输、邮寄、储存枪支、弹药、爆炸物的行为。非法制造,是指未经国家许可擅自制造(包括改装、配装)枪支、弹药、爆炸物。非法买卖,是指违反有关法规,购买或者出售枪支、弹药、爆炸物;介绍买卖枪支、弹药、爆炸物的,以买卖枪支、弹药、爆炸物罪的共犯论处。非法运输,是指违反有关法规,转移枪支、弹药、爆炸物存在地的行为。非法邮寄,是指违反有关法规,通过邮政部门寄递枪支、弹药、爆炸物。其中,对枪支、弹药的运输、邮寄,仅限于在境内运输、邮寄,非法运输、邮寄枪支、弹药进出境的,成立走私武器、弹药罪。根据最高人民法院《关于审理非法制造、买卖、运输枪支、弹药、爆炸物等刑事案件具体应用法律若干问题的解释》(以下简称《办理非法制造枪支等案件解释》),非法储存,是指明知是他人非法制造、买卖、运输、邮寄的枪支、弹药而为其存放的行为,或者非法存放爆炸物的行为。

2. 犯罪主体既可以是一般自然人,也可以是公司、企业、事业单位、机关、团体。

3. 本罪主观上必须出于故意,即明知是枪支、弹药、爆炸物,而故意非法制造、买卖、运输、邮寄或者储存。

(二)本罪的认定

本罪属于重罪,对构成要件必须进行实质的解释。例如,不能认为非法买卖

---

① 参见2018年3月8日最高人民法院、最高人民检察院《关于涉以压缩气体为动力的枪支、气枪铅弹刑事案件定罪量刑问题的批复》。

1发子弹的行为符合非法买卖弹药罪的构成要件。因为本罪是危害公共安全的犯罪,根本不可能危害公共安全的行为,不成立本罪。行为人确因生产、生活所需而非法制造、买卖、运输枪支、弹药、爆炸物,数量较小,没有造成危害后果的,不宜轻易认定为本罪。

(三) 本罪的处罚

根据《刑法》第125条第1款与第3款的规定,犯本罪的,处3年以上10年以下有期徒刑;情节严重的,处10年以上有期徒刑、无期徒刑或者死刑。单位犯本罪的,对单位判处罚金,并对其直接负责的主管人员和其他直接责任人员,依照上述法定刑处罚。

二、非法制造、买卖、运输、储存危险物质罪

本罪是指非法制造、买卖、运输、储存毒害性、放射性、传染病病原体等物质,危害公共安全的行为。本罪属于具体的危险犯。客观行为表现为非法制造、买卖、运输、储存毒害性、放射性、传染病病原体等危险物质;毒鼠强等禁用剧毒化学品,属于危险物质;本罪的行为必须危害公共安全,其中的运输既包括境内的运输,也包括从境内运往境外和从境外运往境内;主体包括自然人与单位。本罪主观方面为故意。犯本罪的,根据《刑法》第125条的规定处罚。

三、违规制造、销售枪支罪

本罪是指依法被指定、确定的枪支制造企业、销售企业,违反枪支管理规定,擅自制造、销售枪支的行为。本罪的客观方面包括三种行为:一是超过限额或者不按规定的品种制造、配售枪支;二是制造无号、重号、假号的枪支;三是非法销售枪支或者在境内销售为出口制造的枪支。本罪主体是依法被指定、确定的枪支制造企业、销售企业;其他企业及个人非法制造、销售枪支的,构成《刑法》第125条的非法制造、买卖枪支罪。本罪主观要件为故意,其中非法制造、配售枪支的行为必须以非法销售为目的。犯本罪的,根据《刑法》第126条的规定处罚。

四、盗窃、抢夺枪支、弹药、爆炸物、危险物质罪

本罪是指以非法占有为目的,窃取或者抢夺枪支、弹药、爆炸物的,或者窃取、抢夺毒害性、放射性、传染病病原体等危险物质,危害公共安全的行为。

本罪客观方面表现为盗窃或者抢夺枪支、弹药、爆炸物,或者盗窃、抢夺毒害性、放射性、传染病病原体等危险物质,危害公共安全的行为。盗窃是指违反占有者的意思,将枪支、弹药、爆炸物或者其他危险物质转移为自己或者第三者占有;抢夺是指直接夺取他人紧密占有的枪支、弹药、爆炸物的行为。至于他人占有枪支、弹药等是否合法,不影响本罪的成立。盗窃、抢夺枪支、弹药、爆炸物,属

于抽象的危险犯;只要行为人实施了盗窃、抢夺枪支、弹药、爆炸物的行为,便可根据社会一般生活经验,得出具有公共危险的结论。但盗窃、抢夺危险物质的,属于具体的危险犯,需要根据危险物质的种类、盗窃与抢夺的行为方式等具体判断是否具有公共危险;如果没有危害公共安全,则不成立本罪。本罪主观方面只能是故意,并具有非法占有目的。实践中有时发生行为人为了窃取一般财物而实际上窃取了枪支、弹药的案件,由于行为人并不明知是枪支、弹药,不能认定为本罪,只能认定为盗窃罪;如果盗窃后非法持有、私藏的,则另构成非法持有、私藏枪支、弹药罪。

根据《刑法》第127条的规定,犯本罪的,处3年以上10年以下有期徒刑;情节严重的,处10年以上有期徒刑、无期徒刑或者死刑。盗窃、抢夺国家机关、军警人员、民兵的枪支、弹药、爆炸物的,处10年以上有期徒刑、无期徒刑或者死刑。

五、抢劫枪支、弹药、爆炸物、危险物质罪

本罪是指以非法占有为目的,以暴力、胁迫或者其他方法抢劫枪支、弹药、爆炸物的,或者抢劫毒害性、放射性、传染病病原体等危险物质,危害公共安全的行为。本罪客观方面表现为两种情况:一是使用暴力、胁迫或者其他使人不能反抗、不敢反抗、不知反抗的强制方法,劫取枪支、弹药、爆炸物的行为;只要抢劫的是枪支、弹药与爆炸物,不问其所有者、占有者与使用者是谁,均成立本罪。这种情形属于抽象的危险犯。二是使用暴力、胁迫或者其他强制方法,劫取毒害性、放射性、传染病病原体等危险物质,危害公共安全的行为。这种情形属于具体的危险犯。犯本罪的,根据《刑法》第127条第2款的规定处罚。

六、非法持有、私藏枪支、弹药罪

(一) 法持有、私藏枪支、弹药罪的概念与特征

本罪是指违反枪支、弹药管理规定,非法持有、私藏枪支、弹药的行为。

非法持有,是指没有合法根据地实际占有或控制枪支、弹药,非法替他人保管枪支、弹药的行为,也属于非法持有;非法私藏实际上是非法持有的一种表现形式。《办理非法制造枪支等案件解释》规定,"非法持有",是指不符合配备、配置枪支、弹药条件的人员,违反枪支管理法律、法规的规定,擅自持有枪支、弹药的行为。接受枪支质押进而实际占有或者控制枪支的,属于非法持有枪支。"私藏",是指依法配备、配置枪支、弹药的人员,在配备、配置枪支、弹药的条件消除后,违反枪支管理法律、法规的规定,私自藏匿所配备、配置的枪支、弹药且拒不交出的行为。枪支、弹药的来源没有限制,如他人赠与的、自己拾得的;但非法制造后又持有、私藏的,属于吸收犯,应以非法制造枪支、弹药罪论处,不实行数罪

并罚。非法持有、私藏以故意为前提,即以行为人认识到持有、私藏的是枪支、弹药为前提。

(二)非法持有、私藏枪支、弹药罪的认定

1. 正确区分罪与非罪的界限。非法持有、私藏少量弹药的,不宜认定为犯罪。

2. 正确区分本罪与《刑法》第125条非法制造、买卖、运输、邮寄、储存枪支、弹药、爆炸物罪中的非法储存枪支、弹药的行为的界限。非法储存与非法持有、私藏都是非法保存、控制、支配枪支、弹药的行为,难以从行为本身的表现形式上区分这两种犯罪。一方面,明知是他人非法制造、买卖、运输、邮寄的枪支、弹药而为其存放的,应认定为非法储存枪支、弹药罪;此外的保存、控制枪支、弹药的行为,成立非法持有、私藏枪支、弹药罪。另一方面,对于保存、控制大量枪支、弹药的行为,宜认定为非法储存枪支、弹药罪。

(三)非法持有、私藏枪支、弹药罪的处罚

根据《刑法》第128条第1款的规定,犯非法持有、私藏枪支、弹药罪的,处3年以下有期徒刑、拘役或者管制;情节严重的,处3年以上7年以下有期徒刑。

七、非法出租、出借枪支罪

本罪是指依法配备公务用枪的人员与单位,非法出租、出借枪支的,或者依法配置枪支的人员与单位,非法出租、出借枪支,造成严重后果的行为。

本罪分为两种类型:一种类型是,依法配备公务用枪的人员与单位,非法出租、出借枪支。客观方面表现为非法出租、出借公务用枪的行为。非法出租枪支,是指违反《枪支管理法》的规定,擅自将公务用枪在一段时间内有偿提供给他人使用的行为;如果是永久性地有偿转让给他人,则成立非法买卖枪支罪。非法出借枪支,一般是指违反《枪支管理法》的规定,擅自将公务用枪在一段时间内无偿提供给他人使用的行为;但根据立法精神,非法将公务用枪赠与他人的,可以认为是永久性无偿提供给他人使用的行为,应认定为非法出借枪支。依法配备公务用枪的人员,违反法律规定,将公务用枪用作借债质押物,使枪支处于非法持枪人的控制、使用之下的,成立非法出租枪支罪。本罪主体是依法配备公务用枪的人员与单位。本罪主观方面只能出于故意,即明知是公务用枪,却故意非法出租、出借给他人使用。

另一种类型是,依法配置枪支的人员与单位,非法出租、出借枪支,造成严重后果的行为。客观方面表现为非法出租、出借配置枪支,并且造成了严重后果。主体是依法配置枪支的人员与单位。主观方面出于故意。

行为人明知他人使用枪支实施杀人、伤害、抢劫、绑架等犯罪行为,而出租、出借枪支的,与他人成立相关犯罪的共犯。

犯本罪的,根据《刑法》第128条的规定处罚。

八、丢失枪支不报罪

本罪是指依法配备公务用枪的人员,丢失枪支不及时报告,造成严重后果的行为。本罪客观方面表现为,丢失枪支不及时报告,并且造成了严重后果。不及时报告是一种不作为。丢失枪支不及时报告,只有造成严重后果的,才成立本罪。这里的严重后果,应当包括直接危害结果与间接危害结果,但一般表现为枪支落入不法分子之手后,不法分子利用行为人丢失的枪支实施犯罪行为造成严重后果;丢失枪支本身不是本罪所说的"严重后果"。本罪主体必须是依法配备公务用枪的人员。本罪主观方面表现为,依法配备公务用枪的人员,在认识到枪支丢失的情况下,故意不及时报告,对枪支继续处于失控状态持希望或者放任态度。犯本罪的,根据《刑法》第129条的规定处罚。

九、非法携带枪支、弹药、管制刀具、危险物品危及公共安全罪

本罪是指非法携带枪支、弹药、管制刀具或者爆炸性、易燃性、放射性、毒害性、腐蚀性物品,进入公共场所或者公共交通工具,危及公共安全,情节严重的行为。

本罪客观行为中的携带,是指在进入公共场所或者公共交通工具时,将枪支、弹药、管制刀具及其他危险物品带在身上或者置于身边,使其置于现实的支配之下的行为。由于本罪是具体的危险犯,故需要根据携带物品的种类、杀伤力的强弱、数量,公共场所与公共交通工具的特点,携带的方式、方法、次数,已经形成的危险状态等判断携带行为是否危及公共安全。本罪属于故意犯罪,行为人明知是枪支、弹药、管制刀具或者其他危险物品而携带,并且明知自己进入了公共场所或者公共交通工具的,才可能成立本罪。此外,成立本罪还要求情节严重。

由于携带是持有的一种表现形式,故应正确处理本罪与非法持有枪支、弹药罪的关系。非法携带枪支、弹药进入公共场所或者公共交通工具,危及公共安全、情节严重的行为,同时触犯了非法持有枪支弹药罪,但从一重罪处罚。如果行为人将自己一直非法持有的枪支、弹药携带进入公共场所或者公共交通工具,危及公共安全,情节严重的,应当将非法持有枪支、弹药罪与本罪实行数罪并罚。

携带枪支、弹药与非法运输枪支、弹药具有相似之处,但非法运输,应是与非法制造、买卖、邮寄的枪支、弹药具有关联的行为,即明知是非法制造、买卖、邮寄的枪支、弹药而运输的,成立非法运输枪支、弹药罪;与非法制造、买卖、邮寄枪支、弹药无关的携带行为,才可能成立本罪。

根据《刑法》第130条的规定,犯本罪的,处3年以下有期徒刑、拘役或者管制。

第五节 违反安全管理规定危害公共安全的犯罪

一、重大飞行事故罪

本罪是指航空人员违反规章制度,致使发生重大飞行事故,造成严重后果的行为。本罪客观方面表现为,实施违反《航空法》及其他航空规章制度的行为,致使发生重大飞行事故,造成严重后果。本罪主体必须是航空人员,包括空勤人员与地面人员。本罪主观方面只能是过失。犯本罪的,根据《刑法》第131条的规定处罚。

二、铁路运营安全事故罪

本罪是指铁路职工违反规章制度,致使发生铁路运营安全事故,造成严重后果的行为。犯本罪的,根据《刑法》第132条的规定处罚。

三、交通肇事罪

(一)交通肇事罪的概念与特征

交通肇事罪,是指违反交通运输管理法规,因而发生重大交通事故,致人重伤、死亡或者使公私财产遭受重大损失的行为。

1. 客观方面表现为违反交通运输管理法规,因而发生重大交通事故,致人重伤、死亡或者使公私财产遭受重大损失的行为。(1)必须有违反交通运输管理法规的行为。这里的交通运输管理法规,主要指公路、水上交通运输中的各种交通规则、操作规程、劳动纪律等,同时也包括铁路、航空交通运输中的各种管理法规。(2)必须发生重大交通事故,致人重伤、死亡或者使公私财产遭受重大损失。行为虽然违反交通运输管理法规,但没有发生重大交通事故的,不成立本罪。重大交通事故必须发生在交通过程中以及与交通有直接关系的活动中。利用非机动交通工具从事交通运输违章造成重大事故的,如果这种行为发生在公共交通管理的范围内,具有危害公共安全的性质,就应以本罪处理,否则只能认定为其他犯罪。例如,行为人在城区或其他行人较多、有机动车来往的道路上违章骑三轮车,造成重大事故的,就具有危害公共安全的性质,应认定为交通肇事罪。但是,行为人在行人稀少、没有机动车来往的道路上违章骑三轮车致人重伤或死亡的,就不具有危害公共安全的性质,只能分别认定为过失致人重伤罪或过失致人死亡罪。(3)违反交通运输管理法规的行为与结果之间必须具有因果关系。换言之,即使行为人违反了交通运输管理法规,客观上也发生了危害结果,但如果危害结果与行为人违反交通运输管理法规的行为之间没有因果关系,则不能以本罪论处。

2. 主体是从事交通运输的人员及其他人员。航空人员违章造成重大飞行事故的,成立重大飞行事故罪;铁路职工违章造成铁路运营安全事故的,成立铁路运营安全事故罪;公路、水上运输人员以及其他相关人员造成公路、水上交通事故的,成立本罪;航空人员、铁路职工以外的人员造成重大飞行事故或铁路运营事故的,成立本罪;航空人员违反交通运输法规,造成飞行事故以外的交通事故的,成立本罪;铁路职工违反交通运输法规,造成铁路运营安全事故以外的交通事故的,成立本罪。因此,规定本罪的法条与规定重大飞行事故罪、铁路运营安全事故罪的法条是普通法条与特别法条的关系。从司法来看,构成本罪的一般是从事交通运输的人员,但刑法并没有作出这种限制,换言之,非交通运输人员也能成为本罪主体。根据司法实践,在偷开机动车辆过程中因过失撞死、撞伤他人或者撞坏车辆的,成立交通肇事罪;根据2000年11月10日最高人民法院《关于审理交通肇事刑事案件具体应用法律若干问题的解释》,单位主管人员、机动车辆所有人或者机动车辆承包人指使、强令他人违章驾驶造成重大交通事故的,以交通肇事罪定罪处罚。

3. 主观方面分为两种情形:(1) 一般的交通肇事罪为过失,既可能是疏忽大意的过失,也可能是过于自信的过失。行为人也可能有意识地违反交通运输管理法规,这在日常生活中可以说是"故意"的,但不一定成立刑法上的故意。在这种情况下,行为人往往是轻信能够避免结果发生,因而仍然是过失。(2) 本罪可能是危险驾驶罪、妨害安全驾驶罪的结果加重犯。危险驾驶是故意犯罪,但危险驾驶行为过失造成他人伤亡,符合交通肇事罪的犯罪构成的,应以交通肇事罪论处。此时,行为人对基本犯(危险驾驶罪)是故意,对加重结果为过失。

(二) 交通肇事罪的认定

1. 正确区分交通肇事罪与非罪的界限

(1) 行为人虽然违反交通运输管理法规,但并没有造成重大交通事故的,不能认定为交通肇事罪。(2) 行为虽然造成了严重后果,但行为人主观上没有过失,而是由于不能抗拒或者不能预见的原因所引起的,不能认定为交通肇事罪。(3) 发生交通事故的原因往往比较复杂,在许多情况下,行为人与被害人均有责任,需要根据行为人对事故的责任大小,区分罪与非罪。

根据上述司法解释,从事交通运输人员或者非交通运输人员,违反交通运输管理法规发生重大交通事故,在分清事故责任的基础上,定罪处罚。交通肇事具有下列情形之一的,以本罪论处:(1) 死亡1人或者重伤3人以上,负事故全部或者主要责任的;(2) 死亡3人以上,负事故同等责任的;(3) 造成公共财产或者他人财产直接损失,负事故全部或者主要责任,无能力赔偿数额在30万元以上的。交通肇事致1人以上重伤,负事故全部或者主要责任,并具有下列情形之一的,以交通肇事罪定罪处罚:(1)酒后、吸食毒品后驾驶机动车辆的;(2)无驾驶资格驾驶机动车辆的;(3)明知是安全装置不全或者安全机件失灵的机动车辆而驾驶的;(4)明知是无牌证或者已报废的机动车辆而驾驶的;(5)严重超载驾驶的;(6)为逃避法律追究逃离事故现场的。

2. 正确区分交通肇事罪与其他犯罪的界限

首先,应划清本罪与过失损坏交通工具罪、过失损坏交通设施罪的界限。它们的区别主要表现在:前者是违反交通运输管理法规的行为,后者是破坏交通工具或交通设施的行为;前者发生在交通运输活动以及与交通运输有直接关系的活动中,后者没有这种限制。其次,应划清本罪与利用交通工具故意杀人或者伤害的界限。前者是过失致人重伤或者死亡;后者是故意杀害他人或者故意伤害他人。最后,对于符合《刑法》第114条与第115条的以危险方法危害公共安全犯罪的行为,不能认定为交通肇事罪。例如,对醉酒驾车肇事后继续冲撞,放任危害后果的发生,造成重大伤亡的,应当按以危险方法危害公共安全罪论处。

3. 正确区分一罪与数罪的界限

在盗窃他人机动车过程中或者在盗窃后,违反交通运输管理法规,造成交通事故,构成犯罪的,应当以交通肇事罪和盗窃罪实行并罚。

4. 正确区分交通行政管理上的责任与刑法上的责任

如前所述,行为是否构成交通肇事罪,在很大程度上取决于交通管理部门对行为人责任的认定。在发生交通事故的场合,通常由交通管理部门认定行为人的责任,而交通管理部门只是根据交通运输管理法规认定责任,这种认定常常是出于交通管理的需要,并不是刑事法律责任。因此,人民法院在审理行为是否构成交通肇事罪时,不能直接采纳交通管理部门的责任认定,而应根据刑法所规定的交通肇事罪的构成要件进行实质的分析判断。例如,行为人驾驶没有年检但性能完好的车辆,也没有违反其他交通运输管理法规,由于被害人或者第三者的过错导致事故发生时,即使交通管理部门认定行为人负有责任,人民法院也不能认定行为人存在刑法上的责任。再如,行为人在发生交通事故后逃逸的,应查明发生交通事故的原因;不能仅因为行为人逃逸,而认定行为人的行为构成交通肇事罪。

(三)交通肇事罪的处罚

根据《刑法》第133条的规定,犯交通肇事罪的,处3年以下有期徒刑或者拘役;交通运输肇事后逃逸或者有其他特别恶劣情节的,处3年以上7年以下有期徒刑;因逃逸致人死亡的,处7年以上有期徒刑。根据司法解释,"交通运输肇事后逃逸",是指行为人在发生了构成交通肇事罪的交通事故后,为逃避法律追究而逃跑的行为。"因逃逸致人死亡",既包括交通肇事后逃跑,致使被害人得不到救助而死亡的情形,也包括交通肇事后的逃跑过程中再次过失致人死亡的情形。

由于"因逃逸致人死亡"仅限于过失,故行为人在交通肇事后,将被害人带离事故现场后隐藏或者遗弃,致使被害人无法得到救助而死亡或者严重残疾的,应当分别以故意杀人罪或者故意伤害罪定罪处罚。行为人在交通肇事后,以为被害人已经死亡,为了隐匿罪迹,将被害人沉入河流中,事实上被害人溺死于河流中的,应将后行为认定为过失致人死亡罪;如果前行为已构成交通肇事罪,则应实行数罪并罚。

四、危险驾驶罪

(一)危险驾驶罪的概念与类型

危险驾驶罪,是指在道路上驾驶机动车追逐竞驶,情节恶劣,或者在道路上醉酒驾驶机动车,以及从事校车业务或者旅客运输,严重超过额定乘员载客或者严重超过规定时速行驶,或者违反危险化学品安全管理规定运输危险化学品,危及公共安全的行为。本罪分为追逐竞驶,醉酒驾驶,超员、超速行驶和违规运输危险化学品四个类型。

1. 追逐竞驶

追逐竞驶,是指行为人在道路上高速、超速行驶,随意追逐、超越其他车辆,频繁、突然并线,近距离驶入其他车辆之前的危险驾驶行为。只要追逐竞驶行为具有类型化的抽象危险,并且情节恶劣,就构成犯罪。第一,本罪行为不要求发生在公共道路(公路)上,只需要发生在道路上。第二,追逐竞驶以具有一定危险性的高速、超速驾驶为前提,低速驾驶的行为不可能成立本罪。但是,单纯的高速驾驶或者超速驾驶,并不直接成立本罪。第三,追逐竞驶要求以产生交通危险的方式驾驶,行为的基本方式是随意追逐、超越其他车辆,频繁并线、突然并线,或者近距离驶入其他车辆之前。第四,追逐竞驶既可能是二人以上基于意思联络而实施,也可能是单个人实施。例如,行为人驾驶机动车针对救护车、消防车等车辆实施追逐竞驶行为的,也可能成立本罪。第五,成立本罪要求情节恶劣。情节恶劣的基本判断标准,是追逐竞驶行为的公共危险性。对此,应以道路上车辆与行人的多少、驾驶的路段与时间、驾驶的速度与方式、驾驶的次数等进行综合判断。在没有其他车辆与行人的荒野道路上追逐竞驶的行为,不应认定为情节恶劣。追逐竞驶的罪过形式为故意,不要求行为人以赌博竞技或者追求刺激为目的。因为基于任何目的与动机的故意追逐竞驶行为,只要产生了抽象的公共危险且情节恶劣,就值得科处刑罚。

2. 醉酒驾驶

醉酒驾驶,是指在醉酒状态下在道路上驾驶机动车的行为。《车辆驾驶人员血液、呼吸酒精含量阈值与检验》规定,车辆驾驶人员血液中的酒精含量大于或者等于80毫克/100毫升的属于醉酒驾驶。故意在醉酒状态下驾驶机动车,即符合本罪的犯罪构成。本罪是抽象的危险犯,因此,一方面,抽象的危险犯实际上是类型化的危险犯,司法人员只需要进行类型化的判断即可;另一方面,完全没有危险的行为,不可能成立本罪。例如,在没有车辆与行人的荒野上醉酒驾驶机动车的,因为不具有抽象的危险,不应以本罪论处。醉酒驾驶属于故意犯罪,行为人必须认识到自己是在醉酒状态下驾驶机动车。但是,对于醉酒状态的认识不需要十分具体(不需要认识到血液中的酒精具体含量),只要有大体上的认识即可。一般来说,只要行为人知道自己喝了一定的酒,事实上又达到了醉酒状态,并驾驶机动车的,就可以认定其具有醉酒驾驶的故意。

3. 超员、超速行驶

超员、超速行驶,是指从事校车业务或者旅客运输,严重超过额定乘员载客,或者严重超过规定时速行驶的行为。本类型的危险驾驶罪属于抽象危险犯。本罪中的校车既包括依照国家规定取得使用许可的校车,也包括没有取得使用许可的违章从事接送学生业务的校车。从事旅客运输的车辆,是指从事公路客运、公交客运、出租客运、旅游客运等旅客运输的车辆;既包括具有营运资格的车辆,也包括非法从事旅客运输的车辆。一般超员、超速的行为不成立本罪,只有严重超员、超速的行为才成立本罪。本罪的成立不以发生人员伤亡等后果为要件。机动车所有人、管理人对严重超员、超速行驶负有直接责任的,以本罪论处。例如,机动车所有人、管理人强令、指使驾驶人员超员、超速行驶的,或者明知驾驶人员超员、超速行驶而放任的,应以本罪论处。概言之,所谓"负有直接责任",是指超员、超速行驶的状态能够归属于机动车所有人、管理人的作为或者不作为的情形。本类型的危险驾驶罪只能由故意构成。

4. 违规运输危险化学品

违规运输危险化学品,是指违反危险化学品安全管理规定运输危险化学品,危及公共安全的行为。本类型的危险驾驶罪属于具体危险犯。危险化学品,是指具有毒害、腐蚀、爆炸、燃烧、助燃等性质,对人体、设施、环境具有危害的剧毒化学品和其他化学品。《危险化学品安全管理条例》规定了危险化学品的运输规则,违反该条例的规定,并且危及公共安全的,成立本罪。行为是否危及公共安全,要根据行为人所运输的危险化学品的种类、数量、运输的时间、路线、车辆的安全状况、发生实害事故的可能性程度等进行综合判断。机动车所有人、管理人对上述违规行为负有直接责任的,以本罪论处。本类型的危险驾驶罪的责任形式只能是故意,行为人必须认识到自己违规运输的是危险化学品(不必认识到具体种类),并且希望或者放任公共危险的发生。

(二)危险驾驶罪的罪数

危险驾驶行为同时构成其他犯罪的,依照处罚较重的规定定罪处罚。例如,追逐竞驶或者醉酒驾驶行为,过失造成他人伤亡或者重大财产损失结果,构成交通肇事罪的,应以交通肇事罪论处(此时的交通肇事罪属于结果加重犯)。但是,如果致人伤亡的交通事故不是由追逐竞驶或者醉酒驾驶行为引起,而是由其他违反交通运输管理法规的行为(如无视交通信号)所引起,则应对危险驾驶罪与交通肇事罪实行数罪并罚。再如,违规运输化学危险品,发生重大事故,造成严重后果的,应以危险物品肇事罪论处(此时的危险物品肇事罪属于结果加重犯)。但是,如果违规运输化学危险品,危及公共安全,又由于闯红灯而造成交通事故的,则应对危险驾驶罪与交通肇事罪实行数罪并罚。

危险驾驶行为具有与放火、爆炸等相当的具体的公共危险,行为人对该具体的公共危险具有故意的,应当认定以危险方法危害公共安全罪。例如,在高速公路上逆向追逐竞驶或者醉酒高速驾驶,但没有造成严重后果的,应当适用《刑法》第114条,认定为以危险方法危害公共安全罪。当然,对以危险方法危害公共安全罪的认定必须采取严格的限制态度。危险驾驶行为具有与放火、爆炸等相当的具体的公共危险,且造成人身伤亡等严重后果(如在高速公路上逆向追逐竞驶或者醉酒高速驾驶造成他人死亡),行为人对该具体的公共危险或者人身伤亡等严重后果具有故意的,应当适用《刑法》第115条第1款。

实施危险驾驶行为,以暴力、威胁方法阻碍公安机关依法检查,又构成妨害公务罪等其他犯罪的,依照数罪并罚的规定处罚。

(三) 危险驾驶罪的处罚

根据《刑法》第133条之一的规定,犯危险驾驶罪的,处拘役,并处罚金。依照最高人民法院、最高人民检察院、公安部《关于办理醉酒驾驶机动车刑事案件适用法律若干问题的意见》的规定,醉酒驾驶机动车,具有下列情形之一的,从重处罚:(1) 造成交通事故且负事故全部或者主要责任,或者造成交通事故后逃逸,尚未构成其他犯罪的;(2) 血液酒精含量达到200毫克/100毫升以上的;(3) 在高速公路、城市快速路上驾驶的;(4) 驾驶载有乘客的营运机动车的;(5) 有严重超员、超载或者超速驾驶,无驾驶资格驾驶机动车,使用伪造或者变造的机动车牌证等严重违反道路交通安全法的行为的;(6) 逃避公安机关依法检查,或者拒绝、阻碍公安机关依法检查尚未构成其他犯罪的;(7) 曾因酒后驾驶机动车受过行政处罚或者刑事追究的;(8) 其他可以从重处罚的情形。

五、妨害安全驾驶罪

妨害安全驾驶罪,是指对行驶中的公共交通工具的驾驶人员使用暴力或者抢控驾驶操纵装置,干扰公共交通工具正常行驶,危及公共安全的行为(《刑法》第133条之二第1款),以及行驶中的公共交通工具的驾驶人员在行驶的公共交通工具上擅离职守,与他人互殴或者殴打他人,危及公共安全的行为(《刑法》第133条之二第2款)。本罪属于具体危险犯,但对危险程度的要求低于本章其他具体危险犯的要求。根据《刑法》第133条之二的规定,犯本罪的,处1年以下有期徒刑、拘役或者管制,并处或者单处罚金。

《刑法》第133条之二第3款规定,"有前两款行为,同时构成其他犯罪的,依照处罚较重的规定定罪处罚"。所谓"有前两款行为",就是指犯前两款规定之罪。2019年1月8日最高人民法院、最高人民检察院、公安部《关于依法惩治妨害公共交通工具安全驾驶违法犯罪行为的指导意见》规定:"乘客在公共交通工具行驶过程中,随意殴打其他乘客,追逐、辱骂他人,或者起哄闹事,妨害公共交通工具运营秩序,符合刑法第293条规定的,以寻衅滋事罪定罪处罚"。此外,如果行为同时构成劫持汽车罪的,也属于想象竞合,从一重罪处罚。实施本罪行为导致发生交通事故的,宜按交通肇事罪论处。

六、重大责任事故罪

本罪是指在生产、作业中违反有关安全管理的规定,因而发生重大伤亡事故或者造成其他严重后果的行为。客观方面表现为在生产、作业中违反有关安全管理的规定,因而发生了重大伤亡事故或者造成了其他严重后果;主体包括对生产、作业负有组织、指挥或者管理职责的负责人、管理人员、实际控制人、投资人等人员,以及直接从事生产、作业的人员;主观方面为过失。犯本罪的,根据《刑法》第134条第1款的规定处罚。

七、强令、组织他人违章冒险作业罪

本罪是指强令他人违章冒险作业,或者明知存在重大事故隐患而不排除,仍冒险组织作业,因而发生重大伤亡事故或者造成其他严重后果的行为。本罪主体包括对生产、作业负有组织、指挥或者管理职责的负责人、管理人员、实际控制人、投资人等人员。行为与结果的内容为,强令他人违章冒险作业,以及存在重大事故隐患而不排除,仍冒险组织作业,因而发生重大伤亡事故或者其他严重后果。"强令"既包括利用职权、地位命令或指使他人,也包括采取威胁等方式逼迫他人。"违章"是指违反生产、作业中有关安全管理规定。"冒险"是指存在对人的生命、身体的客观危险。"组织",是指指使、指挥、动员他人冒险作业。一般认为,本罪为过失犯罪,如果行为人明知强令他人违章冒险作业,会发生死亡结果,但仍然强令他人违章冒险作业,对死亡结果持希望或者放任态度,则应视行为性质与情节,认定为故意杀人、以危险方法危险公共安全等罪。犯本罪的,根据《刑法》第134条第2款的规定处罚。

八、危险作业罪

根据《刑法》第134条之一的规定,在生产、作业中违反有关安全管理的规

定,有下列情形之一,具有发生重大伤亡事故或者其他严重后果的现实危险的,构成本罪:(1)关闭、破坏直接关系生产安全的监控、报警、防护、救生设备、设施,或者篡改、隐瞒、销毁其相关数据、信息的;(2)因存在重大事故隐患被依法责令停产停业、停止施工、停止使用有关设备、设施、场所或者立即采取排除危险的整改措施,而拒不执行的;(3)涉及安全生产的事项未经依法批准或者许可,擅自从事矿山开采、金属冶炼、建筑施工,以及危险物品生产、经营、储存等高度危险的生产作业活动的。本罪属于具体危险犯,不过,实施上述行为时通常会立即发生具体危险。实施本罪行为造成责任事故或者安全事故的,应视具体案情分别按重大责任事故罪、重大劳动安全事故罪论处。犯本罪的,处1年以下有期徒刑、拘役或者管制。

九、重大劳动安全事故罪

本罪是指安全生产设施或者安全生产条件不符合国家规定,因而发生重大伤亡事故或者造成其他严重后果的行为。犯本罪的,对直接负责的主管人员和其他直接责任人员,依照《刑法》第135条的规定处罚。直接负责的主管人员和其他直接责任人员,是指对安全生产设施或者安全生产条件不符合国家规定负有直接责任的生产经营单位的负责人、管理人员、实际控制人、投资人以及对安全生产设施或安全生产条件负有管理、维护职责的电工、瓦斯检查工等人员。

十、大型群众性活动重大安全事故罪

本罪是指举办大型群众性活动违反安全管理规定,因而发生重大伤亡事故或者造成其他严重后果的行为。犯本罪的,对直接负责的主管人员和其他直接责任人员,依照《刑法》第135条之一的规定处罚。

十一、危险物品肇事罪

本罪是指违反爆炸性、易燃性、放射性、毒害性、腐蚀性物品的管理规定,在生产、储存、运输、使用中发生重大事故,造成严重后果的行为。犯本罪的,根据《刑法》第136条的规定处罚。

十二、工程重大安全事故罪

本罪是指建设单位、设计单位、施工单位、工程监理单位违反国家规定,降低工程质量标准,造成重大安全事故的行为。犯本罪的,根据《刑法》第137条的规定处罚。

十三、教育设施重大安全事故罪

本罪是指明知校舍或者教育教学设施有危险,而不采取措施或者不及时报告,致使发生重大伤亡事故的行为。犯本罪的,根据《刑法》第138条的规定处罚。

十四、消防责任事故罪

本罪是指违反消防管理法规,经消防监督机构通知采取改正措施而拒绝执行,造成严重后果的行为。本罪与重大劳动安全事故罪有相似之处,主要区别在于:本罪是拒绝执行消防监督机构通知采取的改正措施,后者是不采取措施消除劳动安全设施事故隐患。如果说消防安全设施也是劳动安全设施之一,则规定这两个罪的法条具有特别法条与普通法条的关系。犯本罪的,根据《刑法》第139条的规定处罚。

十五、不报、谎报安全事故罪

本罪是指在安全事故发生后,负有报告职责的人员不报或者谎报事故情况,贻误事故抢救,情节严重的行为。"负有报告职责的人员",是指负有组织、指挥或者管理职责的负责人、管理人员、实际控制人、投资人,以及其他负有报告职责的人员。本罪仅限于在安全事故发生后应当报告而不报告或者谎报的情形;如果在安全事故发生后,应当救助而不救助,导致他人死伤的,则根据案件的性质与情节,成立不作为的故意杀人、故意伤害等罪。犯本罪的,根据《刑法》第139条之一的规定处罚。

第十八章 破坏社会主义市场经济秩序罪

破坏社会主义市场经济秩序罪,是指违反国家市场经济管理法规,破坏社会主义市场经济秩序,严重危害市场经济发展的行为。本章犯罪分为以下八类:生产、销售伪劣商品罪,走私罪,妨害对公司、企业的管理秩序罪,破坏金融管理秩序罪,金融诈骗罪,危害税收征管罪,侵犯知识产权罪,扰乱市场秩序罪。

第一节 生产、销售伪劣商品罪

一、生产、销售伪劣产品罪

(一)生产、销售伪劣产品罪的概念与特征

本罪是指生产者、销售者在产品中掺杂、掺假,以假充真,以次充好或者以不合格产品冒充合格产品,销售金额较大的行为。

1. 犯罪客观方面表现为生产、销售伪劣产品,销售金额较大的行为。

(1) 生产、销售的是伪劣产品。其中的伪产品主要是指"以假充真"的产品,劣产品是指掺杂、掺假的产品、以次充好的产品及冒充合格产品的不合格产品。这里的"产品",应是指经过加工、制作、用于销售的产品。

(2) 行为表现为四种情况:在产品中掺杂、掺假,以假充真,以次充好,以不合格产品冒充合格产品。"在产品中掺杂、掺假",主要表现为在产品中掺入杂质或者异物,致使产品质量不符合国家法律、法规或者产品明示质量标准规定的质量要求,降低、失去应有使用性能。如在芝麻中掺沙子,在磷肥中掺入颜色相同的泥土等。"以假充真",主要表现为以不具有某种使用性能的产品冒充具有该种使用性能的产品。如将党参冒充人参、将猪皮鞋冒充牛皮鞋等。"以次充好",主要表现为以低等级、低档次产品冒充高等级、高档次产品,或者以残次、废旧零配件组合、拼装后冒充正品或者新产品。"不合格产品",是指不符合《产品质量法》规定的质量要求的产品。对上述行为难以确定的,应当委托法律、行政法规规定的产品质量检验机构进行鉴定。不过,上述四种行为很难绝对地区分,也没有必要硬性区分某种行为属于哪一类。只要实施其中一种行为便可能构成生产、销售伪劣产品罪,同时实施多种行为的,也只以一罪论处。

(3) 生产、销售伪劣产品构成犯罪的,要求销售金额在 5 万元以上。"销售金额",是指生产者、销售者出售伪劣产品后所得和应得的全部违法收入。多次实施生产、销售伪劣产品行为,未经处理的,伪劣产品的销售金额累计计算。

2. 犯罪主体是生产者与销售者。至于生产者、销售者是否取得了有关产品的生产许可证或营业执照,不影响本罪的成立。生产者与销售者既可以是自然人,也可以是单位。知道他人实施生产、销售伪劣产品罪,而为其提供贷款、资金、账号、发票、证明、许可证件,或者提供生产、经营场所或者运输、仓储、保管、邮寄等便利条件,或者提供制假生产技术的,以本罪的共犯论处。

3. 犯罪主观方面只能是故意。行为人明知自己生产、销售伪劣产品的行为会发生破坏社会主义市场经济秩序,侵害用户、消费者合法权益的危害结果,并且希望或者放任这种结果发生。

(二) 生产、销售伪劣产品罪的处罚

犯本罪的,根据《刑法》第 140 条的规定处罚。《刑法》第 140 条根据销售金额,对生产、销售伪劣产品罪规定了四个幅度的法定刑。单位犯本罪的,对单位判处罚金,并对其直接负责的主管人员和其他直接责任人员,依照《刑法》第 140 条的规定处罚。生产、销售伪劣产品,同时构成侵犯知识产权、非法经营等犯罪的,依照处罚较重的规定定罪处罚。犯本罪,又以暴力、威胁方法抗拒查处,构成妨害公务等罪的,依照数罪并罚的规定处罚。

二、生产、销售、提供假药罪

(一) 生产、销售、提供假药罪的概念与特征

本罪是指自然人或者单位故意生产、销售假药,以及药品使用单位的人员明知是假药而提供给他人使用的行为。本罪的基本犯是抽象的危险犯。

1. 本罪客观方面具有以下特征:

(1) 生产、销售、提供的必须是假药。根据《药品管理法》第 98 条第 2 款的规定,有下列情形之一的,为假药:第一,药品所含成分与国家药品标准规定的成分不符;第二,以非药品冒充药品或者以他种药品冒充此种药品;第三,变质的药品;第四,药品所标明的适应症或者功能主治超出规定范围。[①] 上述假药都限于用于人体的药品与非药品[②],如果生产、销售假农药、假兽药则不构成本罪。因为《药品管理法》所称的药品,是指用于人体的药品;刑法对生产、销售假农药、假

[①] 修订后的《药品管理法》删除了有关"按假药处理的药品、非药品"的规定。所以,国务院药品监督管理部门规定禁止使用的药品,依照《药品管理法》必须经过批准而未经批准生产、进口的药品,依照《药品管理法》必须检验而未经检验即销售的药品,被污染的药品,依照《药品管理法》必须取得批准文号而未取得批准文号的原料药生产的药品,只要不符合《药品管理法》第 98 条第 2 款规定的,均不再属于假药。

[②] 药品,是指用于预防、治疗、诊断人的疾病,有目的地调节人的生理机能并规定有适应症或者功能主治、用法和用量的物质,包括中药、化学药和生物制品等。

兽药的行为另设了规定,故生产、销售、提供假药罪中的假药只限于人用药品与非药品。但这又不意味着上述假药客观上都能够用于人体,有些物品本来不能用于人体,但行为人将其假冒为药品而提供给人使用的,就是本罪中的假药。由此看来,这取决于行为人的行为与主观意图,当行为人将某种物品假冒为对人体使用的药品时,它就是假药,而不管这种物品实际上能否用于人体;当行为人将某种物品假冒为对兽类使用的药品时,它就不是假药,也不问这种物品能否用于人体。行为人声称(如在广告中载明)所销售的物品可以治疗白血病、胰腺癌等疾病,但同时声称(如在说明书中载明)该物品不是药品只是保健品的,也属于销售假药。① 但是,出售民间有效偏方的,不应以本罪论处。

(2) 具有生产、销售、提供假药的行为。一切制造、加工、配制、采集、收集某种物品充当合格或特定药品的行为,都是生产假药的行为。一切有偿提供假药的行为,都是销售假药的行为。假药的来源既可能是自己生产的,也可能是自己购买的,还可能是通过其他方法取得的。销售的对方(购买者)没有任何限制。

2. 犯罪主体既可以是自然人,也可以是单位。其中,法条规定实施提供假药行为的主体必须是药品使用单位及其人员。明知他人生产、销售、提供假药,而有下列情形之一的,以生产、销售、提供假药罪的共犯论处:(1) 提供资金、贷款、账号、发票、证明、许可证件的;(2) 提供生产、经营场所、设备或者运输、仓储、保管、邮寄等便利条件的;(3) 提供生产技术,或者提供原料、辅料、包装材料的;(4) 提供广告等宣传的。

3. 犯罪主观方面只能出于故意。行为人必须明知自己生产、销售的是假药。本罪不要求以获取非法利润为目的,即使低于成本价出售假药,也不影响本罪的成立。

(二) 生产、销售、提供假药罪的处罚

犯本罪的,根据《刑法》第141条的规定处罚;单位犯本罪的,对单位判处罚金,并对其直接负责的主管人员和其他直接责任人员,依照《刑法》第141条的规定处罚。实施生产、销售假药罪,同时构成生产、销售伪劣产品、侵犯知识产权、非法经营、非法行医、非法采供血等犯罪的,依照处罚较重的规定定罪处罚。在自然灾害、事故灾难、公共卫生事件、社会安全事件等突发事件发生时期,生产、销售用于应对突发事件药品的假药的,依法从重处罚。

三、生产、销售、提供劣药罪

本罪是指自然人或者单位生产、销售劣药,以及药品使用单位的人员明知是

---

① 不管是按一般人的观念,还是按医学常识,能治疗白血病、胰腺癌等疾病的物品当然是药品。既然行为人声称可以治疗上述疾病,就表明行为人知道自己在销售假药。同时声称该物品是保健品,只不过是为了逃避生产、销售、提供假药罪的刑事责任。

劣药而提供给他人使用,对人体健康造成严重危害的行为。

本罪客观方面表现为生产、销售、提供劣药,对人体健康造成严重危害的行为。根据《药品管理法》第98条第3款的规定,有下列情形之一的,为劣药:(1)药品成分的含量不符合国家药品标准;(2)被污染的药品;(3)未标明或者更改有效期的药品;(4)未注明或者更改产品批号的药品;(5)超过有效期的药品;(6)擅自添加防腐剂、辅料的药品;(7)其他不符合药品标准的药品。由于劣药比假药的危害小,故生产、销售劣药对人体健康造成严重危害的,才成立犯罪。生产、销售、提供的劣药被使用后,造成轻伤、重伤或者其他严重后果的,应认定为"对人体健康造成严重危害"。本罪主体既可以是自然人,也可以是单位。本罪主观上只能出于故意。

犯本罪的,根据《刑法》第142条和第150条的规定处罚。

四、妨害药品管理罪

根据《刑法》第142条之一的规定,违反药品管理法规,有下列情形之一,足以严重危害人体健康的,构成妨害药品管理罪:(1)生产、销售国务院药品监督管理部门禁止使用的药品的;(2)未取得药品相关批准证明文件生产、进口药品或者明知是上述药品而销售的;(3)药品申请注册中提供虚假的证明、数据、资料、样品或者采取其他欺骗手段的;(4)编造生产、检验记录的。上述四种行为均以足以严重危害人体健康为要件,否则不成立本罪。本罪只能由故意构成。

实施本罪行为,同时又构成生产、销售、提供假药罪,生产、销售、提供劣药罪或者其他犯罪的,依照处罚较重的规定定罪处罚。但是,如果"未取得药品相关批准证明文件生产、进口药品或者明知是上述药品而销售的"行为,并不足以危害人体健康的,不能认定为非法经营罪(《刑法》第225条第1项),否则就会出现明显的不协调现象。亦即,上述行为足以危害人体健康的,成立妨害药品管理罪,最高只能处7年有期徒刑;不足以危害人体健康的,成立非法经营罪,反而最高可以处15年有期徒刑。如若认为,不管这种行为是否足以危害人体健康,均同时触犯非法经营罪,《刑法》第142条之一第1款第2项的规定,就几乎没有适用的余地,从而淹没了刑法增设本罪的旨趣。所以,本书认为,"未取得药品相关批准证明文件生产、进口药品或者明知是上述药品而销售的"行为,如果不足以危害人体健康,就不以犯罪论处。① 特别需要强调的是,不能为了认定为妨害药品管理罪而忽略"足以危害人体健康"的要件,也不能认为凡是实施上述行为的均足以危害人体健康。换言之,司法机关不能将本罪当作抽象的危险犯对待。此外还需要说明的是,《刑法》第142条之一第2款所规定的"有前款行为",就是

---

① 对这种行为按《药品管理法》的相关规定处罚即可。

指"犯前款罪",而不是仅指有前款规定的狭义行为。因为只有当行为人犯前款罪时,才可能比较本罪与其他犯罪的轻重,进而"依照处罚较重的规定定罪处罚"。如果仅有前款行为,而并不足以严重危害人体健康,就不可能具备"依照处罚较重的规定定罪处罚"的前提。

根据《刑法》第142条之一的规定,犯本罪的,处3年以下有期徒刑或者拘役,并处或者单处罚金;对人体健康造成严重危害或者有其他严重情节的,处3年以上7年以下有期徒刑,并处罚金。

五、生产、销售不符合安全标准的食品罪

本罪是指生产、销售不符合食品安全标准的食品,足以造成严重食物中毒事故或者其他严重食源性疾病的行为。不符合食品安全标准的食品,是指不符合《食品安全法》规定的安全标准的食品,但生产、销售有毒、有害食品的不成立本罪。具有下列情形之一的,应当认定为"足以造成严重食物中毒事故或者其他严重食源性疾病":(1)含有严重超出标准限量的致病性微生物、农药残留、兽药残留、重金属、污染物质以及其他危害人体健康的物质的;(2)属于病死、死因不明或者检验检疫不合格的畜、禽、兽、水产动物及其肉类、肉类制品的;(3)属于国家为防控疾病等特殊需要明令禁止生产、销售的;(4)婴幼儿食品中生长发育所需营养成分严重不符合食品安全标准的;(5)其他足以造成严重食物中毒事故或者严重食源性疾病的情形。在食品加工、销售、运输、贮存等过程中,违反食品安全标准,超限量、超范围滥用食品添加剂,或者在食用农产品种植、养殖、销售、运输、贮存等过程中,违反食品安全标准,超限量、超范围滥用添加剂、农药、兽药等,足以造成严重食物中毒事故或者其他严重食源性疾病的,以本罪论处。生产、销售不符合食品安全标准的食品,无证据证明足以造成严重食物中毒事故或者其他严重食源性疾病,不构成本罪但构成生产、销售伪劣产品罪等其他犯罪的,依照该其他犯罪定罪处罚。本罪主观方面必须出于故意。犯本罪的,根据《刑法》第143条与第150条的规定处罚。

六、生产、销售有毒、有害食品罪

(一)生产、销售有毒、有害食品罪的概念与特征

本罪是指在生产、销售的食品中掺入有毒、有害的非食品原料,或者销售明知掺有有毒、有害的非食品原料的食品的行为。

1. 本罪客观方面表现为三种行为:一是在生产的食品中掺入有毒、有害的非食品原料;二是在销售的食品中掺入有毒、有害的非食品原料;三是明知是掺有有毒、有害的非食品原料的食品而销售。概括起来说,行为人生产、销售了掺入有毒、有害的非食品原料的食品:首先,食品中必须掺入了非食品原料,掺入食

品原料的不成立本罪。其次,掺入的非食品原料必须对人体有毒或者有害。有毒、有害的共同点是可能造成严重食物中毒或者其他严重食源性疾病。下列物质应当认定为"有毒、有害的非食品原料":(1)法律、法规禁止在食品生产经营活动中添加、使用的物质;(2)国务院有关部门公布的《食品中可能违法添加的非食用物质名单》《保健食品中可能非法添加的物质名单》上的物质;(3)国务院有关部门公告禁止使用的农药、兽药以及其他有毒、有害物质;(4)其他危害人体健康的物质。使用盐酸克仑特罗等禁止在饲料和动物饮用水中使用的药品或者使用含有该类药品的饲料养殖供人食用的动物,或者销售明知是使用该类药品或者含有该类药品的饲料养殖的供人食用的动物的,以本罪论处。明知是使用盐酸克仑特罗等禁止在饲料和动物饮用水中使用的药品或者含有该类药品的饲料养殖的供人食用的动物,而提供屠宰等加工服务,或者销售其制品的,成立本罪。对于利用"地沟油"生产"食用油"的,以及明知是利用"地沟油"生产的"食用油"而予以销售的,以生产、销售有毒、有害食品罪论处。对于利用"地沟油"生产的"食用油",已经销售出去没有实物,但是有证据证明系已被查实生产、销售有毒、有害食品犯罪事实的上线提供的,以生产、销售有毒、有害食品罪追究刑事责任。此外,明知对方是食用油经销者,仍将用餐厨废弃油(即"地沟油")加工而成的劣质油脂销售给对方,导致劣质油脂流入食用油市场供人食用的,构成生产、销售有毒、有害食品罪。

2. 本罪主体既可以是自然人,也可以是单位。

3. 本罪主观方面只能是故意,过失不成立本罪。

(二)生产、销售有毒、有害食品罪与相关犯罪的关系

1. 本罪与生产、销售不符合安全标准的食品罪在行为、主体、主观方面等都有相同或相似之处。虽然有毒、有害食品都属于不安全食品,但由于刑法对生产、销售有毒、有害食品的行为作了特别规定,故对这种行为应独立定罪。换言之,如果行为人生产、销售的食品属于有毒、有害食品的,就不能仅认定为生产、销售不符合安全标准的食品罪,而应认定为本罪。

2. 本罪与投放危险物质罪有相似之处。一般来说,前者表现为生产、销售了掺入有毒、有害的非食品原料的食品,后者表现为在食品、河流、水井乃至公众场所等地投放毒害性、放射性等危险物质;前者是在客观的生产、经营活动中实施其行为,后者一般与生产、经营活动没有关系;本罪的自然人主体必须已满16周岁,单位可以成为本罪主体,后者的自然人主体只需已满14周岁,单位不能成为其主体。但是,不排除二者会发生竞合关系。

(三)生产、销售有毒、有害食品罪的处罚

根据《刑法》第144条和第150条的规定,犯本罪的,处5年以下有期徒刑,并处罚金;对人体健康造成严重危害或者有其他严重情节的,处5年以上10年

以下有期徒刑,并处罚金;致人死亡或者有其他特别严重情节的,依照本法第141条的规定处罚。生产、销售的有毒、有害食品被食用后,造成轻伤、重伤或者其他严重后果的,应认定为《刑法》第144条规定的"对人体健康造成严重危害"。单位犯本罪的,对单位判处罚金,并对其直接负责的主管人员和其他直接责任人员,依照上述规定处罚。

七、生产、销售不符合标准的医用器材罪

本罪是指生产不符合保障人体健康的国家标准、行业标准的医疗器械、医用卫生材料,或者销售明知是不符合保障人体健康的国家标准、行业标准的医疗器械、医用卫生材料,足以危害人体健康的行为。犯本罪的,根据《刑法》第145条和第150条的规定处罚。

八、生产、销售不符合安全标准的产品罪

本罪是指生产不符合保障人身、财产安全的国家标准、行业标准的电器、压力容器、易燃易爆产品或者其他不符合保障人身、财产安全的国家标准、行业标准的产品,或者销售明知是以上不符合保障人身、财产安全的国家标准、行业标准的产品,造成严重后果的行为。犯本罪的,根据《刑法》第146条与第150条的规定处罚。

九、生产、销售伪劣农药、兽药、化肥、种子罪

本罪是指生产假农药、假兽药、假化肥,销售明知是假的或者失去使用效能的农药、兽药、化肥、种子,或者生产者、销售者以不合格的农药、兽药、化肥、种子冒充合格的农药、兽药、化肥、种子,使生产遭受较大损失的行为。犯本罪的,根据《刑法》第147条与第150条的规定处罚。

十、生产、销售不符合卫生标准的化妆品罪

本罪是指生产不符合卫生标准的化妆品,或者销售明知是不符合卫生标准的化妆品,造成严重后果的行为。不符合卫生标准的化妆品的范围,可根据国务院《化妆品监督管理条例》的规定予以确定。犯本罪的,根据《刑法》第148条和第150条的规定处罚。

十一、关于本节犯罪的认定与处罚的特别规定

《刑法》第149条第1款规定:"生产、销售本节第一百四十一条至第一百四十八条所列产品,不构成各该条规定的犯罪,但是销售金额在五万元以上的,依照本节第一百四十条的规定定罪处罚。"《刑法》第141条至第148条所规定的都

是生产、销售特定伪劣产品的犯罪,根据上述规定,生产、销售特定伪劣产品,但并不符合《刑法》第141条至第148条规定的构成要件时,并不意味着绝对不成立犯罪,如果销售金额在5万元以上,则依照《刑法》第140条的规定认定为生产、销售伪劣产品罪。例如,生产、销售劣药,虽不足以严重危害人体健康,但销售金额达到了5万元,应认定为《刑法》第140条的生产、销售伪劣产品罪。

《刑法》第149条第2款规定:"生产、销售本节第一百四十一条至第一百四十八条所列产品,构成各该条规定的犯罪,同时又构成本节第一百四十条规定之罪的,依照处罚较重的规定定罪处罚。"应当认为,《刑法》第140条与第141条至148条之间是一种想象竞合关系。

第二节 走 私 罪

一、走私武器、弹药罪

(一)走私武器、弹药罪的概念与特征

本罪是指违反海关法规,走私武器、弹药的行为。

1. 客观上实施了走私武器、弹药的行为。"武器、弹药"的种类,参照《海关进出口税则》及《禁止进出境物品表》的有关规定确定;走私枪支散件,构成犯罪的,以走私武器罪定罪处罚(成套枪支散件以相应数量的枪支计,非成套枪支散件以每30件为一套枪支散件计);走私各种弹药的弹头、弹壳,构成犯罪的,以走私弹药罪定罪处罚。但是,走私报废或者无法组装并使用的各种弹药的弹头、弹壳,构成犯罪的,以走私普通货物、物品罪定罪处罚;属于废物的,以走私废物罪定罪处罚;走私国家禁止或者限制进出口的仿真枪、管制刀具,构成犯罪的,以走私国家禁止进出口的货物、物品罪定罪处罚。走私武器、弹药的行为主要表现为以下几种形式:(1)未经国务院或国务院授权的部门批准,不经过设立海关的地点,非法运输、携带武器、弹药进出国(边)境;(2)虽然通过设立海关的地点进出国(边)境,但采取隐匿、伪装、假报等欺骗手段,逃避海关监管、检查,非法盗运、偷带或者非法邮寄武器、弹药;(3)直接向走私人非法收购武器、弹药;(4)在内海、领海运输、收购、贩卖武器、弹药;(5)与走私武器、弹药的罪犯通谋,为其提供贷款、资金、账号、发票、证明,或者为其提供运输、保管、邮寄或者其他方便。

2. 犯罪主体既可以是自然人,也可以是单位。

3. 主观方面只能是故意,行为人必须明知走私的是国家禁止进出口的武器、弹药,过失不成立本罪。

(二)走私武器、弹药罪的认定

走私武器、弹药的行为,可能同时触犯非法买卖、运输、邮寄、储存枪支、弹药罪,由于刑法将走私行为作了特别规定,所以,凡是符合走私武器、弹药罪的构成要件的,不再认定为非法运输、邮寄、储存枪支、弹药罪;但是,行为人走私武器、弹药进境后,又非法出售的,应另成立非法买卖枪支、弹药罪。根据《刑法》第157条第2款的规定,对以暴力、威胁方法抗拒缉私的,应认定为走私武器、弹药罪和妨害公务罪,实行数罪并罚。

(三)走私武器、弹药罪的处罚

根据《刑法》第151条的规定,犯本罪的,处7年以上有期徒刑,并处罚金或者没收财产;情节特别严重的,处无期徒刑,并处没收财产;情节较轻的,处3年以上7年以下有期徒刑,并处罚金。单位犯本罪的,对单位判处罚金,并对其直接负责的主管人员和其他直接责任人员,依照上述规定处罚。

二、走私核材料罪

本罪是指违反海关法规,走私核材料的行为。本罪的走私对象为核材料;走私行为的表现形式与走私武器、弹药罪的表现形式相同。犯本罪的,根据《刑法》第151条、第157条的规定处罚。

三、走私假币罪

本罪是指违反海关法规,走私伪造的货币的行为。走私的对象是伪造的货币,其中的"货币"是指可在国内市场流通或者兑换的人民币、境外货币。走私假币行为的表现形式与走私武器、弹药罪的表现形式相同。行为人主观上必须明知是伪造的货币而走私。犯本罪的,根据《刑法》第151条、第157条的规定处罚。

四、走私文物罪

本罪是指违反海关法规,走私国家禁止出口的文物的行为。本罪的走私方式,与走私武器、弹药罪相同,但是本罪仅限于将文物从境内走私至境外的行为。将文物从境外走私至境内的,成立走私普通货物、物品罪。犯本罪的,根据《刑法》第151条、第157条的规定处罚。

五、走私贵重金属罪

本罪是指违反海关法规,走私国家禁止出口的黄金、白银或者其他贵重金属的行为。本罪的走私方式,与走私武器、弹药罪相同,但是本罪仅限于将贵重金属从境内走私至境外的行为。将贵重金属从境外走私至境内的,成立走私普通货物、物品罪。犯本罪的,根据《刑法》第151条、第157条的规定处罚。

六、走私珍贵动物、珍贵动物制品罪

本罪是指违反海关法规,走私国家禁止进出口的珍贵动物或者珍贵动物制品的行为。走私对象仅限于珍贵动物及其制品。走私行为与走私武器、弹药罪中的走私行为相同;主体既可以是自然人,也可以是单位;主观方面只能是故意。犯本罪的,根据《刑法》第151条、第157条的规定处罚。

七、走私国家禁止进出口的货物、物品罪

本罪是指违反海关法规,走私珍稀植物及其制品等国家禁止进出口的其他货物、物品的行为。本罪的走私行为的表现方式与走私武器、弹药罪表现方式相同,包括直接向走私人非法收购国家禁止进口的物品,以及在内海、领海、界河、界湖运输、收购、贩卖国家禁止进出口的物品的行为。犯本罪的,根据《刑法》第151条与第157条的规定处罚。

八、走私淫秽物品罪

本罪是指违反海关法规,以牟利或者传播为目的,走私淫秽的影片、录像带、录音带、图片、书刊或者其他淫秽物品的行为。本罪客观上要求走私淫秽物品。走私非淫秽的影片、影碟、录像带、录音带、音碟、图片、书刊、电子出版物等物品的,按走私普通货物、物品罪定罪处罚。走私行为的表现形式与走私武器、弹药罪相同。本罪主观上不仅要求故意,而且要求以牟利或者传播为目的。行为人是否具有这种目的,应主要通过走私淫秽物品的数量、次数等进行判断。但是否实现了牟利或传播目的,不影响本罪的成立。犯本罪的,根据《刑法》第152条、第157条的规定处罚。

九、走私废物罪

本罪是指逃避海关监管将境外固体废物、液态废物和气态废物运输进境,情节严重的行为。本罪客观方面仅限于将废物运输进境的行为,因此,将废物运输出境的,不成立本罪。废物进境得到海关许可,但行为人没有按海关要求处理废物的,不成立走私废物罪,可能成立污染环境等罪。根据《刑法》第339条第3款的规定,以原料利用为名,进口不能用作原料的固体废物、液态废物和气态废物的,以本罪论处。犯本罪的,根据《刑法》第152条、第157条的规定处罚。

十、走私普通货物、物品罪

(一)走私普通货物、物品罪的概念与特征

本罪是指违反海关法规,走私《刑法》第151条、第152条、第347条规定以

外的货物、物品,偷逃应缴税额较大,或者一年内曾因走私被给予二次行政处罚后又走私的行为。

1. 本罪的客观方面表现为违反海关法规,走私"普通"货物、物品,偷逃应缴税额较大,或者一年内曾因走私被给予二次行政处罚后又走私的行为。

本罪的走私对象是除前九种走私犯罪以及走私毒品罪以外的货物、物品,包括限制进出口的货物、物品,应当缴纳关税的货物、物品以及特殊情况下的特定免税货物、物品。

本罪的走私行为包括以下方式:(1)未经国务院或国务院授权的部门批准,不经过设立海关的地点,非法运输、携带国家禁止或限制进出口的货物、物品或者依法应当缴纳关税的货物、物品进出国(边)境的。(2)虽然通过设立海关的地点进出国(边)境,但采取隐匿、伪装、假报等欺骗手段,逃避海关监管、检查,非法盗运、偷带或者非法邮寄国家禁止或限制进出口的货物、物品或者依法应当缴纳关税的货物、物品的。(3)未经国务院批准或者海关许可并补缴关税,擅自将批准进口的来料加工、来件装配、补偿贸易的原材料、零件、制成品、设备等保税货物或者海关监管的其他货物、进境的海外运输工具等,非法在境内销售牟利的。其中的"保税货物",是指经海关批准,未办理纳税手续进境,在境内储存、加工、装配后应予复运出境的货物。保税货物包括通过加工贸易、补偿贸易等方式进口的货物,以及在保税仓库、保税工厂、保税区或者免税商店内等储存、加工、寄售的货物。(4)假借捐赠名义进口货物、物品,或者未经海关许可并补缴关税,擅自将减税、免税进口捐赠货物、物品或者其他特定减税、免税进口用于特定企业、特定地区、特定用途的货物、物品,非法在境内销售牟利的。(5)直接向走私人非法收购走私进口的货物、物品,数额较大的。"直接向走私人非法收购走私进口的货物、物品",是指明知是走私行为人而向其非法收购走私进口的货物、物品。(6)在内海、领海、界河、界湖运输、收购、贩卖国家限制进出口货物、物品,数额较大,没有合法证明的。"内海"包括内河的入海口水域。(7)与走私罪犯通谋,为其提供贷款、资金、账号、发票、证明,或者为其提供运输、保管、邮寄或者其他方便的。

"应缴税额",是指进出口货物、物品应当缴纳的进出口关税和进口环节海关代征税的税额。

2. 本罪主体既可以是自然人,也可以是单位。

3. 本罪主观方面只能是故意,故意的认识因素的具体内容,因走私行为的具体方式以及走私对象的不同而有所区别。

(二)走私普通货物、物品罪的处罚

犯本罪的,根据《刑法》第153条、第157条的规定处罚;对于多次走私未经处理的,按照累计走私货物、物品的偷逃应缴税额处罚。以暴力、威胁方法抗拒缉私的,实行数罪并罚。经许可进口国家限制进口的可用作原料的废物时,偷逃应缴税额,构成犯罪的,以走私普通货物罪定罪处罚;既未经许可,又偷逃应缴税额,同时构成走私废物罪和走私普通货物罪的,应当按照刑法处罚较重的规定定罪处罚;虽经许可,但超过许可数量进口国家限制进口的可用作原料的废物,超过部分以未经许可论。

第三节 妨害对公司、企业的管理秩序罪

一、虚报注册资本罪

本罪是指申请公司登记使用虚假证明文件或者采取其他欺诈手段虚报注册资本,欺骗公司登记主管部门,取得公司登记,虚报注册资本数额巨大、后果严重或者有其他严重情节的行为。根据全国人大常委会2014年4月24日通过的《关于〈中华人民共和国刑法〉第一百五十八条、第一百五十九条的解释》,本罪只适用于依法实行注册资本实缴登记制的公司。犯本罪的,根据《刑法》第158条的规定处罚。

二、虚假出资、抽逃出资罪

本罪是指公司发起人、股东违反公司法的规定,未交付货币、实物或者未转移财产权,虚假出资,或者在公司成立后又抽逃其出资,数额巨大、后果严重或者有其他严重情节的行为。本罪只适用于依法实行注册资本实缴登记制的公司。犯本罪的,根据《刑法》第159条的规定处罚。

三、欺诈发行证券罪

本罪是指自然人或者单位在招股说明书、认股书、公司、企业债券募集办法等发行文件中隐瞒重要事实或者编造重大虚假内容,发行股票或者公司、企业债券、存托凭证或者国务院依法认定的其他证券,数额巨大、后果严重或者有其他严重情节的行为。其中的存托凭证也称存券收据或存股证,是指在一国证券市场流通的代表外国公司有价证券的可转让凭证,是由存托人签发,以境外证券为基础在境内发行,代表境外基础证券权益的证券。存托凭证属于公司融资业务范畴的金融衍生工具,一般代表公司股票,但有时也代表债券。犯本罪的,根据《刑法》第160条的规定处罚。

四、违规披露、不披露重要信息罪

本罪是指依法负有信息披露义务的公司、企业,向股东和社会公众提供虚假

的或者隐瞒重要事实的财务会计报告，或者对依法应当披露的其他重要信息不按照规定披露，严重损害股东或者其他人利益，或者有其他严重情节的行为。犯本罪的，对其直接负责的主管人员和其他直接责任人员，根据《刑法》第161条第1款的规定处罚。根据《刑法》第161条第2款的规定，依法负有信息披露义务的公司、企业的控股股东、实际控制人实施或者组织、指使实施本罪行为，或者隐瞒相关事项导致前款规定的情形发生的，依照第161条第1款的规定处罚。

五、妨害清算罪

妨害清算罪，是指公司、企业在进行清算时，隐匿财产，对资产负债表或者财产清单作虚伪记载或者在未清偿债务前分配公司、企业财产，严重损害债权人或者其他人利益的行为。本罪客观方面必须具备三个要件：(1) 行为发生在公司、企业清算财产时。(2) 实施了以下四种行为之一：一是隐匿财产；二是对资产负债表作虚假记载，如夸大负债数额，作实际上并不存在的负债记载，对特定债权人作不符合事实的负债记载等；三是对财产清单作虚伪记载，如减少公司、企业的收入，提高固定资产的价格等；四是在清偿债务前分配公司、企业财产。但本罪行为不包括集体私分国有资产的行为，对后者应认定为私分国有资产罪。(3) 严重损害债权人或者其他人的利益。主观方面必须出于故意。犯本罪的，根据《刑法》第162条的规定处罚。

六、隐匿、故意销毁会计凭证、会计账簿、财务会计报告罪

本罪是指故意隐匿、销毁依法应当保存的会计凭证、会计账簿、财务会计报告，情节严重的行为。本罪的行为对象是依法应当保存的会计凭证、会计账簿、财务会计报告。行为表现为隐匿与销毁。隐匿，是指妨害他人依法发现会计凭证、会计账簿、财务会计报告的一切行为；销毁，是指妨害会计凭证、会计账簿、财务会计报告的本来效用的一切行为。本罪主体既可以是自然人，也可以是单位。行为人主观上必须出于故意。表面上看，刑法只要求销毁行为出于故意，事实上隐匿行为也必须出于故意；由于隐匿行为一般表现为故意，刑法条文便没有必要予以强调；但实践中可能存在过失销毁行为，于是，刑法条文作出了注意规定，提醒司法机关只追究故意销毁行为的刑事责任。此外，成立本罪还要求情节严重。犯本罪的，根据《刑法》第162条之一的规定处罚。

七、虚假破产罪

虚假破产罪，是指公司、企业通过隐匿财产、承担虚构的债务或者以其他方法转移、处分财产，实施虚假破产，严重损害债权人或者其他人利益的行为。犯本罪的，对其直接负责的主管人员和其他直接责任人员，依照《刑法》第162条之

二的规定处罚。

八、非国家工作人员受贿罪

（一）非国家工作人员受贿罪的概念与特征

本罪是指公司、企业或者其他单位的工作人员利用职务上的便利，索取他人财物或者非法收受他人财物，为他人谋取利益，数额较大的行为。

1. 客观方面表现为利用职务上的便利，索取他人财物或者非法收受他人财物，为他人谋取利益，数额较大的行为。（1）必须利用职务上的便利，即他人有求于行为人的职务行为时，行为人以职务行为或允诺职务行为作为条件，实施受贿行为。（2）必须索取或者非法收受他人财物，并且数额较大。这里的财物应包括有形财物、无形财物及财产性利益。（3）不管是索取他人财物还是收受他人财物，都必须为他人谋取利益。但"为他人谋取利益"只是一种允诺行为，不要求行为人实际上为他人谋取了利益。（4）公司、企业或者其他单位的工作人员在经济往来中，违反国家规定，收受各种名义的回扣、手续费，归个人所有的，成立本罪。违反国家规定，是指违反全国人民代表大会及其常委会制定的法律和决定，国务院制定的行政法规、规定的行政措施、发布的决定和命令，不包括单纯违反地方性规定的行为。

2. 本罪的主体必须是公司、企业或者其他单位的工作人员，包括国有公司、企业以及其他国有单位中的非国家工作人员，但并非任何非国家工作人员都可以成为本罪主体。

3. 主观方面只能是故意，过失不可能构成本罪。

（二）非国家工作人员的认定

医疗机构中的医务人员，利用开处方的职务便利，以各种名义非法收受药品、医疗器械、医用卫生材料等医药产品销售方财物，为医药产品销售方谋取利益，数额较大的，成立本罪。学校及其他教育机构中的非国家工作人员，在教材、教具、校服或者其他物品的采购等活动中，利用职务上的便利，索取销售方财物，或者非法收受销售方财物，为销售方谋取利益，数额较大的，以本罪论处。学校及其他教育机构中的教师，利用教学活动的职务便利，以各种名义非法收受教材、教具、校服或者其他物品销售方财物，为教材、教具、校服或者其他物品销售方谋取利益，数额较大的，成立本罪。依法组建的评标委员会、竞争性谈判采购中谈判小组、询价采购中询价小组的组成人员，在招标、政府采购等事项的评标或者采购活动中，索取他人财物或者非法收受他人财物，为他人谋取利益，数额较大的，以本罪论处。

认定本罪时，应将违反国家规定，收受各种名义的回扣、手续费的行为，与正当业务行为相区别。《反不正当竞争法》第7条第1款规定："经营者不得采用财物或者其他手段贿赂下列单位或者个人,以谋取交易机会或者竞争优势:(一)交易相对方的工作人员;(二)受交易相对方委托办理相关事务的单位或者个人;(三)利用职权或者影响力影响交易的单位或者个人。"在交易过程中给予对方回扣,是常见的一种贿赂手段。回扣,是指经营者销售商品时在账外暗中以现金、实物或者其他方式退给对方单位或者个人的一定比例的商品价款;账外暗中,是指未在依法设立的反映其生产经营活动或者行政事业经费收支的财务账上按照财务会计制度规定明确如实记载,包括不记入财务账、转入其他财务账或者做假账等。回扣具有极为严重的危害性。

根据《反不正当竞争法》第7条第2款的规定:"经营者在交易活动中,可以以明示方式向交易相对方支付折扣,或者向中间人支付佣金。经营者向交易相对方支付折扣、向中间人支付佣金的,应当如实入账。接受折扣、佣金的经营者也应当如实入账。"折扣,即商品购销中的让利,是指经营者在销售商品时,以明示并如实入账的方式给予对方的价格优惠;佣金,是指经营者在市场交易中给予为其提供服务的具有合法经营资格的中间人的劳动报酬。对合法接受折扣、佣金的,不能认定为受贿;但对违反国家规定,收受各种名义的回扣、手续费,归个人所有的,应认定为受贿。

(三)非国家工作人员受贿罪的处罚

根据《刑法》第163条的规定,犯本罪的,处3年以下有期徒刑或者拘役,并处罚金;数额巨大或者有其他严重情节的,处3年以上10年以下有期徒刑,并处罚金;数额特别巨大或者有其他特别严重情节的,处10年以上有期徒刑或者无期徒刑,并处罚金。

九、对非国家工作人员行贿罪

本罪是指为谋取不正当利益,给予公司、企业或者其他单位的工作人员以财物,数额较大的行为。本罪客观上必须是给予公司、企业或者其他单位的工作人员以数额较大的财物,这里的公司、企业或者其他单位的工作人员与公司、企业、单位人员受贿罪中的公司、企业或者其他单位的工作人员的范围完全相同,不包括国家工作人员。主体既可以是自然人,也可以是单位。主观方面必须出于故意,并且是为了谋取不正当利益。利益是否正当,应进行具体判断,而非抽象判断。至于实际上是否获取了不正当利益,则不影响本罪的成立。参照《刑法》第389条的规定,因被勒索给予公司、企业或者其他单位的人员以财物,没有获得不正当利益的,不宜认定为对公司、企业、单位人员行贿罪。犯本罪的,根据《刑法》第164条的规定处罚。

十、对外国公职人员、国际公共组织官员行贿罪

本罪是指为谋取不正当商业利益,给予外国公职人员或者国际公共组织官员以财物,数额较大的行为。本罪的处罚与对非国家工作人员行贿罪的处罚相同。

十一、非法经营同类营业罪

本罪是指国有公司、企业的董事、经理利用职务便利自己经营或者为他人经营与其所任职公司、企业同类的营业,获取非法利益,数额巨大的行为。犯本罪的,根据《刑法》第165条的规定处罚。

十二、为亲友非法牟利罪

本罪是指国有公司、企业、事业单位的工作人员,利用职务上的便利,违背任务,非法为亲友牟利,致使国家利益遭受重大损失的行为。本罪主体必须是国有公司、企业、事业单位的工作人员。客观方面必须符合三个条件:(1)必须利用职务上的便利,即利用自己主管、管理、经营、经手公司、企业业务的便利。(2)必须实施了下列三种行为之一:一是将本单位的盈利业务交由自己的亲友进行经营;二是以明显高于市场的价格向自己亲友经营管理的单位采购商品,或者以明显低于市场的价格向自己的亲友经营管理的单位销售商品;三是向自己的亲友经营管理的单位采购不合格的商品。实施其中一种行为的即可成立本罪,同时实施上述行为的也只成立一罪。(3)必须致使国家利益遭受重大损失。犯本罪的,根据《刑法》第166条的规定处罚。

十三、签订、履行合同失职被骗罪

本罪是指国有公司、企业、事业单位的直接负责的主管人员,在签订、履行合同过程中,因严重不负责任被诈骗,致使国家利益遭受重大损失的行为。本罪主体只限于国有公司、企业、事业单位的直接负责的主管人员。客观方面表现为在签订、履行合同的过程中,因严重不负责任被诈骗,致使国家利益遭受重大损失。所应注意的是,并非在签订、履行合同过程中严重不负责任的一切行为,都成立本罪。因严重不负责任而不能履行合同,致使国家利益遭受重大损失的,不成立本罪;只有因严重不负责任被诈骗,从而致使国家利益遭受重大损失的,才成立本罪。本罪主观方面为过失。犯本罪的,根据《刑法》第167条的规定处罚。

十四、国有公司、企业、事业单位人员失职罪,国有公司、企业、事业单位人员滥用职权罪

国有公司、企业、事业单位人员失职罪,是指国有公司、企业、事业单位的工

作人员,由于严重不负责任,造成国有公司、企业、事业单位破产或者严重损失,致使国家利益遭受重大损失的行为。本罪属于过失犯罪。国有公司、企业、事业单位人员滥用职权罪,是指国有公司、企业、事业单位的工作人员滥用职权,造成国有公司、企业、事业单位破产、严重亏损,致使国家利益遭受重大损失的行为。本罪属于故意犯罪。犯上述罪的,根据《刑法》第168条的规定处罚。

十五、徇私舞弊低价折股、出售国有资产罪

本罪是指国有公司、企业或者其上级主管部门直接负责的主管人员,徇私舞弊,将国有资产低价折股或者低价出售,致使国家利益遭受重大损失的行为。本罪行为主体私自将国有资产低价折股或者低价出售给自己、配偶、子女的,或者与他人串通,名义上出售给他人,实际上自己获利的,应认定为贪污罪。犯本罪的,根据《刑法》第169条的规定处罚。

十六、背信损害上市公司利益罪

本罪是指上市公司的董事、监事、高级管理人员,违背对公司的忠实义务,利用职务便利,操纵上市公司从事损害上市公司利益的活动,致使上市公司利益遭受重大损失的行为,以及上市公司的控股股东或者实际控制人,指使上市公司董事、监事、高级管理人员从事损害上市公司利益的活动,致使上市公司利益遭受重大损失的行为。

本罪第一种类型是,上市公司的董事、监事和高级管理人员,违背对公司的忠实义务,利用职务便利,操纵上市公司从事损害上市公司利益的活动,致使上市公司利益遭受重大损失。其中的损害上市公司利益的活动是指:(1)无偿向其他单位或者个人提供资金、商品、服务或者其他资产;(2)以明显不公平的条件,提供或者接受资金、商品、服务或者其他资产;(3)向明显不具有清偿能力的单位或者个人提供资金、商品、服务或者其他资产;(4)为明显不具有清偿能力的单位或者个人提供担保,或者无正当理由为其他单位或者个人提供担保;(5)无正当理由放弃债权、承担债务;(6)采用其他方式损害上市公司利益。犯本罪的,依照《刑法》第169条之一的规定处罚。

本罪的第二种类型是,上市公司的控股股东或者实际控制人,指使上市公司董事、监事、高级管理人员实施上述损害上市公司利益的活动,致使上市公司利益遭受重大损失。犯本罪的,依照《刑法》第169条之一的规定处罚。犯本罪的上市公司的控股股东或者实际控制人是单位的,对单位判处罚金,并对其直接负责的主管人员和其他直接责任人员,依照《刑法》第169条之一的规定处罚。

第四节 破坏金融管理秩序罪

一、伪造货币罪

(一) 伪造货币罪的概念与特征

伪造货币罪,是指没有货币发行权的人,非法制造外观上足以使一般人误认为是货币的假货币,妨害货币的公共信用的行为。

1. 伪造货币罪的客体,首先是作为经济交易重要手段的货币的公共信用。随着商品交换、经济交易的发展,货币的公共信用日益增强,刑法通过保护货币的公共信用,以保障交易安全和金融秩序。伪造货币的行为使人们对货币的真实性产生怀疑,从而侵犯了货币的公共信用。其次,任何国家都是通过专有的货币发行权来保证货币的公共信用的,伪造货币的行为人都是没有货币发行权的人,在此意义上说,伪造货币的行为也侵犯了货币发行权。但是,保护货币发行权也是为了保护货币的公共信用,如果某种行为虽然侵犯了货币发行权,但没有侵犯货币的公共信用,则不宜认定为伪造货币罪。

2. 客观行为表现为制造外观上足以使一般人误认为是货币的假货币。(1) 伪造,是指制造外观上足以使一般人误认为是货币的假货币的行为。典型的伪造行为表现为,仿照货币的形状、特征、图案、色彩等制造出与真货币的外观相同的假货币。在这种情况下,存在与伪造的货币相对应的(或相当的)真货币。行为人自行设计制作足以使一般人误认为是货币的假货币(如根据人民币的一般形状、基本特征等自行设计制作出面值为 200 元的假货币)的,虽然不存在与伪造的货币相当的真货币,也应认定为伪造货币。因为行为人完全可能设计制作一种外观上足以使一般人误认为是货币的假货币,特别是可能设计出所谓外国货币以侵犯货币的公共信用。至于伪造的方法,则没有任何限制,如机器印制、石印、影印、复印、手描等。(2) 伪造货币包括伪造正在通用的中国货币、外国货币及香港、澳门、台湾地区的货币,包括硬币与纸币。随着国际贸易的发展,对货币的保护成为各国共同的任务,刑法基于世界主义的立场处罚伪造中国货币与境外货币的一切行为。行为人所伪造的货币必须是正在通用的货币,如果伪造已经停止通用的古钱、废钞,则不成立本罪。(3) 所伪造以及可能伪造出来的货币应在外观上足以使一般人误认为是货币,即对于所伪造的货币必须特别加以注意,或者具有一定检测手段、具有专业知识方能发现。[①] 行为人制造出来的物品完全不可能被人们误认为是货币的,不可能成立伪造货币罪。但是,也不

---

① 这只是对伪造行为的限定,并不意味着本罪不存在未遂犯。只要实施了伪造行为,客观上可能制造出足以使一般人误认为真货币的假币,即使没有完成全部印制工序,也构成伪造货币罪。

要求伪造的货币与真货币完全相同,且不以与真货币所具有的特征完全一致为条件。如不具有真货币的号码或印章的,也是伪造的货币。

3. 伪造货币罪的主体必须是没有货币发行权的自然人,单位不能成为本罪主体。行为人制造货币版样或者与他人事前通谋,为他人伪造货币提供版样的,以本罪论处。

4. 伪造货币罪的主观方面只能是故意,即明知自己伪造货币的行为会发生侵犯货币的公共信用与货币发行权的危害结果,并且希望或者放任这种结果发生。刑法没有要求行为人主观上具有特定目的。

(二)伪造货币罪的处罚

根据《刑法》第170条的规定,犯伪造货币罪的,处3年以上10年以下有期徒刑,并处罚金;有下列情形之一的,处10年以上有期徒刑、无期徒刑,并处罚金或者没收财产:(1)伪造货币集团的首要分子;(2)伪造货币数额特别巨大的;(3)有其他特别严重情节的。

二、出售、购买、运输假币罪

本罪是指明知是伪造的货币而出售、购买或者运输,数额较大的行为。①

本罪客观方面表现为出售、购买、运输伪造的货币,数额较大。本罪主体只能是具备法定条件的自然人,但其中的购买假币的主体必须不是金融机构的工作人员。主观方面只能是故意,即明知是假币而出售、购买或者运输。《刑法》第171条对罪状的表述为"出售、购买伪造的货币或者明知是伪造的货币而运输",这表面上不要求出售、购买行为以明知是假币为前提,但是,根据《刑法》总则第14条关于故意犯罪的规定,出售、购买假币的行为,理当以明知是假币为前提。另一方面,这两种行为一般都以明知是假币为前提而实施②,但运输行为却不一定以明知是假币为前提,所以,刑法为了强调运输行为必须出于故意,便对运输行为作了注意规定。这种注意规定并不意味着出售、购买行为可以出于过失。

伪造货币并出售或者运输伪造的货币的,以伪造货币罪从重处罚,不另成立出售、运输假币罪。但这仅限于行为人出售、运输自己伪造的假币的情形。如果行为人不仅伪造货币,而且出售或者运输他人伪造的货币,即伪造的假币与出售、运输的假币不具有同一性时,则应当实行数罪并罚。

犯本罪的,根据《刑法》第171条第1款的规定处罚。

三、金融工作人员购买假币、以假币换取货币罪

本罪是指银行或者其他金融机构工作人员,购买伪造的货币,或者利用职务

---

① 本节以下的"假币",仅指伪造的货币,不包括变造的货币。
② 事实上也存在不明知是假币而出售、购买的情况。

上的便利,以伪造的货币换取货币的行为。本罪的主体必须是银行或者其他金融机构工作人员。客观方面表现为两种情况:一是购买假币;二是利用职务上的便利,以假币换取货币,即利用职务上管理金库、出纳现金、吸收付出存款等便利条件,将假币调换成真货币。调换假币没有利用职务之便的,应视行为的具体情况认定为其他犯罪。购买与调换假币这两种行为通常是密切联系的,但刑法并不要求两种行为同时实施,同时实施这两种行为的,也以一罪论处。主观方面只能是故意,即明知是假币而购买,或者明知是假币,而将其调换成真货币。金融机构工作人员利用职务上的便利,以少量面额(如 100 元)的假币换取大量面值(如 1 万元)真币的,成立贪污罪或者职务侵占罪。以假币换取货币的行为同时触犯本罪与贪污罪、职务侵占罪的,应作为想象竞合犯,从一重罪处罚。犯本罪的,根据《刑法》第 171 条第 2 款的规定处罚。

四、持有、使用假币罪

(一)持有、使用假币罪的概念与特征

持有、使用假币罪,是指明知是伪造的货币而持有、使用,数额较大的行为。

1. 本罪客观上表现为持有、使用伪造的货币,数额较大的行为。持有,是指将假币置于行为人事实上的支配之下,不要求行为人实际上握有假币。使用,是将假币作为真货币而使用。既可以是以外表合法的方式使用假币,如购买商品、兑换另一货币、存入银行、赠与他人,或者将假币用于交纳罚金或者罚款等,也可以是以非法的方式使用货币,如将假币用于赌博。此外,将假币交付给不知情的他人使用的,以及向自动售货机中投入假币以取得商品的,均成立使用假币罪。伪造的共犯人之间分配假币、向知情的人出售假币的,不属于使用假币的行为;将假币作为证明自己信用能力的资本而给他人查看的,或者为了与对方签订合同,将假币给对方查看,以证明自己有能力履行合同的,不是使用行为。成立本罪还要求持有、使用假币数额较大。

2. 本罪主观方面只能是故意,即明知是假币而非法持有或者使用。一般来说,行为人明知是假币而持有,数额较大,根据现有证据不能认定行为人是为了进行其他假币犯罪的,以持有假币罪定罪处罚;如果有证据证明其持有的假币已构成其他严重的假币犯罪的,应当以其他假币犯罪定罪处罚。

(二)使用假币罪的认定

使用假币罪与出售假币罪通常容易区别,但行为人使用假币兑换另一种货币时(如使用假美元兑换真美元),究竟是使用还是出售假币,尚需进一步研究。从刑法的规定来看,使用假币罪的法定刑轻于出售假币罪的法定刑,因此,前者的危害程度应轻于后者。从司法实践上看,出售假币往往表现为以远远低于假币面值的价格出售,如将面额 100 元的假币以 50 元的价格出售,将面额 100 美元的假币以人民币 100 元的价格出售；而使用通常表现为依照假币的面额予以流通。从表面上看，使用假币的行为人所获得的利益或许更高，但事实上，由于出售的数量较多，故危害程度更为严重。从对方的心理状态来看，使用假币时，对方并不明知是假币；而出售假币时，对方一般明知是假币。从使用的含义来看，在金融机构用假币兑换另一种真货币，是将假币直接置于流通的行为，故属于使用假币；基于同样的理由，使用假币与他人进行黑市交易以通常价格兑换另一种真货币的，也应认为是使用假币。

行为人购买假币后使用，构成犯罪的，以购买假币罪定罪，不另认定为使用假币罪；但行为人出售、运输假币构成犯罪，同时有使用假币行为的，应当实行数罪并罚。行为人通过 ATM 存入假币的行为构成使用假币罪，其后从 ATM 上取出真币的行为构成盗窃罪。

（三）持有、使用假币罪的处罚

根据《刑法》第 172 条的规定，犯持有、使用假币罪的，处 3 年以下有期徒刑或者拘役，并处或者单处 1 万元以上 10 万元以下罚金；数额巨大的，处 3 年以上 10 年以下有期徒刑，并处 2 万元以上 20 万元以下罚金；数额特别巨大的，处 10 年以上有期徒刑，并处 5 万元以上 50 万元以下罚金或者没收财产。

五、变造货币罪

变造货币罪，是指没有货币发行权的人对真正的货币进行各种方式的加工，使其改变为面额、含量不同的货币，数额较大的行为。变造的方式没有限制，如拼接、剪贴、揭层、挖补、涂改等。变造一般表现为将货币面额增加，如将 50 元的真货币变造成为 100 元的货币。但是，减少金属货币的金属含量的行为，也应认定为变造。变造货币数额较大的，才成立犯罪。

我国刑法将伪造货币与变造货币的行为规定为不同的犯罪，不仅构成要件不同，法定刑相差较大，而且还影响相关犯罪的认定①，因此需要严格区分。变造是对真货币的加工行为，故变造的货币与变造前的货币具有同一性。如果加工的程度导致其与真货币丧失同一性，则属于伪造货币。以真货币为材料，制作成丧失了真货币外观的假币的行为，应认定为伪造货币罪。如将金属货币熔化后，制作成较薄的、更多的金属货币的行为，属于伪造货币。以货币碎片为材料，加入其他纸张，制作成假币的，成立伪造货币罪。如某甲偶然翻动造纸厂内的碎纸堆时，发现纸堆下面有碎币（后查实属报废的货币碎片），拿回家后将货币碎片

---

① 如出售、购买、运输、持有、使用变造的货币，不被认为是犯罪。不过，"伪造的货币"一词中的"伪造"既可能理解为狭义的伪造，也可能解释为广义的伪造，即包括变造。如果采取广义的解释，则出售、购买、运输、持有、使用变造的货币的，也成立相应的犯罪。

粘贴成残币 10 元、50 元、100 元券若干张,合计 5000 余元,并以该钱被老鼠咬破为由将粘贴的残币带到某银行兑换。甲的行为应成立伪造货币罪。

犯本罪的,根据《刑法》第 173 条的规定处罚。

六、擅自设立金融机构罪

本罪是指未经国家有关主管部门批准,擅自设立商业银行、证券交易所、期货交易所、证券公司、期货经纪公司、保险公司或者其他金融机构的行为。未经批准擅自设立金融机构,既可能是没有依法提出设立金融机构的申请便自行设立金融机构,也可能是虽然依法提出申请但在没有获得正式批准时便自行设立金融机构。擅自设立的金融机构包括金融机构的分支机构与筹备组织。犯本罪的,根据《刑法》第 174 条的规定处罚。

七、伪造、变造、转让金融机构经营许可证、批准文件罪

本罪是指个人或者单位伪造、变造、转让商业银行、证券交易所、期货交易所、证券公司、期货经纪公司、保险公司或者其他金融机构经营许可证或者批准文件的行为。金融机构经营许可证,包括金融机构法人许可证、金融机构营业许可证、经营外汇业务许可证,并包括各自的正本与副本。伪造,是指没有制作、发放权的人,擅自制造金融机构经营许可证、批准文件;变造,是指对真正的金融机构经营许可证、批准文件进行加工,如更改金融机构名称、编号、注册资本数额、业务范围、有效期限等;转让,是指将金融机构经营许可证、批准文件有偿或者无偿地让与他人,包括出租、出借、出卖等行为。犯本罪的,根据《刑法》第 174 条的规定处罚。

八、高利转贷罪

(一)高利转贷罪的概念与特征

高利转贷罪,是指以转贷牟利为目的,套取金融机构信贷资金高利转贷他人,违法所得数额较大的行为。

1. 本罪客观方面表现为套取金融机构信贷资金高利转贷他人,违法所得数额较大的行为。凡是以用于借贷牟取非法收入为目的而取得金融机构贷款的,均属于套取金融机构贷款。信贷资金是金融机构作为贷款发放的资金,行为人既可能套取担保贷款,也可能套取信用贷款。至于行为人采取何种方式取得金融机构的贷款,刑法并没有限定。高利转贷他人,是指从金融机构套取信贷资金后,再以更高的利率借贷给他人或者其他单位。实施高利转贷行为违法所得数额较大的,才以犯罪论处。

2. 本罪主体既可以是自然人,也可以是单位,包括金融机构本身所办的一

些所谓三产企业、单位,但不应包括具有贷款业务经营权的金融机构。

3. 本罪主观方面只能是故意,还必须具有转贷牟利的目的。行为人必须具有归还信贷资金的意图,否则成立贷款诈骗罪。

(二)高利转贷罪的认定

在认定本罪时,应注意区分罪与非罪的界限。行为人出于其他目的取得金融机构信贷资金,然后产生将信贷资金高利转贷他人的意图进而实施这种行为的,不应以犯罪论处。对于高利转贷信贷资金,违法所得数额较小的,不能认定为本罪。行为人套取金融机构信贷资金后,转贷他人只是略高于法定利率的,一般也不宜以犯罪论处。

在认定本罪时,应注意变相高利转贷的情形。行为人套取金融机构信贷资金后,表面上将该部分资金用于生产经营,但将自有资金高利借贷他人,违法所得数额较大的,应认定为本罪;行为人套取金融机构的信贷资金,高利借贷给名义上有合资合作关系但实际上并不参与经营的企业,违法所得数额较大的,也应认定为本罪。

(三)高利转贷罪的处罚

根据《刑法》第175条的规定,犯高利转贷罪的,处3年以下有期徒刑或者拘役,并处违法所得1倍以上5倍以下罚金;数额巨大的,处3年以上7年以下有期徒刑,并处违法所得1倍以上5倍以下罚金。单位犯本罪的,对单位判处罚金,并对其直接负责的主管人员和其他直接责任人员,处3年以下有期徒刑或者拘役。

九、骗取贷款、票据承兑、金融票证罪

本罪是指以欺骗手段取得银行或者其他金融机构贷款、票据承兑、信用证、保函等,给银行或者其他金融机构造成重大损失的行为。本罪的主体是已满16周岁、具有辨认控制能力的自然人和单位。客观方面表现为以欺骗手段取得银行或者其他金融机构贷款、票据承兑、信用证、保函等,给银行或者其他金融机构造成重大损失的行为。主观方面为故意,但不要求具有非法占有目的。如果行为人具有非法占有目的,则应按照相应的金融诈骗罪或者其他犯罪论处。例如,以非法占有为目的,骗取银行贷款的,成立贷款诈骗罪;以非法占有为目的,骗取信用证的,成立信用证诈骗罪。犯本罪的,依照《刑法》第175条之一的规定处罚。

十、非法吸收公众存款罪

(一)非法吸收公众存款罪的概念与特征

本罪是指非法吸收公众存款或者非法变相吸收公众存款,扰乱金融秩序的行为。

1. 本罪客观方面表现为两种情况：一是非法吸收公众存款，即未经中国人民银行批准，向社会公众吸收资金，出具凭证，承诺在一定期限内还本付息的活动。二是变相吸收公众存款，即未经中国人民银行批准，不以吸收公众存款的名义，向社会不特定对象吸收资金，但承诺履行的义务与吸收公众存款相同，即都是还本付息的活动。最高人民法院2010年12月13日《关于审理非法集资刑事案件具体应用法律若干问题的解释》第1条规定：违反国家金融管理法律规定，向社会公众（包括单位和个人）吸收资金的行为，同时具备下列四个条件的，除刑法另有规定的以外，应当认定为《刑法》第176条规定的"非法吸收公众存款或者变相吸收公众存款"：(1) 未经有关部门依法批准或者借用合法经营的形式吸收资金；(2) 通过媒体、推介会、传单、手机短信等途径向社会公开宣传；(3) 承诺在一定期限内以货币、实物、股权等方式还本付息或者给付回报；(4) 向社会公众即社会不特定对象吸收资金。未向社会公开宣传，在亲友或者单位内部针对特定对象吸收资金的，不属于非法吸收或者变相吸收公众存款。在向亲友或者单位内部人员吸收资金的过程中，明知亲友或者单位内部人员向不特定对象吸收资金而予以放任，以及以吸收资金为目的，将社会人员吸收为单位内部人员，并向其吸收资金的，应当认定为向社会公众吸收资金。

2. 本罪主体既可以是自然人，也可以是单位。

3. 本罪主观方面只能是故意，明知自己不具有吸收存款的资格或者吸收存款的方式、内容不合法，明知非法吸收或者变相吸收公众存款的行为会发生扰乱金融秩序的结果，并且希望或者放任这种结果发生。成立本罪不要求行为人具有非法占有目的。如果行为人具有非法占有目的，则成立集资诈骗罪。

根据上述司法解释第2条与第3条的规定，实施下列行为之一，符合非法吸收公众存款行为特征的，应当以非法吸收公众存款罪定罪处罚：(1) 不具有房产销售的真实内容或者不以房产销售为主要目的，以返本销售、售后包租、约定回购、销售房产份额等方式非法吸收资金的；(2) 以转让林权并代为管护等方式非法吸收资金的；(3) 以代种植（养殖）、租种植（养殖）、联合种植（养殖）等方式非法吸收资金的；(4) 不具有销售商品、提供服务的真实内容或者不以销售商品、提供服务为主要目的，以商品回购、寄存代售等方式非法吸收资金的；(5) 不具有发行股票、债券的真实内容，以虚假转让股权、发售虚构债券等方式非法吸收资金的；(6) 不具有募集基金的真实内容，以假借境外基金、发售虚构基金等方式非法吸收资金的；(7) 不具有销售保险的真实内容，以假冒保险公司、伪造保险单据等方式非法吸收资金的；(8) 以投资入股的方式非法吸收资金的；(9) 以委托理财的方式非法吸收资金的；(10) 利用民间"会""社"等组织非法吸收资金的；(11) 其他非法吸收资金的行为。成立本罪的数额与情节条件是：(1) 个人非法吸收(包括变相吸收,下同)数额在 20 万元以上的,单位非法吸收数额在 100 万元以上的;(2)个人非法吸收存款对象 30 人以上的,单位非法吸收存款对象 150 人以上的;(3)个人非法吸收给存款人造成直接经济损失数额在 10 万元以上的,单位非法吸收给存款人造成直接经济损失数额在 50 万元以上的;(4)造成恶劣社会影响或者其他严重后果的。

(二)非法吸收公众存款罪的处罚

根据《刑法》第 176 条的规定,犯非法吸收公众存款罪的,处 3 年以下有期徒刑或者拘役,并处或者单处罚金;数额巨大或者有其他严重情节的,处 3 年以上 10 年以下有期徒刑,并处罚金;数额特别巨大或者有其他特别严重情节的,处 10 年以上有期徒刑,并处罚金。单位犯本罪的,对单位判处罚金,并对其直接负责的主管人员和其他直接责任人员,依照上述规定处罚。实施本罪行为,在提起公诉前积极退赃退赔,减少损害结果发生的,可以从轻或者减轻处罚。

十一、伪造、变造金融票证罪

(一)伪造、变造金融票证罪的概念与特征

本罪是指伪造、变造汇票、本票、支票、委托收款凭证、汇款凭证、银行存单及其他结算凭证、信用证或者附随的单据、文件以及伪造信用卡的行为。

1. 客观方面表现为伪造、变造各种金融票证。这里的伪造包括两种情况:一是有形伪造,即没有金融票证制作权的人,假冒他人(包括虚无人)的名义,擅自制造外观上足以使一般人误认为是真实金融票证的假金融票证。至于采取何种方法,虚假金融凭证是否具有法律上的有效形式与要件、其记载的内容与事实是否相符合等,都不影响伪造的成立。二是无形伪造,即有金融票证制作权的人,超越其制作权限,违背事实制造内容虚假的金融票证,如银行工作人员制作虚假的银行存单交付他人。变造,是指没有权限的人擅自对真正的金融票证进行各种形式的加工,改变数额、日期或者其他内容。根据刑法规定,伪造、变造金融票证,包括下列情形:

(1)伪造、变造汇票、本票、支票。汇票,是指出票人签发的,委托人在见票时或者在指定日期,无条件支付确定的金额给收款人或持票人的票据。本票,是指出票人签发的,承诺由自己在见票时无条件支付确定的金额给收款人或持票人的票据。支票,是指出票人签发的,委托办理支票存款业务的银行或者其他金融机构在见票时无条件支付确定的金额给收款人或持票人的票据。行为人伪造、变造其中一种票证的,便成立犯罪。

(2)伪造、变造委托收款凭证、汇款凭证、银行存单等银行结算凭证。委托收款凭证,是指收款人向银行提供的,委托其向付款人收取款项的结算凭证。汇款凭证,是指汇款人委托银行给异地收款人进行汇兑结算的凭证,包括信汇凭证与电汇凭证。银行存单,是银行发行的可以用于支付债务的工具,它一般不记名、定额、可自由流通。行为人伪造、变造其中一种票证的,便成立犯罪。

(3) 伪造、变造信用证或者附随的单据、文件。信用证,是指应客户要求和指示,或自己主动向受益人签发的,如受益人满足约定条件开证行就向其支付规定金额的书面文件。附随的单据、文件,是指由信用证受益人向金融机构提供的,与信用证条款规定相一致的代表货物的单据、文件。行为人伪造、变造其中一种票证的,便成立犯罪。

(4) 伪造信用卡。信用卡,是指由商业银行或者其他金融机构发行的具有消费支付、信用贷款、转账结算、存取现金等全部功能或者部分功能的电子支付卡。复制他人信用卡、将他人信用卡信息资料写入磁条介质、芯片的行为属于伪造信用卡。

2. 主体既可以是自然人,也可以是单位。

3. 主观方面只能是故意,即明知自己伪造、变造金融票证的行为会发生破坏金融秩序的结果,并且希望或者放任这种结果的发生。虽然刑法并没有将本罪规定为目的犯,但将使用或行使的目的作为本罪的主观要件要素,是比较合适的。

(二) 伪造、变造金融票证罪的处罚

根据《刑法》第177条的规定,犯伪造、变造金融票证罪的,处5年以下有期徒刑或者拘役,并处或者单处2万元以上20万元以下罚金;情节严重的,处5年以上10年以下有期徒刑,并处5万元以上50万元以下罚金;情节特别严重的,处10年以上有期徒刑或者无期徒刑,并处5万元以上50万元以下罚金或者没收财产。单位犯本罪的,对单位判处罚金,并对其直接负责的主管人员和其他直接责任人员,依照上述规定处罚。

十二、妨害信用卡管理罪

根据《刑法》第177条之一的规定,下列行为构成妨害信用卡管理罪:(1) 明知是伪造的信用卡而持有、运输的,或者明知是伪造的空白信用卡而持有、运输,数量较大的;(2) 非法持有他人信用卡,数量较大的;(3) 使用虚假的身份证明骗领信用卡的;(4) 出售、购买、为他人提供伪造的信用卡或者以虚假的身份证明骗领的信用卡的。需要说明的是,以虚假的身份证明骗领信用卡,并不要求身份证明本身是虚假的,行为人使用他人真实身份证明为自己骗领信用卡的,也属于以虚假身份证明骗领信用卡。以虚假的身份证明骗领信用卡,还包括使用虚假的保证人身份证明骗领信用卡。骗领信用卡,还包括以他人的身份证明挂失他人的信用卡并骗领补办的信用卡。犯本罪的,根据《刑法》第177条之一的规定处罚。

十三、窃取、收买、非法提供信用卡信息罪

本罪是指故意窃取、收买或者非法提供他人信用卡信息资料的行为。犯本罪的,根据《刑法》第 177 条之一的规定处罚;银行或者其他金融机构工作人员利用职务上的便利犯本罪的,从重处罚。

十四、伪造、变造国家有价证券罪

本罪是指伪造、变造国库券或者国家发行的其他有价证券,数额较大的行为。有价证券,是指具有一定货币票面价值,代表一定的财产所有权,并借以取得一定的收益,而且被作为金融工具的一种凭证。犯本罪的,根据《刑法》第 178 条的规定处罚。

十五、伪造、变造股票、公司、企业债券罪

本罪是指伪造、变造股票或公司、企业债券,数额较大的行为。犯本罪的,根据《刑法》第 178 条的规定处罚。

十六、擅自发行股票、公司、企业债券罪

本罪是指未经国家有关主管部门批准,擅自发行股票或者公司、企业债券,数额巨大、后果严重或者有其他严重情节的行为。犯本罪的,根据《刑法》第 179 条的规定处罚。

十七、内幕交易、泄露内幕信息罪

(一) 内幕交易、泄露内幕信息罪的概念与特征

本罪是指证券、期货交易内幕信息的知情人员或者非法获取证券、期货交易内幕信息的人员,在涉及证券的发行,证券、期货交易或者其他对证券、期货交易价格有重大影响的信息尚未公开前,买入或者卖出该证券,或者从事与该内幕信息有关的期货交易,或者泄露该信息,或者明示、暗示他人从事上述交易活动,情节严重的行为。

1. 客观方面表现为三种行为:一是在涉及证券的发行,证券、期货交易或者其他对证券、期货的价格有重大影响的信息尚未公开时,买入或者卖出该证券,或者从事与该内幕信息有关的期货交易;二是泄露该信息,使内幕信息处于使不应知悉该信息的人知悉或者可能知悉的状态;三是明示或者暗示他人从事上述交易活动。

2. 主体必须是证券、期货交易内幕信息的知情人员或者非法获取证券、期货交易内幕信息的人员与单位。"内幕信息",是指为内幕人员所知悉的、尚未公

开的并对证券的发行,证券、期货交易或者价格有重大影响的信息。证券、期货交易内幕信息的"知情人员"是指由于持有发行人的证券,或者在相关公司中担任董事、监事、高级管理人员,或者由于其会员地位、管理地位、监管地位或者职业地位,或者作为雇员、专业顾问履行职务,能够接触或者获得内幕信息的人员。这类主体可谓特殊主体。"非法获取证券、期货交易内幕信息的人员",是指内幕信息的知情人员以外的,不是基于职务或者业务,而是通过偷听、监听、私下交易等非法手段获取证券、期货交易内幕信息的人员。这类主体可谓一般主体。此外,单位也可以成为本罪主体。

3. 主观方面只能是故意,行为人必须明知是证券、期货交易内幕信息且尚未公开,而实施本罪行为。

4. 成立本罪还要求情节严重。根据司法实践,内幕交易数额在20万元以上的,多次进行内幕交易、泄露内幕信息的,致使交易价格和交易量异常波动的,造成恶劣影响的,应当追诉。

(二)内幕交易、泄露内幕信息罪的处罚

根据《刑法》第180条的规定,犯本罪的,处5年以下有期徒刑或者拘役,并处或者单处违法所得1倍以上5倍以下罚金;情节特别严重的,处5年以上10年以下有期徒刑,并处违法所得1倍以上5倍以下罚金。单位犯本罪的,对单位判处罚金,并对其直接负责的主管人员和其他直接责任人员,处5年以下有期徒刑或者拘役。

十八、利用未公开信息交易罪

本罪是指证券交易所、期货交易所、证券公司、期货经纪公司、基金管理公司、商业银行、保险公司等金融机构的从业人员以及有关监管部门或者行业协会的工作人员,利用因职务便利获取的内幕信息以外的其他未公开的信息,违反规定,从事与该信息相关的证券、期货交易活动,或者明示、暗示他人从事相关交易活动,情节严重的行为。犯本罪的,根据《刑法》第180条第1款规定的法定刑处罚。

十九、编造并传播证券、期货交易虚假信息罪

本罪是指编造并且传播影响证券、期货交易的虚假信息,扰乱证券、期货交易市场,造成严重后果的行为。"编造",是指捏造虚假信息,既包括虚构本不存在的信息,也包括篡改、加工、隐瞒真实的信息。"传播",是指使用各种方式使虚假信息处于不特定人或者多数人知悉或可能知悉的状态。犯本罪的,根据《刑法》第181条的规定处罚。

二十、诱骗投资者买卖证券、期货合约罪

本罪是指证券交易所、期货交易所、证券公司、期货经纪公司的从业人员,证券业协会、期货业协会或者证券、期货管理部门的工作人员与单位,故意提供虚假信息或者伪造、变造、销毁交易记录,诱骗投资者买卖证券、期货合约,造成严重后果的行为。犯本罪的,根据《刑法》第181条的规定处罚。

二十一、操纵证券、期货市场罪

操纵证券、期货市场罪,是指自然人或者单位故意操纵证券、期货市场,影响证券、期货交易价格或者证券、期货交易量,情节严重的行为。行为表现为7种类型:(1)单独或者合谋,集中资金优势、持股或者持仓优势或者利用信息优势联合或者连续买卖的;(2)与他人串通,以事先约定的时间、价格和方式相互进行证券、期货交易的;(3)在自己实际控制的账户之间进行证券交易,或者以自己为交易对象,自买自卖期货合约的;(4)不以成交为目的,频繁或者大量申报买入、卖出证券、期货合约并撤销申报的;(5)利用虚假或者不确定的重大信息,诱导投资者进行证券、期货交易的;(6)对证券、证券发行人、期货交易标的公开作出评价、预测或者投资建议,同时进行反向证券交易或者相关期货交易的;(7)以其他方法操纵证券、期货市场的。犯本罪的,根据《刑法》第182条的规定处罚。

二十二、背信运用受托财产罪

本罪是指商业银行、证券交易所、期货交易所、证券公司、期货经纪公司、保险公司或者其他金融机构,违背受托义务,擅自运用客户资金或者其他委托、信托的财产,情节严重的行为。犯本罪,对单位判处罚金,并对其直接负责的主管人员和其他直接责任人员,依照《刑法》第185条之一第1款的规定处罚。

二十三、违法运用资金罪

本罪是指社会保障基金管理机构、住房公积金管理机构等公众资金管理机构,以及保险公司、保险资产管理公司、证券投资基金管理公司,违反国家规定运用资金的行为。犯本罪,对其直接负责的主管人员和其他直接责任人员,依照《刑法》第185条之一第1款的规定处罚。

二十四、违法发放贷款罪

本罪是指银行或者其他金融机构的工作人员或者单位违反国家规定发放贷款,数额巨大或者造成重大损失的行为。犯本罪的,依照《刑法》第186条第1款

的规定处罚。违反国家规定,向关系人发放贷款,数额巨大或者造成重大损失的,依照《刑法》第186条第1款的法定刑从重处罚。

二十五、吸收客户资金不入账罪

本罪是指银行或者其他金融机构的工作人员以及单位,吸收客户资金不入账,数额巨大或者造成重大损失的行为。"吸收客户资金不入账",是指不记入金融机构的法定存款账目,以逃避国家金融监管,至于是否记入法定账目以外设立的账目不影响该罪成立。犯本罪的,依照《刑法》第187条的规定处罚。

二十六、违规出具金融票证罪

本罪是指银行或者其他金融机构的工作人员以及单位,违反规定,为他人出具信用证或者其他保函、票据、存单、资信证明,情节严重的行为。其中的"违反规定",是指违反有关金融法律、行政法规、规章及银行或其他金融机构内部制定的规章制度与业务规则。"为他人"不仅包括为自然人,而且包括为单位。"保函",是指银行办理代客担保业务时,应申请人的要求,向受益人开出的保证函件。"票据"指金融票据。"存单"即银行存单。"资信证明",是指提供客户的财产状况、偿还能力、信用程度等情况的证明文件。犯本罪的,根据《刑法》第188条的规定处罚。

二十七、对违法票据承兑、付款、保证罪

本罪是指银行或者其他金融机构的工作人员以及单位,在票据业务中,对违反票据法规定的票据予以承兑、付款或者保证,造成重大损失的行为。违反票据法规定的票据,包括票据记载事实不符合票据法规定的金融票据。承兑,是指汇票付款人承诺在汇票到期日支付汇票金额的票据行为;付款,是指票据债务人向票据债权人支付票据金额的行为;保证,是指对已经存在的票据上的债务进行担保的票据行为。犯本罪的,根据《刑法》第189条的规定处罚。

二十八、逃汇罪

逃汇罪,是指公司、企业或者其他单位,违反国家规定,擅自将外汇存放境外,或者将境内的外汇非法转移到境外,数额较大的行为。本罪客观方面表现为违反国家规定,擅自将外汇存放境外,或者将境内的外汇非法转移到境外的行为。根据外汇管理法规的规定,外汇,是指以外币表示的可以用作国际清偿的外国货币、外币支付凭证、外币有价证券、特别提款权、欧洲货币单位及其他外汇资产。本罪主体为公司、企业或者其他单位。主观方面必须出于故意。成立本罪还要求逃汇数额较大。犯本罪的,根据《刑法》第190条的规定处罚。

二十九、骗购外汇罪

骗购外汇罪,是指使用伪造、变造的海关签发的报关单、进口证明、外汇管理部门核准件等凭证和单据,重复使用海关签发的报关单、进口证明、外汇管理部门核准件等凭证和单据,或者以其他方式骗购外汇,数额较大的行为。

伪造、变造海关签发的报关单、进口证明、外汇管理部门核准件等凭证和单据,并用于骗购外汇的,以骗购外汇罪从重处罚。明知用于骗购外汇而提供人民币资金的,以共犯论处。海关、外汇管理部门以及金融机构、从事对外贸易经营活动的公司、企业或者其他单位的工作人员与骗购外汇或者逃汇的行为人通谋,为其提供购买外汇的有关凭证或者其他便利的,或者明知是伪造、变造的凭证和单据而售汇、付汇的,以共犯论,从重处罚。

犯本罪的,根据全国人大常委会《关于惩治骗购外汇、逃汇和非法买卖外汇犯罪的决定》的规定处罚。

三十、洗钱罪

(一)洗钱罪的概念与特征

洗钱罪,是为掩饰、隐瞒毒品犯罪、黑社会性质的组织犯罪、恐怖活动犯罪、走私犯罪、贪污贿赂犯罪、破坏金融管理秩序犯罪、金融诈骗犯罪的所得及其产生的收益的来源和性质,提供资金账户,将财产转换为现金、金融票据、有价证券,通过转账或者其他支付结算方式转移资金,跨境转移资产,或者以其他方法掩饰、隐瞒犯罪所得及其收益的来源和性质的行为。

1. 客观方面表现为实施了洗钱行为。(1)洗钱的上游犯罪仅限于法定的七类犯罪。其中,"毒品犯罪",是指《刑法》分则第六章第七节规定的各种有关毒品的犯罪。"黑社会性质的组织犯罪",是指以黑社会性质的组织为主体所实施的各种犯罪。"恐怖活动犯罪",是指恐怖活动组织实施的各种犯罪。"走私犯罪",是指《刑法》分则第三章第二节规定的各种走私犯罪。"贪污贿赂犯罪",是指《刑法》分则第八章规定的犯罪。"破坏金融管理秩序犯罪",是指《刑法》分则第三章第四节规定的犯罪。"金融诈骗犯罪",是指《刑法》分则第三章第五节规定的犯罪。"犯罪所得及其产生的收益",是指由上述七类犯罪行为所获取的非法利益以及利用该非法利益所产生的经济利益。洗钱罪应当以上游犯罪事实成立为认定前提。上游犯罪尚未依法裁判,但查证属实的,不影响对洗钱罪的审判。上游犯罪事实可以确认,因行为人死亡等原因依法不予追究刑事责任的,不影响洗钱罪的认定。上游犯罪事实可以确认,依法以其他罪名定罪处罚的,也不影响洗钱罪的认定。(2)洗钱行为表现为:第一,提供资金账户,即为犯罪人开设银行资金账户或者将现有的银行资金账户提供给犯罪人使用。第二,将财产转换为现金、金融票据、有价证券,既包括将实物转换为现金、金融票据、有价证券,也包括将现金、有价证券转换为金融票据或者将金融票据、有价证券转换成现金,还包括将此种现金(如人民币)转换为彼种现金(如美元),将此种金融票据(如外国金融机构出具的票据)转换为彼种金融票据(如中国金融机构出具的票据),将此种有价证券转换为彼种有价证券。第三,通过转账或者其他结算方式转移资金。第四,跨境转移资产。这是指将犯罪所得的资产或者作为犯罪所得产生的收益的资产,从境内转移至境外、从境外转移至境内,或者从境外的A国或A地区转移至境外的B国或者B地区。其中的境外,不仅包括国外,而且包括我国的香港、澳门与台湾地区。利用虚拟货币跨境兑换,将犯罪所得及其收益转换成境外法定货币或者财产的,也可以归入这一类。第五,其他方法,如通过典当、租赁、买卖、投资等方式,协助转移、转换犯罪所得及其收益;通过与商场、饭店、娱乐场所等现金密集型场所的经营收入相混合的方式,转移、转换犯罪所得及其收益;通过虚构交易、虚设债权债务、虚假担保、虚报收入等方式,将犯罪所得及其收益转换为"合法"财物;通过买卖彩票、奖券等方式,转换犯罪所得及其收益;通过赌博方式,将犯罪所得及其收益转换为赌博收益;将犯罪所得及其收益携带、运输或者邮寄出入境;等等。

2. 本罪主体既包括自然人,也包括单位。上游犯罪人自己实施洗钱行为的(即"自洗钱"),也成立洗钱罪。《刑法修正案(十一)》删除原法条中的"明知是""协助"等用语,就是为了将自洗钱也包括在内。

3. 本罪主观方面为故意,行为人必须明知是毒品犯罪、黑社会性质的组织犯罪、恐怖活动犯罪、走私犯罪、贪污贿赂犯罪、破坏金融管理秩序犯罪、金融诈骗犯罪的所得及其产生的收益,而实施洗钱行为。对于"明知",应当结合被告人的认知能力,接触他人犯罪所得及其收益的情况,犯罪所得及其收益的种类、数额,犯罪所得及其收益的转换、转移方式以及被告人的供述等主、客观因素进行认定。具有下列情形之一的,可以认定被告人明知系犯罪所得及其收益,但有证据证明确实不知道的除外:(1) 知道他人从事犯罪活动,协助转换或者转移财物的;(2) 没有正当理由,通过非法途径协助转换或者转移财物的;(3) 没有正当理由,以明显低于市场的价格收购财物的;(4) 没有正当理由,协助转换或者转移财物,收取明显高于市场的"手续费"的;(5) 没有正当理由,协助他人将巨额现金散存于多个银行账户或者在不同银行账户之间频繁划转的;(6) 协助近亲属或者其他关系密切的人转换或者转移与其职业或者财产状况明显不符的财物的;(7) 其他可以认定行为人明知的情形。被告人将《刑法》第191条规定的某一上游犯罪的犯罪所得及其收益误认为《刑法》第191条规定的上游犯罪范围内的其他犯罪所得及其收益的,不影响本罪"明知"的认定。

(二) 洗钱罪的处罚

根据《刑法》第191条的规定,犯本罪的,没收实施上游犯罪的所得及其产生的收益,处5年以下有期徒刑或者拘役,并处或者单处罚金;情节严重的,处5年以上10年以下有期徒刑,并处罚金。单位犯前款罪的,对单位判处罚金,并对其直接负责的主管人员和其他直接责任人员,处5年以下有期徒刑或者拘役;情节严重的,处5年以上10年以下有期徒刑。

第五节 金融诈骗罪

一、集资诈骗罪

(一) 集资诈骗罪的概念与特征

集资诈骗罪,是指以非法占有为目的,使用诈骗方法非法集资,数额较大的行为。

1. 本罪客观方面必须使用诈骗方法非法集资,并且数额较大。诈骗方法,是指行为人采取虚构资金用途,以虚假的证明文件和高回报率为诱饵,或者其他骗取集资款的手段。非法集资,是指单位或者个人,违反法律、法规有关集资的实体规定或者程序规定,向社会公众募集资金的行为。集资以承诺回报(如承诺还本付息或者承诺分红等)为前提,但所承诺的回报不必具有确定性。非法集资数额较大的,才成立本罪。

2. 本罪主体既可以是自然人,也可以是单位。

3. 本罪主观方面只能是故意,并且具有非法占有的目的。这里的非法占有目的,不是指暂时占有、使用的目的,而是指非法占为己有(包括使第三者或者单位不法所有)的目的。换言之,行为人没有履行债务(如还本付息)和回报出资人的意图。

(二) 集资诈骗罪的认定

认定集资诈骗罪,应注意区分罪与非罪的界限。对骗取数额较小资金且情节较轻的行为,不宜认定为犯罪。但情节严重的,即使实际上没有非法占有集资款,也应认定为集资诈骗未遂。对没有非法占有目的,在特定范围内(如面向单位职工)筹集资金,即使使用了一定欺诈手段的,也不能认定为本罪。

集资诈骗等金融诈骗犯罪都是以非法占有为目的的犯罪。在司法实践中,认定是否具有非法占有目的,应当坚持主客观相一致的原则,既要避免单纯根据损失结果客观归罪,也不能仅凭被告人自己的供述,而应当根据案件具体情况具体分析。根据司法实践,对于行为人通过诈骗的方法非法获取资金,造成数额较大资金不能归还,并具有下列情形之一的,可以认定为具有非法占有的目的:

(1)明知没有归还能力而大量骗取资金的;(2)非法获取资金后逃跑的;(3)肆意挥霍骗取资金的;(4)使用骗取的资金进行违法犯罪活动的;(5)抽逃、转移资金、隐匿财产,以逃避返还资金的;(6)隐匿、销毁账目,或者搞假破产、假倒闭,以逃避返还资金的;(7)其他非法占有资金、拒不返还的行为。但是,在处理具体案件的时候,对于有证据证明行为人不具有非法占有目的的,不能单纯以财产不能归还就按金融诈骗罪处罚。

认定集资诈骗罪,应注意与相关犯罪的区别。欺诈发行证券罪,擅自发行股票、公司、企业债券罪,也是非法募集资金的行为;非法吸收公众存款罪,也可谓非法筹集资金的行为。集资诈骗罪必须以非法占有为目的,而上述其他几种犯罪不要求以非法占有目的。因此,行为人是否具有非法占有目的,是区分本罪与相关犯罪的关键。在处理具体案件时要注意以下两点:一是不能仅凭较大数额的非法集资款不能返还的结果,推定行为人具有非法占有目的;二是行为人将大部分资金用于投资或生产经营活动,而将少量资金用于个人消费或挥霍的,不应仅据后一事实认定具有非法占有目的。

(三)集资诈骗罪的处罚

根据《刑法》第192条的规定,犯集资诈骗罪的,处3年以上7年以下有期徒刑,并处罚金;数额巨大或者有其他严重情节的,处7年以上有期徒刑或者无期徒刑,并处罚金或者没收财产。单位犯前款罪的,对单位判处罚金,并对其直接负责的主管人员和其他直接责任人员,依照前款的规定处罚。

二、贷款诈骗罪

(一)贷款诈骗罪的概念与特征

贷款诈骗罪,是指以非法占有为目的,使用欺诈方法,诈骗银行或者其他金融机构的贷款,数额较大的行为。

1. 客观方面必须是使用欺诈方法,诈骗银行或者其他金融机构的贷款,数额较大的行为。欺诈方法是指:(1)编造引进资金、项目等虚假理由的;(2)使用虚假的经济合同的;(3)使用虚假的证明文件的;(4)使用虚假的产权证明作担保或者超出抵押物价值重复担保的;(5)以其他方法诈骗贷款的。使用上述方法之一的,即可成立本罪;同时使用几种方法的,也只成立一罪。不管使用何种贷款诈骗方法,都要求行为符合下列构造:行为人实施欺骗行为——金融机构的工作人员产生认识错误——基于认识错误发放贷款——行为人取得贷款——金融机构遭受财产损失。诈骗贷款数额较大的才成立本罪。

2. 主体只能是达到法定年龄、具有辨认控制能力的自然人,单位不能成为本罪主体。

3. 主观方面必须是故意,而且必须具有非法占有目的。合法取得贷款后,采取欺骗手段不归还贷款的,不能认定为本罪。

(二)贷款诈骗罪的认定

实践中经常有人从银行或者其他金融机构获得贷款,但到期拖欠不还或者无力偿还(借贷纠纷)。有些人虽有归还本息的意思,但在贷款时也可能使用了一定的欺骗手段(骗取贷款罪)。此外,贷款诈骗罪与高利转贷罪也有相似之处,后者也可能套取银行或者金融机构的信贷资金后,高利转贷他人但由于某种原因不能偿还贷款。区分贷款诈骗罪与借贷纠纷、骗取贷款罪、高利转贷罪的关键,是看行为人主观上有无非法占有的目的。对于具有下列情形之一的,应认定为具有非法占有目的:(1)假冒他人名义贷款的;(2)贷款后携款潜逃的;(3)未将贷款按贷款用途使用,而是用于挥霍致使贷款无法偿还的;(4)改变贷款用途,将贷款用于高风险的经济活动造成重大经济损失,导致无法偿还贷款的;(5)为谋取不正当利益,改变贷款用途,造成重大经济损失,致使无法偿还贷款的;(6)使用贷款进行违法犯罪活动的;(7)隐匿贷款去向,贷款到期后拒不偿还的;等等。对于确有证据证明行为人不具有非法占有的目的,因不具备贷款的条件而采取了欺骗手段获取贷款,案发时有能力履行还贷义务,或者案发时不能归还贷款是因为意志以外的原因,如因经营不善、被骗、市场风险等,不应以贷款诈骗罪定罪处罚。

(三)贷款诈骗罪的处罚

犯本罪的,根据《刑法》第 193 条的规定处罚。量刑时,既要考虑诈骗数额,也要考虑其他情节。

三、票据诈骗罪

(一)票据诈骗罪的概念与特征

票据诈骗罪,是指以非法占有为目的,利用金融票据进行诈骗活动,骗取数额较大财物的行为。

1. 客观方面必须是利用金融票据进行诈骗活动,骗取数额较大财物的行为。利用金融票据进行诈骗是指:(1)明知是伪造、变造的汇票、本票、支票而使用。这里的使用,是指按照票据的通常使用方式,将伪造、变造的票据作为真实票据予以利用,从而骗取财物。将伪造、变造的票据质押给贷款人的,属于使用行为。(2)明知是作废的汇票、本票、支票而使用。作废的汇票、本票、支票,是指根据法律和有关规定不能使用的票据,包括过期的票据、无效的票据与依法宣布作废的票据。(3)冒用他人的汇票、本票、支票。这是指假冒票据权利人或其授权的代理人,行使本应属于他人的票据权利,从而骗取财物的行为。行为人所冒用票据的来源,不影响冒用他人票据的性质;冒用的对方必须是不明真相的人。(4)签发空头支票或者与其预留印鉴不符的支票,骗取财物。空头支票,是指出票人所签发的支票超过其付款时在付款人处实有的存款金额。签发与其预留印鉴不符的支票,一般是指票据签发人在其签发的支票上加盖与其预留在银行或者其他金融机构处的印鉴不一致的财务用章或者支票签发人的名章等。对于签发与签名不同、密码不同的支票,骗取财物的行为,也应认定为本罪。

(5) 汇票、本票的出票人签发无资金保证的汇票、本票或者在出票时作虚伪记载,骗取财物。

2. 主体既可以是自然人,也可以是单位。

3. 主观上只能是故意,行为人使用伪造、变造、作废的金融票据进行诈骗时,必须明知是伪造、变造、作废的票据;行为人冒用他人票据时,必须明知是他人的票据;行为人签发空头支票时,必须明知自己在银行账户内没有资金或者资金不足;如此等等。虽然《刑法》分则第三章第五节仅在第 192 条、第 193 条明文规定了"以非法占有为目的",但第 194 条至第 198 条的金融诈骗罪也应将非法占有目的作为主观要素。

(二) 票据诈骗罪的处罚

犯本罪的,根据《刑法》第 194 条和第 200 条的规定处罚。量刑时,既要考虑诈骗数额,也要考虑其他情节。

四、金融凭证诈骗罪

金融凭证诈骗罪,是指使用伪造、变造的委托收款凭证、汇款凭证、银行存单或其他银行结算凭证,骗取财物的行为。"其他银行结算凭证"不包括票据诈骗罪中的各种票据。本罪的法定刑与票据诈骗罪的法定刑相同。

五、信用证诈骗罪

信用证诈骗罪,是指以非法占有为目的,进行信用证诈骗的行为。行为的具体表现形式是:(1) 使用伪造、变造的信用证或者附随的单据、文件;(2) 使用作废的信用证;(3) 骗取信用证;(4) 以其他方法进行信用证诈骗活动。骗取信用证的行为人主观上没有非法占有目的的,不成立本罪。犯本罪的,根据《刑法》第 195 条和第 200 条的规定处罚。

六、信用卡诈骗罪

(一) 信用卡诈骗罪的概念与特征

信用卡诈骗罪,是指以非法占有为目的,利用信用卡进行诈骗活动,骗取数额较大财物的行为。

1. 客观上必须利用信用卡进行诈骗活动,骗取数额较大的财物。利用信用卡进行诈骗是指:(1) 使用伪造的信用卡或者使用以虚假的身份证明骗领的信用卡。使用所谓变造的信用卡(如磁条内的信息被变更的信用卡)的,应认定为使用伪造的信用卡。使用,是指按照信用卡的通常使用方法,将伪造的信用卡作为真实有效的信用卡予以利用。(2)使用作废的信用卡。使用者不限于持卡人。(3)冒用他人信用卡。即非持卡人以持卡人名义使用合法持卡人的信用卡进行骗取财物的行为。如拾得他人信用卡后使用的;骗取他人信用卡后使用的;窃取、收买、骗取或者以其他非法方式获取他人信用卡信息资料,并通过互联网、通讯终端等使用的;等等。冒用他人信用卡,应是指冒用他人真实有效的信用卡。误将伪造的信用卡当作他人真实有效的信用卡而使用的,属于具体的事实认识错误,应认定为使用伪造的信用卡。(4)恶意透支。恶意透支,是指持卡人以非法占有为目的,超过规定限额或者规定期限透支,并且经发卡银行催收后仍不归还的行为。根据相关司法解释的规定,须"经发卡银行两次有效催收后超过3个月仍不归还"。催收同时符合下列条件的,应当认定为"有效催收":第一,在透支超过规定限额或者规定期限后进行;第二,催收应当采用能够确认持卡人收悉的方式,但持卡人故意逃避催收的除外;第三,两次催收至少间隔30日;第四,符合催收的有关规定或者约定。对于是否属于有效催收,应当根据发卡银行提供的电话录音、信息送达记录、信函送达回执、电子邮件送达记录、持卡人或者其家属签字以及其他催收原始证据材料作出判断。

2. 主体只能是达到法定年龄、具有辨认控制能力的自然人。

3. 主观方面必须是故意,而且必须具有非法占有目的。

(二)信用卡诈骗罪的认定

认定信用卡诈骗罪,应注意区分罪与非罪的界限。对于误用他人信用卡,或者经过持卡人同意而使用他人信用卡的,不能认定为犯罪。善意透支行为,不成立本罪。正确区分善意透支与恶意透支的关键,是看行为人是否具有非法占有目的,而是否具有这种目的,又需要根据客观事实认定。一般来说,行为人在限额内透支或者虽然超过限额透支但按期归还的,属于善意透支。行为人明知无力归还,透支数额超过信用卡准许透支的数额较大,逃避追查,或者自收到发卡银行催收通知后超过3个月仍不归还的,属于恶意透支。有以下情形之一的,应当认定为《刑法》第196条第2款规定的"以非法占有为目的":(1)明知没有还款能力而大量透支,无法归还的;(2)肆意挥霍透支的资金,无法归还的;(3)透支后逃匿、改变联系方式,逃避银行催收的;(4)抽逃、转移资金,隐匿财产,逃避还款的;(5)使用透支的资金进行违法犯罪活动的;(6)其他非法占有资金,拒不归还的行为。

根据《刑法》第196条第3款的规定,盗窃信用卡并使用的,依照《刑法》第264条关于盗窃罪的规定定罪处罚(盗窃数额根据行为人盗窃信用卡后使用的数额认定)。这里的信用卡仅限于他人的真实有效的信用卡,如果盗窃伪造或作废的信用卡并使用的,应认定为信用卡诈骗罪;盗窃了他人真实有效的信用卡但并不使用的行为,不构成信用卡诈骗罪;如果是入户盗窃信用卡、携带凶器盗窃信用卡或者扒窃信用卡的,可以认定为盗窃罪。

信用卡诈骗罪中的使用伪造的、作废的信用卡、冒用他人的信用卡与恶意透支行为,不包括在自动取款机上的使用与透支的行为。既然是信用卡"诈骗"罪,那么,就应当有因为受骗而处分财产的自然人,"机器不可能被骗",所以,《刑法》第196条中的"使用""冒用"应限定为对"人"使用、冒用。换言之,利用信用卡从自动取款机上非法取得财物的,很难认定为"诈骗",认定为盗窃罪可能更为合适。例如,拾取他人信用卡之后,从银行柜台取款的,应认定为冒用他人信用卡,成立信用卡诈骗罪;但在自动取款机上取款的,则只能认定为盗窃罪。再如,对特约商户使用伪造的信用卡的,应认定为信用卡诈骗罪;但使用伪造的信用卡在自动取款机上取款的,应认定为盗窃罪。

(三) 信用卡诈骗罪的处罚

犯本罪的,根据《刑法》第196条的规定处罚。量刑时,既要考虑诈骗数额,也要考虑其他情节。

七、有价证券诈骗罪

有价证券诈骗罪,是指使用伪造、变造的国库券或者国家发行的其他有价证券,进行诈骗活动,骗取数额较大财物的行为。使用,是指将伪造、变造的国家有价证券作为真实有效的有价证券行使的行为;使用行为本身即是欺骗行为。使用的对方应是不知情者;如果将伪造的国库券等出卖给知情的对方,则应认定为倒卖伪造的有价票证罪。犯本罪的,根据《刑法》第197条的规定处罚。

八、保险诈骗罪

(一) 保险诈骗罪的概念与特征

保险诈骗罪,是指投保人、被保险人、受益人,以使自己或者第三者获取保险金为目的,采取虚构保险标的、保险事故或者制造保险事故等方法,骗取保险金,数额较大的行为。

1. 客观方面表现为采取虚构保险标的、保险事故或者制造保险事故等方法,骗取保险人的保险金,数额较大的行为。具体表现为以下五种行为:(1) 投保人故意虚构保险标的,骗取保险金的;(2) 投保人、被保险人或者受益人对发生的保险事故编造虚假的原因或者夸大损失的程度,骗取保险金的;(3) 投保人、被保险人或者受益人编造未曾发生的保险事故,骗取保险金的;(4) 投保人、被保险人故意造成财产损失的保险事故,骗取保险金的;(5) 投保人、受益人故意造成被保险人死亡、伤残或者疾病,骗取保险金的。

2. 主体是投保人、被保险人与受益人,但刑法根据行为方式对主体范围作了具体限定。如虚构保险标的的,只限于投保人;虚构保险事故的,包括投保人、被保险人与受益人;如此等等。单位可以成为本罪的主体。保险事故的鉴定人、证明人、财产评估人故意提供虚假的证明文件,为他人诈骗提供条件的,以及其他对保险诈骗实施教唆或者帮助行为的,以保险诈骗罪的共犯论处。

3. 主观方面只能是故意。行为人认识到自己的行为会发生破坏保险活动秩序和侵犯保险人财产的危害结果,并且希望或者放任这种结果的发生。行为人主观上具有非法获取保险金的目的。

(二)保险诈骗罪的着手认定

实行行为是具有侵害法益的紧迫危险性的行为。就保险诈骗而言,虚构保险标的、造成保险事故等行为,只是为诈骗保险金创造了前提条件;如果行为人造成保险事故后并未到保险公司索赔,保险活动秩序与保险公司的财产受侵害的危险性就比较小;只有当行为人向保险公司索赔时,才能认为保险活动秩序与保险公司的财产受侵害的危险性达到了紧迫程度。因此,对于保险诈骗罪而言,到保险公司索赔的行为或者提出支付保险金的请求的行为,才是实行行为;开始实施索赔行为或者开始向保险公司提出支付保险金请求的行为,才是本罪的着手,而不应以开始实施虚构保险标的、开始制造保险事故等为着手。例如,行为人为了骗取保险金,而放火烧毁已经投保的房屋,进而骗取保险金的,开始放火烧毁房屋时,还不是保险诈骗罪的着手,以房屋被烧毁为根据向保险人提出给付保险金的请求时,才是保险诈骗罪的着手。

(三)保险诈骗罪的处罚

犯本罪的,根据《刑法》第198条的规定处罚。量刑时,既要考虑诈骗数额,也要考虑其他情节。

第六节 危害税收征管罪

一、逃税罪

逃税罪,是指纳税人采取欺骗、隐瞒手段进行虚假纳税申报或者不申报,逃避缴纳税款数额较大并且占应纳税额10%以上的行为以及扣缴义务人采取欺骗、隐瞒手段不缴、少缴已扣、已收税款,数额较大的行为。犯本罪的,根据《刑法》第201条、第211条和第212条的规定处罚。根据《刑法》第201条第4款规定,有逃税行为,经税务机关依法下达追缴通知后,补缴应纳税款,缴纳滞纳金,已受行政处罚的,不予追究刑事责任;但是,5年内因逃避缴纳税款受过刑事处罚或者被税务机关给予二次以上行政处罚的除外。

二、抗税罪

抗税罪,是指以暴力、威胁方法拒不缴纳税款的行为。

本罪的客观方面必须是使用暴力、威胁方法拒不缴纳税款。其中的暴力包括两种情况:一是对人暴力,即对履行税收职责的税务人员的人身不法行使有形力,使其不能正常履行职责;二是对物暴力,即冲击、打砸税务机关,使税务机关不能从事正常的税收活动。威胁方法,是指对履行税收职责的税务人员实行精神强制,使其不敢正常履行税收职责。暴力、威胁是手段行为,目的行为是拒绝缴纳税款。本罪主体只能是自然人;与纳税人或者扣缴义务人共同实施抗税行为的,以抗税罪的共犯依法处罚。本罪主观方面只能是故意,对暴力、威胁造成的结果,以及拒不缴纳税款的结果持希望或者放任态度。

犯本罪的,根据《刑法》第202条、第212条的规定处罚。

三、逃避追缴欠税罪

本罪是指欠缴应纳税款的纳税人,采取转移或者隐匿财产的手段,致使税务机关无法追缴欠缴的税款,数额较大的行为。

本罪客观方面表现为在欠缴税款的情况下,采取转移、隐匿财产的手段,致使税务机关无法追缴欠缴的税款,数额在1万元以上的行为。在没有欠税的情况下转移、隐匿财产的,不成立本罪。转移财产,主要是指行为人从开户银行或者有关金融机构将存款转入他人账号或者提走存款,或者将其商品、产品、货物或者其他财产转移至通常存放地点以外的地点。隐匿财产,是指行为人将其财产予以隐藏,使税务机关难以或者不能发现。转移、隐匿财产的行为必须使税务机关无法追缴欠缴的税款。"无法追缴",是指行为人转移、隐匿财产的行为达到了足以使行为人逃税的程度。"足以使行为人逃税",是指存在使行为人逃税的可能性,从另一方面来说,就是具有使税务机关不能追缴欠税的可能性。根据刑法的规定,成立本罪要求数额在1万元以上。这里的"数额"既不是指转移、隐匿财产的数额,也不是欠税数额,而是指使税务机关无法追缴的数额。

本罪主体是欠税人。欠税人首先必须是纳税人,纳税人欠缴应纳税款的,便是欠税人。欠税人既可以是自然人,也可以是单位。

本罪主观方面只能是故意,行为人明知转移、隐匿财产的行为,会发生使税务机关无法追缴欠缴税款的结果,并且希望或者放任这种结果发生。行为人转移、隐匿财产的目的,就是为了逃避税务机关追缴欠缴税款。在其他目的与逃税目的并存的情况下实施本罪行为的,不影响本罪的成立。

犯本罪的,根据《刑法》第203条、第211条与第212条的规定处罚。

四、骗取出口退税罪

本罪是指以假报出口或者其他欺骗手段,骗取国家出口退税款,数额较大的行为。本罪客观方面表现为采取对所生产或者经营的商品假报出口等欺骗手段,骗取国家数额较大的出口退税款。假报出口主要表现为,将不退税商品假报为退税商品,将没有出口的商品假报为出口商品,虚报出口商品的数量或价格。本罪主体既可以是自然人,也可以是单位。本罪主观方面只能是故意,行为人明知自己的行为会骗取国家出口退税款,而故意实施该行为,其目的在于不法占有国家出口退税款。

行为人只有在没有缴纳税款的情况下才可能成立本罪。纳税人缴纳税款后,采取假报出口等欺骗方法,骗取所交纳的税款的,成立逃税罪。对于骗取税款超过所交纳税款的部分,则应认定为骗取出口退税罪,与逃税罪实行并罚。

犯本罪的,根据《刑法》第 204 条、第 211 条与第 212 条的规定处罚。

五、虚开增值税专用发票、用于骗取出口退税、抵扣税款发票罪

本罪是指个人或者单位故意虚开增值税专用发票或者虚开用于骗取出口退税、抵扣税款的其他发票的行为。

本罪客观方面表现为虚开专用发票的行为,包括虚开增值税专用发票与虚开用于骗取出口退税、抵扣税款的其他发票。"出口退税、抵扣税款的其他发票",是指除增值税专用发票以外的,具有出口退税、抵扣税款功能的收付款凭证或者完税凭证。虚开专用发票,包括为他人虚开、为自己虚开、让他人为自己虚开、介绍他人虚开专用发票四种情况。根据有关司法解释,具有下列情形之一的,属于虚开专用发票:(1)没有货物购销或者没有提供或接受应税劳务而为他人、为自己、让他人为自己、介绍他人开具专用发票;(2)有货物购销或者提供或接受了应税劳务但为他人、为自己、让他人为自己、介绍他人开具数量或者金额不实的专用发票。本罪主体既可以是自然人,也可以是单位。本罪主观方面只能是故意,行为人明知虚开增值税专用发票或者用于骗取国家出口退税、抵扣税款的其他发票会造成国家税款的流失,而故意实施该行为。

本罪属于实害犯而不是危险犯。(1)本条的原第 2 款规定:"有前款行为骗取国家税款,数额特别巨大,情节特别严重,给国家利益造成特别重大损失的,处无期徒刑或者死刑,并处没收财产。"显然,如果骗取国家税款没有达到数额特别巨大的,仍然适用第 1 款。这便表明第 1 款规定的是实害犯。《刑法修正案(八)》虽然删除了原第 2 款规定,但只是为了废除本罪的死刑而删除的。而且,删除该款规定后,就意味着对于骗取国家税款数额特别巨大的行为,也只能适用第 1 款。(2)第 1 款规定的行为包括虚开可以用于骗取出口退税的发票,可是

《刑法》第204条却规定了骗取出口退税罪,但没有规定骗取增值税罪,所以,骗取增值税或者说利用虚开的增值税发票抵扣增值税的行为,只能适用第205条第1款,这也表明虚开增值税专用发票罪是实害犯,而不是危险犯。(3)如果将虚开增值税专用发票罪理解为抽象危险犯或者行为犯,就意味着不管行为人是否抵扣增值税的,所受处罚完全相同,这明显不符合罪刑相适应原则。概言之,由于本罪实际上是诈骗犯罪,而且是实害犯,所以,行为人主观上必须具有骗取增值税款等税收财产的故意与非法占有目的。如果行为人虚开增值税专用发票,进而骗取了国家税款或者抵扣了增值税款的,成立本罪的既遂犯;如果虚开、代开增值税专用发票的行为具有骗取国家税款的具体危险,行为人也具有骗取国家税款的故意与非法占有目的的,则认定为本罪的未遂犯。否则,就不能认定为本罪,只能认定为《刑法》第205条之一规定的虚开发票罪。例如,甲、乙双方以相同的数额相互为对方虚开增值税专用发票,并且已按规定缴纳税款,不具有骗取国家税款的故意与现实危险的,不应认定为本罪。又如,行为人为了虚增公司业绩,所虚开的增值税专用发票没有抵扣联的,不应认定为本罪。再如,代开的发票有实际经营活动相对应,没有而且不可能骗取国家税款的,也不能认定为本罪。

犯本罪的,根据《刑法》第205条和第212条的规定处罚。

六、虚开发票罪

本罪是指自然人或者单位故意虚开《刑法》第205条规定以外的其他发票,情节严重的行为。应当注意的是,"《刑法》第205条规定以外"属于界限要素,而不是真正的构成要件要素。亦即,凡是虚开发票的行为,均符合本罪的构成要件(数额或面额除外),因而可能构成本罪。因为本罪是虚开发票犯罪的普通法条,虚开增值税专用发票、用于骗取出口退税、抵扣税款发票罪才是本罪的特别法条。特别法条规定的行为当然符合普通法条规定的构成要件。例如,行为人以为是普通发票而虚开,但客观上虚开的是增值税专用发票的,应认定为本罪;行为人以为是增值税专用发票而虚开,但客观上虚开的是普通发票的,也应认定为本罪。再如,行为人虚开增值税专用发票或者虚开用于骗取出口退税、抵扣税款的发票,但并不骗取、抵扣税款的,也应认定为本罪。犯本罪的,根据《刑法》第205条之一的规定处罚。

七、伪造、出售伪造的增值税专用发票罪

本罪是指自然人或者单位,伪造增值税专用发票或者出售伪造的增值税专用发票的行为。这里的伪造,不仅包括无制作权的人制造使一般人误认为是真实增值税专用发票的假增值税专用发票,而且包括对真实增值税发票进行加工的变造增值税专用发票的行为。犯本罪的,根据《刑法》第206条的规定处罚。

八、非法出售增值税专用发票罪

本罪是指自然人或者单位,违反国家发票管理法规,故意非法出售增值税专用发票的行为。出售的对象仅限于真实的增值税专用发票,如果出售伪造的增值税专用发票,则成立出售伪造的增值税专用发票罪。犯本罪的,根据《刑法》第207条与第211条的规定处罚。

九、非法购买增值税专用发票、购买伪造的增值税专用发票罪

本罪是指自然人或者单位,违反国家发票管理法规,故意非法购买增值税专用发票,或者购买伪造的增值税专用发票的行为。非法购买真、伪两种增值税专用发票的,数量累计计算,不实行数罪并罚。非法购买增值税专用发票或者购买伪造的增值税专用发票又虚开或者出售的,分别以虚开增值税专用发票、用于骗取出口退税、抵扣税款发票罪、出售伪造的增值税专用发票罪、非法出售增值税专用发票罪论处。犯本罪的,根据《刑法》第208条与第211条的规定处罚。

十、非法制造、出售非法制造的用于骗取出口退税、抵扣税款发票罪

本罪是指自然人或者单位,故意伪造、擅自制造或者出售伪造、擅自制造的增值税专用发票以外的可以用于骗取出口退税、抵扣税款的其他发票的行为。犯本罪的,根据《刑法》第209条第1款和第211条的规定处罚。

十一、非法制造、出售非法制造的发票罪

本罪是指自然人或者单位,违反国家发票管理法规,故意伪造、擅自制造或者出售伪造、擅自制造的除增值税专用发票、可以用于骗取出口退税、抵扣税款发票以外的其他发票的行为。犯本罪的,根据《刑法》第209条第2款和第211条的规定处罚。

十二、非法出售用于骗取出口退税、抵扣税款发票罪

本罪是指自然人或者单位,违反国家发票管理法规,故意非法出售除增值税专用发票以外的可以用于骗取出口退税、抵扣税款的其他发票的行为。行为人所出售的必须是真实发票,如果出售伪造、擅自制造的可以用于骗取出口退税、抵扣税款的发票,则成立出售非法制造的用于骗取退税、抵扣税款发票罪。犯本罪的,根据《刑法》第209条第3款和第211条的规定处罚。

十三、非法出售发票罪

本罪是指自然人或者单位,违反国家发票管理法规,故意非法出售除增值税专用发票、可以用于骗取出口退税、抵扣税款的发票以外的其他发票的行为。行为人所出售的必须是真实发票,如果出售伪造、擅自制造的普通发票,则成立出售非法制造的发票罪。犯本罪的,根据《刑法》第 209 条第 4 款和第 211 条的规定处罚。

十四、持有伪造的发票罪

本罪是指自然人或者单位明知是伪造的发票而持有,数量较大的行为。本罪中的伪造的发票,包括前述各种类型的伪造的发票。但是,伪造发票后而持有的,不应认定为本罪,而应认定为相应的伪造发票的犯罪。犯本罪的,根据《刑法》第 210 条之一的规定处罚。

第七节 侵犯知识产权罪

一、假冒注册商标罪

(一)假冒注册商标罪的概念与特征

本罪是指未经注册商标所有人的许可,在同一种商品、服务上使用与其注册商标相同的商标,情节严重的行为。

1. 客观方面具有以下特征:(1)行为人使用与他人注册商标相同的商标(包括服务商标),未经注册商标所有人许可。(2)行为人必须在同一种商品、服务上使用与他人注册商标相同的商标。一方面,行为人使用商标的商品、服务与注册商标的商品、服务必须属于同一种商品、服务;另一方面,行为人所使用的商标与他人的注册商标相同。所谓使用,是指将注册商标或者假冒的注册商标用于商品、商品包装或者容器以及产品说明书、商品交易文书,采用他人的服务商标签订合同或者在提供服务的过程中使用他人商标,或者将注册商标或者假冒的注册商标用于广告宣传、展览以及其他商业活动等行为。对"同一种商品、服务"的认定,应以国家有关部门颁发的商品、服务分类为标准,不能以人们的习惯分类为标准。"相同的商标",是指与被假冒的注册商标完全相同,或者与被假冒的注册商标在视觉上基本无差别、足以对公众产生误导的商标。此外,行为人所假冒的商标,必须是他人的注册商标。

2. 主体既可以是自然人,也可以是单位。

3. 主观要件是故意。行为人的动机多种多样,但不同的动机不影响犯罪的成立。

4. 构成假冒注册商标罪还必须"情节严重"。

(二) 假冒注册商标罪的认定

1. 认定假冒注册商标罪,应注意区分罪与非罪的界限。(1) 擅自在类似商品、服务上使用与他人注册商标相同或者相似的商标的,以及在同一种商品、服务上使用与他人注册商标相似的商标的行为,不构成假冒注册商标罪。例如,汽车与自行车是类似商品,如果在汽车上使用他人在自行车上注册的"凤凰"商标,虽然也是侵犯商标权的行为,但不构成犯罪。(2) 未经注册的商标,在不侵犯他人注册商标专用权的前提下,虽然可以使用,但不受法律保护,也不能取得商标专用权。因此,假冒他人没有注册的商标的,不可能构成假冒注册商标罪。(3) 擅自使用知名商品特有的名称、包装、装潢,或者使用与知名商品近似的名称、包装、装潢,造成和他人的知名商品相混淆,使购买者误认为是该知名商品的,擅自使用他人的企业名称或者姓名,使人误认为是他人的商品的,在商品上伪造或者冒用认证标志、名优标志等质量标志,伪造产地,对商品质量作引人误解的虚假表示的,虽然都是不正当竞争行为,但不是假冒注册商标的行为,故不构成假冒注册商标罪。

2. 认定假冒注册商标罪,还应正确处理本罪与以假冒注册商标方式生产、销售伪劣商品犯罪的关系。对以假冒注册商标方式生产、销售伪劣商品的宜从一重罪处罚,不实行数罪并罚。

(三) 假冒注册商标罪的处罚

根据《刑法》第 213 条和第 220 条的规定,犯本罪的,处 3 年以下有期徒刑或者拘役,并处或者单处罚金;情节特别严重的,处 3 年以上 10 年以下有期徒刑,并处罚金。单位犯本罪的,对单位判处罚金,并对其直接负责的主管人员和其他直接责任人员,依照上述规定处罚。

二、销售假冒注册商标的商品罪

本罪是指明知是假冒注册商标的商品,而予以销售,违法所得数额较大的行为。

本罪客观方面表现为销售假冒注册商标的商品,违法所得数额较大的行为。"销售"方式没有限制,以任何方式将假冒注册商标的商品卖出的行为,都是"销售"。"假冒注册商标的商品"是指未经注册商标所有人许可,使用与其注册商标相同的商标的同一种商品。至于这种商品的质量与真正注册商标的商品质量有无差异,则在所不问。

本罪主体既可以是自然人,也可以是单位,但不包括在该商品、服务上假冒注册商标的犯罪人(本犯),即假冒注册商标的犯罪人销售自己假冒注册商标的商品的,属于吸收犯,只成立假冒注册商标罪,不另成立本罪。但是,上述结论仅就同一商品而言。如果行为人在此商品、服务上假冒他人注册商标,同时又销售他人假冒注册商标的商品,则成立数罪。

本罪在主观上表现为故意,其核心是要求行为人"明知是假冒注册商标的商品"。具有下列情形之一的,可以认定为"明知":(1)知道自己销售的商品上的注册商标被涂改、调换或者覆盖的;(2)因销售假冒注册商标的商品受到过行政处罚或者承担过民事责任,又销售同一种假冒注册商标的商品的;(3)伪造、涂改商标注册人授权文件或者知道该文件被伪造、涂改的;(4)其他知道或推定知道是假冒注册商标的商品的,如销售商品的进价和质量明显低于被假冒的注册商标商品的进价和质量的,根据行为人本人的经验和知识知道自己销售的是假冒注册商标的商品的,从非正常渠道取得商品后销售的。行为人明知是假冒注册商标的商品而销售的,还没有与假冒注册商标的犯罪人形成共同故意,因而是一种独立的犯罪故意。但是,如果行为人事先与假冒注册商标的犯罪人通谋,然后分工合作,其中有的人制造假冒注册商标的商品,有的人销售假冒注册商标的商品的,便构成共同犯罪。在这种情况下,销售假冒注册商标的商品,实际上是假冒注册商标共同犯罪行为的组成部分。因此,对行为人均应以假冒注册商标罪的共犯论处。

实施本罪可能同时触犯销售伪劣产品罪,因为假冒注册商标的商品通常属于伪劣产品,由于行为人仅实施了一个销售行为,故成立一个行为触犯数个罪名的想象竞合犯,从一重罪处罚。

犯本罪的,根据《刑法》第214条与第220条的规定处罚。

三、非法制造、销售非法制造的注册商标标识罪

本罪是指自然人或者单位,故意伪造、擅自制造他人注册商标标识,或者销售伪造、擅自制造的注册商标标识,情节严重的行为。商标标识,是指商品本身或其包装上使用的附有文字、图形或文字与图形的组合所构成的商标图案的物质实体,如商标纸、商标标牌、商标识带等。犯本罪的,根据《刑法》第215条与第220条的规定处罚。

四、假冒专利罪

本罪是指自然人或者单位,违反专利管理法规,故意假冒他人专利,情节严重的行为。下列行为均属假冒他人专利行为:(1)未经许可,在其制造或者销售的产品、产品的包装上标注他人的专利号的;(2)未经许可,在广告或者其他宣传材料中使用他人的专利号,使人将所涉及的技术误认为是他人的专利技术;(3)未经许可,在合同中使用他人的专利号,使人将合同涉及的技术误认为是他

人的专利技术;(4)伪造或者变造他人的专利证书、专利文件或者专利申请文件。犯本罪的,根据《刑法》第216条和第220条的规定处罚。

五、侵犯著作权罪

(一)侵犯著作权罪的概念与特征

本罪是指以营利为目的,违反著作权法的规定,侵犯他人著作权,或者与著作权有关的权利,违法所得数额较大或者有其他严重情节的行为。

1. 客观行为表现为违反著作权法的规定,侵犯他人著作权。《著作权法》规定了多种侵犯他人著作权的表现形式,但《刑法》第217条仅规定以下6种行为可以成立侵犯著作权罪:(1)未经著作权人许可,复制发行、通过信息网络向公众传播其文字作品、音乐、美术、视听作品、计算机软件及法律、行政法规规定的其他作品的。"未经著作权人许可",是指没有得到著作权人授权或者伪造、涂改著作权人授权许可文件或者超出授权许可范围的情形。"复制发行"包括复制、发行或者既复制又发行的行为。侵权产品的持有人通过广告、征订等方式推销侵权产品的,属于发行。(2)出版他人享有专有出版权的图书的。(3)未经录音录像制作者许可,复制发行、通过信息网络向公众传播其制作的录音录像的。录音录像制作者,是指录音录像制品的首次制作人。(4)未经表演者许可,复制发行录有其表演的录音录像制品,或者通过信息网络向公众传播其表演的。(5)制作、出售假冒他人署名的美术作品的。美术作品,是指绘画、书法、雕塑等以线条、色彩或者其他方式构成的有审美意义的平面或者立体的造型艺术作品。(6)未经著作权人或者与著作权有关的权利人许可,故意避开或者破坏权利人为其作品、录音录像制品等采取的保护著作权或者与著作权有关的权利的技术措施的。

2. 主体既可以是自然人,也可以是单位。出版单位与他人事前通谋,向其出售、出租或者以其他形式转让该出版单位的名称、书号、刊号、版号,他人实施侵犯著作权行为,构成犯罪的,对该出版单位应当以共犯论处。

3. 主观方面只能是故意,并且具有营利目的。以刊登收费广告等方式直接或者间接收取费用的,属于以营利为目的。

4. 成立本罪还要求违法所得数额较大或者有其他严重情节。违法所得数额较大是犯罪客观要件的内容,但其他严重情节则涉及其他方面。

(二)侵犯著作权罪的处罚

根据《刑法》第217条和第220条的规定,犯本罪的,处3年以下有期徒刑,并处或者单处罚金;违法所得数额巨大或者有其他特别严重情节的,处3年以上10年以下有期徒刑,并处罚金。单位犯本罪的,对单位判处罚金,并对其直接负责的主管人员和其他直接责任人员,依照上述规定处罚。

六、销售侵权复制品罪

本罪是指自然人或者单位,以营利为目的,销售明知是侵权复制品的物品,违法所得数额巨大或者有其他严重情节的行为。客观行为表现为销售侵权复制品,违法所得数额巨大。侵权复制品,是指犯侵犯著作权罪而形成的复制品,即《刑法》第 217 条规定的侵权复制品。主体必须是侵犯著作权罪主体以外的自然人或者单位,侵犯著作权罪主体销售侵权复制品的,属于吸收犯,仅成立侵犯著作权罪,不再认定为本罪;但如果销售的不是自己非法复制的侵权复制品,则成立数罪。主观方面必须明知是他人犯侵犯著作权罪而形成的侵权复制品而销售,并具有营利目的。犯本罪的,根据《刑法》第 218 条与第 220 条的规定处罚。

七、侵犯商业秘密罪

(一)侵犯商业秘密罪的概念与特征

侵犯商业秘密罪,是指以盗窃、贿赂、欺诈、胁迫、电子侵入或者其他不正当手段获取权利人的商业秘密,披露、使用或者允许他人使用以上述手段获取的权利人的商业秘密,违反保密义务或者违反权利人有关保守商业秘密的要求,披露、使用或者允许他人使用其所掌握的商业秘密,以及明知上述行为而获取、披露、使用或者允许他人使用该商业秘密,情节严重的行为。

1. 客观上实施了侵犯商业秘密,且情节严重的行为。(1) 行为对象为商业秘密。商业秘密,是指不为公众所知悉,能为权利人带来经济利益,具有实用性并经权利人采取保密措施的技术信息和经营信息。权利人,是指商业秘密的所有人和经商业秘密所有人许可的商业秘密使用人。(2) 实施了侵犯商业秘密的行为。侵犯商业秘密的行为表现为以下几种情况:第一,以盗窃、贿赂、欺诈、胁迫、电子侵入或者其他不正当手段获取权利人的商业秘密。第二,披露、使用或者允许他人使用以上述第一种手段获取的权利人的商业秘密。第三,违反保密义务或者违反权利人有关保守商业秘密的要求,披露、使用或者允许他人使用其所掌握的商业秘密。这是指合法知悉商业秘密内容的人披露、使用或者允许他人使用商业秘密的行为,包括公司、企业内部的工作人员,曾在公司、企业内工作的调离人员、离退休人员以及与权利人订有保守商业秘密协议的有关人员。第四,明知前述第一种至第三种违法行为,而获取、披露、使用或者允许他人使用该商业秘密。这是间接侵犯商业秘密的行为,即第三者明知或者应知向其传授商业秘密的人具有上述违法行为,但获取、披露、使用或者允许他人使用该商业秘密。(3) 情节严重。如给商业秘密的权利人造成重大损失,多次实施本罪行为,窃取他人商业秘密载体导致他人丧失商业秘密等。

2. 主体既可以是自然人,也可以是单位。其中,实施第一种和第二种行为的人,是无权知悉商业秘密内容的人;实施第三种行为的人,是已经合法知悉他人商业秘密内容的人;实施第四种行为的人可谓第三人。

3. 犯罪主观方面为故意,行为人必须明知自己侵害的行为对象是他人的商业秘密。过失不成立本罪。

(二) 侵犯商业秘密罪与相关犯罪的区别

侵犯商业秘密罪与假冒注册商标罪、假冒专利罪、侵犯著作权罪有相似之处,都侵犯了知识产权,主要区别在于:首先,本罪侵犯的是商业秘密;而其他犯罪侵犯的是商标权、专利权与著作权。其次,本罪行为主要表现为以不法手段获取商业秘密,或者非法披露、使用或允许他人使用商业秘密;而其他犯罪主要表现为假冒行为。对于以盗窃、利诱、胁迫或者其他不正当手段获取他人商业秘密,然后使用该商业秘密制造产品并假冒他人注册商标的,原则上应以数罪论处。对于单纯非法使用他人商业秘密制造产品并假冒他人注册商标的,应认定为一行为触犯了数罪名,以一个重罪处罚。

(三) 侵犯商业秘密罪的处罚

根据《刑法》第219条与第220条的规定,犯本罪的,处3年以下有期徒刑,并处或者单处罚金;情节特别严重的,处3年以上10年以下有期徒刑,并处罚金。单位犯本罪的,对单位判处罚金,并对其直接负责的主管人员和其他直接责任人员,依照上述规定处罚。

八、为境外窃取、刺探、收买、非法提供商业秘密罪

本罪是指自然人或者单位为境外的机构、组织、人员窃取、刺探、收买、非法提供商业秘密的行为。行为主体没有限制,不必是对商业秘密具有保密义务的人员,但商业秘密唯一所有人(不存在另外的合法使用人)向境外的机构、组织、人员提供其所有的商业秘密的,不成立本罪。经商业秘密所有人许可的商业秘密使用人违反所有人的意志,向境外的机构、组织、人员提供商业秘密的,成立本罪;如果商业秘密存在经所有人许可的合法使用人,则商业秘密的所有人向境外的机构、组织、人员提供商业秘密的,也成立本罪。犯本罪的,根据《刑法》第219条之一的规定处罚。

第八节 扰乱市场秩序罪

一、损害商业信誉、商品声誉罪

本罪是指捏造并散布虚伪事实,损害他人的商业信誉、商品声誉,给他人造成重大损失或者有其他严重情节的行为。应当注意的是,捏造不是本罪的实行行为,散布才是本罪的实行行为。换言之,本罪的实行行为是散布捏造的事实。犯本罪的,根据《刑法》第 221 条与第 231 条的规定处罚。

二、虚假广告罪

本罪是指广告主、广告经营者、广告发布者,违反国家规定,利用广告对商品或者服务作虚假宣传,情节严重的行为。作虚假宣传主要包括两种情况:一是对商品或者服务作夸大失实的宣传,即对生产、经销的产品质量、制作成分、性能、用途、生产者、有效期限、产地、来源等情况,或者对所提供的服务的质量规格、技术标准、价格等交易资料进行夸大、无中生有的与实际情况不符的宣传。二是对商品或者服务作语意含糊、令人误解的宣传,即通过措词的技巧、明示或者暗示、省略或者含糊的手段,使消费者对商品或者服务产生误解。犯本罪的,根据《刑法》第 222 条与第 231 条的规定处罚。

三、串通投标罪

本罪是指投标人相互串通投标报价,损害招标人或者其他投标人的利益,情节严重,或者投标人与招标人串通投标,损害国家、集体、公民的合法权益的行为。

本罪分为两种情况:一是投标人相互串通投标报价,损害招标人或者其他投标人的利益,并且情节严重的行为。相互串通投标报价,是指投标人私下串通,联手抬高标价或者压低标价,以损害招标人的利益或者排挤其他投标者。甲以 A、B、C 三个投标人的身份参与投标的,不应认定为串通投标;乙分别与 A、B、C 三个投标人约定,由后者以 A、B、C 的名义投标,中标后将项目转包给乙的,只要 A、B、C 之间没有串通投标报价,就不能认定为串通投标。二是投标人与招标人串通投标,损害国家、集体、公民的合法权益。这里的串通投标,不限于对投标报价的串通,还包括就报价以外的其他事项进行串通。由于这种行为的危害性重于前一种行为,故其成立犯罪不以情节严重为要件。本罪主体分别为投标人与投标人、投标人与招标人,因而是必要的共犯,这里的投标人、招标人,包括自然人与单位。本罪主观方面只能由故意构成,即使为了防止过分竞争而串通的,原则上也成立本罪。

犯本罪的,根据《刑法》第 223 条与第 231 条的规定处罚。

四、合同诈骗罪

(一)合同诈骗罪的概念与特征

本罪是指以非法占有为目的,在签订、履行合同过程中,使用欺诈手段,骗取对方当事人财物,数额较大的行为。合同诈骗罪是诈骗罪的一种特殊形式。

1. 客观方面表现为在签订、履行合同过程中,使用欺诈手段,骗取对方当事人数额较大的财物的行为。欺诈手段是指下列情形:(1) 以虚构的单位或者冒用他人名义签订合同的;(2) 以伪造、变造、作废的票据或者其他虚假的产权证明作担保的;(3) 没有实际履行能力,以先履行小额合同或者部分履行合同的方法,诱骗对方当事人继续签订和履行合同的;(4) 收受对方当事人给付的货物、货款、预付款或者担保财产后逃匿的;(5) 以其他方法骗取对方当事人财物的。实施上述行为之一,骗取对方当事人数额较大财物的,即可成立本罪。

2. 主体既可以是自然人,也可以是单位。

3. 主观方面只能是故意,并且具有非法占有目的。非法占有目的既可以存在于签订合同时,也可以存在于履行合同的过程中,但产生非法占有目的后并未实施诈骗行为的,不能成立合同诈骗罪。《刑法》第224条第4项规定的"收受对方当事人给付的货物、货款、预付款或者担保财产后逃匿",仅限于行为人在收受对方当事人给付的货物、货款、预付款或者担保财产之前便存在非法占有目的,而且对方之所以给付货物、货款、预付款或者担保财产,是由于行为人的诈骗行为所致。行为人收受对方当事人给付的货物、货款、预付款或者担保财产之后,才产生非法占有目的,但仅仅是逃匿,而没有采取虚构事实、隐瞒真相的手段使对方免除其债务的,难以认定为合同诈骗罪。

(二) 合同诈骗罪的认定

1. 正确处理合同诈骗罪与民事欺诈的关系。民事欺诈完全包括了合同诈骗行为,二者是一种包容关系,合同诈骗只是民事欺诈中的特殊情形。因此,重要的问题并非二者之间的界限,而是行为是否符合合同诈骗罪的犯罪构成。如果得出肯定结论,行为就构成合同诈骗罪;此时不得以行为属于民事欺诈为由,否认合同诈骗罪的成立。可以肯定的是,如果行为人利用合同欺骗他人使之处分财产,而且具有非法占有目的,就能肯定合同诈骗罪的成立。由于主观目的的认定难于客观行为的认定,所以,行为人是否具有非法占有对方当事人财物的目的,成为认定合同诈骗罪的一个关键问题。① 在判断行为人主观上是否具有非法占有的目的时,首先要考察行为人是否采取了刑法所规定的欺骗手段。凡是使用刑法所规定的欺骗手段的,原则上应认定为具有非法占有目的。其次要综合考虑其他情节,包括行为前、行为过程中以及行为后的各种情节。例如,对下列情形可以认定为具有非法占有目的:挥霍对方当事人交付的货物、货款、预付款、定金或者保证金,致使上述款物无法返还的;使用对方当事人的货物、货款、预付款或者定金、保证金进行违法犯罪活动的;合同签订后,以支付部分货款、开

---

① 在我国,使用欺骗手段促使对方与自己签订合同,并且履行合同义务,对方实现了相应权利的,不可能认定为合同诈骗罪。同样,使用欺骗手段使对方提前履行义务的,也不会认定为合同诈骗罪。

始履行合同为诱饵,骗取全部货物后,在合同规定的期限内或者双方约定的付款期限内,无正当理由拒不支付其余货款的;收到对方货款后,不按合同规定或双方约定组织货源,而是用于冒险投资的;等等。所应注意的是,刑法规定合同诈骗罪的行为是"在签订、履行合同过程中"实施的,因此,行为人在签订合同时没有非法占有的目的,但在履行过程中产生了非法占有目的,进而实施诈骗行为,骗取对方当事人财物的,应认定为合同诈骗罪。反之,在签订合同时具有非法占有目的,但在履行过程中由于某种原因而放弃非法占有目的,积极履行全部合同义务的,不应认定为合同诈骗罪。特别要指出的是,行为是否成立合同诈骗罪,与该合同在民法上是否有效是两个不同的问题,不能因为合同有效就否认合同诈骗罪的成立,也不能因为合同无效就肯定合同诈骗罪的成立。换言之,合同诈骗罪的成立不以合同无效为前提。此外,也不能因为行为人为被害人实施了某种行为或者存在交易行为,就直接否认合同诈骗罪的成立(不能用"空手套白狼"来表述合同诈骗罪的构成要件,不能将合同诈骗罪限定为没有交易的情形)。换言之,如果行为人具有非法占有目的,并不履行合同所要求的义务,即使表面上为被害人实施了某种行为或者存在交易行为,也不能据此否认合同诈骗罪的成立。例如,甲公司通过伪造产权证明,利用合同将没有产权的住房冒充有产权的住房出售给他人的,即使客观上将房屋交付给他人,也不妨碍合同诈骗罪的成立。

2. 正确处理本罪与普通诈骗罪的关系。不能简单地以有无合同为标准区分本罪与普通诈骗罪。合同诈骗罪中的"合同"不限于书面合同,也包括口头合同,但就合同内容而言,宜限于经济合同,即合同的文字内容是通过市场行为获得利润,这是由本罪性质决定的。基于同样的理由,至少对方当事人应是从事经营活动的市场主体,否则也难以认定为合同诈骗罪。

3. 正确处理本罪与金融诈骗罪、生产销售伪劣商品犯罪的关系。刑法规定的各种金融诈骗罪,大多也会利用经济合同的形式,如保险诈骗罪事实上利用了保险合同,贷款诈骗罪事实上利用了贷款合同。但由于刑法对金融诈骗罪作了特别规定,所以,对于符合金融诈骗罪构成要件的,一般应以金融诈骗罪论处(应当以想象竞合处理的情形除外)。如利用合同诈骗银行或者其他金融机构的贷款的,应认定为贷款诈骗罪。但是,金融诈骗罪中也有一些不需要利用合同的,如票据诈骗罪,在这种情况下,不发生法条竞合问题。行为人与他人签订合同,收到他人货款后,提供伪劣商品的,一般应认定为生产、销售伪劣商品的犯罪,不认定为合同诈骗罪。

(三) 合同诈骗罪的处罚

犯本罪的,根据《刑法》第 224 条与第 231 条的规定处罚。量刑时,既要考虑诈骗数额,也要考虑其他情节。

五、组织、领导传销活动罪

本罪是指组织、领导以推销商品、提供服务等经营活动为名,要求参加者以缴纳费用或者购买商品、服务等方式获得加入资格,并按照一定顺序组成层级,直接或者间接以发展人员的数量作为计酬或者返利依据,引诱、胁迫参加者继续发展他人参加,骗取财物,扰乱经济社会秩序的传销活动的行为。本罪禁止的传销活动,是指组织者、领导者通过收取"入门费"非法获取利益的行为。加入传销活动的人,要么直接缴纳"入门费",要么以购买商品、服务等方式获得加入资格。在后一种情形下,"商品、服务"或者仅仅是名义上的或者是虚拟的,或者虽有真实内容但物非所值,参加者不是为了获取商品、服务,只是为了获得加入传销组织的资格。参加者需要通过发展下线获取利益,而不是通过销售商品等方式获取利益。所以,层级越高的参加者(其中部分人属于组织者、领导者)就获利越多;案发时,层级最低的参加者就成为受害者。需要指出的是,"团队计酬"式传销活动是否属于本罪的传销活动,不可一概而论。传销活动的组织者或者领导者通过发展人员,要求传销活动的被发展人员(下线)发展其他人员加入,形成上下线关系,并以下线的销售业绩为依据计算和给付上线报酬,牟取非法利益的,是"团队计酬"式传销活动。以销售商品为目的、以销售业绩为计酬依据的单纯的"团队计酬"式传销活动,不作为犯罪处理。形式上采取"团队计酬"方式,但实质上属于"以发展人员的数量作为计酬或者返利依据"的传销活动,应当以组织、领导传销活动罪定罪处罚。实施本罪行为,同时触犯集资诈骗罪等罪的,从一重罪处罚。根据《刑法》第224条之一的规定,犯本罪的,处5年以下有期徒刑或者拘役,并处罚金;情节严重的,处5年以上有期徒刑,并处罚金。

六、非法经营罪

(一)非法经营罪的概念与类型

本罪是指自然人或者单位,违反国家规定,从事非法经营活动,扰乱市场秩序,情节严重的行为。非法经营行为包括以下四种类型:(1)未经许可,经营法律、行政法规规定的专营、专卖物品或者其他限制买卖的物品;(2)买卖进出口许可证、进出口原产地证明以及法律、行政法规规定的其他经营许可证或者批准文件;(3)未经国家有关主管部门批准,非法经营证券、期货或者保险业务,或者非法从事资金支付结算业务;(4)其他严重扰乱市场秩序的非法经营行为。

成立非法经营罪的前提,是违反国家规定,即违反全国人民代表大会及其常务委员会制定的法律和决定,国务院制定的行政法规、规定的行政措施、发布的决定和命令。没有违反国家规定的,即使在某种意义上属于非法经营,也不得认定为本罪。就前三类行为而言,由于法条具体描述了构成要件行为,故只需要国家规定中存在明确的一般禁止规定即可;就最后一类行为而言,由于法条缺乏构成要件的具体描述,所以,需要国家规定中存在对具体行为的禁止规定,才能认定为非法经营罪。

以下国家规定明确禁止了部分非法经营行为。(1)1998年全国人大常委会《关于惩治骗购外汇、逃汇和非法买卖外汇犯罪的决定》第4条规定,在国家规定的交易场所以外非法买卖外汇,扰乱市场秩序,情节严重的,依照《刑法》第225条的规定定罪处罚。(2)2001年国务院《电影管理条例》第55条规定,违反本条例规定,擅自设立电影片的制片、发行、放映单位,或者擅自从事电影制片、进口、发行、放映活动的,由工商行政管理部门予以取缔;依照刑法关于非法经营罪的规定,依法追究刑事责任。(3)2001年国务院《货物进出口管理条例》第65条规定,擅自超出批准、许可的范围进口或者出口属于限制进出口的货物的,依照刑法关于走私罪或者非法经营罪的规定,依法追究刑事责任;第66条规定,伪造、变造或者买卖货物进出口配额证明、批准文件、许可证或者自动进口许可明的,依照刑法关于非法经营罪或者伪造、变造、买卖国家机关公文、证件、印章罪的规定,依法追究刑事责任;第68条规定,违反本条例第51条规定,擅自从事实行国营贸易管理或者指定经营管理的货物进出口贸易,扰乱市场秩序,情节严重的,依照刑法关于非法经营罪的规定,依法追究刑事责任。(4)2001年国务院办公厅《关于严厉打击以证券期货投资为名进行违法犯罪活动的通知》规定,对超出核准的经营范围,非法从事或变相非法从事证券期货交易活动,非法经营境外期货、外汇期货业务的,以涉嫌非法经营罪立案查处。(5)2015年修正后的《烟草专卖法》第35条规定,倒卖烟草专卖品,构成犯罪的,依法追究刑事责任;情节轻微,不构成犯罪的,由工商行政管理部门没收倒卖的烟草专卖品和违法所得,可以并处罚款。第36条规定,伪造、变造、买卖本法规定的烟草专卖生产企业许可证、烟草专卖经营许可证等许可证件和准运证的,依照刑法有关规定追究刑事责任。(6)2019年修订后的国务院《国际海运条例》第46条规定,非法从事进出中国港口的国际海上运输经营活动以及与国际海上运输相关的辅助性经营活动,扰乱国际海上运输市场秩序的,依照刑法关于非法经营罪的规定,依法追究刑事责任。(7)2019年修订后的国务院《互联网上网服务营业场所管理条例》第27条规定,违反本条例的规定,擅自从事互联网上网服务经营活动的,由文化行政部门或者由文化行政部门会同公安机关依法予以取缔,查封其从事违法经营活动的场所,扣押从事违法经营活动的专用工具、设备;触犯刑律的,依照刑法关于非法经营罪的规定,依法追究刑事责任。(8)2020年修订后的国务院《出版管理条例》第61条规定,未经批准,擅自设立出版物的出版、印刷或者复制、进口单位,或者擅自从事出版物的出版、印刷或者复制、进口、发行业务,假冒出版单位名称或者伪造、假冒报纸、期刊名称出版出版物的,由出版行政主管部门、工商行政管理部门依照法定职权予以取缔;依照刑法关于非法经营罪的规定,依法追究刑事责任。(9)2020年修订后的《音像制品管理条例》第39条规定,未经批准,擅自设立音像制品出版、进口单位,擅自从事音像制品出国务院版、制作、复制业务或者进口、批发、零售经营活动的,由出版行政主管部门、工商行政管理部门依照法定职权予以取缔;依照刑法关于非法经营罪的规定,依法追究刑事责任。

对非法经营罪的构成要件行为,应当进行实质解释,必须将没有扰乱市场秩序的行为排除在构成要件之外。换言之,不能忽略"扰乱市场秩序"这一结果要件。虽然这一要件难以判断,但司法人员要善于观察社会生活事实,善于进行法益衡量,不能将形式上符合法条的字面含义、实际上有利于社会的行为或者危害不大的行为认定为非法经营罪。

非法经营罪只能由故意构成,问题在于是否需要添加不成文的主观要素?即是否将"以营利为目的"作为本罪的主观要素?本书倾向于否定回答。因为添加这一主观要素的意义有限,难以起到控制处罚范围的作用。本书的观点是,应当将非法经营罪理解为职业犯(当然不排除营业犯),经营行为必须是反复继续实施的行为,所以,行为人主观上必须具有反复继续实施的意思,才可能构成非法经营罪。

(二)未经许可,经营法律、行政法规规定的专营、专卖物品或者其他限制买卖的物品

未经许可,是指未经有关主管部门许可。所经营的物品只限于法律与行政法规规定的专营、专卖物品或者其他限制买卖的物品。成立本项犯罪以违反国家规定为前提,不能仅因未经许可就认定为本罪。对其中的经营限制买卖物品的情形,必须予以严格限制。

对于取得了许可,只是超过经营范围的行为,不应认定为非法经营罪。例如,根据2011年5月6日最高人民法院《关于被告人李明华非法经营请示一案的批复》,"被告人李明华持有烟草专卖零售许可证;但多次实施批发业务,而且从非指定烟草专卖部门进货的行为,属于超范围和地域经营的情形,不宜按照非法经营罪处理,应由相关主管部门进行处理。"这一批复虽然只是针对烟草专卖而言,但其精神并非仅适用于烟草专卖,而是适用于所有取得许可后从事经营活动的情形。

根据相关司法解释的规定,对下列行为适用本罪第1项的规定:(1)对非法经营销售国内机票涉嫌犯罪的行为,按照《刑法》第225条第1项的规定查处。[①](2)未取得药品生产、经营许可证件和批准文号,非法生产、销售盐酸克仑特罗

---

① 在本书看来,现在对这种行为不宜认定为非法经营罪。

等禁止在饲料和动物饮用水中使用的药品,扰乱药品市场秩序,情节严重的,依照《刑法》第225条第1项的规定,以非法经营罪追究刑事责任。(3)违反国家烟草专卖管理法律法规,未经烟草专卖行政主管部门许可,无烟草专卖生产企业许可证、烟草专卖批发企业许可证、特种烟草专卖经营企业许可证、烟草专卖零售许可证等许可证明,非法经营烟草专卖品,情节严重的,依照《刑法》第225条的规定,以非法经营罪定罪处罚。

(三)买卖进出口许可证、进出口原产地证明以及法律、行政法规规定的其他经营许可证或者批准文件

上述许可证、证明与批准文件,均属国家机关证件。本罪的"买卖"应当买进并卖出,而且必须将买卖行为作为经营行为。亦即,以反复实施买卖行为的意思买卖上述许可证、证明与批准文件,才能认定为非法经营罪。仅购买或者仅出卖,或者虽然既买又卖但没有将买卖作为经营活动的,应按《刑法》第280条的规定,以买卖国家机关证件罪追究刑事责任。

(四)未经国家有关主管部门批准,非法经营证券、期货、保险业务,或者非法从事资金支付结算业务

经营证券、期货、保险业务或者从事资金支付结算业务,都必须经过国家有关主管部门批准。证券、期货、保险业务的范围也容易确定,但"资金支付结算业务"的范围则容易被不当扩大。违反国家规定,具有下列情形之一的,属于"非法从事资金支付结算业务":(1)使用受理终端或者网络支付接口等方法,以虚构交易、虚开价格、交易退款等非法方式向指定付款方支付货币资金的;(2)非法为他人提供单位银行结算账户套现或者单位银行结算账户转个人账户服务的;(3)非法为他人提供支票套现服务的;(4)其他非法从事资金支付结算业务的情形。

(五)其他严重扰乱市场秩序的非法经营行为

本项规定缺乏明确性。一方面,经营行为的范围广泛,哪些行为严重扰乱市场秩序,并不明确。另一方面,前3项行为并不具有同类性,难以根据前3项行为进行同类解释。正因为如此,以往的司法实践明显扩大了本项的适用范围。为此,最高人民法院2011年4月8日发布了《关于准确理解和适用刑法中"国家规定"的有关问题的通知》。通知指出:"根据刑法第九十六条的规定,刑法中的'国家规定'是指,全国人民代表大会及其常务委员会制定的法律和决定,国务院制定的行政法规、规定的行政措施、发布的决定和命令。其中,'国务院规定的行政措施'应当由国务院决定,通常以行政法规或者国务院制发文件的形式加以规定。以国务院办公厅名义制发的文件,符合以下条件的,亦应视为刑法中的'国家规定':(1)有明确的法律依据或者同相关行政法规不相抵触;(2)经国务院常务会议讨论通过或者经国务院批准;(3)在国务院公报上公开发布。"据此,由

部委发布的部分规章,即使经国务院批准,但如果不是以国务院办公厅名义制发且符合上述条件,就不能认定为国家规定。换言之,不能简单地以"经国务院批准"为由将部门规章认定为国家规定。通知还指出:"各级人民法院审理非法经营犯罪案件,要依法严格把握刑法第二百二十五条第(四)项的适用范围。对被告人的行为是否属于刑法第二百二十五条第(四)项规定的'其他严重扰乱市场秩序的非法经营行为',有关司法解释未作明确规定的,应当作为法律适用问题,逐级向最高人民法院请示。"已有明确规定的司法解释如下:

1. 公司、企业或者其他单位,违反有关外贸代理业务的规定,采用非法手段,或者明知是伪造、变造的凭证、商业单据,为他人向外汇指定银行骗购外汇,数额在500万美元以上或者违法所得50万元人民币以上的,按照《刑法》第225条第4项的规定定罪处罚。

2. 违反国家规定,出版、印刷、复制、发行最高人民法院、最高人民检察院1998年12月17日《关于审理非法出版物刑事案件具体应用法律若干问题的解释》第1条至第10条规定以外的其他严重危害社会秩序和扰乱市场秩序的非法出版物,情节严重的,以非法经营罪定罪处罚。非法从事出版物的出版、印刷、复制、发行业务,严重扰乱市场秩序,情节特别严重,构成犯罪的,以非法经营罪定罪处罚。

3. 违反《中华人民共和国电信条例》规定,采取租用电信国际专线、私设转接设备或者其他方法,擅自经营国际或者香港特别行政区、澳门特别行政区和台湾地区电信业务进行营利活动,扰乱电信市场管理秩序,情节严重的,以非法经营罪追究刑事责任。

4. 在生产、销售的饲料中添加盐酸克仑特罗等禁止在饲料和动物饮用水中使用的药品,或者销售明知是添加有该类药品的饲料,情节严重的,以非法经营罪追究刑事责任。

5. 对于经营违法音像制品行为,构成犯罪的,应当根据案件的具体情况,分别依照相关司法解释办理。只要行为人明知是违法音像制品而进行经营即属于非法经营行为,其是否具有音像制品合法经营资格并不影响非法经营行为的认定;非法经营行为包括一系列环节,经营者购进违法音像制品并存放于仓库等场所的行为属于经营行为的中间环节,对此也可以认定为非法经营行为。

6. 违反国家在预防、控制突发传染病疫情等灾害期间有关市场经营、价格管理等规定,哄抬物价、牟取暴利,严重扰乱市场秩序,违法所得数额较大或者有其他严重情节的,以非法经营罪定罪,依法从重处罚。

7. 对于违反国家规定,擅自设立互联网上网服务营业场所,或者擅自从事互联网上网服务经营活动,情节严重,构成犯罪的,以非法经营罪追究刑事责任。

8. 未经国家批准擅自发行、销售彩票,构成犯罪的,依照《刑法》第225条第

4项的规定,以非法经营罪定罪处罚。需要说明的是,其中的擅自销售彩票,是指销售未经国家批准的彩票。在彩票的发行经过了国家批准的情况下,销售方式违反部门规章的(如未经批准利用互联网销售彩票),不得认定为非法经营罪。

9. 违反国家规定,未经依法核准擅自发行基金份额募集基金,情节严重的,以非法经营罪定罪处罚。

10. 以提供给他人生产、销售食品为目的,违反国家规定,生产、销售国家禁止用于食品生产、销售的非食品原料,情节严重的,以非法经营罪定罪处罚。违反国家规定,生产、销售国家禁止生产、销售、使用的农药、兽药、饲料、饲料添加剂,或者饲料原料、饲料添加剂原料,情节严重的,依照上述规定定罪处罚。违反国家规定,私设生猪屠宰厂(场),从事生猪屠宰、销售等经营活动,情节严重的,以非法经营罪定罪处罚。

11. 违反国家规定,以营利为目的,通过信息网络有偿提供删除信息服务,或者明知是虚假信息,通过信息网络有偿提供发布信息等服务,扰乱市场秩序,情节严重的,依照《刑法》第225条第4项的规定,以非法经营罪定罪处罚。

12. 非法生产、销售"伪基站"设备,情节严重的,以非法经营罪追究刑事责任;明知他人实施非法生产、销售"伪基站"设备,或者非法使用"伪基站"设备干扰公用电信网络信号等犯罪,为其提供资金、场所、技术、设备等帮助的,以共同犯罪论处。

13. 以提供给他人开设赌场为目的,违反国家规定,非法生产、销售具有退币、退分、退钢珠等赌博功能的电子游戏设施设备或者其专用软件,情节严重的,以非法经营罪定罪处罚。

14. 违反国家药品管理法律法规,未取得或者使用伪造、变造的药品经营许可证,非法经营药品,情节严重的,以非法经营罪定罪处罚。以提供给他人生产、销售药品为目的,违反国家规定,生产、销售不符合药用要求的非药品原料、辅料,情节严重的,以非法经营罪定罪处罚。

15. 行为人出于医疗目的,违反有关药品管理的国家规定,非法贩卖国家规定管制的能够使人形成瘾癖的麻醉药品或者精神药品,扰乱市场秩序,情节严重的,以非法经营罪定罪处罚。

16. 违反国家规定,从事生产、销售非法电视网络接收设备(含软件),以及为非法广播电视接收软件提供下载服务、为非法广播电视节目频道接收提供链接服务等营利性活动,扰乱市场秩序,情节严重的,按照非法经营罪追究刑事责任。

17. 非法生产、销售"黑广播""伪基站"、无线电干扰器等无线电设备,情节严重的,以非法经营罪论处。

18. 违反国家规定,实施倒买倒卖外汇或者变相买卖外汇等非法买卖外汇行为,扰乱金融市场秩序,情节严重的,以非法经营罪定罪处罚。

19. 违反国家规定,未经监管部门批准,或者超越经营范围,以营利为目的,经常性地向社会不特定对象发放贷款,扰乱金融市场秩序,情节严重的,以非法经营罪定罪处罚。

20. 国家规定,未经许可经营兴奋剂目录所列物质,涉案物质属于法律、行政法规规定的限制买卖的物品,扰乱市场秩序,情节严重的,以非法经营罪定罪处罚。

21. 在疫情防控期间,违反国家有关市场经营、价格管理等规定,囤积居奇,哄抬疫情防控急需的口罩、护目镜、防护服、消毒液等防护用品、药品或者其他涉及民生的物品价格,牟取暴利,违法所得数额较大或者有其他严重情节,严重扰乱市场秩序的,以非法经营罪定罪处罚。违反国家规定,非法经营非国家重点保护野生动物及其制品(包括开办交易场所、进行网络销售、加工食品出售等),扰乱市场秩序,情节严重的,以非法经营罪定罪处罚。①

(六)非法经营罪的处罚

根据《刑法》第 225 条与第 231 条的规定,犯本罪的,处 5 年以下有期徒刑或者拘役,并处或者单处违法所得 1 倍以上 5 倍以下罚金;情节特别严重的,处 5 年以上有期徒刑,并处违法所得 1 倍以上 5 倍以下罚金或者没收财产。单位犯本罪的,对单位判处罚金,并对其直接负责的主管人员和其他直接责任人员,依照上述规定处罚。

七、强迫交易罪

本罪是指自然人或者单位,以暴力、威胁手段强买强卖商品,强迫他人提供或者接受服务,强迫他人参与或者退出投标、拍卖,强迫他人转让或者收购公司、企业的股份、债券或者其他资产,强迫他人参与或者退出特定的经营活动,情节严重的行为。

本罪的强迫主要包括以下几种情况:一是在他人不愿意从事某种活动时,强迫他人从事某种活动;二是在他人不愿意以某种方式从事某种活动时,强迫他人以某种方式从事该活动;三是在他人不愿意以某种价格从事某种活动时,强迫他人以某种价格从事该活动。强迫交易包括强迫他人和自己交易、强迫他人与第三者交易。

认定本罪时,需要正确处理本罪与抢劫罪、敲诈勒索罪的关系。最高人民法

---

① 由于《刑法修正案(十一)》增设了第 341 条第 3 款("违反野生动物保护管理法规,以食用为目的非法猎捕、收购、运输、出售第一款规定以外的在野外环境自然生长繁殖的陆生野生动物,情节严重的,依照前款的规定处罚"),故符合本款规定的情形,应当适用本款规定,而不应认定为非法经营罪。

院 2005 年 6 月 8 日《关于审理抢劫、抢夺刑事案件适用法律若干问题的意见》指出:"从事正常商品买卖、交易或者劳动服务的人,以暴力、胁迫手段迫使他人交出与合理价钱、费用相差不大钱物,情节严重的,以强迫交易罪定罪处罚;以非法占有为目的,以买卖、交易、服务为幌子采用暴力、胁迫手段迫使他人交出与合理价钱、费用相差悬殊的钱物的,以抢劫罪定罪处刑。在具体认定时,既要考虑超出合理价钱、费用的绝对数额,还要考虑超出合理价钱、费用的比例,加以综合判断。"这种观点试图通过价格、费用是否悬殊区分本罪与抢劫罪。其实,本罪与抢劫罪、敲诈勒索罪之间不是对立关系,符合本罪的犯罪构成时,并不当然排除抢劫罪、敲诈勒索罪的成立。也不能因为刑法规定了强迫交易罪,就认为凡是有交易的行为都不成立抢劫罪与敲诈勒索罪。换言之,强迫交易行为完全可能同时触犯抢劫罪、敲诈勒索罪,因而属于想象竞合犯,应从一重罪处罚。例如,教师以暴力行为强迫学生以 200 元购买其价值 2 元的圆珠笔的行为,应当认定为抢劫罪。在处理本罪与抢劫罪、敲诈勒索罪的关系时,需要明确的是各自的犯罪构成内容,而不是相互间的对立点。例如,轻微的暴力、胁迫行为,并没有压制被害人反抗的,不可能成立抢劫罪,只能成立本罪或者敲诈勒索罪。

最高人民检察院 2014 年 4 月 17 日《关于强迫借贷行为适用法律问题的批复》指出:"以暴力、胁迫手段强迫他人借贷,属于刑法第二百二十六条第二项规定的'强迫他人提供或者接受服务',情节严重的,以强迫交易罪追究刑事责任;同时构成故意伤害罪等其他犯罪的,依照处罚较重的规定定罪处罚。以非法占有为目的,以借贷为名采用暴力、胁迫手段获取他人财物,符合刑法第二百六十三条或者第二百七十四条规定的,以抢劫罪或者敲诈勒索罪追究刑事责任。"但在本书看来,强迫他人借贷的行为,也可能构成对财产性利益的抢劫与敲诈勒索;归还借款只是对借款本身没有非法占有目的,但对于借贷利益本身仍然具有非法占有目的。概言之,不要试图提出区分强迫交易罪与敲诈勒索罪、抢劫罪、故意伤害罪的标准,而应注重犯罪之间的想象竞合。

犯本罪的,根据《刑法》第 226 条与第 231 条的规定处罚。

八、伪造、倒卖伪造的有价票证罪

本罪是指自然人或者单位,伪造车票、船票、邮票或者其他有价票证,或者倒卖伪造的车票、船票、邮票或者其他有价票证,数额较大的行为。犯本罪的,根据《刑法》第 227 条第 1 款与第 231 条的规定处罚。

九、倒卖车票、船票罪

本罪是指自然人或者单位,倒卖车票、船票,情节严重的行为。其中的车票、船票,必须是真实的车票、船票。倒卖其他交通运输乘用证的,不成立本罪。犯本罪的，根据《刑法》第227条第2款和第231条的规定处罚。

十、非法转让、倒卖土地使用权罪

本罪是指自然人或单位，以牟利为目的，违反土地管理法规，非法转让、倒卖土地使用权，情节严重的行为。"违反土地管理法规"，是指违反土地管理法、森林法、草原法等法律以及有关行政法规中关于土地管理的规定。例如，未经法定程序，擅自转让、倒卖农民集体所有的土地的使用权的①，未经法定程序，擅自将划拨取得或者受让取得的土地使用权转让给他人的，擅自改变城市土地用途予以出售的，属于非法转让、倒卖土地使用权。本罪的成立，不以土地使用权的变更登记为前提，只要事实上转让、倒卖了土地使用权即可。在公司享有土地使用权的情况下，股东转让部分或者全部股份的，不能认定为本罪。犯本罪的，根据《刑法》第228条与第231条的规定处罚。

十一、提供虚假证明文件罪

提供虚假证明文件罪，是指承担资产评估、验资、验证、会计、审计、法律服务、保荐、安全评价、环境影响评价、环境监测等职责的中介组织的人员故意提供虚假证明文件，情节严重的行为。

本罪为身份犯，行为主体必须是上述人员，其他人员可以构成共犯。客观行为内容为，提供与事实不相符合的资产评估报告、验资证明、验证证明、会计报告、审计报告、法律文书、安全评价报告、环境影响评价报告、环境监测数据等虚假的证明文件。这里的提供不只是单纯的交付行为，而应包括制作（无形伪造）与交付。亦即，上述人员制作虚假证明文件属于无形伪造，但仅有伪造行为并不构成本罪，只有将虚假证明文件提供给相关人员或单位的，才成立本罪。当然，上述人员指示助手或者其他人制作虚假证明文件，自己签署姓名后提供给相关人员或者单位的，也成立本罪。本罪主观方面只能是故意，即明知是虚假的证明文件而提供。成立本罪还要求情节严重。

根据《刑法》第229条与第231条的规定，犯本罪的，处5年以下有期徒刑或者拘役，并处罚金；有下列情形之一的，处5年以上10年以下有期徒刑，并处罚金：（1）提供与证券发行相关的虚假的资产评估、会计、审计、法律服务、保荐等证明文件，情节特别严重的；（2）提供与重大资产交易相关的虚假的资产评估、会计、审计等证明文件，情节特别严重的；（3）在涉及公共安全的重大工程、项目中提供虚假的安全评价、环境影响评价等证明文件，致使公共财产、国家和人民

---

① 如直接变卖农村集体土地，将农村土地作为宅基地出售给他人，将承包经营的耕地转让给他人用于开发房地产等。

利益遭受特别重大损失的。单位犯本罪的,对单位判处罚金,并对其直接负责的主管人员和其他直接责任人员,依照上述规定处罚。

根据《刑法》第229条第2款的规定,实施本罪行为,同时索取他人财物或者非法收受他人财物构成犯罪的,依照处罚较重的规定定罪处罚。这一规定是关于牵连犯的规定,还是将数罪拟制为一罪的规定,值得研究。在本书看来,二者并不符合牵连犯的特征,宜理解为罪数的拟制规定。

十二、出具证明文件重大失实罪

本罪是指承担资产评估、验资、验证、会计、审计、法律服务等职责的中介组织或者中介组织的人员,严重不负责任,出具的证明文件有重大失实,造成严重后果的行为。犯本罪的,根据《刑法》第229条第3款和第231条的规定处罚。

十三、逃避商检罪

本罪是指自然人或者单位,违反进出口商品检验法的规定,故意逃避商品检验,将必须经商检机构检验的进口商品未报经检验而擅自销售、使用,或者将必须经商检机构检验的出口商品未报经检验合格而擅自出口,情节严重的行为。犯本罪的,根据《刑法》第230条与第231条的规定处罚。

第十九章 侵犯公民人身权利、民主权利罪

侵犯公民人身权利、民主权利罪,是指故意或过失侵犯公民人身及其他与公民人身直接有关的权利的行为以及故意侵犯公民民主权利的行为。本章的犯罪分为以下几类:侵犯生命、健康的犯罪,侵犯性的决定权的犯罪,侵犯自由的犯罪,侵犯名誉、隐私的犯罪,侵犯民主权利的犯罪,妨害婚姻的犯罪。

第一节 侵犯生命、健康的犯罪

一、故意杀人罪

(一)故意杀人罪的概念与特征

故意杀人罪,是指故意非法剥夺他人生命的行为。

1. 故意杀人罪的客观方面表现为非法剥夺他人生命的行为。

(1)行为对象为"他人",故自杀行为不成立本罪。至于"他人"的范围则没有限定,不问是中国人,还是外国人或无国籍人,也不问被害人的生理、心理、身份等状态。人的生命,始于出生,终于死亡。关于出生的标准,我国以往一般采取独立呼吸说,但随着人口政策的变化,现在宜采取全面露出说乃至一部露出说。出生后的婴儿享有受法律保护的生命,可以成为故意杀人罪的对象,溺婴是一种故意杀人行为,应以故意杀人罪论处。胎儿不能成为故意杀人罪的对象。关于死亡的标准,传统上采取综合标准说,即自发呼吸停止、心脏跳动停止、瞳孔反射机能停止。这一标准容易被国民接受。晚于综合标准说出现的是脑死亡概念。但脑死亡的认定标准还具有不明确性,有的人虽然被医院宣告脑死亡,后来却恢复了健康;脑死亡的概念要被一般国民接受也还需要一个过程;采用脑死亡概念还特别要求有一整套防止恶意利用脑死亡概念非法剥夺他人生命的有效措施。因此,我国目前在通常情况下采取综合标准说,但在合法移植器官的场合,则可以采取脑死亡标准说。尸体不能成为故意杀人罪的对象。

(2)必须具有剥夺他人生命的行为即杀人行为,其特点是直接或者间接作用于人的肌体,使人的生命在自然死亡时期之前终结。剥夺他人生命的方式,既可以是作为(如刀砍、斧劈、拳击、枪杀等),也可以是不作为(如母亲故意不给婴儿哺乳致其死亡等);既可以是物理的方式(如刺杀、毒杀),也可以是心理的方法

(如以精神冲击方法致人休克死亡)。

(3) 剥夺他人生命的行为必须具有非法性。依法执行命令枪决罪犯、符合法定条件的正当防卫杀人等行为,不构成故意杀人罪。杀人行为发生死亡结果的,成立故意杀人既遂;没有发生死亡结果的,成立故意杀人未遂、中止或者预备。

2. 主体一般是已满14周岁,具有辨认控制能力的自然人。但已满12周岁不满14周岁的人犯故意杀人罪致人死亡,情节恶劣,经最高人民检察院核准追诉的,应当负刑事责任。

3. 主观方面是故意,即明知自己的行为会发生他人死亡的危害结果,并且希望或者放任这种结果的发生。故意杀人的动机多种多样,不同的杀人动机,对构成故意杀人罪没有影响,但对量刑具有一定意义。

(二) 故意杀人罪的认定

1. 注意相关条文对故意杀人罪的特殊规定。根据《刑法》第238条、第247条、第248条、第289条、第292条的规定,对非法拘禁使用暴力致人死亡的,刑讯逼供或暴力取证致人死亡的,虐待被监管人致人死亡的,聚众"打砸抢"致人死亡的,聚众斗殴致人死亡的,应以故意杀人罪论处。这些条文属于拟制规定,而非注意规定。

2. 以放火、爆炸等危害公共安全的方法故意杀人时,其行为不仅符合放火、爆炸等罪的构成要件,而且符合故意杀人罪的构成要件,可谓想象竞合犯;无论从性质上还是从法定刑上看,故意杀人罪都重于放火、爆炸等罪,故将上述行为认定为故意杀人罪,才符合想象竞合犯的处理原则。

3. 对实施积极的安乐死的行为,应以故意杀人罪论处。所谓安乐死,通常是指为免除患有不治之症、濒临死亡的患者的痛苦,受患者嘱托而使其无痛苦地死亡。安乐死分为不作为的安乐死与作为的安乐死。刑法上所讨论的安乐死,限于积极的安乐死,即为了免除患者的痛苦,而提前结束其生命的方法。现在,世界上只有个别国家对积极的安乐死实行了非犯罪化。在我国,人为地提前结束患者生命的行为,还难以得到一般国民的认同;即使被害人同意,这种杀人行为也是对他人生命的侵害。特别是在法律对实行积极的安乐死的条件、方法、程序等没有明确规定的情况下,实行积极的安乐死所产生的其他一系列后果不堪设想。在法律未允许实行积极安乐死的情况下,实行积极安乐死的行为,仍然构成故意杀人罪;既不能认为这种行为不符合故意杀人罪的犯罪构成,也不宜以《刑法》第13条的但书为根据宣告无罪。当然,量刑时可以从宽处罚。

4. 对与自杀有关的案件应具体分析,区别处理。自杀是自愿结束自己生命的行为,本身不构成犯罪,但引起、促成自杀的原因比较复杂,其中有的人对他人的自杀应当承担刑事责任。下面对涉及刑事责任的几种情况作些说明:

（1）相约自杀。即二人以上相互约定自愿共同自杀的行为。如果相约双方均自杀身亡，自不存在刑事责任问题；如果相约双方各自实施自杀行为，其中一方死亡，另一方自杀未遂，未遂一方也不负刑事责任；如果相约自杀，由其中一方杀死对方，继而自杀未遂的，应以故意杀人罪论处，但量刑时可以从轻处罚。

（2）引起他人自杀。即行为人所实施的某种行为引起他人自杀身亡。第一，正当行为引起他人自杀的，不存在犯罪问题。第二，错误行为或者轻微违法行为引起他人自杀的，也不成立犯罪。不能因为引起了他人自杀，就将其错误行为或者轻微违法行为当作犯罪行为处理。第三，严重违法行为引起他人自杀身亡，将严重违法行为与引起他人自杀身亡的后果进行综合评价，达到了犯罪程度时，应当追究刑事责任。如诽谤他人引起他人自杀身亡的，可综合起来认定行为的情节严重，将该行为以诽谤罪论处。第四，犯罪行为引起他人自杀身亡，但对自杀身亡结果不具有故意时，应按先前的犯罪行为定罪并从重处罚。例如，强奸妇女引起被害妇女自杀的，以强奸罪从重处罚。

（3）教唆或帮助自杀。教唆自杀，是指行为人故意用引诱、怂恿、欺骗等方法，使他人产生自杀意图。以相约自杀为名诱骗他人自杀的，也是一种教唆自杀的行为。帮助自杀，是指在他人已有自杀意图的情况下，帮助他人实现自杀意图。我国刑法对杀人罪规定得比较简单，没有将教唆、帮助自杀的行为规定为独立的犯罪。在这种立法体例之下，是认为教唆、帮助自杀的行为根本不成立犯罪，还是认为教唆、帮助自杀的行为成立普通的故意杀人罪，的确是需要研究的问题。但可以肯定的是，对以下几种行为应认定为故意杀人罪：首先，欺骗不能理解死亡意义的儿童或者精神病患者等人，使其自杀的，属于故意杀人罪的间接正犯。其次，凭借某种权势或利用某种特殊关系，以暴力、威胁或者其他心理强制方法，使他人自杀身亡的，应以故意杀人罪论处。例如，组织和利用邪教组织制造、散布迷信邪说，指使、胁迫其成员或者其他人实施自杀行为的，邪教组织成员组织、策划、煽动、教唆、帮助邪教组织人员自杀的，应以故意杀人罪论处。最后，行为人教唆自杀的行为使被害人对法益的有无、程度、情况等产生错误认识，其对死亡的同意无效时，也应认定为故意杀人罪。例如，医生欺骗患者说"你最多只能活三个月，而且一周后开始剧烈疼痛"，进而导致患者自杀的，患者对自杀的同意无效，对医生应认定为故意杀人罪。

5. 对所谓"大义灭亲"的行为，应以故意杀人罪论处。我国不承认"家法"，行为人对违法犯罪的亲属，也只能交由司法机关处理，私自处死违法犯罪亲属的，同样构成故意杀人罪，但量刑时可以从轻处罚。

（三）故意杀人罪的处罚

根据《刑法》第232条的规定，故意杀人的，处死刑、无期徒刑或者10年以上有期徒刑；情节较轻的，处3年以上10年以下有期徒刑。

二、过失致人死亡罪

过失致人死亡罪,是指由于普通过失致人死亡的行为。过失致人死亡罪在主观上必须是过失。客观上必须实施了致人死亡的行为,并且已经造成死亡结果,行为与死亡结果之间必须存在因果关系。已满16周岁,具有辨认控制能力的自然人,均可成为本罪主体。

认定过失致人死亡罪,应正确区分过失致人死亡罪与过失引起被害人死亡的其他犯罪。刑法分则某些条文规定的过失犯罪,如失火罪、过失爆炸罪、交通肇事罪等,也往往发生过失致人死亡的结果,但它们都是因为危害公共安全或者是业务过失而导致他人死亡的结果。规定这些犯罪的刑法条文与规定过失致人死亡罪的刑法条文,形成特别法条与普通法条的关系,在这种情况下,应按特别法条论处,不定过失致人死亡罪。此外,应根据刑法总则的原理,正确区分过于自信的过失致人死亡与间接故意杀人,疏忽大意的过失致人死亡与意外事件致人死亡的界限。对过失重伤进而引起被害人死亡的,应直接认定为过失致人死亡罪,不能套用故意伤害致死的模式,定过失伤害致人死亡罪。

根据《刑法》第233条的规定,过失致人死亡的,处3年以上7年以下有期徒刑;情节较轻的,处3年以下有期徒刑。

三、故意伤害罪

(一)故意伤害罪的概念与特征

故意伤害罪,是指故意非法损害他人身体健康的行为。

1. 客观方面表现为非法损害他人身体健康。(1)行为对象是他人的身体。伤害自己身体的,不成立故意伤害罪;但军人为了逃避军事义务,在战时自伤身体的,应按《刑法》第434条的规定追究刑事责任。毁坏尸体的行为,不成立故意伤害罪。伤害胎儿身体的,也不构成犯罪。(2)实施了伤害行为并造成伤害结果。伤害,一般是指非法损害他人身体健康的行为。如果行为侵害了他人的生理机能,即使没有损害外形的完整性,也应当认定为伤害行为;反之,则没有必要认定为伤害。因此,原则上应当认为,只有侵害了他人生理机能的行为,才属于伤害。伤害行为既可以是作为,也可以是不作为。以不作为方式致人伤害构成故意伤害罪的,要求行为人负有保护他人身体健康的作为义务;其义务来源应当根据不作为犯罪义务来源的一般原理予以确定。伤害行为既可以是有形的,也可以是无形的。前者如使用暴力殴打、行凶等方法致人伤害;后者如故意以性行为等方式使他人染上严重性病,欺骗被害人服用毒药而造成生理机能损伤,以胁迫等方法致使被害人精神严重失常等。伤害行为的结果也是多种多样的,如内伤、外伤、肉体伤害、精神伤害等。根据我国刑法规定,伤害结果的程度分为轻伤、重伤与伤害致死。这三种情况直接反映伤害行为的罪行轻重,因而对量刑起重要作用。(3)伤害行为必须具有非法性,因正当防卫、紧急避险而伤害他人,因治疗上的需要为病人截肢,体育运动项目中规则所允许的伤害等,都不构成犯罪。

2. 故意伤害致人重伤或者死亡的主体是已满14周岁,具有辨认控制能力的自然人;故意伤害致人轻伤的主体则必须已满16周岁,并具有辨认控制能力。但已满12周岁不满14周岁的人犯故意伤害罪,致人死亡或者以特别残忍手段致人重伤造成严重残疾,情节恶劣,经最高人民检察院核准追诉的,应当负刑事责任。

3. 主观上必须具有伤害的故意,即对伤害结果具有认识和希望或放任的态度。如果仅具有一般殴打的意图,只是希望或者放任造成被害人暂时的肉体疼痛或者轻微的神经刺激,则不能认定有伤害的故意。因此,在仅出于殴打的意图而无伤害故意的情况下,造成他人伤害的,不宜认定为故意伤害罪。基于同样的道理,在殴打行为导致他人死亡的情况下,不应认定为故意伤害致人死亡。在通常情况下,行为人对于自己的伤害行为会给被害人造成何种程度的伤害,事先不一定有明确认识。因此,如果实际造成轻伤结果的,就按轻伤害处理;如果实际造成重伤结果的,就按重伤害处理。因为无论是造成重伤还是轻伤,都包括在行为人的主观犯意之内。

(二)故意伤害罪的形态

行为人主观上只想造成轻伤结果,而实际上未造成轻伤结果的,不宜以犯罪论处。重伤意图非常明显,且已经着手实行重伤行为,由于意志以外的原因未导致伤害的,宜按故意伤害(未遂)论处。

在伤害故意支配下实施了伤害行为,造成他人身体伤害,达到轻伤程度的,即可认定为故意伤害罪的既遂。故意伤害造成重伤的,包含两种情况:一是行为人明显只具有轻伤的故意,但过失造成重伤;二是行为人明显具有重伤的故意,客观上也造成了重伤。故意伤害致人死亡的,是典型的结果加重犯。行为人主观上对伤害持故意,对致人死亡有过失。故意伤害没有致人死亡的,不得认定为故意伤害致死的未遂犯。

故意伤害致死的成立,客观上要求伤害行为与死亡结果之间具有因果关系,主观上要求行为人对死亡没有故意,但具有预见可能性。既然是伤害致死,当然应将死亡者限定为伤害的对象,即只有导致伤害的对象死亡时才能认定为伤害致死。但对于伤害的对象不能作僵硬的理解,尤其应注意事实认识错误的处理原则。(1)如果行为人甲对被害人乙实施伤害行为,虽然没有发生打击错误与对象认识错误,但明知自己的行为会同时伤害丙却仍然实施伤害行为,因而造成丙死亡的,应认定为故意伤害致死。(2)如果行为人A本欲对被害人B实施伤害行为,但由于对象认识错误或者打击错误,而事实上对C实施伤害行为,导致C死亡的,应认定为故意伤害致死。因为在这种情况下,根据处理事实错误的法定符合说,刑法规定故意伤害罪不只是为了保护特定人的身体健康,而是为了保护一切人的身体健康;只要行为人有伤害他人的故意,实施了伤害他人的行为,结果也伤害了他人,就成立故意伤害罪,而不要求其中的"他人"完全同一。故意伤害致死也是如此。B与C的身体均受刑法保护,发生对象认识错误或打击错误并不影响A的伤害行为性质,理当以故意伤害致死论处。(3)如果行为人张三对李四实施伤害行为,既没有发生事实认识错误,也不明知自己的行为会同时伤害王五,由于某种原因致使王五死亡的,则难以认定张三的行为成立故意伤害致死。

(三)故意伤害罪的相关界限

1. 故意伤害与一般殴打的界限。一般殴打行为只是给他人造成暂时性的肉体疼痛,或使他人神经受到轻微刺激,但没有侵害他人的生理机能,故不构成犯罪。值得注意的是,有些殴打行为表面上给他人身体造成了一定的损害,但显著轻微不构成轻伤的,不能以故意伤害罪论处。因此,在区分故意伤害与一般殴打时,既要考虑行为是否给他人生理机能造成了损害,又要考察损害的程度。

2. 重伤与轻伤的界限。重伤是指使人肢体残废,毁人容貌,使人丧失听觉、丧失视觉、丧失其他器官机能或者其他对于人身健康有重大伤害的损害。对伤害程度的鉴定,应当遵循以下原则与方法:(1)鉴定原则:遵循实事求是的原则,坚持以致伤因素对人体直接造成的原发性损伤及由损伤引起的并发症或者后遗症为依据,全面分析,综合鉴定;对于以原发性损伤及其并发症作为鉴定依据的,鉴定时应以损伤当时伤情为主,损伤的后果为辅,综合鉴定;对于以容貌损害或者组织器官功能障碍作为鉴定依据的,鉴定时应以损伤的后果为主,损伤当时伤情为辅,综合鉴定。(2)鉴定时机:以原发性损伤为主要鉴定依据的,伤后即可进行鉴定;以损伤所致的并发症为主要鉴定依据的,在伤情稳定后进行鉴定;以容貌损害或者组织器官功能障碍为主要鉴定依据的,在损伤90日后进行鉴定;在特殊情况下可以根据原发性损伤及其并发症出具鉴定意见,但须对有可能出现的后遗症加以说明,必要时应进行复检并予以补充鉴定;疑难、复杂的损伤,在临床治疗终结或者伤情稳定后进行鉴定。(3)伤病关系处理原则:损伤为主要作用的,既往伤/病为次要或者轻微作用的,应依据《人体损伤程度鉴定标准》相应条款进行鉴定;损伤与既往伤/病共同作用的,即二者作用相当的,应依据上述标准相应条款适度降低损伤程度等级,即等级为重伤一级和重伤二级的,可视具体情况鉴定为轻伤一级或者轻伤二级,等级为轻伤一级和轻伤二级的,均鉴定为轻微伤;既往伤/病为主要作用的,即损伤为次要或者轻微作用的,不宜进行损伤程度鉴定,只说明因果关系。

3. 故意伤害罪与故意杀人罪的界限。按照刑法理论的通说,在杀人故意心理支配下,客观上实施了杀人行为的,应当认定为故意杀人罪;在伤害故意心理支配下,客观上实施了伤害行为的,应当认定为故意伤害罪。换言之,行为人主观上是否具有杀人的故意,要通过考察客观事实来认定。例如,行为人持枪瞄准被害人心脏开枪的,无论行为人怎样否认其杀人故意,司法机关都会将其行为认定为故意杀人罪;反之,行为人使用木棒,在完全可以打击被害人头部等要害部位的场合,却选择打击被害人背部、腿部的,即使他承认有杀人故意,司法机关也不应将其行为认定为故意杀人罪。① 所以,应当坚持犯罪构成的原理,综合考虑主客观方面的全部事实,正确区分故意杀人罪与故意伤害罪。在实践中,只要查明以下情况,不仅能直接说明行为是杀人性质还是伤害性质,而且能说明行为人的故意内容:(1)行为人使用的是何种犯罪工具?该犯罪工具的杀伤力如何?犯罪工具是预先选择的还是随手取得的?(2)打击的部位是什么?是要害部位还是非要害部位?是特意选择要害部位打击,还是顺手可能打击什么部位就打击什么部位?(3)打击的强度如何?行为人是使用最大力量进行打击还是注意控制打击力度?(4)犯罪行为有无节制?在被害人丧失反抗能力的情况下,行为人是否继续打击?在他人劝阻的情况下行为人是否终止犯罪行为?(5)犯罪的时间、地点与环境如何?是行为人特意选择的时间、地点还是随机的时间、地点?案发当时是否有其他人在场?(6)行为人对被害人是否抢救?对死亡结果表现出何种态度?(7)行为人有无犯罪预谋?行为人是如何预谋的?(8)行为人与被害人平时是什么关系?是素有怨仇还是关系较好,是素不相识还是相互认识?此外,对那些目无法纪、胆大妄为、动辄行凶、不计后果一类的侵犯人身权利的案件,应根据案情,区别对待:凡明显具有杀人故意,实施了杀人行为的,应按故意杀人罪论处;凡明显具有伤害故意,实施了伤害行为的,应按故意伤害罪论处;故意内容不很确定或不顾被害人死伤的,应按实际造成的结果确定犯罪行为的性质,因为在这种情况下,死亡与伤害的结果都在行为人的犯意之内;有些案件确实难以区分,意见分歧很大的,为了慎重起见,可以按较轻的犯罪处理。

4. 故意伤害致死与过失致人死亡罪的界限。过失致人死亡时,行为人主观上既无杀人的故意,也无伤害的故意。故意伤害致死显然以具有伤害的故意为前提,过失造成的死亡结果,则是故意伤害罪的加重情节。因此,不能将所有的"故意"殴打致人死亡的案件,认定为故意伤害致死。换言之,殴打不等于伤害,

---

① 如果打击背部、腿部是事出有因(如被害人躲闪等),而又有其他客观事实证明行为人具有杀人故意,当然可以认定为故意杀人罪。

一般生活意义上的"故意"不等于刑法上的故意。如果行为人只具有一般殴打的意图,并无伤害的故意,由于某种原因或条件引起了被害人死亡的,就不能认定为故意伤害致死;如果行为人主观上对死亡结果具有过失,就应认定为过失致人死亡罪。特别是对于那些父母为教育子女而实施惩戒行为导致子女死亡,邻里之间由于民间纠纷一方殴打另一方造成死亡,以及其他轻微暴行致人死亡的案件,不能轻易认定为故意伤害致死。

5. 故意伤害罪与包含伤害内容的其他犯罪的界限。《刑法》第234条规定:"本法另有规定的,依照规定。"即行为人在实施其他犯罪的过程中,伤害他人,《刑法》另有规定的,应按有关条文定罪量刑。如犯强奸、抢劫、放火等罪致人伤害,应分别依照各相应条款定罪量刑,不以故意伤害罪论处。

(四)故意伤害罪的处罚

根据《刑法》第234条的规定,故意伤害他人身体的,处3年以下有期徒刑、拘役或者管制;致人重伤的,处3年以上10年以下有期徒刑;致人死亡或者以特别残忍手段致人重伤造成严重残疾的,处10年以上有期徒刑、无期徒刑或者死刑,其中,除致人死亡以外,以特别残忍手段、致人重伤、造成严重残疾,是适用上述法定刑必须同时具备的三个条件。

四、组织出卖人体器官罪

(一)组织出卖人体器官罪的概念与特征

组织出卖人体器官罪,是指组织他人出卖人体器官的行为。

1. 客观方面表现为组织他人出卖人体器官的行为。

(1)人体器官,是指由不同类型的人体组织构成的,能够发挥特定生理机能的集合体。只要某种人体组织的丧失会侵害被害人的身体健康,该人体组织能够评价为"器官",就包含在本罪的对象之内。本罪的人体器官不仅包括《人体器官移植条例》所称的心脏、肺脏、肝脏、肾脏或者胰腺等器官,而且包括眼角膜、皮肤、肢体、骨头,但血液、骨髓、脂肪、细胞不是器官。作为本罪对象的人体器官,必须是活体的器官,而不包括尸体的器官。器官既包括某个器官的全部,也包括某个器官的部分。

(2)被组织的他人没有特别限定,既可以是已经打算出卖器官的人,也可以是没有打算出卖器官的人;既包括境内人,也包括境外人;既可能是直接出卖器官的人,也可能是组织他人出卖器官的人(对组织者再组织的,也成立本罪)。但是,组织不满18周岁的人出卖人体器官的,同时触犯故意杀人罪、故意伤害罪,从一重罪论处。

(3)组织他人出卖人体器官,是指经营人体器官的出卖或者以招募、雇佣、介绍、引诱等手段使他人出卖人体器官的行为。第一,法条虽然使用了"组织"一词,但本罪并不是所谓的集团犯、组织犯。一方面,组织者既可以是一人,也可以是多人。另一方面,被组织出卖人体器官的人也不要求是数人。亦即,组织一人出卖人体器官的,也成立本罪。组织者本人是否出卖其器官,不影响本罪的成立;被组织的行为是否构成犯罪,也不影响本罪的成立。第二,本罪的行为不仅包括经营人体器官出卖活动,而且包括以招募、雇佣、介绍、引诱等手段使他人出卖人体器官的行为。从事人体器官买卖的中介行为的,成立本罪。换言之,只要行为人所从事的行为中包含了组织出卖的行为,即可成立本罪。但是,组织他人捐献人体器官的行为,不成立本罪。使用强迫、欺骗手段组织他人出卖人体器官的,同时触犯了故意杀人罪、故意伤害罪,从一重罪论处。第三,由于本罪的行为并不是出卖行为,而是组织出卖的行为,所以,出卖者直接将自己的器官出卖给他人的,不成立本罪。基于同样的理由,单纯购买人体器官的行为,也不成立犯罪。但是,为了购买而组织他人出卖的,依然成立本罪。第四,由于刑法将本罪规定为侵犯他人身体健康的犯罪,所以,只要被摘取人体器官的出卖者的身体达到了伤害程度,就成立本罪的既遂。

2. 主观方面为故意,是否出于营利目的不影响本罪的成立。

(二) 组织出卖人体器官罪的处罚

根据《刑法》第 234 条之一的规定,犯本罪的,处 5 年以下有期徒刑,并处罚金;情节严重的,处 5 年以上有期徒刑,并处罚金或者没收财产。由于本罪是侵犯身体健康的犯罪,所以,情节严重包括以下两种情形:其一,被组织出卖人体器官的人数较多;其二,导致出卖者死亡或者身体遭受特别严重伤害。

五、过失致人重伤罪

本罪是指过失伤害他人身体,致人重伤的行为。客观上必须实施了伤害行为,且造成他人重伤的结果;主观上必须出于过失。应当注意的是,行为人主观上明显具有轻伤的故意,但由于过失造成他人重伤的,应定为故意伤害罪;行为人由于过失当场致人重伤,但因抢救无效死亡的,应定过失致人死亡罪;如果过失重伤结果,是由于包含该结果的其他犯罪行为所造成,刑法条文另有规定的,则依照有关条文定罪量刑。根据《刑法》第 235 条的规定,犯过失致人重伤罪的,处 3 年以下有期徒刑或者拘役。

六、遗弃罪

(一) 遗弃罪的概念与特征

遗弃罪,是指对于年老、年幼、患病或者其他没有独立生活能力的人,负有扶养义务而拒绝扶养,情节恶劣的行为。

1. 客观要件是对年老、年幼、患病或者其他没有独立生活能力的人,应当扶养而拒绝扶养的行为。"年老、年幼、患病或者其他没有独立生活能力的人",是指因年老、年幼、患病或其他原因,丧失劳动能力或生活自理能力,不能独立生活的人。"拒绝扶养",是指拒不履行扶养义务,如不提供经济供给,不给予必要照料,对处于危险境地的人不予以救助等。对于"拒绝扶养"应作广义理解。凡是使他人生命、身体处于危险境地,或者不救助他人生命、身体的行为,都属于遗弃行为。

2. 主体必须是对被遗弃人负有法律上的扶养义务而且具有扶养能力的人。至于哪些人负有法律上的扶养义务,应根据作为义务的来源确定。例如,夫妻有相互扶养的义务;父母(及养父母、继父母)对子女(及养子女、继子女)有抚养义务;孤儿院、养老院对孤儿、老人有扶养义务;如此等等。负有扶养义务的人,还必须具有扶养的实际能力,否则不构成本罪。

3. 主观要件是故意。即行为人明知自己应当履行扶养义务,明知自己不履行扶养义务的行为使他人生命、身体处于危险状态,并希望或者放任这种结果的发生。

4. 遗弃行为情节恶劣的,才构成犯罪。是否情节恶劣,要依据行为的手段、后果、行为人的动机等进行综合评价。

(二) 遗弃罪与故意杀人罪的关系

遗弃罪与故意杀人罪的性质和危害程度相差较大,在通常情况下容易区别,但遗弃罪与故意杀害家庭成员的犯罪有时也难以区分。从司法实践来看,主要是行为人将婴儿或没有任何独立生活能力的老人不予任何扶养甚至移置于室外的案件,难以区分是遗弃罪还是故意杀人罪。在这些案件中,行为人均负有扶养义务,而拒不履行扶养义务的行为,既可能构成遗弃罪,也可能构成不作为的故意杀人罪。在这种情况下,应重点考察生命所面临的危险是否紧迫,生命对作为义务的依赖程度,行为人履行义务的难易程度,行为是否会立即导致他人死亡等因素,判断成立遗弃罪还是故意杀人罪。就主观方面而言,遗弃罪的行为人并不希望或者放任被害人死亡,只是对被害人生命、身体的危险持希望或者放任态度;而故意杀人罪的行为人则希望或者放任被害人死亡。例如,行为人将婴儿置于行人较多的场所或者国家机关门前的,只能认定为遗弃罪。反之,如果行为人将婴儿置于没有行人的场所,将行动艰难的老人带往悬崖边上扔下不管的,则应认定为故意杀人罪。

(三) 遗弃罪的处罚

依照《刑法》第 261 条的规定,犯遗弃罪的,处 5 年以下有期徒刑、拘役或者管制。

第二节 侵犯性的决定权的犯罪

一、强奸罪

强奸罪分为两种类型,一类是普通强奸,即违背妇女意志,使用暴力、胁迫或者其他手段,强行与妇女性交的行为;另一类是奸淫幼女(准强奸),即与不满14周岁的幼女性交的行为。

(一)普通强奸的特征

1. 客体是妇女的性的自己决定权,其基本内容是妇女按照自己的意志决定性行为的权利。妇女的性的自己决定权是妇女人身权利的一部分,又关系到妇女的人格与名誉,是女性身心健康权利的主要内容。在妇女基于任何原因不同意性交时,行为人采用暴力、胁迫或者其他手段强行与之性交的,均成立强奸罪。

2. 客观上必须违背妇女意志,采用暴力、胁迫或者其他手段,强行与妇女性交。

作为普通强奸对象的"妇女"没有特别限制,被害妇女的社会地位、思想品德、生活作风、结婚与否等均不影响本罪的成立。

强奸首先是指男女之间的性交行为,换言之,性交行为是行为人的目的行为。性交以外的猥亵行为,不构成强奸罪。

强奸行为以违背妇女意志为前提,即在妇女不同意性交的情况下,强行与之性交。换言之,被害妇女的性的自己决定权是否受到侵害或者威胁,与她本人的意愿密不可分;只有当行为人的行为实际上违背了妇女意志时,才意味着她的性的自己决定权受到了侵害或者威胁。因此,即使行为人以为自己的行为违背妇女意志,但实际上妇女完全同意或者自愿的,也不应认定为强奸罪。是否违背妇女意志,不应只从表面上看妇女有无反抗、拒绝的表示,还应考虑妇女是否能够反抗、是否知道反抗、是否敢于反抗等情况。由于强奸行为违背妇女意志,所以,行为人必须采取某种足以使妇女不能反抗、难以反抗、不敢反抗或者不知反抗的手段,这便是暴力、胁迫或者其他手段,这些手段是强奸行为的有机组成部分。

所谓"暴力手段",是指不法对被害妇女行使有形力的手段,即直接对被害妇女采取殴打、捆绑、堵嘴、卡脖子、按倒等危害人身安全或人身自由,使妇女不能反抗、难以反抗的手段。这里的暴力,一般不包括故意杀人;故意杀死妇女后又奸尸的,不应认定为强奸罪。此外,暴力是征服妇女意志的手段,必须直接针对被强奸的妇女实施。如果行为人为了强奸妇女,不仅对被害妇女实施暴力,而且对阻止其实施强奸行为的第三者实施暴力,则不仅构成强奸罪,而且构成另一独立的犯罪(故意伤害罪等)。

所谓"胁迫手段",是指为了使被害妇女产生恐惧心理,而以恶害相通告的行为;胁迫的实质是足以引起被害妇女的恐惧心理,实现对被害妇女的精神强制,使妇女不敢反抗、难以反抗。胁迫的手段多种多样,既可以直接对被害妇女进行威胁,也可以通过第三者进行威胁;既可以是口头胁迫,也可以是书面胁迫;既可以暴力进行威胁,如持刀胁迫,也可以以非暴力进行威胁,如以揭发隐私、毁坏名誉相胁迫。需要注意的是,利用教养关系、从属关系、职务权利等与妇女发生性交的,不能一律视为强奸。关键在于行为人是否利用了这种特定关系进行胁迫而使妇女不敢反抗、难以反抗,而不在于有没有这种特定关系。换言之,特定关系只是认定是否胁迫的线索,而不是认定胁迫的根据。

所谓"其他手段",是指暴力、胁迫以外的使被害妇女不能反抗、难以反抗、不敢反抗或者不知反抗的手段,具有与暴力、胁迫相同的强制性质。司法实践中常见的其他手段有:用酒灌醉或者药物麻醉的方法强奸妇女;利用妇女熟睡之机进行强奸;冒充妇女的丈夫或情夫进行强奸;利用妇女患重病之机进行强奸;造成或利用妇女处于孤立无援的状态进行强奸;组织和利用会道门、邪教组织或者利用迷信奸淫妇女等。

3. 主体是已满14周岁,具有辨认控制能力的自然人,通常是男子,其中直接正犯只能是男子。妇女可以成为强奸罪的教唆犯、帮助犯,也可以成为间接正犯与共同正犯。

4. 主观方面是故意。行为人明知自己的行为违背妇女意志,仍然决意强行实施奸淫行为。

(二)奸淫幼女的特征

奸淫幼女属于强奸罪的一种表现形式,但它与前述普通强奸存在区别。奸淫幼女犯侵犯的是幼女的性的不可侵犯权。符合下列特征的,属于奸淫幼女:

1. 客观上表现为与不满14周岁的幼女发生性交的行为。不满14周岁的为幼女,这是刑法规定的统一标准。由于幼女身心发育不成熟,缺乏辨别是非的能力,不理解性行为的后果与意义,也没有抗拒能力,因此,不论行为人采用什么手段,也不问幼女是否愿意,只要与幼女发生性交,就构成奸淫幼女罪。

2. 主体是已满14周岁,具有辨认控制能力的自然人。

3. 主观上是故意。认识内容包括奸淫对象是不满14周岁的幼女,奸淫幼女的结果是损害幼女的身心健康等。在本罪中,幼女属于特定对象,是犯罪构成的客观要件要素,行为人对此必须有认识,或者明知女方一定是幼女,或者明知女方可能是幼女,或者不管女方是否幼女,在此基础上决意实施奸淫行为的,就具备奸淫幼女的主观要件。换言之,只要行为人认识到女方一定或者可能是幼女,或者不管女方是否幼女,而决意实施奸淫行为,被奸淫的女方又确实是幼女的,就构成奸淫幼女的犯罪。

(三) 强奸罪的认定

1. 正确处理奸淫女精神病患者的案件。患有精神病或先天痴呆症的妇女，缺乏正常的认识能力与意志能力，不能正常表达自己的意志。所以，行为人明知妇女是精神病患者或痴呆者（程度严重的），而非法与之发生性交的，不管使用什么手段，也不问妇女是否"同意"，均应以强奸罪论处。如果行为人确实不知妇女是精神病患者或痴呆者，也未采用暴力、胁迫等手段，经本人同意与之发生性交的，则不构成强奸罪。此外，在间歇性的精神病妇女精神正常期间，经本人同意与之发生性交的，也不成立强奸罪。行为人与女精神病患者共同生活形成事实婚姻的，或者为了形成事实婚姻而与女精神病患者共同生活的，不应当以强奸罪论处。但是，仅与女精神病患者具有性生活，而没有其他方面的共同生活与婚姻关系的，仍然应认定为强奸罪。

2. 严格区分强奸与通奸的界限。通奸是双方或一方有配偶的男女，自愿发生的不正当性交行为。从理论上讲，强奸与通奸不难区分。强奸行为违背妇女意志，通奸不违背妇女意志；强奸必须采用暴力、胁迫等强制手段，通奸不使用强制手段；强奸犯主观上具有强行奸淫的决意，通奸者没有强行奸淫的决意。值得注意的是，有的妇女与人通奸，一旦翻脸，关系恶化，或者事情败露后担心名誉受到损害、夫妻关系恶化或者恋爱关系破裂，或者为了推卸责任，嫁祸于人等，便将通奸说成强奸的，不能定为强奸。对此一定要深入调查，仔细分析，不能把妇女的"告发"作为定罪的唯一依据。区分强奸与通奸还应注意以下几个问题：

(1) 求奸未成与强奸未遂的界限。求奸者主观上意欲与妇女通奸，不具有强行奸淫的决意；客观上往往表现为口头提出要求，或者以行为进行挑逗，甚至拥抱猥亵，拉衣扯裤；一旦妇女表示拒绝，便停止自己的行为，而不使用暴力、胁迫等手段强行与妇女发生性交。在区分求奸未成与强奸未遂的界限时，要看行为人是否采用了暴力、胁迫等强制手段；行为人是否适时停止自己的行为；行为人为什么停止行为；妇女的态度等。特别应注意的是，不能把求奸过程中的拉扯行为认定为强奸中的暴力手段。

(2) 强奸与通奸的转化问题。根据司法实践，第一次性交违背妇女意志，但女方并未告发，而后又多次自愿与该男子发生性交的，对该男子一般不宜以强奸罪论处。第一次性交违背妇女意志，事后行为人对被害妇女实施精神上的威胁，迫使其继续忍辱屈从的，应以强奸罪论处。行为人先是通奸，后来女方不愿意继续通奸，行为人纠缠不休，并以暴力、胁迫等手段强行与妇女发生性交的，也应以强奸罪论处。

(3) 利用职权的强奸与基于相互利用的通奸的界限。利用职权进行胁迫，违背妇女意志与妇女发生性交的，构成强奸罪。男女双方相互利用，各有所图，女方以肉体作为换取私利的条件，从而发生性交的，属于通奸行为，不能按强奸处理。区分的关键在于男方是否利用职权进行胁迫。

(4)"半推半就"的问题。"半推半就"是就妇女的意志而言,即妇女对男方要求性交的行为,既有不同意的表示——推,也有同意的表示——就,这是一种犹豫不决的心理;也可能表现为违心的允诺、委屈的许可、无奈的顺从、被迫的同意等矛盾心理。在妇女犹豫不决或者心理矛盾时,男子实施了奸淫行为。在这种情况下,仍应正确判断行为人的行为是否符合强奸罪的构成要件。如果行为人主观上认为自己的行为并不违背妇女的意志,把妇女"推"的表示视为妇女羞愧的表现,又没有明显使用暴力、胁迫等手段的,就不能认定为强奸罪。反之,如果行为人明知自己的行为违背妇女意志,实际上也违背妇女意志,又使用暴力、胁迫等手段强行与妇女发生性交的,则构成强奸罪。

3. 正确区分轮奸与聚众淫乱行为的界限。轮奸是指二男以上出于共同强奸的故意,轮流强奸(或奸淫)同一妇女(或幼女)的行为。轮奸是强奸罪的一种特殊形式。两个以上的男子在同一时间、同一地点轮流与一个或几个女子自愿发生性交的,不是轮奸,而是聚众淫乱行为。当然,如果在作案时,既有男女之间的淫乱行为,又挟持妇女进行强奸或者轮奸的,则应将后者认定为强奸罪。

4. 正确处理特殊的奸淫幼女案件。奸淫幼女是一种严重的刑事犯罪,应依法予以严厉打击。但是,又要看到这类案件存在许多特殊问题,需要区别对待,慎重处理。(1)幼女早熟,身材高大,且虚报年龄,行为人在不知道也不可能知道其为幼女的情况下,经幼女同意发生性交的,不能认定为强奸罪。(2)个别幼女染有淫乱习性,主动与多名男子发生性交的,对这些男子也不宜都以强奸罪论处。(3)已满14周岁不满16周岁的男少年,与幼女交往密切,双方自愿发生性交的,或者因受某些不良影响,与幼女发生性交的,一般不宜以强奸罪论处。

(四) 强奸罪的处罚

根据《刑法》第236条的规定,强奸妇女的,处3年以上10年以下有期徒刑;奸淫幼女的,从重处罚。有下列情形之一的,处10年以上有期徒刑、无期徒刑或者死刑:(1)强奸妇女、奸淫幼女情节恶劣的;(2)强奸妇女、奸淫幼女多人的;(3)在公共场所当众强奸妇女的;(4)二人以上轮奸的;(5)奸淫不满10周岁的幼女或者造成幼女伤害的;(6)致使被害人重伤、死亡或者造成其他严重后果的。其中的"致使被害人重伤、死亡",是指强奸行为导致被害人性器官严重损伤,或者造成其他严重伤害,甚至当场死亡或者经抢救无效死亡。对于强奸犯出于报复、灭口等动机,在实施强奸的过程中或强奸后,杀死或者伤害被害人的,应分别认定为强奸罪、故意杀人罪或故意伤害罪,实行数罪并罚。

二、负有照护职责人员性侵罪

本罪是指对已满14周岁不满16周岁的未成年女性(以下简称少女)负有监

护、收养、看护、教育、医疗等特殊职责的人员,与该未成年女性发生性关系的行为。

本罪的行为主体仅限于对已满 14 周岁不满 16 周岁的未成年女性负有监护、收养、看护、教育、医疗等特殊职责的人员。其中的特殊职责并不限于法条列举的上述领域,而是包括其他领域的特殊职责,如狱警对被收监的少女就具有看护、教育等特殊职责。但是,并不是只要存在看护、教育、医疗等行为外观,就可以成为本罪主体,只对少女的身心健康成长具有实质性的管护、指导等作用的职责的人员,或者说行为人因为法律、行政法规等对少女的健康成长具有某一方面的"职责",使得少女在相关领域对行为人形成比较稳定的依赖关系时,行为人才能成为本罪主体。

本罪的行为对象是已满 14 周岁不满 16 周岁的少女,但"已满 14 周岁"只是本罪的界限要素。换言之,如果具有特殊职责的人员与不满 14 周岁的幼女性交,但确实以为对方已满 14 周岁的,也成立本罪。

本罪的行为内容是与已满 14 周岁不满 16 周岁的人发生性关系。(1)不需要行为人积极利用特殊职责与少女发生性关系,更不需要行为人采用暴力、胁迫等强制手段。(2)即使少女同意乃至主动要求行为人与之发生性关系,也不影响行为人的行为成立本罪。(3)所谓"发生性关系",是指实施狭义的性交行为,不包括实施性交之外的猥亵行为。只要双方生殖器结合(插入)时,就构成本罪的既遂。

本罪的责任形式为故意,行为人必须认识到对方是未满 16 周岁的少女。如果行为人确实以为对方已满 16 周岁的,则不能认定为本罪。

实施本罪行为,同时构成强奸罪的,属于想象竞合,应按强奸罪处罚。只要负有特殊职责的人员利用特殊职责进行要挟达到胁迫程度,或者利用少女孤立无援的境地,符合强奸罪的暴力、胁迫或者其他手段的要求,就应当按强奸罪处罚。

根据《刑法》第 236 条之一的规定,犯本罪的,处 3 年以下有期徒刑;情节恶劣的,处 3 年以上 10 年以下有期徒刑。需要特别指出的是,不能将构成强奸罪的情形认定为本罪的情节恶劣。

三、强制猥亵、侮辱罪

(一)强制猥亵、侮辱罪的概念与特征

本罪是指以暴力、胁迫或者其他方法强制猥亵他人或者侮辱妇女的行为。

1. 客观方面具有以下特征:

(1)强制猥亵的对象没有限制,强制侮辱的对象是妇女。行为人故意杀害被害妇女后,再针对尸体实施猥亵、侮辱行为的,不得认定为本罪,而应认定为故意杀人罪与侮辱尸体罪,并实行数罪并罚。

(2) 必须实施了猥亵、侮辱行为。

首先,猥亵行为具有质的规定性。猥亵是指针对他人实施的,具有性的意义,侵害他人性的自己决定权的行为。"针对他人实施"主要包括以下情况:一是直接对他人实施猥亵行为,或者迫使他人容忍行为人或第三人对之实施猥亵行为;二是迫使他人对行为人或者第三者实施猥亵行为;三是强迫他人自行实施猥亵行为;四是强迫他人观看他人的猥亵行为。"侵害他人性的自己决定权",是指猥亵行为违反了他人的意志,使他人性的自己决定权受到侵害。强制猥亵、侮辱行为不以公然实施为前提,即使在非公开的场所,只有行为人与被害人在场,而没有也不可能有第三者在场,行为人强制实施猥亵、侮辱行为的,也成立本罪。

其次,猥亵行为与侮辱行为具有同一性。换言之,侮辱行为并不是独立于猥亵行为之外的一种行为。《刑法修正案(九)》仅将本罪中的猥亵对象修改为"他人",但没有删除侮辱妇女的规定,也没有将作为侮辱对象的"妇女"修改为"他人"。据此,有些属于侵害妇女性自主权的侮辱行为不能归入猥亵行为;有些属于侵害男性的性自主权的侮辱行为依然不能认定为强制猥亵罪。显然,从立法论上来说,这一修改存在明显的缺陷。立法机关工作人员指出:"妇女、儿童虽然是猥亵行为的主要受害群体,但实践中猥亵男性的情况也屡有发生,猥亵十四周岁以上男性的行为如何适用刑法并不明确,对此,社会有关方面多次建议和呼吁,要求扩大猥亵罪适用范围,包括猥亵十四周岁以上男性的行为,以同等保护男性的人身权利。因此,《刑法修正案(九)》将第一款罪状中的'猥亵妇女'修改为'猥亵'他人,使该条保护的对象由妇女扩大到了年满十四周岁男性。""本款规定的'侮辱妇女',主要指对妇女实施猥亵行为以外的,损害妇女人格尊严的淫秽下流、伤风败俗的行为。例如,以多次偷剪妇女的发辫、衣服,向妇女身上泼洒腐蚀物、涂抹污物,故意向妇女显露生殖器,追逐、堵截妇女等手段侮辱妇女的行为。"[①]但是,这样的说明不无疑问。其一,既然要平等保护男性的人身权利,为什么对针对男性实施的上述"侮辱"行为(如向男性身上泼洒腐蚀物、涂抹污物)不处以相同的刑罚?其二,多次偷剪妇女的发辫、衣服,向妇女身上泼洒腐蚀物、涂抹污物的行为,没有侵害妇女的性自主权,不可能与强制猥亵相提并论,只能认定为《刑法》第 246 条的侮辱罪。倘若偷剪妇女衣服、向妇女身上泼洒腐蚀物,导致妇女身体裸露,当然属于强制猥亵。其三,行为人显露生殖器时没有使用暴力、胁迫等强制方法强迫妇女观看的,只是公然猥亵行为,根本不构成强制猥亵、侮辱罪。其四,"追逐、拦截"是《刑法》第 293 条明文规定的寻衅滋事行为,倘若将追逐、拦截妇女的行为认定为侮辱妇女,就意味着第 293 条的追逐、拦截对象

---

① 郎胜主编:《中华人民共和国刑法释义》,法律出版社 2015 年版,第 389—390 页。

仅限于男性，这显然不合适。更为重要的是，《刑法》第237条第2款规定"在公共场所当众"侮辱妇女的，"处五年以上有期徒刑"。根据上述观点，在公众场所当众追逐、拦截妇女的，就必须适用该法定刑，这显然不符合罪刑相适应原则。总之，上述观点所归纳的"侮辱妇女"行为，要么属于侮辱罪、寻衅滋事罪的行为，要么属于强制猥亵行为，要么不构成犯罪。因此，本书主张，司法机关应当淡化"侮辱妇女"的概念，凡是属于强制猥亵行为的，均认定为强制猥亵罪；不属于强制猥亵行为的，分别按其他犯罪处理或者不以犯罪论处。

再次，猥亵行为具有相对性。① 在不同的猥亵罪中，猥亵行为的范围并不相同。例如，强制猥亵妇女与猥亵幼女的行为，只能是性交以外的行为。但是，猥亵幼男的行为则包括性交行为，即已满16周岁的妇女与幼男发生性交的，构成猥亵儿童罪。同样，假如公然猥亵被刑法规定为犯罪，那么，其中的猥亵行为也包括性交。如男女自愿在公共场所发生性交的，没有争议地属于公然猥亵。另一方面，强制猥亵妇女的行为，包括强行与妇女接吻、搂抱的行为，但男女自愿在公共场所公开接吻、搂抱的，则不可能构成公然猥亵；与儿童接吻尤其是与婴儿接吻的，在认定为猥亵行为时则应当特别慎重。

最后，猥亵行为还具有变易性。随着人们的性观念、社会的性风尚与性行为秩序的变化，猥亵行为的外延会发生变化。

(3) 必须以暴力、胁迫或者其他使他人不能反抗、难以反抗、不敢反抗、不知反抗的方法强制猥亵他人、侮辱妇女。换言之，对于本罪中"暴力、胁迫或者其他方法"，应当与强奸罪客观方面的"暴力、胁迫或者其他手段"作出相同的解释。值得注意的是，在不少案件中，暴力本身也可能是猥亵行为；反之某些猥亵行为本身也是暴力行为。

2. 主体是已满16周岁，具有辨认控制能力的自然人。妇女也可以成为强制猥亵、侮辱罪的主体。因为妇女完全可能针对他人实施强制猥亵行为；妇女针对他人实施的强制猥亵行为，同样侵犯了他人性的自己决定权；刑法也并没有将犯罪主体限定为男子。②

3. 主观上具有故意，行为人明知自己的猥亵、侮辱行为违背他人意志，侵犯了他人性的自己决定权，但仍然强行实施该行为。本罪的成立并不需要行为人主观上出于刺激或者满足性欲的内心倾向，行为人出于报复等动机实施强制猥亵、侮辱行为的，也成立本罪。

---

① 为了说明猥亵行为的相对性，这里暂且将公然猥亵行为也列入予以讨论。
② 当然，妇女构成强制猥亵罪时，其行为的范围明显窄于男子构成强制猥亵罪的情形。例如，男子强行与妇女接吻、搂抱的，一般成立强制猥亵罪；但妇女强行与另一妇女接吻、搂抱的，则难以成立强制猥亵罪。

（二）强制猥亵、侮辱罪与强奸罪的关系

强制猥亵、侮辱罪与（普通）强奸罪的构成要件不同：(1) 客观方面不完全相同：前者只要求对他人实施性交以外的猥亵、侮辱行为；后者要求与妇女发生性交。(2) 主体不完全相同：前者的直接正犯既可以是男子，也可以是妇女；后者的直接正犯只能是男子。(3) 主观故意内容不同：前者不要求有强行奸淫的目的；后者以强行奸淫为目的。此外应注意的是，在强奸过程中实施的强制猥亵、侮辱行为，一般不另认定为强制猥亵、侮辱罪。

（三）强制猥亵、侮辱罪的处罚

根据《刑法》第 237 条规定，犯本罪的，处 5 年以下有期徒刑或者拘役；聚众或者在公共场所当众犯本罪的，或者有其他恶劣情节的，处 5 年以上有期徒刑。

四、猥亵儿童罪

本罪是指猥亵不满 14 周岁的儿童的行为。猥亵对象是不满 14 周岁的幼男或幼女。猥亵行为既可以是强制性的，也可以是非强制性的；儿童主动对行为人实施猥亵行为的，行为人具有阻止义务，不阻止的行为成立猥亵儿童罪；对具有一定意识的儿童露阴的行为，可能成立猥亵儿童罪；让儿童和自己或者其他人一起观看淫秽图片、视频、影片的，可以认定为猥亵儿童罪。猥亵行为出于故意，且行为人必须明知被害人是或者可能是儿童；儿童为幼女时，男性具有奸淫故意与奸淫行为的，成立强奸罪；但如果儿童为幼男，妇女对之实施性交行为或者其他猥亵行为的，成立猥亵儿童罪。[①]

根据《刑法》第 237 条第 3 款的规定，猥亵儿童的，处 5 年以下有期徒刑；有下列情形之一的，处 5 年以上有期徒刑：(1) 猥亵儿童多人或者多次的；(2) 聚众猥亵儿童的，或者在公共场所当众猥亵儿童，情节恶劣的；(3) 造成儿童伤害或者其他严重后果的；(4) 猥亵手段恶劣或者有其他恶劣情节的。

第三节 侵犯自由的犯罪

一、非法拘禁罪

（一）非法拘禁罪的概念与特征

本罪是指故意非法拘禁他人或者以其他方法非法剥夺他人人身自由的行为。

1. 本罪的客体是人的身体活动的自由。问题是，刑法规定本罪是仅保护现

[①] 如果一概认为猥亵行为必须是性交以外的行为，那么，妇女对幼男实施性交以外的行为构成猥亵儿童罪，而妇女与幼男发生性交的反而不构成犯罪，这明显导致刑法的不协调。

实的自由(限定说),还是既保护现实的自由也保护可能的自由(无限定说)?例如,将已入睡的人反锁在房间,待其醒来前又将锁打开的,是否成立本罪?应当认为,限定说具有合理性,即只有当行为侵犯了他人的现实自由时,才宜认定为非法拘禁罪。

2. 客观上表现为非法剥夺他人身体自由的行为。

作为行为对象的"他人"没有限制,既可以是守法公民,也可以是犯有错误或有一般违法行为的人,还可以是犯罪嫌疑人、被告人等,但必须是具有身体活动自由的自然人;身体活动自由虽以意识活动自由为前提,但只要具有基于意识从事身体活动的能力即可,不要求具有刑法上的辨认控制能力与民法上的法律行为能力,故能够行走的幼儿、精神病患者均可成为本罪的对象。

行为的特征是非法拘禁他人或者以其他方法非法剥夺他人的身体自由。凡符合这一特征的,如非法逮捕、拘留、监禁、扣押、绑架,办封闭式"学习班""隔离审查"等,均属非法剥夺人身自由的行为。概言之,非法剥夺人身自由包括两类:一类是直接拘束他人的身体,剥夺其身体活动自由,如捆绑他人四肢,使用手铐拘束他人双手。另一类是间接拘束人的身体,剥夺其身体活动自由,即将他人监禁于一定场所,使其不能或明显难以离开、逃出。剥夺人身自由的方法既可以是有形的,也可以是无形的。例如,将妇女洗澡时的换洗衣服拿走,使其基于羞耻心无法走出浴室的行为,就是无形的方法。此外,无论是以暴力、胁迫方法拘禁他人,还是利用他人的恐惧心理予以拘禁(如使被害人进入货车车厢后高速行驶,使之不敢轻易跳下车),均不影响本罪的成立。使用欺诈方法剥夺他人自由的,如果违反了被害人的现实意识,侵害了其身体活动自由,依然成立非法拘禁罪。非法拘禁还可能由不作为成立,即负有使被害人离开一定场所的法律义务的人,故意不履行义务的,也可能成立非法拘禁罪。

非法拘禁是一种持续行为,该行为在一定时间内处于继续状态,使他人在一定时间内失去身体自由。时间持续的长短原则上不影响本罪的成立,只影响量刑。但时间过短、瞬间性的剥夺人身自由的行为,则难以认定为本罪。

剥夺人身自由的行为必须具有非法性。司法机关根据法律规定,对于有犯罪事实和重大嫌疑的人,依法采取拘留、逮捕等限制人身自由的强制措施的行为,不成立本罪。公民将正在实行犯罪或犯罪后及时被发觉的、通缉在案的、越狱逃跑的、正在被追捕的人,依法扭送至司法机关的,是合法行为。依法收容精神病患者的,也不属于非法拘禁。

3. 主观上只能出于故意。行为人明知自己的行为会发生剥夺他人身体自由权利的危害结果,并希望或者放任这种结果的发生。

(二)非法拘禁罪的认定

1. 严格区分本罪与合法拘捕而发生错误的界限。例如,司法机关依照法定程序拘捕了重大犯罪嫌疑分子,但后经查证该人无罪,予以释放的,只能认为是错误拘捕,不能认定为非法拘禁。

2. 非法拘禁情节显著轻微的,不宜认定为本罪。如拘禁时间短且没有暴力与侮辱情节的,不宜认定为非法拘禁罪。

3. 非法拘禁行为与结果又触犯其他罪名的,应根据其情节与有关规定处理。例如,以非法绑架、扣留他人的方法勒索财物的,成立绑架罪;以出卖为目的非法绑架妇女、儿童的,构成拐卖妇女、儿童罪;收买被拐卖的妇女、儿童后,非法剥夺其人身自由的,应实行数罪并罚。

(三)非法拘禁罪的处罚

根据《刑法》第238条规定,犯非法拘禁罪的,处3年以下有期徒刑、拘役、管制或者剥夺政治权利。在拘禁过程中具有殴打、侮辱情节的,从重处罚。非法拘禁致人重伤的,处3年以上10年以下有期徒刑;致人死亡的,处10年以上有期徒刑。非法拘禁他人,使用暴力致人伤残、死亡的,应分别以故意伤害罪、故意杀人罪论处。国家机关工作人员利用职权犯罪本罪的,从重处罚。

二、绑架罪

(一)绑架罪的概念与特征

绑架罪,是指利用被绑架人的近亲属或者其他人对被绑架人安危的忧虑,以勒索财物或满足其他不法要求为目的,使用暴力、胁迫或者麻醉方法劫持或以实力控制他人的行为。

1. 客观方面表现为利用被绑架人的近亲属或其他人对被绑架人安危的忧虑,使用暴力、胁迫或者麻醉方法劫持或以实力控制他人。绑架的对象是任何他人,包括妇女、儿童和婴幼儿乃至行为人的子女或者父母。绑架的实质是使被害人处于行为人或第三者的实力支配下,事实上存在着使未成年人的父母离开生活场所而将未成年人控制在行为人实力范围内的情况,也存在使被害人滞留在本来的生活场所但使其丧失行动自由的绑架案件,所以,绑架不要求使被害人离开原来的生活场所。绑架行为应具有强制性,即使用暴力、胁迫或者麻醉方法控制他人。对于缺乏或者丧失行动能力的被害人,行为人采取偷盗、引诱等方法使其处于行为人或第三者实力支配下的,也可能成立绑架罪。例如,以勒赎为目的,偷盗婴幼儿的,成立绑架罪。

2. 主体必须是已满16周岁,具有辨认控制能力的自然人。已满14周岁不满16周岁的人实施绑架行为,故意杀害被绑架人的,应认定为故意杀人罪。

3. 主观上只能出于故意。行为人一方面利用被绑架人的近亲属或者其他人对被绑架人安危的忧虑,这里的"其他人"包括单位乃至国家。另一方面以勒索财物或满足其他不法要求为目的。如果不具有这种心理状态,则不构成绑架罪。以勒赎为目的,偷盗婴幼儿的,应以本罪论处。同样,为了将婴儿作为人质以实现其他不法要求,而偷盗婴幼儿的,也成立本罪。勒索财物或满足其他不法要求的目的,不需要现实化。换言之,只要行为人具有这种目的,即使客观上没有对被绑架人的近亲属或其他人勒索财物或提出其他不法要求,也成立绑架罪;如果行为人客观上向被绑架人的近亲属或其他人勒索财物或提出了其他不法要求,也不另成立其他犯罪。但是,如果行为人"绑架"他人是为了直接向被绑架人索取财物,则应认定为抢劫罪。

(二) 绑架罪与非法拘禁罪的关系

根据《刑法》第 238 条第 3 款的规定,行为人为索取债务非法扣押、拘禁他人的,只构成非法拘禁罪,不成立绑架罪。最高人民法院 2000 年 7 月 13 日《关于对为索取法律不予保护的债务非法拘禁他人行为如何定罪问题的解释》指出:"行为人为索取高利贷、赌债等法律不予保护的债务,非法扣押、拘禁他人的,依照《刑法》第二百三十八条的规定定罪处罚。"当然,区分绑架罪与非法拘禁罪,不能仅以行为人与被害人之间是否存在债务为唯一标准,更应考虑行为本身对人身自由的剥夺程度、对人身安全的威胁程度。《刑法》第 238 条第 3 款使用的是"非法扣押、拘禁"概念,因此,超出非法扣押、拘禁程度的行为,即使存在法律不予保护的债务,依然可能成立绑架罪。如果行为人为了索取法律保护的债务,而非法扣押、拘禁他人的,理应认定为非法拘禁罪。对于那些为了索取法律不予保护的债务,而非法扣押、拘禁他人,但不以杀害、伤害等相威胁,声称只要还债便放人的行为,也宜认定为非法拘禁罪。但是,如果行为人为了索取法律不予保护的债务或者单方面主张的债务,以实力支配、控制被害人后,以杀害、伤害被害人相威胁的,宜认定为绑架罪。行为人为了索取债务,而将与债务人没有共同财产关系、扶养、抚养关系的第三者作为人质的,也应认定为绑架罪。

(三) 绑架罪的处罚

根据《刑法》第 239 条的规定,犯绑架罪的,处 10 年以上有期徒刑或者无期徒刑,并处罚金或者没收财产;情节较轻的,处 5 年以上 10 年以下有期徒刑,并处罚金;杀害被绑架人的,或者故意伤害被绑架人,致人重伤、死亡的,处无期徒刑或者死刑,并处没收财产。"杀害被绑架人"(俗称"撕票"),属于结合犯,即将绑架行为与故意杀人行为结合为一个罪。"杀害被绑架人"不以绑架既遂为前提,换言之,在着手绑架后既遂前杀害被绑架人的,也属于"杀害被绑架人"。但是,杀人行为应当是指在绑架的机会中又独立于绑架行为之外的杀人。[①] 杀人故意既包括直接故意也包括间接故意。对"故意伤害被绑架人,致人重伤、死亡"的规定,必须理解为既遂,而不包括未遂的情形。换言之,对于伤害未遂或者仅

---

① 没有参与绑架的人在他人绑架既遂后参与杀害被绑架者的,仅成立故意杀人罪。

造成轻伤的场合,应当实行数罪并罚。行为人绑架他人后,对他人实施强奸、强制猥亵等行为的,则应实行数罪并罚。

三、拐卖妇女、儿童罪

(一)拐卖妇女、儿童罪的概念与特征

本罪是指以出卖为目的,拐骗、绑架、收买、贩卖、接送、中转妇女、儿童的行为。本罪名是选择性罪名,可分解为拐卖妇女罪与拐卖儿童罪。

1. 客观上实施了拐骗、绑架、收买、贩卖、接送、中转妇女、儿童的行为。妇女与儿童,既包括具有中国国籍的妇女与儿童,也包括具有外国国籍和无国籍的妇女与儿童。被拐卖的外国妇女、儿童没有身份证明的,不影响本罪的成立。以非法获利为目的,出卖亲生子女或者所收养的子女的行为,成立本罪。拐骗是指以欺骗、利诱等方法将妇女、儿童拐走。绑架是指使用暴力、胁迫或者麻醉方法劫持、控制妇女、儿童。收买是指以金钱或其他财物买取妇女、儿童。贩卖是指出卖妇女、儿童以获取非法利益。接送是指为拐卖妇女、儿童的罪犯接收、运送妇女、儿童。中转是指为拐卖妇女、儿童的罪犯提供中途场所或机会。此外还包括偷盗婴儿的行为。只要实施上述其中一种行为的,就构成本罪。此外,以贩卖牟利为目的"收养"子女的,应以拐卖儿童罪处理。同时实施上述几种行为的,或者既拐卖妇女、又拐卖儿童的,只构成一罪,不实行数罪并罚。

2. 主体是已满16周岁,具有辨认控制能力的自然人。明知他人拐卖妇女、儿童,仍然向其提供被拐卖妇女、儿童的健康证明、出生证明或者其他帮助的,以拐卖妇女、儿童罪的共犯论处。医疗机构、社会福利机构等单位的工作人员以非法获利为目的,将所诊疗、护理、抚养的儿童贩卖给他人的,以拐卖儿童罪论处。明知他人系拐卖儿童的"人贩子",仍然利用从事诊疗、福利救助等工作的便利或者了解被拐卖方情况的条件,居间介绍的,以拐卖儿童罪的共犯论处。已满14周岁不满16周岁的人在拐卖妇女、儿童的过程中强奸妇女或者奸淫幼女的,以强奸罪论处。

3. 主观上只能出于故意,而且必须以出卖为目的。至于行为人实施拐卖妇女、儿童的行为后实际上是否获利,则不影响本罪的成立。在共同犯罪案件中,没有出卖目的的人认识到他人具有出卖目的,而参与拐卖妇女、儿童的,成立本罪的共犯。

(二)拐卖妇女、儿童罪的认定

1. 注意划清拐卖妇女、儿童罪与借介绍婚姻、介绍收养索取财物的行为的界限。借介绍婚姻索取财物,是指行为人借为男女双方做婚姻介绍人的机会,向其中一方或双方索取财物的行为,不构成拐卖妇女罪。借介绍收养索取财物,是指行为人借为他人介绍收养的机会,向收养一方索取财物的行为,不成立拐卖儿童罪。

2. 注意区分借送养之名出卖亲生子女与民间送养行为的界限。区分的关键在于行为人是否具有非法获利的目的。应当通过审查将子女"送"人的背景和原因、有无收取钱财及收取钱财的多少、对方是否具有抚养目的及有无抚养能力等事实,综合判断行为人是否具有非法获利的目的。具有下列情形之一的,可以认定属于出卖亲生子女,应当以拐卖妇女、儿童罪论处:(1)将生育作为非法获利手段,生育后即出卖子女的;(2)明知对方不具有抚养目的,或者根本不考虑对方是否具有抚养目的,为收取钱财将子女"送"给他人的;(3)为收取明显不属于"营养费""感谢费"的巨额钱财将子女"送"给他人的;(4)其他足以反映行为人具有非法获利目的的"送养"行为的。不是出于非法获利目的,而是迫于生活困难,或者受重男轻女思想影响,私自将没有独立生活能力的子女送给他人抚养,包括收取少量"营养费""感谢费"的,属于民间送养行为,不能以拐卖妇女、儿童罪论处。对私自送养导致子女身心健康受到严重损害,或者具有其他恶劣情节,符合遗弃罪特征的,可以遗弃罪论处;情节显著轻微危害不大的,可由公安机关依法予以行政处罚。

3. 注意区分拐卖妇女罪与诈骗罪。实践中常常出现以介绍妇女与人结婚为名骗取钱财的案件。例如,行为人与妇女通谋,将该妇女介绍与某人成婚,获得钱财后,行为人与该妇女双双逃走,使对方人财两空。这是行为人与妇女合谋所制造的骗局,如果诈骗数额较大,应以诈骗罪论处,不能认定为拐卖妇女罪。此外,有的行为人以介绍对象为名,获取他人钱财后便携款携物潜逃的,也只能认定为诈骗罪,不构成拐卖妇女、儿童罪。

4. 注意处理拐卖妇女、儿童罪与绑架罪的关系。拐卖妇女、儿童罪包括以出卖为目的绑架妇女、儿童的行为,故二者有相似之处。区别在于:(1)犯罪目的不同:前者以出卖为目的;后者以勒索财物或满足其他不法要求为目的。(2)对象不同:前者的对象仅限于妇女、儿童;后者的对象可以是任何人。

(三)拐卖妇女、儿童罪的处罚

根据《刑法》第240条第1款的规定,拐卖妇女、儿童的,处5年以上10年以下有期徒刑,并处罚金;有下列情形之一的,处10年以上有期徒刑或者无期徒刑,并处罚金或者没收财产;情节特别严重的,处死刑,并处没收财产:(1)拐卖妇女、儿童集团的首要分子;(2)拐卖妇女、儿童3人以上的;(3)奸淫被拐卖的妇女的;(4)诱骗、强迫被拐卖的妇女卖淫或者将被拐卖的妇女卖给他人迫使其卖淫的;(5)以出卖为目的,使用暴力、胁迫或者麻醉方法绑架妇女、儿童的;(6)以出卖为目的,偷盗婴幼儿的;(7)造成被拐卖的妇女、儿童或者其亲属重伤、死亡或者其他严重后果的;(8)将妇女、儿童卖往境外的。

四、收买被拐卖的妇女、儿童罪

本罪是指故意用金钱或财物收买被拐卖的妇女、儿童的行为。

客观上表现为收买被拐卖的妇女、儿童的行为。首先,犯罪对象必须是被拐卖的妇女、儿童。其次,必须有收买行为。所谓收买,是指行为人用金钱或者其他财物,作为被拐卖的妇女、儿童的代价,将妇女、儿童买归自己占有或支配。收买的基本特征是将妇女、儿童当作商品买回,因此不同于收养。

主观上只能是故意,即明知是被拐卖的妇女、儿童而收买。成立本罪不要求以出卖为目的;换言之,如果行为人具有出卖的目的,则成立拐卖妇女、儿童罪。此外,收买被拐卖的妇女、儿童后,产生出卖的意图并出卖妇女、儿童的,也以拐卖妇女、儿童罪论处;以抚养为目的偷盗婴幼儿或者拐骗儿童,之后予以出卖的,以拐卖儿童罪论处。

根据《刑法》第241条的规定,犯本罪的,处3年以下有期徒刑、拘役或者管制。《刑法》第241条第6款还规定:"收买被拐卖的妇女、儿童,对被买儿童没有虐待行为,不阻碍对其进行解救的,可以从轻处罚;按照被买妇女的意愿,不阻碍其返回原居住地的,可以从轻或者减轻处罚。"

五、聚众阻碍解救被收买的妇女、儿童罪

本罪是指首要分子聚集多人阻碍国家机关工作人员解救被收买的妇女、儿童的行为。客观方面表现为以聚众方式阻碍国家机关工作人员解救被收买的妇女、儿童;如果阻碍国家机关工作人员解救已被拐骗、绑架但尚未被出卖(未被收买)的妇女、儿童,则构成拐卖妇女、儿童罪的共犯;主观方面只能是故意;成立本罪的只能是首要分子,其他参与者使用暴力、威胁方法的,构成《刑法》第277条的妨害公务罪。此外,不以聚众方式,但以暴力、威胁方法阻碍国家机关工作人员解救被收买的妇女、儿童的,也成立《刑法》第277条的妨害公务罪。根据《刑法》第242条的规定,犯本罪的首要分子,处5年以下有期徒刑或者拘役。

六、诬告陷害罪

(一)诬告陷害罪的概念与特征

诬告陷害罪,是指故意捏造犯罪事实,向国家机关或有关单位告发,意图使他人受刑事追究,情节严重的行为。

1. 客观上表现为捏造他人犯罪的事实,向国家机关或有关单位告发,或者采取其他方法足以引起司法机关追究的活动。(1)必须捏造犯罪事实。这主要是指:无中生有,捏造犯罪事实陷害他人;栽赃陷害,在发生了某种犯罪事实的情况下,捏造证据陷害他人;借题发挥,将不构成犯罪的事实夸大为犯罪事实,进而

陷害他人；歪曲事实，将轻罪的事实、一罪的事实杜撰为重罪的事实、数罪的事实。所捏造的犯罪事实，只要足以引起司法机关追究被害人的刑事责任即可，并不要求捏造详细情节与证据。捏造他人一般违法事实的，不成立诬告陷害罪。因为刑法明文要求行为人主观意图必须是"使他人受刑事追究"。(2)必须向国家机关或有关单位告发，或者采取其他方法足以引起司法机关的追究活动。利用被害人进行告发的，也成立本罪。告发方式多种多样，如口头的、书面的、署名的、匿名的、直接的、间接的等。(3)必须诬告特定的"他人"。第一，向司法机关虚告自己犯罪的，不成立诬告陷害罪。第二，所诬告的对象应当是特定的、实在的人，否则就不可能导致司法机关追究某人的刑事责任，因而不会侵犯他人的人身权利。当然，特定对象并不要求行为人指名道姓，只要告发的内容足以使司法机关确认对象，就可以成立诬告陷害罪。至于被诬陷的对象是遵纪守法的公民，还是正在服刑的犯人，以及是否因被诬告而受到刑事处分，均不影响本罪的成立。第三，诬陷没有达到法定年龄或者没有辨认或控制能力的人犯罪，仍构成诬告陷害罪。虽然司法机关查明真相后不会对这些人科处刑罚，但将他们作为侦查的对象，使他们卷入刑事诉讼，就侵犯了其人身权利。第四，形式上诬告单位犯罪，但所捏造的事实导致可能追究自然人刑事责任的，也成立本罪。第五，由于刑法规定本罪是为了保护公民的人身权利，故征得他人同意或者经他人请求而诬告他人犯罪的，不成立本罪（如果将本罪规定在妨害司法活动罪中，则该行为可能成立犯罪）。

2. 主观上必须是故意。行为人必须明知自己所告发的是虚假的犯罪事实，并具有使他人受到刑事追究的目的；但不要求将该目的作为其行为的唯一目的或者主要目的，只要行为人主观上存在该目的即可。需要指出的是，为了不致不当地限制公民的告发权，应当要求行为人明知自己所告发的确实是虚假的犯罪事实。因此，当行为人估计某人实施了犯罪行为，认识到所告发的犯罪事实仅具有可能性时而予以告发的，不宜认定为本罪。

3. 诬告陷害行为情节严重的，才构成犯罪。如果行为人故意捏造的犯罪事实以及告发的方式足以引起司法机关的追究活动，就应认定为情节严重；不足以引起司法机关追究活动的诬告，应视为情节轻微，不以犯罪论处。

(二) 诬告陷害罪与相关行为的界限

1. 本罪与错告或检举失实明显不同。前者明知自己告发的是捏造的犯罪事实，具有陷害他人的故意；后者认为自己告发的是真实犯罪事实，没有陷害他人的故意。要判明这一点，就必须查明行为人告发的背景、原因、告发的事实来源、告发人与被告发人之间的关系等。

2. 本罪与诽谤罪的构成要件不同：(1) 客观行为不同：前者要求捏造他人犯罪的事实并向国家机关或有关单位告发；后者只要求捏造有损他人名誉的事

实,散布于第三者或更多的人,但不要求向国家机关或有关单位告发。如果行为人虽然捏造他人犯罪的事实,但并不告发,而是私下散布,旨在损害他人名誉,则构成诽谤罪。(2)主观方面不同:前者旨在使他人受刑事追究,后者旨在破坏他人名誉。但不排除一个行为同时触犯诬告陷害罪与诽谤罪,在这种情况下,应当从一重罪处罚。

3. 本罪与报复陷害罪在行为对象、客观行为、主体、目的等方面都有不同。但是,不排除一个行为同时触犯诬告陷害罪与报复陷害罪。在这种情况下,应当从一重罪处罚。

(三)诬告陷害罪的处罚

根据《刑法》第243条第1、2款规定,犯诬告陷害罪的,处3年以下有期徒刑、拘役或者管制;造成严重后果的,处3年以上10年以下有期徒刑;国家机关工作人员犯本罪的,从重处罚。

七、强迫劳动罪

强迫劳动罪,是指自然人或者单位以暴力、威胁或者限制人身自由的方法强迫他人劳动,或者明知他人以暴力、威胁或者限制人身自由的方法强迫他人劳动,而为其招募、运送人员或者以其他方式协助强迫他人劳动的行为。本罪分为两个类型:一是直接强迫劳动,二是协助强迫劳动。

直接强迫劳动类型的行为内容是以暴力、威胁或者限制人身自由的方法强迫他人劳动。暴力,是指广义的暴力,只要求暴力针对被害人实施,而不要求直接针对被害人的身体实施,也不要求达到压制被害人反抗的程度。威胁,是指广义的胁迫,包括以恶害相通告的一切行为;恶害的内容、性质,通告的方法没有限制,也不要求达到压制被害人反抗的程度。限制人身自由的方法,是指将他人的人身自由控制在一定范围、一定限度内的方法,如不准他人外出,不准他人参加社交活动等。如果采取剥夺人身自由的方法(如将他人长时间关闭在车间里),则成立非法拘禁罪与本罪的想象竞合犯。强迫劳动,是指违反被害人意愿迫使其从事劳动。既包括被害人不愿意从事某一类劳动而迫使其从事该类劳动的情形,也包括被害人虽愿意从事某类劳动但不愿意从事超强度、超体力、超时间的劳动,而迫使其从事超强度、超体力、超时间的劳动的情形;既包括强迫体力劳动,也包括强迫脑力劳动。强迫行为使被害人开始从事其不愿意从事的劳动的,成立本罪的既遂。行为人是否提供劳动报酬,不影响本罪的成立。监狱强迫犯人劳动的,是执行刑罚的合法行为,不成立本罪。企业、事业单位依法对职工的劳动作严格要求的,不成立本罪。主观要件为故意。

协助强迫劳动类型的行为内容是,明知他人以暴力、威胁或者限制人身自由的方法强迫他人劳动,而为其招募、运送人员或者以其他方式协助强迫他人劳动。成立这一类型的犯罪仍以被害人被他人强迫劳动为前提。如果行为人以欺骗、利诱等方法将被害人招募、运送至特定地点，但被害人没有被他人强迫劳动的，由于没有侵害被害人的人身自由，不应认定为犯罪。行为人采取非法拘禁等手段将他人运送至特定地点，但他人没有被强迫劳动的，应认定为非法拘禁等罪。主观要件为故意，行为人必须明知第三者将要以暴力、威胁或者限制人身自由的方法强迫被害人劳动。

犯本罪的，根据《刑法》第244条的规定处罚。

八、雇用童工从事危重劳动罪

本罪是指违反劳动管理法规，雇用未满16周岁的未成年人从事超强度体力劳动的，或者从事高空、井下作业的，或者在爆炸性、易燃性、放射性、毒害性等危险环境下从事劳动，情节严重的行为。

成立本罪的前提是违反劳动管理法规，客观方面表现为三种情况：一是雇用未满16周岁的未成年人从事超强度体力劳动；二是雇用未满16周岁的未成年人从事高空、井下作业；三是雇用未满16周岁的未成年人在爆炸性、易燃性、放射性、毒害性等危险环境下从事劳动，情节严重的行为。主体是雇用单位的直接责任人员。主观方面出于故意，即明知是未满16周岁的未成年人，而非法雇用其从事上述劳动。

雇用童工从事危重劳动，符合本罪的构成要件，同时违反劳动管理法规，以限制人身自由方法强迫其劳动，情节严重的，应当实行数罪并罚。雇用童工从事危重劳动，造成事故，又构成其他犯罪的，依照数罪并罚的规定处罚。

犯本罪的，根据《刑法》第244条之一的规定处罚。

九、非法搜查罪

本罪是指无权搜查的人擅自非法对他人的身体或者住宅进行搜查的行为。犯本罪的，根据《刑法》第245条的规定处罚。

十、非法侵入住宅罪

本罪是指非法强行闯入他人住宅，或者经要求退出仍拒绝退出，影响他人正常生活和居住安宁的行为。

客观方面表现为实施了非法侵入他人住宅的行为。所谓"非法"，是指不经住宅主人同意，又没有法律根据，或不依法定程序强行侵入。所谓"侵入"，一般认为包括两种情况：一是未经住宅主人允许，不顾主人的反对、阻挡，强行进入他人住宅；二是进入住宅时主人并不反对，但主人要求其退出时拒不退出。所谓"他人"，包括住宅所有权人、对住宅有居住或出入权利的人，以及暂住在某住处的人。对于"住宅",应从本质意义上理解,凡供人起居寝食之用的场所(用于进行日常生活所占居的场所)均为住宅,至于其结构、形式如何,则在所不问;住宅不限于普通建筑物,供人居住的山洞、窑洞等也不失为住宅;住宅不要求被害人永久居住其间,供人起居的帐篷以及供人住宿的宾馆房间,也属于住宅;住宅不要求是建筑物的全部,住宅的屋顶、周围相对封闭的围绕地,同样可以成为本罪对象;住宅不要求居住者合法占有,也不要求居住者身处其中。无人居住的空房、仓库等,不应认定为住宅;不供起居寝食之用的店铺、研究室,不属于住宅。本罪的主观方面只能是故意,由于某种原因误入他人住宅的,不构成本罪;但根据通说,误入他人住宅后,经要求退出而拒不退出的,仍然可能成立本罪。

从司法实践来看,非法侵入他人住宅,常常与其他犯罪结合在一起。例如,非法侵入他人住宅后,进行盗窃、强奸、杀人等犯罪活动。在这种情况下,非法侵入他人住宅只是为了实现另一犯罪目的,也可以说是实施其他犯罪的必经步骤。因此,只应按照行为人旨在实施的主要罪行定罪量刑,不按数罪并罚处理。通常只是对那些非法侵入他人住宅,严重妨碍了他人的居住与生活安宁,而又不构成其他犯罪的,才以非法侵入住宅罪论处。

根据《刑法》第245条的规定,犯本罪的,处3年以下有期徒刑或者拘役;司法工作人员滥用职权犯本罪的,从重处罚。

十一、刑讯逼供罪

(一)刑讯逼供罪的概念与特征

本罪是指司法工作人员对犯罪嫌疑人、被告人使用肉刑或者变相肉刑,逼取口供的行为。

1. 客观上表现为对犯罪嫌疑人、被告人使用肉刑或者变相肉刑,逼取口供的行为。(1)刑讯的对象是侦查过程中的犯罪嫌疑人和起诉、审判过程中的刑事被告人。犯罪嫌疑人、被告人的行为实际上是否构成犯罪,对本罪的成立没有影响。(2)刑讯方法必须是使用肉刑或者变相肉刑。所谓肉刑,是指对被害人的肉体施行暴力,如吊打、捆绑、殴打以及其他折磨人体的方法。所谓变相肉刑,一般是指对被害人使用非暴力的摧残和折磨,如冻、饿、烤、晒等。二者不存在实质区别,无论是使用肉刑还是变相肉刑,均可成立本罪。(3)必须有逼供行为,即逼迫犯罪嫌疑人、被告人作出行为人所期待的口供。没有使用肉刑与变相肉刑的诱供、指供,是错误的审讯方法,但不是刑讯逼供。

2. 主体是司法工作人员,即有侦查、检察、审判、监管职责的工作人员。企业事业单位的公安机构在机构改革过程中虽尚未列入公安机关建制,其工作人员在行使侦查职责时,可以成为本罪主体。未受公安机关正式录用,受委托履行侦查、监管职责的人员或者合同制民警,也可以成为本罪主体。其他人员与司法工作人员伙同刑讯逼供的,以刑讯逼供罪的共犯论处。

3. 主观上只能出于故意,并且具有逼取口供的目的。至于行为人是否得到供述,犯罪嫌疑人、被告人的供述是否符合事实,均不影响本罪成立。犯罪动机不影响本罪成立。

(二)刑讯逼供罪的认定

1. 司法实践中有人采取诱供、指供等错误审讯方式,有人采用情节显著轻微的刑讯逼供方法,对此不能以犯罪论处。另外,根据法律规定与实际需要,对犯罪嫌疑人、被告人使用械具进行审问的,是合法行为,不能视为刑讯逼供。

2. 本罪与非法拘禁罪的构成要件不同:(1)对象不同:前者的对象是犯罪嫌疑人与被告人,后者的对象没有特别限制。(2)行为表现不同:前者是使用肉刑或者变相肉刑,后者是非法拘禁或以其他方法剥夺他人人身自由。(3)主观内容不同:前者以逼取口供为目的,后者不要求以逼取口供为目的。(4)主体不同:前者是司法工作人员,后者是一般主体。一般公民将他人非法拘禁后进行"审问"的,应以非法拘禁罪论处,而不能认定为本罪。

3.《刑法》第247条明文规定:刑讯逼供"致人伤残、死亡的",依照故意伤害罪、故意杀人罪定罪并从重处罚。这里的"伤残"应理解为重伤或残废,不包括轻伤在内。因为一般伤害的法定刑与刑讯逼供的法定刑相同,故对刑讯逼供造成轻伤的,可以在刑讯逼供罪的法定刑内从重处罚,无须以故意伤害罪从重处罚。刑讯逼供致人死亡,是指由于暴力摧残或者其他虐待行为,致使被害人当场死亡或者经抢救无效死亡。刑讯逼供导致被害人自杀的,一般不宜认定为刑讯逼供致人死亡。

(三)刑讯逼供罪的处罚

根据《刑法》第247条的规定,犯本罪的,处3年以下有期徒刑或者拘役。

十二、暴力取证罪

本罪是指司法工作人员使用暴力逼取证人证言的行为。本罪客观上表现为使用暴力逼取证人证言的行为。暴力是指对证人使用有形力的一切方法,暴力的程度没有限定;使用暴力的对象是证人,但对这里的"证人"宜作广义理解,即包括被害人;逼取证人证言,是指强迫证人作出特定内容的证言(包括被害人陈述)。本罪主观方面只限于故意,以逼取证人证言为目的。根据《刑法》第247条的规定,犯本罪的,处3年以下有期徒刑或者拘役。致人伤残、死亡的,认定为故意伤害罪、故意杀人罪并从重处罚。

十三、虐待被监管人罪

本罪是指监狱、拘留所、看守所等监管机构的监管人员,对被监管人进行殴打或体罚虐待,或者指使被监管人殴打或体罚虐待其他被监管人,情节严重的行为。

客观方面表现为直接对被监管人进行殴打或体罚虐待,或者指使被监管人殴打或体罚虐待其他被监管人的行为。被监管人包括在监狱、拘役所等劳改场所服刑的已决犯;在看守所羁押的犯罪嫌疑人与被告人,在拘留所等场所被行政拘留、刑事拘留、司法拘留或劳动教养的人员。殴打,是造成被监管人肉体上的暂时痛苦的行为。体罚虐待,是指殴打以外的对被监管人实行折磨、摧残的行为。这里的殴打、体罚虐待不要求具有一贯性,一次性殴打、体罚虐待情节严重的,就足以构成犯罪。行为人直接实施殴打、体罚虐待行为,或者利用被监管人实施殴打、体罚虐待行为的,均可成立本罪。但是,在犯人可能有逃跑、暴行或其他危险性行为的时候,经批准使用械具的,以及依法对犯人给予禁闭处罚的,属于合法行为,不成立本罪。本罪主体是监狱、拘留所、看守所等监管机构的监管人员。其他公民可以构成本罪的共犯。本罪主观方面只能是故意,动机的内容不影响本罪的成立,司法工作人员为了逼取口供而对犯罪嫌疑人、被告人实行殴打或体罚虐待,则成立刑讯逼供罪。对被监管人实行殴打或体罚虐待的行为,情节严重的,才构成本罪。

根据《刑法》第 248 条的规定,犯本罪的,处 3 年以下有期徒刑或者拘役;情节特别严重的,处 3 年以上 10 年以下有期徒刑;致人伤残、死亡的,依照《刑法》第 234 条、第 232 条关于故意伤害罪、故意杀人罪的规定定罪从重处罚。

十四、暴力干涉婚姻自由罪

(一)暴力干涉婚姻自由罪的概念与特征

本罪是指以暴力干涉他人结婚自由或离婚自由的行为。

1. 客观方面表现为以暴力干涉他人婚姻自由的行为。首先,要求行为人实施暴力行为,即实施捆绑、殴打、禁闭、抢掠等对人行使有形力的行为。仅有干涉行为而没有实施暴力的,不构成本罪;仅以暴力相威胁进行干涉的,也不构成本罪;暴力极为轻微的(如打一耳光),不能视为本罪的暴力行为。其次,暴力行为只是干涉他人婚姻自由的手段,换言之,必须有干涉他人婚姻自由的行为。干涉婚姻自由主要表现为强制他人与某人结婚或者离婚,禁止他人与某人结婚或者离婚,这里的"某人"包括行为人与第三人。暴力行为不是干涉婚姻自由的手段,或者干涉婚姻自由而没有使用暴力的,均不构成本罪。

2. 主体为已满 16 周岁,具有辨认控制能力的自然人。行为人与被害人是否具有某种特定关系,不影响本罪的成立。

3. 主观要件为故意,行为人明知自己以暴力干涉婚姻自由的行为会造成他人不能自由结婚或离婚的危害结果,并且希望或者放任这种结果发生。犯罪的动机不影响本罪的成立。

（二）暴力干涉婚姻自由罪的认定

1. 没有使用暴力或使用极为轻微的暴力干涉他人婚姻自由的，不能认定为暴力干涉婚姻自由罪。反之，以故意杀人、故意重伤方法干涉他人婚姻自由的，则对人身权利的侵害超过了对婚姻自由的妨害，应以故意杀人、故意伤害罪论处。一贯以暴力干涉婚姻自由，只要其中一次属于故意杀人或故意伤害行为，则构成暴力干涉婚姻自由罪与故意杀人罪或故意伤害罪，实行数罪并罚。

2. 丈夫因不同意妻子与自己离婚而对妻子实施暴力的，考虑到夫妻之间的特定关系，一般不以本罪处理。如果符合虐待罪的构成要件，可按虐待罪论处。

3. 对抢婚案件应具体分析，区别处理。某些少数民族地区的抢婚习俗，是结婚的一种方式，不能以本罪论处。因向女方求婚遭到拒绝，而纠集多人使用暴力将女方劫持或绑架于自己家中，强迫女方与自己结婚的，应以本罪论处；如符合非法拘禁罪的构成要件，则属于一个行为触犯数个罪名，从一重罪处罚。因向女方求婚遭到拒绝，为造成既成事实，而纠集多人使用暴力将女方劫持或绑架于自己家中，强行与之性交的，构成强奸罪。女方与男方已办理结婚登记手续，尔后由于种种原因女方不愿与男方同居，男方使用暴力将女方抢到自己家中甚至强行同居的，一般不宜以犯罪论处。

（三）暴力干涉婚姻自由罪的处罚

依照《刑法》第257条的规定，本罪的处罚分为两种情况：犯本罪的，处2年以下有期徒刑或者拘役，但只有被害人告诉的才处理；犯本罪致使被害人死亡的，处2年以上7年以下有期徒刑，并且不适用告诉才处理的规定。"致使被害人死亡"是指在实施暴力干涉婚姻自由行为的过程中过失导致被害人死亡，以及因暴力干涉婚姻自由而直接引起被害人自杀身亡。故意导致被害人死亡以及暴力干涉与自杀身亡之间没有因果关系的，都不能认定为"致使被害人死亡"。

十五、虐待罪

（一）虐待罪的概念与特征

虐待罪，是指对共同生活的家庭成员，经常以打骂、冻饿、禁闭、强迫过度劳动、有病不给治疗、限制自由、凌辱人格等手段，从肉体上和精神上进行摧残、折磨，情节恶劣的行为。

1. 客观要件是经常性地对被害人进行肉体上与精神上的摧残、折磨。(1) 虐待行为的内容必须表现为进行肉体上的摧残与精神上的折磨。前者如殴打、冻饿、禁闭、捆绑、强迫过度劳动、有病不予治疗等；后者如侮辱、咒骂、讽刺、不让参加社会活动等。两种虐待手段既可能同时使用，也可能单独使用或交替使用。(2) 虐待行为的方式既可能有作为，也可能有不作为，但不可能是纯粹的不作为。单纯的有病不予治疗、不提供饮食的行为,只能构成遗弃罪。(3) 虐待行为必须具有经常性、一贯性。这个特点一方面使虐待行为对被害人的法益构成了严重侵犯,另一方面使虐待行为区别于伤害、杀人等行为。偶尔打骂、冻饿的行为,不属于本罪中的虐待行为。(4) 虐待行为所造成的结果是使被害人身心遭受摧残,甚至重伤、死亡,但这种结果是日积月累逐渐造成的。

2. 主体必须是共同生活的同一家庭成员,即虐待人与被虐待人之间存在一定的亲属关系或收养关系。

3. 主观要件是故意,犯罪的动机不影响本罪的成立。

4. 成立本罪还要求情节恶劣。情节是否恶劣,要从虐待的手段、持续的时间、对象、危害结果等方面进行综合评价。

(二)虐待罪的认定

虐待罪主观上表现为有意识地对被害人进行肉体上与精神上的摧残、折磨,因此,由于教育方法简单粗暴或者因为家庭纠纷而动辄打骂的行为,不应以虐待罪论处。基于同样的理由,行为人有意识地造成被害人伤害或死亡的行为,不构成虐待罪,而是构成故意伤害罪或故意杀人罪。但是,在情节恶劣的经常性虐待过程中,其中一次产生伤害或杀人故意,进而实施伤害或杀人行为的,则构成虐待罪与故意伤害罪或故意杀人罪,实行数罪并罚。

(三)虐待罪的处罚

依照《刑法》第260条的规定,虐待罪的处罚分两种情况:虐待家庭成员,情节恶劣的,处2年以下有期徒刑、拘役或者管制,但被害人告诉的才处理(但被害人没有能力告诉,或者因受到强制、威吓无法告诉的除外);犯虐待罪致使被害人重伤、死亡的,处2年以上7年以下有期徒刑,并且不适用告诉才处理的规定。

十六、虐待被监护、看护人罪

虐待被监护、看护人罪,是指对未成年人、老年人、患病的人、残疾人等负有监护、看护职责的人虐待被监护、看护的人,情节恶劣的行为。

本罪的行为对象仅限于未成年人、老年人、患病的人、残疾人等没有独立生活能力或者独立生活能力低下的人。行为主体是对上述人员负有监护、看护职责的人,包括自然人与单位。至于哪些人负有监护、看护职责,应当根据不作为义务的来源进行判断。例如,养老院、孤儿院、幼儿园等单位的相关工作人员,对于老年人、孤儿、儿童等具有监护、看护职责;被雇请看护未成年人、老年人、患病的人、残疾人的人员,能够成为本罪主体。虐待行为既包括以积极的方式给被害人造成肉体上或者精神上痛苦的一切行为,也包括以消极的方式不满足未成年人、老年人、患病的人、残疾人生活需要的行为。

根据《刑法》第260条之一的规定,实施本罪行为同时构成其他犯罪的,依照处罚较重的规定定罪处罚。特别要说明的是,本罪与虐待罪存在交叉关系,但不是法条竞合关系,而是想象竞合。换言之,当行为人不仅对未成年人、老年人、患病的人、残疾人等负有监护、看护职责,而且与被虐待的被监护、看护的人属于家庭成员时,行为同时触犯了本罪与虐待罪,成立想象竞合。由于本罪的法定刑高于虐待罪,故应按本罪的法定刑处罚。

根据《刑法》第260条之一的规定,犯本罪的,处3年以下有期徒刑或者拘役。单位犯本罪的,对单位判处罚金,并对其直接负责的主管人员和其他直接责任人员,依照上述规定处罚。

十七、拐骗儿童罪

拐骗儿童罪,是指采用蒙骗、利诱或其他方法,使不满14周岁的未成年人脱离家庭或者监护人的行为。

本罪的行为对象是不满14周岁的未成年人。客观上表现为拐骗不满14周岁的儿童脱离家庭或者监护人的行为;拐骗行为既可以针对儿童实行,也可以针对儿童的家长或监护人实行;拐骗的手段主要表现为蒙骗、利诱,将儿童偷走、抢走的行为也不影响本罪的成立。主观上表现为故意,即明知是不满14周岁的未成年人,而故意拐骗使之脱离家庭或者监护人。

拐骗儿童罪与拐卖儿童罪有相似之处:对象都是不满14周岁的儿童,都主要使用蒙骗、利诱手段,但二者有严格区别:拐骗儿童罪的成立不要求以出卖为目的,通常是为了收养或使唤、奴役等,拐卖儿童罪的成立必须以出卖为目的。因此,行为人是否具有出卖的目的,是区分两罪的关键。

拐骗儿童罪与绑架罪也有相同之处,但后者是拐骗他人作为人质,用以向其家长、监护人、亲属等人勒索钱财或实现其他不法要求,二者的性质与危害存在很大区别。拐骗儿童后产生出卖或者勒赎目的,进而出卖儿童或者以暴力、胁迫等手段对儿童进行实力支配以勒索钱财的,应分别认定为拐卖儿童罪与绑架罪。

依照《刑法》第262条的规定,犯拐骗儿童罪的,处5年以下有期徒刑或者拘役。

十八、组织残疾人、儿童乞讨罪

本罪是指以暴力、胁迫手段组织残疾人或者不满14周岁的未成年人乞讨的行为。本罪客观方面表现为以暴力、胁迫手段组织残疾人或者不满14周岁的人乞讨,因而侵犯了被害人的人身自由权利。以利诱、欺骗等手段组织他人乞讨的,不成立本罪;以暴力、胁迫手段组织已满14周岁的没有生理残疾的人乞讨的,不成立本罪。犯罪主体是已满16周岁,具有辨认控制能力的自然人。主观方面表现为故意,即明知是残疾人或者不满14周岁的人而以暴力、胁迫手段组织乞讨。是否出于牟利目的,以及客观上是否牟利,不影响本罪的成立。犯本罪的,依照《刑法》第262条之一的规定处罚。

十九、组织未成年人进行违反治安管理活动罪

本罪是指组织未成年人进行盗窃、诈骗、抢夺、敲诈勒索等违反治安管理活动的行为。客观方面表现为组织未成年人实施盗窃、诈骗、抢夺、敲诈勒索等违反治安管理活动的行为,不要求未成年人的客观行为符合犯罪的客观要件;如果组织未成年人所实施的行为符合犯罪的客观要件,则应认定组织者为盗窃、诈骗等罪的间接正犯。行为人既组织未成年人进行盗窃、诈骗、抢夺、敲诈勒索等违反治安管理活动,又组织未成年人进行盗窃、诈骗、抢夺、敲诈勒索等犯罪活动的,应当实行数罪并罚。本罪主体是已满16周岁,具有辨认控制能力的自然人。主观方面表现为故意,要求行为人明知被组织者为未成年人。根据《刑法》第262条之二的规定,犯本罪的,处3年以下有期徒刑或者拘役,并处罚金;情节严重的,处3年以上7年以下有期徒刑,并处罚金。

第四节 侵犯名誉、隐私的犯罪

一、侮辱罪

(一)侮辱罪的概念与特征

侮辱罪,是指使用暴力或者其他方法,公然败坏他人名誉,情节严重的行为。

1. 客观上表现为使用暴力或者其他方法,公然败坏他人名誉。(1)必须有败坏他人名誉的侮辱行为。侮辱,是指对他人予以轻蔑的价值判断的表示。侮辱方式可以分为四种:一是暴力侮辱。这里的暴力不是指杀人、伤害、殴打,而是指使用强力败坏他人的名誉。如使用强力逼迫他人做难堪的动作,强行将粪便塞入他人口中等。二是非暴力的动作侮辱,即用动作表示出对他人轻蔑的价值判断,如和他人握手后立即取出纸巾擦拭,表示对他人的蔑视。三是言词侮辱。表现为使用言词对被害人进行戏弄、诋毁、谩骂,使其当众出丑。四是文字侮辱。即书写、张贴、传阅有损他人名誉的大字报、小字报、漫画、标语等。(2)侮辱行为必须公然进行。所谓"公然"侮辱,是指采用不特定或者多数人可能知悉的方式对他人进行侮辱。公然并不一定要求被害人在场。如果仅仅面对着被害人进行侮辱,没有第三者在场,也不可能被第三者知悉,则不构成侮辱罪。另一方面,只要不特定人或者多数人可能知悉,即使现实上没有知悉,也不影响本罪的成立。(3)侮辱对象必须是特定的人。特定的人既可以是一人,也可以是数人,但必须是具体的、可以确认的。在大庭广众之中进行无特定对象的谩骂,不构成侮辱罪。死者不能成为本罪的侮辱对象,但如果行为人表面上侮辱死者,实际上是侮辱死者家属的,则应认定为侮辱罪。法人也不能成为本罪对象。

2. 主观上只能是故意,动机不影响本罪的成立。

3. 根据刑法规定,只有情节严重的侮辱行为才构成侮辱罪。情节严重主要是指以下情况:手段恶劣的,如当众将粪便塞入他人口中等;侮辱行为造成严重后果的,如被害人不堪侮辱自杀的,因受侮辱导致精神失常的;多次实施侮辱行为的,等等。

(二) 侮辱罪与强制猥亵、侮辱罪的区别

侮辱罪与强制猥亵、侮辱罪有相似之处,二者的区别表现在:前者侵犯的是他人名誉,后者侵犯的是性的自己决定权;前者不要求采取强制方法,后者必须采取暴力、胁迫等强制方法;前者必须公然实施侮辱行为,后者不要求公然实施;前者以情节严重为构成要件,后者不以情节严重为构成要件;前者是告诉才处理的犯罪,后者不是告诉才处理的犯罪。

出于报复等心理对他人实施的猥亵行为(如甲出于报复当众或者在非公共场所强行脱掉妇女乙的衣裤的行为),是对他人性的自己决定权的侵犯,也是对他人名誉的侵犯,但性的自己决定权的法益性质重于其他方面的名誉,于是刑法对侵犯他人性的自己决定权的行为作了特别规定。因此,凡是使用暴力、胁迫等强制手段侵犯他人性的自己决定权的行为,就不再属于《刑法》第 246 条的侮辱行为。换言之,除强奸罪之外,侵犯他人性的自己决定权的行为,就属于《刑法》第 237 条规定的猥亵行为。据此,不管出于什么动机与目的,不管在什么场所,强行剥光妇女衣裤的行为,都构成强制猥亵罪。如果将上述甲的行为认定为侮辱罪,则存在疑问。与单纯侵犯名誉的侮辱罪相比,甲的行为更为严重地侵害了乙的性的自己决定权,仅以侮辱罪论处会违反罪刑相适应原则。

(三) 侮辱罪的处罚

根据《刑法》第 246 条的规定,犯侮辱罪的,处 3 年以下有期徒刑、拘役、管制或者剥夺政治权利。犯本罪的,告诉的才处理。

二、诽谤罪

(一) 诽谤罪的概念与特征

诽谤罪,是指捏造并散布某种事实,足以败坏他人名誉,情节严重的行为。

1. 本罪客观上表现为捏造并散布某种事实,足以败坏他人名誉的行为。单纯的捏造并非本罪的实行行为。将捏造的事实予以散布,才是诽谤的实行行为。换言之,不应当将《刑法》第 246 条第 1 款规定的"捏造事实诽谤他人",理解为先捏造事实、后诽谤他人(或散布事实),而应解释为"利用捏造的事实诽谤他人"或者"以捏造的事实诽谤他人"。据此,明知是损害他人名誉的虚假事实而散布的,也属于诽谤。例如,行为人故意将他人捏造的虚假事实由"网下"转载至"网上"的,或者从不知名网站转发至知名网站的,或者从他人的封闭空间(如加密的QQ空间)窃取虚假信息后发布到互联网的,以及其他以捏造的事实诽谤他人的,都属于诽谤。最高人民法院、最高人民检察院2013年9月6日《关于办理利用信息网络实施诽谤等刑事案件适用法律若干问题的解释》也指出:具有下列情形之一的,应当认定为"捏造事实诽谤他人":(1)捏造损害他人名誉的事实,在信息网络上散布,或者组织、指使人员在信息网络上散布的;(2)将信息网络上涉及他人的原始信息内容篡改为损害他人名誉的事实,在信息网络上散布,或者组织、指使人员在信息网络上散布的;(3)明知是捏造的损害他人名誉的事实,在信息网络上散布,情节恶劣的。诽谤的行为对象应是特定的人。特定的人既可以是一人,也可以是数人。诽谤时虽未具体指明被害人的姓名,但能推知具体被害人的,仍构成诽谤罪。

2. 本罪主观上必须出于故意,行为人必须明知自己散布的是虚假的事实。

3. 根据刑法规定,诽谤行为情节严重的才构成诽谤罪。情节严重主要是指手段恶劣、内容恶毒、后果严重等。

(二)诽谤罪与侮辱罪的区别

诽谤罪与侮辱罪在客体、主体、主观方面都有相同或相似之处,它们的区别主要有两点:(1)诽谤罪的方法只能是口头或文字的,不可能是暴力的;侮辱罪的方法既可以是口头、文字的,也可以是暴力的。(2)诽谤罪必须有捏造并散布有损于他人名誉的虚假事实的行为;侮辱罪既可以不用具体事实,也可以用真实事实损害他人名誉。例如,被害妇女并无婚外性行为的事实,但行为人捏造并散布被害妇女有婚外性行为的事实,情节严重的,构成诽谤罪。如果被害妇女有婚外性行为,行为人为了损害其名誉,散布这种婚外性行为的事实,情节严重的,则构成侮辱罪。

(三)诽谤罪的处罚

根据《刑法》第246条的规定,犯诽谤罪的,处3年以下有期徒刑、拘役、管制或者剥夺政治权利。

《刑法》第246条第2、3款规定,犯侮辱、诽谤罪,"告诉的才处理,但是严重危害社会秩序和国家利益的除外";"通过信息网络实施第一款规定的行为,被害人向人民法院告诉,但提供证据确有困难的,人民法院可以要求公安机关提供协助"。

所谓"告诉的才处理",是指被害人告诉才处理,如因受强制、威吓无法告诉的,人民检察院和被害人的近亲属也可以告诉。刑法之所以将侮辱罪、诽谤罪规定为告诉才处理的犯罪,主要是因为侮辱、诽谤行为大都发生在邻居、同事之间,在多数场合可以通过调解方式解决。此外,被害人可能不愿意让更多的人知道自己受侮辱、诽谤的事实，如果违反被害人的意志提起诉讼，会产生相反的效果。通过信息网络实施侮辱行为、诽谤行为，被害人向人民法院告诉，但提供证据确有困难的，人民法院可以要求公安机关提供协助。

具有下列情形之一的，应当认定为"严重危害社会秩序和国家利益"：（1）引发群体性事件的；（2）引发公共秩序混乱的；（3）引发民族、宗教冲突的；（4）诽谤多人，造成恶劣社会影响的；（5）损害国家形象，严重危害国家利益的；（6）造成恶劣国际影响的；（7）其他严重危害社会秩序和国家利益的情形。需要说明的是，这一规定也可以适用于以其他方式实施侮辱、诽谤行为的情形。此外，侮辱、诽谤情节严重，引起了被害人自杀身亡或者精神失常等后果，被害人丧失自诉能力的，应归入"严重危害社会秩序"的情形。至于对地方机关工作人员的侮辱、诽谤，则应排除在"严重危害社会秩序和国家利益"的情形之外。

三、煽动民族仇恨、民族歧视罪

本罪是指向不特定人或多数人鼓动民族仇恨、民族歧视，情节严重的行为。煽动民族仇恨，是指向不特定人或多数人煽动汉族与少数民族之间的仇恨、此少数民族与彼少数民族之间的仇恨。煽动民族歧视，是指向不特定人或多数人鼓动对某一民族予以歧视。只要实施煽动行为情节严重的，便成立本罪。犯本罪的，根据《刑法》第249条的规定处罚。

四、出版歧视、侮辱少数民族作品罪

本罪是指在出版物中刊载歧视、侮辱少数民族的内容，情节恶劣，造成严重后果的行为。成立本罪不要求某一出版物完全是歧视、侮辱少数民族的内容；只要出版物中具有歧视、侮辱少数民族的部分内容，情节恶劣并造成严重后果的，就成立本罪。主体包括出版物的责任编辑、审稿人、作者等直接责任人员。主观方面只能是故意。犯本罪的，根据《刑法》第250条的规定处罚。

五、侵犯公民个人信息罪

侵犯公民个人信息罪，是指自然人或者单位违反国家有关规定，向他人出售或者提供公民个人信息，或者将在履行职责或者提供服务过程中获得的公民个人信息，出售或者提供给他人，以及窃取或者以其他方法非法获取公民个人信息，情节严重的行为。

作为本罪行为对象的"公民个人信息"，是指以电子或者其他方式记录的能够单独或者与其他信息结合识别特定自然人身份或者反映特定自然人活动情况的各种信息，包括姓名、身份证件号码、通信通讯联系方式、住址、账号密码、财产

状况、行踪轨迹等。大体可以肯定的是,虽然并不是任何一项信息就足以单独构成本罪的个人信息,但只要是能识别公民身份等方面的相对重要的信息,就可以成为公民个人信息,例如,姓名+手机号、姓名+家庭住址、姓名+银行卡号、姓名+身份证号、姓名+存款信息、姓名+行踪轨迹等,都属于公民个人信息。但一般来说,姓名+性别、姓名+毕业院校、姓名+学历、姓名+职务等,还难以成为公民个人信息。不过,如果是姓名+多项不重要的信息,也可能综合评价为本罪的公民个人信息。对此,除了考虑个人信息的公共属性之外,还需要根据一般人的观念判断。

本罪包括三个行为类型:(1)违反国家有关规定,向他人出售或者提供公民个人信息。违反法律、行政法规、部门规章有关公民个人信息保护的规定的,应当认定为"违反国家有关规定"。"出售"也属于"提供",因为出售是一种常见类型,故法条将其独立规定。提供的方式没有限定,凡是使他人可以知悉公民个人信息的行为,均属于提供。(2)违反国家有关规定,将在履行职责或者提供服务过程中获得的公民个人信息,出售或者提供给他人。"在履行职责或者提供服务过程中获得的公民个人信息",包括作为主体的单位以及自然人在履行职责或者提供服务过程中正当、正常获得的公民个人信息。例如,银行工作人员在工作中获得的储户个人信息,宾馆工作人员在工作中获得的旅客个人信息,网络、电信服务商在提供网络、电信服务过程中获得的公民个人信息,如此等等。(3)窃取或者以其他方法非法获取公民个人信息。"窃取"也是"非法获取"的一种方式,只是由于窃取的方式较为常见,故法条将其独立规定。凡是非法获得公民个人信息的行为,均属于"以其他方法非法获取",如购买、骗取、夺取等。

上述三种类型的行为,均要求情节严重。对于将获得的公民个人信息出售或者非法提供给他人,被他人用以实施犯罪,造成受害人人身伤害或者死亡,或者造成重大经济损失、恶劣社会影响的,或者出售、非法提供公民个人信息数量较大,或者违法所得数额较大的,以及窃取或者以购买等方法非法获取公民个人信息数量较大,或者违法所得数额较大,或者造成其他严重后果的,均应当认定为情节严重。

本罪由故意构成,特定目的与动机不是本罪的责任要素。需要说明的是,"窃取或者以其他方法非法获取",既包括为了使本人获得而窃取或非法获取,也包括为了使第三者获得而窃取或者非法获取。

犯本罪的,根据《刑法》第253条之一的规定处罚。非法获取公民个人信息后,又出售或者提供给他人的,视情节分别认定为情节严重或者情节特别严重,不必实行数罪并罚。

第五节 侵犯民主权利的犯罪

一、非法剥夺公民宗教信仰自由罪

本罪是指国家机关工作人员非法剥夺公民宗教信仰自由,情节严重的行为。犯本罪的,根据《刑法》第251条的规定处罚。

二、侵犯少数民族风俗习惯罪

本罪是指国家机关工作人员以强制手段非法干涉、破坏少数民族的风俗习惯,情节严重的行为。犯本罪的,根据《刑法》第251条的规定处罚。

三、侵犯通信自由罪

本罪是指故意隐匿、毁弃或者非法开拆他人信件,侵犯公民通信自由权利,情节严重的行为。

客观上表现为隐匿、毁弃或者非法开拆他人信件的行为。信件是特定人向特定人转达意思、表达感情、记载事实的文书(包括电子邮件)、物品(包括快递物品)。① 信件不要求通过邮政局投递。明信片是隐匿、毁弃的对象,但不能成为非法开拆的对象。此外,他人信件是指他人所有的信件(只要发件人与收件人中有一方为公民即可),不包括单位之间的公函。② 行为人已经寄给他人的信件(他人已经收悉),也可能成为本罪的对象。隐匿,是指妨害权利人发现信件的一切行为;毁弃,是指妨害信件本来效用的一切行为;非法开拆,是指擅自使他人信件内容处于第三者(指发件人与收件人以外的人,包括行为人)可能知悉的状态的一切行为,但不要求第三者已经知悉信件的内容。行为人实施隐匿、毁弃、非法开拆他人信件三种行为之一,情节严重的,即可构成侵犯通信自由罪;同时实施上述几种行为的,也只成立一罪,不实行数罪并罚。本罪主体是已满16周岁,具有辨认控制能力的自然人。主观上只能是故意,过失积压、毁损或者遗失、误拆他人信件的,不成立本罪。根据刑法规定,情节严重的侵犯他人通信自由的行为,才构成犯罪。

根据刑事诉讼法的规定,侦查人员经公安机关或人民检察院的批准而扣押

---

① 根据全国人大常委会2000年12月28日《关于维护互联网安全的决定》,非法截获、篡改、删除他人电子邮件或者其他数据资料,侵犯公民通信自由和通信秘密构成犯罪的,依照刑法有关规定追究刑事责任。

② 对隐匿、毁弃、非法开拆单位信函的,应视具体情况处理:如果符合毁灭国家机关公文罪或故意泄露国家秘密罪的构成要件,则以犯罪论处;如果不符合犯罪构成要件,则不得认定为犯罪。

被告人的邮件、电报的,属于合法行为,不能认定为本罪。

根据《刑法》第252条的规定,犯本罪的,处1年以下有期徒刑或者拘役。非法开拆他人信件,侵犯公民通信自由权利,情节严重,并从中窃取少量财物,或者窃取汇票、汇款支票,骗取汇兑款数额不大的,依照刑法关于侵犯通信自由罪的规定,从重处罚;非法开拆他人信件,侵犯公民通信自由权利,情节严重,并从中窃取数额较大财物的,依照刑法关于盗窃罪的规定从重处罚;非法开拆他人信件,侵犯公民通信自由权利,情节严重,并从中窃取汇票或汇款支票,冒名骗取汇兑款数额较大的,应依照刑法关于侵犯通信自由罪和(票据)诈骗罪的规定,依法实行数罪并罚。

四、私自开拆、隐匿、毁弃邮件、电报罪

本罪是指邮政工作人员私自开拆、隐匿、毁弃邮件、电报的行为。

本罪客观方面表现为私自开拆、隐匿、毁弃邮件、电报的行为。这里的邮件,是指通过邮政部门寄递的信件、印刷品、邮包、汇款通知、报刊等。私自开拆,是指未经合法批准,使邮件、电报内容处于第三者(指发件人与收件人以外的人,包括行为人)可能知悉的状态的一切行为,但不要求第三者已经知悉信件的内容。隐匿,是指妨害权利人发现邮件、电报的一切行为;毁弃,是指妨害邮件、电报本来效用的一切行为。本罪主体是邮政工作人员,包括邮政部门的干部、营业员、分拣员、投递员、押运员,不包括普通快递公司人员。这是本罪与侵犯通信自由罪的关键区别。根据有关法律规定,国际邮件的出入境、开拆与封发,由海关人员监管,故监管国际邮件的海关人员应视为邮政工作人员,他们私自开拆、隐匿、毁弃邮件的,也应以本罪论处。本罪主观上只能是故意,即明知自己的行为会发生侵犯他人通信自由权利的结果,并且希望或者放任这种结果发生。

根据《刑法》第253条的规定,犯本罪的,处2年以下有期徒刑或者拘役。犯本罪而窃取财物的,以盗窃罪论,从重处罚。

五、报复陷害罪

本罪是指国家机关工作人员滥用职权、假公济私,对控告人、申诉人、批评人、举报人实行报复陷害的行为。犯本罪的,根据《刑法》第254条的规定处罚。

六、打击报复会计、统计人员罪

本罪是指公司、企业、事业单位、机关、团体的领导人,对依法履行职责、抵制违反会计法、统计法行为的会计、统计人员实行打击报复,情节恶劣的行为。犯本罪的,根据《刑法》第255条的规定处罚。

七、破坏选举罪

本罪是指在选举各级人民代表大会代表和国家机关领导人员时,以暴力、威胁、欺骗、贿赂、伪造选举文件、虚报选举票数等手段,破坏选举或者妨害选民和代表自由行使选举权与被选举权,情节严重的行为。犯本罪的,根据《刑法》第256条的规定处罚。

第六节 妨害婚姻的犯罪

一、重婚罪

(一)重婚罪的概念与特征

重婚罪,是指有配偶而又与他人结婚,或者明知他人有配偶而与之结婚的行为。

1. 客观要件是有配偶而又与他人结婚或者明知他人有配偶而与之结婚。例如,重婚者又和第三者登记结婚,或者相婚者明知他人有配偶而与之登记结婚;重婚者又和第三者建立事实婚姻,或者相婚者明知他人有配偶而与之建立事实婚姻(可称之为事实重婚)。① 虽然我国《民法典》不承认事实婚姻,但不能因此而否认事实重婚构成重婚罪。一方面,事实婚姻是公开以夫妻关系长期生活在一起,这种非法关系的存在,事实上破坏了合法的婚姻关系。为了保护合法的婚姻关系,有必要将事实重婚认定为重婚罪。另一方面,事实婚姻是否有效与事实婚姻是否构成重婚罪并非同一议题;任何重婚罪中至少有一个婚姻关系无效,不受法律保护;要求两个以上的婚姻关系均有效才构成重婚罪,有自相矛盾之嫌。当然,不能扩大事实婚姻的范围。一般的同居关系、包养关系等不被民众认为是夫妻关系的情形,不能认定为事实婚姻。

2. 主体分为两种人:一是重婚者,即已有配偶并且没有解除婚姻关系,又与他人结婚的人。二是相婚者,即明知对方有配偶而与之结婚的人。后一种主体就其本身而言,并没有"重婚",但从重婚关系的整体来看,这种主体仍然是重婚的一方,在性质上与重婚者的行为完全相同,故我国刑法明文规定这种主体构成重婚罪。

3. 犯罪主观要件是故意,即重婚者明知自己有配偶而又故意与他人结婚。如果认为自己的配偶死亡或者认为自己与他人没有配偶关系而再结婚的,不构成重婚罪。相婚者必须明知他人有配偶而与之结婚;如果确实不知道对方有配

---

① 事实上还可能出现另一种情况,即一人同时与另外二人成立婚姻关系。如一名男子同时与两名女子举行婚礼,此后,两名女子均以妻子的名义、身份与男子共同生活。

偶而与之结婚的,不构成重婚罪。

(二) 重婚罪的认定

1. 重婚行为是两个婚姻关系的重合,故行为人先与一方有事实婚姻,在事实上解除了该事实婚姻后,与他人登记结婚或形成事实婚姻的,不构成重婚罪。同理,有配偶而与他人通奸或临时姘居的,以及明知他人有配偶而与之通奸或临时姘居的,也不构成重婚罪。

2. 因遭受自然灾害外流谋生而重婚的;因配偶长期外出下落不明,造成家庭生活严重困难,又与他人结婚的;因强迫、包办婚姻或因婚后受虐待外逃重婚的;被拐卖后再婚的,都是由于受客观条件所迫,不能期待行为人不实施重婚行为,故不宜以重婚罪论处。

3. 已经登记结婚但未同居,或者在提出离婚、提起离婚诉讼的期间,由于前者已经存在合法的夫妻关系,后者仍然存在合法的夫妻关系,此时双方或一方与第三者登记结婚或者形成事实婚姻的,构成重婚罪。

4. 办理假离婚手续后又结婚的,依是否解除了婚姻关系而判断是否构成重婚罪。例如,夫妻为了达到某种目的而商议假离婚,并从法律上解除了婚姻关系,其中一方再结婚的,不成立重婚罪。反之,如果夫妻只是宣布离婚,但并没有解除婚姻关系,其中一方再结婚的,成立重婚罪。

(三) 重婚罪的处罚

依照《刑法》第 258 条的规定,犯重婚罪的,处 2 年以下有期徒刑或者拘役。

二、破坏军婚罪

本罪是指明知是现役军人的配偶,而与之结婚或者同居的行为。所谓"结婚",是指与现役军人的配偶登记结婚,或者形成事实婚姻。所谓"同居",是指在一定时期内与现役军人的配偶姘居且共同生活。同居以两性关系为基础,同时还有经济上或其他生活方面的特殊关系,包括公开同居与秘密同居两种情况。所应注意的是,一方面不能将同居理解为事实婚姻,因为这不利于对军人婚姻的特殊保护,也使同居一词失去独立的意义;另一方面也不能将同居理解为通奸,因为这与刑法特意使用同居一词以缩小打击面的意图相矛盾。

依照《刑法》第 259 条的规定,犯破坏军婚罪的,处 3 年以下有期徒刑或者拘役。利用职权、从属关系,以胁迫手段奸淫现役军人妻子的,依照《刑法》第 236 条的强奸罪定罪处罚。

第二十章 侵犯财产罪

侵犯财产罪,是指以非法占有为目的,取得公私财物,或者故意毁坏公私财物的行为。根据行为的样态,可以将侵犯财产罪分为两大类:毁坏财物的犯罪(毁弃罪)与取得财物的犯罪(取得罪)。根据是否转移占有,又可以将取得财物的犯罪分为转移占有的犯罪(如抢劫罪、抢夺罪、盗窃罪、敲诈勒索罪、诈骗罪)与不转移占有的犯罪(如侵占罪);转移占有的犯罪可以进一步分为违反占有者意志转移占有的犯罪(如抢劫罪、抢夺罪、盗窃罪)与基于占有人有瑕疵的意志而转移占有的犯罪(如敲诈勒索罪、诈骗罪)。考虑到相关犯罪的联系,照顾到论述的方便,本书将侵犯财产罪分为以下四类进行论述:暴力、胁迫型财产犯罪,窃取、骗取型财产犯罪,侵占、挪用型财产犯罪,毁坏、拒付型财产犯罪。

第一节 暴力、胁迫型财产犯罪

一、抢劫罪

(一)抢劫罪的概念与特征

抢劫罪,是指以非法占有为目的,以暴力、胁迫或者其他方法,强行劫取公私财物的行为。

1. 客观方面表现为当场使用暴力、胁迫或者其他强制方法,强行劫取公私财物。暴力、胁迫或者其他强制方法,是抢劫罪的手段行为;强行劫取公私财物,是抢劫罪的目的行为。

暴力方法,是指对财物的所有人、占有人、管理人以及其他具有保护财物意思的人不法行使有形力,使其不能反抗的行为,如殴打、捆绑、伤害、禁闭等。抢劫罪中的暴力只能是最狭义的暴力,即必须针对人实施,并足以压制对方的反抗。暴力的对方并不限于财物的直接持有者,对有权处分财物的人以及其他妨碍劫取财物的人使用暴力的,不影响抢劫罪的成立。

胁迫方法,一般是指以当场立即使用暴力相威胁,使被害人产生恐惧心理因而不敢反抗的行为,这种胁迫也应达到足以压制对方反抗的程度。行为人既可以使用语言进行胁迫,也可以通过动作、手势进行胁迫;胁迫的内容是当场立即对财物的所有人、占有人等实施暴力,亦即,如不交付财物或者进行反抗,便立即实现胁迫的内容。

其他方法,是指除暴力、胁迫以外的造成被害人不能反抗的强制方法。最典型的是采用药物、酒精等使被害人暂时丧失自由意志,然后劫走财物。只是单纯利用被害人不能反抗的状态取走财物的,成立盗窃罪,而非抢劫罪。

强行劫取财物,是指违反对方的意志将财物转移给自己或者第三者占有。主要包括四种情况:一是行为人自己当场直接夺取、取走被害人占有的财物;二是迫使被害人当场交付(处分)财物;三是实施暴力、胁迫等强制行为,趁对方没有注意财物时当场取走其财物;四是在使用暴力、胁迫等行为之际,被害人由于害怕而逃走,将身边财物遗留在现场,行为人当场取走该财物。应予注意的是,对于"当场"的理解不能过于狭窄,暴力、胁迫或者其他方法与取得财物之间虽然持续一定时间,也不属于同一场所,但从整体上看行为并无间断的,也应认定为当场取得财物。例如,行为人对被害人实施暴力,迫使被害人交付财物,但被害人身无分文,行为人令被害人立即从家中取来财物,或者一道前往被害人家中取得财物的,也应认定为抢劫罪。但是,行为人实施暴力、胁迫行为,导致被害人逃跑时失落财物,行为人在追赶时拾得该财物的,不宜认定为强行劫取财物,即不宜认定为抢劫既遂(宜认定为抢劫未遂与侵占罪)。以抢劫故意实施暴力、胁迫或者其他行为后,由于意志以外的原因没有劫取财物的,或者所取得的财物与暴力、胁迫或者其他强制方法没有因果关系的①,也成立抢劫罪,只是未遂而已。

2. 主体是已满 14 周岁,具有辨认控制能力的自然人。

3. 主观上除具有抢劫的故意外,还要求有非法占有目的。② 抢劫的故意,是指行为人明知自己的抢劫行为会发生侵犯他人人身与财产的危害结果,并且希望或者放任这种结果的发生。行为人对他人造成财产上的损害虽然一般出于希望心理(不排除例外情况下存在放任心理),但对他人造成人身上的侵害,则可能持放任态度。为索取合法债务而使用暴力的,不成立抢劫罪,视情况成立故意伤害罪、非法拘禁罪、非法侵入住宅罪等。行为人出于其他目的实施暴力行为,暴力行为致人昏迷或者死亡,然后产生非法占有财物的意图,进而取走财物的,不成立抢劫罪。例如,以强奸故意使用暴力,在被害妇女昏迷后发现了财物进而取得该财物的,不管强奸行为是否既遂,均应认定为强奸罪与盗窃罪。但是,行为人出于其他故意,于正在实施暴力、胁迫的过程中产生夺取财物的意思,并夺取财物的,则成立抢劫罪。例外情况是,在实行聚众"打砸抢"行为过程中,毁坏公私财物的,即使没有非法占有目的,对首要分子也应根据《刑法》第 289 条的规定

---

① 例如,行为人实施的暴力、胁迫等行为虽然足以压制反抗,但实际上没有压制对方的反抗,对方基于怜悯心而交付财物。

② 关于非法占有目的的具体内容,在"盗窃罪"中详细论述。

认定为抢劫罪。

(二) 事后抢劫的认定

根据《刑法》第269条的规定,犯盗窃、诈骗、抢夺罪,为窝藏赃物、抗拒抓捕或者毁灭罪证而当场使用暴力或者以暴力相威胁的,以抢劫罪定罪处罚。这种情况在理论上称为事后抢劫或者准抢劫,但根据刑法规定,对这种行为应认定为抢劫罪,而不能定事后抢劫罪等罪名。适用《刑法》第269条认定为抢劫罪的行为,必须同时符合以下三个条件:

1. 行为人实施了盗窃、诈骗、抢夺罪。尽管刑法的表述是"犯盗窃、诈骗、抢夺罪",但并不意味着行为事实上已经构成盗窃、诈骗、抢夺罪的既遂,而是意味着行为人有犯盗窃罪、诈骗罪、抢夺罪的故意与行为,这样理解,才能使事后抢劫行为具备财产犯罪的本质特征。另一方面,抢劫罪的成立没有数额限制,因而事后抢劫也不应有数额限制。因此,行为人以犯罪故意实施盗窃、诈骗、抢夺行为,只要已经着手实行,客观上有可能盗窃、诈骗、抢夺数额较大的财物,不管是既遂还是未遂,不管实际所取得的财物数额大小,都符合"犯盗窃、诈骗、抢夺罪"的条件。此外,只要案件事实可以评价为盗窃、诈骗、抢夺罪,就可能成立事后抢劫。例如,盗伐林木的行为、信用卡诈骗行为可以分别评价为盗窃罪与诈骗罪,因而可能成立事后抢劫。

2. 必须当场使用暴力或者以暴力相威胁。"当场"是指行为人实施盗窃、诈骗、抢夺行为的现场以及被人追捕的整个过程与现场。使用暴力或者以暴力相威胁,是指对抓捕者或者阻止其窝藏赃物、毁灭罪证的人使用暴力或者以暴力相威胁。这里的暴力和以暴力相威胁,也应达到足以抑制他人反抗的程度,但不要求事实上已经抑制了他人的反抗。

3. 目的是为了窝藏赃物、抗拒抓捕或者毁灭罪证。窝藏赃物,是指保护已经取得的赃物不被恢复应有状态;抗拒抓捕,是指拒绝司法人员的拘留、逮捕和一般公民的扭送;毁灭罪证,是指毁坏、消灭本人犯罪证据。如果行为人在实行盗窃、诈骗、抢夺过程中,尚未取得财物时被他人发现,为了非法取得财物,而使用暴力或者以暴力相威胁的,应直接认定为抢劫罪,不适用《刑法》第269条。

(三) 抢劫罪的认定

1. 正确区分抢劫罪与非罪的界限

抢劫罪是最严重的财产犯罪,刑法没有对抢劫数额与其他情节进行限制,因此,即使是情节轻微的抢劫行为,也成立抢劫罪。但是,这并不意味着认定抢劫罪不需要考虑抢劫的数额与其他情节,而应以犯罪的本质特征为核心理解抢劫罪的构成要件。因此,对情节显著轻微危害不大的强行劫取财物的行为,不能认定为符合抢劫罪构成要件的行为。例如,强索价值极为微薄的财物、抢吃他人少量食物的行为,就不符合抢劫罪的构成要件。

2. 正确区分抢劫罪与其他犯罪的界限

(1) 抢劫罪与故意杀人罪的界限。① 为了继承人遗产而杀害被继承人或者其他继承人的,成立故意杀人罪,不成立抢劫罪。② 抢劫财物后,为了灭口而杀害他人的,成立抢劫罪与故意杀人罪,实行数罪并罚。③ 由于其他原因故意实施杀人行为致人死亡,然后产生非法占有财物的意图,进而取得财物的,应认定为故意杀人罪与盗窃罪或侵占罪。④ 为了当场取得财物,当场使用暴力将被害人杀死的,成立抢劫罪。换言之,抢劫罪中的"致人死亡"包括过失与故意致人死亡。首先,《刑法》第263条并没有明文将"致人死亡"限定为过失;认为只能是过失与间接故意,则不符合犯罪构成原理。其次,将当场杀死他人取得财物的行为认定为抢劫罪,完全可以做到罪刑相适应,不会轻纵抢劫犯。最后,将当场杀害他人取得财物的行为认定抢劫罪,容易区分抢劫罪与故意杀人罪,避免在定罪问题上造成混乱;将当场杀害他人取得财物的认定为抢劫罪,与将故意致人重伤后当场取走财物的认定为抢劫罪,也是协调一致的。最高人民法院2001年5月23日《关于抢劫过程中故意杀人案件如何定罪问题的批复》也指出:"行为人为劫取财物而预谋故意杀人,或者在劫取财物过程中,为制服被害人反抗而故意杀人的,以抢劫罪定罪处罚。"

(2) 抢劫罪与绑架罪的关系。绑架罪中存在以勒索财物为目的而绑架他人的情况,抢劫罪中的暴力也可能是绑架行为,故容易混淆。一般来说,前者只能是向被绑架人的近亲属或者其他有关人勒索财物;后者是直接迫使被绑架人交付财物。行为人使用暴力、胁迫手段非法扣押被害人或者迫使被害人离开日常生活处所后,仍然向该被害人勒索财物的,只能认定为抢劫罪,不应认定为绑架罪。

(3) 抢劫罪与抢劫枪支、弹药、爆炸物、危险物质罪的关系。二者的关键区别在于抢劫对象不同,因而所侵犯的法益不同。在行为人故意抢劫财物但实际上抢劫了枪支、弹药、爆炸物、危险物质或者相反的情况下,应在主客观相统一的范围内认定犯罪。如果行为人明知所抢劫的对象既有财物,又有枪支、弹药、爆炸物、危险物质,倘若不是明显具有两个行为,则属于一行为触犯两个罪名,按照想象竞合犯处理。

3. 抢劫罪的既遂与未遂的界限

抢劫罪原则上以行为人取得(控制)被害人的财物为既遂标准。一般来说,只要能认定被害人丧失了对自己财物的控制,就应认定行为人取得了财物,因而认定为抢劫既遂。抢劫致人重伤、死亡的,属于结果加重犯,理论上仍然有成立未遂的余地,但由于发生了严重后果,即使抢劫财物未遂的,也可以不从轻、减轻处罚。特别需要指出的是,《刑法》第263条所规定的8种法定刑升格的情形,也存在未遂的问题(或许"抢劫数额巨大"的应当除外)。不能认为,凡是属于入户抢劫等 8 种情形的,一旦着手实行均为抢劫既遂。例如,入户抢劫、在公共交通工具上抢劫等行为,行为人没有取得财物的,仍然成立抢劫未遂。

(四) 抢劫罪的处罚

根据《刑法》第 263 条的规定,犯抢劫罪的,处 3 年以上 10 年以下有期徒刑,并处罚金。犯抢劫罪有下列情形之一的,处 10 年以上有期徒刑、无期徒刑或者死刑,并处罚金或者没收财产:(1) 入户抢劫的;(2) 在公共交通工具上抢劫的;(3) 抢劫银行或者其他金融机构的;(4) 多次抢劫或者抢劫数额巨大的;(5) 抢劫致人重伤、死亡的;(6) 冒充军警人员抢劫的;(7) 持枪抢劫的;(8) 抢劫军用物资或者抢险、救灾、救济物资的。上述法定刑升格的 8 种情形,都需要深入研究。

"入户抢劫",是指为实施抢劫行为而进入他人生活的与外界相对隔离的住所,包括封闭的院落、牧民的帐篷、渔民作为家庭生活场所的渔船、为生活租用的房屋等进行抢劫的行为。集体宿舍、旅店宾馆、临时搭建的工棚不宜认定为"户"。入户时没有非法目的,入户后临时起意抢劫的,不宜认定为入户抢劫。对于入户盗窃,因被发现而当场使用暴力或者以暴力相威胁的行为,应当认定为入户抢劫。除此之外,对于入户诈骗、抢夺而当场使用暴力或者以暴力相威胁的,或者以抢劫目的入户后,使用暴力使被害人离开"户"进而强取财物的,以及以抢劫目的侵入甲的住宅,抢劫在甲的住宅停留乙的财物的,均应认定为入户抢劫。

"在公共交通工具上抢劫",既包括在处于运营状态的公共交通工具上对旅客及司售、乘务人员实施抢劫,也包括拦截运营途中的公共交通工具对旅客及司售、乘务人员实施抢劫,但不包括在未运营的公共交通工具上针对司售、乘务人员实施抢劫。以暴力、胁迫或者麻醉等手段对公共交通工具上的特定人员实施抢劫的,一般应认定为"在公共交通工具上抢劫"。"公共交通工具",包括从事旅客运输的各种公共汽车,大、中型出租车,火车,地铁,轻轨,轮船,飞机等,不含小型出租车。对于虽不具有商业营运执照,但实际从事旅客运输的大、中型交通工具,可认定为"公共交通工具"。接送职工的单位班车、接送师生的校车等大、中型交通工具,视为"公共交通工具"。

"抢劫银行或者其他金融机构",是指抢劫银行或者其他金融机构的经营资金、有价证券和客户的资金等。抢劫正在使用中的银行或者其他金融机构的运钞车的,视为"抢劫银行或者其他金融机构"。

"多次抢劫"应指三次以上抢劫;"抢劫数额巨大"的认定标准,参照各地确定的盗窃罪数额巨大的认定标准执行。对抢劫博物馆、重要文物的,应作为抢劫数额巨大处理。

"抢劫致人重伤、死亡",既包括行为人的暴力等行为过失致人重伤、死亡,也包括行为人为劫取财物而预谋故意杀人，或者在劫取财物过程中，为制服被害人反抗而故意杀人。只要是抢劫罪的任何组成行为导致重伤、死亡的，就都属于抢劫致人重伤、死亡。在事后抢劫中，暴力等行为导致抓捕者等人重伤、死亡的，也应认定为致人重伤、死亡。

"冒充军警人员抢劫的"，是指冒充军人或警察抢劫财物。认定"冒充军警人员抢劫"，要注重对行为人是否穿着军警制服、携带枪支、是否出示军警证件等情节进行综合审查，判断是否足以使他人误以为是军警人员。对于行为人仅穿着类似军警的服装或仅以言语宣称系军警人员但未携带枪支、也未出示军警证件而实施抢劫的，要结合抢劫地点、时间、暴力或威胁的具体情形，依照常人判断标准，确定是否认定为"冒充军警人员抢劫"。

"持枪抢劫"，是指行为人使用枪支或者向被害人显示持有、佩带的枪支进行抢劫的行为。"枪支"的概念和范围，适用《枪支管理法》的规定。这里的"枪"仅限于能发射子弹的真枪，不包括仿真手枪与其他假枪；但不要求枪中装有子弹。

"抢劫军用物资或者抢险、救灾、救济物资"中的"军用物资"仅限于武装部队（包括武警部队）使用的物资，不包括公安警察使用的物资。"抢险、救灾、救济物资"是指已确定用于或者正在用于抢险、救灾、救济的物资。

二、抢夺罪

（一）抢夺罪的概念与特征

抢夺罪，是指以非法占有为目的，直接夺取他人紧密占有的数额较大的公私财物，或者多次抢夺的行为。

本罪客观方面表现为直接夺取他人紧密占有的数额较大的财物或者多次抢夺的行为。抢夺行为是直接夺取财物的行为，即直接对财物实施暴力。行为人在被害人当场可以得知财物被抢的情况下实施抢夺行为，被害人可以当场发觉但通常来不及抗拒。抢夺行为不必在不特定人或多数人面前实施。抢夺的对象仅限于他人占有的动产，而且应是数额较大的公私财物。如果抢夺财物的数额不大，也不属于多次抢夺，但情节严重的，可以按抢夺未遂论处。本罪主观方面只能是故意，并具有非法占有目的。

（二）抢夺罪与抢劫罪的关系

抢夺行为只要求对物暴力。行为人实施抢夺行为时，被害人通常来不及抗拒，而不是被暴力压制不能抗拒，也不是受胁迫不敢抗拒。这是抢夺罪与抢劫罪的关键区别。即使行为人夺取财物的行为，使被害人跌倒摔伤或者死亡，也不成立抢劫罪，只能认定为抢夺情节严重或者情节特别严重。

对于利用行驶的机动车辆抢夺的行为性质，不宜一概而论，关键在于利用行驶的机动车辆夺取他人财物的行为是否具有对人暴力的性质。如果得出肯定结论,则应认定为抢劫罪。行为人驾驶车辆、逼挤、撞击或者强行逼倒他人以排除他人反抗,乘机夺取财物的,驾驶车辆强抢财物时,因被害人不放手而采取强拉硬拽方法劫取财物的,明知其驾驶车辆强行夺取他人财物的手段会造成他人伤亡的后果,仍然强行夺取并放任造成财物持有人轻伤等后果的,应当认定为抢劫罪。

(三) 携带凶器抢夺的认定

《刑法》第267条第2款规定,携带凶器抢夺的,以抢劫罪定罪处罚。

1. 本规定属于法律拟制,而非注意规定。即只要行为人携带凶器抢夺的,就以抢劫罪论处,而不要求行为人使用暴力、胁迫或者其他方法。刑法之所以设立该规定,是因为抢夺的被害人当场会发现被抢夺的事实,而且在通常情况下会要求行为人返还自己的财物;而行为人携带凶器抢夺的行为,客观上为自己抗拒抓捕、窝藏赃物创造了便利条件,再加上主观上具有使用凶器的意识,使用凶器的盖然性非常高,从而导致其行为的危害程度与抢劫罪没有实质区别。

2. 凶器的含义与认定。所谓凶器,是指在性质上或者用法上,足以杀伤他人的器物。凶器必须是用于杀伤他人的物品。凶器分为性质上的凶器与用法上的凶器。性质上的凶器,是指枪支、管制刀具等本身用于杀伤他人的物品。性质上的凶器无疑属于《刑法》第267条第2款规定的凶器。用法上的凶器,是指从使用的方法来看,可能用于杀伤他人的物品。如家庭使用的菜刀,用于切菜时不是凶器,但用于或准备用于杀伤他人时则是凶器。问题在于:在何种情形下,可以将具有杀伤力的物品认定为凶器?对此,应综合考虑以下几个方面的因素:(1) 物品的杀伤机能的高低。某种物品的杀伤机能越高,被认定为凶器的可能越大。因此,行为人使用的各种仿制品,如塑料制成的手枪、匕首等不属于凶器。(2) 物品供杀伤他人使用的可能性大小。一方面,在司法实践中,行为人所携带的物品是否属于违法犯罪人通常用于违法犯罪的凶器。如果得出肯定结论,则被认定为凶器的可能性大。另一方面,行为人所携带的物品在本案中被用于杀伤他人的盖然性程度。这一点与"携带"的认定密切联系。(3) 根据一般社会观念,该物品所具有的对生命、身体的危险感的程度。当不具有持有资格的人持有枪支时,一般人会产生很强的危险感。但是,并非所有具有杀伤机能的物品都是凶器,物品的外观也是需要考虑的因素。汽车撞人可能导致瞬间死亡,但开着汽车抢夺的,难以认定为携带凶器抢夺。这是因为一般人面对停在地面或者正常行驶的汽车时不会产生危险感。(4) 物品被携带的可能性大小。即在通常情况下,一般人外出或在马路上通行时,是否携带这种物品。换言之,根据一般人的观念,在当时的情况下,行为人携带该物品是否具有合理性。一般人在马路上行走时,不会携带菜刀、杀猪刀、铁棒、铁锤、斧头、锋利的石块等;携带这些物品抢夺的,理当认定为携带凶器抢夺。

3. 携带的含义与认定。所谓携带,是指在从事日常生活的住宅或者居室以外的场所,将某种物品带在身上或者置于身边附近,将其置于现实的支配之下的行为。携带是一种现实上的支配,行为人随时可以使用自己所携带的物品。手持凶器、怀中藏着凶器、将凶器置于衣服口袋、将凶器置于随身的手提包等容器中的行为无疑属于携带凶器。此外,使随从者实施这些行为的,也属于携带凶器。例如,甲使乙手持凶器与自己同行,即使由甲亲手抢夺丙的财物,也应认定甲的行为是携带凶器抢夺。

携带凶器应具有随时可能使用或当场能够及时使用的特点,即具有随时使用的可能性。但是,不要求行为人显示凶器(将凶器暴露在身体外部),也不要求行为人向被害人暗示自己携带着凶器,更不要求行为人使用所携带的凶器。如果行为人使用所携带的凶器强取他人财物,则应直接适用《刑法》第263条的规定;行为人在携带凶器而又没有使用凶器的情况下抢夺他人财物,才应适用第267条第2款的规定。所谓没有使用凶器,应包括两种情况:一是没有针对被害人使用凶器实施暴力;二是没有使用凶器进行胁迫。如果行为人携带凶器并直接针对财物使用凶器进而抢夺的,则仍应适用《刑法》第267条第2款。例如,行为人携带管制刀具尾随他人,突然使用管制刀具将他人背着的背包带划断,取得他人背包及其中财物的,应适用《刑法》第267条第2款,而不能直接适用《刑法》第263条的规定。

(四) 抢夺罪的处罚

根据《刑法》第267条第1款的规定,犯抢夺罪的,处3年以下有期徒刑、拘役或者管制,并处或者单处罚金;数额巨大或者有其他严重情节的,处3年以上10年以下有期徒刑,并处罚金;数额特别巨大或者有其他特别严重情节的,处10年以上有期徒刑或者无期徒刑,并处罚金或者没收财产。

三、聚众哄抢罪

聚众哄抢罪,是指以非法占有为目的,聚众哄抢公私财物,数额较大或者有其他严重情节的行为。聚众哄抢的特点是,聚集多人夺取公私财物,参与哄抢的人员处于随时可能增加或者减少的状态;哄抢人不使用暴力、胁迫手段,依靠人多势众取得财物。犯本罪的,根据《刑法》第268条的规定处罚。

四、敲诈勒索罪

(一) 敲诈勒索罪的概念与特征

敲诈勒索罪,是指以非法占有为目的,对他人实行威胁,索取公私财物数额较大或者多次敲诈勒索的行为。敲诈勒索罪(既遂)的基本结构是:行为人以非法占有为目的对他人实行威胁——对方产生恐惧心理——对方基于恐惧心理作出处分财产的决定——行为人或第三者取得财产——被害人遭受财产损失。

1. 客观方面表现为威胁他人,使之处分财产。威胁,是指以恶害相通告迫使被害人处分财产,即如果不按照行为人的要求处分财产,就会当场或在将来的某个时间遭受恶害(如果当场遭受的恶害是足以压抑他人反抗的暴力,则成立抢劫罪)。威胁内容的种类没有限制,包括对被害人及其亲属等人的生命、身体、自由、名誉等进行威胁。威胁行为只要足以使他人产生恐惧心理即可,不要求现实上使被害人产生了恐惧心理。威胁的内容是将由行为人自己实现,还是将由他人实现,在所不问。威胁内容的实现自身不必具有违法性。例如,行为人得知他人的犯罪事实后,向司法机关告发属合法行为,但行为人以向司法机关告发进行威胁索取财物的,也成立敲诈勒索罪。威胁的方法没有限制,既可能是明示的,也可能是暗示的;既可以使用语言文字,也可以使用动作手势,还可以使用没有达到抢劫程度的轻微暴力;既可以直接通告被害人,也可以通过第三者通告被害人。威胁的结果,是使被害人产生恐惧心理,然后为了保护自己更大的利益而处分其财产,进而使行为人取得财产。被害人处分财产,并不限于被害人直接交付财产,也可以是因为恐惧而默许行为人取得财产,还可以是与被害人有特别关系的第三者基于被害人的财产处分意思交付财产。行为人敲诈勒索公私财物数额较大或者多次敲诈勒索的,以犯罪论处。

2. 主观方面只能是故意,并具有非法占有目的。

(二) 敲诈勒索罪的认定

1. 正确区分权利行使与敲诈勒索罪的界限。在不少情况下,行为人为了行使自己的权利而使用威胁手段。例如,债权人为了实现债权,而对债务人实施胁迫行为。对这种行为,原则上不以犯罪论处。即如果没有超出权利的范围,具有行使实力的必要性,而且其手段行为本身不构成刑法规定的其他犯罪,就应认为没有造成对方财产上的损害,不宜认定为犯罪。

2. 注重处理敲诈勒索罪与抢劫罪的关系。二者都以非法占有为目的,不仅都可以使用威胁方法,而且敲诈勒索罪也可能包含暴力行为。二者的关键区别在于暴力、胁迫的程度不同:抢劫罪中的暴力、胁迫达到了足以压制他人反抗的程度;敲诈勒索罪的暴力、胁迫只要足以使他人产生恐惧心理即可。因此,行为人胁迫被害人当场交付财物,否则日后将杀害被害人,或者对被害人实施轻微暴力、胁迫令被害人当场交付财物的,仅成立敲诈勒索罪。

3. 注意区分敲诈勒索罪与绑架罪的界限。绑架罪中包括了向被绑架人的近亲属及其他人勒索财物的情况,它与敲诈勒索罪的关键区别在于是否实际上绑架了他人。例如,甲、乙合谋后,由与丙相识的甲将丙骗往外地游玩,乙给丙的家属打电话,声称已经"绑架"了丙,借以要求"赎金"的,不成立绑架罪,而成立敲诈勒索罪(可能与诈骗罪相竞合)。

4. 注意区分敲诈勒索罪的既遂与未遂的界限。被害人基于恐惧心理处分财产,行为人取得了财物时,就是敲诈勒索罪的既遂。但是,如果被害人不是基于恐惧心理,而是基于怜悯心理提供财物,或者为了配合警察逮捕行为人而按约定时间与地点交付财物的(显然不属于处分财产的行为),只能认定为敲诈勒索罪的未遂。

(三)敲诈勒索罪的处罚

根据《刑法》第 274 条的规定,犯敲诈勒索罪的,处 3 年以下有期徒刑、拘役或者管制,并处或者单处罚金;数额巨大或者有其他严重情节的,处 3 年以上 10 年以下有期徒刑,并处罚金;数额特别巨大或者有其他特别严重情节的,处 10 年以上有期徒刑,并处罚金。

第二节 窃取、骗取型财产犯罪

一、盗窃罪

(一)盗窃罪的概念与特征

盗窃罪,是指以非法占有为目的,窃取他人占有的数额较大的财物,或者多次盗窃、入户盗窃、携带凶器盗窃、扒窃的行为。

1. 客观上表现为窃取他人占有的数额较大的财物,或者多次盗窃、入户盗窃、携带凶器盗窃、扒窃的行为。

(1)盗窃罪的对象是财物,这里的财物既包括有体物,也包括无体物;既包括他人合法占有的财物,也包括违禁品。根据《刑法》第 196 条、第 210 条和第 265 条的规定,盗窃信用卡并使用的,盗窃增值税专用发票或者可以用于骗取出口退税、抵扣税款的其他发票的,以牟利为目的盗接他人通信线路、复制他人电信码号或者明知是盗接、复制的电信设备、设施而使用的,以盗窃罪论处。将电信卡非法充值后使用,造成电信资费损失数额较大的,以盗窃罪定罪处罚。但故意盗窃枪支、弹药、公文、印章等物的,以其他相关犯罪论处。

盗窃罪的对象必须是他人占有的财物,对于自己占有的他人财物不可能成立盗窃罪。从客观上说,占有是指事实上的支配,不仅包括物理支配范围内的支配,而且包括社会观念上可以推知财物的支配人的状态。首先,只要是在他人的事实支配领域内的财物,即使他人没有现实地握有或监视,也属于他人占有。例如,他人住宅内、车内的财物,即使他人完全忘记其存在,也属于他人占有的财物。再如,游人向公园水池内投掷的硬币,属于公园管理者占有的财物。其次,虽然处于他人支配领域之外,但存在可以推知由他人事实上支配的状态时,也属于他人占有的财物。例如,他人门前停放的自行车,即使没有上锁,也应认为由他人占有。再如,挂在他人门上、窗户上的任何财物,都由他人占有。再次,主人饲养的、具有回到原处能力或习性的宠物,不管宠物处于何处,都应认定为饲主占有。最后,即使原占有者丧失了占有,但当该财物转移为建筑物的管理者或者第三者占有时,也应认定为他人占有的财物。例如,旅客遗忘在旅馆房间的财物,属于旅馆管理者占有,而非遗忘物。从主观上说,占有只要求他人对其事实上支配的财物具有概括的、抽象的支配意识,既包括明确的支配意识,也包括潜在的支配意识。占有意思对事实的支配的认定起补充作用。例如,处于不特定人通行的道路上的钱包,一般来说属于脱离他人占有的财物;但如果他人不慎从阳台上将钱包掉在该道路上后,一直看守着该钱包时,该钱包仍然由他人占有。从主体上说,占有必须是他人占有,而不是无主物,也不是行为人自己占有。

(2) 盗窃罪的行为是窃取他人占有的财物。窃取,是指违反他人的意志,将他人占有的财物转移为自己或第三者(包括单位)占有。首先,窃取行为虽然通常是具有秘密性,其原本含义也是秘密窃取,但是,如果将盗窃限定为秘密窃取,则必然存在处罚上的空隙,造成不公正现象。所以,盗窃行为并不限于秘密窃取。其次,窃取行为是排除他人对财物的支配,建立新的支配关系的过程,倘若只是单纯排除他人对财物的支配,如将他人喂养的鱼放走,便不是窃取行为。窃取的手段与方法没有限制,即便使用了欺骗方法,但如果该欺骗行为并没有使对方基于认识错误处分财产的,仍然成立盗窃罪。例如,行为人将他人从室内骗至室外,然后自己进入室内窃取财物的,成立盗窃罪。再如,行为人伪装成顾客,到商店试穿高档西服,然后逃走的,也成立盗窃罪。

(3) 窃取公私财物数额较大,或者多次盗窃、入户盗窃、携带凶器盗窃、扒窃的,才成立盗窃罪。

根据最高人民法院、最高人民检察院 2013 年 4 月 2 日《关于办理盗窃刑事案件适用法律若干问题的解释》(以下简称《盗窃案件解释》)的规定,盗窃公私财物价值 1000 元至 3000 元以上的,应当认定为"数额较大"。盗窃毒品等违禁品,应当按照盗窃罪处理的,根据情节轻重量刑。

不过,"数额较大"是一个相对的概念。首先是相对于地区而言:由于中国地域辽阔,各地经济发展不平衡,故各省、自治区、直辖市高级人民法院、人民检察院可以根据本地区经济发展状况,并考虑社会治安状况,在上述规定的数额幅度内,确定本地区执行的具体数额标准,报最高人民法院、最高人民检察院批准。在跨地区运行的公共交通工具上盗窃,盗窃地点无法查证的,盗窃数额是否达到"数额较大",应当根据受理案件所在地省、自治区、直辖市高级人民法院、人民检察院确定的有关数额标准认定。其次是相对于不法情节而言:如果其他的不法情节严重,数额要求则应相对低一些;如果其他的不法情节轻微,数额要求则应相对高一些。正因为如此,《盗窃案件解释》指出,盗窃公私财物,具有下列情形之一的,"数额较大"的标准可以按照上述规定标准的50%确定:(1)曾因盗窃受过刑事处罚的;(2)一年内曾因盗窃受过行政处罚的;(3)组织、控制未成年人盗窃的;(4)自然灾害、事故灾害、社会安全事件等突发事件期间,在事件发生地盗窃的;(5)盗窃残疾人、孤寡老人、丧失劳动能力人的财物的;(6)在医院盗窃病人或者其亲友财物的;(7)盗窃救灾、抢险、防汛、优抚、扶贫、移民、救济款物的;(8)因盗窃造成严重后果的。

此外,根据上述司法解释的规定,盗窃公私财物数额较大,行为人认罪、悔罪、退赃、退赔,且具有下列情形之一,情节轻微的,可以不起诉或者免予刑事处罚;必要时,由有关部门予以行政处罚:(1)具有法定从宽处罚情节的;(2)没有参与分赃或者获赃较少且不是主犯的;(3)被害人谅解的;(4)其他情节轻微、危害不大的。

多次盗窃,是指三次以上盗窃(根据司法解释的规定,二年内盗窃三次以上的,应当认定为多次盗窃)。是否构成"多次盗窃",首先要考虑行为是否可能盗窃值得刑法保护的财物;其次要综合考虑行为的时间、对象、方式,以及已经窃取的财物数额等。例如,行为人以窃取数额较大财物为目的,多次盗窃的财物接近数额较大的标准,宜认定为盗窃罪。再如,三次以上盗窃他人信用卡、身份证等具有重要使用价值的财物的,宜认定为盗窃罪。反之,行为人三次以上在菜市场小偷小摸的,也不宜认定为盗窃罪。又如,每次只在超市盗窃一支圆珠笔,没有取得数额较大财物的意图,即使短期内三次以上盗窃的,也不能认定为盗窃罪。

入户盗窃,是指非法进入他人生活的与外界相对隔离的住所(包括封闭的院落、牧民的帐篷、渔民作为家庭生活场所的渔船、为生活租用的房屋等)进行盗窃的行为。入户盗窃并不是非法侵入住宅罪与盗窃罪的结合犯,所以,不要求入户行为本身构成非法侵入住宅罪。"入户"并不是盗窃本身的组成部分,而是限制处罚范围的要素。所以,一方面,合法进入他人住宅后盗窃的,不应认定为入户盗窃。另一方面,只要是非法进入他人住宅并实施盗窃的,即使非法进入住宅时没有盗窃的故意,也应认定为盗窃罪。成立入户盗窃,要求行为人认识到自己进入的是他人的家庭住所。误将家庭住所当作卖淫场所、普通商店而实施盗窃的,不应认定为入户盗窃。但是,非法进入后发现是"户"仍然盗窃的,则是入户盗窃。在户外为入户盗窃的正犯望风的,是入户盗窃的共犯。根据本书的观点,入户盗窃成立犯罪,要求行为人窃取值得刑法保护的财物,如窃取他人有保存价值的照片、信件的,也不失为入户盗窃。但是,非法进入农户窃取一两个鸡蛋之类的财物的,不宜认定为盗窃罪。

携带凶器盗窃中的"携带凶器",与前述携带凶器抢夺中的携带凶器大体相同,但具体要求应当缓和、放宽一些。携带凶器盗窃,不以使用、显示凶器为必要。

扒窃,是指在公共场所窃取他人随身携带的财物的行为。扒窃原本是一个核心含义并不清晰的概念,既然刑法使用了该概念,就需要明确其含义。本书的基本观点是,扒窃成立盗窃罪,客观上必须具备以下条件:第一,行为发生在公共场所,亦即,不特定人可以进入的场所以及有多数人在内的场所,如人行道、公共汽车、地铁、火车、公园、影剧院、大型商场等。第二,所窃取的应是他人随身携带的财物,亦即他人带在身上或者置于身边附近的财物。例如,在公共汽车上窃取他人口袋内、提包内的财物,在火车、地铁上窃取他人置于货架上、床底下的财物。但是,在大型商场或者超市窃取商场或者超市的商品的,不属于扒窃。第三,所窃取的财物应是值得刑法保护的财物。例如,扒窃他人口袋里的信用卡、交通卡、身份证等财物的,宜认定为盗窃罪。但是,扒窃他人口袋内的餐巾纸、廉价手帕、廉价圆珠笔等物品的,不应认定为盗窃罪。此外还需要说明三点:其一,扒窃不需要秘密窃取,完全可能公开扒窃。其二,扒窃的财物不限于体积微小的财物。例如,将他人身边的自行车偷走的行为,也应认定为扒窃。其三,扒窃不以携带凶器为前提,换言之,《刑法》第264条中的"携带凶器"并不修饰扒窃。否则,扒窃的规定就完全多余了。

2. 盗窃罪的主体只能是已满16周岁,具有辨认控制能力的自然人;单位不可能成为盗窃罪的主体,但单位集体盗窃公私财物,所盗财物由单位所有的,应以共同盗窃犯罪追究决定者与实施者的刑事责任。

3. 盗窃罪的主观方面只能是故意,即明知自己的盗窃行为会发生侵害公私财产的结果,并且希望或者放任这种结果的发生,此外,还具有非法占有目的。行为人必须认识到自己所盗窃的是他人占有的财物,如误认为是自己占有的财物而取回的,则不成立盗窃罪。不仅如此,即使是自己所有的财产,倘若处于他人合法占有的状态,行为人窃取该财物的,也成立盗窃罪。例如,行为人通过铁路运营部门将自己的财物从甲处托运至乙处,交付托运后行为人窃取该财物,对此应认定为盗窃罪。此外,盗接他人通信线路、复制他人电信码号或者明知是盗接、复制的电信设备、设施而使用的,"以牟利为目的"时,才成立盗窃罪。根据司法解释,这里的"以牟利为目的",是指为了出售、出租、自用、转让等谋取经济利益的行为。

非法占有目的,是指排除权利人,将他人的财物作为自己的所有物进行支配,并遵从财物可能具有的用途进行利用、处分的意思。非法占有目的由"排除意思"与"利用意思"构成。

排除意思的主要机能,在于将不值得科处刑罚的盗用行为排除在犯罪之外。以下三种情形应认定为具有排除意思:第一,行为人虽然只有暂时使用的意图,但没有返还的意思,相反,具有在使用后毁弃、放置的意思而窃取财物的,由于具有持续性地侵害他人对财物的利用可能性的意思,所以应认定存在排除意思,成立盗窃罪。例如,行为人盗开他人轿车到达外地后,将轿车抛弃在外地的,存在排除意思,构成盗窃罪。第二,行为人虽然具有返还的意思,但具有侵害相当程度的利用可能性的意思时,应肯定排除意思的存在,认定为盗窃罪。对此,应通过考察被害人的利用可能性与必要性的程度、预定的妨害被害人利用的时间、财物的价值等来判断是否具有可罚性。例如,行为人在2020年司法考试前窃取他人正在使用的2020年司法考试指导用书、法规汇编等(假定数额较大),即使具有归还的意思,且在2020年司法考试结束后归还的,也有必要认定为盗窃罪。第三,行为人虽然具有返还的意思,而且对被害人的利用可能性的侵害相对轻微,但具有消耗财物中的财产价值的意思时,由于对所有权内容(利益)造成了重大侵害,应肯定存在排除意思,认定为盗窃罪。例如,行为人为了伪装退货、取得商品对价,而从超市拿出商品的,应认定具有排除意思,成立盗窃罪。①

利用意思的主要机能,在于将单纯毁坏、隐匿财物的行为排除在盗窃罪之外。利用意思,是指遵从财物可能具有的用法进行利用、处分的意思。第一,利用意思不限于遵从财物的经济用途进行利用、处分的意思。例如,男性基于癖好窃取女士内衣的,虽然不是基于遵从内衣的经济用途进行利用、处分的意思,但不排除行为人具有利用意思,仍然属于盗窃。第二,利用意思不限于遵从财物的本来用途进行利用、处分的意思。例如,为了燃柴取暖而窃取他人家具的,仍然具有利用意思。第三,一般来说,凡是以单纯毁坏、隐匿意思以外的意思而取得他人财物的,都可能评价为具有遵从财物可能具有的用法进行利用、处分的意思。第四,以毁坏的意思取得他人财物后,没有毁坏财物而是单纯予以放置的,成立故意毁坏财物罪,因为该行为导致被害人丧失了财物的效用。以毁坏的意思取得他人财物后,又利用该财物的,则成立侵占罪。

(二)盗窃罪的认定

1. 正确区分盗窃罪与非罪的界限。对于盗窃财物数额较小,也不属于多次盗窃、入户盗窃、携带凶器盗窃、扒窃的,原则上不应认定为盗窃罪。但这并不意味着凡是盗窃未遂的均不以犯罪论处,对于明确以巨额现款、珍贵文物或者贵重物品等为盗窃目标的,即使盗窃未遂,也应认定为盗窃罪。入户盗窃、携带凶器盗窃、扒窃未遂,情节严重,也宜以盗窃罪论处。

2. 正确区分盗窃罪与其他犯罪的界限。(1)盗窃广播电视设施、公用电信设施价值数额不大,但是构成危害公共安全犯罪的,依照《刑法》第124条的规定定罪处罚;盗窃广播电视设施、公用电信设施同时构成盗窃罪和破坏广播电视设施、公用电信设施罪的,择一重罪处罚。盗窃油气或者正在使用的油气设备,构成犯罪,但未危害公共安全的,以盗窃罪定罪处罚。盗窃油气,数额巨大但尚未

---

① 参见〔日〕山口厚:《刑法各论》,日本有斐阁2010年第2版,第199页以下。

运离现场的,以盗窃未遂定罪处罚。为他人盗窃油气而偷开油气井、油气管道等油气设备阀门排放油气或者提供其他帮助的,以盗窃罪的共犯定罪处罚。(2)盗窃油气或者使用中的电力设备,同时构成盗窃罪和破坏易燃易爆设备罪或破坏电力设备罪的,择一重罪处罚。(3)盗窃枪支、弹药、爆炸物、危险物质的,只要行为人认识到对象可能是枪支、弹药、爆炸物、危险物质,就成立盗窃枪支、弹药、爆炸物、危险物质的犯罪。相反,没有认识到对象可能是枪支、弹药、爆炸物、危险物质的,只能认定为盗窃罪。(4)为盗窃其他财物,盗窃机动车辆当犯罪工具使用的,被盗机动车辆的价值计入盗窃数额;为实施其他犯罪盗窃机动车辆的,以盗窃罪和所实施的其他犯罪实行数罪并罚。为实施其他犯罪,偷开机动车辆当犯罪工具使用后,将偷开的机动车辆送回原处或者停放到原处附近,车辆未丢失的,按照其所实施的犯罪从重处罚。为练习开车、游乐等目的,偷开机动车辆,并将机动车辆丢失的,以盗窃罪定罪处罚。(5)实施盗窃犯罪,造成公私财物损毁的,以盗窃罪从重处罚;又构成其他犯罪的,择一重罪从重处罚;盗窃公私财物未构成盗窃罪,但因采用破坏性手段造成公私财物损毁数额较大的,以故意毁坏财物罪定罪处罚。(6)盗窃技术成果等商业秘密的,按照《刑法》第219条的规定定罪处罚。(7)盗窃罪与抢夺罪有相似之处,但有区别:首先,二者的对象都是他人占有的财物,但抢夺罪中被害人对财物的占有比盗窃罪中被害人的占有更为紧密,或者说,作为犯罪对象的财物被他人支配的强度不同。其次,二者都是不法取得他人财物,但抢夺行为表现为对物暴力,而盗窃行为仅表现为对财物的转移。

3. 正确计算盗窃数额。盗窃数额的计算,涉及直接损失与间接损失、买进价与卖出价、批发价与零售价、作案地价与销售地价、作案时价与处理时价等等,应依据相关司法解释合理计算。

4. 正确认定盗窃罪的着手、未遂与既遂。对于盗窃罪的着手,应根据不同的盗窃类型予以确定。例如,关于侵入住宅盗窃的案件,少数人主张以侵入住宅作为盗窃罪的着手;多数人认为,侵入住宅后开始实施具体的物色财物的行为时为着手。再如,关于扒窃案件,一般认为,行为人的手接触到被害人实际上装有钱包或者现金的口袋外侧时,就是着手。又如,关于侵入无人看守的仓库的盗窃案件,一般来说,开始侵入仓库时就是着手。

关于盗窃罪的既遂标准,理论上有接触说、转移说、隐匿说、失控说、控制说、失控加控制说。应当认为,只要行为人取得(控制)了被害人的财物,就成立盗窃既遂。一般来说,只要被害人丧失了对自己的财产的控制,就可以认定行为人取得了财物。至于行为人事后是否利用了财物,则不影响盗窃既遂的成立。例如,行为人以非法占有为目的,从火车上将他人财物扔到偏僻的轨道旁,打算下车后再捡回该财物。不管行为人事后是否捡回了该财物,都应当认定为犯罪既遂。

所应注意的是,在认定盗窃罪的既遂与未遂时,必须根据财物的性质、形状、体积大小、被害人对财物的占有状态、行为人的窃取样态等进行判断。如在商店行窃,就体积很小的财物(如戒指)而言,行为人将该财物夹在腋下、放入口袋、藏入怀中时就是既遂;但就体积很大的财物(如冰箱)而言,一般只有将该财物搬出商店才能认定为既遂。再如盗窃工厂内的财物,如果工厂是任何人可以出入的,则将财物搬出原来的仓库、车间时就是既遂;如果工厂的出入相当严格,出入大门必须经过检查,则只有将财物搬出大门外才是既遂。又如间接正犯的盗窃,如果被利用者控制了财物,即使利用者还没有控制财物,也应认定为既遂。

(三)盗窃罪的处罚

根据《刑法》第264条的规定,犯盗窃罪的,处3年以下有期徒刑、拘役或者管制,并处或者单处罚金;数额巨大或者有其他严重情节的,处3年以上10年以下有期徒刑,并处罚金;数额特别巨大或者有其他特别严重情节的,处10年以上有期徒刑或者无期徒刑,并处罚金或者没收财产。

二、诈骗罪

(一)诈骗罪的概念与特征

诈骗罪,是指以非法占有为目的,使用虚构事实或者隐瞒真相的方法,骗取数额较大的公私财物的行为。诈骗罪(既遂)的基本构造为:行为人以非法占有为目的实施欺骗行为——对方产生或继续维持错误认识——对方基于错误认识处分财产——行为人取得财产——被害人受到财产上的损害。

1. 客观上表现为使用欺骗方法骗取数额较大的公私财物。第一,行为人实施了欺骗行为,欺骗行为从形式上说包括两类,一是虚构事实,二是隐瞒真相;从实质上说是使对方陷入处分财产的认识错误的行为。欺骗行为的内容是,在具体状况下,使对方产生错误认识,并作出行为人所希望的财产处分。因此,不管是虚构、隐瞒过去的事实,还是现在的事实与将来的事实,只要具有上述内容的,就是一种欺骗行为。如果欺骗内容不是使他人作出财产处分,则不属于诈骗罪的欺骗行为。欺骗行为必须达到足以使一般人能够产生错误认识的程度,对自己出卖的商品进行夸张,没有超出社会容忍程度的,不是欺骗行为。欺骗行为的手段、方法没有限制,既可以是语言欺骗,也可以是文字欺骗,还可以是动作欺骗;欺骗行为本身既可以是作为,也可以是不作为,即有告知某种事实的义务,但不履行这种义务,使对方陷入错误认识或者继续陷入错误认识,行为人利用这种认识错误取得财产的,也是欺骗行为。

第二,欺骗行为使对方产生或继续错误认识,或者说,对方产生或继续维持错误认识是行为人的欺骗行为所致;即使对方在判断上有一定的错误,也不妨碍欺骗行为的成立。在欺骗行为与对方处分财产之间,必须介入对方的错误认识;

如果对方不是因欺骗行为产生或继续维持错误认识而处分财产,就不成立诈骗罪(但有成立诈骗未遂的可能性)。欺骗行为的对方只要求是具有处分财产的权限或者处于可以处分财产地位的人,不要求一定是财物的所有人或占有人。

第三,成立诈骗罪要求被害人陷入错误认识之后处分财产。处分财产不限于民法意义上的处分财产(即不限于所有权权能之一的处分),而意味着将被害人的财产转移为行为人占有,或者说使行为人取得被害人的财产。作出这样的要求是为了区分诈骗罪与盗窃罪。处分财产表现为直接交付财产,或者承诺行为人取得财产,或者承诺转移财产性利益,或者承诺免除行为人的债务。行为人实施欺骗行为,使他人放弃财物,行为人拾取该财物的,也宜认定为诈骗罪。

第四,欺骗行为使被害人处分财产后,行为人便获得财产,从而使被害人的财产受到损害。所谓行为人获得财产,包括两种情况:一是积极财产的增加,如将被害人的财物转移为行为人所有;二是消极财产的减少,如使对方免除或者减少行为人的债务。后者还包括使用欺骗方法使自己不缴纳应当缴纳的财产(但法律有特别规定的除外),如使用伪造、变造、盗窃或者租用的武装部队车辆号牌,骗免养路费、通行费等各种规费,数额较大的,成立诈骗罪。以欺诈、伪造证明材料或者其他手段骗取养老、医疗、工伤、失业、生育等社会保险金或者其他社会保障待遇的,属于诈骗公私财物的行为。根据我国刑法的规定,诈骗公私财物数额较大的,才构成犯罪。但是,这并不意味着诈骗未遂的,不构成犯罪。诈骗未遂,情节严重的,也应当定罪并依法处罚。

第五,诈骗罪并不限于骗取有体物,还包括骗取无形物与财产性利益。使用欺骗手段骗取增值税专用发票或者可以用于骗取出口退税、抵扣税款的其他发票的,成立诈骗罪(《刑法》第210条)。以虚假、冒用的身份证件办理入网手续并使用移动电话,造成电信资费损失数额较大的,以诈骗罪定罪处罚。

2. 诈骗罪的主观方面是故意,并具有非法占有目的。

(二)特殊类型的诈骗行为

1. 三角诈骗。通常的诈骗行为只有行为人与被害人,被害人因为被欺骗而产生认识错误,自己处分自己的财产。在这种情况下,被害人与被骗人是同一人。但诈骗罪也可能存在被害人与被骗人不是同一人的情况。例如,乙上班后,其保姆丙在家做家务。被告人甲敲门后欺骗保姆说:"你们家的主人让我上门取他的西服去干洗。"丙信以为真,将乙的西服交给甲。乙回家后才知保姆被骗。丙为被骗人,但不是被害人;乙是被害人,但没有被骗。这种财产处分人与被害人不同一的情况称为三角诈骗。诉讼诈骗是典型的三角诈骗。行为人以提起民事诉讼为手段,提供虚假的陈述、出示虚假的证据,使法院作出有利于自己的判决,从而获得财产的行为,成立诈骗罪。在诉讼诈骗中,法院的法官是被骗人,而不是被害人;但法院的法官具有作出财产处分的权力,因而是财产处分人。所应指出的是,在三角诈骗中,虽然被骗人与被害人可以不是同一人,但被骗人与财产处分人必须是同一人。因为如果被骗人与财产处分人不是同一人,就缺乏"基于错误而处分财产"这一诈骗罪的本质要素。不仅如此,被骗人还必须具有处分被害人财产的权限或处于可以处分被害人财产的地位,否则难以与盗窃罪的间接正犯相区别。

2. 赌博诈骗。赌博诈骗,是指形似赌博的行为,输赢原本没有偶然性,但行为人伪装具有偶然性,诱使对方参与赌博,从而不法取得对方财物的行为。这种行为同样成立诈骗罪。即使认为被害人参与赌博是违法行为,其因为"输"而交付财物属于不法原因给付,也应得出相同结论。因为诈骗罪的成立并不要求对方的财产处分行为出于特定动机,而且行为人客观上设置了不法原因;如果没有行为人的诈骗行为,被害人不可能产生认识错误,也不可能处分自己的财产。因此,行为人的行为完全符合诈骗罪的构成要件。

3. 食宿诈骗。原本没有支付饮食、住宿费用的意思,而伪装具有支付费用的意思,欺骗对方,使对方提供饮食、住宿的,如果数额较大,成立诈骗罪。值得研究的问题是,行为人原本具有支付饮食、住宿费用的意思,但在饮食、住宿后,采取欺骗手段不支付费用的,是否成立诈骗罪?例如,行为人在高档酒店吃完后,声称送走朋友后回来付款。但在将朋友送出酒店后产生了不支付费用的意思,于是乘机逃走。由于被害人并没有因此而免除行为人的债务,即没有处分行为,故对该行为难以认定为诈骗罪。

4. 二重买卖。例如,甲先将自己的不动产卖给乙,在乙经过登记取得不动产所有权之后,甲为了骗取丙的财产,又隐瞒真相,将该不动产卖给丙,使丙遭受财产上的损害。甲的行为成立诈骗罪,丙为被骗人与被害人。但是,如果 A 将自己的钢琴出卖给 B,同时约定,A 继续占有钢琴一个月(所有权已转移给 B);A 在此期间又将该钢琴卖给 C(A 与 C 无通谋),使 B 遭受财产损失的,对 A 应认定为侵占罪(即 A 不法处分了自己占有但归 B 所有的财产)。

(三)诈骗罪的认定

1. 正确区分诈骗罪与非罪的界限。不符合诈骗罪构成要件的行为,不成立诈骗罪。例如,不能以"套路贷"概念取代刑法规定的诈骗罪的犯罪构成,所谓的"套路贷"并不当然构成诈骗罪(也并不当然构成敲诈勒索罪)。"套路贷"行为是否成立诈骗罪,需要根据诈骗罪的犯罪构成进行判断。再如,诈骗公私财物数额较大的,才成立诈骗罪,反之不以犯罪论处;当然,欺骗行为虽然未使行为人获取财物,但情节严重的,应以诈骗未遂论处。没有非法占有目的的行为,不成立诈骗罪。例如,借贷款物后因某种原因长期拖欠,但行为人确实没有非法占有目的的,确实打算或准备偿还债务的,不能认定为诈骗罪。

2. 正确处理诈骗罪与其他特殊诈骗罪的关系。刑法除规定上述普通诈骗罪之外，还规定了其他一些特殊诈骗罪，后者主要是指《刑法》第192条至第200条规定的各种金融诈骗罪，以及《刑法》第224条规定的合同诈骗罪。这些特殊诈骗罪主要在诈骗对象、手段上与普通诈骗罪存在区别，通说认为，规定这些特殊诈骗罪的法条与《刑法》第266条是特别法条与普通法条的关系，根据特别法条优于普通法条的原则，对符合特殊诈骗罪构成要件的行为，应认定为特殊诈骗罪。因此，《刑法》第266条在规定了诈骗罪的罪状与法定刑之后规定："本法另有规定的，依照规定。"但是，如果行为人实施特殊诈骗行为，但又不符合特殊诈骗罪的构成要件，而符合普通诈骗罪的构成要件的，则以普通诈骗罪论处。例如，行为人实施恶意透支类型的信用卡诈骗行为，但银行未催收的，不符合信用卡诈骗罪的构成要件；如果符合《刑法》第266条的诈骗罪的构成要件，则应依照《刑法》第266条的规定定罪处罚。再如，行为人骗取4000元保险金，没有达到保险诈骗罪所要求的数额较大标准，对此应认定为普通诈骗罪。此外，如果认定为特殊诈骗罪不能全面评价行为的不法内容的，应当认定为想象竞合，从一重罪处罚。例如，保险诈骗数额特别巨大，按合同诈骗罪或者普通诈骗罪应当判处无期徒刑时（保险诈骗罪适用的法定刑是"十年以上有期徒刑"），应认定为保险诈骗罪与合同诈骗罪或者普通诈骗罪的想象竞合，从一重罪处罚。

3. 正确区分诈骗罪与盗窃罪的界限。二者的关键区别在于被害方是否基于认识错误而处分财产。如果不存在被害方处分财产的事实，则不可能成立诈骗罪。例如，机器不可能被骗，因此，向自动售货机中投入类似硬币的金属片，从而取得售货机内的商品的行为，不构成诈骗罪，只能成立盗窃罪。再如，行为人从没有处分能力的幼儿、高度精神病患者那里取得财产的，因为谈不上行为人的欺骗与被害人的处分，故不成立诈骗罪，只成立盗窃罪。实践中发案较多的"以借打手机为名进而非法占有"的行为①，实际上也属于盗窃，而非诈骗。因为被害人将手机给行为人使用的行为，不是处分手机的行为；行为人在现场使用手机时，根据社会的一般观念，手机仍然由被害人占有。如果认为这种行为成立诈骗，便意味着被害人将手机交给行为人时，行为人的诈骗行为便已经既遂。但这会形成许多疑问。

4. 正确认定诈骗罪的形态与罪数。行为人开始实施欺骗行为时，才是诈骗罪的着手；为了诈骗而伪造有关证件的，属于诈骗的预备行为。行为人实施欺骗行为后，没有使他人陷入错误认识，或者虽使他人陷入错误认识但他人未处分财产的，属于诈骗未遂。行为人为了骗取财物，往往使用法律所禁止的手段，如伪

---

① 例如，行为人将被害人约在某餐厅吃饭时，声称需要借打被害人的手机。被害人将手机递给行为人后，行为人假装拨打电话，并谎称信号不好，一边与"电话中的对方"通话，一边往餐厅外走，然后乘机逃走。

造并使用伪造的公文、证件、印章进行欺骗。在这种情况下,通常从一重罪从重处罚,但法律另有规定的除外。实施一个欺骗行为,数次从同一人那里获得财产的,只成立一个诈骗罪。

(四) 诈骗罪的处罚

根据《刑法》第 266 条的规定,犯诈骗罪的,处 3 年以下有期徒刑、拘役或者管制,并处或者单处罚金;数额巨大或者有其他严重情节的,处 3 年以上 10 年以下有期徒刑,并处罚金;数额特别巨大或者有其他特别严重情节的,处 10 年以上有期徒刑或者无期徒刑,并处罚金或者没收财产。[1]

第三节 侵占、挪用型财产犯罪

一、侵占罪

(一) 侵占罪的概念与特征

侵占罪,是指将代为保管的他人财物非法占为己有,数额较大,拒不退还的,或者将他人的遗忘物或者埋藏物非法占为己有,数额较大,拒不交出的行为。侵占罪分为普通侵占与侵占脱离占有物两种类型。

1. 普通侵占(委托物侵占)

普通侵占,是指将代为保管的他人财物非法占为己有,数额较大,拒不退还的行为。

(1) 行为的对象是自己代为保管的他人财物,但不是一般意义的他人财物,而必须是行为人"代为保管"的他人财物。应当将代为保管理解为占有,包括事实上的支配与法律上的支配。事实上的支配,与盗窃罪对象——他人占有的财物中的占有含义相同,只要行为人对财物具有这种事实上的支配即可,不要求事实上握有该财物。因此,事实上的支配(或占有)不同于民法上的占有,只要行为人持有或者保管着某种财物,即使在民法上不认为是占有,也能成为本罪的对象。法律上的支配,是指行为人虽然没有事实上占有财物,但在法律上对财物具有支配力。例如,不动产的名义登记人,占有该不动产;提单等有价证券的持有人,占有提单等有价证券所记载的财物。因为侵占罪的特点是将自己占有的财产不法转变为所有,因此,只要某种占有具有处分的可能性,便属于侵占罪中的代为保管即占有。不动产的名义登记人完全可能处分不动产,有价证券的持有人也完全可能处分该证券记载的财物,所以,应认定为侵占罪中的代为保管(占有)。但是,不管是事实上的支配还是法律上的支配,都应以财物的所有人与行

---

[1] 参见最高人民法院、最高人民检察院 2011 年 3 月 1 日《关于办理诈骗刑事案件具体应用法律若干问题的解释》。

为人之间存在委托关系为前提,委托关系发生的原因多种多样,如租赁、担保、借用、委任、寄存,等等。委托关系不一定要有成文的合同,根据日常生活规则,事实上存在委托关系即可。行为人所占有的财物,必须是他人所有的财物;对自己所有的财物不可能成立侵占罪。

(2) 客观上必须有侵占行为。侵占,是指将自己暂时占有的他人财物不法转变为自己所有的财物,不按协议与要求退还给他人;或者以财物的所有人自居,享受财物的所有权的内容,实现其不法所有的意图。侵占行为既可以是作为,也可以是不作为,具体表现为将自己代为保管的财物出卖、赠与、消费、抵偿债务等。正因为如此,侵占罪的行为没有侵犯财物的占有,只是侵犯了他人财产所有权。根据刑法的规定,只有非法侵占他人数额较大的财物才成立犯罪。

"非法占为己有"与"拒不退还"表达的是一个含义:将自己占有的他人财物变为自己所有的财物。因为行为人非法占为己有,如将自己代为保管的财物出卖、赠与、消费、抵偿债务等时,就充分表明他拒不退还。反之,行为人拒不退还时,也表明他"非法占为己有"。当然,行为人没有以所有人自居处分财产,仍然保管着财物时,只要所有人或其他权利人未要求归还,即使超过了归还期限,也难以认定为"非法占为己有",因而不宜认定为侵占罪。但如果所有人或其他权利人要求行为人归还而行为人拒不归还的,即使没有进行财产处分,也表明其"非法占为己有"。所以,"拒不退还"只是对"非法占为己有"的强调,或者说只是对认定行为人是否"非法占为己有"的一种补充说明。

(3) 主体必须是代为保管他人财物的人,或者说是他人财物的占有者,因而本罪属于身份犯。

(4) 主观方面表现为故意,即明知是代为保管的他人财物,而不法据为己有。不具有不法所有目的的行为,不可能成立侵占罪。

2. 侵占脱离占有物

侵占脱离占有物,是指将他人的遗忘物或者埋藏物非法占为己有,数额较大,拒不交出的行为。遗忘物,是指非基于他人本意而脱离他人占有,偶然(即不是基于委托关系)由行为人占有或者占有人不明的财物。因此,他人因为认识错误而交付给行为人的金钱,邮局误投的邮件,楼下飘落的衣物,河流中的漂流物等,只要他人没有放弃所有权的,均属于遗忘物。民法上的遗失物,也属于刑法上的遗忘物。埋藏物,是指埋藏于地下,所有人不明或应由国家所有的财物。如果是他人有意埋藏于地下的财物,则属于他人占有的财物,而非埋藏物。行为人不法取得的,成立盗窃罪;如果行为人不知道有所有人,则属于事实认识错误,虽不成立盗窃罪,但成立侵占罪。

(二) 侵占罪与盗窃罪、诈骗罪的区别

盗窃罪只能是盗窃他人占有的财物,对自己占有的财物不可能成立盗窃罪;

普通侵占是侵占自己占有的他人财物,侵占脱离占有物是侵占遗忘物或者埋藏物。所以,判断财物由谁占有、是否脱离占有,是区分侵占罪与盗窃罪的关键。例如,沈某骑自行车到摩托车修理店,见有一辆摩托车停在修理店门口,遂起占有之念,又见该修理店里货架上没有摩托车锁,于是问店主:"你店里有没有摩托车锁?"店主说:"这里没有,你要的话,等一会我回去拿。"沈某便说:"你快点去拿吧,我要办事去呢。"店主在沈某的催促下,离开了修理店,临走时对沈某讲:"我去拿锁,你帮我看下店。"店主离开后,沈某骑走摩托车。在本案中,虽然沈某欺骗店主使其离开修理店,但店主并没有将财产转移给沈某占有。店主虽然让沈某帮忙看店,但此时沈某充其量只是修理店财物的占有辅助者。根据社会的一般观念,即使店主暂时离开了修理店,修理店中的财物仍然由店主占有,所以,沈某的行为成立盗窃罪。此外,本来属于他人占有的财物,而行为人误以为是他人的遗忘物而非法占为己有的,或者本来是遗忘物,而行为人以为是他人占有的财物而非法占为己有的,仅成立侵占罪。

行为人出于非法占有目的,以虚构的事实诱骗被害人,使其将财物交付给行为人"代为保管",进而非法占为己有的,应认定为诈骗罪。行为人合法占有他人财物后,将该财物非法占为己有,在被害人请求返还时,虚构财物被盗等理由,使被害人免除行为人的返还义务的,因为仅侵害了被害人的同一法益,属于包括的一罪,应按诈骗罪处罚。

(三)侵占罪的处罚

根据《刑法》第270条第1款的规定,犯侵占罪的,处2年以下有期徒刑、拘役或者罚金;数额巨大或者有其他严重情节的,处2年以上5年以下有期徒刑,并处罚金。犯本罪的,告诉的才处理。

二、职务侵占罪

(一)职务侵占罪的概念与特征

职务侵占罪,是指公司、企业或者其他单位的人员,利用职务上的便利,将本单位财物非法占为己有,数额较大的行为。

1. 客观方面表现为利用职务上的便利,将数额较大的单位财物非法占为己有的行为。首先,行为人必须利用了职务上的便利,即利用自己主管、管理、经营、经手单位财物的便利条件。其次,必须将单位财物非法占为己有。这种行为应限于将基于职务或者业务管理的单位财物非法占为己有的行为,而不应包括利用职务之便的窃取、骗取等行为。换言之,对于利用职务之便窃取、骗取单位财物的,应认定为盗窃罪、诈骗罪(刑法有特别规定的除外,参见《刑法》第183条第1款)。最后,必须非法占有了数额较大的单位财物。

2. 主体必须是公司、企业或者其他单位的人员,但国有公司、企业或者其他国有单位中从事公务的人员和国有公司、企业或者其他国有单位委派到非国有公司、企业以及其他单位从事公务的人员,利用职务上的便利侵占公共财物的,成立贪污罪。村民委员会等村基层组织人员,利用职务便利侵吞集体财产的,以职务侵占罪论处;但是如果在协助人民政府从事行政管理工作时,利用职务上的便利侵占公共财物的,则成立贪污罪。对村民小组组长利用职务上的便利,将村民小组集体财产非法占为己有,数额较大的行为,以职务侵占罪定罪处罚。在国有资本控股、参股的股份有限公司中从事管理工作的人员,除受国家机关、国有公司、企业、事业单位委派从事公务的以外,不属于国家工作人员。对其利用职务上的便利,将本单位财物非法占为己有,数额较大的,应当以职务侵占罪论处。

3. 主观上必须出于故意,并具有非法占有或不法所有目的。

(二) 职务侵占罪的处罚

根据《刑法》第 271 条第 1 款的规定,犯本罪的,处 3 年以下有期徒刑或者拘役,并处罚金;数额巨大的,处 3 年以上 10 年以下有期徒刑,并处罚金;数额特别巨大的,处 10 年以上有期徒刑或者无期徒刑,并处罚金。

三、挪用资金罪

(一) 挪用资金罪的概念与特征

挪用资金罪,是指公司、企业或者其他单位的工作人员,利用职务上的便利,挪用本单位资金归个人使用或者借贷给他人使用,数额较大、超过 3 个月未还的,或者虽未超过 3 个月,但数额较大、进行营利活动的,或者进行非法活动的行为。

1. 客观方面表现为利用职务上的便利,挪用本单位资金归个人使用或者借贷给他人。在此前提下分为三种情况:一是数额较大、超过 3 个月未还的;二是虽未超过 3 个月,但数额较大、进行营利活动的;三是进行非法活动的。

(1) 本罪的对象是单位资金,因此,挪用单位资金以外的财物的,不成立本罪。筹建公司的工作人员在公司登记注册前,利用职务上的便利,挪用准备设立的公司在银行开设的临时账户上的资金,归个人使用或者借贷给他人,构成犯罪的,应当以挪用资金罪论处。

(2) 行为人必须利用职务上的便利,即利用自己主管、管理、经手单位资金的便利条件。

(3) 挪用本单位资金归个人使用或者借贷给他人。挪用,是指不经合法批准,擅自动用所主管、管理、经手的单位资金,并准备归还。挪用包括挪用单位资金归个人使用与借贷给他人两种情况,其中的"他人"包括自然人与法人等单位。根据最高人民法院 2000 年 7 月 20 日《关于如何理解刑法第二百七十二条规定的"挪用本单位资金归个人使用或者借贷给他人"问题的批复》,公司、企业或者其他单位的非国家工作人员,利用职务上的便利,挪用本单位资金归本人或者其他自然人使用,或者挪用人以个人名义将所挪用的资金借给其他自然人和单位,构成犯罪的,应当以挪用资金罪定罪处罚。

(4) 刑法根据挪用的不同情况,规定了不同的构成要件。其一,挪用单位资金用于营利活动与非法活动以外的活动的,如用于一般消费、娱乐活动等,必须数额较大,并且超过3个月未还。其二,挪用单位资金进行营利活动的,只要求数额较大,不要求超过3个月。这里的营利活动,就其本身而言,应是合法的营利活动,即就营利活动自身的性质而言为国家法律、法规所允许,并不意味着挪用本身具有合法性。行为人进行营利活动时,与对方发生民事法律关系,但后来被认定为违反民事法律的,仍应认为是营利活动,不宜认定为非法活动。这里的营利活动,是指以单位资金作为资本牟取利润的活动,因此,将单位资金借给他人收取利息的行为,也属于营利活动。其三,挪用单位资金进行非法活动的,不问挪用数额与时间,均认定为挪用资金罪。因为挪用单位资金进行非法活动,就使该资金处于流失、不能收回的状态,容易导致单位丧失对该资金的所有权。非法活动,包括犯罪活动与一般违法活动,从实践上看,主要是用于赌博、走私、行贿、嫖娼等。

2. 主体必须是公司、企业或者其他单位的工作人员。国有公司、企业或者其他国有单位中从事公务的人员和国有公司、企业或者其他国有单位委派到非国有公司、企业以及其他单位从事公务的人员挪用公款的,成立挪用公款罪。

3. 主观上表现为故意,即明知是单位的资金,而故意非法占有、使用。这里的不法占有的故意,是指暂时占有、使用单位资金的故意,而没有不法所有的目的。因此,本罪只是侵犯了单位资金的占有权、使用权、收益权,而没有侵犯其所有权整体,否则不成立本罪。行为人只具有暂时占有、使用的故意,表明其具有归还的意图。

(二) 挪用资金罪与职务侵占罪的区别

二者的主体要件相同,客观行为也有相似之处,其区别主要在于:(1) 对象不完全相同:挪用资金罪的对象只能是本单位资金;而职务侵占罪的对象,除了本单位资金外,还可以是其他财物。(2) 行为不同:挪用资金罪只是暂时占有、使用单位资金,因而只是侵犯了单位资金的占有权、使用权、收益权;职务侵占罪是将单位财物据为己有,因而侵犯了单位财物的所有权整体。(3) 故意内容不同:挪用资金罪不要求有非法占有目的,职务侵占罪的行为人必须具有非法占有或不法所有目的。

(三) 挪用资金罪的处罚

根据《刑法》第272条的规定,犯本罪的,处3年以下有期徒刑或者拘役;挪用本单位资金数额巨大的,处3年以上7年以下有期徒刑;数额特别巨大的,处

7年以上有期徒刑。在提起公诉前将挪用的资金退还的,可以从轻或者减轻处罚。其中,犯罪较轻的,可以减轻或者免除处罚。对于挪用单位资金进行非法活动构成其他犯罪的,应当实行数罪并罚。

四、挪用特定款物罪

挪用特定款物罪,是指违反国家财经管理制度,将专用于救灾、抢险、防汛、优抚、扶贫、移民、救济款物挪作他用,情节严重,致使国家和人民群众利益遭受重大损害的行为。本罪客观上表现为违反国家财经管理制度,将上述专用款物挪作其他用途的行为,如将救灾款用于投资房地产。挪用失业保险基金与下岗职工基本生活保障资金的,属于挪用救济款物。本罪的挪用,只限于由有关单位改变专用款物用途,不包括挪作个人使用;挪用行为情节严重,给国家和人民群众利益造成重大损害的,才成立犯罪。本罪主观上只能是故意,即明知是特定专用款物,而故意挪作他用。犯本罪的,根据《刑法》第273条的规定处罚。

第四节 毁坏、拒付型财产犯罪

一、故意毁坏财物罪

本罪是指故意毁坏公私财物,数额较大或者有其他严重情节的行为。

客观上表现为毁坏公私财物。对象为公私财物,既可以是动产,也可以是不动产。行为表现为毁坏。毁坏,是指有损财物的效用的一切行为。不限于从物理上变更或者消灭财物的形体,而是包括丧失或者减少财物的效用的一切行为。所谓财物效用的丧失与减少,不仅包括因为物理上、客观上的损害而导致财物的效用丧失或减少,而且包括因为心理上、感情上的缘故而导致财物的效用丧失或者减少(如将粪便置入他人餐具);不仅包括财物本身的丧失,而且包括被害人对财物占有的丧失等情况。毁坏财物数额较大或者有其他严重情节的,才成立本罪。但毁坏耕地或者进行破坏性采矿的,以其他犯罪论处;毁坏交通工具、交通设施、易燃易爆等设备,危害公共安全的,成立危害公共安全的犯罪。本罪主观上只能出于故意,过失毁坏他人财物的,不成立犯罪。

犯本罪的,根据《刑法》第275条的规定处罚。

二、破坏生产经营罪

本罪是指出于泄愤报复或者其他个人目的,毁坏机器设备、残害耕畜或者以其他方法破坏生产经营的行为。本罪客观上表现为使用毁坏机器、残害耕畜或者其他类似方法破坏生产经营的行为;其中的生产经营,包括一切经济形式的生产经营,不问其所有制性质。本罪主观上表现为故意,并出于泄愤报复或者其他个人目的。犯本罪的,根据《刑法》第276条的规定处罚。

三、拒不支付劳动报酬罪

本罪是指以转移财产、逃匿等方法逃避支付劳动者的劳动报酬或者有能力支付而不支付劳动者的劳动报酬,数额较大,经政府有关部门责令支付仍不支付的行为。

行为主体是负有向他人支付劳动报酬的自然人与单位。行为内容为拒不支付劳动报酬,法条将其分为两种类型:一是以转移财产、逃匿等方法逃避支付劳动者的劳动报酬。以逃避支付劳动者的劳动报酬为目的,具有下列情形之一的,应当认定为"以转移财产、逃匿等方法逃避支付劳动者的劳动报酬":(1)隐匿财产、恶意清偿、虚构债务、虚假破产、虚假倒闭或者以其他方法转移、处分财产的;(2)逃跑、藏匿的;(3)隐匿、销毁或者篡改账目、职工名册、工资支付记录、考勤记录等与劳动报酬相关的材料的;(4)以其他方法逃避支付劳动报酬的。二是有能力支付而不支付劳动者的劳动报酬。实际上,第二种类型可以包含前一种类型。换言之,即使行为人转移财产或者逃匿,但只要支付了劳动报酬,就不可能构成本罪。反之,只要不支付劳动报酬,即使既不转移财产又不逃匿,也可能构成本罪。由于本罪行为的实质是不履行支付劳动报酬的义务,属于不作为犯,所以,上述两种类型的行为都以行为人有支付能力为前提。转移财产时,已经表明行为人具有支付能力;行为人没有支付能力而逃匿的,也不可能成立本罪。[①] 拒不支付劳动者的报酬,既可能表现为不支付劳动者的全部报酬,也可能表现为不支付劳动者的部分报酬。劳动报酬包括工资,但不限于工资,劳动者应得的奖金、津贴、补贴也属于劳动报酬。

成立本罪除要求数额较大外,还要求经政府有关部门责令支付仍不支付。换言之,即使行为人转移财产、逃匿或者声称拒不支付劳动报酬,但在经政府有关部门责令支付后即支付劳动报酬的,不成立本罪。经人力资源与社会保障部门或者政府其他有关部门依法以限期整改指令书、行政处理决定书等文书责令支付劳动者的劳动报酬后,在指定的期限内仍不支付的,应当认定为"经政府有关部门责令支付仍不支付",但有证据证明行为人有正当理由未知悉责令支付或者未及时支付劳动报酬的除外。由于行为人逃匿,无法将责令支付文书送交其本人、同住成年家属或者所在单位负责收件的人的,如果有关部门已通过在行为人的住所地、生产经营场所等地张贴责令支付文书等方式责令支付,并采用拍

[①] 不能望文生义地认为,只要行为人逃匿,即使没有能力支付,也构成本罪。因为不作为犯罪以行为人具有履行义务的能力为前提。

照、录像等方式记录的,应当视为"经政府有关部门责令支付"。

本罪的主观要件为故意,因失误而漏发劳动报酬的,不成立本罪。但是,在发现漏发后,经政府有关部门责令支付而不支付的,不妨碍本罪的成立。

行为人向劳动者支付了基本工资,因合同内容不明确,在奖金、津贴、补贴的支付方面产生纠纷,行为人不支付奖金、津贴、补贴的,不宜以本罪论处。法院判决或者裁定应当支付,行为人仍不支付的,宜认定为拒不执行判决、裁定罪。行为人不支付劳动报酬,由政府有关部门责令后仍不支付,后来经法院判决支付劳动报酬,行为人仍不执行判决、裁定的,是本罪与拒不执行判决、裁定罪的想象竞合犯,从一重罪处罚。

犯本罪的,根据《刑法》第276条之一的规定处罚。犯本罪,尚未造成严重后果,在提起公诉前支付劳动者的劳动报酬,并依法承担相应赔偿责任的,可以减轻或者免除处罚。

第二十一章　妨害社会管理秩序罪

妨害社会管理秩序罪,是指故意妨害国家机关对社会的管理活动,扰乱社会秩序的行为。本类犯罪分为以下九类:扰乱公共秩序罪,妨害司法罪,妨害国(边)境管理罪,妨害文物管理罪,危害公共卫生罪,破坏环境资源保护罪,走私、贩卖、运输、制造毒品罪,组织、强迫、引诱、容留、介绍卖淫罪,制作、贩卖、传播淫秽物品罪。

第一节　扰乱公共秩序罪

一、妨害公务罪

(一)妨害公务罪的概念与特征

本罪是指以暴力、威胁方法阻碍国家机关工作人员依法执行职务,阻碍人大代表依法执行代表职务,阻碍红十字会工作人员依法履行职责的行为,以及故意阻碍国家安全机关、公安机关依法执行国家安全工作任务,未使用暴力、威胁方法,造成严重后果的行为。

客体为"公务",公务的范围包括国家机关工作人员依法执行的职务,人民代表大会代表依法执行的代表职务,红十字会工作人员依法履行的职责,国家安全机关、公安机关依法执行的国家安全工作任务。根据构成要件的不同,妨害公务罪分为四种类型:

1. 阻碍国家机关工作人员依法执行职务,是妨害公务罪的典型类型。

(1)客观方面表现为以暴力、胁迫方法阻碍国家机关工作人员依法执行职务。

① 行为所针对的对象必须是国家机关工作人员,即在中国各级立法机关、行政机关、司法机关中从事公务的人员。从现实出发,还应包括在中国共产党的各级机关、中国人民政治协商会议的各级机关中从事公务的人员。对于以暴力、威胁方法阻碍国有事业单位人员依照法律、行政法规的规定执行行政执法职务的,或者以暴力、威胁方法阻碍国家机关中受委托从事行政执法活动的事业编制人员执行行政执法职务的,可以对侵害人以妨害公务罪追究刑事责任。阻碍军人执行职务的,构成《刑法》第368条的阻碍军人执行职务罪。阻碍外国公务员

在中国境内执行职务的,不成立本罪。

全国人大常委会 2002 年 12 月 28 日《关于〈中华人民共和国刑法〉第九章渎职罪主体适用问题的解释》指出:"在依照法律、法规规定行使国家行政管理职权的组织中从事公务的人员,或者在受国家机关委托代表国家机关行使职权的组织中从事公务的人员,或者虽未列入国家机关人员编制但在国家机关中从事公务的人员,在代表国家机关行使职权时,有渎职行为,构成犯罪的,依照刑法关于渎职罪的规定追究刑事责任。"该解释明文指出是对"渎职罪主体"的解释;虽然没有明示是对"国家机关工作人员"的解释,但由于渎职罪的主体均为国家机关工作人员,故可以认为该解释实为对"国家机关工作人员"的解释。

② 行为的内容是阻碍国家机关工作人员依法执行职务。职务是指国家机关工作人员作为公务所处理的一切事务。执行,是指一般意义上的履行、实施,而非仅指强制执行。职务的执行必须具有合法性,即"依法"执行职务。对国家机关工作人员的违法行为予以阻碍的,当然不成立本罪。合法意味着国家机关工作人员执行职务的行为不仅实体上合法,而且程序上合法,换言之,不仅实质上合法,而且形式上合法。

③ 必须在国家机关工作人员执行职务时实施阻碍行为。从保护依法执行职务的角度来考虑,执行职务,不仅包括正在执行职务,而且包括将要开始执行职务的准备过程,以及与执行职务密切联系的待机状态。就一体性或连续性的职务行为而言,不能将其行为分割、分段考虑进而分别判断其职务行为的开始与终了,而应从整体上认定其职务行为的开始与终了,即使外观上暂时中断或偶尔停止,也应认为是在职务的执行过程中。

④ 必须以暴力、胁迫方法阻碍执行职务。这里的暴力,是指广义的暴力。不要求直接针对国家机关工作人员的身体实施,只要求针对正在执行职务的国家机关工作人员实施,既可以通过针对与国家机关工作人员执行职务具有密不可分关系的辅助者实施暴力,以阻碍国家机关工作人员执行职务,也可以通过对物行使有形力,从而给国家机关工作人员的身体以物理影响(间接暴力),以阻碍国家机关工作人员执行职务。胁迫,是指以使国家机关工作人员产生恐惧心理为目的,以恶害相通告,迫使国家机关工作人员放弃职务行为或者不正确执行职务行为。恶害的内容、性质、通告方法没有限制。暴力、胁迫行为只要足以阻碍国家机关工作人员执行职务即可,不要求客观上已经阻碍了国家机关工作人员执行职务。

(2) 主体为一般主体,至于行为人与国家机关工作人员的职务行为有无特定关系,则在所不问。国家机关工作人员也可能成为本罪主体。

(3) 主观方面只能是故意,行为人明知国家机关工作人员正在依法执行职务,而故意以暴力、胁迫方法予以阻碍,阻碍的动机不影响本罪的成立。国家机关工作人员本来是在合法执行职务,但行为人误认为是非法的,进而以暴力、胁迫进行阻碍的,属于事实认识错误,不成立本罪。当然,行为人主观上是否存在认识错误、存在何种认识错误,要根据当时的具体情况进行判断,不能仅凭行为人的陈述来判断。

2. 阻碍人大代表依法执行代表职务,是妨害公务罪的第二种类型。具体表现为,以暴力、胁迫方法阻碍全国人民代表大会和地方各级人民代表大会代表依法执行代表职务的行为。人大代表依法在本级人民代表大会会议期间的工作和在本级人民代表大会闭会期间的活动,都是执行代表职务。

3. 阻碍红十字会工作人员依法履行职责,是妨害公务罪的第三种类型。具体表现为,以暴力、胁迫方法阻碍红十字会工作人员依法履行职责的行为。

4. 阻碍国家安全机关、公安机关依法执行国家安全工作任务,是妨害公务罪的第四种类型。具体表现为,故意阻碍国家安全机关、公安机关依法执行国家安全工作任务,未使用暴力、威胁方法,造成严重后果的行为。与前三种类型不同,阻碍执行国家安全工作任务的行为,不要求使用暴力、胁迫方法,但要求造成严重后果。行为人以暴力、胁迫方法阻碍国家安全机关、公安机关依法执行国家安全任务,没有造成严重后果的,应认定为阻碍国家机关工作人员依法执行职务,适用《刑法》第277条第1款。

(二) 妨害公务罪的认定

1. 应当正确区分罪与非罪的界限。对于人民群众抵抗国家机关工作人员的违法乱纪活动的行为,人民群众因合理要求没有得到满足而与国家机关工作人员发生轻微冲突的行为,使用了轻微暴力、胁迫手段但客观上不足以阻碍国家机关工作人员依法执行职务的行为,都不能认定为犯罪。此外,对于依法执行公务的对方(如被逮捕者)实施的一般暴力、胁迫行为,不宜认定为妨害公务罪。

2. 应当正确区分一罪与数罪。妨害公务的行为,可能成为其他犯罪的手段,在这种情况下,原则上应从一重罪处罚,但刑法有特别规定的,应当依照刑法的特别规定处理。例如,在运送他人偷越国(边)境中以暴力、胁迫方法抗拒检查的,应选择刑法规定的较重法定刑。此外,本罪的暴力行为如果触犯了其他罪名,如暴力行为致人重伤、抢夺依法执行职务的司法工作人员的枪支等,原则上应从一重罪处罚。

(三) 妨害公务罪的处罚

根据《刑法》第277条第1款的规定,犯本罪的,处3年以下有期徒刑、拘役、管制或者罚金。

二、袭警罪

袭警罪,是指使用暴力袭击正在依法执行职务的人民警察的行为。① 本罪与妨害公务罪是特别关系,成立本罪以符合妨害公务罪的构成要件为前提;反之,不符合本罪构成要件的行为,则可能构成妨害公务罪。② 所以,本罪并不是单纯地对正在执行职务的人民警察实施暴力,而是指通过暴力袭警妨碍警察正在执行的职务。③ 如果暴力袭警根本不影响警察执行职务的,则不成立本罪。例如,行为人的交通违章行为被警察处理完毕后,认为警察处理过于严厉,踢了警察一脚后驾车逃走的,由于该公务已经处理完毕,不能认定为妨害公务罪。再如,警察在路边与人寒暄时,行为人打了警察一拳后逃走的,也不成立妨害公务罪。本罪中的"暴力袭击"应是指狭义的暴力,即对人民警察的身体不法行使有形力。对正在依法执行职务的警察实施威胁行为,导致警察不能或者难以执行职务的,成立妨害公务罪。

根据《刑法》第277条第5款的规定,犯袭警罪的,处3年以下有期徒刑、拘役或者管制;使用枪支、管制刀具,或者以驾驶机动车撞击等手段,严重危及其人身安全的,处3年以上7年以下有期徒刑。

三、煽动暴力抗拒法律实施罪

本罪是指煽动群众暴力抗拒国家法律、行政法规实施的行为。本罪的基本构造是,在一般群众本无暴力抗拒法律、法规实施的意思,或者虽有抗拒法律、法规实施的意思但尚未着手实行的情况下,行为人实施煽动行为,使群众产生或者坚定暴力抗拒法律、法规实施的意思。煽动行为必须具有公然性,即在不特定人、多数人共见共闻或可见可闻的情形下从事煽动;煽动方法没有限制;煽动的内容必须是暴力抗拒国家法律、行政法规的实施,但煽动分裂国家、破坏国家统一的,煽动颠覆国家政权、推翻社会主义制度的,煽动军人逃离部队的,成立刑法规定的其他犯罪。犯本罪的,根据《刑法》第278条的规定处罚。

四、招摇撞骗罪

(一) 招摇撞骗罪的概念与特征

本罪是指冒充国家机关工作人员进行招摇撞骗的行为。

1. 客观方面表现为冒充国家机关工作人员的身份进行招摇撞骗。冒充军

---

① 辅警与人民警察依法共同执行职务时,行为人对辅警实施暴力袭击的,也可能成立本罪。
② 大陆法系国家刑法因为均规定了妨害公务罪,故没有规定袭警罪;英美法系国家刑法中存在袭警罪,并无妨害公务罪,但英美法系国家中的袭警罪只是广义的袭击罪的一种情形。
③ 民警在非工作时间,依照《人民警察法》等法律履行职责的,应当视为执行职务。

人招摇撞骗的,不成立本罪,而成立刑法规定的其他犯罪。冒充行为主要包括两种情况:一是非国家机关工作人员冒充国家机关工作人员;二是此种国家机关工作人员冒充他种国家机关工作人员,如行政机关工作人员冒充司法机关工作人员,职务低的国家机关工作人员冒充职务高的国家机关工作人员。招摇撞骗,是指以假冒的身份进行炫耀、欺骗,如骗取爱情、职位、荣誉、资格等。

2. 主观方面只能是故意,即明知自己不具有特定国家机关工作人员身份,却故意假冒。

(二) 招摇撞骗罪与诈骗罪的关系

本罪与诈骗罪所侵犯的法益不同,前者侵犯的是国家机关的威信及其正常活动,后者侵犯的是财产,因此两者的构成要件不同:(1) 客观要件不同:本罪必须是冒充国家机关工作人员进行招摇撞骗;而诈骗罪的行为可以是虚构事实、隐瞒真相的任何手段。(2) 主观要件不同:本罪不以骗取财物为目的;而诈骗罪以非法占有他人财物为目的。在冒充国家机关工作人员招摇撞骗的过程中,偶然骗取少量财物的,不影响本罪的认定;但如果骗取财物的数额较大、巨大或者特别巨大的,属于想象竞合犯,应从一重罪处罚。

(三) 招摇撞骗罪的处罚

根据《刑法》第 279 条的规定,犯本罪的,处 3 年以下有期徒刑、拘役、管制或者剥夺政治权利;情节严重的,处 3 年以上 10 年以下有期徒刑。冒充人民警察招摇撞骗的,依照上述规定从重处罚。

五、伪造、变造、买卖国家机关公文、证件、印章罪

(一) 本罪的概念与特征

本罪是指伪造、变造、买卖国家机关的公文、证件、印章的行为。

1. 客观上表现为伪造、变造、买卖国家机关的公文、证件、印章的行为。公文,是指以国家机关名义制作的处理公务的文书即公文书;文书,是指使用文字或者代替文字的符号制作的,具有某种程度的持续存在状态,表达意识或者观念的文件(广义的文件)。公文必须具有表达意识或观念的内容,故仅有公文的固定格式,而无实际内容的纸张等,不属于公文。证件,一般是指有权制作的国家机关颁发的,用以证实身份、权利义务关系或者其他事项的凭证。印章,应包括印形与印影。印形,是指固定了国家机关名称等内容并可以通过一定方式表示在其他物体上的图章;印影,是指印形加盖在纸张等物体上所呈现的形象。印章既包括表示国家机关名称的印章,也包括国家机关用以表示某种特殊用途的专用章。但专用章与省略文书的界限是微妙的。例如,人民法院在判决书上所盖的"本件与原件无异"的骑缝章,不属于印章,而属于省略文书。因为文书重在表达意思,而印章重在证明人或单位的同一性,故一般来说,应将省略文书视为文

书,而不应认定为印章。伪造公文、证件,是指伪造应当由国家机关制作的公文、证件,包括有形伪造与无形伪造。有形伪造公文、证件,是指没有制作权限的人,冒用国家机关名义制作公文、证件。无形伪造公文、证件,是指有制作权限的人,擅自以国家机关的名义制作与事实不相符合的公文、证件。伪造印章,是指没有权限而制造国家机关的印章的印形(即私刻公章),或者在纸张等物体上表示出足以使一般人误认为是真实印章的印影(如用红笔描绘公章印影)。变造,是指对真实的国家机关公文、证件、印章进行加工,改变其非本质内容的行为,如果改变了公文、证件、印章的本质部分,则应认定为伪造。买卖,是指购买或者出售国家机关制作或应当由国家机关制作的公文、证件、印章的行为。实施上述行为之一的,即可成立本罪;同时实施上述行为的,也只认定为一罪,不实行数罪并罚。

2. 主观方面必须是故意,即明知是国家机关制作或者应由国家机关制作的公文、证件、印章,而故意伪造、买卖,或者明知是国家机关制作的真实的公文、证件、印章而故意变造。行为人的目的一般不影响本罪的成立。

(二) 本罪的认定

伪造、变造、买卖机动车牌证及机动车入户、过户、验证的有关证明文件的,依照《刑法》第 280 条第 1 款的规定处罚。对于伪造、变造、买卖林木采伐许可证、木材运输证件,森林、林木、林地权属证书,占用或者征用林地审核同意书、育林基金等缴费收据以及其他国家机关批准的林业证件构成犯罪的,以伪造、变造、买卖国家机关公文、证件罪定罪处罚。对于买卖允许进出口证明书等经营许可证明,同时构成其他犯罪的,依照处罚较重的规定定罪处罚。伪造、变造、买卖国家机关颁发的野生动物允许进出口证明书、特许猎捕证、狩猎证、驯养繁殖许可证等公文、证件构成犯罪的,以伪造、变造、买卖国家机关公文、证件罪定罪处罚。实施上述行为构成犯罪,同时构成非法经营罪的,从一重处罚。此外,伪造、变造、买卖国家机关的公文、证件、印章后,又利用该公文、证件、印章实施其他犯罪的,从一重罪处罚,不实行数罪并罚。

将公文的复印件进行篡改后,再进行复印的行为,属于变造公文。没有制作权的人擅自制作非真实的国家机关印章的行为,成立伪造国家机关印章罪。例如,行为人伪造"中华人民共和国内务部"的印章并使用。如果说伪造行为对象仅限于国家机关已经制作的公文、证件、印章,则该行为不成立本罪;但是,如果认为伪造行为对象包括应当由国家机关制作的公文、证件、印章,则该行为成立本罪。由于刑法规定本罪是为了保护国家机关印章的公共信用,而"中华人民共和国内务部"的印章所显示的是国家机关,故上述行为客观上侵犯了国家机关印章的公共信用,宜认定为伪造国家机关印章罪。买卖伪造、变造的国家机关公文、证件、印章的行为,成立买卖国家机关公文、证件、印章罪。例如,行为人明知是伪造的车辆年检证而购买并出售给他人,由于行为人与伪造者并不成立共犯,其行为又严重侵害了公文、证件、印章的公共信用,故宜认定为本罪。《关于惩治骗购外汇、逃汇和非法买卖外汇犯罪的决定》第 2 条也规定,买卖伪造、变造的海关签发的报关单、进口证明、外汇管理部门核准件等凭证和单据或者国家机关的其他公文、证件、印章的,依照《刑法》第 280 条的规定定罪处罚。

（三）本罪的处罚

根据《刑法》第 280 条第 1 款的规定,犯本罪的,处 3 年以下有期徒刑、拘役、管制或者剥夺政治权利,并处罚金；情节严重的,处 3 年以上 10 年以下有期徒刑,并处罚金。

六、盗窃、抢夺、毁灭国家机关公文、证件、印章罪

本罪是指盗窃、抢夺、毁灭国家机关公文、证件、印章的行为。行为人所盗窃、抢夺、毁灭的必须是国家机关已经制作的真实的公文、证件、印章。盗窃、抢夺的对象不包括武装部队的公文、证件、印章,但毁灭行为的对象则包括武装部队的公文、证件、印章。毁灭,是指使国家机关公文、证件、印章丧失效用的一切行为。同时实施上述行为的,也只认定为一罪,不实行数罪并罚。行为人主观上必须出于故意,即明知是国家机关的公文、证件、印章,而故意盗窃、抢夺或者毁灭。过失毁灭行为不成立犯罪。犯本罪的,根据《刑法》第 280 条第 1 款的规定处罚。

七、伪造公司、企业、事业单位、人民团体印章罪

本罪是指没有制作权限的人,擅自伪造公司、企业、事业单位、人民团体的印章的行为。这里的公司、企业,包括国有公司、企业、集体性质的公司、企业以及私营和中外合资、中外合作的公司、企业。事业单位与人民团体,也没有所有制的限定。伪造印章,包括伪造印形与印影。由于只处罚伪造印章的行为,故正确区分印章与省略文书,是认定本罪的一个关键。如前所述,对于省略文书,一般不能认定为印章。邮政局的邮戳不仅显示了信件处理时间,而且表明了处理的邮政局,故认定为印章比较合适。

最高人民法院、最高人民检察院 2001 年 7 月 3 日《关于办理伪造、贩卖伪造的高等院校学历、学位证明刑事案件如何适用法律问题的解释》规定:"对于伪造高等院校印章制作学历、学位证明的行为,应当依照《刑法》第二百八十条第二款的规定,以伪造事业单位印章罪定罪处罚。明知是伪造高等院校印章制作的学历、学位证明而贩卖的,以伪造事业单位印章罪的共犯论处。"不过,明知是伪造高等院校印章制作的学历、学位证明而贩卖的,只有事前与伪造者通谋的,才能认定为伪造事业单位印章罪的共犯；如果在伪造者伪造学历、学位证明后再贩卖的,即使明知为伪造的学历、学位证明,也不能认定为伪造事业单位印章罪的共

犯,否则有悖于刑法总则关于共同犯罪的规定。

犯本罪的,根据《刑法》第 280 条第 2 款的规定处罚。

八、伪造、变造、买卖身份证件罪

本罪是指伪造、变造、买卖居民身份证、护照、社会保障卡、驾驶证等依法可以用于证明身份的证件的行为。

证明身份的证件必须由国家机关制作,并且在外部具有证明身份的作用。虽然由国家机关制作,但仅在机关内部具有证明作用的,不是身份证件。例如,国家机关工作人员的工作证、出入证等不是身份证件。既然是身份证件,至少要有姓名、持证人照片以及其他必须具备的重要内容,否则不可能证明身份。所以,虽然有身份证号但没有持证人照片的机动车行驶证不属于身份证件。身份证件既可以是长期性的,也可以是临时性的或者短期性的。

伪造不仅包括无权制作身份证件的人擅自制作居民身份证件(有形伪造),而且包括有权制作人制作内容虚假的居民身份证件或者违反法律规定的身份证件(无形伪造)。例如,公安人员为张三制作姓名为李四的身份证件的,属于伪造。再如,在王五持有有效居民身份证的情况下,公安人员违反规定为王五制作另一个相同的有效居民身份证的,也属于伪造。变造,是指对真实有效的居民身份证件的非本质部分进行加工、修改;如果对真实有效的居民身份证件的本质部分进行加工、修改,则属于伪造居民身份证件。如更改真实身份证件的姓名、照片的行为,应认定为伪造居民身份证件。买卖是指买入或者卖出,既包括买入他人真实身份证件与卖出自己或者他人的真实身份证件的行为,也包括买入或者卖出伪造、变造的身份证件的行为。换言之,买卖居民身份证件,是指买卖应当由国家机关制作的居民身份证件。例如,清洁工拾得他人身份证后予以出卖的,应以本罪论处。再如,甲将身份信息提供给乙,让乙为自己伪造居民身份证件,并给予乙报酬的,对甲、乙均应以本罪论处。

根据《刑法》第 280 条第 3 款的规定,犯本罪的,处 3 年以下有期徒刑、拘役、管制或者剥夺政治权利,并处罚金;情节严重的,处 3 年以上 7 年以下有期徒刑,并处罚金。

九、使用虚假身份证件、盗用身份证件罪

本罪是指在依照国家规定应当提供身份证明的活动中,使用伪造、变造的或者盗用他人的居民身份证、护照、社会保障卡、驾驶证等依法可以用于证明身份的证件,情节严重的行为。

本罪行为必须发生在依照国家规定应当提供身份证明的活动中。例如,根据《居民身份证法》的规定,公民在办理常住户口登记项目变更、兵役登记、婚姻登记、收养登记、申请办理出境手续等事项时,应当出示居民身份证。

使用伪造、变造的身份证件,是指将伪造、变造的身份证件作为真实的身份证件而使用。使用是指使身份证件的内容处于相对方认识或者可能认识的状态。使用的方法没有限制,包括出示、提供等。例如,在相对方要求察看身份证件时,行为人出示伪造、变造的身份证件供相对方察看的,属于使用;在相对方要求复印身份证件时,行为人将伪造、变造的身份证件提供给相对方复印的,也是使用。

盗用他人的身份证件,是指将他人的身份证件当作证明自己身份的证件而使用。违反身份证件持有人的意志而使用的,显然属于盗用。例如,窃取、夺取、拾取他人身份证件进而冒用的,就是违反持有人的意志而使用的情形。征得持有人同意或者与持有人串通而冒用持有人的身份证件的,也不能排除在盗用之外。例如,甲征得乙的同意,在申请取得剧毒化学品购买许可证时使用乙的身份证件的,也属于盗用。再如,A 在婚姻登记时,使用 B 的身份证件的,即使经过了 B 的同意,当然也是盗用;张三经过李四的同意,以李四的身份证件为根据申请服兵役的,无疑属于盗用。① 所以,盗用不是相对于身份证件的持有人而言,而是相对于验证身份的一方而言。换言之,凡属于冒用他人身份证件的,就构成盗用。

使用伪造、变造的或者盗用他人的身份证件,情节严重的,才成立本罪。对于使用或者盗用的次数多、数量大,严重扰乱相关事项的管理秩序,以及严重损害身份证件持有人的利益的行为,应当以本罪论处。对于使用他人身份证件在宾馆开房用于吸毒的,宜认定为本罪。

实施本罪行为同时构成其他犯罪的,属于想象竞合,从一重罪处罚。例如,使用伪造、变造的社会保障卡或者盗用他人的社会保障卡骗取社会保险金的,同时触犯了本罪与诈骗罪,应当适用诈骗罪的法定刑。

根据《刑法》第 280 条之一的规定,犯本罪的,处拘役或者管制,并处或者单处罚金。

十、冒名顶替罪

冒名顶替罪,是指盗用、冒用他人身份,顶替他人取得的高等学历教育入学资格、公务员录用资格、就业安置待遇的行为。本罪的客体是高等学历教育入学、公务员录用、就业安置的公正性。本罪包括两种行为类型。

第一种行为类型是,盗用、冒用他人身份的行为人,顶替他人取得高等学历

---

① 在甲代为办理乙的业务或者事项,相对方要求出示乙的身份证件时,甲出示乙的身份证件的,不可能属于盗用。但是,倘若甲出示丙的身份证件的,则是盗用丙的身份证件。

教育入学资格、公务员录用资格、就业安置待遇,即行为人是冒名顶替者。例如,乙的高考成绩原本可以被 H 大学录取,甲却盗用或者冒用乙的身份被 H 大学录取。其中,甲既可能是在乙完全不知情的情况下盗用乙的身份,也可能是在乙知情的情况下冒用乙的身份。不能认为,只要乙同意甲顶替自己,甲的行为就不构成犯罪。相反,乙还可能与甲构成本罪的共犯。因为本罪的客体是高等学历教育入学资格、公务员录用资格、就业安置待遇的公正性。即使乙同意甲冒用自己的身份被 H 大学录取,也侵害了大学招生录取的公正性。

第二种行为类型是,组织、指使他人实施上述行为,这是本罪的(共谋)共同正犯行为,即行为人本人并不冒名顶替他人,只是冒名顶替的组织者、指使者。例如,中学教师、大学招生人员、负责录用公务员的工作人员、负责就业安置的人员等,组织、指使他人实施上述行为的,构成本罪。

根据《刑法》第 280 条之二的规定,犯冒名顶替罪的,处 3 年以下有期徒刑、拘役或者管制,并处罚金。国家工作人员犯本罪,或者组织、指使他人犯本罪,又构成其他犯罪的,依照数罪并罚的规定处罚。例如,国家工作人员组织、指使他人实施本罪行为,同时索取、收受贿赂的,应将本罪与受贿罪实行数罪并罚。再如,国家工作人员在组织、指使他人实施本罪行为的过程中,伪造企业、事业单位印章或者伪造、变造身份证件的,应当实行数罪并罚。但是,如果国家工作人员的组织、指使行为本身同时构成其他犯罪的,即一个行为同时构成数个犯罪的,则应按想象竞合从一重罪处罚。例如,国家机关工作人员的组织、指使行为本身构成滥用职权罪的,是本罪与滥用职权罪的想象竞合,应当从一重罪处罚。①

十一、非法生产、买卖警用装备罪

本罪是指自然人或者单位,故意非法生产、买卖人民警察制式服装、车辆牌号等专用标志、警械,情节严重的行为。犯本罪的,根据《刑法》第 281 条的规定处罚。

十二、非法获取国家秘密罪

本罪是指以窃取、刺探、收买方法,非法获取国家秘密的行为。客观方面表现为以窃取、刺探、收买方法,非法获取国家秘密。这里的国家秘密包括国家绝密、国家机密与国家秘密。获取国家秘密,既可以表现为直接取得国家秘密,也可以表现为通过获取国家秘密的载体进而取得国家秘密。行为人实际上非法获取了国家秘密的,才成立本罪。主观上必须出于故意,即明知是国家秘密,而故

---

① 当然,能否认为《刑法》第 280 条之二第 3 款包含了将想象竞合当作数罪进行并罚的拟制规定,或许还值得研究。但本书倾向于得出否定结论。

意非法获取。但是,行为人为境外机构、组织、人员窃取、刺探、收买国家秘密的,成立《刑法》第 111 条规定的犯罪。行为人实施窃取、刺探、收买国家秘密的行为时,没有非法提供给境外机构、组织、人员的故意,但非法获取国家秘密之后,非法提供给境外机构、组织或人员的,原则上仅成立《刑法》第 111 条规定的犯罪,不必实行数罪并罚。犯本罪的,根据《刑法》第 282 条第 1 款的规定处罚。

十三、非法持有国家绝密、机密文件、资料、物品罪

本罪是指非法持有属于国家绝密、机密的文件、资料或者其他物品,拒不说明其来源与用途的行为。属于国家绝密、机密的文件、资料或者其他物品,实际上是指国家绝密、机密的载体。非法持有包括两种行为:一是不应知悉某项国家绝密、机密的人员携带、存放属于该项国家绝密、机密的文件、资料或其他物品;二是可以知悉某项国家绝密、机密的人员,未经办理手续,私自携带、存放属于该项国家绝密、机密的文件、资料或其他物品。实施非法持有行为后,说明其来源与用途的,不成立本罪;但仅说明来源或者仅说明用途的,仍然成立本罪。犯本罪的,根据《刑法》第 282 条第 2 款的规定处罚。

十四、非法生产、销售专用间谍器材、窃听、窃照专用器材罪

本罪是指自然人或者单位非法生产、销售专用间谍器材或者窃听、窃照专用器材的行为。非法生产,既包括无资格生产而生产,也包括有资格生产而不按有关规定生产;非法销售,既包括无资格销售而销售,也包括有资格销售而不按有关规定销售。犯本罪的,根据《刑法》第 283 条的规定处罚。

十五、非法使用窃听、窃照专用器材罪

本罪是指非法使用窃听、窃照专用器材,造成严重后果的行为。非法使用,是指无权使用而使用以及不按规定使用窃听、窃照专用器材。非法使用造成严重后果的,才成立本罪。非法生产窃听、窃照等专用器材后又非法使用的,只成立非法生产间谍专用器材罪。非法使用窃听、窃照专用器材窃取他人商业秘密、窃取国家秘密的,从一重罪处罚,不实行数罪并罚。犯本罪的,根据《刑法》第 284 条的规定处罚。

十六、组织考试作弊罪

本罪是指在法律规定的国家考试中组织作弊,以及为组织作弊提供作弊器材或者其他帮助的行为。

"法律规定的国家考试",仅限于全国人民代表大会及其常务委员会制定的法律所规定的考试。根据有关法律规定,下列考试属于"法律规定的国家考试":

(1) 普通高等学校招生考试、研究生招生考试、高等教育自学考试、成人高等学校招生考试等国家教育考试；(2) 中央和地方公务员录用考试；(3) 国家统一法律职业资格考试、国家教师资格考试、注册会计师全国统一考试、会计专业技术资格考试、资产评估师资格考试、医师资格考试、执业药师职业资格考试、注册建筑师考试、建造师执业资格考试等专业技术资格考试；(4) 其他依照法律由中央或者地方主管部门以及行业组织的国家考试。上述考试涉及的特殊类型招生、特殊技能测试、面试等考试，属于"法律规定的国家考试"。显然法律规定的国家考试，并不限于由国家统一组织的考试。换言之，地方或者行业依照法律规定组织的考试，也属于法律规定的国家考试。例如，国家公务员考试与地方公务员考试，均属于法律规定的国家考试。

组织作弊，是指组织、策划、指挥多人进行考试作弊，或者从事考试作弊的经营行为。组织行为虽然不排除集团犯罪的形式，但不必形成犯罪集团与聚众犯罪，单个人组织他人进行考试作弊的，也能成立本罪。行为人为特定的应考人寻找替考者，而没有组织多人替考的，不应认定为本罪（可成立代替考试罪的共犯）。但是，行为人在不特定的应考人与替考者之间从事中介服务的，则应认定为本罪。

《刑法》第 284 条之一第 2 款明文规定，为组织作弊提供作弊器材或者其他帮助的，按组织考试作弊罪的法定刑处罚。

根据《刑法》第 284 条之一第 1 款的规定，犯本罪的，处 3 年以下有期徒刑或者拘役，并处或者单处罚金；情节严重的，处 3 年以上 7 年以下有期徒刑，并处罚金。

十七、非法出售、提供试题、答案罪

本罪是指为实施考试作弊行为，向他人非法出售或者提供法律规定的国家考试的试题、答案的行为。行为人向任何参加法律规定的国家考试的人员、亲友或者其他相关人员提供试题、答案的，均成立本罪。行为人向组织作弊的人员提供试题、答案的，同时触犯了本罪与组织考试作弊罪，属于包括的一罪，宜按本罪论处。① 行为人所提供的试题、答案应是真实的，而不是虚假的，但只要求部分真实，所以，存在部分虚假时不影响本罪的成立。出售、提供试题、答案的行为应在考试前或者考试过程中，考试结束后出售、提供试题、答案的，不成立本罪。② 本罪是典型的正犯行为而不是帮助犯，所以，即使获得试题、答案的人员没有利

---

① 这种行为在本罪中是典型的正犯行为，而在组织考试作弊罪中则是帮助行为，由于两罪的法定刑相同，故按本罪的正犯处理更为合适。
② 即使有些国家考试事后并不公布试题与答案，事后出售或者提供该试题或者答案的，也不应当以本罪论处。当然，如果反复使用相同试题，且禁止事后公布试题与答案的，则另当别论。

用行为人所出售、提供的试题、答案，也不影响本罪的成立。行为同时触犯泄露国家秘密罪的，属于想象竞合，从一重罪处罚。犯本罪的，根据《刑法》第284条之一第1款的规定处罚。

十八、代替考试罪

代替考试罪，是指代替他人或者让他人代替自己参加法律规定的国家考试的行为。一般来说，代替他人考试的人（替考人）与让他人代替自己参加考试的人（应考人）会形成共犯关系（可谓对向性的共同正犯），但也不尽然。例如，应考人丙因生病住院不能参加考试，丙的父亲乙让甲代替丙参加考试，但丙并不知情。此时，甲是代替考试，乙不是"让他人代替自己参加考试"，而是"代替他人参加考试"的教唆犯。为特定的应考人寻找替考人的，成立本罪的共犯。为了代替考试而伪造、变造身份证件的，成立牵连犯，从一重罪处罚。根据《刑法》第284条之一第4款的规定，犯本罪的，处拘役或者管制，并处或者单处罚金。

十九、非法侵入计算机信息系统罪

本罪是指自然人或者单位违反国家规定，侵入国家事务、国防建设、尖端科学技术领域的计算机信息系统的行为。侵入，是指未取得有关部门的合法授权与批准，通过计算机终端访问国家事务、国防建设、尖端科学技术领域的计算机信息系统或者进行数据截收的行为。侵入其他计算机信息系统的行为不成立本罪。侵入行为必须是故意的。侵入上述计算机信息系统窃取国家秘密或者构成其他犯罪的，按照刑法的有关规定定罪处罚（参见《刑法》第287条）。根据《刑法》第285条第1款的规定，犯本罪的，处3年以下有期徒刑或者拘役。

二十、非法获取计算机信息系统数据、非法控制计算机信息系统罪

本罪是指自然人或者单位违反国家规定，侵入国家事务、国防建设、尖端科学技术领域的计算机信息系统以外的计算机信息系统或者采用其他技术手段，获取该计算机信息系统中存储、处理或者传输的数据，或者对该计算机信息系统实施非法控制，情节严重的行为。只要是通过非法侵入方式或者其他技术手段，违反他人意志，获取他人计算机信息系统中存储、处理或者传输的部分数据或者全部数据的，均属于本罪的"获取"；获取后是否利用该数据，不影响本罪的成立。通过非法侵入方式或者其他技术手段，违反他人意志，完全控制或者部分控制他人计算机信息系统的（能够接受行为人发出的指令，完成相应的操作），均属于"非法控制"。明知是他人非法控制的计算机信息系统，而对该计算机信息系统的控制权加以利用的，也属于"非法控制"。通过植入木马程序的方式，非法获取网站服务器的控制权限，进而通过修改、增加计算机信息系统数据，向相关计算

机信息系统上传网页链接代码的,应当认定为《刑法》第285条第2款"采用其他技术手段"非法控制计算机信息系统的行为。通过修改、增加计算机信息系统数据,对该计算机信息系统实施非法控制,但未造成系统功能实质性破坏或者不能正常运行的,不应当认定为破坏计算机信息系统罪,符合《刑法》第285条第2款规定的,应当认定为非法控制计算机信息系统罪。犯本罪的,根据《刑法》第285条第2款的规定处罚。

二十一、提供侵入、非法控制计算机信息系统程序、工具罪

本罪是指自然人或者单位提供专门用于侵入、非法控制计算机信息系统的程序、工具,或者明知他人实施侵入、非法控制计算机信息系统的违法犯罪行为而为其提供程序、工具,情节严重的行为。犯本罪的,根据《刑法》第285条第3款的规定处罚。

二十二、破坏计算机信息系统罪

本罪是指自然人或者单位违反国家规定,对计算机信息系统功能进行删除、修改、增加、干扰,造成计算机信息系统不能正常运行,对计算机信息系统中存储、处理或者传输的数据和应用程序进行删除、修改、增加的操作,或者故意制作、传播计算机病毒等破坏性程序,影响计算机系统的正常运行,后果严重的行为。

客观方面表现为三种情况:(1)违反国家规定,对计算机信息系统功能进行删除、修改、增加、干扰,造成计算机信息系统不能正常运行,后果严重的行为。计算机信息系统功能,是指计算机系统内,按照一定的应用目标和规则,对信息进行采集、加工、存储、传输、检索等功能。造成计算机信息系统不能正常运行,包括使计算机信息系统不能运行和不能按原来的设计要求运行。(2)违反国家规定,对计算机信息系统中存储、处理或者传输的数据和应用程序进行删除、修改、增加的操作,后果严重的行为。(3)制作、传播计算机病毒等破坏性程序,影响计算机系统的正常运行,后果严重的行为。破坏性程序,是指隐藏在可执行程序中或数据中,在计算机内部运行的一种干扰程序,其中典型的是计算机病毒。制作,是指故意设计、编制计算机病毒等破坏性程序;传播,是指向计算机输入破坏性程序,或者将已输入破坏性程序的软件加以派送、散发、销售。主观方面既可以是直接故意,也可以是间接故意。目的与动机不影响本罪的成立。

对于利用计算机病毒等破坏性程序非法占有他人财物的或者实施其他犯罪的,应当依照刑法的有关规定定罪处罚。例如,利用计算机病毒盗窃财物的,应认定为盗窃罪;利用计算机病毒实施金融诈骗的,应认定为金融诈骗罪。

犯本罪的,根据《刑法》第286条第1款的规定处罚。

二十三、拒不履行信息网络安全管理义务罪

本罪是指网络服务提供者不履行法律、行政法规规定的信息网络安全管理义务,经监管部门责令采取改正措施而拒不改正,情节严重的行为。

网络服务提供者包括网络接入服务提供者与网络内容服务提供者,包括自然人与单位。信息网络安全管理义务,仅限于法律、行政法规明文规定的义务,而且应是命令规范设置的义务。不履行信息网络安全管理义务,是指没有按照法律、行政法规的规定履行作为义务,如发现法律、行政法规禁止发布的信息后,没有采取消除该信息等处理措施。单纯不履行信息网络安全管理义务的行为,并不成立犯罪,只有经监管部门责令采取改正措施而拒不改正的,才可能成立本罪。监管部门,是指依照法律、行政法规的规定对网络服务提供者负有监督管理职责的部门。"监管部门责令采取改正措施",是指网信、电信、公安等依照法律、行政法规的规定承担信息网络安全监管职责的部门,以责令整改通知书或者其他文书形式,责令网络服务提供者采取改正措施。认定"经监管部门责令采取改正措施而拒不改正",应当综合考虑监管部门责令改正是否具有法律、行政法规依据,改正措施及期限要求是否明确、合理,网络服务提供者是否具有按照要求采取改正措施的能力等因素进行判断。在两个监管部门责令的改正措施发生冲突的场合,只要网络服务提供者履行了其中一个监管部门的改正措施,就不得以本罪论处。

根据《刑法》第286条之一第1款的规定,拒不改正,情节严重的,才成立本罪。情节严重包括以下情形:(1)致使违法信息大量传播的;(2)致使用户信息泄露,造成严重后果的;(3)致使刑事案件证据灭失,情节严重的;(4)有其他严重情节的。应当注意的是,在合理改正期限之前已经形成的事实,不能作为本罪的情节。例如,在收到责令通知之前,已经传播的违法信息,不能计入"违法信息大量传播"之内。

本罪的责任形式为故意。行为人误以为信息不违法而没有采取改正措施的,属于事实认识错误,阻却故意的成立。

根据《刑法》第286条之一的规定,犯本罪的,处3年以下有期徒刑、拘役或者管制,并处或者单处罚金;单位犯前款罪的,对单位判处罚金,并对其直接负责的主管人员和其他直接责任人员,依照上述规定处罚。犯本罪同时构成其他犯罪的,依照处罚较重的规定定罪处罚。

二十四、非法利用信息网络罪

根据《刑法》第287条之一的规定,非法利用信息网络罪包括三种类型:(1)设立用于实施诈骗、传授犯罪方法、制作或者销售违禁物品、管制物品等违

法犯罪活动的网站、通讯群组,情节严重的;(2)发布有关制作或者销售毒品、枪支、淫秽物品等违禁物品、管制物品或者其他违法犯罪信息,情节严重的;(3)为实施诈骗等违法犯罪活动发布信息,情节严重的。犯本罪的,根据《刑法》287条之一的规定处罚。

二十五、帮助信息网络犯罪活动罪

本罪是指自然人或者单位明知他人利用信息网络实施犯罪,为其犯罪提供互联网接入、服务器托管、网络存储、通讯传输等技术支持,或者提供广告推广、支付结算等帮助,情节严重的行为。实施本罪行为同时构成其他犯罪的,依照处罚较重的规定定罪处罚。例如,明知他人实施电信诈骗行为而提供上述帮助的,构成本罪与诈骗罪的想象竞合,从一重罪处罚。犯本罪的,根据《刑法》第287条之二的规定处罚。

二十六、扰乱无线电通讯管理秩序罪

本罪是指自然人或者单位违反国家规定,擅自设置、使用无线电台(站),或者擅自占用频率,干扰无线电通讯秩序,情节严重的行为。违反国家规定,擅自设置、使用无线电台(站),或者擅自占用频率,非法经营国际电信业务或者涉港澳台电信业务进行营利活动,同时构成非法经营罪和扰乱无线电通讯管理秩序罪的,依照处罚较重的规定定罪处罚。犯本罪的,根据《刑法》第288条的规定处罚。

二十七、聚众扰乱社会秩序罪

本罪是指聚众扰乱社会秩序,情节严重,致使工作、生产、营业和教学、科研、医疗无法进行,造成严重损失的行为。

客观行为表现为聚众扰乱社会秩序。聚众,是指首要分子纠集特定或者不特定之多数人于一定地点,而成为可以从事共同行为的一群人。在聚众的情况下,参与者往往处于随时增多与减少的状态。扰乱,是指造成社会秩序的混乱与社会心理的不安,具体表现为使社会秩序的有序性变为无序性,使社会秩序的稳定性变为动乱性,使社会秩序的连续性变为间断性。扰乱的方式则没有限制,既可以是暴力性的扰乱,也可以是非暴力性的扰乱。扰乱社会秩序,情节严重(不限于客观方面的情节),致使工作、生产、营业和教学、科研、医疗无法进行,造成严重损失的,才成立本罪。

主体为已满16周岁,具有辨认控制能力的自然人。但刑法仅处罚其中的首要分子与积极参加者,而不处罚一般参与人。首要分子,是指在扰乱社会秩序活动中起组织、策划、指挥作用的人;积极参与者,是指主动参加扰乱社会秩序活动

并起主要作用的人。

主观方面为故意,但由于是聚众犯罪,故意的内容极为复杂。首先,要求首要分子与积极参与者具有超越个人意思的集体意思即多众的共同意思。其次,要求具有形成聚众的意思与作为聚众成员从事活动的意思。形成聚众的意思,是指具有使众人纠集在一起的故意;作为聚众成员从事活动的意思,是指具有作为聚众扰乱社会秩序的一员而从事扰乱社会秩序活动的故意。但是,不要求参加扰乱活动的全体成员之间具有意思联络。

根据《刑法》第290条第1款规定,犯本罪的,对首要分子处3年以上7年以下有期徒刑;对其他积极参加的,处3年以下有期徒刑、拘役、管制或者剥夺政治权利。

二十八、聚众冲击国家机关罪

本罪是指聚众冲击国家机关,致使国家机关工作无法进行,造成严重损失的行为。犯本罪的,根据《刑法》第290条第2款的规定处罚。

二十九、扰乱国家机关工作秩序罪

本罪是指多次扰乱国家机关工作秩序,经行政处罚后仍不改正,造成严重后果的行为。多次是指三次以上。扰乱应限定为暴力、胁迫方式的扰乱。犯本罪的,根据《刑法》第290条第3款的规定处罚。

三十、组织、资助非法聚集罪

本罪是指多次组织、资助他人非法聚集,扰乱社会秩序,情节严重的行为。首先,行为人必须实施了组织或者资助行为。其次,他人的聚集必须具有非法性;组织、资助他人合法聚集的,不成立本罪。再次,行为必须扰乱了社会秩序,如致使工作、生产、营业和教学、科研、医疗无法进行,或者导致车站、码头、民用航空站、商场、公园、影剧院、展览会、运动场等公共场所或者交通秩序严重混乱。最后,还必须达到情节严重的程度。根据《刑法》第290条第4款的规定,犯本罪的,处3年以下有期徒刑、拘役或者管制。

三十一、聚众扰乱公共场所秩序、交通秩序罪

本罪是指聚众扰乱车站、码头、民用航空站、商场、公园、影剧院、展览会、运动场或者其他公共场所秩序,聚众堵塞交通或者破坏交通秩序,抗拒、阻碍国家治安管理人员依法执行职务,情节严重的行为。

本罪与聚众扰乱社会秩序罪有许多相似之处,关键区别在于:本罪发生在公共场所或者交通要道等人员集结、车辆通行的场所,所侵犯的是公共场所秩序或

交通秩序;而聚众扰乱社会秩序罪发生在机关、单位、团体的所在地、门前、院内等,所侵犯的是生产、工作、营业、教学、科研秩序。本罪包括抗拒、阻碍国家治安管理人员依法执行职务的行为,但这是指在公共场所秩序、交通秩序发生一定混乱时,抗拒、阻碍国家治安管理人员依法维护公共场所秩序或交通秩序,不以暴力、胁迫手段为要件,因而与妨害公务罪存在区别。

犯本罪的,根据《刑法》第291条的规定处罚。

三十二、投放虚假危险物质罪

本罪是指投放虚假的爆炸性、毒害性、放射性、传染病病原体等物质,严重扰乱社会秩序的行为。投放虚假危险物质的行为,只有严重扰乱了社会秩序,才成立本罪。行为是否严重扰乱了社会秩序,应从虚假危险物质的形态、投放的场所、时间,以及行为所引起的社会心理反应、所产生的社会影响、所导致的社会秩序混乱程度等方面进行判断。犯本罪的,根据《刑法》第291条之一第1款的规定处罚。

三十三、编造、故意传播虚假恐怖信息罪

本罪是指故意编造爆炸威胁、生化威胁、放射威胁等恐怖信息,或者明知是编造的恐怖信息而故意传播,严重扰乱社会秩序的行为。编造行为不仅包括完全凭空捏造的行为,而且包括对某些信息进行加工、修改的行为。传播是指将虚假恐怖信息传达至不特定或者多数人的行为,向特定人传达但怂恿其向其他人传达的行为,也应认定为传播。编造与传播行为都必须出于故意;以为是真实信息而传播的,不成立本罪。单纯的胁迫行为(向国家机关声称,如不满足其要求就实施放火、爆炸)的,不能认定为本罪。犯本罪的,根据《刑法》第291条之一第1款的规定处罚。

三十四、编造、故意传播虚假信息罪

本罪是指编造虚假的险情、疫情、灾情、警情,在信息网络或者其他媒体上传播,或者明知是上述虚假信息,故意在信息网络或者其他媒体上传播,严重扰乱社会秩序的行为。"险情"是指可能造成重大人员伤亡或者重大财产损失的危险情况;"疫情"是指传染病与重大疾病的发生、蔓延等情况;"灾情"是指火灾、水灾、地质灾害等灾害情况;"警情"是指引起警察采取重大措施的情况。[①] 犯本罪的,根据《刑法》第291条之一第2款的规定处罚。

---

① 以往的司法解释扩大了《刑法》第291条之一第1款的"恐怖信息"的范围,将灾情、疫情等也列入恐怖信息。在《刑法修正案(九)》增设了本罪之后,需要慎重适用以往的相关司法解释。

三十五、高空抛物罪

高空抛物罪,是指从建筑物或者其他高空抛掷物品,情节严重的行为。对于"高空"的高度,难以确定具体标准。从法条使用了"建筑物"一词来看,从建筑物二层抛掷物品的,就可以认定为高空抛物。大体而言,"高空"的高度只要达到或接近 3 米即可。① 行为人所抛掷的物品没有限定,不管是危险物品还是普通物品,也不论物品的体积大小与重量轻重,均属于本罪的"物品"。成立本罪以"情节严重"为前提,对此需要根据行为人所抛掷物品的数量、重量、危险程度,抛掷物品的高度,物品坠落场所的人员、财物的现状,以及行为的次数和所造成的结果等进行综合判断。本罪只能由故意构成,过失导致物品坠落的,不成立本罪。

实施高空抛物行为同时构成其他犯罪的,属于想象竞合,从一重罪处罚。(1)故意从高空抛掷燃烧物或者爆炸物,足以或者已经引起火灾或者爆炸,危害公共安全的,应当认定为放火罪、爆炸罪;过失行为引起火灾或者爆炸,符合《刑法》第 115 条第 2 款规定的,成立失火罪、过失爆炸罪。(2)在高空下有人的情形下,故意实施的高空抛物行为已经致人死亡的,应当认定为故意杀人既遂。因为任何人都知道高空抛物可能致人死亡,既然如此,就可以肯定行为人对被害人的死亡至少具有间接故意。(3)在高空下有人的情形下,故意实施的高空抛物行为具有致人死亡的具体危险的,应当认定为故意杀人未遂。同时具备以下两个条件的,应当认定为高空抛物行为具有致人死亡的具体危险:一是物品可能砸中他人,亦即,在行为人高空抛物时,高空下有具体的人;二是所抛之物产生了剥夺他人生命的危险。至于高空下的具体人是多少人,则不影响故意杀人罪的认定。换言之,即使高空下的人员众多,即使行为人所抛之物很多,也只需要认定为故意杀人罪,而不应认定为以危险方法危害公共安全罪。(4)过失实施的高空抛物行为致人死亡的,应认定为过失致人死亡罪;致人重伤的,应认定为过失致人重伤罪。(5)在生产、作业中违反有关安全管理规定,从高空坠落物品,发生重大伤亡事故或者造成其他严重后果的,以重大责任事故罪定罪处罚。强令工人违章高空抛物,因而发生重大伤亡事故或者造成其他严重后果的,以强令违章冒险作业罪论处。(6)故意实施的高空抛物行为,没有致人伤亡的危险,导致财物毁坏,达到数额较大或者情节严重标准的,应当认定为故意毁坏财物罪。(7)故意实施的高空抛物行为,导致他人身体伤害的,认定为故意伤害罪。

根据《刑法》第 291 条之二的规定,犯本罪的,处 1 年以下有期徒刑、拘役或者管制,并处或者单处罚金。

---

① 从法条的表述来看,行为人从地面向上抛掷物品,使物品从高空坠落的,不属于高空抛物。

三十六、聚众斗殴罪

聚众斗殴罪,是指聚集多人攻击对方身体或者相互攻击对方身体的行为。成立聚众斗殴罪虽然需要多人参与,但不要求斗殴的双方都必须三人以上。例如,一方二人、另一方三人以上进行斗殴的,仍然成立本罪。成立聚众斗殴虽然要求有首要分子,但不要求双方都有组织、策划、指挥者,斗殴一方的首要分子邀约对方人员斗殴的,也不影响本罪的成立。

根据《刑法》第 292 条的规定,对本罪的首要分子和其他积极参加的,处 3 年以下有期徒刑、拘役或者管制;有下列情形之一的,处 3 年以上 10 年以下有期徒刑:(1) 多次聚众斗殴的;(2) 聚众斗殴人数多,规模大,社会影响恶劣的;(3) 在公共场所或者交通要道聚众斗殴,造成社会秩序严重混乱的;(4) 持械聚众斗殴的。聚众斗殴致人重伤、死亡的,以故意伤害罪、故意杀人罪定罪处罚。

三十七、寻衅滋事罪

寻衅滋事罪,是指随意殴打他人,情节恶劣;追逐、拦截、辱骂、恐吓他人,情节恶劣;强拿硬要或者任意损毁、占用公私财物,情节严重;或者在公共场所起哄闹事,造成公共场所秩序严重混乱的行为。实施本罪行为,同时触犯故意伤害罪、抢劫罪、敲诈勒索罪、故意毁坏财物罪的,应从一重罪处罚。例如,随意殴打他人造成他人重伤的,应认定为故意伤害罪;强拿硬要行为符合抢劫罪构成要件的,应认定为抢劫罪;寻衅滋事致人死亡的,应视客观行为性质与主观心理状态,认定为故意杀人罪或者过失致人死亡罪。

最高人民法院、最高人民检察院 2013 年 9 月 6 日《关于办理利用信息网络实施诽谤等刑事案件适用法律若干问题的解释》第 5 条第 2 款规定:"编造虚假信息,或者明知是编造的虚假信息,在信息网络上散布,或者组织、指使人员在信息网络上散布,起哄闹事,造成公共秩序严重混乱的,依照刑法第二百九十三条第一款第(四)项的规定,以寻衅滋事罪定罪处罚。"在《刑法修正案(九)》增设了编造、故意传播虚假信息罪,并且将虚假信息的内容限定为虚假的险情、疫情、灾情、警情之后,上述规定应当自动失效。

根据《刑法》第 293 条的规定,犯本罪的,处 5 年以下有期徒刑、拘役或者管制;纠集他人多次实施本罪行为,严重破坏社会秩序的,处 5 年以上 10 年以下有期徒刑,可以并处罚金。

三十八、催收非法债务罪

催收非法债务罪,是指使用暴力、胁迫方法,或者限制他人人身自由或者侵入他人住宅,或者恐吓、跟踪、骚扰他人,催收高利放贷等产生的非法债务,情节严重的行为。其中的"非法债务"应仅限于因高利贷和赌博产生的非法债务,不应包括其他非法债务。催收合法债务的,以及催收高利放贷中的本金与合法利息的,不应当认定为本罪。根据《刑法》第293条之一的规定,犯本罪的,处3年以下有期徒刑、拘役或者管制,并处或者单处罚金。虽然《刑法修正案(十一)》删除了本条草案中"有前款行为,同时构成其他犯罪的,依照处罚较重的规定定罪处罚"的规定,但本书认为,如果行为同时构成敲诈勒索、抢劫等罪的,应当作为想象竞合,从一重罪处罚。而且,实施本罪行为通常会触犯敲诈勒索、抢劫等罪。①

三十九、组织、领导、参加黑社会性质组织罪

本罪是指组织、领导、参加黑社会性质组织的行为。

"黑社会性质的组织"除了具有犯罪集团的一般特征外,应当同时具备下列特征:(1) 形成较稳定的犯罪组织,人数较多,有明确的组织者、领导者,骨干成员基本固定;(2) 有组织地通过违法犯罪活动或者其他手段获取经济利益,具有一定的经济实力,以支持该组织的活动;(3) 以暴力、威胁或者其他手段,有组织地多次进行违法犯罪活动,为非作恶,欺压、残害群众;(4) 通过实施违法犯罪活动,或者利用国家工作人员的包庇或者纵容,称霸一方,在一定区域或者行业内,形成非法控制或者重大影响,严重破坏经济、社会生活秩序。

组织、领导、参加黑社会性质的组织本身便是犯罪行为,因此,如果行为人组织、领导、参加黑社会性质的组织,又实施了其他犯罪的,应当依照数罪并罚的规定处罚。例如,参加黑社会性质的组织,并实施故意杀人罪、贩卖毒品罪的,应认定为参加黑社会性质组织罪与故意杀人罪、贩卖毒品罪,实行数罪并罚。

犯本罪的,根据《刑法》第294条第1款的规定处罚。

四十、入境发展黑社会组织罪

本罪是指境外的黑社会组织的人员到中华人民共和国境内发展组织成员的行为。犯本罪的,根据《刑法》第294条第2款规定处罚;犯本罪又有其他犯罪行为的,实行数罪并罚。

---

① 在本书看来,《刑法修正案(十一)》虽然是考虑到了司法实践中的一些不合理现象而增设本罪的,但增设本罪在理论上与实践中都会产生问题。从理论上说,既然是高利放贷等产生的非法债务,就不受民法保护,进而意味着被害人没有债务。行为人以此为由采取暴力、胁迫等手段催收的,理当成立敲诈勒索罪或者抢劫罪,而不应当按本罪处罚。设置本罪实际上意味着刑法保护非法债务,这难以令人接受。从实践上说,这一规定会为一些不法分子逃避重罪处罚指明方向。亦即,一些不法分子会采取制造非法债务的方式,严重侵犯他人的财产法益,却不会受到较重的处罚。

四十一、包庇、纵容黑社会性质组织罪

本罪是指国家机关工作人员包庇黑社会性质的组织,或者纵容黑社会性质的组织进行违法犯罪活动的行为。犯罪主体必须是国家机关工作人员,但又不是黑社会性质的组织的成员。客观上表现为两种行为:一是包庇黑社会性质的组织。"包庇",是指国家机关工作人员为使黑社会性质组织及其成员逃避查禁,而通风报信、隐匿、毁灭、伪造证据、阻止他人作证、检举揭发、指使他人作伪证、帮助逃匿,或者阻挠其他国家机关工作人员依法查禁等行为。二是纵容黑社会性质的组织的活动。"纵容",是指国家机关工作人员不依法履行职责,放纵黑社会性质组织进行违法犯罪活动的行为。主观方面必须是故意,即明知是黑社会性质的组织、黑社会性质的组织所进行的违法犯罪活动,而故意予以包庇、纵容。犯本罪的,根据《刑法》第294条第3款的规定处罚。

四十二、传授犯罪方法罪

本罪是指故意使用各种手段将犯罪方法传授给他人的行为。传授方式包括口头传授、书面传授与动作示范传授,包括公开传授与秘密传授、直接传授与间接传授。犯罪方法,包括预备犯罪、实行犯罪的技术、步骤、办法,等等。被传授人,既可以是达到法定刑事责任年龄的人,也可以是没有达到法定刑事责任年龄的人。被传授的人是否掌握、接受了犯罪方法,不影响本罪的成立。行为人对同一犯罪内容同时实施教唆行为与传授犯罪方法的行为,或者用传授犯罪方法的手段使他人产生犯罪决意的,原则上从一重罪论处。但是,如果行为人分别对不同的对象实施教唆行为与传授犯罪方法,或者向同一对象教唆此罪而传授彼罪的犯罪方法,则应按所教唆的罪与传授犯罪方法罪实行数罪并罚。犯本罪的,根据《刑法》第295条的规定处罚。

四十三、非法集会、游行、示威罪

本罪是指未依照法律规定申请或者申请未获许可,而举行集会、游行、示威,或者未按照主管机关许可的起止时间、地点、路线进行集会、游行、示威,又拒不服从解散命令,严重破坏社会秩序的行为。主体是举行集会、游行、示威的负责人和直接责任人员,集会、游行、示威的一般参加者不是本罪主体。客观方面表现为两种情况:一是未依照法律规定申请或者申请未获许可,而举行集会、游行、示威,又拒不服从解散命令,严重破坏社会秩序;二是未按照主管机关许可的起止时间、地点、路线进行集会、游行、示威,又拒不服从解散命令,严重破坏社会秩序。主观方面只能是故意,行为人明知举行集会、游行、示威活动必须经过许可并按许可的起止时间、地点、路线进行,但故意违反规定举行集会、游行、示威。

犯本罪的,根据《刑法》第 296 条的规定处罚。

四十四、非法携带武器、管制刀具、爆炸物参加集会、游行、示威罪

本罪是指违反法律规定,携带武器、管制刀具或者爆炸物参加集会、游行、示威的行为。这里的集会、游行、示威,既可以是合法的集会、游行、示威,也可以是不合法的集会、游行、示威。在非法集会、游行、示威时,集会、游行、示威的负责人和直接责任人员,携带上述危险物品参加集会、游行、示威的,原则上属于一行为触犯数罪名,应从一重罪处罚,认定为非法集会、游行、示威罪。携带枪支、弹药参加集会、游行、示威的,如果所携带的是自己事先非法持有、私藏的枪支、弹药,则成立数罪,实行并罚。因为不管行为人是否携带枪支、弹药参加集会、游行、示威,其事先非法持有、私藏枪支、弹药的行为已经构成既遂犯罪。由于集会、游行、示威场所属于公共场所,因此,实施本罪行为也可能触犯《刑法》第 130 条。在这种情况下,原则上应按本罪论处。犯本罪的,根据《刑法》第 297 条的规定处罚。

四十五、破坏集会、游行、示威罪

本罪是指扰乱、冲击或者以其他方法破坏依法举行的集会、游行、示威,造成公共秩序混乱的行为。犯本罪的,根据《刑法》第 298 条的规定处罚。

四十六、侮辱国旗、国徽、国歌罪

本罪是指在公共场合故意以焚烧、毁损、涂划、玷污、践踏等方式侮辱中华人民共和国国旗、国徽的行为,以及在公共场合,故意篡改中华人民共和国国歌歌词、曲谱,以歪曲、贬损方式奏唱国歌,或者以其他方式侮辱国歌,情节严重的行为。

行为对象仅限于中华人民共和国国旗、国徽与国歌。行为必须发生在公共场合,公共场合包括悬挂国旗、国徽的公共场所、机构所在地以及其他不特定人或者多数人在场的场合。侮辱国旗、国徽的方式是焚烧、毁损、涂划、玷污、践踏等,焚烧是指使国旗、国徽燃烧的行为;毁损是指从物理上毁损国旗、国徽的行为;涂划是指将色彩、颜料等附着在国旗、国徽上或者在国旗、国徽上刻印不应有的文字、图形、符号;玷污是指使用污物损害国旗、国徽的外观;践踏是指采取脚踩、车碾等方式侮辱国旗、国徽。采取其他类似方法侮辱国旗、国徽的行为,也成立本罪。侮辱国歌的方式是篡改歌词、曲谱,以歪曲、贬损方式奏唱国歌,或者以其他方式侮辱国歌。侮辱国歌的行为,情节严重的,才成立犯罪。实施上述行为之一,即可成立本罪,同时实施上述行为或者同时侮辱国旗、国徽、国歌的,仅成立一罪。实施本罪行为同时触犯故意毁坏财物等罪的,从一重罪处罚。本罪的

责任形式为故意,没有认识到是中华人民共和国国旗、国徽、国歌而实施了上述行为的,或者过失焚烧、毁损国旗、国徽的,以及并非故意唱错国歌歌词、曲谱的,不成立犯罪。在网络上涂划、玷污国旗、国徽的行为成立本罪。行为人在非公众场合故意篡改国歌歌词、曲谱,或者以歪曲、贬损方式奏唱国歌,录音或者录像后在网络上传播的,应当认定为在公共场合侮辱国歌。

犯本罪的,根据《刑法》第 299 条的规定处罚。

四十七、侵害英雄烈士名誉、荣誉罪

侵害英雄烈士名誉、荣誉罪,是指侮辱、诽谤或者以其他方式侵害英雄烈士的名誉、荣誉,损害社会公共利益,情节严重的行为。大体可以认为,本罪的客体是公众对英雄烈士的崇敬感情。本罪的行为对象是英雄烈士,即中国共产党成立以来的英雄烈士。侮辱,是指对英雄烈士予以轻蔑的价值判断的表示;诽谤,是指散布捏造的事实,侵害英雄烈士的名誉、荣誉。例如,亵渎、否定英雄烈士事迹和精神,通过宣扬、美化侵略战争和侵略行为贬损英雄烈士的名誉、荣誉,或者通过其他方式丑化、诋毁英雄烈士,等等。对英雄烈士事迹和精神展开研究,揭示事实真相的行为不成立本罪。本罪只能由故意构成,犯罪的动机不影响本罪的成立。根据《刑法》第 299 条之一的规定,犯本罪的,处 3 年以下有期徒刑、拘役、管制或者剥夺政治权利。

四十八、组织、利用会道门、邪教组织、利用迷信破坏法律实施罪

本罪是指组织和利用会道门、邪教组织或者利用迷信破坏国家法律、行政法规实施的行为。

会道门,是指一贯道、九宫道、先天道、后天道等封建迷信组织。邪教组织,是指冒用宗教、气功或者其他名义建立,神化首要分子,利用制造、散布迷信邪说等手段蛊惑、蒙骗他人,发展、控制成员,危害社会的非法组织。迷信,是指与科学相对立,信奉鬼仙神怪的观念与做法。本罪行为表现为两种情况:一是组织和利用会道门、邪教组织蛊惑、煽动、欺骗群众破坏国家法律、行政法规的实施;二是利用迷信破坏国家法律、行政法规的实施。本罪只能由故意构成。

行为人组织和利用会道门、邪教组织或者迷信实施奸淫妇女、诈骗财物等犯罪的,则分别以强奸、诈骗等罪定罪处罚;以自焚、自爆或者其他危险方法危害公共安全的,分别依照《刑法》第 114 条、第 115 条第 1 款的规定定罪处罚。同时构成本罪的,依法实行数罪并罚。

犯本罪的,根据《刑法》第 300 条第 1 款的规定处罚。

四十九、组织、利用会道门、邪教组织、利用迷信致人重伤、死亡罪

本罪是指组织和利用会道门、邪教组织或者利用迷信蒙骗他人,致人重伤或者死亡的行为。本罪主要表现为组织和利用邪教组织制造、散布迷信邪说,蒙骗其成员或者其他人实施绝食、自残、自虐等行为,或者阻止病人进行正常治疗,致人重伤或者死亡的情形。认定本罪时,应注意与故意伤害罪、故意杀人罪之间的关系。组织和利用邪教组织制造、散布迷信邪说,指使、胁迫其成员或者其他人实施自杀、自伤行为的,组织、策划、煽动、教唆、帮助邪教组织人员自杀、自残的,分别以故意杀人罪、故意伤害罪定罪处罚。犯本罪的,根据《刑法》第300条第2款的规定处罚。

五十、聚众淫乱罪

聚众淫乱罪,是指聚集众人进行集体淫乱活动的行为。聚众淫乱,是指纠集三人以上群奸群宿(聚众奸宿)或进行其他淫乱活动。淫乱行为除了指自然性交以外,还包括其他刺激、满足性欲的行为,如聚众从事手淫、口淫、鸡奸等行为。参与聚众淫乱的人应是自愿的,而不是被强迫的。如果以暴力、胁迫或者其他强制方法强迫妇女参加聚众淫乱活动,则视行为性质与具体情况认定为强奸罪与强制猥亵妇女罪,或者实行数罪并罚。并非参加淫乱的任何行为人都成立本罪,只有在聚众淫乱中起组织、策划、指挥作用的首要分子,或者虽不是首要分子但多次参加聚众淫乱的人,才成立本罪。至于是男性还是女性,则在所不问。

认定本罪时应严格区分罪与非罪的界限,尤其不能按字面含义从形式上理解本罪的罪状。刑法理论没有争议地将"众"解释为三人以上,但不能认为三人以上聚集起来实施淫乱活动的,一律构成本罪。刑法规定本罪不是因为该行为违反了伦理秩序,而是因为这种行为侵害了公众对性的感情。因此,三个以上的成年人,基于同意所秘密实施的性行为,因为没有侵害公众对性的感情,不属于刑法规定的聚众淫乱行为。只有当三人以上以不特定或者多数人可能认识到的方式实施淫乱行为时,才宜以本罪论处。

根据《刑法》第301条第1款的规定,犯本罪的,对首要分子或者多次参加的,处5年以下有期徒刑、拘役或者管制。

五十一、引诱未成年人聚众淫乱罪

本罪是指引诱未成年人参加聚众淫乱活动的行为。所谓引诱未成年人参加聚众淫乱活动,是指勾引、诱惑本来无意参加聚众淫乱的不满18周岁的人参加聚众淫乱活动。对这里的"参加"应作广义解释,不要求引诱未成年人实际从事

淫乱活动,引诱未成年人观看他人从事淫乱活动的,也成立本罪。由于刑法规定本罪是为了保护未成年人的身心健康,因此,本罪中的聚众淫乱活动不要求具有公然性。即引诱未成年人参加秘密聚众淫乱活动的,也应以本罪论处。引诱未成年人参加聚众淫乱活动的,不管行为人是否首要分子,是否多次参加者,均成立本罪。犯本罪的,根据《刑法》第301条的规定从重处罚。本罪行为同时触犯猥亵儿童罪的,从一重罪论处。

五十二、盗窃、侮辱、故意毁坏尸体、尸骨、骨灰罪

本罪是指盗窃、侮辱、故意毁坏尸体、尸骨、骨灰的行为。盗窃尸体、尸骨、骨灰的一部分的,也可能成立本罪。例如,在空难事故后,行为人窃取死者尸体的一部分的,也成立本罪。盗窃,是指无权处分尸体、尸骨、骨灰的人将尸体、尸骨、骨灰转移为自己或者第三者占有的行为。抢劫、抢夺尸体、尸骨、骨灰的行为当然符合盗窃尸体、尸骨、骨灰罪的犯罪构成。侮辱尸体、尸骨、骨灰,是指直接对尸体、尸骨、骨灰实施凌辱行为,如奸污女尸,抠摸尸体阴部,使尸体裸露,将尸体、尸骨、骨灰扔至公共场所等。毁坏尸体、尸骨、骨灰,是指毁损尸体、尸骨、骨灰完整性的一切行为,如分割尸体、砍掉尸体的某部分、破坏尸体外表的完整性、抛洒骨灰盒中的骨灰等。根据《刑法》第234条之一第3款的规定,违背本人生前意愿摘取其尸体器官,或者本人生前未表示同意,违反国家规定,违背其近亲属意愿摘取其尸体器官的,依照《刑法》第302条的规定定罪处罚。以书面、文字等方式侮辱死者名誉的,不成立本罪;依法对尸体进行解剖、检查等行为,死者家属或者其他有处理权限的人依照风俗习惯处理尸体的行为,不成立本罪。根据《刑法》第302条的规定,犯本罪的,处3年以下有期徒刑、拘役或者管制。

五十三、赌博罪

(一)赌博罪的概念与特征

赌博罪,是指以营利为目的聚众赌博或者以赌博为业的行为。

赌博,是指就偶然的输赢以财物进行赌事或者博戏的行为。偶然的输赢,是指结果取决于偶然因素,这种偶然因素对当事人而言具有不确定性,至于客观上是否已经确定则无关紧要;偶然因素既可以是将来的因素,也可能是现在或者过去的因素。即使当事人的能力对结果产生一定影响,但只要结果有部分取决于偶然性,就是赌博。如果对于一方当事人而言,胜败的结果已经确定,则不能称为赌博。赌事,是指胜败完全取决于偶然因素的情况;博戏,是指胜败部分取决于偶然因素、部分取决于当事人的能力的情况。赌博还必须是胜者取得财物,败者交付财物;这里的财物包括财产性利益。如果双方以财物以外的利益进行赌事或者博戏,则不属于赌博。

并非任何赌博行为都成立犯罪。根据刑法规定,成立赌博罪,首先在客观上必须符合下列情形之一:一是聚众赌博,即纠集多人从事赌博。二是以赌博为业,即将赌博作为职业或者兼业。其次,主观上必须具有营利目的。这里的营利目的主要有两种情况:一是通过在赌博活动中取胜进而获取财物的目的;二是通过抽头渔利或者收取各种名义的手续费、入场费等获取财物的目的。

(二)赌博罪的认定

认定赌博罪,应注意区分罪与非罪的界限。这要根据赌博罪的主客观特征进行区分。行为人不是聚众赌博、以赌博为业的,不成立赌博罪;换言之,只是单纯参加赌博的行为,不成立赌博罪。行为人的目的不在于营利而在于一时娱乐而参加赌博、聚众赌博的,不成立赌博罪。此外,赌博与打赌不是等同概念,参与打赌者的动机与目的在于确认彼此间互相对立的意见争执,至于赌赢的赏金则不是重点,也不是打赌本身的目的;打赌的结果还可能是双方均获利或者第三者获利。所以,对打赌行为不应认定为赌博罪。

(三)赌博罪的处罚

根据《刑法》第303条第1款的规定,犯赌博罪的,处3年以下有期徒刑、拘役或者管制,并处罚金。

五十四、开设赌场罪

开设赌场罪,是指开设以行为人为中心,在其支配下使他人赌博的场所的行为。至于开设的是临时性的赌场,还是长期性的赌场,则不影响本罪成立。换言之,所谓开设赌场,是指经营赌场。根据最高人民法院、最高人民检察院、公安部2010年8月31日《关于办理网络赌博犯罪案件适用法律若干问题的意见》,利用互联网、移动通讯终端等传输赌博视频、数据,组织赌博活动,具有下列情形之一的,属于"开设赌场"行为:(1)建立赌博网站并接受投注的;(2)建立赌博网站并提供给他人组织赌博的;(3)为赌博网站担任代理并接受投注的;(4)参与赌博网站利润分成的。开设赌场的行为,虽然事实上一般以营利为目的,但刑法没有将营利目的规定为责任要素。

根据上述《意见》,明知是赌博网站,而为其提供下列服务或者帮助的,属于开设赌场罪的共同犯罪,依照《刑法》第303条第2款的规定处罚:(1)为赌博网站提供互联网接入、服务器托管、网络存储空间、通讯传输通道、投放广告、发展会员、软件开发、技术支持等服务,收取服务费数额在2万元以上的;(2)为赌博网站提供资金支付结算服务,收取服务费数额在1万元以上或者帮助收取赌资20万元以上的;(3)为10个以上赌博网站投放与网址、赔率等信息有关的广告或者为赌博网站投放广告累计100条以上的。实施上述行为,具有下列情形之一的,应当认定行为人"明知",但是有证据证明确实不知道的除外:(1)收到行政主管机关书面等方式的告知后,仍然实施上述行为的;(2)为赌博网站提供互联网接入、服务器托管、网络存储空间、通讯传输通道、投放广告、软件开发、技术支持、资金支付结算等服务,收取服务费明显异常的;(3)在执法人员调查时,通过销毁、修改数据、账本等方式故意规避调查或者向犯罪嫌疑人通风报信的;(4)其他有证据证明行为人明知的。

根据最高人民法院、最高人民检察院、公安部2014年3月26日《关于办理利用赌博机开设赌场案件适用法律若干问题的意见》,设置具有退币、退分、退钢珠等赌博功能的电子游戏设施设备,并以现金、有价证券等贵重款物作为奖品,或者以回购奖品方式给予他人现金、有价证券等贵重款物(以下简称设置赌博机)组织赌博活动的,应当认定为开设赌场行为。设置赌博机组织赌博活动,具有下列情形之一的,应当按照开设赌场罪定罪处罚:(1)设置赌博机10台以上的;(2)设置赌博机2台以上,容留未成年人赌博的;(3)在中小学校附近设置赌博机2台以上的;(4)违法所得累计达到5000元以上的;(5)赌资数额累计达到5万元以上的;(6)参赌人数累计达到20人以上的;(7)因设置赌博机被行政处罚后,2年内再设置赌博机5台以上的;(8)因赌博、开设赌场犯罪被刑事处罚后,5年内再设置赌博机5台以上的;(9)其他应当追究刑事责任的情形。明知他人利用赌博机开设赌场,具有下列情形之一的,以开设赌场罪的共犯论处:(1)提供赌博机、资金、场地、技术支持、资金结算服务的;(2)受雇参与赌场经营管理并分成的;(3)为开设赌场者组织客源,收取回扣、手续费的;(4)参与赌场管理并领取高额固定工资的;(5)提供其他直接帮助的。

根据《刑法》第303条第2款的规定,犯本罪的,处5年以下有期徒刑、拘役或者管制,并处罚金;情节严重的,处5年以上10年以下有期徒刑,并处罚金。

五十五、组织参与国(境)外赌博罪

本罪是指组织中华人民共和国公民参与国(境)外赌博,数额巨大或者有其他严重情节的行为。其中的"组织"并不要求形成集团犯罪或其他形式的共同犯罪,只要行为人通过引诱、招揽等方式使中华人民共和国公民参与国(境)外赌博的,就属于"组织"。所谓参与国(境)外赌博,既包括被组织者前往国(境)外的赌场参与赌博,也包括被组织者在境内通过网络电信等方式参与国(境)外赌场的赌博。《刑法》第303条第2款对开设赌场罪规定了基本犯的法定刑与加重犯(情节严重)的法定刑。第303条第3款规定:"组织中华人民共和国公民参与国(境)外赌博,数额巨大或者有其他严重情节的,依照前款的规定处罚。"应当注意的是,"数额巨大或者有其他严重情节",是组织参与国(境)外赌博罪的基本构成要件的内容,所以,对这种情形只能适用开设赌场罪基本犯的法定刑;只有数额特别巨大或者有其他特别严重情节的,才能适用加重法定刑。

五十六、故意延误投递邮件罪

本罪是指邮政工作人员严重不负责任,故意延误投递邮件,致使公共财产、国家和人民利益遭受重大损失的行为。犯本罪的,根据《刑法》第304条的规定处罚。

第二节 妨害司法罪

一、伪证罪

(一)伪证罪的概念与特征

伪证罪,是指在刑事诉讼中,证人、鉴定人、记录人、翻译人对与案件有重要关系的情节,故意作虚假证明、鉴定、记录、翻译,意图陷害他人或者隐匿罪证的行为。

1. 客观方面具有以下特征:(1)必须作虚假的证明、鉴定、记录、翻译。"虚假"一般包括两种情况:一是无中生有,捏造或者夸大事实以陷人入罪;二是将有说无,掩盖或者缩小事实以开脱罪责。伪证行为的方式没有限制,如在口头陈述中作虚假陈述,在文字鉴定中作虚假鉴定,不记录或者擅自增添重要事实,删除录音录像中记录的重要事实,在笔译或者口译中作虚假翻译等。(2)必须是对与案件有重要关系的情节作虚假的证明、鉴定、记录、翻译。这里的案件只限于刑事案件。与案件有重要关系的情节,是指对案件结论有影响的情节,即与是否构成犯罪、犯罪的性质、罪行的轻重、量刑的轻重具有重要关系的情节。伪证行为只要足以影响案件结论即可,不要求实际上影响了案件结论。(3)必须在刑事诉讼中作虚假的证明、鉴定、记录、翻译。即在立案侦查后、审判终结前的过程中作伪证。在诉讼前作假证明包庇犯罪人的,成立包庇罪;在诉讼前作虚假告发,意图使他人受刑事追究的,成立诬告陷害罪。

2. 主体为证人、鉴定人、记录人、翻译人,但他们都必须是已满16周岁,具有辨认控制能力的人。作为本罪主体的证人包括被害人。犯罪嫌疑人、被告人教唆证人等为自己作伪证符合妨害作证罪的构成要件的,可以按妨害作证罪处理,不宜认定为伪证罪的共犯。

3. 主观方面只能是故意,具有陷害他人或者隐匿罪证的意图。行为人明知自己的行为会发生妨害司法客观公正进而陷害他人或者开脱罪责的结果,并且希望或者放任这种结果的发生。证人因记忆不清作了与事实不相符合的证明、鉴定人因技术不高作了错误鉴定、记录人因粗心大意错记漏记、翻译人因水平较低而错译漏译的,均不成立本罪。

(二) 伪证罪与诬告陷害罪的区别

伪证罪与诬告陷害罪有相似之处,在认定犯罪时应注意区分。二者的主要区别是:(1) 伪证罪发生在刑事诉讼的过程中;诬告陷害罪发生在对行为人所诬告的犯罪立案侦查之前,而且可能是引起立案侦查的原因。(2) 伪证罪是对与刑事案件有重要关系的情节作虚假的证明、鉴定、记录、翻译;诬告陷害罪表现为捏造犯罪事实进行虚假告发。(3) 伪证罪的主体是证人、鉴定人、记录人、翻译人;诬告陷害罪的主体是一般主体。(4) 伪证罪的主观方面既可以是意图陷害他人,也可能是意图为他人开脱罪责;而诬告陷害罪的意图是使他人受刑事追究。行为人诬告他人犯罪,引起了司法机关的追诉活动后,在刑事诉讼中又作伪证的,原则上宜从一重罪处罚。

(三) 伪证罪的处罚

根据《刑法》第 305 条的规定,犯伪证罪的,处 3 年以下有期徒刑或者拘役;情节严重的,处 3 年以上 7 年以下有期徒刑。

二、辩护人、诉讼代理人毁灭证据、伪造证据、妨害作证罪

本罪是指在刑事诉讼中,辩护人、诉讼代理人毁灭、伪造证据,帮助当事人毁灭、伪造证据,威胁、引诱证人违背事实改变证言或者作伪证的行为。

主体只限于辩护人与诉讼代理人。客观行为必须发生在刑事诉讼中,行为具体表现为三种情况:一是毁灭、伪造证据;二是帮助当事人毁灭、伪造证据;三是威胁、引诱证人违背事实改变证言或者作伪证。毁灭证据,是指妨害证据的显现或者使证据的效力减少或者丧失的一切行为;不仅包括从物理上损坏作为证据的物体,而且包括隐藏作为证据的物体。伪造证据,是指制作并不真实的证据的行为。这里的伪造应包括变造证据在内,即对既存的证据进行篡改加工,从而变更证据效力的行为。就辩护人而言,一般是毁灭或者帮助毁灭有罪、罪重的证据;伪造或者帮助伪造无罪或者罪轻的证据;威胁、引诱证人违背事实改变有罪、罪重的证言或者作无罪、罪轻的证言;就诉讼代理人而言,一般是毁灭或者帮助毁灭无罪、罪轻的证据;伪造或者帮助伪造有罪、罪重的证据;威胁、引诱证人违背事实改变无罪、罪轻的证言或者作有罪、罪重的证言。但并不排斥相反情况,即在特殊情况下出现了相反情况时,也不影响本罪的成立。所应注意的是,辩护人、诉讼代理人要求证人改变以前的违背事实的证言的,不成立犯罪。对属于合法辩护活动范围内的行为,不得以本罪论处。本罪主观方面只能出于故意;提供、出示、引用的证人证言或者其他证据失实,不是有意伪造的,不成立本罪。此外,本罪的故意内容必须是使无罪定有罪、轻罪定重罪或者使有罪定无罪、重罪定轻罪;如果行为人确信被告人无罪或者罪轻,而采取措施使法院作出符合事实与法律的判决,即使其采取的措施具有一定的违法性,也不宜认定

为本罪。

犯本罪的,根据《刑法》第306条的规定处罚。

三、妨害作证罪

妨害作证罪,是指以暴力、威胁、贿买等方法阻止证人作证或者指使他人作伪证的行为。一般认为,本罪不限于发生在刑事诉讼中,在民事、经济、行政等诉讼中实施本罪行为的,也成立本罪。本罪行为表现为以暴力、威胁、贿买等方法阻止证人作证或者指使他人作伪证。其中的"证人",不应限于狭义的证人,而应包括被害人、鉴定人;"以暴力、威胁、贿买等方法"的规定,既是对阻止证人作证的行为方式的限定,也是对指使他人作伪证的行为方式的限定。本罪主观方面只能是故意。

犯罪嫌疑人、刑事被告人采取一般的嘱托、请求、劝诱等方法阻止他人作证或者指使他人作伪证的,不应以妨害作证罪论处。但是,如果犯罪嫌疑人、刑事被告人采取暴力、威胁等方法阻止他人作证或者指使他人作伪证的,宜认定为妨害作证罪(但可以从轻处罚)。共犯人采取一般的请求、利诱方法阻止同案犯作供述或者指使同案犯作虚假供述的,不宜以犯罪论处。对于同案犯之间的串供行为,不宜认定为妨害作证罪。

本罪与辩护人、诉讼代理人毁灭证据、伪造证据、妨害作证罪有相似之处,主要区别在于:(1) 本罪只要求一般主体,而后者必须是辩护人或者诉讼代理人。(2) 本罪只限于以各种方法阻止证人作证或者指使他人作伪证,而后者包括毁灭、伪造证据等行为。(3) 本罪可以发生在刑事、民事、经济、行政等诉讼过程中或者诉讼活动开始前,而后者只能发生在刑事诉讼中。如果辩护人或诉讼代理人在刑事诉讼中指使他人作伪证,则属于一行为触犯数法条,应以辩护人、诉讼代理人毁灭证据、伪造证据、妨害作证罪论处。

犯本罪的,根据《刑法》第307条第1款的规定处罚。

四、帮助毁灭、伪造证据罪

本罪是指帮助诉讼活动的当事人毁灭、伪造证据,情节严重的行为。毁灭、伪造自己是当事人的案件的证据的,不成立犯罪。毁灭证据,并不限于从物理上使证据消失,而是包括妨碍证据显现、使证据的价值减少、消失的一切行为。伪造证据,一般是指制作出不真实的证据。如将与犯罪无关的物改变成为证据的行为,就属于伪造。帮助毁灭、伪造证据罪中的"帮助",与共犯中的帮助犯的"帮助"不是等同含义。本罪中的"帮助"是一种实行行为,刑法条文使用"帮助"一词,主要是为了表明诉讼活动的当事人毁灭、伪造证据的,不成立本罪,同时表明行为人是为当事人毁灭、伪造证据。所以,下列行为均属于帮助毁灭、伪造证据:

第一,行为人单独为当事人毁灭、伪造证据;第二,行为人与当事人共同毁灭、伪造证据,在这种情况下,行为人与当事人并不成立共犯;第三,行为人为当事人毁灭、伪造证据提供各种便利条件,在这种情况下,行为人并不是帮助犯,而是正犯;第四,行为人唆使当事人毁灭、伪造证据,在这种情况下,行为人并不是教唆犯,而是正犯。本罪只能由故意构成,过失毁灭、伪造证据的,不成立犯罪。犯本罪的,根据《刑法》第307条第2款的规定处罚。

五、虚假诉讼罪

(一)虚假诉讼罪的概念与特征

虚假诉讼罪,是指自然人或者单位以捏造的事实提起民事诉讼,妨害司法秩序或者严重侵害他人合法权益的行为。

以捏造的事实提起民事诉讼,是指以虚假事实为根据,依照民事诉讼法向法院提起诉讼(包括上诉与申诉)。常见的情形是,通过伪造书证、物证,或者双方恶意串通提起民事诉讼。在刑事自诉、行政诉讼中以捏造的事实向法院提起虚假刑事自诉或者行政诉讼的,不成立本罪。但是,如果其中附带民事诉讼的,不妨碍本罪的成立。妨害司法秩序或者严重侵害他人合法权益,是本罪的结果要件。但只要提起虚假民事诉讼就必然妨害司法秩序,就此而言,本罪属于行为与结果同时发生的行为犯。换言之,只要行为人向人民法院提起虚假的民事诉讼,法院已经受理,即使还没有开庭审理,也应当认定为本罪的既遂。但是,就严重侵害他人合法权益的情形而言,则不是行为犯,而是结果犯。严重侵害他人合法权益,并不限于严重侵害他人财产,使他人成为民事诉讼被告而卷入诉讼过程的,就可以认定为严重侵害他人合法权益。本罪行为主体既可以是自然人(包括诉讼代理人),也可以是单位。责任形式只能是故意,行为人误以为自己享有债权等利益而提起民事诉讼的,不以本罪论处。

(二)虚假诉讼罪与其他犯罪的关系

《刑法》第307条之一第3款规定:"有第一款行为,非法占有他人财产或者逃避合法债务,又构成其他犯罪的,依照处罚较重的规定定罪从重处罚。"本款规定属于注意规定,而不是法拟制。

首先,可以肯定的是,行为人通过伪造证据等方法提起民事诉讼欺骗法官,导致法官作出错误判决,使得他人交付财物或者处分财产,行为人非法占有他人财产或者逃避合法债务的,应当以诈骗罪论处。这是典型的三角诈骗。在这种场合,法官是受骗者但不是受害人;遭受财产损失的人虽然是受害人但不是受骗者。顺便指出的是,行为人没有提起民事诉讼,而是作为民事被告提供虚假证据欺骗法官,导致法官作出错误判决,进而非法占有他人财产或者逃避合法债务的,同样成立诈骗罪。

其次，国家工作人员利用职务上的便利，通过虚假民事诉讼非法占有公共财物的，应以贪污罪论处。① 此即国家工作人员利用职务上的便利骗取公共财物的情形。但是，按照本书的观点，公司、企业等单位的工作人员（即非国家工作人员），利用职务上的便利，通过虚假民事诉讼非法占有本单位财物的，仍成立诈骗罪。

最后，由于诈骗罪以及贪污罪中的骗取行为，都需要具有处分权限的人产生认识错误并且基于认识错误而处分财产，如果普通公民甲针对丙提起虚假民事诉讼，办案法官乙明知甲捏造事实（或者甲与法官乙相勾结），作出有利于甲的裁判，从而使甲非法占有丙的财产或者逃避合法债务的，不可能认定为诈骗罪。诚然，法官乙的行为成立民事枉法裁判罪，在甲唆使乙作出枉法裁判的情形下，对甲也可以按民事枉法裁判罪的共犯论处。但是，仅评价为此罪并不合适。一方面，甲与乙的行为侵害了丙的财产，对此必须作出评价；另一方面，倘若丙遭受数额特别巨大的财产损失，对甲与乙仅认定为民事枉法裁判罪，明显导致罪刑之间不协调。本书的看法是，当甲提起虚假民事诉讼，法官乙没有受骗却作出枉法裁判，导致丙遭受财产损失的，法官乙同时触犯民事枉法裁判罪与侵犯财产罪（其中的财产罪只能在盗窃罪与敲诈勒索罪两个罪之间选择，一般来说认定为盗窃罪较为合适），由于只有一个行为，应当认定为想象竞合，从一重罪处罚。甲的行为既可能仅触犯虚假诉讼罪与盗窃罪（在没有与法官乙勾结的场合），也可能还触犯民事枉法裁判罪（唆使法官乙枉法裁判的场合），一般来说也属于想象竞合，从一重罪处罚。

（三）虚假诉讼罪的处罚

根据《刑法》第307条之一的规定，犯本罪的，处3年以下有期徒刑、拘役或者管制，并处或者单处罚金；情节严重的，处3年以上7年以下有期徒刑，并处罚金。单位犯前款罪的，对单位判处罚金，并对其直接负责的主管人员和其他直接责任人员，依照前款的规定处罚。司法工作人员利用职权，与他人共同实施上述行为的，从重处罚。

六、打击报复证人罪

本罪是指对证人进行打击报复的行为。这里的打击报复既包括利用职务上的便利的打击报复，也包括没有利用职务上的便利的打击报复。打击报复的手段没有限制，如果打击报复手段同时触犯其他犯罪，则从一重罪处罚。犯本罪的，根据《刑法》第308条的规定处罚。

---

① 不过，向人民法院提起虚假诉讼的行为本身与职务没有关系。所以，以贪污罪论处的情形应当比较罕见。

七、泄露不应公开的案件信息罪

本罪是指司法工作人员、辩护人、诉讼代理人或者其他诉讼参与人,泄露依法不公开审理的案件中不应当公开的信息,造成信息公开传播或者其他严重后果的行为。

本罪是身份犯,其他人员泄露信息的,不成立本罪。泄露的方式没有限制,易言之,凡是使信息让不应知悉的人知悉的,均属于泄露。所泄露的信息仅限于依法不公开审理的案件中不应当公开的信息。一方面,必须是依法不公开审理的案件。依法应当公开审理但司法机关没有公开审理的,不属于依法不公开审理的案件;披露该案件信息的,不成立犯罪。另一方面,必须泄露不公开审理的案件中的不应当公开的信息。因为即便是不公开审理的案件也有应当公开的信息,如案由、开庭时间、地点、成年的被告人姓名等。不应当公开的信息,是指公开后可能对国家安全和利益、当事人的利益造成不利影响的信息。泄露信息的行为造成信息公开传播或者其他严重后果的,才成立犯罪。本罪只能由故意构成,原本属于不应当公开的信息,但行为人误以为是可以公开的信息而泄露的,不成立本罪。

可以肯定的是,披露案件审理过程中的任何司法工作人员、辩护人、诉讼代理人或者其他诉讼参与人的违法行为的,都不成立犯罪。问题是,就不公开审理的案件而言,经当事人同意的泄露行为,是否排除犯罪的成立?本书的看法如下:(1)就侵害商业秘密的犯罪而言,即使权利人(被害人)申请不公开审理,法官也没有公开审理,但权利人在审理过程中或者审理结束后同意他人披露审理信息的,对披露行为不得以犯罪论处。(2)在案件性质仅涉及被害人隐私时,被害人在审理过程中或者审理结束后同意他人披露审理信息的,对披露行为不得以犯罪论处(当然,披露具体细节涉嫌传播淫秽物品等罪的,则是另一回事)。(3)被告人不满18周岁,且不涉及被害人隐私,经未成年被告人及其法定代理人同意而披露的,不得以犯罪论处。(4)在案件性质涉及双方当事人的隐私时,仅征得一方同意而泄露信息的,仍然成立本罪;如果征得双方当事人同意的,则不得以本罪论处。(5)涉及国家秘密的案件,征得任何人同意都不排除犯罪的成立。但泄露行为一般同时触犯泄露国家秘密罪,依照《刑法》第398条的规定定罪处罚。

根据《刑法》第308条之一的规定,犯本罪的,处3年以下有期徒刑、拘役或者管制,并处或者单处罚金。

八、披露、报道不应公开的案件信息罪

本罪是指自然人或者单位公开披露、报道依法不公开审理的案件中不应当

公开的信息,情节严重的行为。犯本罪的,根据《刑法》第308条之一的规定处罚。

九、扰乱法庭秩序罪

根据《刑法》第309条的规定,下列行为构成扰乱法庭秩序罪:(1)聚众哄闹、冲击法庭的;(2)殴打司法工作人员或者诉讼参与人的;(3)侮辱、诽谤、威胁司法工作人员或者诉讼参与人,不听法庭制止,严重扰乱法庭秩序的;(4)有毁坏法庭设施,抢夺、损毁诉讼文书、证据等扰乱法庭秩序行为,情节严重的。特别需要指出的是,在司法工作人员或者诉讼参与人存在违法行为的情况下,行为人以不改正就告发相通告的,不得认定为"威胁司法工作人员或者诉讼参与人"。此外,在民事、行政诉讼中,当事人损毁自己持有的证据的,不应以犯罪论处。本罪的责任形式为故意,即明知自己的行为会发生扰乱法庭秩序的结果,并且希望或者放任这种结果的发生。行为同时触犯聚众冲击国家机关、妨害公务、故意伤害、侮辱、诽谤、寻衅滋事、抢夺、故意毁坏财物等罪的,属于想象竞合,从一重罪处罚。根据《刑法》第309条的规定,犯本罪的,处3年以下有期徒刑、拘役、管制或者罚金。

十、窝藏、包庇罪

(一)窝藏、包庇罪的概念与特征

本罪可分解为窝藏罪与包庇罪。窝藏罪,是指明知是犯罪的人而为其提供隐藏处所、财物,帮助其逃匿的行为;包庇罪,是指明知是犯罪的人而作假证明包庇的行为。

1. 客观上必须实施了窝藏或包庇犯罪人的行为。(1)行为人所窝藏或者包庇的必须是"犯罪的人"。首先,"犯罪的人"应从一般意义上理解,而不能从"无罪推定"的角度作出解释,换言之,虽然包括严格意义上的"罪犯",但不是仅指已经被法院作出有罪判决的人。其次,已被公安、司法机关依法作为犯罪嫌疑人、被告人而成为侦查、起诉对象的人,即使事后被法院认定无罪的,也属于"犯罪的人"。再次,即使暂时没有被司法机关作为犯罪嫌疑人,但确实实施了犯罪行为,因而将被公安、司法机关作为犯罪嫌疑人、被告人而成为侦查、起诉对象的人,同样属于"犯罪的人"。(2)必须实施了窝藏、包庇行为。窝藏行为主要表现为,为犯罪的人提供隐藏处所、财物,帮助其逃匿的行为。"为犯罪的人提供隐藏处所、财物"与"帮助其逃匿"不是手段行为与目的行为的关系,而属于并列关系。换言之,帮助犯罪的人逃匿的方法行为,不限于为犯罪的人提供隐藏处所或者财物。窝藏行为的特点是妨害公安、司法机关发现犯罪的人,或者说使公安司法机关不能或者难以发现犯罪的人,因此,除提供隐藏处所、财物外,向犯罪的人通报侦查或追捕的动静、向犯罪的人提供化装的用具等,也属于帮助其逃匿的行为。包庇,是指向公安、司法机关提供虚假证明掩盖犯罪的人。在司法机关追捕的过程中,行为人出于某种特殊原因为了使犯罪人逃匿,而自己冒充犯罪的人向司法机关投案或者实施其他使司法机关误认为自己为原犯罪人的行为的,也应认定为本罪。

2. 本罪为一般主体。犯罪的人自己窝藏、逃匿的,不能成立本罪。犯罪的人教唆他人对自己实施窝藏、包庇行为时,实施了窝藏、包庇行为的人构成本罪,但犯罪的人不成立本罪的教唆犯。对犯罪人的近亲属实施的窝藏、包庇行为,不宜以本罪论处。即使构成犯罪的,也应从宽处罚。

3. 主观上必须出于故意,即明知是犯罪的人而实施窝藏、包庇行为。明知,是指认识到自己窝藏、包庇的是犯罪的人。在开始实施窝藏、包庇行为时明知是犯罪人的,当然成立本罪;在开始实施窝藏、包庇行为时不明知是犯罪人,但发现对方是犯罪人后仍然继续实施窝藏、包庇行为的,也成立本罪。

根据《刑法》第362条的规定,旅馆业、饮食服务业、文化娱乐业、出租汽车业等单位的人员,在公安机关查处卖淫、嫖娼活动时,为违法犯罪分子通风报信,情节严重的,以本罪定罪处罚。

(二) 窝藏、包庇罪的认定

1. 正确区分本罪与非罪的界限。明知发生犯罪事实或者明知犯罪人的去向,而不主动向公安、司法机关举报的行为,属于单纯的知情不举行为,不成立本罪。知道犯罪事实,在公安、司法机关调查取证时,单纯不提供证言的,也不构成本罪;但如果提供虚假证明包庇犯罪人,则成立包庇罪或伪证罪;如果拒不提供间谍犯罪证据,则成立相关犯罪。

2. 正确区分本罪与事前有通谋的共同犯罪。窝藏、包庇行为是在被窝藏、包庇的人犯罪后实施的,其犯罪故意也是在他人犯罪后产生的,即只有在与犯罪人没有事前通谋的情况下,实施窝藏、包庇行为的,才成立本罪。如果行为人事前与犯罪人通谋,商定待犯罪人实行犯罪后予以窝藏、包庇的,则成立共同犯罪。因此,《刑法》第310条第2款规定,犯窝藏、包庇罪,事前通谋的,以共同犯罪论处。①

3. 正确区分本罪与伪证罪。(1)本罪为一般主体;而伪证罪是特殊主体,只限于证人、鉴定人、记录人与翻译人。(2)本罪发生的时间没有限制,而伪证罪必须发生在刑事诉讼中。(3)本罪是通过使犯罪人逃匿或者采取其他庇护方法,使其逃避刑事制裁;伪证罪掩盖的是与案件有重要关系的犯罪情节。(4)窝

---

① 这一规定实际上属于注意规定,因此,即使没有该规定,对事前通谋事后窝藏、包庇的行为也应认定为共同犯罪。

藏、包庇的对象既可以是犯罪嫌疑人、被告人,也可以是受有罪宣告的犯罪人;而伪证罪所包庇的对象只能是犯罪嫌疑人、被告人。

(三)窝藏、包庇罪的处罚

根据《刑法》第310条第1款规定,犯本罪的,处3年以下有期徒刑、拘役或者管制;情节严重的,处3年以上10年以下有期徒刑。

十一、拒绝提供间谍犯罪、恐怖主义犯罪、极端主义犯罪证据罪

本罪是指明知他人有间谍犯罪或者恐怖主义、极端主义犯罪行为,在司法机关向其调查有关情况、收集有关证据时,拒绝提供,情节严重的行为。本罪是真正不作为犯,行为主体是明知他人有上述犯罪行为的人。拒绝提供,包括拒不提供司法机关所要调查的情况与所要收集的证据。在司法机关向行为人调查有关情况、收集有关证据时,行为人逃匿的,也成立本罪。如果行为人作虚假证明,则应以包庇罪或者伪证罪论处。根据《刑法》第311条的规定,犯本罪的,处3年以下有期徒刑、拘役或者管制。

十二、掩饰、隐瞒犯罪所得、犯罪所得收益罪

(一)本罪的概念与特征

本罪是指明知是犯罪所得及其产生的收益,而予以窝藏、转移、收购、代为销售或者以其他方法掩饰、隐瞒的行为。本罪名属于选择性罪名。刑法理论上往往将这几种行为简称为赃物犯罪或赃物罪。本罪具有以下特征:

1. 行为人所窝藏、转移、收购、代为销售或者以其他方法掩饰、隐瞒的必须是犯罪所得及其产生的收益。掩饰、隐瞒的是犯罪所得或者是犯罪所得产生的收益即可,不必同时掩饰、隐瞒犯罪所得及其产生的收益。"犯罪所得"是指犯罪所得的赃物(狭义的赃物),即通过犯罪行为所获得的财物,故犯罪工具不是赃物。这里的犯罪,既包括财产犯罪、经济犯罪,也包括其他可能获取财物的犯罪,如赌博罪、受贿罪所取得的财物,也能成为本罪的赃物;但伪造的货币、制造的毒品等,不属于本罪的赃物。犯罪所得产生的收益,是指利用犯罪所得的赃物获得的利益(广义的赃物)。如贿赂钱款存入银行后所获得的利息,利用走私犯罪所得投资房地产所获取的利润(以下将犯罪所得及其产生的收益合称为赃物)。"犯罪所得及其产生的收益"中的"犯罪"应是既遂犯罪。行为人在本犯(原犯罪人)既遂前故意参与的,应认定为共同犯罪。如果本犯已经占有或者取得了财物,但行为并没有既遂,而行为人参与处理财物的,原则上成立共同犯罪。例如,甲得知乙受委托占有丙的财物,乙与甲共谋将该财物出卖给他人的,乙与甲构成侵占罪的共犯。但是,如果A不法处分自己占有的他人财物,B在明知的情况下而购买的,则不成立共犯,但可能成立赃物犯罪。本罪中的"犯罪所得及其产

生的收益"还必须是他人犯罪所得的财物,而不包括本人犯罪所得的赃物。

2. 行为人实施了窝藏、转移、收购、代为销售等掩饰、隐瞒赃物的行为。窝藏,是指隐藏、保管等使司法机关不能或难以发现赃物的行为。转移,是指改变赃物的存放地的行为,转移行为应达到足以妨害司法机关追缴赃物的程度,在同一房屋内转移赃物的,不宜认定为本罪,但将某建筑物内的赃物从一个房间转移到另一房间的,不失为转移。收购,是收买不特定的犯罪人的赃物或者购买大量赃物的行为;对于购买特定的少量赃物自用的,不宜认定为犯罪,但对购买他人犯罪所得的机动车等重大财物的,应认定为收购赃物。代为销售,是指替本犯有偿转让赃物的行为。对于在本犯与购买人之间进行斡旋的,也应认定为代为销售赃物。除了上述四种行为之外,采取其他方法掩饰、隐瞒赃物的,也成立本罪。明知是盗窃、抢劫、诈骗、抢夺的机动车,实施下列行为之一的,以掩饰、隐瞒犯罪所得、犯罪所得收益罪论处:(1)买卖、介绍买卖、典当、拍卖、抵押或者用其抵债的;(2)拆解、拼装或者组装的;(3)修改发动机号、车辆识别代号的;(4)更改车身颜色或者车辆外形的;(5)提供或者出售机动车来历凭证、整车合格证、号牌以及有关机动车的其他证明和凭证的;(6)提供或者出售伪造、变造的机动车来历凭证、整车合格证、号牌以及有关机动车的其他证明和凭证的。

3. 主体既可以是自然人,也可以是单位,但不包括本犯,即行为人自己窝藏、转移、销售、掩饰、隐瞒自己犯罪所得及其产生的收益的行为,不成立犯罪。国家指定的车辆交易市场、机动车经营企业(含典当、拍卖行)以及从事机动车修理、零部件销售企业的主管人员或者其他直接责任人员,明知是盗窃、抢劫的机动车而予以窝藏、转移、拆解、改装、拼装、收购、代为销售或者以其他方法掩饰、隐瞒的,应以本罪追究刑事责任。

4. 主观方面只能是故意,即明知是犯罪所得及其产生的收益,而予以窝藏、转移、收购、代为销售或者以其他方法掩饰、隐瞒。在明知是赃物的情况下,行为人认识到自己窝藏、转移、收购、代为销售、掩饰、隐瞒赃物的行为,会发生妨害司法机关追缴赃物与刑事侦查、起诉、审判的正常活动秩序的危害结果,并且希望或者放任这种结果发生。至于如何判断行为人是否"明知"是犯罪所得赃物,则是至关重要的问题。行为人必须事前与本犯没有通谋,如果行为人事前与本犯通谋,就事后窝藏、转移、收购、代为销售等掩饰、隐瞒犯罪赃物达成合意的,则以共同犯罪论处。

(二)"明知"的认定

明知是赃物,包括明知肯定是赃物和明知可能是赃物。明知可能是赃物,是指行为人根据有关事项,认识到可能是犯罪所得的赃物,但又不能充分肯定其为赃物。因此,行为人对赃物的认识不要求是确定的,只要认识到或许是赃物、可能是赃物即可。基于这一理由,赃物犯罪也可以是间接故意犯罪。

总体来说,应当结合被告人的认知能力,接触他人犯罪所得及其收益的情况,犯罪所得及其收益的种类、数额,犯罪所得及其收益的转换、转移方式以及被告人的供述等主、客观因素认定"明知"。对明知是赃物的认定,可以采取推定的方法,即从行为人已经实施的行为及相关事实中,推断出行为人是否明知是赃物;如果推定行为人明知是赃物,行为人未作任何辩解,则推定成立。一般来说,应根据行为人行为的时间、地点、数量、价格、品种、行为人与本犯的关系、了解程度等方面推定行为人是否明知是赃物。例如,商定在秘密地点交付物品然后实施窝藏等行为的,收购以明显低于市场价格出售的物品的,对方交付的是个人不可能持有的公用设施器材或其他零部件而又没有单位证明的,行为人明知对方是财产犯罪人、经济犯罪人而接受其物品并实施窝藏等行为的,知道是禁止经营的物品而收购的,都可以推定行为人"明知"是赃物。当然,推定不是主观臆断,不能取代调查研究,推定也要以事实为根据,而且对于推定结论应允许行为人提出辩解。

(三) 本罪与洗钱罪的关系

本罪与洗钱罪的构成要件不同。首先,洗钱罪只限于掩饰、隐瞒毒品犯罪、黑社会性质的组织犯罪、恐怖活动犯罪、走私犯罪、贪污贿赂犯罪、破坏金融管理秩序犯罪、金融诈骗犯罪的所得及其产生的收益的来源和性质的行为,而本罪包括对其他犯罪所得及其产生收益的掩饰与隐瞒。其次,两罪的行为不完全相同。洗钱罪包括各种掩饰、隐瞒犯罪所得及其收益的来源和性质的行为,而本罪是对犯罪所得及其产生的收益本身的窝藏、转移、收购、代为销售等掩饰与隐瞒行为。但是,不排除一个行为同时触犯本罪与洗钱罪的情形。对此,应按想象竞合从一重罪处罚。

(四) 本罪的处罚

根据《刑法》第 312 条的规定,犯本罪的,处 3 年以下有期徒刑、拘役或者管制,并处或者单处罚金;情节严重的,处 3 年以上 7 年以下有期徒刑,并处罚金。单位犯前款罪的,对单位判处罚金,并对其直接负责的主管人员和其他直接责任人员,依照上述规定处罚。

十三、拒不执行判决、裁定罪

本罪是指自然人或者单位对人民法院的判决、裁定有能力执行而拒不执行,情节严重的行为。

客观方面表现为对人民法院的判决、裁定有能力执行而拒不执行,且情节严重。根据立法解释,"人民法院的判决、裁定",是指人民法院依法作出的具有执行内容并已发生法律效力的判决、裁定;既包括刑事判决与裁定,也包括民事、经济、行政等方面的判决与裁定。人民法院为依法执行支付令、生效的调解书、仲裁裁决、公证债权文书等所作的裁定属于该条规定的裁定。所谓"有能力执行而拒不执行,情节严重",是指下列情形:(1)被执行人隐藏、转移、故意毁损财产或者无偿转让财产、以明显不合理的低价转让财产,致使判决、裁定无法执行的;(2)担保人或者被执行人隐藏、转移、故意毁损或者转让已向人民法院提供担保的财产,致使判决、裁定无法执行的;(3)协助执行义务人接到人民法院协助执行通知书后,拒不协助执行,致使判决、裁定无法执行的;(4)被执行人、担保人、协助执行义务人与国家机关工作人员通谋,利用国家机关工作人员的职权妨害执行,致使判决、裁定无法执行的;(5)其他有能力执行而拒不执行,情节严重的情形。

主体必须是应当执行人民法院的判决、裁定的人。被执行人、协助执行义务人、担保人等负有执行义务的人对人民法院的判决、裁定有能力执行而拒不执行,情节严重的,应当以本罪论处。此外,负有执行人民法院判决、裁定义务的单位为了本单位的利益实施本罪行为的,以本罪论处。

主观方面只能出于故意,即明知是人民法院的判决、裁定,而故意不执行。

暴力抗拒人民法院执行判决、裁定,杀害、重伤执行人员的,应以故意杀人罪、故意伤害罪论处。国家机关工作人员收受贿赂或者滥用职权,实施本罪行为,同时又构成受贿罪、滥用职权罪的,从一重处罚。

根据《刑法》第313条的规定,犯本罪的,处3年以下有期徒刑、拘役或者罚金;情节特别严重的,处3年以上7年以下有期徒刑,并处罚金。单位犯前款罪的,对单位判处罚金,并对其直接负责的主管人员和其他直接责任人员,依照上述规定处罚。

十四、非法处置查封、扣押、冻结的财产罪

本罪是指故意隐藏、转移、变卖、毁损已被司法机关查封、扣押、冻结的财产,情节严重的行为。这里的查封、扣押与冻结,应是依法的查封、扣押与冻结。对他人财产滥用职权非法进行查封、扣押与冻结的,有关当事人为保障自己的权利所实施的隐藏、转移、变卖等行为,不应以本罪论处。

根据《刑法》第91条的规定,司法机关查封、扣押的财产,属于公共财物。行为人(包括财产的原所有人)以不法所有为目的,采取非法变卖等方式取得财产,或者故意毁坏该财产的,实际上也符合侵犯财产罪的构成要件。由于侵犯财产罪的法定刑重于本罪的法定刑,故实施本罪行为同时符合侵犯财产罪的构成要件的,应从一重罪处罚。

根据《刑法》第314条的规定,犯本罪的,处3年以下有期徒刑、拘役或者罚金。

十五、破坏监管秩序罪

本罪是指依法被关押的罪犯,违反监管法规,破坏监管秩序,情节严重的行为。

客观方面表现为以下行为:(1)殴打监管人员的;(2)组织其他被监管人破坏监管秩序的;(3)聚众闹事,扰乱正常监管秩序的;(4)殴打、体罚或者指使他人殴打、体罚其他被监管人的。本罪主体必须是依法被关押的已决犯,依法被关押的被告人、犯罪嫌疑人不能成为本罪主体。主观方面必须具有破坏监管秩序的故意,以杀人、伤害故意对监管人员或被监管人员实施杀人、伤害行为的,应认定为故意杀人罪与故意伤害罪。成立本罪还要求情节严重,对此,应从行为的手段、次数、对象、结果、影响、动机等方面进行综合判断。根据《刑法》第248条的规定,监管人员指使依法被关押的罪犯,殴打或者体罚虐待被监管人的,对监管人员的行为,认定为虐待被监管人罪。

根据《刑法》第315条的规定,犯本罪的,处3年以下有期徒刑。

十六、脱逃罪

(一)脱逃罪的概念与特征

脱逃罪,是指依法被关押的罪犯、被告人、犯罪嫌疑人脱逃的行为。

1. 主体是依法被关押的罪犯(已决犯)、被告人与犯罪嫌疑人;未被关押的罪犯、被告人与犯罪嫌疑人,不是本罪主体。但是,这只是就实行犯而言,未被关押的人如果教唆、帮助上述人员脱逃的,成立本罪的共犯。是否"依法"被关押,应以司法机关关押时进行判断。换言之,是否"依法"固然要同时考虑程序上的合法与实体上的合法,但这种合法不是事后判断的,而应根据行为时的状况进行判断。因此,原则上只要司法机关在关押的当时符合法定的程序与实体条件,就应认为是依法关押,被关押的罪犯、被告人、犯罪嫌疑人就可以成为本罪主体。但另一方面不能忽视的是,在行为人原本无罪,完全由于司法机关的错误导致其被关押的情况下,如果行为人只是单纯脱逃的(即没有使用暴力、胁迫、毁坏监管设施等方式脱逃),将其认定为犯罪也不尽合理。所以,确实无罪的人单纯脱逃的,不宜认定为脱逃罪。

2. 客观方面表现为脱逃。脱逃,是指脱离监管机关的实力支配的行为,具体表现为逃离关押场所。脱逃的方式没有限制,如乘监管人员疏忽而逃离关押场所,趁外出劳动逃离关押场所,对监管人员使用暴力、威胁手段而逃离关押场所,打破门窗或毁损械具后逃离关押场所,等等。受到监狱(包括劳改农场等监管机构)奖励,节假日受准回家的罪犯,故意不在规定时间返回监狱,采取逃往外地等方式逃避入狱的,也应以脱逃罪论处。

3. 主观方面只能是故意,且出于逃避监管机关监管的目的。如果没有这种目的,由于某种特殊原因,暂时离开关押场所,特殊原因消失后立即回到关押场所的,一般不宜认定为脱逃罪。但是,这并不意味着逃避监管机关的监管的目的,只能是永久性或长期性逃避监管的目的;出于一时性逃避劳动改造的目的而脱逃的,原则上也成立本罪。例如,在劳改农场服刑的罪犯,为了在某段艰苦时间逃避执行机关的监管,逃离半个月后又回到该劳改农场的,应认定为脱逃罪。

(二) 正确区分脱逃罪的既遂与未遂

行为人摆脱了监管机关与监管人员的实力支配(控制)时,成立脱逃罪的既遂。脱逃罪的本质是脱离监管机关的实力支配,脱逃罪行为人的主观目的也在于摆脱监管机关与监管人员的实力支配,因此,摆脱了监管机关与监管人员的实力支配时,就应认定为既遂。如果行为人仍处于关押场所内,则不可能摆脱监管机关与监管人员的实力支配;但逃出关押场所的并不都摆脱了监管机关与人员的实力支配。因此,没有必要同时要求逃出关押场所与摆脱监管人员的控制。基于这一标准,行为人逃出关押场所后,只要明显处于被监管人员追捕的过程中,就应认定为脱逃未遂。

(三) 脱逃罪的处罚

根据《刑法》第 316 条第 1 款的规定,犯脱逃罪的,处 5 年以下有期徒刑或者拘役。

十七、劫夺被押解人员罪

本罪是指劫夺押解途中的罪犯、被告人、犯罪嫌疑人的行为。劫夺,是指使罪犯、被告人、犯罪嫌疑人脱离监管人员的实力支配,而将其置于自己或第三者的实力支配内或者使其逃匿;劫夺行为既可以采用对押解人进行暴力、威胁的方法,也可以不使用暴力、威胁方法,如趁押解人不注意而迅速夺取被押解人。行为人所劫夺的必须是押解途中的罪犯、被告人或者犯罪嫌疑人。犯本罪的,根据《刑法》第 316 条第 2 款的规定处罚。

十八、组织越狱罪

组织越狱罪是指依法被关押的罪犯、被告人、犯罪嫌疑人,在首要分子组织、策划、指挥下,有组织地脱逃的行为。本罪与脱逃罪的关键区别在于,是否有组织地越狱脱逃。判断是否有组织地越狱脱逃,一是要看参与越狱脱逃的人数是否在三人以上;二是要看是否有组织、策划、指挥的首要分子。对二者都得出肯定结论的,应认定为组织越狱罪。犯上述罪的,根据《刑法》第 317 条第 1 款的规定处罚。

十九、暴动越狱罪、聚众持械劫狱罪

暴动越狱罪是指依法被关押的罪犯、被告人、犯罪嫌疑人,在首要分子组织、策划、指挥下,采用暴动方式,有组织地脱逃的行为。是否采取暴动方式,是本罪区别于组织越狱罪的关键。聚众持械劫狱罪,是指狱外人员在首要分子组织、策划、指挥下,持械劫夺狱中罪犯、被告人或犯罪嫌疑人的行为。是否有首要分子、是否持械、是否劫夺狱中的罪犯、被告人或犯罪嫌疑人,是本罪区别于劫夺被押解人员罪的关键。犯上述两罪的,根据《刑法》第317条第2款的规定处罚。

第三节 妨害国(边)境管理罪

一、组织他人偷越国(边)境罪

本罪是指违反国(边)境管理法规,组织他人偷越国(边)境的行为。客观方面表现为违反出入境管理法规,组织他人偷越国(边)境的行为。组织,是指策划指挥、劝说动员、串联拉拢他人偷越国(边)境。领导、策划、指挥他人偷越国(边)境或者在首要分子指挥下,实施拉拢、引诱、介绍他人偷越国(边)境等行为的,也属于"组织他人偷越国(边)境"。组织者既可以只是组织他人偷越国(边)境而自己并不偷越,也可以组织他人与自己共同偷越国(边)境。主观方面必须出于故意,营利目的不是本罪的主观要件。犯本罪的,根据《刑法》第318条的规定处罚。在犯本罪的过程中,对被组织人有杀害、伤害、强奸、拐卖等犯罪行为,或者对检查人员有杀害、伤害等犯罪行为的,依照数罪并罚的规定处罚。

二、骗取出境证件罪

本罪是指自然人或者单位以劳务输出、经贸往来或者其他名义,弄虚作假、骗取护照、签证等出境证件,为组织他人偷越国(边)境使用的行为。其中的"为组织他人偷越国(边)境使用",应属于主观要件。因此,如果行为人出于为组织他人偷越国(边)境的目的,采取上述手段骗取了护照、签证等出境证件的,即使实际上还没有用于组织他人偷越国(边)境,也成立本罪。反之,如果原本不存在组织者,骗取出境证件的行为就不可能构成本罪。犯本罪的,根据《刑法》第319条的规定处罚。

三、提供伪造、变造的出入境证件罪,出售出入境证件罪

提供伪造、变造的出入境证件罪,是指为他人提供伪造、变造的护照、签证等出入境证件的行为;出售出入境证件罪,是指出售护照、签证等出入境证件的行

为。其中的"提供"既可以是有偿的,也可以是无偿的;"出售"则是指有偿转让。成立本罪,不要求出于特定目的。行为人伪造出入境证件后又提供给他人的,原则上应从一重罪处罚;出售出入境证件的行为,可能同时触犯买卖国家机关证件罪,对此,应认定为一行为触犯数罪名,从一重罪处罚。犯上述罪的,根据《刑法》第 320 条的规定处罚。

四、运送他人偷越国(边)境罪

本罪是指违反国(边)境管理法规,运送他人偷越国(边)境的行为。客观上表现为使用车辆、船只等交通工具将偷越国(边)境的人运送出、入国(边)境的行为;主观上表现为明知被运送者是偷越国(边)境人员,而故意运送。

本罪与组织他人偷越国(边)境罪的区别表现在:本罪是运送行为,后者是组织行为。如果行为人既组织、又运送,而且运送行为是组织他人偷越国(边)境行为的组成部分,被运送者与被组织者具有同一性,则只认定为组织他人偷越国(边)境罪;如果运送行为不是组织行为的组成部分,被运送者与被组织者不具有同一性,则应分别定罪,实行数罪并罚。

犯本罪的,根据《刑法》第 321 条的规定处罚。犯运送他人偷越国(边)境罪,对被运送人有杀害、伤害、强奸、拐卖等犯罪行为,或者对检查人员有杀害、伤害等犯罪行为的,依照数罪并罚的规定处罚。

五、偷越国(边)境罪

本罪是指违反国(边)境管理法规,偷越国(边)境,情节严重的行为。偷越,主要表现为不在出入境口岸、边防站等规定的地点出入国(边)境,或者使用伪造的出入境证件在规定的地点出入国(边)境。偷越的主体既可以是中国公民,也可以是外国公民。偷越行为情节严重的,才成立本罪。走私犯偷越国(边)境的,按走私罪处理,不另认定为本罪;国家机关工作人员或者掌握国家秘密的国家工作人员偷越国边(境)叛逃的,以叛逃罪论处,也不另认定为本罪。犯本罪的,根据《刑法》第 322 条的规定处罚。

六、破坏界碑、界桩罪

本罪是指故意破坏国家边境的界碑、界桩的行为。破坏,是指使国家边境的界碑、界桩丧失或者减少其应有功能的一切行为,如拆除、损坏、移动、掩埋、盗窃,等等。破坏行为必须出于故意,过失破坏国家边境的界碑、界桩的,不构成犯罪。盗窃界碑、界桩的行为同时构成盗窃罪的,从一重罪处罚。犯本罪的,根据《刑法》第 323 条的规定处罚。

七、破坏永久性测量标志罪

本罪是指故意破坏永久性测量标志的行为。犯本罪的,根据《刑法》第323条的规定处罚。

第四节 妨害文物管理罪

一、故意损毁文物罪

本罪是指故意损毁国家保护的珍贵文物或者被确定为全国重点文物保护单位、省级文物保护单位的文物的行为。客观行为必须是损毁特定文物。损毁,是指损坏、毁坏、破坏文物以及其他使文物的历史、艺术、科学、史料、经济价值或纪念意义、教育意义丧失或者减少的行为。损毁的对象必须是国家保护的珍贵文物或者被确定为全国重点文物保护单位、省级文物保护单位的文物。文物是指具有历史、艺术、科学价值的遗址或者遗物。根据立法解释,"刑法关于文物的规定,适用于具有科学价值的古脊椎动物化石、古人类化石"。主观方面必须出于故意,行为人必须明知自己所损毁的是文物或者可能是文物,但不要求行为人对文物的种类、级别等具有明确认识。犯本罪的,根据《刑法》第324条第1款的规定处罚。

二、故意损毁名胜古迹罪

本罪是指故意损毁国家保护的名胜古迹,情节严重的行为。损毁,是指导致名胜古迹丧失或减少其历史、艺术、科学、游览等价值的一切行为。犯本罪的,根据《刑法》第324条第2款的规定处罚。

三、过失损毁文物罪

本罪是指过失损毁国家保护的珍贵文物或者被确定为全国重点文物保护单位、省级文物保护单位的文物,造成严重后果的行为。犯本罪的,根据《刑法》第324条第3款的规定处罚。

四、非法向外国人出售、赠送珍贵文物罪

本罪是指自然人或者单位,违反文物保护法规,将收藏的国家禁止出口的珍贵文物私自出售或者私自赠送给外国人的行为。出售,是有偿转让行为;赠送,为无偿转让行为。外国人,包括具有外国国籍的人与无国籍人。犯本罪的,根据《刑法》第325条的规定处罚。

五、倒卖文物罪

本罪是指自然人或者单位以牟利为目的,倒卖国家禁止经营的文物,情节严重的行为。客观上表现为倒卖国家禁止经营的文物。倒卖,是指低价买进高价卖出或者转手贩卖文物。行为人所倒卖的文物,必须是国家禁止经营的文物,其具体范围由国家文物主管部门确定。主观上只能出于故意,并具有牟利目的。成立本罪,还要求情节严重。犯本罪的,根据《刑法》第326条的规定处罚。

六、非法出售、私赠文物藏品罪

非法出售、私赠文物藏品罪,是指国有博物馆、图书馆等单位,违反文物保护法规,将国家保护的文物藏品出售或者私自送给非国有单位或者个人的行为。本罪对象仅限于国家保护的文物藏品;出售或者私自赠送的对象仅限于国内的非国有单位或者个人,如果出售或者私自赠送给外国机构、组织或者个人,则成立非法向外国人出售、赠送珍贵文物罪。本罪主体只限于国有博物馆、图书馆等单位。主观方面只能出于故意。犯本罪的,根据《刑法》第327条规定处罚。

七、盗掘古文化遗址、古墓葬罪,盗掘古人类化石、古脊椎动物化石罪

(一)盗掘古文化遗址、古墓葬罪的概念与特征

本罪是指盗掘具有历史、艺术、科学价值的古文化遗址、古墓葬的行为。

本罪的对象是具有历史、艺术、科学价值的古文化遗址、古墓葬。这是指清代和清代以前的具有历史、艺术、科学价值的古文化遗址、古墓葬以及辛亥革命后与著名历史事件有关的名人墓葬、遗址和纪念地。古文化遗址,包括古窟、地下城、古建筑等;古墓葬,包括皇帝陵墓、革命烈士墓地。本罪的行为是盗掘,盗掘既不是单纯的盗窃,也不是单纯的损毁,而是指未经国家文物主管部门批准,私自挖掘古文化遗址、古墓葬,因此,盗掘可谓集盗窃与损毁于一体,其危害程度相当严重。本罪主观方面只能出于故意,即明知是古文化遗址、古墓葬而私自挖掘。

本罪与故意损毁文物罪、故意损毁名胜古迹罪的犯罪对象范围不同、行为方式不同。行为人在盗掘古文化遗址、古墓葬的过程中,造成古文化遗址、古墓葬中的珍贵文物等毁坏的,宜从一重罪处罚;但在盗掘古文化遗址、古墓葬后,故意毁坏古文化遗址、古墓葬中的珍贵文物或者名胜古迹的,则应实行数罪并罚。本罪与盗窃罪也有相似之处,因为盗窃罪包括盗窃文物的行为,但本罪与盗窃罪在犯罪对象、行为方式等方面都存在区别。行为人盗掘古文化遗址、古墓葬后,将其中的文物非法据为己有的,仍以盗掘古文化遗址、古墓葬罪论处。

（二）盗掘古人类化石、古脊椎动物化石罪的概念与特征

本罪是指盗掘国家保护的具有科学价值的古人类化石和古脊椎动物化石的行为。本罪的对象是国家保护的具有科学价值的古人类化石和古脊椎动物化石；行为是盗掘，即未经国家有关主管部门批准而私自挖掘；主观方面为故意，即明知是国家保护的具有科学价值的古化石而盗掘。

（三）盗掘古文化遗址、古墓葬罪，盗掘古人类化石、古脊椎动物化石罪的处罚

刑法对盗掘古文化遗址、古墓葬罪规定了独立的法定刑，对盗掘古人类化石、古脊椎动物化石罪规定了援引法定刑，即根据盗掘古文化遗址、古墓葬罪的法定刑处罚。根据《刑法》第 328 条的规定，犯盗掘古文化遗址、古墓葬罪的，处 3 年以上 10 年以下有期徒刑，并处罚金；情节较轻的，处 3 年以下有期徒刑、拘役或者管制，并处罚金；有下列情形之一的，处 10 年以上有期徒刑、无期徒刑，并处罚金或者没收财产：(1) 盗掘确定为全国重点文物保护单位和省级文物保护单位的古文化遗址、古墓葬的；(2) 盗掘古文化遗址、古墓葬集团的首要分子；(3) 多次盗掘古文化遗址、古墓葬的；(4) 盗掘古文化遗址、古墓葬，并盗窃珍贵文物或者造成珍贵文物严重破坏的。

八、抢夺、窃取国有档案罪

本罪是指抢夺、窃取国家所有的档案的行为。本罪的对象仅限于国家所有的档案。行为表现为抢夺与窃取；抢劫国有档案的行为，成立本罪与抢劫罪的想象竞合犯。犯本罪的，根据《刑法》第 329 条第 1 款的规定处罚。犯本罪又构成刑法规定的其他犯罪的，依照处罚较重的规定定罪处罚。例如，如果盗窃属于国家秘密的国有档案，则行为触犯了窃取国有档案罪与非法获取国家秘密罪，应从一重罪处罚。

九、擅自出卖、转让国有档案罪

本罪是指违反档案法的规定，擅自出卖、转让国家所有的档案，情节严重的行为。犯本罪的，根据《刑法》第 329 条第 2 款的规定处罚。犯本罪又构成其他犯罪的，依照处罚较重的规定定罪处罚。

第五节　危害公共卫生罪

一、妨害传染病防治罪

本罪是指违反传染病防治法的规定，引起甲类传染病以及依法确定采取甲

类传染病预防、控制措施的传染病传播或者有传播严重危险的行为。

本罪的构成要件行为包括5种类型：(1)供水单位供应的饮用水不符合国家规定的卫生标准的；(2)拒绝按照疾病预防控制机构提出的卫生要求，对传染病病原体污染的污水、污物、场所和物品进行消毒处理的；(3)准许或者纵容传染病病人、病原携带者和疑似传染病病人从事国务院卫生行政部门规定禁止从事的易使该传染病扩散的工作的；(4)出售、运输疫区中被传染病病原体污染或者可能被传染病病原体污染的物品，未进行消毒处理的；(5)拒绝执行县级以上人民政府、疾病预防控制机构依照传染病防治法提出的预防、控制措施的。本罪的构成要件结果是，引起甲类传染病以及依法确定采取甲类传染病预防、控制措施的传染病传播或者有传播严重危险。显然，本罪的结果包括了实害与具体危险。犯本罪的，根据《刑法》第330条的规定处罚。

二、传染病菌种、毒种扩散罪

本罪是指从事实验、保藏、携带、运输传染病菌种、毒种的人员，违反国务院卫生行政部门的有关规定，造成传染病菌种、毒种扩散，后果严重的行为。犯本罪的，根据《刑法》第331条的规定处罚。

三、妨害国境卫生检疫罪

本罪是指自然人或者单位违反国境卫生检疫规定，引起检疫传染病传播或者有传播严重危险的行为。犯本罪的，根据《刑法》第332条的规定处罚。

四、非法组织卖血罪

本罪是指违反法律规定，组织他人出卖血液的行为。根据《刑法》第333条的规定，犯本罪的，处5年以下有期徒刑，并处罚金。犯本罪对他人造成伤害的，以故意伤害罪定罪处罚。这里的"伤害"应限于重伤，即非法组织出卖血液，造成他人轻伤的，仍应认定为本罪；但造成重伤的，则应认定为故意伤害罪，并适用重伤的法定刑。如果行为致人死亡，则宜认定为故意伤害(致死)罪。

五、强迫卖血罪

本罪是指以暴力、威胁方法强迫他人出卖血液的行为。本罪与非法组织卖血罪的关键区别在于：本罪使用了暴力、威胁手段，出卖血液者不是自愿的；而非法组织卖血罪，只是通过策划、动员、拉拢、联络等方式组织他人出卖血液，行为人不使用暴力、威胁手段，出卖血液者是自愿的。根据《刑法》第333条的规定，犯强迫卖血罪的，处5年以上10年以下有期徒刑，并处罚金。犯本罪对他人造成伤害的，依照故意伤害罪定罪量刑。

六、非法采集、供应血液、制作、供应血液制品罪

本罪是指非法采集、供应血液或者制作、供应血液制品,不符合国家规定的标准,足以危害人体健康的行为。"血液",是指全血、成分血和特殊血液成分。"血液制品",是指各种人血浆蛋白制品。有下列情形之一的,应认定为"不符合国家规定的标准,足以危害人体健康":(1)采集、供应的血液含有艾滋病病毒、乙型肝炎病毒、丙型肝炎病毒、梅毒螺旋体等病原微生物的;(2)制作、供应的血液制品含有艾滋病病毒、乙型肝炎病毒、丙型肝炎病毒、梅毒螺旋体等病原微生物,或者将含有上述病原微生物的血液用于制作血液制品的;(3)使用不符合国家规定的药品、诊断试剂、卫生器材,或者重复使用一次性采血器材采集血液,造成传染病传播危险的;(4)违反规定对献血者、供血浆者超量、频繁采集血液、血浆,足以危害人体健康的;(5)其他不符合国家有关采集、供应血液或者制作、供应血液制品的规定标准,足以危害人体健康的。犯本罪的,根据《刑法》第334条第1款的规定处罚。

七、采集、供应血液、制作、供应血液制品事故罪

本罪是指经国家主管部门批准采集、供应血液或者制作、供应血液制品的部门,不依照规定进行检测或者违背其他操作规定,造成危害他人身体健康后果的行为。采集、供应部门包括血液中心、中心血站、中心血库、脐带血造血干细胞库和国家卫生行政主管部门根据医学发展需要批准、设置的其他类型血库、单采血浆站。犯本罪的,根据《刑法》第334条第2款的规定处罚。

八、非法采集人类遗传资源、走私人类遗传资源材料罪

本罪是指违反国家有关规定,非法采集我国人类遗传资源或者非法运送、邮寄、携带我国人类遗传资源材料出境,危害公众健康或者社会公共利益,情节严重的行为。"国家有关规定"主要是指《人类遗传资源管理条例》。"人类遗传资源"包括人类遗传资源材料和人类遗传资源信息。人类遗传资源材料是指含有人体基因组、基因等遗传物质的器官、组织、细胞等遗传材料。人类遗传资源信息是指利用人类遗传资源材料产生的数据等信息资料(《人类遗传资源管理条例》第2条)。犯本罪的,根据《刑法》第334条之一的规定处罚。

九、医疗事故罪

(一)医疗事故罪的概念与特征

医疗事故罪,是指医务人员由于严重不负责任,造成就诊人死亡或者严重损害就诊人身体健康的行为。

1. 客观方面表现为严重不负责任,造成就诊人死亡或者严重损害就诊人身体健康的行为。严重不负责任,是指医务人员在诊疗护理过程中,违反医疗卫生管理法律、行政法规、部门规章和诊疗护理规范、常规,不履行或者不正确履行诊疗护理职责,粗心大意,马虎草率。行为既可以是作为,也可以是不作为,前者如护理人员打错针、发错药,后者如值班医生擅离职守。行为造成就诊人死亡或者严重损害就诊人身体健康的,才成立本罪。直接造成病员死亡、残废、组织器官损伤导致功能障碍的,在胸腔、腹腔、盆腔、颅内及深部组织遗留纱布、器械等异物的,开错手术部位,造成较大创伤的,或者造成严重毁容以及其他严重后果的,可认定为医疗事故。但反应轻微,或体内遗留的异物微小,不需再行手术,或异物被及时发现、取出,无明显不良后果者,不能认定为医疗事故。

2. 主体必须是医务人员,即直接从事诊疗护理事务的人员,包括国家、集体医疗单位的医生、护士、药剂人员,以及经主管部门批准开业的个体行医人员。由于诊疗护理工作是群体性的活动,构成医疗事故的行为人,还应包括从事医疗管理、后勤服务等人员。

3. 主观上只能出于过失,故意造成患者人身伤亡的,视行为性质认定为故意杀人、故意伤害等罪。行为人因医疗技术差或者医疗水平低而造成事故的,需要具体分析。如果行为人应当预见或者已经知道自己的医疗技术水平不能医治严重疾病,但仍然继续医治,贻误患者抢救时机,造成患者伤亡的,应当认定为过失。但是,在紧急情况下,行为人因医疗技术水平低而不能发现患者疾病的原因及其严重性,而进行常规处置,未能救助患者的,不应认定为犯罪。行为人因医疗技术水平低而建议患者到其他医院治疗,但患者或其家属执意要求行为人治疗,行为人进行常规处置的,即使造成严重后果,也不应当认定为犯罪。

(二) 医疗事故罪的认定

1. 应当正确划清医疗事故罪与医疗技术事故的界限。责任事故是指医务人员因违反规章制度、诊疗护理常规等失职行为所致的事故;技术事故是指医务人员因技术水平不高、缺乏临床经验等技术上的失误所导致的事故,而不是因为严重不负责任所导致的事故。所以,对医疗技术事故一般不能认定为本罪。但是,明知自己缺乏相应的技术能力却过于自信造成事故的,也可能成立医疗事故罪。

2. 应当正确区分医疗事故罪与医疗意外事故的界限。这里所说的医疗意外事故,是指由于医务人员不能预见或者不可抗拒的原因而导致就诊人死亡或者严重损害就诊人身体健康的事故。在这种情况下,由于医务人员主观上没有过失,故不能认定为本罪。

3. 应当正确区分医疗事故罪与就诊人或其亲属造成的事故。在有些情况下,就诊人的死亡或者其他严重后果,是由于就诊人或者其亲属不配合治疗或者擅自采用其他药物等造成的;如果医务人员采取了有效的防范,则不能认定为医疗事故罪。

4. 应当正确区分医疗事故罪与一般医疗事故。这里所说的一般医疗事故,是指医务人员虽然有不负责任的行为,也造成了一定的危害结果,但没有造成刑法所规定的致人死亡或严重损害人身健康的情况。一般医疗事故因为不符合医疗事故罪的结果要件,故不成立犯罪。此外,虽然医务人员严重不负责任,事实上也发生了刑法所规定的严重结果,但如果医务人员严重不负责任的行为与结果之间没有因果关系,也不能认定医务人员的行为构成医疗事故罪。

5. 正确区分责任人员的责任程度。(1)要区分直接责任人员与间接责任人员;前者是指责任人的行为与病员的不良结果之间有直接的因果关系,是对不良后果起决定作用的人员。后者是指责任人的行为与病员的不良结果之间有着间接的联系,对造成不良结果起条件作用,不是起决定作用的人员。(2)在复合原因造成的结果中,要分清主要责任人员和次要责任人员,分别根据他们在造成不良结果过程中所起的作用,确定其所负责任的大小。(3)要区分具体实施人员的直接责任与指导人员的直接责任。如果是具体实施人员受命于指导人员实施的行为,或在实施中实施人员提出过纠正意见,未被指导人员采纳而造成不良结果的,由指导人员负直接责任。如果实施人员没有向指导人员如实反映病人情况或拒绝执行指导人员的正确意见造成不良后果,实施人员负直接责任。如果是具体实施人员提出了违反有关法规(含规章制度)的主张、做法,由于指导人员轻信,同意实施或者具体实施人员明知受命于指导人员所实施的行为违反有关规章制度,但不向指导者反映,仍然继续实施而造成不良结果的,则具体实施人员和指导人员都要负直接责任。(4)要分清职责范围与直接责任的关系。如果事故责任不属责任人法定职责或特定义务范围,责任人对其不良后果不负直接责任。如果分工不清、职责不明,又无具体制度规定,则以其实际工作范围和公认的职责作为认定责任的依据。如无特殊需要责任人无故擅自超越职责范围,造成事故的,也应追究责任。(5)如果在非职责范围和职责岗位,包括业余或离退休人员,无偿为人民群众进行诊疗护理活动,或于紧急情况下抢救危重病员而发生失误造成不良后果的,一般不应追究责任。

(三) 医疗事故罪的处罚

根据《刑法》第 335 条的规定,犯本罪的,处 3 年以下有期徒刑或者拘役。

十、非法行医罪

(一) 非法行医罪的概念与特征

非法行医罪,是指未取得医生执业资格的人非法行医,情节严重的行为。

1. 客观方面表现为非法行医,即非法从事诊断、治疗、医务护理工作,属于典型的职业犯。刑法所规定的构成要件包括了行为人反复非法行医的行为,因此,不管非法行医的时间多长,也只能认定为一罪。行医具有两个基本特征:

(1) 行医是指从事"医疗活动"、实施"医疗行为",对此应参照《医疗机构管理条例实施细则》中的"诊疗活动""医疗美容"认定。根据《医疗机构管理条例实施细则》的规定,诊疗活动,是指通过各种检查,使用药物、器械及手术等方法,对疾病作出判断和消除疾病、缓解病情、减轻痛苦、改善功能、延长生命、帮助患者恢复健康的活动。医疗美容,是指使用药物以及手术、物理和其他损伤性或者侵入性手段进行的美容。

(2) 行医是以实施医疗行为为业的活动,因此,非法行医罪属于职业犯。这是因为,首先,行医就是从事医师执业活动,而医师执业活动是将医疗、预防、保健作为一种业务实施的,故行医必然是一种业务行为。其次,非法行医罪是危害公共卫生的犯罪,具体而言,是危害不特定患者或者多数患者生命、健康的犯罪,而不是单纯违反医疗机构管理的行为。如果行为人只是针对特定的个人从事医疗、预防、保健等活动,就不可能危害公共卫生。只有当行为人将行医作为一种业务活动而实施时,才可能危害公共卫生。所以,本罪的性质决定了行医是一种以医疗、预防、保健为业的行为。

业务是基于社会生活上的地位而反复、继续从事的事务。在认定是否行医即行为人是否将医疗、预防、保健作为业务时,应当根据行为人的行为方式、样态、时间、场所等进行判断。特别应注意的是以下几点:第一,只要性质上是要反复、继续实施的,或者只要行为人以反复、继续实施的意思从事医疗、预防、保健活动,其第一次行医就是一种业务活动,在首次诊疗活动中被查获的,也属于非法行医(是否构成犯罪则是另一回事)。第二,行医虽然是一种业务行为,但并不要求行为人将行医作为唯一职业,行为人在具有其他职业的同时,将行医作为副业、兼业的,也属于非法行医。第三,行医行为不要求具有不间断性,只要行为是反复实施的,即使具有间断性质,也不影响对业务性质的认定。第四,不能因为行为人在一次特定的医疗等活动中收取了报酬,就认定为非法行医。收取报酬只是认定是否业务行为的根据之一,而非唯一根据。

2. 主体必须是未取得医生执业资格的人,已经取得医生执业资格的人行医的,即使没有办理其他有关手续,也不成立本罪。根据相关司法解释,有下列情形之一的,属于"未取得医生执业资格的人非法行医":(1) 未取得或者以非法手段取得医师资格从事医疗活动的;(2) 被依法吊销医师执业证书期间从事医疗活动的;(3) 未取得乡村医生执业证书,从事乡村医疗活动的;(4) 家庭接生员实施家庭接生以外的医疗行为的。

"未取得医生执业资格的人"是一种消极的身份。所以,非法行医罪属于消极的身份犯,具有医生执业资格的人,不可能成为本罪的实行犯。具有医生执业资格的人,教唆或者帮助没有取得医生执业资格的人非法行医的,成立非法行医罪的共犯。例如,取得医生执业资格的人雇请未取得该资格的人和自己共同行医的,成立非法行医罪的共犯。

3. 本罪主观上出于故意,即明知自己未取得医生执业资格却非法行医。尽管实践中的非法行医者大多出于营利目的,但我国刑法并没有规定非法行医罪以出于营利目的为必要,故不以营利为目的的非法行医行为也可能成立本罪。

4. 成立本罪还要求情节严重,如造成就诊人轻度残疾、器官组织损伤导致一般功能障碍的;造成甲类传染病传播、流行或者有传播、流行危险的;使用假药、劣药或不符合国家规定标准的卫生材料、医疗器械,足以严重危害人体健康的;非法行医被卫生行政部门行政处罚两次以后,再次非法行医的;等等。

(二)非法行医罪的认定

不符合行医特征的行为,不成立非法行医罪,应视性质与情节认定为其他犯罪。行为人采用封建迷信等方法为他人治病的,不属于非法行医;采用迷信乃至邪教方法致人死亡的,应视情形适用《刑法》第300条或第232条、第233条。声称自己的"药品"能够治好某种疾病,使他人信以为真而购买,或者以行医为名采取非法手段取得他人财物的,也不是非法行医,只能视性质与情节认定为诈骗、盗窃、生产、销售假药、生产、销售劣药等罪。不具有医生执业资格的人,没有反复、继续实施的意思,偶然为特定人医治疾病的,不成立非法行医罪。例如,某医院护士甲,没有医生执业资格,但答应同事乙的请求,商定以1500元为乙之子丙戒除毒瘾。甲在没有对丙进行必要的体格检查和并不了解其毒瘾程度的情况下,便照搬其利用工作之便抄下来的一张戒毒处方为丙戒毒。在对丙使用大剂量药品时,丙出现不良反应,后经送医院抢救无效死亡。甲虽然没有医生执业资格,但他并没有反复、继续私自为他人戒毒的意思,客观上也没有反复实施这种行为,故不能认定甲在非法从事医疗业务,因而不构成非法行医罪。对于甲的行为应认定为过失致人死亡罪。①

(三)非法行医罪的处罚

根据《刑法》第336条第1款的规定,犯本罪的,处3年以下有期徒刑、拘役或者管制,并处或者单处罚金;严重损害就诊人身体健康的,处3年以上10年以下有期徒刑,并处罚金;造成就诊人死亡的,处10年以上有期徒刑,并处罚金。

十一、非法进行节育手术罪

本罪是指未取得医生执业资格的人,擅自为他人进行节育复通手术、假节育

---

① 一方面,甲的行为不具有危害公共卫生的性质;另一方面,甲不以非法行医为业,故其致人死亡行为的危害轻于非法行医致人死亡行为的危害,将甲的行为认定为过失致人死亡罪,在处罚上也是合适的。

手术、终止妊娠手术或者摘取宫内节育器,情节严重的行为。未取得医生执业资格的人,非法行医情节严重,同时又实施本罪行为情节严重的,宜作为包括的一罪,从一重罪论处。犯本罪的,根据《刑法》第336条第2款的规定处罚。

本罪原本是为了落实限制人口的计划生育政策而设立的,但随着人口政策的变化,对本罪的认定应当进行调整。在本书看来,未取得医生执业资格的人,擅自为他人进行节育复通手术、假节育手术、摘取宫内节育器的,不应当再认定为犯罪。只有对终止妊娠手术情节严重的行为,才宜认定为本罪。

十二、非法植入基因编辑、克隆胚胎罪

非法植入基因编辑、克隆胚胎罪,是指将基因编辑、克隆的人类胚胎植入人体或者动物体内,或者将基因编辑、克隆的动物胚胎植入人体内,情节严重的行为。基因编辑,也称基因组编辑,是指利用基因工程技术对生物体基因组特定目标基因进行修饰的行为。克隆,是指利用生物技术由无性生殖产生与原个体有完全相同基因的个体或种群的行为。将基因编辑、克隆的动物胚胎植入动物体内的,不构成本罪。犯本罪的,根据《刑法》第336条之一的规定处罚。

十三、妨害动植物防疫、检疫罪

本罪是指自然人或者单位,违反有关动植物防疫、检疫的国家规定,引起重大动植物疫情的,或者有引起重大动植物疫情危险,情节严重的行为。犯本罪的,根据《刑法》第337条的规定处罚。

第六节　破坏环境资源保护罪

一、污染环境罪

本罪是指违反国家规定,排放、倾倒或者处置有放射性的废物、含传染病病原体的废物、有毒物质或者其他有害物质,严重污染环境的行为。

客观方面具有三个特征:一是违反国家规定,这主要是指违反《大气污染防治法》《固体废物污染环境防治法》《水污染防治法》《海洋环境保护法》《环境保护法》等法律以及国务院颁布的有关实施细则。二是排放、倾倒或者处置有放射性的废物、含传染病病原体的废物、有毒物质或者其他有害物质。排放、倾倒与处置的共同点是,将危险废物、有毒物质或者其他有害物质置于大气或者水土(包括海洋、湖泊等)之中。危险废物,是指列入国家危险废物名录或者根据国家规定的危险废物鉴别标准和鉴别方法认定的具有危险特性的废物。三是严重污染环境。根据最高人民法院、最高人民检察院2016年12月23日《关于办理环境

污染刑事案件适用法律若干问题的解释》,具有下列情形之一的,应当认定为"严重污染环境":(1) 在饮用水水源一级保护区、自然保护区核心区排放、倾倒、处置有放射性的废物、含传染病病原体的废物、有毒物质的;(2) 非法排放、倾倒、处置危险废物3吨以上的;(3) 排放、倾倒、处置含铅、汞、镉、铬、砷、铊、锑的污染物,超过国家或者地方污染物排放标准3倍以上的;(4) 排放、倾倒、处置含镍、铜、锌、银、钒、锰、钴的污染物,超过国家或者地方污染物排放标准10倍以上的;(5) 通过暗管、渗井、渗坑、裂隙、溶洞、灌注等逃避监管的方式排放、倾倒、处置有放射性的废物、含传染病病原体的废物、有毒物质的;(6) 2年内曾因违反国家规定,排放、倾倒、处置有放射性的废物、含传染病病原体的废物、有毒物质受过2次以上行政处罚,又实施前列行为的;(7) 重点排污单位篡改、伪造自动监测数据或者干扰自动监测设施,排放化学需氧量、氨氮、二氧化硫、氮氧化物等污染物的;(8) 违法减少防治污染设施运行支出100万元以上的;(9) 违法所得或者致使公私财产损失30万元以上的;(10) 造成生态环境严重损害的;(11) 致使乡镇以上集中式饮用水水源取水中断12小时以上的;(12) 致使基本农田、防护林地、特种用途林地5亩以上,其他农用地10亩以上,其他土地20亩以上基本功能丧失或者遭受永久性破坏的;(13) 致使森林或者其他林木死亡50立方米以上,或者幼树死亡2500株以上的;(14) 致使疏散、转移群众5000人以上的;(15) 致使30人以上中毒的;(16) 致使3人以上轻伤、轻度残疾或者器官组织损伤导致一般功能障碍的;(17) 致使1人以上重伤、中度残疾或者器官组织损伤导致严重功能障碍的;(18) 其他严重污染环境的情形。本罪主体既可以是自然人,也可以是单位。本罪的主观方面为故意。

犯本罪的,根据《刑法》第338条与第346条的规定处罚。实施本罪行为,同时触犯投放危险物质罪或者其他犯罪的,属于想象竞合犯,从一重罪处罚。

二、非法处置进口的固体废物罪

本罪是指自然人或者单位违反国家规定,故意将境外的固体废物进境倾倒、堆放、处置的行为。固体废物是指,在生产建设、日常生活和其他活动中产生的污染环境的固态、半固态废弃物质。处置,是指将固体废物焚烧和用其他改变固体废物的物理、化学、生物特性的方法,达到减少已产生的固体废物数量、缩小固体废物体积、减少或者消除其危险成分的活动,或者将固体废物最终置于符合环境保护规定要求的场所或者设施并不再取回的活动。犯本罪的,根据《刑法》第339条和第346条的规定处罚。

三、擅自进口固体废物罪

本罪是指自然人或者单位未经国务院有关主管部门许可,擅自进口固体废物用作原料,造成重大环境污染事故,致使公私财产遭受重大损失或者严重危害人体健康的行为。行为人必须将进口的固体废物用作原料;如果行为人以利用原料为名,进口不能用作原料的固体废物,则成立走私废物罪。犯本罪的,根据《刑法》第339条和第346条的规定处罚。

四、非法捕捞水产品罪

本罪是指违反保护水产资源法规,在禁渔区、禁渔期或者使用禁用的工具、方法捕捞水产品,情节严重的行为。

客观方面以违反《渔业法》《水产资源繁殖保护条例》等保护水产资源的法律、法规为前提。行为表现为四种情况:一是在禁渔区捕捞水产品,二是在禁渔期捕捞水产品,三是使用禁用的工具捕捞水产品,四是使用禁用的方法捕捞水产品。实施上述行为之一的,即可构成本罪;同时实施上述行为的,也只成立一罪。但如果使用炸鱼、毒鱼等危险方法捕捞水产品,危害公共安全的,应以危害公共安全的有关犯罪论处。本罪主体既可以是自然人,也可以是单位。主观方面只能出于故意,即明知是禁渔区、禁渔期或明知使用的是禁用的工具或方法,而故意捕捞水产品。成立本罪还要求情节严重。实施本罪行为同时触犯盗窃等罪的,应从一重罪处罚。

犯本罪的,根据《刑法》第340条与第346条的规定处罚。

五、危害珍贵、濒危野生动物罪

本罪是指本罪是指非法猎捕、杀害国家重点保护的珍贵、濒危野生动物,或者非法收购、运输、出售国家重点保护的珍贵、濒危野生动物及其制品的行为。

行为对象是国家重点保护的珍贵、濒危野生动物及其制品。野生动物,是指陆生、水生野生动物和有重要生态、科学、社会价值的陆生野生动物。其中,珍贵的野生动物,是指在生态平衡、科学研究、文化艺术、发展经济以及国际交往等方面具有重要价值的陆生、水生野生动物。濒危的野生动物,是指品种和数量稀少且濒于灭绝或者有濒于灭绝危险的陆生、水生野生动物。

猎捕不限于以狩猎的方法捕获,而是包括一切捕捉、获得珍贵、濒危野生动物的行为。出于娱乐等动机捕获野生动后立即释放的,不宜认定为犯罪,但捕获野生动物后取出野生动物的部分器官、部位等(不属于杀害),然后将野生动物放回自然界的,也属于猎捕。"收购",包括以营利、自用等为目的的购买行为。2014年4月24日全国人大常委会《关于〈中华人民共和国刑法〉第三百四十一条、第三百一十二条的解释》规定:"知道或者应当知道是国家重点保护的珍贵、濒危野生动物及其制品,为食用或者其他目的而非法购买的,属于刑法第三百四十一条第一款规定的非法收购国家重点保护的珍贵、濒危野生动物及其制品的行为。"①"运输",包括采用携带、邮寄、利用他人、使用交通工具等方法进行运送的行为;"出售",包括出卖和以营利为目的的加工利用行为。② 认定本罪时,需要特别注意行为是否侵害或者威胁了珍贵、濒危野生动物资源,而不能形式化地认定本罪。例如,动物园管理者未经林业主管部门批准,将发情老虎送往外地交配的,不能认定为危害珍贵、濒危野生动物罪。再如,对于居民搬家时运输祖传或年代久远的野生动物制品,因而并没有破坏野生动物资源的行为,不得认定为本罪。

本罪的罪过形式为故意,行为人必须明知是国家重点保护的珍贵、濒危野生动物及其制品而实施本罪行为,但不要求认识到野生动物的级别与具体名称。

使用爆炸、投毒、设置电网等危险方法破坏野生动物资源,构成危害珍贵、濒危野生动物罪,同时构成《刑法》第114条或者第115条规定之罪的,依照处罚较重的规定定罪处罚。实施本罪行为,又以暴力、威胁方法抗拒查处,构成其他犯罪的,依照数罪并罚的规定处罚。故意伤害珍贵、濒危野生动物的,应以故意毁坏财物罪论处。

犯本罪的,根据《刑法》第341条第1款和第346条的规定处罚。

六、非法狩猎罪

非法狩猎罪,是指自然人或者单位违反狩猎法规,在禁猎区、禁猎期或者使用禁用的工具、方法进行狩猎,破坏野生动物资源,情节严重的行为。非法狩猎行为同时触犯危害珍贵、濒危野生动物罪的,应根据行为性质与具体情况,以危害珍贵、濒危野生动物罪论处或者实行数罪并罚。犯本罪的,根据《刑法》第341条第2款以及第346条的规定处罚。

七、非法猎捕、收购、运输、出售陆生野生动物罪

本罪是指违反野生动物保护管理法规,以食用为目的非法猎捕、收购、运输、出售第341条第1款规定以外的在野外环境自然生长繁殖的陆生野生动物,情节严重的行为。第341条第1款规定的是国家重点保护的珍贵、濒危野生动物,本罪的行为对象是此外的在野外环境自然生长繁殖的陆生野生动物(不包括野生动物制品,也不包括已经死亡的野生动物)。不过,第3款中的"第一款规定以外"只是表面要素或者界限要素。例如,行为人确实误将珍贵、濒危野生动物当作并非国家重点保护的野外环境自然生长繁殖的陆生野生动物,而实施非法猎

---

① 本书认为,其中的"应当知道"并不是指过失,而是指根据相关事实推定行为人知道。
② 但将"加工"行为解释为出售行为,有类推解释之嫌。因为行为人在为他人实施有偿加工行为时,并没有出售动物与动物制品,只是"出售了劳动力"。

捕、收购、运输、出售行为。如果具有食用目的，就只能认定为本罪，不能适用第341条第1款的规定；如果不具有食用目的，则不能以犯罪论处。猎捕、收购、运输、出售行为必须违反野生动物保护管理法规。猎捕行为符合相关管理法规规定的条件的，则不能认定为犯罪。本罪只能由故意构成，并且必须以食用为目的。[①] 出于其他目的实施上述行为的，不构成本罪。犯本罪的，根据《刑法》第341条第3款以及第346条的规定处罚。

八、非法占用农用地罪

本罪是指自然人或者单位违反土地管理法规，非法占用耕地、林地等农用地，改变被占用土地用途，数量较大，造成耕地、林地等农用地大量毁坏的行为。根据立法解释，"违反土地管理法规"，是指违反土地管理法、森林法、草原法等法律以及有关行政法规中关于土地管理的规定。造成农用地"大量毁坏"，是指行为人非法占用农用地建窑、建坟、建房、挖沙、采石、采矿、取土、堆放固体废弃物或者进行其他非农业建设，造成严重毁坏或者严重污染。根据司法解释，非法占用林地，改变被占用林地用途，在非法占用的林地上实施建窑、建坟、建房、挖沙、采石、采矿、取土、种植农作物、堆放或者排泄废弃物等行为或者进行其他非林业生产、建设，造成林地的原有植被或者林业种植条件严重毁坏或者严重污染的，构成本罪。犯本罪的，根据《刑法》第342条与第346条的规定处罚。

九、破坏自然保护地罪

破坏自然保护地罪，是指违反自然保护地管理法规，在国家公园、国家级自然保护区进行开垦、开发活动或者修建建筑物，造成严重后果或者有其他恶劣情节的行为。自然保护区，是指对有代表性的自然生态系统、珍稀濒危野生动植物物种的天然集中分布区、有特殊意义的自然遗迹等保护对象所在的陆地、陆地水体或者海域，依法划出一定面积予以特殊保护和管理的区域。根据《刑法》第342条之一的规定，犯本罪的，处5年以下有期徒刑或者拘役，并处或者单处罚金。犯本罪同时构成其他犯罪的，从一重罪处罚。

十、非法采矿罪

非法采矿罪，是指自然人或者单位违反矿产资源法的规定，未取得采矿许可证擅自采矿，擅自进入国家规划矿区、对国民经济具有重要价值的矿区和他人矿区范围采矿，或者擅自开采国家规定实行保护性开采的特定矿种，情节严重的行

---

① "以食用为目的"既包括以本人食用为目的，也包括以使第三者食用为目的，而且不要求行为人与第三者具有密切关系。

为。具有下列情形之一的,应当认定为"未取得采矿许可证":(1)无许可证的;(2)许可证被注销、吊销、撤销的;(3)超越许可证规定的矿区范围或者开采范围的;(4)超出许可证规定的矿种的(共生、伴生矿种除外)[①];(5)其他未取得许可证的情形。犯本罪的,根据《刑法》第343条第1款与第346条的规定处罚。

十一、破坏性采矿罪

破坏性采矿罪,是指自然人或者单位违反矿产资源法的规定,采取破坏性的开采方法开采矿产资源,造成矿产资源严重破坏的行为。犯本罪的,根据《刑法》第343条第2款与第346条的规定处罚。

十二、危害国家重点保护植物罪

本罪是指自然人或者单位违反国家规定,非法采伐、毁坏珍贵树木或者国家重点保护的其他植物,或者非法收购、运输、加工、出售珍贵树木或者国家重点保护的其他植物及其制品的行为。作为本罪对象的珍贵树木与保护植物,包括由省级以上林业主管部门或者其他部门确定的具有重大历史纪念意义、科学研究价值或者年代久远的古树名木与保护植物,国家禁止、限制出口的珍贵树木以及列入国家重点保护野生植物名录的树木与保护植物。非法采伐,是指违反国家规定,砍伐或采集珍贵树木或保护植物;非法毁坏,是指违反国家规定,造成珍贵树木、保护植物死亡或者影响其正常生长的一切行为。本罪主体既可以是自然人,也可以是单位。主观方面必须出于故意,过失不成立本罪。犯本罪的,根据《刑法》第344条与第346条的规定处罚。

十三、非法引进、释放、丢弃外来入侵物种罪

本罪是指违反国家规定,非法引进、释放或者丢弃外来入侵物种,情节严重的行为。根据《刑法》第344条之一的规定,犯本罪的,处3年以下有期徒刑或者拘役,并处或者单处罚金。

十四、盗伐林木罪

(一)盗伐林木罪的概念与特征

盗伐林木罪,是指盗伐森林或者其他林木,数量较大的行为。

1. 客观方面表现为盗伐森林或者其他林木,数量较大的行为。(1)行为对象必须是森林或者其他林木。这里的"森林",是指大面积的原始森林和人造林,

---

[①] 亦即,在共生、伴生矿种的情况下,具有采矿许可证的行为人在许可的地域范围内超出许可证规定的矿种采矿的,不成立本罪。

包括防护林、用材林、经济林、薪炭林和特种用途林等;"其他林木",是指小面积的树林和零星树木,但不包括农村农民房前屋后个人所有的零星树木。(2)必须有盗伐行为。所谓盗伐,是指以不法所有为目的,擅自砍伐森林或者其他林木的行为。根据司法解释,盗伐行为包括:擅自砍伐国家、集体、他人所有或者他人承包经营管理的森林或者其他林木;擅自砍伐本单位或者本人承包经营管理的森林或者其他林木;在林木采伐许可证规定的地点以外采伐国家、集体、他人所有或者他人承包经营管理的森林或者其他林木。(3)要求数量较大。对于1年内多次盗伐少量林木未经处罚的,累计其盗伐林木的数量,构成犯罪的,依法追究刑事责任。

2. 主体既可以是自然人,也可以是单位。对雇用他人盗伐林木构成犯罪的案件,如果被雇者不知是盗伐他人林木的,应由雇主承担刑事责任(雇主为间接正犯);如果被雇者明知是盗伐他人林木的,应按盗伐林木罪的共犯论处。

3. 主观方面是故意,并具有非法占有目的。以毁坏为目的砍伐国家、集体或者他人的林木的,应认定为故意毁坏财物罪。

(二)盗伐林木罪的认定

1. 应当妥善处理聚众盗伐(哄抢)林木的事件。对聚众哄抢的首要分子、积极参加者,应依法追究刑事责任;对其他一般参加者,不宜认定为犯罪。

2. 应当正确区分本罪与盗窃罪的界限。对于将国家、集体或者他人所有并且已经伐倒的树木窃为己有的,以及偷砍他人房前屋后、自留地种植的零星树木数额较大或者多次偷砍的,应认定为盗窃罪。非法实施采种、采脂、挖笋、掘根、剥树皮等行为,牟取经济利益数额较大的,以盗窃罪定罪处罚;同时构成其他犯罪的,依照处罚较重的规定定罪处罚。

3. 应当正确处理盗伐林木罪与危害国家重点保护植物罪的关系。盗伐珍贵树木、保护植物的行为,实际上触犯了盗伐林木罪与危害国家重点保护植物罪两个罪名,对此应从一重罪论处。对于盗伐林木数额较大,同时另有盗伐珍贵树木、保护植物行为的,应实行数罪并罚。

(三)盗伐林木罪的处罚

根据《刑法》第345条第1款、第4款与第346条的规定,犯本罪的,处3年以下有期徒刑、拘役或者管制,并处或者单处罚金;数量巨大的,处3年以上7年以下有期徒刑,并处罚金;数量特别巨大的,处7年以上有期徒刑,并处罚金。盗伐国家级自然保护区内的森林或者其他林木的,从重处罚。单位犯本罪的,对单位判处罚金,并对其直接负责的主管人员和其他直接责任人员,依照上述规定处罚。

十五、滥伐林木罪

（一）滥伐林木罪的概念与特征

滥伐林木罪，是指违反森林法的规定，滥伐森林或者其他林木，数量较大的行为。

本罪客观方面表现为违反森林法的规定，滥伐森林或者其他林木，数量较大的行为。这里的森林与其他林木的范围与盗伐林木罪的对象范围基本相同。但是，滥伐属于自己所有的林木的，也可能成立本罪，因为属于个人所有的林木，也是国家森林资源的一部分，虽然不能成为盗伐林木罪的对象，却可以成为滥伐林木罪的对象。根据有关司法解释，下列行为属于滥伐林木：(1)未经林业行政主管部门及法律规定的其他主管部门批准并核发林木采伐许可证，或者虽持有林木采伐许可证，但违反林木采伐许可证规定的时间、数量、树种或者方式，任意采伐本单位所有或者本人所有的森林或者其他林木的；(2)超过林木采伐许可证规定的数量采伐他人所有的森林或者其他林木的。林木权属争议一方在林木权属确权之前，擅自砍伐森林或者其他林木，数量较大的，以滥伐林木罪论处。本罪主体既可以是自然人，也可以是单位。主观方面只能出于故意。

（二）滥伐林木罪与盗伐林木罪的区别

滥伐林木罪与盗伐林木罪的客体不完全相同：前者破坏了林业资源保护；后者不仅破坏了林业资源保护，而且侵犯了财产权。因此，二者的构成要件存在区别：(1)犯罪对象不完全相同：前者可能包括自己所有的林木，后者不包括自己所有的林木。(2)行为方式不同：前者是不按要求任意砍伐的行为，后者是盗伐行为。(3)主观要件不完全相同：前者不要求具有非法占有目的，而后者要求具有非法占有目的。

（三）滥伐林木罪的处罚

根据《刑法》第345条第2款、第4款和第346条的规定，犯本罪的，处3年以下有期徒刑、拘役或者管制，并处或者单处罚金；数量巨大的，处3年以上7年以下有期徒刑，并处罚金。滥伐国家级自然保护区的森林或者其他林木的，从重处罚。单位犯本罪的，对单位判处罚金，并对其直接负责的主管人员和其他直接责任人员，依照上述规定处罚。

十六、非法收购、运输盗伐、滥伐的林木罪

本罪是指自然人或者单位非法收购、运输明知是盗伐、滥伐的林木，情节严重的行为。具有下列情形之一的，应认定为"明知"，但是有证据证明确属被蒙骗的除外：(1)在非法的木材交易场所或者销售单位收购木材的；(2)收购以明显低于市场价格出售的木材的;(3)收购违反规定出售的木材的。犯本罪的,根据《刑法》第345条第3款与第346条的规定处罚。

第七节 走私、贩卖、运输、制造毒品罪

一、走私、贩卖、运输、制造毒品罪

(一)走私、贩卖、运输、制造毒品罪的概念与特征

本罪是指违反毒品管理法规,走私、贩卖、运输、制造毒品的行为。本罪名与本节标题虽然相同,但范围并不相同,本节标题的罪名实际上包括了所有的毒品犯罪。本罪的基本特征如下:

1. 行为人走私、贩卖、运输、制造的必须是毒品。根据《刑法》第357条第1款的规定,毒品,是指鸦片、海洛因、甲基苯丙胺(冰毒)、吗啡、大麻、可卡因以及国家规定管制的其他能够使人形成瘾癖的麻醉药品和精神药品。麻醉药品是指连续使用后易产生身体依赖性、能成瘾癖的药品。精神药品是指直接作用于中枢神经系统,使之兴奋或抑制,连续使用能产生依赖性的药品。要确定案件中的物品是否刑法所规定的毒品,通常必须进行认定。认定的方法一般是化学鉴定方法,但对有关物品作一部分化学鉴定,能够合理认定其他部分与所鉴定的毒品是相同物品时,也能将其他部分认定为毒品。在有些情况下,虽未经过化学鉴定,但根据其他证据能够合理推定为毒品的,也应认定为毒品。不仅如此,即使司法机关未能收押毒品,但也可能根据其他证据认定行为人走私、贩卖、运输、制造的是毒品。

2. 行为人实施了走私、贩卖、运输、制造毒品的行为。

(1)走私毒品。走私毒品是指非法运输、携带、邮寄毒品进出国(边)境的行为。行为方式主要是输入毒品与输出毒品,此外对在领海、内海运输、收购、贩卖国家禁止进出口的毒品,以及直接向走私毒品的犯罪人购买毒品的,应视为走私毒品。根据刑法的规定,影响走私毒品行为的危害程度的因素,主要是走私毒品的数量、主体的情况(是否首要分子、是否参与国际贩毒组织)、方式(是否武装掩护)等。

(2)贩卖毒品。贩卖毒品是指有偿转让毒品或者以贩卖为目的而非法收购毒品。有偿转让毒品,即行为人将毒品交付给对方,并从对方获取物质利益。贩卖方式既可能是公开的,也可能是秘密的;既可能是行为人请求对方购买,也可能是对方请求行为人转让;既可能是直接交付给对方,也可能是间接交付给对方。在间接交付的场合,如果中间人认识到是毒品而帮助转交给买方的,则该中间人的行为也属于贩卖毒品;如果中间人没有认识到是毒品,则不构成贩卖毒品

罪。贩卖是有偿转让,但行为人交付毒品既可能是获取金钱,也可能是获取其他物质利益。如果是无偿转让毒品,如赠与等,则不属于贩卖毒品。毒品的来源既可能是自己制造的毒品,也可能是自己所购买的毒品,还可能是通过其他方法取得的毒品。贩卖的对方没有限制,即不问对方是否达到法定年龄,是否具有辨认控制能力,是否与贩卖人具有某种关系。出于贩卖目的而非法收买毒品的,也应认定为贩卖毒品。

(3) 运输毒品。运输毒品是指采用携带、邮寄、利用他人或者使用交通工具等方法在我国领域内转移毒品。运输毒品必须限制在国内,而且不是在领海、内海运输国家禁止进出口的毒品,否则便是走私毒品。运输毒品具体表现为转移毒品的所在地,如将毒品从甲地运往乙地。但应注意,从结局上看没有变更毒品所在地却使毒品的所在地曾经发生了变化的行为,也是运输毒品。例如,行为人先将毒品从甲地运往乙地,由于某种原因,又将毒品运回甲地的,属于运输毒品。

(4) 制造毒品。制造通常是指使用原材料而制作成原材料以外的物。制造毒品一般是指使用毒品原植物而制作成毒品。它包括以下几种情况:一是将毒品以外的物作为原料,提取或制作成毒品。如将罂粟制成为鸦片。二是毒品的精制,即去掉毒品中的不纯物,使之成为纯毒品或纯度更高的毒品。如去除海洛因中所含的不纯物。三是使用化学方法使一种毒品变为另一种毒品。如使用化学方法将吗啡制作成海洛因。四是使用化学方法以外的方法使一种毒品变为另一种毒品。如将盐酸吗啡加入蒸馏水,使之成为注射液。五是非法按照一定的处方针对特定人的特定情况调制毒品。上述五种行为都属于制造毒品。为便于隐蔽运输、销售、使用、欺骗购买者,或者为了增重,对毒品掺杂使假,添加或者去除其他非毒品物质,不属于制造毒品的行为。

对不同宗毒品分别实施了不同种犯罪行为的,应对不同行为并列确定罪名,累计毒品数量,不实行数罪并罚。对被告人一人走私、贩卖、运输、制造两种以上毒品的,不实行数罪并罚,量刑时可综合考虑毒品的种类、数量及危害,依法处理。

3. 主体既可以是自然人,也可以是单位。在自然人主体中,已满14周岁不满16周岁,具有辨认控制能力的人,可以成为贩卖毒品罪的主体,走私、运输、制造毒品罪的主体必须是已满16周岁,具有辨认控制能力的人。

4. 本罪只能由故意构成,过失不能构成本罪。成立本罪,要求行为人认识到自己走私、贩卖、运输、制造的是毒品,但不要求行为人认识到毒品的名称、化学成分、效用等具体性质。而且,不管行为人是认识到肯定是毒品,还是认识到可能是毒品,都属于认识到是毒品,不影响犯罪的成立。对毒品种类产生错误认识的,也不影响本罪的成立。

(二) 走私、贩卖、运输、制造毒品罪的认定

1. 正确区分本罪与其他犯罪的界限。对于走私其他货物、物品的，以实际走私的货物、物品的性质认定犯罪，不能认定为走私毒品罪。行为人在一次走私活动中，既走私毒品又走私其他货物、物品的，一般应按走私毒品罪和构成的其他走私罪，实行数罪并罚。行为人故意以非毒品冒充真毒品或者明知是假毒品而贩卖牟利的，应认定为诈骗罪，而非贩卖毒品罪。行为人在生产、销售的食品中掺入微量毒品的，应视性质与情节，认定为生产、销售有毒、有害食品罪或欺骗他人吸毒罪，不宜认定为贩卖毒品罪。

2. 正确区分本罪的既遂与未遂。走私、贩卖、运输、制造毒品罪有四种行为方式，其既遂与未遂的标准因行为方式而异。（1）走私毒品主要分为输入毒品与输出毒品，只要明确了输入毒品的既遂与未遂标准，输出毒品的既遂与未遂标准就容易解决了。关于输入毒品的既遂标准，宜采取到达说，即装载毒品的船舶到达本国港口或航空器到达本国领土内时为既遂，否则为未遂。（2）贩卖以毒品实际上转移给买方为既遂，转移毒品后行为人是否已经获取了利益，则并不影响既遂的成立。毒品实际上没有转移时，即使已经达成转移的协议，或者行为人已经获得了利益，也不宜认定为既遂。（3）行为人为了运输而开始搬运毒品时，是运输毒品罪的着手，由于行为人意志以外的原因不能或没有进入正式的运输状态时为未遂；否则即为既遂。例如，行为人以邮寄方式运输毒品时，在邮件包装过程中被查获的，属于未遂；如果已将装有毒品的邮件交付给邮局，则为既遂。再如，使用交通工具运输毒品的，当毒品置入交通工具内，交通工具已经进入行驶状态时，即为既遂。（4）制造毒品罪应以实际上制造出毒品为既遂标准，至于所制造出来的毒品数量多少、纯度高低等，都不影响既遂的成立。着手制造毒品后，没有实际上制造出毒品的，则是制造毒品未遂。

(三) 走私、贩卖、运输、制造毒品罪的处罚

1. 犯本罪的，根据《刑法》第347条的规定处罚。量刑时，既要考虑毒品的数量与种类，也要考虑其他情节。

2. 根据刑法的规定，具有下列情节的应当从重处罚：（1）利用、教唆未成年人走私、贩卖、运输、制造毒品或者向未成年人出售毒品的。这里的未成年人是指未满18周岁的人。（2）因走私、贩卖、运输、制造、非法持有毒品被判过刑，又犯走私、贩卖、运输、制造毒品罪的。这是关于再犯从重处罚的规定。不论前罪何时受处罚，不论判处何种刑罚，不论处刑轻重，对新罪一律从重处罚。

3. 单位犯走私、贩卖、运输、制造毒品罪的，对单位判处罚金，并对其直接负责的主管人员和其他直接责任人员，依照《刑法》第347条的规定处罚。

二、非法持有毒品罪

(一) 非法持有毒品罪的概念与特征

本罪是指明知是毒品而非法持有且数量较大的行为。

1. 客观方面表现为非法持有数量较大的毒品。(1) 行为人所持有的必须是毒品。(2) 持有毒品的行为必须具有非法性。或者说，行为人持有毒品，不是基于法律、法令、法规的规定或允许。依法生产、使用、研究毒品的人持有毒品的，是正当行为，不构成犯罪。例如，医生因病人病情的需要，为使用毒品而持有毒品的，经过有权机关批准从事毒品管理职业的，经过有权机关批准制造毒品后持有毒品或依法运输毒品的，不构成非法持有毒品罪。(3) 必须实施持有毒品的行为。持有是一种事实上的支配，行为人与物之间存在一种事实上的支配与被支配的关系。所谓持有毒品，也就是行为人对毒品事实上的支配。第一，持有具体表现为直接占有、携有、藏有或者以其他方法支配毒品。第二，持有不要求行为人时时刻刻将毒品握在手中、放在身上和装在口袋里，只要行为人认识到它的存在，能够对之进行管理或者支配，就是持有。第三，持有时并不要求行为人是毒品的"所有者""占有者"；即使属于他人"所有""占有"的毒品，但事实上置于行为人支配之下时，行为人即持有毒品；行为人是否知道"所有者""占有者"，不影响持有的成立。第四，持有并不要求直接持有，即介入第三者时，也不影响持有的成立。如行为人认为自己管理毒品不安全，将毒品委托给第三者保管时，行为人与第三者均持有该毒品。第三者为直接持有，行为人为间接持有。第五，持有不要求单独持有，二人以上共同持有毒品的，也成立本罪；持有也不要求具有排他性，完全可以由二人以上重叠持有。第六，持有是一种持续行为，只有当毒品在一定时间内由行为人支配时，才构成持有；至于时间的长短，则并不影响持有的成立，只是一种量刑情节，但如果时间过短，不足以说明行为人事实上支配着毒品时，则不能认为是持有。(4) 非法持有毒品达到一定数量才构成犯罪。即非法持有鸦片200克以上、海洛因或者甲基苯丙胺10克以上或者其他毒品数量较大的，才成立非法持有毒品罪。

2. 主观要件是故意，行为人必须明知自己持有的是毒品或者可能是毒品，但不要求行为人明确知道毒品的具体种类与数量。

(二) 非法持有毒品罪的认定

走私、贩卖、运输、制造毒品的犯罪人，都必然非法持有毒品，因此，如果行为人是因为走私、贩卖、运输、制造毒品而非法持有毒品，则不能认定为本罪，而应认定为走私、贩卖、运输、制造毒品罪，也不能将该罪与非法持有毒品罪实行并罚。因为，在走私、贩卖、运输、制造毒品的情况下，非法持有毒品要么是其行为的当然结果或者必经阶段，因而属于吸收犯；要么是一行为触犯数罪名，因而只需从一重罪处罚。值得研究的是如何区分运输毒品罪与非法持有毒品罪。因为运输毒品的行为同时也表现为非法持有毒品,持有包括携带行为,携带便可能表现为运输。例如,行为人利用自己的身体、衣服等将毒品从甲地运往乙地时,一方面行为人实施了运输行为,另一方面也表现为非法持有的行为。在这种情况下,不能将毒品转移的行为都认定为运输毒品罪,只有与走私、贩卖、制造有关联的行为,才宜认定为运输毒品罪。例如,行为人居住在甲地,在乙地出差期间购买了毒品,然后将毒品带回甲地。如果是为了吸食,数量大的,宜认定为非法持有毒品罪;如果是为了贩卖,则应认定为贩卖、运输毒品罪。有证据证明行为人不以牟利为目的,为他人代购仅用于吸食的毒品,毒品数量达到《刑法》第348条规定的数量标准的,对托购者、代购者应以非法持有毒品罪定罪。代购者从中牟利,变相加价贩卖毒品的,对代购者应以贩卖毒品罪定罪。

(三)法持有毒品罪的处罚

犯本罪的,根据《刑法》第348条的规定处罚。量刑时,既要考虑行为人所持有的毒品数量与种类,也要考虑其他情节,还应注意适用《刑法》第356条关于再犯从重处罚的规定。

三、包庇毒品犯罪分子罪,窝藏、转移、隐瞒毒品、毒赃罪

包庇毒品犯罪分子罪,是指包庇走私、贩卖、运输、制造毒品的犯罪分子的行为。窝藏、转移、隐瞒毒品、毒赃罪,是指为走私、贩卖、运输、制造毒品的犯罪分子窝藏、转移、隐瞒毒品或者犯罪所得的财物的行为。前者是一种特殊的包庇罪,后者是一种特殊的窝藏、转移赃物罪,对符合本罪构成要件的行为,不能认定为包庇罪或者掩饰、隐瞒犯罪所得、犯罪所得收益罪。犯上述罪的,根据《刑法》第349条的规定处罚。

四、非法生产、买卖、运输制毒物品、走私制毒物品罪

本罪是指违反国家规定,非法生产、买卖、运输醋酸酐、乙醚、三氯甲烷或者其他用于制造毒品的原料、配剂,或者携带上述物品进出境,情节较重的行为。

制毒物品除《刑法》第350条列举的几种物品外,还包括其他可能用于制造毒品的原料、配料,具体品种范围按照国家关于易制毒化学品管理的规定确定。

违反国家规定,加工、提炼、制造制毒物品的行为,均属于非法生产制毒物品。买卖是指购买或者出卖。违反国家规定,实施下列行为之一的,认定为非法买卖制毒物品行为:(1)未经许可或者备案,擅自购买、销售易制毒化学品的;(2)超出许可证明或者备案证明的品种、数量范围购买、销售易制毒化学品的;(3)使用他人的或者伪造、变造、失效的许可证明或者备案证明购买、销售易制毒化学品的;(4)经营单位违反规定,向无购买许可证明、备案证明的单位、个人

销售易制毒化学品的,或者明知购买者使用他人的或者伪造、变造、失效的购买许可证明、备案证明,向其销售易制毒化学品的;(5)以其他方式非法买卖易制毒化学品的。运输制毒物品中的运输与运输毒品罪中的运输含义相同。

以加工、提炼制毒物品为目的,购买麻黄碱类复方制剂,或者运输、携带、寄递麻黄碱类复方制剂进出境的,将麻黄碱类复方制剂拆除包装、改变形态后进行走私或者非法买卖,或者明知是已拆除包装、改变形态的麻黄碱类复方制剂而进行走私或者非法买卖的,以及利用麻黄碱类复方制剂加工、提炼制毒物品的,均应以本罪论处。以提取麻黄碱类制毒物品后进行走私或者非法贩卖为目的,采挖、收购麻黄草,涉案麻黄草所含的麻黄碱类制毒物品达到相应定罪数量标准的,应以本罪论处。明知他人走私、非法买卖制毒物品,向其提供麻黄草或者提供运输、储存麻黄草等帮助的,应以本罪的共犯论处。

本罪由故意构成,行为人必须明知自己生产、买卖、运输、走私的是制毒物品(易制毒化学品)。明知他人实施非法生产、买卖、运输或者走私制毒物品犯罪,而为其运输、储存、代理进出口或者以其他方式提供便利的,以本罪的共犯论处。

犯本罪的,根据《刑法》第 350 条的规定处罚。

五、非法种植毒品原植物罪

本罪是指非法种植罂粟、大麻等毒品原植物,情节严重的行为。具有下列情形之一的,属于"情节严重":(1)种植罂粟 500 株以上不满 3000 株或者其他毒品原植物数量较大的;(2)经公安机关处理后又种植的;(3)抗拒铲除的。犯本罪的,根据《刑法》第 351 条的规定处罚。

六、非法买卖、运输、携带、持有毒品原植物种子、幼苗罪

本罪是指非法买卖、运输、携带、持有未经灭活的罂粟等毒品原植物种子或者幼苗,数量较大的行为。行为人非法种植毒品原植物后又非法买卖、运输、携带、持有的,只成立非法种植毒品原植物罪。犯本罪的,根据《刑法》第 352 条的规定处罚。

七、引诱、教唆、欺骗他人吸毒罪

本罪是指引诱、教唆、欺骗他人吸食、注射毒品的行为。引诱、教唆,都属于在他人本无吸食、注射毒品意愿的情况下,通过向他人宣扬吸食、注射毒品后的感受、传授或示范吸毒方法、技巧以及利用金钱、物质等进行诱惑的方法,引起他人产生吸食、注射毒品的意愿或者欲望的行为;欺骗,是指隐瞒真相或者制造假象,使他人吸食、注射毒品的行为。引诱、教唆、欺骗的对象没有任何限制,不管对方是否达到法定年龄,是否具有辨认控制能力。吸食毒品,是指用口吸、鼻吸、吞服、饮用等方法吸入或者食取毒品；注射毒品，是指采用皮下或者静脉等注射方法使用毒品。犯本罪的，根据《刑法》第353条第1款、第3款的规定处罚。

八、强迫他人吸毒罪

本罪是指使用暴力、威胁等生理强制或心理强制方法，迫使他人吸食、注射毒品的行为。采用某种方法使他人暂时丧失知觉或者利用他人暂时丧失知觉的状态，给他人注射毒品的，应认定为强迫他人吸毒罪。本罪与引诱、教唆、欺骗他人吸毒罪的关键区别在于方法不同。犯本罪的，根据《刑法》第353条第2款与第3款的规定处罚。

九、容留他人吸毒罪

本罪是指容留他人吸食、注射毒品的行为。容留，是指允许他人在自己管理的场所吸食、注射毒品或者为他人吸食、注射毒品提供场所的行为。容留行为既可以是主动实施的，也可以是被动实施的，既可以是有偿的，也可以是无偿的。对于容留他人吸食、注射毒品并出售毒品的，应认定为贩卖毒品罪。犯本罪的，根据《刑法》第354条的规定处罚。

十、非法提供麻醉药品、精神药品罪

(一) 非法提供麻醉药品、精神药品罪的概念与特征

本罪是指依法从事生产、运输、管理、使用国家管制的麻醉药品、精神药品的人员与单位，违反国家规定，向吸食、注射毒品的人提供国家规定管制的能够使人形成瘾癖的麻醉药品或者精神药品的行为。

主体必须是依法从事生产、运输、管理、使用国家管制的麻醉药品、精神药品的人员与单位。客观方面表现为违反国家规定，向吸食、注射毒品的人提供国家规定管制的能够使人形成瘾癖的麻醉药品或者精神药品的行为。这里的提供，应限定为本人无偿提供，因此包括对使用者而言是有偿使用，但对行为人而言是无偿提供的情况。例如，医院的医生明知他人吸食、注射毒品，但在处方中给其开某种麻醉药品或精神药品。主观方面只能出于故意，但必须没有牟利目的。

(二) 非法提供麻醉药品、精神药品罪的认定

安定注射液属于"国家规定管制的能够使人形成瘾癖的"精神药品。鉴于安定注射液属于《麻醉药品和精神药品管理条例》规定的第二类精神药品，医疗实践中使用较多，在处理此类案件时，应当慎重掌握罪与非罪的界限。对于明知他人是吸毒人员而多次向其出售安定注射液，或者贩卖安定注射液数量较大的，可

以依法追究行为人的刑事责任。

以牟利为目的,向吸食、注射毒品的人有偿提供上述麻醉药品或者精神药品的,应认定为贩卖毒品罪;明知是走私、贩卖毒品的犯罪人,而向其提供上述麻醉药品或者精神药品的,不管是有偿提供还是无偿提供,均应认定为走私、贩卖毒品罪。

(三) 非法提供麻醉药品、精神药品罪的处罚

根据《刑法》第 355 条的规定,犯本罪的,处 3 年以下有期徒刑或者拘役,并处罚金;情节严重的,处 3 年以上 7 年以下有期徒刑,并处罚金。单位犯本罪的,对单位判处罚金,并对其直接负责的主管人员和其他直接责任人员,依照上述规定处罚。

十一、妨害兴奋剂管理罪

妨害兴奋剂管理罪,是指引诱、教唆、欺骗运动员使用兴奋剂参加国内、国际重大体育竞赛,或者明知运动员参加上述竞赛而向其提供兴奋剂,情节严重的行为。根据《刑法》第 355 条之一的规定,犯本罪的,处 3 年以下有期徒刑或者拘役,并处罚金。组织、强迫运动员使用兴奋剂参加国内、国际重大体育竞赛的,依照上述规定从重处罚。

第八节 组织、强迫、引诱、容留、介绍卖淫罪

一、组织卖淫罪、强迫卖淫罪

(一) 组织卖淫罪的概念与特征

本罪是指以招募、雇佣、强迫、引诱、容留等手段,控制他人从事卖淫活动的行为。

1. 客观方面表现为组织他人卖淫的行为。组织,是指以招募、雇佣、强迫、引诱、容留等手段,控制或者管理他人从事卖淫活动的行为。一般表现为两种情况:一是设置卖淫场所或者变相卖淫场所,控制、管理卖淫者,招揽嫖娼者。如以办旅馆为名,行开妓院之实。二是没有固定的卖淫场所,通过控制或管理卖淫人员,有组织地进行卖淫活动。如服务业的负责人员,组织本单位的服务人员向顾客卖淫。他人,既包括女性(组织女性当女娼),也包括男性(组织男性当男妓)。卖淫,是指以营利为目的,满足不特定对方(不限于异性)的性欲的行为,包括与不特定的对方发生性交和从事其他猥亵活动。以营利为目的与不特定的对方从事性交之外的猥亵活动的行为,与以营利为目的与不特定对方发生性交一样,都

是为了获得金钱与财物而出卖肉体,都是毒害社会风气、败坏社会风尚的行为,都有传播性病的可能性,因而二者没有本质的区别。据此,组织男性为男性提供性服务,或者组织女性为女性提供性服务的,也成立组织卖淫罪。

2. 主观上只能出于故意,虽然卖淫以营利为目的,组织卖淫者通常也以营利为目的,但刑法并没有将营利目的规定为主观要件要素。从理论上说,卖淫具有营利目的,不意味着组织者必然具有营利目的。

(二) 强迫卖淫罪的概念与特征

本罪是指使用暴力、威胁、虐待等强制方法迫使他人卖淫的行为。

客观方面表现为使用暴力、威胁、虐待等强制方法迫使他人卖淫。本罪的对象既包括妇女,也包括幼女,还包括男子。行为的方法必须具有强迫性,表现为在他人不愿意从事卖淫活动的情况下,使用各种强制性手段迫使其从事卖淫活动。行为的内容必须是迫使他人卖淫。主观方面必须出于故意,是否出于营利目的,不影响本罪的成立。

在组织他人卖淫的活动中,对被组织者实施强迫行为的,只认定为组织卖淫罪;但如果被强迫者与被组织者不具有同一性,则应将组织卖淫罪与强迫卖淫罪分别定罪,实行数罪并罚。行为人强迫妇女仅与自己发生性交,并支付性行为对价的,应认定为强奸罪,不得认定为强迫卖淫罪。原因在于:一方面,被害妇女的行为完全不符合卖淫的特征;另一方面,如果将这种行为认定为强迫卖淫罪,那么,以金钱、财物引诱妇女与自己通奸的行为,也成立引诱卖淫罪,这恐怕不合适。

(三) 织卖淫罪、强迫卖淫罪的处罚

根据《刑法》第 358 条的规定,组织、强迫他人卖淫的,处 5 年以上 10 年以下有期徒刑,并处罚金;情节严重的,处 10 年以上有期徒刑或者无期徒刑,并处罚金或者没收财产。根据《刑法》第 361 条的规定,旅馆业、饮食服务业、文化娱乐业、出租汽车业等单位的主要负责人,利用本单位的条件组织、强迫他人卖淫的,从重处罚。组织或者强迫他人卖淫,并有杀害、伤害、强奸、绑架等犯罪行为的,依照数罪并罚的规定处罚。

二、协助组织卖淫罪

本罪是指为组织卖淫的人招募、运送人员或者以其他方法协助组织他人卖淫的行为。以其他方法协助组织卖淫的行为包括充当皮条客、保镖、管账人等。如果刑法没有规定本罪,对协助组织他人卖淫的行为,应认定为组织卖淫罪的共犯行为,但刑法特别将这种行为规定为独立犯罪。据此,对协助组织他人卖淫的行为与组织他人卖淫的行为,应当分别定罪,但量刑时应保持协调。犯本罪的,根据《刑法》第 358 条第 3 款的规定处罚。

三、引诱、容留、介绍卖淫罪

（一）引诱、容留、介绍卖淫罪的概念与特征

本罪是指引诱、容留、介绍他人卖淫的行为。客观方面表现为引诱、容留、介绍他人卖淫的行为。这里的他人，既包括女性，也包括男性，但引诱行为的对象不包括幼女。引诱，是指在他人本无卖淫意愿的情况下，使用勾引、利诱等手段使他人从事卖淫活动的行为。容留，是指允许他人在自己管理的场所卖淫或者为他人卖淫提供场所的行为。介绍，一般是指在卖淫者与嫖客之间牵线搭桥，沟通撮合，使他人卖淫得以实现的行为。但有两点值得注意：(1) 在意欲卖淫者与卖淫场所的管理者之间进行介绍的行为，应认定为介绍卖淫罪。(2) 单纯向意欲嫖娼者介绍卖淫场所，而与卖淫者没有任何联络的情况下，不成立介绍卖淫罪。因为法律使用的表述是"介绍他人卖淫"，而不是"介绍他人嫖娼"。实施引诱、容留、介绍三种行为之一的，即可构成本罪；同时实施上述行为的，也只认定为一罪，不实行数罪并罚。主观方面必须出于故意，但是否出于营利目的，不影响本罪的成立。

（二）引诱、容留、介绍卖淫罪与相关犯罪的关系

在组织他人卖淫的犯罪活动中，对被组织的人有引诱、容留、介绍卖淫行为的，应当作为组织卖淫罪的量刑情节予以考虑，不实行数罪并罚。如果这些行为是对被组织者以外的其他人实施的，即被组织者与被引诱、容留、介绍者不具有同一性时，仍应分别定罪，实行数罪并罚。要注意从行为手段、卖淫人是否出于自愿等方面区分本罪与强迫卖淫罪的界限。

（三）引诱、容留、介绍卖淫罪的处罚

根据《刑法》第359条第1款的规定，犯本罪的，处5年以下有期徒刑、拘役或者管制，并处罚金；情节严重的，处5年以上有期徒刑，并处罚金。

四、引诱幼女卖淫罪

本罪是指引诱不满14周岁的幼女卖淫的行为。如果只是容留、介绍幼女卖淫，则不成立本罪，仅成立容留、介绍卖淫罪。引诱幼女卖淫，同时又容留、介绍卖淫的，应分别认定为引诱幼女卖淫罪与容留、介绍卖淫罪，实行数罪并罚。犯本罪的，根据《刑法》第359条第2款的规定处罚。

五、传播性病罪

（一）传播性病罪的概念与特征

本罪是指明知自己患有梅毒、淋病等严重性病而卖淫、嫖娼的行为。

1. 客观方面必须是有卖淫或者嫖娼行为。卖淫与嫖娼是相对应的行为。

如前所述，卖淫是指以营利为目的，满足不特定对方的性欲的行为，包括与不特定的对方发生性交和从事其他猥亵活动；嫖娼则是指以交付金钱或其他财物为代价，使对方满足自己性欲的行为，包括与卖淫者发生性交或从事其他猥亵活动。性交以外的其他猥亵活动，同样容易传染性病，即性病患者与他人从事性交以外的猥亵活动时，仍然容易将性病传染给对方。因此，其他猥亵活动与以性交为内容的卖淫、嫖娼具有相同的危害性。既然刑法规定传播性病罪的意图之一是防止性病的传播，就应禁止这种行为。否则，不利于实现刑事立法的意图。性病患者的卖淫、嫖娼行为，都是有引起性病传播危险的行为。但是，刑法并不要求实际上引起了性病传染，即并不要求发生将性病传染于他人的结果，也不要求具有引起性病传播的具体危险。所以，本罪属于抽象的危险犯。

2. 主体必须是患有梅毒、淋病等严重性病的自然人。性别不影响本罪的成立，患有严重性病的男子卖淫或者患有严重性病的女子嫖宿的，仍然构成传播性病罪。

3. 主观方面必须是故意。不仅要求行为人确实患有性病，还要求行为人"明知自己患有梅毒、淋病等严重性病"。如果行为人虽然实际上患有性病，但不明知自己患有严重性病，则不构成本罪。这里的"明知"，并不要求行为人确实知道自己所患的性病种类，只要行为人认识到自己患有严重性病即可。

（二）传播性病罪的认定

本罪是抽象的危险犯，不要求行为人主观上具有将自己的性病传染给他人的意图。如果行为人具有传染性病的意图而实施卖淫、嫖娼行为，但客观上并没有发生这种结果的，仍应以本罪论处。如果行为人为了伤害他人，以卖淫、嫖娼为手段，意在使他人染上性病，且客观上造成了伤害结果的，则应以故意伤害罪论处。

行为人明知他人患有严重性病而组织、强迫或引诱、容留、介绍他们卖淫的，除了符合组织卖淫罪、强迫卖淫罪与引诱、容留、介绍卖淫罪的构成要件外，还构成传播性病罪的教唆犯与帮助犯。但这种行为属于想象竞合犯，即行为人在客观上只实施了一个行为，却同时符合了两个犯罪的构成要件，应按组织卖淫罪、强迫卖淫罪或者引诱、容留、介绍卖淫罪论处，不实行数罪并罚。

在严重性病患者组织、强迫、引诱、容留、介绍他人卖淫的同时又嫖娼的情况下，行为人实施了两种行为：一是组织、强迫、引诱、容留、介绍他人卖淫的行为，二是嫖娼行为；主观上也存在两种故意：一是组织、强迫、引诱、容留、介绍他人卖淫的故意，二是传播性病的故意。由于行为完全符合两个犯罪的构成要件，故应实行数罪并罚。

（三）传播性病罪的处罚

根据《刑法》第 360 条的规定，犯本罪的，处 5 年以下有期徒刑、拘役或者管制，并处罚金。

第九节 制作、贩卖、传播淫秽物品罪

一、制作、复制、出版、贩卖、传播淫秽物品牟利罪

本罪是指自然人或者单位以牟利为目的,制作、复制、出版、贩卖、传播淫秽物品的行为。

行为表现为制作、复制、出版、贩卖、传播淫秽物品。淫秽物品,是指具体描绘性行为或者露骨宣扬色情的诲淫性书刊、影片、录像带、录音带、图片及其他淫秽物品。"其他淫秽物品",包括具体描绘性行为或者露骨宣扬色情的诲淫性的视频文件、音频文件、电子刊物、图片、文章、短信息等互联网、移动通讯终端电子信息和声讯台语音信息。有关人体生理、医学知识的科学著作不是淫秽物品。包含有色情内容的有艺术价值的文学、艺术作品不视为淫秽物品。制作,是指生产、录制、编写、绘画、印刷等创造、产生淫秽物品的行为。复制,是指通过翻印、翻拍、复印、转录等方式将原已存在的淫秽物品制作一份或多份的行为。出版,是指将淫秽作品编辑加工后,经过复制向公众发行的行为。贩卖,通常是指低价购进再高价卖出的行为,但也应包括单纯的有偿转让淫秽物品的行为。传播,是指通过播放、陈列等方式使淫秽物品让不特定人或者多数人感知以及通过出借、赠送等方式散布、流传淫秽物品的行为。实施上述行为之一的,即可成立本罪;同时实施上述行为的,也只认定为一罪,不实行数罪并罚。对利用互联网、移动通讯终端制作、复制、出版、贩卖、传播淫秽电子信息、通过声讯台传播淫秽语音信息,应根据其具体实施的行为,以制作、复制、出版、贩卖、传播淫秽物品牟利罪论处。

由于本罪包含了多种实行行为,而且其中任何一种实行行为都有不同的具体表现形式,所以,需要正确区分和认定正犯与帮助犯,不能因为行为人对其中的某一正犯行为实施帮助,就直接否认行为人属于正犯。例如,甲是在网络上提供播放器服务的人员,与甲没有通谋的乙、丙、丁利用该播放器上传淫秽电影,甲明知是淫秽物品,却仍然提供缓存等服务,使乙、丙、丁上传的淫秽电影储存(陈列)于播放器内,其他人可以观看该淫秽电影。乙、丙、丁上传淫秽电影的行为当然属于传播淫秽物品的正犯。虽然就乙、丙、丁上传淫秽物品这一传播方式而言,甲的行为仅仅是帮助,但就陈列淫秽物品的行为而言,甲则是传播淫秽物品的正犯。

主观方面为故意,行为人必须认识到自己制作、复制、出版、贩卖、传播的是淫秽物品;此外还必须具有牟利目的。

犯本罪的,根据《刑法》第363条第1款和第366条的规定处罚。

二、为他人提供书号出版淫秽书刊罪

本罪是指自然人或单位过失为他人提供书号,出版淫秽书刊的行为。这里的书号应从广义上理解,应包括狭义的书号、刊号、版号。犯本罪的,根据《刑法》第 363 条第 2 款和第 366 条的规定处罚。

三、传播淫秽物品罪

本罪是指自然人或者单位,传播淫秽的书刊、影片、音像、图片或者其他淫秽物品,情节严重的行为。客观方面表现为传播淫秽物品。传播的含义,与制作、复制、出版、贩卖、传播淫秽物品牟利罪中的"传播"的含义相同。由于本罪不要求以牟利为目的,故传播行为应是无偿的,以有偿方式传播淫秽物品的,应认定为传播淫秽物品牟利罪。本罪主观方面为故意,行为人必须明知是淫秽物品而传播,但不要求行为人主观上具有牟利目的。成立本罪,还要求情节严重。犯本罪的,根据《刑法》第 364 条第 1 款、第 4 款和第 366 条的规定处罚。

四、组织播放淫秽音像制品罪

本罪是指自然人或者单位,组织播放淫秽的电影、录像等音像制品的行为。对行为人主观上出于牟利目的组织播放淫秽音像制品的,应认定为《刑法》第 363 条规定的传播淫秽物品牟利罪。犯本罪的,根据《刑法》第 364 条第 2 款和第 366 条的规定处罚;向不满 18 周岁的未成年人传播淫秽物品的,从重处罚。

五、组织淫秽表演罪

本罪是指自然人或者单位组织进行淫秽表演的行为。客观方面表现为"组织进行淫秽表演",组织者本人是否直接进行淫秽表演,不影响本罪的成立。组织进行淫秽表演,既包括组织人进行淫秽表演,也包括组织人与动物一起进行淫秽表演或者组织动物进行淫秽表演。组织,是指策划、指挥、安排进行淫秽表演的行为。如招聘、雇用他人进行淫秽表演,联系演出、提供场所等进行淫秽表演,组织多人观看淫秽表演等。主观方面只能出于故意,即明知是淫秽表演而进行组织,是否出于牟利目的,不影响本罪的成立。犯本罪的,根据《刑法》第 365 条与第 366 条的规定处罚。

第二十二章　危害国防利益罪

危害国防利益罪,是指违反国防法规,故意或者过失危害国防利益的行为。本类犯罪分为平时危害国防利益的犯罪和战时危害国防利益的犯罪。

第一节　平时危害国防利益的犯罪

一、阻碍军人执行职务罪、阻碍军事行动罪

(一)阻碍军人执行职务罪

本罪是指以暴力、威胁方法阻碍军人依法执行职务的行为。

客观上表现为使用暴力、威胁方法阻碍军人依法执行职务。首先,行为人必须使用了暴力、威胁方法。暴力方法,是指对军人不法行使有形力的一切行为。但从法定刑来看,暴力行为致军人重伤或者死亡的,超出了本罪构成要件所预定的范围,应以故意伤害罪、故意杀人罪论处。威胁方法,是指以恶害相通告,使他人产生恐惧心理进而实现行为人要求的行为。其次,必须针对军人实施暴力、威胁行为。最后,必须阻碍军人依法执行职务,即导致军人不能或者难以依法执行职务。阻碍军人的非法行为的,不能以本罪论处。本罪主体只能是除军人以外的一般自然人。主观方面表现为故意,即明知军人正在依法执行职务,而故意以暴力、威胁方法予以阻碍。不明知是军人执行职务而阻碍的,不成立本罪;误以为军人实施非法行为而阻碍的,不成立本罪。

本罪与妨害公务罪(《刑法》第 277 条)具有法条竞合关系,对阻碍军人执行职务的,应认定为本罪,不再适用第 277 条。

根据《刑法》第 368 条第 1 款的规定,犯阻碍军人执行职务罪的,处 3 年以下有期徒刑、拘役、管制或者罚金。

(二)阻碍军事行动罪

阻碍军事行动罪,是指故意阻碍武装部队军事行动,造成严重后果的行为。客观上表现为阻碍武装部队军事行动,造成严重后果的行为。本罪的阻碍方法不限于暴力、威胁手段,采取其他任何手段阻碍军事行动的,也属于本罪行为。如堵塞道路使从事军事行动的武装部队无法通行,在军事行动地区静坐以阻碍军事行动等。军事行动,是指军队实施的作战、作战保障、演习、训练等使用武装

力量的集体行动。阻碍武装部队军事行动造成严重后果的才成立犯罪。本罪主观方面只能出于故意。犯本罪的,根据《刑法》第368条第2款的规定处罚。

二、破坏武器装备、军事设施、军事通信罪,过失损坏武器装备、军事设施、军事通信罪

破坏武器装备、军事设施、军事通信罪,是指故意破坏部队的武器装备、军事设施、军事通信的行为。本罪客观方面表现为破坏武器装备、军事设施、军事通信。破坏,包括使武器装备、军事设施、军事通信的效用丧失或者减少的一切行为,并不限于物理上的毁损。本罪主体为一般主体。建设、施工单位直接负责的主管人员、施工管理人员,明知是军事通信线路、设备而指使、强令、纵容他人予以损毁的,或者不听管护人员劝阻,指使、强令、纵容他人违章作业,造成军事通信线路、设备损毁的,以破坏军事通信罪定罪处罚。本罪主观方面只限于故意,行为人必须认识到自己所破坏的是武器装备、军事设施或者军事通信。

过失损坏武器装备、军事设施、军事通信罪,是指过失损坏武器装备、军事设施、军事通信,造成严重后果的行为。建设、施工单位直接负责的主管人员、施工管理人员,忽视军事通信线路、设备保护标志,指使、纵容他人违章作业,致使军事通信线路、设备损毁,构成犯罪的,以过失损坏军事通信罪定罪处罚。

犯上述罪的,根据《刑法》第369条的规定处罚。

三、故意提供不合格武器装备、军事设施罪,过失提供不合格武器装备、军事设施罪

故意提供不合格武器装备、军事设施罪,是指明知是不合格的武器装备、军事设施,而提供给武装部队的行为。本罪客观方面表现为将不合格的武器装备、军事设施提供给武装部队,至于是有偿提供还是无偿提供,不影响本罪成立。主体既可以是自然人,也可以是单位。主观方面只能是故意,以行为人明知是不合格的武器装备、军事设施为前提。符合本罪构成要件的,不另成立生产、销售伪劣商品的犯罪。犯本罪的,根据《刑法》第370条第1款与第3款的规定处罚。

过失提供不合格武器装备、军事设施罪,是指由于疏忽大意或者过于自信提供不合格的武器装备、军事设施给武装部队,造成严重后果的行为。犯本罪的,根据《刑法》第370条第2款的规定处罚。

四、聚众冲击军事禁区罪、聚众扰乱军事管理区秩序罪

聚众冲击军事禁区罪,是指聚众冲击军事禁区,严重扰乱军事禁区秩序的行为;聚众扰乱军事管理区秩序罪,是指聚众扰乱军事管理区秩序,情节严重,致使军事管理区工作无法进行,造成严重损失的行为。不难看出,这两种犯罪的构成要件并不完全相同。符合这两种犯罪的构成要件的,不另认定为《刑法》第290

条规定的聚众扰乱社会秩序罪、聚众冲击国家机关罪。犯本罪的,根据《刑法》第371条的规定处罚。

五、冒充军人招摇撞骗罪

本罪是指假冒军人身份进行招摇撞骗的行为。假冒军人身份主要包括两种情况:一是非军人冒充军人;二是此种军人冒充彼种军人,如级别较低的军人假冒级别较高的军人,一般部门的军人假冒要害部门的军人。招摇撞骗,是指假借军人身份进行炫耀、蒙骗;对冒充军人骗取数额较大财物的,应认定为想象竞合犯,从一重罪处罚。冒充军人使用伪造、变造、盗窃的武装部队车辆号牌,造成恶劣影响的,也应以本罪论处。犯本罪的,根据《刑法》第372条的规定处罚。

六、煽动军人逃离部队罪、雇用逃离部队军人罪

煽动军人逃离部队罪,是指鼓动、唆使、怂恿军人逃离部队,情节严重的行为。煽动,应是以口头、书面或者其他方式鼓动、唆使、怂恿不特定军人擅自离开部队的行为。唆使特定的军人逃离部队的,应认定为《刑法》第435条规定的逃离部队罪的教唆犯。军人实际上是否逃离部队,不影响本罪的成立。成立本罪要求情节严重,这主要是指战时煽动军人逃离部队,煽动军队指挥人员逃离部队,导致军人已经逃离部队,多次煽动军人逃离部队等。

雇用逃离部队军人罪,是指明知是逃离部队的军人而雇用,情节严重的行为。雇用,是指出资使逃离部队的军人为自己或者单位劳动。不明知是逃离部队的军人而雇用的,不成立本罪。雇用逃离部队的军人情节不严重的,也不成立本罪。

犯上述罪的,根据《刑法》第373条的规定处罚。

七、接送不合格兵员罪

本罪是指在征兵工作中徇私舞弊,接送不合格兵员,情节严重的行为。客观方面表现为在征兵工作中徇私舞弊,接送不合格兵员的行为。接送不合格兵员,包括地方人员向部队输送不合格兵员和部队人员接收不合格兵员两种情况。主体是负责或者参与征兵工作的有关人员,如各级人民武装部的工作人员,负责兵员政审、体检工作的人员,部队派出的接收兵员的人员等。主观方面只能出于故意,即明知是不合格的兵员,而故意予以接受或者输送。接受方与输送方具有共同故意的,成立共同犯罪。成立本罪还要求情节严重。犯本罪的,根据《刑法》第374条的规定处罚。

八、伪造、变造、买卖武装部队公文、证件、印章罪，盗窃、抢夺武装部队公文、证件、印章罪

伪造、变造、买卖武装部队公文、证件、印章罪，是指伪造、变造、买卖武装部队的公文、证件、印章的行为。盗窃、抢夺武装部队公文、证件、印章罪，是指盗窃、抢夺武装部队的公文、证件、印章的行为。规定这两个罪的法条与规定伪造、变造、买卖国家机关公文、证件、印章罪，盗窃、抢夺、毁灭国家机关公文、证件、印章罪的《刑法》第280条是特别法条与普通法条的关系，因此，只要是伪造、变造、买卖武装部队的公文、证件、印章，或者盗窃、抢夺武装部队的公文、证件、印章的，就认定为本罪，而不适用第280条。但由于本条没有规定毁灭行为，而毁灭武装部队公文、证件、印章的行为，本身就是毁灭国家机关公文、证件、印章的行为，故应适用《刑法》第280条，认定为毁灭国家机关公文、证件、印章罪。犯本罪的，根据《刑法》第375条第1款的规定处罚。实施《刑法》第375条规定的犯罪行为，同时又构成逃税、诈骗、冒充军人招摇撞骗等犯罪的，依照处罚较重的规定定罪处罚。

九、非法生产、买卖武装部队制式服装罪

本罪是指自然人或者单位非法生产、买卖武装部队制式服装，情节严重的行为。犯本罪的，根据《刑法》第375条第2款和第4款的规定处罚。为了冒充军人招摇撞骗而实施本罪行为的，原则上应从一重处罚；出于其他目的与动机实施本罪行为，然后又冒充军人招摇撞骗的，宜实行数罪并罚。

十、伪造、盗窃、买卖、非法提供、非法使用武装部队专用标志罪

本罪是指自然人或者单位伪造、盗窃、买卖或者非法提供、使用武装部队车辆号牌等专用标志，情节严重的行为。部队专用标志除车辆号牌外，还包括其他显示部队性质与军人身份，并且只能由部队与军人使用的标记物品，如军旗、军徽等。犯本罪的，根据《刑法》第375条第3款和第4款的规定处罚。为了冒充军人招摇撞骗而实施本罪行为的，原则上应从一重处罚；出于其他目的与动机实施本罪行为，然后又冒充军人招摇撞骗的，宜实行数罪并罚。

第二节 战时危害国防利益的犯罪

一、战时拒绝、逃避征召、军事训练罪

本罪是指预备役人员战时拒绝、逃避征召或者军事训练，情节严重的行为。本罪的主体必须是预备役人员。客观方面必须是战时拒绝、逃避征召或者军事

训练。征召,是指兵役机关依法向预备役人员发出通知,要求其按规定时间、地点报到,准备转服现役。军事训练,是指军事理论教育与作战技能训练的活动。拒绝征召、军事训练,是指拒不接受征召、拒不参加军事训练。逃避征召、军事训练,是指采取各种手段避免接受征召和参加军事训练。拒绝与逃避没有本质区别,都表现为不接受征召和不参加军事训练。本罪主观方面只能出于故意。此外,成立本罪还要求情节严重。犯本罪的,根据《刑法》第376条第1款的规定处罚。

二、战时拒绝、逃避服役罪

本罪是指公民战时拒绝、逃避服役,情节严重的行为。犯本罪的,根据《刑法》第376条第2款的规定处罚。

三、战时故意提供虚假敌情罪

本罪是指战时故意向武装部队提供虚假敌情,造成严重后果的行为。首先,行为必须发生在战时。其次,必须是向武装部队提供虚假敌情。虚假敌情,是指不符合客观事实的有关敌方军事、政治、经济、科学、地理等情报。再次,行为必须造成严重后果。最后,主观方面只能出于故意,即明知是虚假的敌情而向武装部队提供。行为人以为是真实敌情而提供,但事实上属于虚假敌情的,即使有过失,也不成立本罪。犯本罪的,根据《刑法》第377条的规定处罚。

四、战时造谣扰乱军心罪

本罪是指战时造谣惑众,扰乱军心的行为。客观方面表现为在战时制造和散布虚构的或者夸大、缩小事实的谣言,使军人产生怯战、厌战情绪或恐惧心理,从而扰乱军心的行为。造谣惑众的行为必须导致扰乱军心的结果,或者具有扰乱军心的危险性。造谣惑众行为不以针对不特定军人实施为必要,虽然是向个别军人造谣,但只要足以使不特定人得知造谣内容,进而扰乱军心的,也应认为是造谣惑众。本罪主体是军人以外的自然人。主观方面只能是故意。犯本罪的,根据《刑法》第378条的规定处罚。

五、战时窝藏逃离部队军人罪

本罪是指战时明知是逃离部队的军人而为其提供隐蔽处所、财物,情节严重的行为。行为所资助的对象必须是已经逃离部队的军人,资助的方式仅限于提供隐蔽处所或财物,资助时间仅限于战时。行为人必须明知是逃离部队的军人,因此,过失不成立本罪。此外,构成本罪还要求情节严重。犯本罪的,根据《刑法》第379条的规定处罚。

六、战时拒绝、故意延误军事订货罪

本罪是指有关生产、销售单位战时拒绝或者故意延误军事订货,情节严重的行为。本罪客观方面表现为在战时对武装部队为军事目的而订购武器装备、军用物资,没有正当理由拒不予以接受,或者拖延、推迟交付部队订购物品的行为。本罪主体只能是有关生产、销售武器装备、军用物资的单位。主观方面只能是故意。拒绝军事订货显然出于故意;由于延误军事订货的行为可能出于过失,故刑法特别规定为"故意延误"。此外,成立本罪还必须情节严重。犯本罪的,根据《刑法》第380条的规定处罚。

七、战时拒绝军事征收、征用罪

本罪是指在战时拒绝军事征收、征用,情节严重的行为。军事征收、军事征用,是指武装部队出于军事需要,经过一定程序,使用机关、公司、企业、事业单位、人民团体及公民个人动产与不动产的活动。拒绝军事征用,是指拒不同意或拒不接受军事征用的行为,行为人是否使用暴力、胁迫手段,并不影响本罪的成立。犯本罪的,根据《刑法》第381条的规定处罚。

第二十三章 贪污贿赂罪

一般来说,贪污贿赂罪,是指国家工作人员利用职务之便,贪污、挪用公共财物,索取、收受贿赂,不履行法定义务,侵犯职务行为的廉洁性、不可买性的行为。贪污贿赂罪分为两大类,即贪污犯罪与贿赂犯罪。

第一节 贪污犯罪

一、贪污罪

(一) 贪污罪的概念与特征

贪污罪,是指国家工作人员利用职务上的便利,侵吞、窃取、骗取或者以其他手段非法占有公共财物的行为。

1. 客观方面具有以下特征:

(1) 必须利用职务上的便利。利用职务上的便利,是指利用职务权力与地位所形成的主管、管理、经营、经手公共财物的便利条件。主管,主要是指负责调拨、处置及其他支配公共财物的职务活动;管理,是指负责保管、处理及其他使公共财物不流失的职务活动;经营,是指将公共财物作为生产、流通手段等使其增值的职务活动;经手,是指领取、支出等经办公共财物的职务活动。利用与职务无关,仅因工作关系熟悉作案环境或易于接近作案目标、凭工作人员身份容易进入某些单位等方便条件非法占有公共财物的,不成立贪污罪。

(2) 必须侵吞、窃取、骗取或者以其他手段非法占有公共财物。侵吞,与侵占是同义语,即将自己因为职务而占有、管理的公共财物据为己有或者使第三者所有,包括对公共财物进行事实上的处分与法律上的处分。如财会人员收款不入账而据为己有,执法人员将罚没款据为己有,管理人员将自己管理的公共财物变卖后占有所变卖的款项,等等。根据《刑法》第394条的规定,国家工作人员在国内公务活动或者对外交往中接受礼物,依照国家规定应当交公而不交公,数额较大的,以贪污罪定罪处罚。窃取,是指违反占有者的意思,利用职务上的便利,将他人占有的公共财物转移为自己或者第三者占有。骗取,是指假借职务上的合法形式,采用虚构事实、隐瞒真相的办法取得公共财物。例如,国有保险公司工作人员和国有保险公司委派到非国有保险公司从事公务的人员,利用职务上的便利,故意编造未曾发生的保险事故进行虚假理赔,骗取保险金归自己所有的,属于骗取形式的贪污(参见《刑法》第183条)。其他手段,是指除侵吞、窃取、骗取以外的其他利用职务之便的手段,如挪用公款携款潜逃。上述行为的共同特点是,将公共财物转移为行为人或第三者不法所有。这种不法所有,一方面可能表现为行为人在法律形式上或者事实上不法所有公共财物,如将公车登记为自己所有,将公款存入自己的私人存折,将公物作为私有物予以支配;另一方面也可能表现为行为人在法律上或者事实上处分了公共财物,如将公款赠与他人,将公物变卖等,但不包括单纯毁坏公共财物的行为。

(3)必须非法占有公共财物。本罪对象必须是公共财物(参见《刑法》第91条),但不限于国有财物,因为贪污罪的主体包括国家机关、国有单位委派到非国有单位从事公务的人员,这些主体完全可能贪污国有财物以外的公共财物。但是,受国家机关、国有公司、企业、事业单位、人民团体委托管理、经营国有财产的人员成立贪污罪,必须是非法占有了国有财物。

2. 主体应是国家工作人员。根据《刑法》第93条的规定,国家工作人员是指在国家机关中从事公务的人员;国有公司、企业、事业单位、人民团体中从事公务的人员和国家机关、国有公司、企业、事业单位委派到非国有公司、企业、事业单位、社会团体从事公务的人员,以及其他依照法律从事公务的人员,以国家工作人员论。不难看出,国家工作人员主要有两个特征:(1)必须是国家机关、国有公司、企业、事业单位、人民团体中的人员或者上述机关、单位委派到其他单位的人员。(2)必须是依照法律从事公务。"依照法律",是指行为人的任用、地位、职务、公务行为等具有法律上的根据。"从事公务",是指从事国家机关、公共机构或者其他法定的公共团体的事务。公务的特点是,关系到多数人或不特定人的利益,具有裁量、判断、决定性质,由国家机关或者其他法定的公共机构或公共团体组织或者安排。根据2000年全国人大常委会《关于〈中华人民共和国刑法〉第九十三条第二款的解释》,村民委员会等基层组织人员协助人民政府从事行政管理工作时,利用职务上的便利贪污公共财产的,应以贪污罪论处。

根据《刑法》第382条第2款的规定,受国家机关、国有公司、企业、事业单位、人民团体委托管理、经营国有财产的人员,可以成为本罪的主体。适用本规定的条件是:(1)被委托人原本不是管理、经营国有财产的人员;(2)委托单位必须是国家机关、国有公司、企业、事业单位、人民团体;(3)委托的内容是以承包、租赁等方式管理、经营国有财产;(4)委托具有合法性。

此外,一般公民与上述人员勾结,伙同贪污的,以贪污罪的共犯论处。

3. 主观方面只能是故意,并具有非法占有目的。

(二)贪污罪的认定

1. 正确区分贪污罪与非罪的界限。对于贪污公共财物数额较小,情节显著轻微的,不应以贪污罪论处。

2. 正确区分贪污罪与盗窃罪、诈骗罪、侵占罪的界限。贪污罪的行为包括了侵占、窃取、骗取公共财物的行为,它与上述三个罪名之间的主要区别在于:前者的对象仅限于公共财物,后者的对象既可以是公共财物,也可以是公民私人所有的财物;前者的行为包括利用职务之便的侵吞、窃取、骗取及其他手段,后者的行为分别是特定的窃取、骗取与侵占行为,不要求利用职务之便;前者的主体是特殊主体,后者的主体为一般主体。

3. 正确区分贪污罪与职务侵占罪的界限。这两种犯罪有相似之处,区分的关键在于行为主体是否国家工作人员。此外,贪污的对象只能是公共财物,其中主要是国有财物;而职务侵占罪的对象虽然可以是公共财物(如集体所有的财物),但还包括私营公司、企业的财物。

(三) 贪污罪的处罚

根据《刑法》第383条的规定,对犯贪污罪的,根据情节轻重,分别依照下列规定处罚:(1) 贪污数额较大或者有其他较重情节的,处3年以下有期徒刑或者拘役,并处罚金。行为人在提起公诉前如实供述自己罪行、真诚悔罪、积极退赃,避免、减少损害结果的发生的,可以从轻、减轻或者免除处罚。(2) 贪污数额巨大或者有其他严重情节的,处3年以上10年以下有期徒刑,并处罚金或者没收财产。行为人在提起公诉前如实供述自己罪行、真诚悔罪、积极退赃,避免、减少损害结果的发生的,可以从轻处罚。(3) 贪污数额特别巨大或者有其他特别严重情节的,处10年以上有期徒刑或者无期徒刑,并处罚金或者没收财产;数额特别巨大,并使国家和人民利益遭受特别重大损失的,处无期徒刑或者死刑,并处没收财产。行为人在提起公诉前如实供述自己罪行、真诚悔罪、积极退赃,避免、减少损害结果的发生的,可以从轻处罚。犯贪污罪数额特别巨大,并使国家和人民利益遭受特别重大损失的,被判处死刑缓期执行的,人民法院根据犯罪情节等情况可以同时决定在其死刑缓期执行两年期满依法减为无期徒刑后,终身监禁,不得减刑、假释。

对多次贪污未经处理的,按照累计贪污数额处罚。

二、挪用公款罪

(一) 挪用公款罪的概念与特征

本罪是指国家工作人员利用职务上的便利,挪用公款归个人使用,进行非法活动的,或者挪用公款数额较大、进行营利活动的,或者挪用公款数额较大、超过3个月未还的行为。本罪的基本性质是侵犯公共财物的占有权、使用权、收益权以及职务行为的廉洁性。

1. 客观方面表现为,利用职务上的便利挪用公款归个人使用,在此前提下分为三种情况：一是挪用公款进行非法活动；二是挪用公款数额较大、进行营利活动；三是挪用公款进行营利活动、非法活动以外的活动，数额较大，挪用时间超过了3个月。

挪用人必须利用职务上的便利实施挪用行为，即利用职务权力与地位所形成的主管、管理、经营、经手公款或特定款物的便利条件实施挪用行为。挪用，是指未经合法批准，或者违反财经纪律，擅自使公款脱离单位的行为。行为人使公款脱离单位后，即使尚未使用该公款，也属于挪用。例如，行为人将公款划入自己的私人存折，准备日后购买个人住房，即使尚未使用该公款购买住房，也属于挪用。

行为人所挪用的必须是公款，包括挪用用于救灾、抢险、防汛、优抚、扶贫、移民、救济款物归个人使用。国家工作人员利用职务上的便利，挪用公有国库券的行为，以挪用公款论处；挪用非特定公物归个人使用的，不以挪用公款罪论处；如构成其他犯罪的，依照刑法的相关规定定罪处罚。

根据立法解释，有下列情形之一的，属于挪用公款"归个人使用"：(1) 将公款供本人、亲友或者其他自然人使用的；(2) 以个人名义将公款供其他单位使用的；(3) 个人决定以单位名义将公款供其他单位使用，谋取个人利益的。所应注意的是，立法解释中所说的"个人"并不限于一个人，而是相对于单位、集体而言。例如，没有经过单位领导集体研究，只是由其中的少数领导违反决策程序决定将公款供其他单位使用的，属于"个人决定"；同样，为单位少数人谋取利益的，也属于"谋取个人利益"。

挪用公款归个人使用分为三种类型，各种类型的成立条件不完全相同：(1) 挪用公款归个人使用，进行赌博、走私等非法活动的，构成挪用公款罪，不受"数额较大"和挪用时间的限制。挪用公款给他人使用，不知道使用人将公款用于非法活动，数额较大、超过3个月未还的，构成挪用公款罪；明知使用人将公款用于非法活动的，应当认定为挪用人挪用公款进行非法活动。(2) 挪用公款数额较大，归个人进行营利活动的，构成挪用公款罪，不受挪用时间和是否归还的限制。挪用公款存入银行、用于集资、购买股票、国债等，属于挪用公款进行营利活动。所获取的利息、收益等违法所得，应当追缴，但不计入挪用公款的数额。挪用公款给他人使用，不知道使用人将公款用于营利活动，数额较大、超过3个月未还的，构成挪用公款罪；明知使用人将公款用于营利活动的，应当认定为挪用人挪用公款进行营利活动。申报注册资本是为进行生产经营活动作准备，属于成立公司、企业进行营利活动的组成部分。因此，挪用公款归个人用于公司、企业注册资本验资证明的，应当认定为挪用公款进行营利活动。(3) 挪用公款归个人使用，数额较大、超过3个月未还的，构成挪用公款罪。这是指将公款用于非法活动与营利活动以外的其他活动。"超过3个月未还"，实际上是指行为人挪用公款后在3个月之内没有归还,或者说,行为人挪用公款的时间超过了3个月。挪用公款后尚未投入实际使用的,只要同时具备"数额较大"和"超过3个月未还"的构成要件,应当认定为挪用公款罪,但可以酌情从轻处罚。

2. 主体必须是国家工作人员。挪用公款给他人使用,使用人与挪用人共谋,指使或者参与策划取得挪用款的,以挪用公款罪的共犯定罪处罚。但应注意,不应扩大使用人构成共犯的范围,对于使用人只是单纯提出借用公款的,不得认定为挪用公款罪的共犯。

3. 主观方面只能是故意,但不要求行为人具有将公款不法据为己有的目的。

(二)挪用公款罪的认定

挪用公款罪与贪污罪有相似之处,主要区别在于:(1)犯罪对象不完全相同:前者原则上只限于公款,例外地包括特定公物;后者既包括公款,也包括其他公共财物。(2)犯罪行为不同:前者只是挪用公款,即暂时占有、使用公款;后者是以侵吞、窃取、骗取或者其他手段非法将公共财物占为己有或者使第三者所有。(3)犯罪故意内容不同:前者不要求以非法占有为目的;后者以非法占有为目的。携带挪用的公款潜逃的,应以贪污罪论处。

挪用公款罪与挪用资金罪的客观方面与主观方面相同,其区别主要表现在:(1)前者的对象是公款与特定款物,其中主要是国有财物;后者的对象虽然包括公共财物,但也包括私营公司、企业的资金;(2)前者的主体只限于国家工作人员,后者的主体是除国家工作人员以外的公司、企业及其他单位的人员。

因挪用公款索取、收受贿赂构成犯罪的,或者挪用公款进行非法活动构成其他犯罪的,依照数罪并罚的规定处罚。

(三)挪用公款罪的处罚

根据《刑法》第384条的规定,犯挪用公款罪的,处5年以下有期徒刑或者拘役;情节严重的,处5年以上有期徒刑。挪用公款数额巨大不退还的,处10年以上有期徒刑或者无期徒刑。"挪用公款数额巨大不退还的",是指挪用公款数额巨大,因客观原因在一审宣判前不能退还的;如果由于某种原因从挪用公款的故意转化为贪污罪的故意,则应认定为贪污罪。

三、私分国有资产罪、私分罚没财物罪

私分国有资产罪,是指国家机关、国有公司、企业、事业单位、人民团体,违反国家规定,以单位名义将国有资产集体私分给个人,数额较大的行为。

私分罚没财物罪,是指司法机关、行政执法机关违反国家规定,将应当上缴国家的罚没财物,以单位名义集体私分给个人的行为。

这两种犯罪的共同点是违反国家规定,以单位名义,故意将国有资产或应当上缴国家的罚没财物集体私分给个人。国有资产,是指国家依法取得和认定的,或者国家以各种形式对企业投资和投资收益、国家向行政事业单位拨款等形成的资产。应当上缴国家的罚没财物,是指依照法律判处罚金、罚款或者没收财产、没收违法犯罪所得、没收供犯罪所用的本人财物所取得的,应当上缴国库的财物。应当注意的是,司法机关、行政执法机关,违反国家规定,以单位名义私分国有资产的,应认定为私分国有资产罪,只有私分应当上缴国家的罚没财物时,才成立私分罚没财物罪。集体私分给个人,是指经集体研究决定将国有资产或罚没财物分配给单位的所有成员或者多数人。将国有资产或者罚没财物私自给单位少数成员的,应认定是共同贪污。私分国有资产数额较大的,才成立私分国有资产罪。这里的数额较大,是指被私分的国有资产的数额较大,而不是指个人分得的财物数额较大。

犯上述两罪的,根据《刑法》第396条的规定处罚。

四、巨额财产来源不明罪

本罪是指国家工作人员的财产、支出明显超过合法收入,差额巨大,不能说明其来源的行为。

客观方面表现为行为人的财产、支出明显超过合法收入,差额巨大,在有关机关责令行为人说明来源时,行为人不能说明其来源的行为。行为人不能说明来源,是指行为人没有证据证实其差额部分的真实来源,其中包括拒不说明财产的来源。主体只限于国家工作人员。主观上只能是故意。

夫妻双方均为国家工作人员,而其家庭财产明显超过合法收入,差额巨大时,有关机关责令双方说明来源,而双方均不说明来源的,只要认定夫妻双方都拥有超出合法收入的巨额财产,夫妻双方均成立本罪。

在认定犯罪的过程中,会出现以下几种情况:(1)行为人拥有巨额财产,但不能说明来源,对此,应认定为本罪。(2)行为人拥有巨额财产,本人说明了其合法来源的,不能认定犯罪;如果说明了其非法来源,并查证属实的,就按其行为性质认定犯罪,不能认定为本罪。(3)行为人拥有巨额财产,本人不能说明来源的,人民法院判决成立本罪;但在以后的办案过程中,司法机关查清了该巨额财产的来源:如果来源是合法的,原来的判决必须维持,不能更改;如果来源是非法的,则按非法来源的性质再次定罪,也不能推翻原来的判决。

根据《刑法》第395条第1款的规定,犯本罪的,处5年以下有期徒刑或者拘役;差额特别巨大的,处5年以上10年以下有期徒刑。财产的差额部分予以追缴。

五、隐瞒境外存款罪

本罪是指国家工作人员在境外的存款数额较大，违反应当申报的规定，隐瞒不报的行为。犯本罪的，根据《刑法》第395条第2款的规定处罚。

第二节 贿赂犯罪

一、受贿罪

（一）受贿罪的概念与特征

受贿罪，是指国家工作人员，利用职务上的便利，索取他人财物的，或者非法收受他人财物为他人谋取利益的行为。

1. 受贿罪的客体是国家工作人员职务行为的不可收买性，也可以说是国家工作人员职务行为与财物的不可交换性。不可收买性包括两个方面的内容：一是职务行为的不可收买性本身；二是公民对职务行为不可收买性的信赖。公民对职务行为不可收买性的信赖，是一项重要的法益。因为这种信赖是公民公平正义观念的具体表现，它使得公民进一步信赖国家工作人员的职务行为，信赖国家机关（在我国还应包括国有企业、事业单位、人民团体，下同）本身，从而保证国家机关正常活动的开展，促进国家机关实现其活动宗旨。如果职务行为可以收买，或者公民认为职务行为可以与财物相互交换，则意味着公民不会信赖国家工作人员的职务行为，进而不信赖国家机关本身。因此，公民对职务行为不可收买性的信赖是值得刑法保护的重要法益。在以刑法保护职务行为的不可收买性以及公民对职务行为不可收买性的信赖的法秩序之下，只要国家工作人员客观上以职务行为换取了财物，就损害了职务行为的不可收买性；只要国家工作人员收受财物时许诺了为他人实施职务行为，就损害了公民对职务行为不可收买性的信赖。

2. 受贿罪的客观方面表现为利用职务上的便利，索取他人财物，或者非法收受他人财物为他人谋取利益的行为。

（1）受贿行为所索取、收受的是财物，该财物称为"贿赂"。贿赂的本质在于，它是与国家工作人员的职务有关的、作为不正当报酬的利益。职务是国家工作人员基于其地位应当作为公务处理的一切事务，其范围由法律、法令或职务的内容决定。职务行为既可以是作为，也可以是不作为。贿赂与职务行为的关联性，是指因为行为人具有某种职务，才可能向他人索取贿赂，他人才向其提供贿赂。不仅如此，贿赂还是作为职务行为的不正当报酬的利益，它与职务行为之间存在对价关系。即贿赂是对国家工作人员职务行为的不正当报酬。不正当报酬,并不意味着国家工作人员的职务行为本身具有不正当性,而是指国家工作人员实施职务行为时不应当索取或者收受利益却索取、收受了这种利益。贿赂还必须是一种能够满足人的某种需要的利益。

刑法将贿赂的内容限定为财物。这里的财物是指具有价值的可以管理的有体物、无体物以及财产性利益。

(2) 受贿行为表现为索取或者收受贿赂。索取贿赂包括要求、索要与勒索贿赂。收受贿赂,是指在行贿人主动提供贿赂时,本应拒绝,却予以接受。事实上,还存在一种约定的方式,即行贿人与受贿人就贿赂一事相互沟通、达成协议。《刑法》第385条第2款规定:"国家工作人员在经济往来中,违反国家规定,收受各种名义的回扣、手续费,归个人所有的,以受贿论处。"这实质上是一种约定方式。但能够以谁提出为标准,将其归入索取与收受:国家工作人员先提出约定的,属于索取;对方先提出约定的,国家工作人员属于收受。

索取或者收受贿赂,并不限于行为人将贿赂直接据为己有,而是包括使请托人向第三者提供贿赂的情形。例如,丙有求于国家工作人员甲的职务行为,甲便要求或者暗示丙向乙提供财物,乙欣然接受;或者甲利用职务上的便利为丙谋取利益,事后丙欲向甲提供作为职务行为的不正当报酬的财物时,甲要求或者暗示丙将财物提供给乙,乙没有拒绝。在这种情况下,甲依然成立受贿罪。如果乙不明知丙所提供的财物与国家工作人员甲的职务行为具有关联,乙不成立受贿罪的共犯;如果乙明知丙所提供的为贿赂,则成立受贿罪的共犯。

(3) 索取贿赂只需要利用职务上的便利就成立受贿罪,不要求为他人谋取利益。但收受贿赂的只有为他人谋取利益才成立受贿罪。"为他人谋取利益"是受贿罪的客观要件要素,其最低要求是许诺为他人谋取利益。国家工作人员在非法收受他人财物之前或者之后许诺为他人谋取利益,就在客观上形成了以权换利的约定,使职务行为的不可收买性受到了侵犯。为他人谋取利益的许诺本身是一种行为。许诺既可以明示,也可以暗示。当他人主动行贿并提出为其谋取利益的要求后,国家工作人员虽没明确答复办理,但只要不予拒绝,就应当认为是一种暗示的许诺。许诺既可以直接对行贿人许诺,也可以通过第三者对行贿人许诺。许诺既可以是真实的,也可以是虚假的。虚假许诺,是指国家工作人员具有为他人谋取利益的职权或者职务条件,在他人有求于自己的职务行为时,并不打算为他人谋取利益,却又承诺为他人谋取利益。但虚假许诺构成受贿罪是有条件的:其一,一般只能在收受财物后作虚假承诺;其二,许诺的内容与国家工作人员的职务有关联;其三,因为许诺而在客观上形成了为他人谋取利益的约定。

(4) 受贿行为在客观上必须利用职务上的便利。不管是索取贿赂还是收受贿赂,利用职务上的便利都表现为两个密切联系的内容:一是他人有求于国家工作人员的职务行为,或国家工作人员正在或已经通过职务行为为他人谋取利益;二是索取或者收受的财物是国家工作人员(所许诺的)职务行为的不正当报酬。简言之,只要国家工作人员所索取或者收受的财物与其职务行为有关,就可认定为利用了职务上的便利,因为索取或者收受与职务行为有关的财物,就意味着对方必须为国家工作人员的职务行为付出财产上的代价,因而侵犯了职务行为的不可收买性。

根据《刑法》第388条的规定,国家工作人员利用本人职权或者地位形成的便利条件,通过其他国家工作人员职务上的行为,为请托人谋取不正当利益,索取请托人财物或者收受请托人财物的,以受贿论处。这在刑法理论上称为斡旋受贿。斡旋受贿不是国家工作人员就自身的职务索取或者收受贿赂,而是利用国家工作人员的职权或者地位形成的便利条件,就其他国家工作人员的职务行为进行斡旋,使其他国家工作人员利用职务上的便利为请托人谋取不正当利益,从而索取或者收受贿赂。首先,行为人必须利用本人职权或者地位形成的便利条件,但不要求行为人积极地利用其职权或地位,只要基于国家工作人员的立场实施斡旋行为即可。其次,行为人接受他人请托,使其他国家工作人员实施(包括放弃)职务上的行为,为请托人谋取不正当利益。最后,行为人必须向请托人索取财物或者收受请托人的财物,这种财物是行为人使其他国家工作人员为请托人谋取不正当利益的行为的不正当报酬。例如,甲请求国家工作人员乙帮忙,请国家工作人员丙(税务工作人员)为其非法减免税款,乙利用自己的职权与地位形成的便利条件,使丙为甲减免税款。乙以此为条件事先索取、收受甲的财物的,或者以此为根据事后索取、收受甲的财物的,就成立斡旋受贿。

3. 受贿罪的主体必须是国家工作人员。国家工作人员利用职务上的便利为请托人谋取利益,并与请托人事先约定,在其离退休后收受请托人财物,构成犯罪的,以受贿罪定罪处罚。一般公民与国家工作人员相勾结,伙同受贿的,以受贿罪的共犯论处。

4. 受贿罪的主观方面只能是故意。首先,行为人主观上具有接受(包括索取)贿赂的意图。如果没有接受贿赂的意图,事实上也没有接受的,不可能成立受贿罪;行贿人将财物送给行为人,但行为人根本不知道的,或者只是不得已暂时收下,准备交给组织处理或者退还给行贿人的,也不成立受贿罪。其次,行为人认识到自己索取、收受贿赂的行为是在和对方进行以权换利的肮脏交易,认识到自己的行为会侵犯职务行为的不可收买性。最后,行为人对上述危害结果持希望或者放任态度。

国家工作人员实施某种职务行为,为他人谋取利益,事后接受他人财物的,只要行为人认识到他人交付的财物是对自己职务行为的不正当报酬,就完全可能成立受贿罪。换言之,当国家工作人员事前实施某种职务行为(不管是否正当合法),客观上为他人谋取了利益时,他人向国家工作人员交付的财物,就是对国家工作人员职务行为的不正当报酬;国家工作人员明知该财物是对自己职务行为的不正当报酬而收受,就具有受贿罪的故意。

(二)受贿罪的认定

1. 正确划清受贿罪与取得合理报酬、接受正当馈赠的界限。国家工作人员在法律允许的范围内,利用业余时间,以自己的劳动为他人提供某种服务,从而获得报酬的,不成立受贿罪。但国家工作人员在业余时间,利用职务上的便利为他人谋取利益,进而获得报酬的,仍然成立受贿罪。国家工作人员在经济往来中,违反国家规定,收受各种名义的回扣、手续费,归个人所有(包括使第三者所有)的,应以受贿罪论处,不能作为取得合理报酬对待。行为人接受亲友的正当馈赠的行为,不成立受贿罪。在区分接受馈赠与受贿罪时,应注意从以下几个方面进行综合判断:(1)接受方与提供方是否存在亲友关系;(2)提供方是否有求于接受方的职务行为;(3)接受方是否许诺为他人谋取利益,或者是否正在或者已经为提供方谋取利益;(4)所接受财物的数量与价值;(5)接受方是否利用了职务之便;(6)有无正当馈赠的适当理由;(7)接受与提供方式是否具有隐蔽性;等等。

2. 正确区分特殊方式的受贿与一般交易、娱乐、借用等行为的界限。对此,最高人民法院、最高人民检察院2007年7月8日《关于办理受贿刑事案件适用法律若干问题的意见》作了如下规定:(1)国家工作人员利用职务上的便利为请托人谋取利益,以明显低于市场的价格向请托人购买房屋、汽车等物品的,或者以明显高于市场的价格向请托人出售房屋、汽车等物品的,或者以其他交易形式非法收受请托人财物的,以受贿论处;受贿数额按照交易时当地市场价格与实际支付价格的差额计算。上述市场价格包括商品经营者事先设定的不针对特定人的最低优惠价格。根据商品经营者事先设定的各种优惠交易条件,以优惠价格购买商品的,不属于受贿。(2)国家工作人员利用职务上的便利为请托人谋取利益,收受请托人提供的干股(未出资而获得的股份)的,以受贿论处。进行了股权转让登记,或者相关证据证明股份发生了实际转让的,受贿数额按转让行为时的股份价值计算,所分红利按受贿孳息处理。股份未实际转让,以股份分红名义获取利益的,实际获利数额应当认定为受贿数额。(3)国家工作人员利用职务上的便利为请托人谋取利益,由请托人出资,"合作"开办公司或者进行其他"合作"投资的,以受贿论处。受贿数额为请托人给国家工作人员的出资额。国家工作人员利用职务上的便利为请托人谋取利益,以合作开办公司或者其他合作投资的名义获取"利润",没有实际出资和参与管理、经营的,以受贿论处。(4)国家工作人员利用职务上的便利为请托人谋取利益,以委托请托人投资证券、期货或者其他委托理财的名义,未实际出资而获取"收益",或者虽然实际出资,但获取"收益"明显高于出资应得收益的,以受贿论处。受贿数额,前一情形,以"收益"额计算;后一情形,以"收益"额与出资应得收益额的差额计算。(5)国家工作人员利用职务上的便利为请托人谋取利益,通过赌博方式收受请托人财物的,构成受贿。实践中应注意区分贿赂与赌博活动、娱乐活动的界限。具体认定时,主要应当结合以下因素进行判断:赌博的背景、场合、时间、次数;赌资来源;其他赌博参与者有无事先通谋;输赢钱物的具体情况和金额大小。(6)国家工作人员利用职务上的便利为请托人谋取利益,要求或者接受请托人以给特定关系人(与国家工作人员有近亲属、情妇、情夫以及其他共同利益关系的人)安排工作为名,使特定关系人不实际工作却获取所谓薪酬的,以受贿论处。(7)国家工作人员利用职务上的便利为请托人谋取利益,授意请托人以上述形式,将有关财物给予特定关系人的,以受贿论处。特定关系人与国家工作人员通谋,共同实施前述行为的,对特定关系人以受贿罪的共犯论处。(8)国家工作人员利用职务上的便利为请托人谋取利益,收受请托人房屋、汽车等物品,未变更权属登记或者借用他人名义办理权属变更登记的,不影响受贿的认定。认定以房屋、汽车等物品为对象受贿,应注意与借用的区分。具体认定时,除双方交代或者书面协议之外,主要应当结合以下因素进行判断:有无借用的合理事由、是否实际使用、借用时间的长短、有无归还的条件、有无归还的意思表示及行为。(9)国家工作人员收受请托人财物后及时退还或者上交的,不是受贿。国家工作人员受贿后,因自身或者与其受贿有关联的人、事被查处,为掩饰犯罪而退还或者上交的,不影响认定受贿罪。(10)国家工作人员利用职务上的便利为请托人谋取利益之前或者之后(但应限定为在职时),约定在其离职后收受请托人财物,并在离职后收受的,以受贿论处。国家工作人员利用职务上的便利为请托人谋取利益,离职前后连续收受请托人财物的,离职前后收受部分均应计入受贿数额。

3. 正确区分受贿罪与诈骗罪的界限。国家工作人员的家属,以通过国家工作人员的职务行为为他人谋取利益之名,欺诈对方,骗取财物的,是诈骗的一种方式,应以诈骗罪论处。国家工作人员发现他人有求于国家工作人员的职务行为时,声称为他人谋取利益并主动要求对方提供财物的,应认定为索取贿赂。在他人有求于国家工作人员的职务行为时,国家工作人员接受财物后,作出虚假承诺的,应认定为受贿罪。

4. 正确区分受贿罪与敲诈勒索罪的界限。行为人虽然是国家工作人员,但对方有求于他的事项与其职务没有关系,行为人利用对方的困境,以此相要挟,索取财物的,成立敲诈勒索罪;国家工作人员主动以打击报复相要挟,要求对方提供财物的,也成立敲诈勒索罪。反之,如果对方有求于国家工作人员的事项必须利用职务之便(包括放弃职务行为)才能实现,行为人利用他人的困境,索取财物的,成立受贿罪。如果国家工作人员的行为同时触犯受贿罪与敲诈勒索罪,则应认定为想象竞合犯,从一重罪处罚。

(三) 受贿罪的处罚

犯受贿罪的,根据《刑法》第 386 条与第 383 条的规定处罚。量刑时,既要考虑受贿数额,也要考虑其他情节。对多次受贿未经处理的,按照累计受贿数额处罚。索贿的从重处罚。

二、单位受贿罪

本罪是指国家机关、国有公司、企业、事业单位、人民团体,索取、非法收受他人财物,为他人谋取利益,情节严重的行为。犯本罪的,根据《刑法》第 387 条的规定处罚。

三、利用影响力受贿罪

利用影响力受贿罪包括两种类型:一是国家工作人员的近亲属或者其他与该国家工作人员关系密切的人,通过该国家工作人员职务上的行为,或者利用该国家工作人员职权或者地位形成的便利条件,通过其他国家工作人员职务上的行为,为请托人谋取不正当利益,索取请托人财物或者收受请托人财物,数额较大或者有其他较重情节的行为;二是离职的国家工作人员或者其近亲属以及其他与其关系密切的人,利用该离职的国家工作人员原职权或者地位形成的便利条件,通过其他国家工作人员职务上的行为,为请托人谋取不正当利益,索取请托人财物或者收受请托人财物,数额较大或者有其他较重情节的行为。实施本罪行为同时构成受贿罪共犯的,应从一重罪论处。犯本罪的,根据《刑法》第 388 条之一的规定处罚。

四、行贿罪

行贿罪,是指为谋取不正当利益,给予国家工作人员以财物的行为。

客观方面表现为给予国家工作人员以财物的行为,主要表现为以下几种情况:一是为了利用国家工作人员的职务行为(包括通过国家工作人员予以利用,即包括向斡旋受贿者行贿,但不包括向利用影响力受贿者行贿),主动给予国家工作人员以财物。二是在有求于国家工作人员的职务行为时,由于国家工作人员的索取而给予国家工作人员以财物。但根据《刑法》第 389 条第 3 款的规定,因被勒索给予国家工作人员以财物,没有获得不正当利益的,不是行贿。三是与国家工作人员约定,以满足自己的要求为条件给予国家工作人员以财物。《刑法》第 389 条第 2 款规定:"在经济往来中,违反国家规定,给予国家工作人员以财物,数额较大的,或者违反国家规定,给予国家工作人员以各种名义的回扣、手续费,以行贿论处。"

主观方面出于故意,并且具有谋取不正当利益的目的。根据相关司法解释,"谋取不正当利益"是指谋取违反法律、法规、国家政策和国务院各部门规章规定的利益,以及要求国家工作人员或者有关单位提供违反法律、法规、国家政策和国务院各部门规章规定的帮助或者方便条件。

行贿罪与受贿罪属于对向犯,在通常情况下,行贿方与受贿方的行为均成立犯罪。因此,司法机关不能仅处罚其中一方。但另一方面,这并不意味着一方行为成立犯罪时另一方行为也必然成立犯罪,仅一方的行为成立犯罪的现象是大量存在的。例如,前述因被勒索给予财物,没有获得不正当利益的,不是行贿;但国家工作人员的行为仍然是索取贿赂。再如,为了谋取正当利益而给予国家工作人员以财物的,不是行贿;但国家工作人员接受财物的行为成立受贿罪。又如,为了谋取不正当利益而给予国家工作人员以财物的,构成行贿罪;但国家工作人员没有接受贿赂的故意,立即将财物送交有关部门处理的,不构成受贿罪。

犯本罪的,根据《刑法》第390条的规定处罚。行贿人在被追诉前主动交待行贿行为的,可以从轻或者减轻处罚。其中,犯罪较轻的,对侦破重大案件起关键作用的,或者有重大立功表现的,可以减轻或者免除处罚。

五、对有影响力的人行贿罪

本罪是指自然人或者单位为谋取不正当利益,向国家工作人员的近亲属或者其他与该国家工作人员关系密切的人,或者向离职的国家工作人员或者其近亲属以及其他与其关系密切的人行贿的行为。本罪与利用影响力受贿罪是对向关系。

本罪的特点是,行为人为了利用(包括离职的)国家工作人员的近亲属等特定关系人的影响力,而给予其财物。由于这些特定关系人与国家工作人员具有密切关系,所以,需要正确处理本罪与行贿罪的关系。行为人将财物交付给特定关系人,特定关系人仅成立利用影响力受贿罪,国家工作人员不成立受贿罪时,行为人成立对有影响力的人行贿罪。行为人将财物交付给特定关系人,特定关系人虽然与国家工作人员构成受贿罪的共犯,但行为人没有认识到该受贿共犯事实时,行为人仍然成立对有影响力的人行贿罪。反之,行为人将财物交付给特定关系人,但特定关系人与国家工作人员构成受贿罪的共犯,行为人也明知该受贿共犯事实时,不管财物最终是否由国家工作人员占有,行为人均成立行贿罪。

犯本罪的,根据《刑法》第390条之一的规定处罚。

六、对单位行贿罪

本罪是指个人或者单位为谋取不正当利益,给予国家机关、国有公司、企业、事业单位、人民团体以财物,或者在经济往来中,违反国家规定,给予各种名义的回扣、手续费的行为。犯本罪的,根据《刑法》第391条的规定处罚。

七、单位行贿罪

本罪是指单位为谋取不正当利益而给予国家工作人员以财物,或者违反国家规定,给予国家工作人员以回扣、手续费,情节严重的行为。根据《刑法》第393条的规定,犯本罪的,对单位判处罚金,并对其直接负责的主管人员和其他直接责任人员,处5年以下有期徒刑或者拘役,并处罚金。如果因行贿取得的违法所得归个人所有,则以行贿罪论处,而不认定为单位行贿罪。

八、介绍贿赂罪

本罪是指向国家工作人员介绍贿赂,情节严重的行为。客观方面表现为行为人明知某人欲通过行贿谋求国家工作人员的职务行为,而向国家工作人员提供该信息的行为。帮助行贿或帮助受贿的行为,应当排除在介绍贿赂之外。易言之,根据刑法分则关于行贿罪、受贿罪的规定以及刑法总则关于共同犯罪成立条件的规定,凡是行贿罪、受贿罪的帮助行为,都是行贿罪、受贿罪的共犯行为,理当分别认定为行贿罪与受贿罪,而不得认定为介绍贿赂罪。如果某行为同时对行贿、受贿起帮助作用,则属于一行为触犯数罪名,应从一重处罚,也不宜认定为介绍贿赂罪。根据《刑法》第392条的规定,犯介绍贿赂罪的,处3年以下有期徒刑或者拘役,并处罚金。介绍贿赂的人在被追诉前主动交待介绍贿赂行为的,可以减轻或者免除处罚。

第二十四章 渎 职 罪

渎职罪,是指国家机关工作人员利用职务上的便利或者徇私舞弊、滥用职权、玩忽职守,妨害国家机关的正常活动,损害公众对国家机关工作人员职务活动客观公正性的信赖,致使国家与人民利益遭受重大损失的行为。渎职罪分为以下三种类型:一般国家机关工作人员的渎职罪、司法工作人员渎职罪、特定机关工作人员的渎职罪。

第一节 一般国家机关工作人员的渎职罪

一、滥用职权罪

(一)滥用职权罪的概念与特征

本罪是指国家机关工作人员滥用职权,致使公共财产、国家和人民利益遭受重大损失的行为。

1. 客观方面表现为滥用职权,致使公共财产、国家和人民利益遭受重大损失的行为。滥用职权,是指不法行使职务上的权限的行为,即就形式上属于国家机关工作人员一般职务权限的事项,以不当目的或者以不法方法,实施违反职务行为宗旨的活动。首先,滥用职权应是滥用国家机关工作人员的一般职务权限,如果行为人实施的行为与其一般的职务权限没有任何关系,则不属于滥用职权。其次,行为人或者是以不当目的实施职务行为或者是以不法方法实施职务行为;在出于不当目的实施职务行为的情况下,即使从行为的方法上看没有超越职权,也属于滥用职权。最后,滥用职权的行为违反了职务行为的宗旨,或者说与其职务行为的宗旨相违背。滥用职权的行为主要表现为以下几种情况:一是超越职权,擅自决定或处理没有具体决定、处理权限的事项;二是玩弄职权,随心所欲地对事项作出决定或者处理;三是故意不履行应当履行的职责,或者说任意放弃职责;四是以权谋私、假公济私,不正确地履行职责。根据刑法的规定,滥用职权行为,只有致使公共财产、国家和人民利益遭受重大损失的,才成立犯罪。

2. 主体必须是国家机关工作人员。非国家机关工作人员滥用职权,致使公共财产、国家和人民利益遭受重大损失的,依性质与情节成立其他犯罪,不成立本罪。

3. 关于本罪的主观方面,理论上存在很大争议。有人认为本罪主观方面为过失;有人认为本罪主观方面既可以是故意,也可以是过失。本书认为,本罪主观方面必须出于故意,行为人明知自己滥用职权的行为会发生破坏国家机关的正常活动,损害公众对国家机关工作人员职务活动的合法性、客观公正性的信赖的危害结果,并且希望或者放任这种结果发生。

(二)滥用职权罪的认定

成立滥用职权罪,首先必须有滥用职权的行为,如果完全是在具体的职权范围内依法客观公正地处理事项,则不能认定为滥用职权罪。但另一方面,不能为了给行为人开脱罪责,而扩大行为人的具体的职权范围;也不能以属于官僚主义为由开脱行为人的罪责,因为官僚主义行为中包括了滥用职权的行为,因而包括了犯罪行为。成立滥用职权罪以造成重大损失为要件,但"重大损失"不限于有形的损失,而应包括无形的损失。

国家机关工作人员与他人共谋,利用其职务行为帮助他人实施其他犯罪行为,同时构成滥用职权罪和共谋实施的其他犯罪共犯的,依照处罚较重的规定定罪处罚。国家机关工作人员与他人共谋,既利用其职务行为帮助他人实施其他犯罪,又以非职务行为与他人共同实施该其他犯罪行为,同时构成滥用职权罪和其他犯罪的共犯的,依照数罪并罚的规定定罪处罚。

《刑法》第397条关于滥用职权罪的规定属于普通法条,此外,刑法还规定了其他一些特殊的滥用职权的犯罪即特别法条。国家机关工作人员滥用职权的行为触犯特别法条时,也可能同时触犯第397条的普通法条。在这种情况下,应按照特别法条优于普通法条的原则认定犯罪,即认定为特别法条规定的犯罪。例如,监狱、拘留所、看守所等监管机构的监管人员对被监管人进行殴打或者体罚虐待,情节严重的行为,实际上也是滥用职权的行为,但由于刑法对此作了特别规定,故对这种行为只能认定为虐待被监管人罪,不能认定为滥用职权罪。此外,国家机关工作人员滥用职权,因不具备徇私舞弊等情形,不符合刑法分则第九章第398条至第419条的规定,但依法构成第397条规定的滥用职权罪的,以滥用职权罪定罪处罚。

(三)滥用职权罪的处罚

根据《刑法》第397条的规定,犯本罪的,处3年以下有期徒刑或者拘役;情节特别严重的,处3年以上7年以下有期徒刑。徇私舞弊犯滥用职权罪的,处5年以下有期徒刑或者拘役;情节特别严重的,处5年以上10年以下有期徒刑。

二、玩忽职守罪

(一)玩忽职守罪的概念与特征

本罪是指国家机关工作人员玩忽职守,致使公共财产、国家和人民利益遭受重大损失的行为。

1. 客观方面表现为玩忽职守，致使公共财产、国家和人民利益遭受重大损失的行为。玩忽职守，是指严重不负责任，不履行职责或者不正确履行职责的行为。不履行，是指行为人应当履行且有条件、有能力履行职责，但违背职责没有履行，其中包括擅离职守的行为；不正确履行，是指在履行职责的过程中，违反职责规定，马虎草率、粗心大意。由于不同的国家机关工作人员具有不同的职责，而且同一国家机关工作人员在不同时期、不同条件下的职责不一定相同，因此，玩忽职守行为有各种不同的具体表现。玩忽职守行为致使公共财产、国家和人民利益遭受重大损失的，才成立本罪。

2. 主体必须是国家机关工作人员。

3. 主观方面必须出于过失。在相当多的情况下，行为人主观上是一种监督过失，主要表现为应当监督直接责任者却没有实施监督行为，导致了结果发生；或者应当确立完备的安全体制、管理体制，却没有确立这种体制，导致了结果发生。

（二）玩忽职守罪的认定

1. 应当注意区分玩忽职守罪与一般玩忽职守行为的界限。二者的关键区别在于是否造成了公共财产、国家和人民利益的重大损失。在这方面要防止两种倾向：一种倾向是，认为在改革开放的形势下，由于各种规章制度不健全，许多工作具有探索性，因此，国家机关工作人员的失误不可避免，并以此为由将构成玩忽职守罪的行为认定为一般玩忽职守行为，不追究行为人的刑事责任；或者以行为属于官僚主义为由，将玩忽职守罪仅作党纪、政纪处理。另一种倾向是，将国家机关工作人员的一切失职行为，都当作玩忽职守罪处理。当前特别要防止前一种倾向。改革开放不意味着可以犯玩忽职守罪，官僚主义行为中也有构成玩忽职守罪的行为。

2. 应当正确区分玩忽职守罪与过失危害公共安全的犯罪的界限。刑法分则第二章规定了一些过失危害公共安全的犯罪，如生产、作业责任事故罪，工程重大安全事故罪，消防责任事故罪等，后者的主体也可能是国家机关工作人员。玩忽职守罪与这些犯罪的区别表现在：前者是渎职罪，后者是危害公共安全的犯罪；前者主体必须是国家机关工作人员，后者主体不限于国家机关工作人员；前者发生在各种事务管理的过程中，后者一般发生在各种生产、作业以及直接从事指挥、作业的过程中。但是，不排除一个行为同时触犯两个罪名的情形。

3. 应当正确区分玩忽职守罪与滥用职权罪的界限。二者的关键区别在于行为方式与主观要件不同：滥用职权罪是一种积极利用、违背职责的行为（但不限于作为），玩忽职守罪是疏忽、不认真履行职责的行为（但不限于不作为）；玩忽职守罪是过失犯罪，滥用职权罪是故意犯罪。

4. 应当正确处理法条竞合关系。刑法除规定了本罪以外,还规定了特殊的玩忽职守犯罪,如司法工作人员失职致使在押人脱逃的,也是玩忽职守行为,过去也曾当作玩忽职守罪处理,但由于刑法对该行为作了特别规定,故应严格适用特别法条优于普通法条的原则。此外,国家机关工作人员玩忽职守,因不具备徇私舞弊等情形,不符合刑法分则第九章第398条至第419条的规定,但依法构成第397条规定的玩忽职守罪的,以玩忽职守罪定罪处罚。

(三) 玩忽职守罪的处罚

根据《刑法》第397条的规定,犯本罪的,处3年以下有期徒刑或者拘役;情节特别严重的,处3年以上7年以下有期徒刑;徇私舞弊犯玩忽职守罪的,处5年以下有期徒刑或者拘役;情节特别严重的,处5年以上10年以下有期徒刑。

三、故意泄露国家秘密罪、过失泄露国家秘密罪

(一) 故意泄露国家秘密罪

1. 故意泄露国家秘密罪的概念与特征

本罪是指国家机关工作人员或其他有关人员,违反保守国家秘密法的规定,故意泄露国家秘密,情节严重的行为。

(1) 客观方面表现为违反保守国家秘密法的规定,泄露国家秘密的行为。泄露,是指违反保守国家秘密法的规定,使国家秘密被不应当知悉者知悉,以及使国家秘密超出了限定的接触范围,而不能证明未被不应知悉者知悉。泄露的方法多种多样,如采用提供阅读、准许复制等方法泄露,在私人交谈或通信中泄露,在公共场所谈论国家秘密,提供属于国有秘密的设备或产品,在报刊上、网络上披露国家秘密的内容,张贴国家秘密的内容,等等。

(2) 主体主要是国家机关工作人员,但由于非国家机关工作人员也可能由于某种原因知悉国家秘密,因而也可能泄露国家秘密,所以,《刑法》第398条第2款规定,非国家机关工作人员泄露国家秘密的,也构成犯罪。

(3) 主观方面是故意,行为人必须明知是国家秘密而泄露。

(4) 本罪的成立要求情节严重。情节是否严重,应从行为人的动机、目的,所泄露的秘密的级别、性质、数量,泄露的手段、方法,泄露行为所造成的后果、影响等方面进行判断。

2. 故意泄露国家秘密罪与相关犯罪的区别

(1) 本罪与为境外窃取、刺探、收买、非法提供国家秘密、情报罪的区别。二者具有一定联系,主要区别表现在:前者是渎职罪,后者是危害国家安全的犯罪;前者的对象只能是国家秘密,后者的对象包括国家秘密与情报;前者的主体主要是国家机关工作人员,后者的主体没有特别限制;前者的行为是泄露国家秘密,后者的行为是为境外的机构、组织、人员窃取、刺探、收买、非法提供国家秘密或

者情报;前者要求情节严重,后者不要求情节严重。行为人将国家秘密泄露给境外的机构、组织、人员的,应认定为为境外非法提供国家秘密罪。

(2) 本罪与侵犯商业秘密罪的区别。侵犯商业秘密罪中的披露商业秘密的行为,与本罪有相似之处,但二者在行为对象、行为主体、行为方式、行为性质、行为结果等方面存在重要区别。如果国家机关工作人员披露属于国家秘密的商业秘密,则从一重罪处罚,不实行数罪并罚。

(3) 本罪与非法获取国家秘密罪的区别。二者在某些情况下也有相似之处,关键区别在于:前者是将知悉的国家秘密泄露于不应知悉者的行为,后者是以窃取、刺探、收买方法非法获取国家秘密的行为。非法获取国家秘密的人又故意泄露该国家秘密的,虽然也符合故意泄露国家秘密罪的构成要件,但宜从一重罪论处。

(二) 过失泄露国家秘密罪

本罪是指国家机关工作人员或其他有关人员,违反保守国家秘密法的规定,过失泄露国家秘密,情节严重的行为。本罪与故意泄露国家秘密罪的关键区别在于主观要件不同。

(三) 故意泄露国家秘密罪、过失泄露国家秘密罪的处罚

根据《刑法》第 398 条的规定,故意或者过失泄露国家秘密,情节严重的,处 3 年以下有期徒刑或者拘役;情节特别严重的,处 3 年以上 7 年以下有期徒刑。非国家机关工作人员犯本罪的,依照上述法定刑酌情处罚。

四、国家机关工作人员签订、履行合同失职被骗罪

本罪是指国家机关工作人员在签订、履行合同过程中,因严重不负责任被诈骗,致使国家利益遭受重大损失的行为。符合本罪构成要件的,不另认定为玩忽职守罪。犯本罪的,根据《刑法》第 406 条的规定处罚。

五、非法批准征收、征用、占用土地罪,非法低价出让国有土地使用权罪

非法批准征收、征用、占用土地罪,是指国家机关工作人员徇私舞弊,违反土地管理法规,滥用职权,非法批准征收、征用、占用土地,情节严重的行为。非法低价出让国有土地使用权罪,是指国家机关工作人员徇私舞弊,违反土地管理法规,滥用职权,非法低价出让国有土地使用权,情节严重的行为。"违反土地管理法规",是指违反土地管理法、森林法、草原法等法律以及有关行政法规中关于土地管理的规定。"非法批准征用、占用土地",是指非法批准征用、占用耕地、林地等农用地以及其他土地。犯本罪的,根据《刑法》第 410 条的规定处罚。

六、招收公务员、学生徇私舞弊罪

本罪是指国家机关工作人员在招收公务员、学生中徇私舞弊,情节严重的行为。犯本罪的,根据《刑法》第418条的规定处罚。

七、失职造成珍贵文物损毁、流失罪

本罪是指国家机关工作人员严重不负责任,造成珍贵文物损毁或者流失,后果严重的行为。犯本罪的,根据《刑法》第419条的规定处罚。

第二节 司法工作人员的渎职罪

一、徇私枉法罪,民事、行政枉法裁判罪

(一)徇私枉法罪的概念与特征

本罪是指司法工作人员徇私枉法、徇情枉法,对明知是无罪的人而使他受追诉,对明知是有罪的人而故意包庇不使他受追诉,或者在刑事审判活动中故意违背事实和法律作枉法裁判的行为。

1. 客观方面表现为三种行为。

(1)对明知是无罪的人而使他受追诉。这是指对没有实施危害社会行为,或者根据《刑法》第13条规定,情节显著轻微危害不大,不认为是犯罪以及其他依照刑法规定不负刑事责任的人,采取伪造、隐匿、毁灭证据或者其他隐瞒事实、违背法律的手段,以追究刑事责任为目的进行立案侦查(含采取强制性措施)、起诉、审判等追诉活动。这里的"追诉",不要求法律形式上属于追诉,只要实质上属于追诉即可;不要求程序上合法,只要事实上追诉即可;不要求追诉的全部过程,只要进入追诉阶段即可;不要求采取法定的强制措施,只要属于通常的追诉行为即可。对于明知是无罪的人,采取不立案、不报捕,但予以关押的手段,待被害人"交待"后再立案、采取强制措施的,应当认定为本罪(如果不符合本罪构成要件,则应认定为非法拘禁罪)。行为人明知他人无罪,而将其作为"逃犯"在网上通缉的,成立本罪。

(2)对明知是有罪的人而故意包庇不使他受追诉。这里的"追诉"应是指法定的全部追诉过程与追诉结果。不使有罪的人受追诉,是指对明知有犯罪事实需要追究刑事责任的人,采取伪造、隐匿、毁灭证据或者其他隐瞒事实、违背法律的手段,故意包庇使其不受立案、侦查(含采取强制措施)、起诉、审判;或者在立案后,故意违背事实和法律,应该采取强制措施而不采取强制措施,或者虽然采取强制措施,但无正当理由中断侦查或者超过法定期限不采取任何措施,实际放

任不管,以及违法撤销、变更强制措施,致使犯罪嫌疑人、被告人实际脱离司法机关侦控。对于明知是有罪的人,而故意不收集有罪证据,导致有罪证据消失,因"证据不足"不能认定有罪的,应当认定为本罪。

(3) 在刑事审判活动中故意违背事实和法律作枉法裁判。这是指故意枉法进行判决、裁定,使有罪判无罪、使无罪判有罪、使此罪判彼罪或者重罪轻判、轻罪重判。

2. 主体必须是司法工作人员,即具有侦查、检察、审判、监管职责的工作人员。根据司法实践,司法机关专业技术人员,也可以成为本罪主体。司法机关为了谋取某种利益,集体研究共同犯本罪的,应当依法追究直接负责的主管人员和其他直接责任人员的刑事责任。

3. 主观方面只能出于故意,包括直接故意与间接故意。刑法条文两处规定了"明知"、两处规定了"故意",旨在明确将过失排除在外。因此,过失导致追诉无罪的人、包庇有罪的人或者错误判决、裁定的,不成立本罪。此外,成立本罪还要求出于徇私、徇情动机:徇私,即为了谋取个人利益、小集体利益而枉法;徇情,即出于私情而枉法,主要表现为出于照顾私人关系或感情、袒护亲友或者泄愤报复而枉法。刑法要求"徇私枉法、徇情枉法",旨在将司法工作人员因法律水平不高、事实掌握不全而过失造成的错判排除在本罪之外;因此,只要排除了因法律水平不高、事实掌握不全而过失造成的错判,一般便可认定为"徇私枉法、徇情枉法"。

(二) 民事、行政枉法裁判罪的概念与特征

本罪是指司法工作人员在民事、行政审判活动中故意违背事实和法律作枉法裁判,情节严重的行为。

客观方面表现为在民事、行政审判活动中故意违背事实和法律作枉法裁判,如故意将应当败诉的一方判胜诉,故意提高或者降低赔偿数额等。所应注意的是,这里的"民事审判"应是指适用民事诉讼程序的审判,因此包括经济审判在内。主体必须是司法工作人员。主观方面必须出于故意。此外,成立本罪还要求情节严重。

(三) 徇私枉法罪、民事、行政枉法裁判罪的认定

1. 正确区分罪与非罪的界限。司法机关必须严格掌握这两个犯罪的构成要件和情节。根据相关司法解释,确定依法追究徇私枉法犯罪者,民事、行政枉法裁判犯罪者的刑事责任,要综合考虑行为给国家、社会和人民利益造成的损失,给有关当事人的生命、身体、自由、财产等方面的权益造成的损失,以及造成的政治影响等方面的情况。情节显著轻微危害不大的,不能以徇私枉法罪,民事、行政枉法裁判罪追究刑事责任。对于由于认识水平不高、工作能力有限而造成错案的,不能以犯罪论处。由于隶属关系,不得不执行上级错误指令,造成错

案的,如果不具有共同犯罪的故意和行为,对下级司法工作人员不宜以犯罪论处,但上级司法工作人员构成犯罪的,应依法追究刑事责任。

2. 正确区分徇私枉法罪与非法拘禁罪的界限。两罪的构成要件存在明显区别,但司法工作人员也可能利用职权实施非法拘禁罪,徇私枉法罪中使无罪的人受追诉的行为也可能表现为采取拘禁措施,因而需要区分。使无罪的人受追诉的行为,不具有剥夺他人自由的性质的,应认定为徇私枉法罪;通过伪造证据等方式对无罪的人采取强制措施的,应认定为徇私枉法罪;因证据不足而超期羁押的,宜认定为非法拘禁罪;不是为了追诉而非法剥夺他人自由的,应认定为非法拘禁罪。

3. 正确区分徇私枉法罪与包庇罪的界限。徇私枉法罪中的包庇有罪的人使其不受追诉的行为与包庇罪有相似之处。主要区别在于:(1)本罪主体必须是司法工作人员,而包庇罪不要求是司法工作人员。(2)本罪是利用司法职务之便包庇有罪的人使其不受追诉,包庇罪是通过向司法机关作假证明包庇有罪的人。(3)本罪包庇的应是犯罪嫌疑人、被告人,而包庇罪可能包庇犯罪嫌疑人、被告人与已决犯。(4)本罪发生在侦查、起诉、审判过程中,包庇罪则没有时间上的限制。

4. 正确区分徇私枉法罪与民事、行政枉法裁判罪的界限。二者都有故意违背事实和法律作枉法裁判的行为,其主要区别有两点:一是发生的审判领域不同:前者的枉法裁判发生在刑事审判领域,后者的枉法裁判发生在民事、行政审判领域。二是前者不要求情节严重,后者要求情节严重。

5. 正确处理徇私枉法罪,民事、行政枉法裁判罪与受贿罪的关系。《刑法》第399条第4款规定,司法工作人员收受贿赂,有徇私枉法或民事、行政枉法裁判等行为,同时又构成《刑法》第385条规定的受贿罪的,依照处罚较重的规定定罪处罚。但不能因为受贿罪的最高法定刑高于本罪的法定刑,而简单地理解为一律按受贿罪论处。例如,行为人徇私枉法的情节特别严重,但收受的财物不满5万元。如果按受贿罪论处,最高只能处10年有期徒刑;如果按徇私枉法罪论处,最高可处15年有期徒刑。因此,不仅要考虑法定刑,还要考虑行为本身的主要性质与情节。此外,《刑法》第399条第4款是一个特别规定,不能将其内容普遍适用于其他犯罪。即国家工作人员利用职务上的便利,索取或者收受贿赂,为他人谋取利益的行为构成其他犯罪的,只要没有刑法的特别规定,就应实行数罪并罚。

(四) 徇私枉法罪,民事、行政枉法裁判罪的处罚

根据《刑法》第399条第1款、第2款的规定,犯徇私枉法罪的,处5年以下有期徒刑或者拘役;情节严重的,处5年以上10年以下有期徒刑;情节特别严重的,处10年以上有期徒刑。犯民事、行政枉法裁判罪的,处5年以下有期徒刑或

者拘役;情节特别严重的,处5年以上10年以下有期徒刑。

二、执行判决、裁定失职罪,执行判决、裁定滥用职权罪

执行判决、裁定失职罪,是指司法工作人员在执行判决、裁定活动中,严重不负责任,不依法采取诉讼保全措施、不履行法定执行职责,或者违法采取诉讼保全措施、强制执行措施,致使当事人或者其他人的利益遭受重大损失的行为。本罪应为过失犯罪;行为既可能表现为不作为,也可能表现为作为,如不正确地履行执行职责;行为使当事人或者其他人的利益遭受重大损失的,才成立本罪。执行判决、裁定滥用职权罪,是指司法工作人员在执行判决、裁定活动中,滥用职权,违法采取诉讼保全措施、强制执行措施,致使当事人或者其他人的利益遭受重大损失的行为。本罪应为故意犯罪。犯上述罪的,根据《刑法》第399条第3款的规定处罚;司法工作人员收受贿赂,犯上述罪,同时又构成受贿罪的,依照处罚较重的规定定罪处罚。

三、私放在押人员罪

(一)私放在押人员罪的概念与特征

本罪是指司法工作人员私放在押的犯罪嫌疑人、被告人或者罪犯的行为。

1. 客观方面表现为将在押的犯罪嫌疑人、被告人或者罪犯私自非法释放的行为。首先,释放的应是被关押的犯罪嫌疑人、被告人或者罪犯;释放被行政拘留、司法拘留的人员的,不成立本罪。其次,释放在押人员的行为利用了职务上的便利,既可以表现为作为,也可以表现为不作为。例如,私自释放在押的犯罪嫌疑人、被告人、罪犯;伪造、变造有关法律文书,以使在押的犯罪嫌疑人、被告人、罪犯脱逃;明知罪犯脱逃而故意不阻拦、不追捕。最后,释放行为具有非法性,即没有法律(文书)根据而释放在押的犯罪嫌疑人、被告人或者罪犯。

2. 主体必须是司法工作人员,从实践上看,主要是负有监管在押人员职责的司法工作人员。工人等非监管机关在编监管人员在被监管机关聘用受委托履行监管职责的过程中私放在押人员的,应以私放在押人员罪追究刑事责任。此外,对于未被公安机关正式录用,受委托履行监管职责的人员,受委派承担了监管职责的狱医,私放在押人员的,应以本罪论处。

3. 主观方面必须出于故意,行为人必须明知是在押的犯罪嫌疑人、被告人或者罪犯,明知自己的私放行为会使犯罪嫌疑人、被告人或者罪犯逃避监管,并且希望或者放任这种结果发生。

(二)私放在押人员罪的认定

私放在押人员罪与脱逃罪的共犯应加以区别。非司法工作人员帮助在押人员脱逃的,应以脱逃罪的共犯论处;司法工作人员虽帮助在押人员脱逃,但没有

利用职务之便的,也应以脱逃罪的共犯论处;此外,司法工作人员私放在押人员时,被释放的在押人员原则上构成脱逃罪,而不是成立私放在押人员罪的共犯。

司法工作人员利用职务上的便利,徇私枉法,对明知是有罪的人而故意包庇不使他受追诉或者故意宣告无罪,致使罪犯被放走的,应认定为徇私枉法罪。

(三) 私放在押人员罪的处罚

根据《刑法》第400条第1款的规定,犯本罪的,处5年以下有期徒刑或者拘役;情节严重的,处5年以上10年以下有期徒刑;情节特别严重的,处10年以上有期徒刑。

四、失职致使在押人员脱逃罪

本罪是指司法工作人员由于严重不负责任,致使在押的犯罪嫌疑人、被告人或者罪犯脱逃,造成严重后果的行为。对于未被公安机关正式录用,受委托履行监管职责的人员,由于严重不负责任,致使在押人员脱逃,造成严重后果的,应当以本罪定罪处罚。不负监管职责的狱医,不构成失职致使在押人员脱逃罪的主体。但是,受委派承担了监管职责的狱医,由于严重不负责任,致使在押人员脱逃,造成严重后果的,应当以本罪论处。此外,工人等非监管机关在编监管人员在被监管机关聘用受委托履行监管职责的过程中,由于严重不负责任,致使在押人员脱逃,造成严重后果的,应以本罪追究刑事责任。犯本罪的,根据《刑法》第400条第2款的规定处罚。

五、徇私舞弊减刑、假释、暂予监外执行罪

本罪是指司法工作人员徇私舞弊,对不符合减刑、假释、暂予监外执行条件的罪犯,予以减刑、假释或者暂予监外执行的行为。具体表现为三种情况:一是对在执行期间,没有认真遵守监规,接受教育改造,不具有悔改、立功表现的罪犯予以减刑;超过减刑的限度予以减刑,如将被判处4年有期徒刑的罪犯,减去3年刑期。二是对没有认真遵守监规,接受教育改造,不具有悔改表现,假释后可能再危害社会的罪犯予以假释;对没有达到执行期限的罪犯予以假释;对累犯予以假释;对因暴力性犯罪被判处10年以上有期徒刑、无期徒刑的罪犯予以假释。三是对不符合《刑事诉讼法》第265条规定的暂予监外执行条件的罪犯暂予监外执行。此外,由于刑法规定基层人民法院无权裁定减刑与假释,因此,基层人民法院工作人员裁定减刑、假释的,应以本罪论处。犯本罪的,根据《刑法》第401条的规定处罚。

第三节　特定机关工作人员的渎职罪

一、枉法仲裁罪

枉法仲裁罪,是指依法承担仲裁职责的人员,在仲裁活动中故意违背事实和法律作枉法裁决,情节严重的行为。犯本罪的,依照《刑法》第399条之一的规定处罚。

二、徇私舞弊不移交刑事案件罪

(一)徇私舞弊不移交刑事案件罪的概念与特征

本罪是指行政执法人员徇私舞弊,对依法应当移交司法机关追究刑事责任的不移交,情节严重的行为。

客观方面表现为徇私舞弊,对应当移交司法机关追究刑事责任的不移交。这是指行政执法人员在查处违法案件的过程中,发现行为构成犯罪应当追究刑事责任,但为了谋取私利而弄虚作假,不将案件移送司法机关处理。只要应当移交而不移交,就属于"舞弊"。至于行为人是将案件作为一般违法行为处理,还是不作任何处理,一般不影响本罪的成立。主体必须是行政执法人员,即依法具有执行行政法职权的行政机关的工作人员。主观上必须是故意,即明知案件应当移交司法机关追究刑事责任而故意不移交。"徇私"是本罪的动机。由于过失或者法律水平低而没有认识到案件应当移交司法机关的,不成立本罪。成立本罪还要求情节严重。

(二)徇私舞弊不移交刑事案件罪与徇私枉法罪的区别

本罪与徇私枉法罪中"明知是有罪的人而故意包庇不使他受追诉"的行为有相似之处,二者的关键区别在以下三点:(1)犯罪主体不同:本罪只能是行政执法人员,而徇私枉法罪的主体必须是司法工作人员。需要注意的是公安机关的工作人员的性质:如果他们在对犯罪负有侦查职责时,则是司法工作人员;如果他们在负责行政法实施时,则是行政执法人员。例如,公安人员在执行《治安管理处罚法》的过程中,明知行为已构成犯罪,应当移交公安机关的侦查部门进行侦查,但徇私舞弊不移交,仅给予治安处罚的,就构成本罪。反之,刑事犯罪的侦查人员遇到犯罪嫌疑人是自己的亲友,而故意包庇不使其受追诉,擅自不作为刑事案件处理的,成立徇私枉法罪。(2)犯罪行为方式不同。本罪只限于将应当移交司法机关追究刑事责任的不移交,而徇私枉法罪的行为方式没有特殊限定。(3)对犯罪情节要求不同:本罪的成立以情节严重为构成要件,而徇私枉法罪的成立不以情节严重为构成要件。

（三）徇私舞弊不移交刑事案件罪的处罚

根据《刑法》第 402 条的规定，犯本罪的，处 3 年以下有期徒刑或者拘役；造成严重后果的，处 3 年以上 7 年以下有期徒刑。

三、滥用管理公司、证券职权罪

本罪是指国家有关主管部门的国家机关工作人员，徇私舞弊，滥用职权，对不符合法律规定条件的公司设立、登记申请或者股票、债券发行、上市申请，予以批准或者登记，致使公共财产、国家和人民利益遭受重大损失的行为。上级部门强令登记机关及其工作人员实施上述行为的，对其直接负责的主管人员，以本罪论处。犯本罪的，根据《刑法》第 403 条的规定处罚。

四、徇私舞弊不征、少征税款罪

本罪是指税务机关的工作人员徇私舞弊，不征或者少征应征税款，致使国家税收遭受重大损失的行为。客观方面表现为徇私舞弊，不征或者少征应征税款，致使国家税收遭受重大损失的行为。应征税款，是指根据法律、行政法规规定的税种、税率，税务机关应当向纳税人征收的税款。不征，是指违反税法规定，不向纳税人征收应征税款，包括擅自免征税款的行为。少征，是指违反税法规定，降低税收额或征税率进行征收，包括擅自减征税款。不征或者少征应征税款的行为，必然使国家税收遭受损失，但根据刑法规定，只有造成重大损失的，才成立本罪。主体是税务机关的工作人员。主观方面必须出于故意，即明知是应征税款，但故意不征或者少征。过失行为不成立本罪，构成犯罪的，可以玩忽职守罪论处。犯本罪的，根据《刑法》第 404 条的规定处罚。

五、徇私舞弊发售发票、抵扣税款、出口退税罪，违法提供出口退税凭证罪

徇私舞弊发售发票、抵扣税款、出口退税罪，是指税务机关的工作人员违反法律、行政法规的规定，在办理发售发票、抵扣税款、出口退税工作中，徇私舞弊，致使国家利益遭受重大损失的行为。符合本罪构成要件同时又符合徇私舞弊不征、少征税款罪的，应认定为本罪，不实行数罪并罚。违法提供出口退税凭证罪，是指税务机关工作人员以外的其他国家机关工作人员，违反国家规定，在提供出口货物报关单、出口收汇核销单等出口退税凭证的工作中，徇私舞弊，致使国家利益遭受重大损失的行为。犯上述罪的，根据《刑法》第 405 条的规定处罚。

六、违法发放林木采伐许可证罪

本罪是指林业主管部门的工作人员违反森林法的规定，超过批准的年采伐限额发放林木采伐许可证或者违反规定滥发林木采伐许可证，情节严重，致使森

林遭受严重破坏的行为。犯本罪的,根据《刑法》第407条的规定处罚。

七、环境监管失职罪

本罪是指负有环境保护监督管理职责的国家机关工作人员严重不负责任,导致发生重大环境污染事故,致使公私财产遭受重大损失或者造成人身伤亡的严重后果的行为。犯本罪的,根据《刑法》第408条的规定处罚。

八、食品监管渎职罪

本罪是指负有食品安全监督管理职责的国家机关工作人员,滥用职权或者玩忽职守,导致发生重大食品安全事故或者造成其他严重后果的行为。本罪包括故意的滥用职权与过失的玩忽职守两种行为类型与责任形式,但司法解释将这两个类型的行为确定为一个罪名。本罪的滥用职权或者玩忽职守的行为包括以下具体行为类型:(1)瞒报、谎报食品安全事故、药品安全事件的;(2)对发现的严重食品药品安全违法行为未按规定查处的;(3)在药品和特殊食品审批审评过程中,对不符合条件的申请准予许可的;(4)依法应当移交司法机关追究刑事责任不移交的;(5)有其他滥用职权或者玩忽职守行为的。犯本罪的,根据《刑法》第408条之一的规定处罚。

九、传染病防治失职罪

本罪是指从事传染病防治的政府卫生行政部门的工作人员严重不负责任,导致传染病传播或者流行,情节严重的行为。犯本罪的,根据《刑法》第409条的规定处罚。

十、放纵走私罪

(一)放纵走私罪的概念与特征

本罪是指海关工作人员徇私舞弊,放纵走私,情节严重的行为。主体必须是海关工作人员。客观方面表现为徇私舞弊,放纵走私的行为。所谓徇私舞弊,放纵走私,是指为贪图钱财、袒护亲友或者其他私利私情,弄虚作假,放任、纵容走私的行为。如放行走私罪犯,不缉查走私货物、物品,不征收关税等。被放纵的是走私罪还是一般走私行为,则不影响本罪的成立。主观方面必须出于故意,即明知是走私而放纵。成立本罪还要求情节严重。

(二)放纵走私罪与相关犯罪的区别

对于海关工作人员故意放纵走私,不依法征收关税的,应认定为放纵走私罪,而不认定为徇私舞弊不征、少征税款罪。对于海关工作人员故意放行走私犯罪人的,应认定为放纵走私罪。但是,海关工作人员在办理走私案件的过程中,发现行为构成走私罪,应当移交司法机关追究刑事责任而不移交的行为性质,还需要进一步研究。由于放纵走私罪的法定刑高于徇私舞弊不移交刑事案件罪,故应对这两种犯罪的成立范围作出符合罪刑法定原则、罪刑相适应原则的限定。本书认为,海关工作人员在办理走私案件中,发现行为构成走私罪,但徇私舞弊,既不将案件移交司法机关追究刑事责任,也不按海关法作出处理的,应认定为放纵走私罪;如果徇私舞弊不将案件移交司法机关追究刑事责任,但按海关法作出处理的,则应认定为徇私舞弊不移交刑事案件罪。前一种行为的危害程度严重,而且确实放纵了走私,故按照法定刑较重的放纵走私罪处理;后一种行为的危害程度相对轻微,而且依海关法作出了一定处理,不能认定为放纵走私,故按照法定刑较轻的徇私舞弊不移交刑事案件罪处理。

海关工作人员事前与走私罪犯通谋,为走私罪犯提供方便的,应认定为走私罪的共犯,而不能认定为放纵走私罪(参见《刑法》第 156 条)。

(三) 放纵走私罪的处罚

根据《刑法》第 411 条的规定,犯放纵走私罪的,处 5 年以下有期徒刑或者拘役;情节特别严重的,处 5 年以上有期徒刑。

十一、商检徇私舞弊罪、商检失职罪

商检徇私舞弊罪,是指国家商检部门、商检机构的工作人员徇私舞弊,伪造检验结果的行为。这是一种故意的无形伪造,即有权提出商检结果的人,故意提出与事实不相符合的检验结果,如对不合格商品作出合格商品的结论,或者对合格商品作出不合格商品的结论。犯本罪的,根据《刑法》第 412 条第 1 款的规定处罚。

商检失职罪,是指国家商检部门、商检机构的工作人员严重不负责任,对应当检验的物品不检验,或者延误检验出证、错误出证,致使国家利益遭受重大损失的行为。这是一种过失犯罪。犯本罪的,根据《刑法》第 412 条第 2 款的规定处罚。

十二、动植物检疫徇私舞弊罪、动植物检疫失职罪

动植物检疫徇私舞弊罪,是指动植物检疫机关的检疫人员徇私舞弊,伪造检疫结果的行为。这也是一种故意的无形伪造。根据司法实践,国家检验检疫部门及检验检疫机构中从事动植物检疫工作的人员在动植物检疫过程中,为徇私情、私利,采取伪造、变造的手段对检疫的单证、印章、标志、封识等作虚假的证明或出具不真实的结论,包括将合格检为不合格,或者将不合格检为合格等行为的,应予追诉。犯本罪的,根据《刑法》第 413 条第 1 款的规定处罚。

动植物检疫失职罪,是指动植物检疫机关的检疫人员严重不负责任,对应当检疫的检疫物不检疫,或者延误检疫出证、错误出证,致使国家利益遭受重大损失的行为。犯本罪的,根据《刑法》第413条第2款的规定处罚。

十三、放纵制售伪劣商品犯罪行为罪

本罪是指对生产、销售伪劣商品犯罪行为负有追究职责的国家机关工作人员,徇私舞弊,不履行法律规定的追究职责,情节严重的行为。本罪的主体不包括司法工作人员,而是最先查处生产、销售伪劣商品犯罪行为的有关行政机关的工作人员,如市场监督管理部门的工作人员,产品质量监督机关的工作人员等。不履行法律规定的追究职责包括两种情况:一是不履行法律规定的追究刑事责任的职责,主要表现为不将该犯罪提交司法机关处理;二是不履行法律规定的追究其他法律责任的职责。如果行为又符合徇私舞弊不移交刑事案件罪的构成要件,则应从一重论处。犯本罪的,根据《刑法》第414条的规定处罚。

十四、办理偷越国(边)境人员出入境证件罪、放行偷越国(边)境人员罪

办理偷越国(边)境人员出入境证件罪,是指负责办理护照、签证以及其他出入境证件的国家机关工作人员,对明知是企图偷越国(边)境的人员,予以办理出入境证件的行为。放行偷越国(边)境人员罪,是指边防、海关等国家机关工作人员,对明知是偷越国(边)境的人员,予以放行的行为。犯上述罪的,根据《刑法》第415条的规定处罚。

十五、不解救被拐卖、绑架的妇女、儿童罪

本罪是指对被拐卖、绑架的妇女、儿童负有解救职责的国家机关工作人员,接到被拐卖、绑架的妇女、儿童及其亲属的解救要求或者接到其他人的举报,而对被拐卖、绑架的妇女、儿童不进行解救,造成严重后果的行为。犯本罪的,根据《刑法》第416条第1款的规定处罚。

十六、阻碍解救被拐卖、绑架的妇女、儿童罪

本罪是指对被拐卖、绑架的妇女、儿童负有解救职责的国家机关工作人员利用职务阻碍解救被拐卖、绑架的妇女、儿童的行为。犯本罪的,根据《刑法》第416条第2款的规定处罚。

十七、帮助犯罪分子逃避处罚罪

本罪是指有查禁犯罪活动职责的国家机关工作人员,向犯罪分子通风报信、提供便利,帮助犯罪分子逃避处罚的行为。例如,为使犯罪分子逃避处罚,向犯罪分子泄漏有关部门查禁犯罪活动的部署、人员、措施、时间、地点等情况;为

使犯罪分子逃避处罚,向犯罪分子提供交通工具、通讯设备、隐藏处所等便利条件的;为使犯罪分子逃避处罚,向犯罪分子泄漏案情,帮助、指示其隐匿、毁灭、伪造证据及串供、翻供的;公安人员对盗窃、抢劫的机动车辆,非法提供机动车牌证或者为其取得机动车牌证提供便利,帮助犯罪分子逃避处罚的,均应以本罪论处。

本罪与窝藏罪的区别在于:(1)本罪的主体是有查禁犯罪活动职责的国家机关工作人员,而窝藏罪的主体为一般主体。(2)本罪行为表现为向犯罪分子通风报信、提供便利,窝藏罪表现为为犯罪人提供隐藏处所、财物,帮助其逃匿。本罪与徇私枉法罪中的包庇有罪的人不受追诉行为的主要区别也在于犯罪主体不同、行为内容不同。如果行为同时触犯本罪与徇私枉法罪,则应从一重罪处罚。

犯本罪的,根据《刑法》第417条的规定处罚。

第二十五章　军人违反职责罪

军人违反职责罪,是指军人违反职责,危害国家军事利益,依照法律应当受刑罚处罚的行为。本章适用于中国人民解放军的现役军官、文职干部、士兵及具有军籍的学员和中国人民武装警察部队的现役警官、文职干部、士兵及具有军籍的学员以及文职人员、执行军事任务的预备役人员和其他人员。《刑法》分则第十章关于军人违反职责罪的规定,实质上属于特别刑法。根据法律适用原则,如果军人的同一行为既触犯了《刑法》分则第十章的条文,又触犯了《刑法》分则其他章的条文,就应严格根据特别法(条)优于普通法(条)的原则,适用《刑法》分则第十章的有关规定,而不能适用其他普通法条。军人违反职责罪可以分为如下几类:危害作战利益的犯罪,违反部队管理制度的犯罪,危害军事秘密的犯罪,危害部队物资保障的犯罪,侵犯部属、伤病军人、平民、俘虏利益的犯罪。

第一节　危害作战利益的犯罪

一、战时违抗命令罪

本罪是指部属人员在战时故意违抗上级命令,对作战造成危害的行为。

客观方面表现为在战时违抗作战命令,对作战造成危害的行为。首先,行为必须发生在战时,平时违抗上级命令的行为不构成本罪。根据《刑法》第451条的规定,战时,是指国家宣布进入战争状态、部队受领作战任务或者遭敌突然袭击时;部队执行戒严任务或处置突发性暴力事件时,以战时论。其次,必须有违抗作战命令的行为,主要表现为三种情况:一是拒不执行作战命令,二是拖延或迟缓执行作战命令,三是实施不符合作战命令的行为。最后,必须对作战造成危害,即由于行为人违抗作战命令而扰乱了作战部署,贻误了战机,影响了作战任务的完成,或者给敌人以可乘之机,使部队遭受较大损失等。本罪主观方面只能出于故意,即明知是上级的作战命令而故意违抗,过失行为不成立本罪。

根据《刑法》第421条的规定,犯战时违抗命令罪的,处3年以上10年以下有期徒刑;致使战斗、战役遭受重大损失的,处10年以上有期徒刑、无期徒刑或者死刑。

二、隐瞒、谎报军情罪，拒传、假传军令罪

隐瞒、谎报军情罪，是指故意隐瞒、谎报军情，对作战造成危害的行为。本罪在客观方面表现为在战时隐瞒军情，或者报告捏造的、虚构的或其他不真实的军情，对作战造成危害的行为。① "军情"是指作战时有关敌我的军事情况；隐瞒、谎报军情的行为对作战造成危害的才构成犯罪。本罪主体是参加作战的军职人员，主要是侦察员、通讯员、机要员等。本罪主观方面必须出于故意，即明知是军情而故意隐瞒，或者明知是不真实的军情而报告。由于疏忽大意或者过于自信而报告不真实军情的，不构成本罪。

拒传、假传军令罪，是指战时故意拒绝传递军令或者故意传达、发布伪造的或者篡改的军事命令，对作战造成危害的行为。本罪在客观方面表现为在战时拒绝传递军情，或者传达、发布伪造的或者篡改的军事命令，对作战造成危害的行为。主体是负有传达任务或发布命令职权的参战军职人员。主观方面必须出于故意，即明知是军情而拒绝传递，或者明知是伪造的或者篡改的军事命令而故意传达或者发布；由于过失而误传军令的，不构成本罪。

犯本罪的，根据《刑法》第422条的规定处罚。

三、投降罪

投降罪，是指在战场上贪生怕死，自动放下武器投降敌人的行为。本罪客观方面表现为在战场上自动放下武器投降敌人的行为。主体必须是参加作战的军职人员。主观方面表现为故意，出于贪生怕死的动机。犯本罪的，根据《刑法》第423条的规定处罚。

四、战时临阵脱逃罪

本罪是指在战斗中或者在接受作战任务后，逃离战斗岗位的行为。犯本罪的，根据《刑法》第424条的规定处罚。

五、违令作战消极罪

本罪是指指挥人员违抗命令，临阵畏缩，作战消极，造成严重后果的行为。本罪客观方面表现为违抗上级命令，临阵畏缩，作战消极，造成严重后果的行为。主体是指挥人员。主观方面表现为故意。本罪与战时违抗命令罪有相似之处，即都有违抗命令的行为，区别表现在：本罪主要是违抗积极作战的命令，战时违

---

① 刑法条文虽然没有明文要求"战时"，但从"对作战造成危害"的要求来看，应认为行为必须发生在战时。

抗命令罪违抗命令的范围没有限定；本罪客观上只限于临阵畏缩、作战消极，战时违抗命令罪则包括一切违抗作战命令的行为；本罪主体只限于指挥人员，战时违抗命令罪的主体是参加作战、应接受作战命令的部属军人。犯本罪的，根据《刑法》第428条的规定处罚。

六、拒不救援友邻部队罪

本罪是指指挥人员在战场上，明知友邻部队面临被敌人包围、追击或者阵地将被攻陷等危急情况请求救援，能救援而不救援，致使友邻部队遭受重大损失的行为。能救援而不救援，是指根据当时自己部队（分队）所处的环境、作战能力及所担负的任务，有条件组织救援却没有组织救援。犯本罪的，根据《刑法》第429条的规定处罚。

七、战时造谣惑众罪

本罪是指在战时造谣惑众，动摇军心的行为。造谣惑众，动摇军心，是指故意编造、散布谣言，煽动怯战、厌战或者恐怖情绪，蛊惑官兵，造成或者足以造成部队情绪恐慌、士气不振、军心涣散的行为。犯本罪的，根据《刑法》第433条的规定处罚。

八、战时自伤罪

本罪是指在战时为了逃避军事义务，故意伤害自己身体的行为。逃避军事义务，是指逃避临战准备、作战行动、战场勤务和其他作战保障任务等与作战有关的义务。犯本罪的，根据《刑法》第434条的规定处罚。

第二节　违反部队管理制度的犯罪

一、擅离、玩忽军事职守罪

本罪是指指挥人员和值班、值勤人员擅自离开自己的指挥或者值班、值勤岗位，或者在履行职责的岗位上，严重不负责任，不履行或者不正确履行职责，因而造成严重后果的行为。主体是军人中的特殊主体，即军队中具有指挥职务和值班、值勤职务的指战员；主观上是过失；客观上要求发生严重后果。犯本罪的，根据《刑法》第425条的规定处罚。

二、阻碍执行军事职务罪

本罪是指以暴力、威胁方法，阻碍指挥人员或者值班、值勤人员执行职务的行为。客观方面表现为使用暴力、威胁方法,阻碍指挥人员或者值班、值勤人员执行职务的行为;以暴力、威胁方法阻碍其他军人执行职务的,成立《刑法》第368条的阻碍军人执行职务罪。主体必须是军人;一般公民以暴力、威胁方法阻碍任何军人执行职务的,都成立本罪。主观方面表现为故意,即明知对方是正在执行职务的指挥人员、值班、值勤人员而故意对其实施暴力、威胁方法,阻碍其执行职务。犯本罪的,根据《刑法》第426条的规定处罚。

三、指使部属违反职责罪

本罪是指滥用职权,指使部属进行违反职责的活动,造成严重后果的行为。客观方面表现为滥用职权,指使部属进行违反职责的活动,造成严重后果的行为。首先,必须是滥用职权,如果不是利用职权,而是采取与职权无关的其他方法使部属进行违反职责的活动,则不成立本罪。其次,行为人指使部属所实施的违反职责的活动,必须是尚未构成军人违反职责罪的一般违反职责的活动,否则,指使者与具体实施者构成相应犯罪的共犯。例如,指使部属非法获取军事秘密的,指使者与具体实施非法获取军事秘密的人构成共同犯罪,而不成立本罪。最后,必须造成严重后果。本罪主体是具有一定职权的军人。主观方面只能出于故意,即明知是违反军人职责的活动,而故意指使部属实施。犯本罪的,根据《刑法》第427条的规定处罚。

四、军人叛逃罪

本罪是指在履行公务期间,擅离岗位,叛逃境外或者在境外叛逃,危害国家军事利益的行为。本罪与《刑法》第109条的叛逃罪的主客观方面相同,只是主体不同:本罪主体必须是军职人员,叛逃罪的主体是军职人员以外的国家机关工作人员以及掌握国家秘密的国家工作人员。犯本罪的,根据《刑法》第430条的规定处罚。

五、逃离部队罪

本罪是指违反兵役法规,逃离部队,情节严重的行为。违反兵役法规,是指违反国防法、兵役法和军队条令条例以及其他有关兵役方面的法律规定。逃离部队,是指擅自离开部队或者经批准外出逾期拒不归队。犯本罪的,根据《刑法》第435条的规定处罚。

六、私放俘虏罪

本罪是指非法私自放走俘虏的行为。"俘虏"是指被我方俘获不再进行反抗的敌方人员。犯本罪的,根据《刑法》第447条的规定处罚。

第三节 危害军事秘密的犯罪

一、非法获取军事秘密罪

本罪是指以窃取、刺探、收买方法，非法获取军事秘密的行为。窃取、刺探、收买是非法获取军事秘密的三种手段，采取其中任何一种手段非法获取军事秘密的，都构成本罪，同时采取几种手段获取军事秘密的也不实行并罚。本罪在主观上只能出于故意，犯罪的目的与动机一般不影响本罪的成立，但如果为了境外的机构、组织、人员实施上述行为，则构成其他犯罪。犯本罪的，根据《刑法》第431条第1款的规定处罚。

二、为境外窃取、刺探、收买、非法提供军事秘密罪

本罪是指为境外的机构、组织、人员窃取、刺探、收买、非法提供军事秘密的行为。窃取、刺探、收买、非法提供是行为的四种表现形式，只要实施其中之一便构成犯罪，同时实施多种行为的也不实行并罚；军事秘密包括一切国家军事秘密。本罪的主观上只能出于故意，即明知是国家军事秘密，而为境外机构、组织、人员窃取、刺探、收买或者非法提供。

本罪与《刑法》第111条规定的为境外窃取、刺探、收买、非法提供国家秘密、情报罪的主要区别是：前者的对象是国家军事秘密，后者的对象是国家秘密或者情报（但不排除军事秘密）；前者的主体是军职人员，后者是一般主体。因此，军职人员为境外机构、组织、人员窃取、刺探、收买、非法提供军事秘密以外的国家秘密、情报的，以及一般公民为境外机构、组织、人员窃取、刺探、收买、非法提供国家军事秘密的，只能成立《刑法》第111条规定的为境外窃取、刺探、收买、非法提供国家秘密、情报罪。

犯本罪的，根据《刑法》第431条第2款的规定处罚。

三、故意泄露军事秘密罪、过失泄露军事秘密罪

故意泄露军事秘密罪，是指违反保守国家秘密法规，故意泄露军事秘密，情节严重的行为。过失泄露军事秘密罪，是指违反保守国家秘密法规，过失泄露军事秘密，情节严重的行为。

两罪的客观方面表现为违反保守国家秘密法规，泄露国家军事秘密，情节严重的行为。泄露军事秘密，是指违反保守国家秘密法的规定，使军事秘密被不应当知悉者知悉，以及使军事秘密超出了限定的接触范围，而不能证明未被不应知悉者知悉的行为。军人泄露国家其他秘密情节严重的，构成《刑法》第398条规

定的故意泄露国家秘密罪、过失泄露国家秘密罪。两罪主体必须是军职人员,一般公民泄露国家军事秘密的,也成立《刑法》第398条的犯罪。故意泄露军事秘密罪的主观方面为故意,过失泄露军事秘密罪的主观方面为过失。如果故意将国家军事秘密泄露给境外的机构、组织、人员的,则成立《刑法》第431条规定的为境外非法提供军事秘密罪。

犯上述罪的,根据《刑法》第432条的规定处罚。

第四节 危害部队物资保障的犯罪

一、武器装备肇事罪

(一)武器装备肇事罪的概念与特征

本罪是指违反武器装备使用规定,情节严重,因而发生重大责任事故,致人重伤、死亡或者造成其他严重后果的行为。

1. 客观方面表现为违反武器装备使用规定,情节严重,因而发生重大责任事故,致人重伤、死亡或者造成其他严重后果的行为。首先,行为人实施了违反武器装备使用规定的行为。武器装备是武器及其配套的弹药、仪器、器材、备附件的统称;武器则是指直接用于杀伤敌人或破坏敌方作战设施的器械。军队有关部门都分别制定了有关武器装备的使用规定与操作规程。其次,必须情节严重。情节严重,是指故意违反武器装备使用规定,或者在使用过程中严重不负责任。最后,必须发生重大责任事故,致人重伤、死亡或者造成其他严重后果。

2. 主观方面只能是过失,包括疏忽大意的过失与过于自信的过失。

(二)武器装备肇事罪的认定

1. 正确区分武器装备肇事罪与非罪的界限。行为虽然违反了武器装备使用规定,但情节不严重,没有造成重大事故的,不构成本罪;行为虽然造成了重大事故,但行为人主观上没有过失的,也不成立本罪。

2. 正确区分武器装备肇事罪与其他犯罪的界限。军职人员在执勤、训练、作战时使用、操作武器装备,或者在管理、维修、保养武器装备的过程中,违反武器装备使用规定和操作规程,情节严重,因而发生重大责任事故,致人重伤、死亡或者造成其他严重后果的,以武器装备肇事罪论处;凡违反枪支、弹药管理使用规定,私自携带枪支、弹药外出,因玩弄而造成走火或者爆炸,致人重伤、死亡或者使公私财产遭受重大损失的,分别以过失致人重伤罪、过失致人死亡罪或者过失爆炸罪论处。军职人员驾驶军用装备车辆,违反武器装备使用规定和操作规程,情节严重,因而发生重大责任事故,致人重伤、死亡或者造成其他严重后果的,即使同时违反交通运输规章制度,也应当以武器装备肇事罪论处;如果仅因违反交通运输规章制度而发生重大事故,致人重伤、死亡或者使公私财产遭受重大损失的,则以交通肇事罪论处。

（三）武器装备肇事罪的处罚

根据《刑法》第436条的规定,犯武器装备肇事罪的,处3年以下有期徒刑或者拘役;后果特别严重的,处3年以上7年以下有期徒刑。

二、擅自改变武器装备编配用途罪

本罪是指违反武器装备管理规定,未经有权机关批准,擅自将编配的武器装备改作其他用途,造成严重后果的行为。犯本罪的,根据《刑法》第437条的规定处罚。

三、盗窃、抢夺武器装备、军用物资罪

本罪是指军职人员以非法占有为目的,窃取或者夺取部队的武器装备或者军用物资的行为。本罪在客观上表现为窃取或者夺取部队武器装备或者军用物资的行为。如果行为人窃取、抢夺其他财物,则不构成本罪,而构成盗窃罪、抢夺罪。本罪中的盗窃是一种没有利用职务便利的行为,如果军人利用职务上的便利,窃取自己经手、管理的军用物资,则符合贪污罪的基本特征,应按贪污罪从重处罚。本罪主观方面只能出于故意,目的是非法占有武器装备或军用物资。犯本罪的,根据《刑法》第438条的规定处罚。

四、非法出卖、转让武器装备罪

本罪是指违反军队武器装备管理规定,出卖、转让军队武器装备的行为。出卖、转让,是指违反武器装备管理规定,未经有权机关批准,擅自用武器装备换取金钱、财物或者其他利益,或者将武器装备馈赠他人的行为。犯本罪的,根据《刑法》第439条的规定处罚。

五、遗弃武器装备罪

本罪是指负有保管、使用武器装备义务的军人,违抗命令,故意遗弃武器装备的行为。遗弃主要包括两种情况:一是抛弃现有的能够发挥作用的武器装备,如将有用的武器装备当作废品抛弃;二是应当将置于不安全地方的武器装备妥善管理却不妥善管理,如应当将在野外练习使用的武器装备运回军营而不运回,使其丧失武器性能。犯本罪的,根据《刑法》第440条的规定处罚。

六、遗失武器装备罪

本罪是指遗失武器装备,不及时报告或者有其他严重情节的行为。其他严重情节,是指遗失武器装备严重影响重大任务完成的;给人民群众生命财产安全造成严重危害的;遗失的武器装备被敌人或者境外的机构、组织和人员或者国内恐怖组织和人员利用,造成严重后果或者恶劣影响的;遗失的武器装备数量多、价值高的;战时遗失的;等等。犯本罪的,根据《刑法》第441条的规定处罚。

七、擅自出卖、转让军队房地产罪

本罪是指违反军队房地产管理和使用规定,未经有权机关批准,擅自出卖、转让军队房地产,情节严重的行为。军队房地产,是指依法由军队使用管理的土地及其地上地下用于营房保障的建筑物、构筑物、附属设施设备,以及其他附着物。犯本罪的,根据《刑法》第442条的规定处罚。

第五节 侵犯部属、伤病军人、平民、俘虏利益的犯罪

一、虐待部属罪

(一)虐待部属罪的概念与特征

本罪是指处于领导岗位的军职人员,滥用职权,虐待部属,情节恶劣,致人重伤或者造成其他严重后果的行为。

1. 客观方面表现为滥用职权,虐待部属,情节恶劣,致人重伤或者造成其他严重后果的行为。"滥用职权",是指不法行使职务上的权限的行为,即就形式上属于其一般职务权限的事项,以不当目的或者以不法方法,实施违反军职行为宗旨的活动。"虐待部属"是指对部属进行肉体上的摧残、精神上的折磨、生活上的非人道待遇。"情节恶劣"是指虐待部属的情节恶劣,如时间长、次数多、被害人多、手段残酷等。"致人重伤"是指虐待行为直接造成部属重伤。"造成其他严重后果",是指虐待部属的行为造成了重伤、死亡以外的其他严重后果[①],如部属因被虐待,身心健康遭受严重摧残、损害的,造成部队管理秩序混乱、严重干扰各项工作进行的,战时虐待部属致使战斗、战役遭受严重失利的,导致部属外逃、叛逃、凶杀等严重事故的,造成严重不良社会影响的,等等。

2. 主体必须是处于领导岗位的军职人员,一般士兵不能单独成为本罪主体,但可以成为本罪的共犯。

3. 主观方面必须出于故意,即明知自己虐待部属的行为会发生侵犯部属人身权利等危害结果,并且希望或者放任这种结果发生。犯罪动机多种多样,但不影响本罪成立。

---

① 因为根据刑法规定,致人死亡不是本罪构成要件的选择因素,而是法定刑升格的条件。

(二) 认定虐待部属罪应当区分的界限

1. 虐待部属罪与非罪的界限。首先,应将虐待部属罪与严格要求部属但方法不当的行为区别开来。前者是虐待行为,后者只是方法不当的严格要求行为;前者具有虐待故意,后者完全不具有该故意;前者情节恶劣并造成了严重后果,后者不具有恶劣情节与严重后果。其次,应将虐待部属罪与一般的虐待部属的行为区别开来,关键是看情节是否恶劣,是否造成了他人重伤或者其他严重后果。

2. 虐待部属罪与其他犯罪的界限。虐待部属罪与刑法规定的故意伤害罪、报复陷害罪、侮辱罪、虐待罪、虐待被监管人罪等之间,存在不同程度的相似之处。区分它们的界限时应注意以下几点:一是行为人与被害人之间有无特定的部队领导与部属的关系;二是行为是否具有违反军人职责的性质;三是所造成的重伤或其他严重结果是否由于长期、多次的虐待行为造成;四是行为人是否具有虐待的故意。只有对上述几点得出肯定结论的,才能构成本罪;否则只能构成刑法规定的其他犯罪。

(三) 虐待部属罪的处罚

根据《刑法》第443条的规定,犯虐待部属罪的,处5年以下有期徒刑或者拘役;致人死亡的,处5年以上有期徒刑。

二、遗弃伤病军人罪

本罪是指在战场上故意遗弃我方伤病军人,情节恶劣的行为。犯本罪的,根据《刑法》第444条的规定处罚。

三、战时拒不救治伤病军人罪

本罪是指战时在救护治疗职位上,有条件救治而拒不救治危重伤病军人的行为。有条件救治而拒不救治,是指根据伤病军人的伤情或者病情,结合救护人员的技术水平、医疗单位的医疗条件及当时的客观环境等因素,能够给予救治而拒绝抢救、治疗。犯本罪的,根据《刑法》第445条的规定处罚。

四、战时残害居民、掠夺居民财物罪

本罪是指战时在军事行动地区,残害无辜居民,或者掠夺无辜居民财物的行为。行为必须发生在战时和军事行动地区;必须针对无辜居民实施残害或者掠夺行为。无辜居民,是指对我军无敌对行动的平民;"残害"是指对军事行动地区的无辜居民进行伤害、杀伤、放火、奸淫等残暴行为,"掠夺"是指以暴力、胁迫或者其他方法劫夺军事行动地区无辜居民财物的行为。主体是参加作战的军职人员。主观方面出于故意,即明知是无辜居民而故意实施残害、掠夺行为。由于刑法特别规定了本罪,故对实施本罪行为的不适用刑法关于伤害、杀人、强奸、抢劫、抢夺等罪的规定。犯本罪的,根据《刑法》第446条的规定处罚。

五、虐待俘虏罪

本罪是指虐待俘虏,情节恶劣的行为。客观方面表现为虐待俘虏的行为。"虐待"是指肉体上的摧残、精神上的折磨、生活上的非人道待遇的行为。主观方面必须出于故意。成立本罪还要求情节恶劣,如采用残忍手段进行虐待的,虐待行为造成严重后果的,多次或一贯虐待俘虏的,等等。犯本罪的,根据《刑法》第448条的规定处罚。